文 / 白 / 对 / 照

资治通鑑

第三册

〔宋〕司马光　　编撰

〔清〕康熙 乾隆　御批

〔清〕申涵煜　　点评

　　萧祥剑　　主编

　中华文化讲堂　译

团结出版社

目 录

资治通鉴卷第二十八　汉纪二十

起昭阳作噩，尽屠维单阏，凡七年。

【译文】起癸酉（公元前48年），止己卯（公元前42年），共七年。

【题解】本卷记录了汉元帝刘奭初元元年至永光二年共七年间的历史。主要记录了汉元帝举贤纳谏，起用大儒王吉、贡禹、萧望之、周堪、刘向、张猛等人，采纳贡禹、贾捐之言，施行善政；记录了宦官石显勾结宦官弘恭、外戚史高、许嘉对付萧望之、周堪、刘向、张猛等朝官，元帝宠信宦官外戚，朝官败北，帝师萧望之被逼自杀，刘向、周堪、张猛免官；记录了汉元帝羁縻北匈奴郅支单于，妥协过度，留下后患，冯奉世平定陇西叛乱，巩固边疆，稳定西域。

孝元皇帝上

初元元年（癸酉，公元前四八年）春，正月，辛丑，葬孝宣皇帝于杜陵；赦天下。

三月，丙午，立皇后王氏，封后父禁为阳平侯。

以三辅、太常、郡国公田及苑可省者振业贫民；赀不满千钱者，赋贷种、食。

封外祖父平恩戴侯同产弟子中常侍许嘉为平恩侯。

夏，六月，以民疾疫，令太官损膳，减乐府员，省苑马，以振困乏。

秋，九月，关东郡、国十一大水，饥，或人相食；转旁郡钱谷以相救。

【译文】 初元元年（癸酉，公元前48年）春季，正月，辛丑日（初四），在杜陵埋葬孝宣皇帝；下诏赦免天下。

三月，丙午日（初十），汉元帝册立王氏为皇后，封皇后王氏的父亲王禁为阳平侯。

将三辅、太常、郡国中全部的公田以及皇家林苑里所生产的谷物果蔬，或可以节省下来的物资，拿去救济贫民；对于拥有资金还不到一千文钱的人，就借给他们种子和食粮。

汉元帝册封外祖父平恩戴侯胞弟的儿子中常侍许嘉为平恩侯。

夏季，六月，因为传染病盛行于民间，汉元帝便命令掌管后勤的太官节省饮食费用，裁撤乐府的员额，减少皇家林苑中饲养的马匹，用来救济艰难苦痛的百姓。

秋季，九月，函谷关以东的各郡以及王侯的封国共有十一处发生大水灾，闹饥荒，有的地方甚至有人吃人的现象；于是便转运邻郡的钱谷去救助他们。

上素闻琅邪王吉、贡禹皆明经洁行，遣使者征之。吉道病卒。禹至，拜为谏大夫。上数虚己问以政事，禹奏言："古者人君节俭，什一而税，亡它赋役，故家给人足。高祖、孝文、孝景皇帝，宫女不过十馀人，厩马百馀匹。后世争为奢侈，转转益甚；臣下亦相放效。臣愚以为如太古难，宜少放古以自节焉。方今宫室已定，无可奈何矣；其馀尽可减损。故时齐三服官，输物不过十笥；方今齐三服官，作工各数千人，一岁费数巨万。厩马食粟将万匹。武帝时，又多取好女至数千人，以填后宫。及弃天下，多藏金钱、财物、鸟兽、鱼鳖凡百九十物；又皆以后宫女置于园陵。至孝宣皇帝时，陛下恶有所言，群臣亦随故事，甚可痛也！故使天下承化，取女皆大过度，诸侯妻妾或至数百人，豪富吏民畜歌者至数十人，是以内多怨女，外多旷夫。及众庶葬埋，皆虚地上以实地下。其过自上生，皆在大臣循故事之罪也。唯陛下深察古道，从其俭者。大减损乘舆服御器物，三分去二；择后宫贤者，留二十人，馀悉归之，及诸陵园女无子者，宜悉遣；厩马可无过数十匹，独舍长安城南苑地，以为田猎之囿。方今天下饥馑，可无大自损减以救之称天意乎！天生圣人，盖为万民，非独使自娱乐而已也。"天子纳善其言，下诏，令诸宫馆希御幸者勿缮治；太仆减谷食马；水衡省肉食兽。

【译文】 汉元帝早就听说琅邪人王吉和贡禹都是通达经术、德行高洁的人才，便派遣使者去征召他们。结果王吉不幸在路上病逝。贡禹到达以后，便被任命为谏大夫。汉元帝经常虚心向他询问理政的道理，贡禹回奏说："古时的国君崇尚节俭，除了征收物价十分之一的税金，就再也没有其他的赋税或差役，所以家家户户都能保持自给自足的生活。高祖、孝文皇帝和孝景皇帝在位期间，宫女不过十几个人，马厩里养的马也才一百多匹。但是后世争享奢侈，就越来越浪费，连身为臣下的人也上行下效。臣下认为，假如要像太古时候那样的朴实，当然困难，不过也应该稍微学学前人的样子，节省开支。现在各宫室都已经有了定制，是没有办法去裁撤节省了，但是在其他方面的，还是可以去要求减损的。从前，齐地负责制备天子衣冠的三服官所输贡的衣物，不过十箱而已；现在齐地的三服官，在三所官舍中负责制备夏服、冬服、春服三季衣冠的专门技工就各有几千人，每一年要浪费金钱几万万，马厩中用粮食喂养的马都快一万匹了。汉武帝时，又到各地去寻娶美丽的女子，数目多到几千人，用来充置后宫。等到他去世以后，殉葬的金钱、财物、鸟兽、鱼鳖等有一百九十种；又全用宫女去守护亡帝的陵园。到了孝宣皇帝逝世，因为陛下对于父丧不方便发言主张俭省，群臣便又依循了往例，这确实是很值得痛恨的事啊！所以，天下人都受到影响，聘娶女子时，也都过分奢侈，没有节制，有些诸侯的妻妾，多至几百人，一些富有的百姓和官吏所蓄养的歌伎也有几十人之多。所以在宫内多的是大而不嫁的女子，在民间又有很多大而不娶的男人。还有民间丧葬又都把地上有用的东西，虚掷殉葬在地底下。这些过失，都是有天子做榜样，大臣们也依循成例、不肯改革的罪过。请陛下仔细体察古圣先贤治国的方法，效仿他们的俭约，大大地减少不必要的车服器物，三分可去除掉两分；在后宫中，选择那比较贤惠的，只留下二十个人，其余的都放她们回家去，还有留在先帝的陵园中服侍的女子，凡是没有生育子女的，也都应该遣散她们回去；马厩中喂养的马，几十匹就够了，只留下长安城南的苑囿，供作打猎用就可以了，其余的一概废除。由于目前天下正遭到荒年，难道不可以大量节省费用，来救助天下，以顺应天意吗？上天生下圣人，是为万民百姓着想的，不是要让他一个人独自享乐而已啊！"汉元帝很赞赏他的意见，就下诏书要各离宫别馆，凡是不经常居住、游幸的，全部不用补修整理；要主管天子车马的太仆减少喂养粮谷的马匹；主管天子山林池苑的水衡都尉减少喂肉食的野兽。

◆臣光曰：忠臣之事君也，责其所难，则其易者不劳而正；补其所短，则其长者不劝而遂。孝元践位之初，虚心以问禹，禹宜先其所急，后其所缓。然则优游不断，谗佞用权，当时之大患

资治通鉴

也，而禹不以为言；恭谨节俭，孝元之素志也，而禹孜孜而言之，何哉！使禹之智足不以知，乌得为贤！知而不言，为罪愈大矣！◆

匈奴呼韩邪单于复上书，言民众困乏。诏云中、五原郡转谷二万斛以给之。

是岁，初置戊己校尉，使屯田车师故地。

【译文】◆臣司马光说：忠臣侍奉国君，应该去责求国君所难于做到的，因此这些容易做的事情，便不用费力就能做得很好；也应该去设法弥补国君所欠缺的，那么国君的长处自然就不须什么劝谏也能顺利发扬。孝元皇帝刚即位的时候，能谦虚询问贡禹施政治民的办法，贡禹就应该先提出孝元帝当下急于注意的地方，以后再提出可以暂缓办理的事情。做事犹豫不决，不果断，又有佞人弄权，阿谀奉承，这就是孝元帝当时最大的弊害，贡禹却不对这些提出建议；恭谨节俭，是孝元帝向来的愿望，贡禹却不厌劳烦地侃侃而谈。这是为何呢？假使是因为贡禹的才智不明白这一点，那怎么能说他是贤人？假如是贡禹明明知道这样，却不说出来，那他的罪过就更大了！◆

匈奴呼韩邪单于又上书给汉天子，说是百姓生活困乏。天子就下令云中郡和五原郡转运二万斛粮谷去

这一年，首次设置戊己校尉一职，使其负责驻守并农垦于车师旧地的军队。

【乾隆御批】元帝践祚之初，患在谗佞擅权，优柔不断。禹所言恭俭节慎，非切中当时要务，盖泛论权臣所不忌，聊以塞责耳。迹其生平，受石显之荐劾刘向之罪，大节可见矣。

【译文】元帝即位之初，祸患在于善进谗言的奸佞之人专权，而元帝自己又优柔寡断。贡禹所说的谨慎、节俭，并没有切中当时的要害，

只是泛泛地议论专权大臣不会忌惮的事情，以此搪塞职责而已。考察贡禹的生平，从获得石显的推荐到弹劾刘向的罪过，便可看出他的大节。

资治通鉴

　　二年(甲戌，公元前四七年)春，正月，上行幸甘泉，郊泰畤。乐陵侯史高以外属领尚书事，前将军萧望之、光禄大夫周堪为之副。望之名儒，与堪皆以师傅旧恩，天子任之，数宴见，言治乱，陈王事。望之选白宗室明经有行散骑、谏大夫刘更生给事中，与侍中金敞并拾遗左右。四人同心谋议，劝导上以古制，多所欲匡正；上甚乡纳之。史高充位而已，由此与望之有隙。

　　【译文】初元二年(甲戌，公元前47年)春季，正月，汉元帝到甘泉宫去祭祀泰畤。乐陵侯史高凭借天子外戚的身份，掌领尚书，典守枢机，前将军萧望之、光禄大夫周堪做他的副手。萧望之是当时的大儒，和周堪都因为有教导天子的旧恩，深受天子信任，于是两人经常在安闲休息的时候晋见天子，与天子谈论有关兴治理乱的事情，也提出一些治理天下的意见。萧望之还举奏在宗室中能通达经术又德行修饬的散骑、谏大夫刘更生做给事中，侍从天子，和侍中金敞两个人共同在汉元帝身边拾遗补缺。四个人同心谋议，用古圣先贤的礼仪制度去劝导汉元帝，想要从多方面弥补天子的缺失，汉元帝也很听从接受他们的进谏。这使得史高变成徒居虚位，因此他和萧望之有了怨隙。

　　中书令弘恭、仆射石显，自宣帝时久典枢机，明习文法；帝即位多疾，以显久典事，中人无外党，精专可信任，遂委以政，事无小大，因显白决，贵幸倾朝，百僚皆敬事显。显为人巧慧习事，能深得人主微指，内深贼，持诡辩，以中伤人，忤恨睚眦，辄被以危法；亦与车骑将军高为表里，议论常独持故事，不从望之等。

【译文】居宫中主持政务的中书令弘恭和仆射石显从汉宣帝时起就掌管中枢机要，熟悉各种典章法制。元帝刚继位，就有很多疾病，因为石显长期掌管政事，又是在宫中服役的宦官，精力专一，无亲党骨肉，可以信任，元帝就把朝政托付给石显，不管大小政事，全部由石显进奏决断，所以石显受到的尊宠倾动满朝文武，百官都很奉承敬畏他。石显为人很机巧狡黠，又通晓各种事务，能真切了解国君那微妙的心意，内心却阴险贼虐，又喜好用欺诈怪异的说辞来中伤人，稍有一些细行小怨，就以重法处置人。他和车骑将军史高里应外合，结为一体，凡有议论，经常是专依往例，不遵从萧望之等人的意见。

望之等患苦许、史放纵，又疾恭、显擅权，建白以为："中书政本，国家枢机，宜以通明公正处之。武帝游宴后庭，故用宦者，非古制也。宜罢中书宦官，应古不近刑人之义。"由是大与高、恭、显忤。上初即位，谦让，重改作，议久不定，出刘更生为宗正。

望之、堪数荐名儒、茂材以备谏官，会稽郑朋阴欲附望之，上书言车骑将军高遣客为奸利郡国，及言许、史弟子罪过。章视周堪，堪白："令朋待诏金马门。"

【译文】萧望之等人因为许嘉和史高的放纵而觉得痛苦忧虑，又埋怨弘恭和石显的专权，便上奏建议汉元帝，认为："中书是实施政务的重要所在，是国家的权力中枢，应该选用贤明公正的人去担任中书令。武帝在位时，因为在后宫游逸宴乐，所以就任用了宦官，这是与古代圣王的体制不相符合的。现在应该罢黜在中书里的宦官，以符合刑人不在君侧的古义。"因此这便和史高、弘恭、石显等人大相违忤了。因为汉元帝刚刚即位，特别谦让，不愿意多事更张，所以对于萧望之的建议久久不能做出决定，就让刘更生由散骑、给事中的中朝官，出任为外朝官的宗正，去掌管宗正的教养管理等事。

萧望之和周堪屡次推举名儒、茂才担任谏官。会稽郡人郑朋暗地想要依靠萧望之，就上书揭发车骑将军史高曾派遣宾客到郡国去图谋不正当的利益，还揭发许嘉、史高子弟的罪过。汉元帝就把郑朋的奏章批示给周堪看。周堪建议："命令郑朋在金马门待诏。"

朋奏记望之曰："今将军规（抚）〔橅〕，云若管、晏而休，遂行日昃，至周、召乃留乎？若管、晏而休，则下走将归延陵之皋，没齿而已矣。如将军兴周、召之遗业，亲日（昊）〔昃〕之兼听，则下走其庶几愿竭区区奉万分之一！"望之始见朋，接待以意；后知其倾邪，绝不与通。朋，楚士，怨恨，更求入许、史，推所言许、史事，曰："皆周堪、刘更生教我；我关东人，何以知此！"于是，侍中许章白见朋。朋出，扬言曰："我见言前将军小过五，大罪一。"待诏华龙行污秽，欲入堪等，堪等不纳，亦与朋相结。

【译文】 于是郑朋上书给萧望之说："现今将军所成就的依循什么呢？是要像管仲、晏婴那样就可以了，还是也要勤于政事，忙得时间都过了中午了还不能吃饭，就像周公、召公那样才肯罢休呢？如果只是想如同管仲、晏婴一样，那么我将回到延陵的水边，回到故里终享天年算了；如果将军要重振周公、召公当年遗留的功业，也要亲自接见贤士，忙得过了中午也没有工夫吃饭，那么我将愿意报答我的心意，奉献出我的一点力量来！"萧望之刚见到郑朋的时候，很有诚意地去招待他，后来知道他是一个奸诈的小人，就不再和他来往。郑朋是楚人，受此刺激，就很怨恨萧望之，便改求能加入许、史的党派中，还推诿他所揭发的许嘉、史高丑事说："这全是周堪和刘更生教我这样做的，要不然我是关东人，怎么会知道这些事情呢？"于是侍中许章上奏请求汉元帝召见郑朋。郑朋出来以后，扬言说："方才我向皇上揭发了前将军萧望之的五个小过错以及一大罪状。"待诏华龙品行很卑鄙，想要依靠周堪等人，周堪等人不接纳他，于是他也和郑朋互相勾结起来。

恭、显令二人告望之等谋欲罢车骑将军，疏退许、史状，候望之出休日，令朋、龙上之。事下弘恭问状，望之对曰："外戚在位多奢淫，欲以匡正国家，非为邪也。"恭、显奏："望之、堪、更生朋党相称举，数谮诉大臣，毁离亲戚，欲以专擅权势。为臣不忠，诬上不道，请谒者召致廷尉。"时上初即位，不省召致廷尉为下狱也，可其奏。后上召堪、更生，曰："系狱。"上大惊曰："非但廷尉问邪！"以责恭、显，皆叩头谢。上曰："令出视事。"恭、显因使史高言："上新即位，未以德化闻于天下，而先验师傅。即下九卿、大夫狱，宜因决免。"于是，制诏丞相、御史："前将军望之，傅朕八年，无它罪过。今事久远，识忘难明，其赦望之罪，收前将军、光禄勋印绶；及堪、更生皆免为庶人。"

【译文】弘恭、石显就让郑朋、华龙两个人去向元帝告状，说萧望之等人计划要罢免车骑将军，疏远许嘉、史高，等待萧望之休假出宫的时候，就让郑朋、华龙二人把这些情况上奏给元帝知道。于是元帝把这件事情交给弘恭去审查，萧望之回答说："因为在位的外戚大多都很奢侈放荡，我们这样做是为了救补匡正国家的缺失，并没有什么阴谋。"恭、显便上奏说："萧望之、周堪和刘更生结成朋党，互相称扬，屡次诬告大臣，毁谤离间天子亲族外戚，想要专权弄势。为人臣而不忠，又欺罔君上，违逆伦理，请派遣专门掌管传达奏事接引宾客的谒者，把他们带到专掌司法刑罚的廷尉那里去审讯。"当时汉元帝即位不久，不知道把人交给廷尉的含义就是把他们关进监狱，就批准了恭、显的意见。后来汉元帝想找周堪和刘更生，有人告诉他说："已经被关在监狱里。"汉元帝很惊讶地说："不是只是送到廷尉那儿去审讯而已吗？"于是汉元帝就责问弘恭和石显，他们都只有叩头谢罪。汉元帝说："把他们放出来，让他们官复原职。"弘恭、石显于是让史高去向汉元帝说："皇上刚刚即位，还没以道德教化人民，现今却可以从皇上的师傅身上先行证验。就是把宗正刘更生和光禄大夫周堪关进大牢，也应该趁现在判处他们为庶人。"于是就下诏令给丞相和御史大夫说："前将军萧望之曾在皇上为太子时，为太子太傅，辅导皇上八年，没犯什么罪过，现在事已久远，记忆已不很明晰了，如今要赦免萧望之的罪，收回前将军和光禄勋的印绶并且把周堪和刘更生都贬为平民。"

【乾隆御批】不知廷尉为狱，已属昏愚；既知而出之狱。又听谗以免为庶人，元帝之为人可知矣。罢珠崖赦广德，皆小节耳，何足称哉？

【译文】不知道移交廷尉就是逮捕入狱，这已属昏愦愚蠢，等明白后将萧望之等人放出狱，又听取谗言把他们贬为平民，元帝的为人品行可想而知。撤销珠崖建制，赦免薛广德，与此相比都是小事，又哪里值得称赞？

二月，丁巳，立弟竟为清河王。
戊午，陇西地震，败城郭、屋室，压杀人众。
三月，立广陵厉王子霸为王。

诏罢黄门乘舆狗马，水衡禁囿、宜春下苑、少府饮飞外池、严篽池田假与贫民。又诏赦天下，举茂材异等、直言极谏之士。

【译文】二月，丁巳日，元帝册封弟弟刘竟为清河王。

戊午日，陇西发生地震，毁坏了城墙和房屋，压死了很多百姓。

三月，册立广陵厉王胥的儿子霸为广陵孝王。

下令罢免属少府黄门管理的那些车驾犬马，还有水衡的禁囿、宜春宫的下苑、少府属官饮飞的外池和捕射鸟禽用的池田，都借给贫民去经营。又下诏令赦免天下，推举才智突出、超乎常人和能直言进谏的良才。

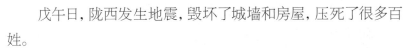

夏，四月，丁巳，立子骜为皇太子。待诏郑朋荐太原太守张敞，先帝名臣，宜傅辅皇太子。上以问萧望之，望之以为敞能吏，任治烦乱，材轻，非师傅之器。天子使使者征敞，欲以为左冯翊，会病卒。

诏赐萧望之爵关内侯，给事中，朝朔望。

关东饥，齐地人相食。

秋，七月，己酉，地复震。

上复征周堪、刘更生，欲以为谏大夫；弘恭、石显白，皆以为中郎。

【译文】夏季，四月，汉元帝册立皇子刘骜为皇太子。待诏郑朋推荐太原郡的太守张敞，认为他是先帝的名臣，可以让他去辅助皇太子。汉元帝便询问萧望之对这件事的看法。萧望之认为张敞是一位很有才能的官员，能胜任治理烦难与纷乱的工作，但是行为轻佻，不够庄重，并不是一位可以为太子太傅的人才。于是天子派使者去征召张敞，想要任命他为左冯翊，没想到正在这时，他却因病去世。

下诏令赐给萧望之关内侯的爵位，还任命他为给事中，在每月的初一、十五可以去朝见天子。

关东闹饥荒，齐地甚至出现人吃人的现象。

秋季，七月，己酉日，又发生了地震。

汉元帝又征召周堪和刘更生，想要任用他们为谏大夫。后来因为弘恭和石显的建议，改任为中郎。

上器重萧望之不已，欲倚以为相；恭、显及许、史子弟、侍中、诸曹皆侧目于望之等。更生乃使其外亲上变事，言"地震殆为恭等，不为三独夫动。臣愚以为宜退恭、显以章蔽善之罚，进望之等以通贤者之路，如此，则太平之门开，灾异之愿塞矣。"书奏，恭、显疑其更生所为，白请考奸诈，辞果服；遂逮更生系狱，免为庶人。

【译文】汉元帝非常器重萧望之，打算任命他为宰相；弘恭、石显以及许嘉、史高子弟、侍中、诸曹却都很嫉恨萧望之等人。刘更生就让他的那些外戚上奏有关自然灾害的事理去劝说汉元帝，说："现在之所以会发生地震，那是因为弘恭等人的专横，并不是因为萧望之、周堪和刘更生那三个孤立无援的匹夫而震动的。臣认为应该斥退弘恭、石显，来公布他们因为壅塞善人所应得的惩罚，而任用萧望之等人，来打通贤明的人为国效力的通路，如果能这样的话，那么太平盛世的大门将因此而打开，引起灾难变异的根源，也将会被杜绝。"奉章呈上去以后，弘恭、石显都怀疑这是刘更生所耍的把戏，就请求去调查其中的诡诈，结果所得的供词，果然招服了，于是就收捕了刘更生，又把他罢免为平民。

会望之子散骑、中郎伋亦上书讼望之前事，事下有司，复奏：
"望之前所坐明白，无谮诉者，而教子上书，称引亡辜之诗，失大
臣体，不敬，请逮捕。"弘恭、石显等知望之素高节，不诎辱，建
白："望之前幸得不坐，复赐爵邑，不悔过服罪，深怀怨望，教子
上书，归非于上，自以托师傅，终必不坐，非颇屈望之于牢狱，塞其
怏怏心，则圣朝无以施恩厚！"上曰："萧太傅素刚，安肯就吏！"显
等曰："人命至重，望之所坐，语言薄罪，必无所忧。"上乃可其奏。

冬，十二月，显等封诏以付谒者，敕令召望之手付。因令太
常急发执金吾车骑驰围其第。使都至，召望之。望之以问门下
生鲁国朱云，云者，好节士，劝望之自裁。于是望之仰天叹曰：
"吾尝备位将相，年逾六十矣，老入牢狱，苟求生活，不亦鄙乎！"
字谓云曰："游，趣和药来，无久留我死！"竟饮鸩自杀。天子闻之
惊，拊手曰："曩固疑其不就牢狱，果然杀吾贤傅！"是时，太官方
上昼食，上乃却食，为之涕泣，哀动左右。于是召显等责问以议
不详，皆免冠谢，良久然后已。上追念望之不忘，每岁时遣使者
祠祭望之冢，终帝之世。

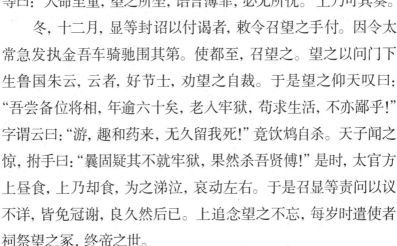

【译文】 正好这时萧望之的儿子散骑、中郎萧伋上书讼
说他父亲萧望之以前被关进监狱的冤情，这件事情就被批交
给主管官员去审查。有司回奏说："萧望之以前确实犯过错误，
已经调查清楚了，并没有人诬告他，他却教唆儿子上书，并引
用诗句来辩解自己是无罪的，丧失了身为大臣应有的风范，
这是很不恭敬严肃的行为，请求加以逮捕。"弘恭和石显等人知道
萧望之素来就很清高有节操，不受辱于人，就建议说："萧望之从
前有幸能脱罪无事，又能得赐爵封邑的奖赏，却不知悔改，承认罪
行，还深怀怨恨，教唆儿子上书，归咎皇上，自恃曾为天子的师傅，

最后不至治罪。现在如果不稍稍委屈望之，把他关进牢狱，去隔绝他那不满的心理，那么，皇上就无法再去施加恩惠给他。"汉元帝说："萧太傅向来都很刚强，哪里肯受狱吏的屈辱？"石显等人说："人之性命，事关重大，萧望之所犯的罪过，只是言语上小错误，这对他来说，没什么可担心的。"于是汉元帝就同意了石显等人的建议。

冬季，十二月，石显等封缄了诏书交给谒者，命令其去把萧望之找来，亲手交付给他。于是，又命令主管各陵县的太常紧急调派执金吾车骑，前往包围萧望之当时在杜陵的住所。使者到了萧望之住处，召见萧望之。萧望之便询问门生鲁国人朱云对这件事的意见。朱云是一个很有节操的读书人，就劝萧望之自杀。于是望之就仰天叹气说："我曾经担任将相，年纪已过六十，等到了年老，竟被诬陷在牢狱里，苟活偷生，这不是很卑鄙的事吗？"就称呼朱云的字号说："游，赶紧去拌和毒药，送予我吃，不要再耽误了，我要快一点死！"于是萧望之就喝鸩酒自杀了。天子听说这个消息后，特别震惊，拍打着手掌说："原先我就疑心他是不会屈辱在牢狱里的，现今果然杀了我一个好太傅！"这个时候，太官正好进上餐食，汉元帝因为吃不下，就把它退了回去，为萧望之的自杀痛哭不已，哀伤的情形，连左右的人都很感动。于是天子召唤石显等人，责问他们，他们因为论议欠缺详审，都被摘了官帽，叩头谢罪，过了很久才算了。汉元帝因为追念萧望之，一直不能忘怀，每逢年过节，都派遣使者去祭祀望之的坟墓，终皇帝一世，从不间断。

◆臣光曰：甚矣孝元之为君，易欺而难寤也！夫恭、显之谮诉望之，其邪说诡计，诚有所不能辨也。至于始疑望之不肯就狱，恭、显以为必无忧，已而果自杀，则恭、显之欺亦明矣。在中

14

智之君，孰不感动奋发以底邪臣之罚！孝元则不然。虽涕泣不食以伤望之，而终不能诛恭、显，才得其免冠谢而已。如此，则奸臣安所惩乎！是使恭、显得肆其邪心而无复忌惮者也。◆

是岁，弘恭病死，石显为中书令。

【译文】◆臣司马光说：真的是有些太过分了，孝元皇帝这个国君竟然那么容易欺骗，并且难于醒悟！那弘恭和石显诬告萧望之，他们的诡计邪说，确实是有些难于分辨。可是在怀疑萧望之将不会屈辱在狱中，弘恭、石显则觉得定没什么可担忧的，结果萧望之却真的自杀时，那弘恭、石显的存心欺诳也就非常明白了。就一个智慧中等的国君来说，有谁不会因为这受到激动而奋力去追究奸臣应该的刑罚呢？孝元帝就不是这样，他只是痛哭不已，也不饮食地感伤望之的自杀，却始终没能诛除弘恭、石显，仅仅让他们摘掉帽子，叩头谢罪罢了。就这样，那么，奸臣如何会得到应有惩戒呢？这也是使得弘恭、石显会放纵他们的邪心，不会再顾忌的原因。◆

这一年，弘恭病死，石显当上了中书令。

【康熙御批】宦寺之为害最烈，皆人主不能慎之于始，以为微而易制，及宠之以爵禄，授之以事权，遂至骄恣横肆，如弘恭、石显擅作威福，敢于戕害大臣而毫无忌惮之心。《易》曰：童牛之牿，豮豕之牙。防之于未然也。

【译文】宦官的危害最为惨烈，都是人主不能谨慎于开始，以为他们微贱而容易控制，等到宠爱他们而给予爵位、俸禄，授给他们事权后，就会导致他们骄横恣肆横行，例如弘恭、石显之流专权作威作福，敢于伤害大臣而毫无顾忌。《周易》里说：要在小牛的角上系上横木。阉割公猪，猪嘴里的长牙便不会伤害人了。 说的都是要防患于未然的道理。

【申涵煜评】以萧傅之贤，不得其死，固由元帝昏庸，亦其刚愎有以自致九泉。若过韩延寿，吾不知其施何面目。君子谓有天道焉，恭、显其假手者耳。

【译文】以太子太傅萧望之的贤明，尚且没有一个好的结果，固然是因为汉元帝昏庸不明，也因为萧望之刚愎自用才导致自己身死九泉。如果他在地下遇到了韩延寿，我不知道他有何面目见韩延寿。君子说，世间存在着天道，弘恭和石显不过是利用了天道而已。

初，武帝灰南越，开置珠厓、儋耳郡，在海中洲上，吏卒皆中国人，多侵陵之。其民亦暴恶，自以阻绝，数犯吏禁，率数年壹反，杀吏；汉辄发兵击定之。二十馀年间，凡六反。至宣帝时，又再反。上即位之明年，珠厓山南县反，发兵击之。诸县更叛，连年不定。上博谋于群臣，欲大发军。待诏贾捐之曰："臣闻尧、舜、禹之圣德，地方不过数千里，西被流沙，东渐于海，朔南暨声教，言欲与声教则治之，不欲与者不强治也。故君臣歌德，含气之物各得其宜。武丁、成王、殷、周之大仁也，然地东不过江、黄，西不过氐、羌，南不过蛮荆，北不过朔方，是以颂声并作，视听之类咸乐其生，越裳氏重九译而献，此非兵革之所能致也。以至于秦，兴兵远攻，贪外虚内而天下溃畔。孝文皇帝偃武行文，当此之时，断狱数百，赋役轻简。孝武皇帝厉兵马以攘四夷，天下断狱万数，赋烦役重，寇贼并起，军旅数发，父战死于前，子斗伤于后，女子乘亭障，孤儿号于道，老母、寡妇饮泣巷哭，是皆廓地泰大，征伐不休之故也。今关东民众久困，流离道路。人情莫亲父母，莫乐夫妇；至嫁妻卖子，法不能禁，义不能止，此

社稷之忧也。今陛下不忍悁悁之忿，欲驱士众挤之大海之中，快心幽冥之地，非所以救助饥馑，保全元元也。诗云：'蠢尔蛮荆，大邦为雠。'言圣人起则后服，中国衰则先畔，自古而患之，何况乃复其南方万里之蛮乎！骆越之人，父子同川而浴，相习以鼻饮，与禽兽无异，本不足郡县置也。��独居一海之中，雾露气湿，多毒草、虫蛇、水土之害；人未见虏，战士自死。又非独珠厓有珠、犀、玳瑁也。弃之不足惜，不击不损威。其民譬犹鱼鳖，何足贪也！臣窃以往者羌军言之，暴师曾未一年，兵出不逾千里，费四十馀万万；大司农钱尽，乃以少府禁钱续之。夫一隅为不善，费尚如此，况于劳师远攻，亡士毋功乎！求之往古则不合，施之当今又不便，臣愚以为非冠带之国，《禹贡》所及，《春秋》所治，皆可且无以为。愿遂弃珠厓，专用恤关东为忧。"上以问丞相、御史。御史大夫陈万年以为当击，丞相于定国以为："前日兴兵击之连年，护军都尉、校尉及丞凡十一人，还者二人，卒士及转输死者万人以上，费用三万万馀，尚未能尽降。今关东困乏，民难摇动，捐之议是。"上从之。捐之，贾谊曾孙也。

【译文】当初，汉武帝消灭了南越，于是设珠崖郡、儋耳郡，这两个郡都在海中的一个岛上，所任用的官吏士卒都是中原人，经常侵犯当地百姓。当地的民众也很凶暴恶劣，自以为孤悬海外，是海南的一个岛屿，和大陆隔绝，就屡次触犯官吏的禁令，大概几年就要叛乱一次，残杀官吏，汉朝也每次都派兵去攻打平定他们。二十多年来，总共叛乱了六次。到汉宣帝时，当地的民众再度造反。汉元帝即位的第二年，珠崖郡的山南县叛乱了，于是天子就调兵去攻打他们。而后其他各县接连反叛，一直不间断，局势一直不得安定。汉元帝就广泛地向群臣去征询平乱的谋略，打算大举派遣军队前去征剿。待诏贾捐之说："臣听说以尧、舜、禹的圣德教化，领土的方圆却不过几千里而已，向西疆域是到塞外沙漠一带，向东到达海洋，朔方以南也是中国声威文教所及的地方，这是因为想要接受中国教化的，就去感化他们，不想接受的，就不勉强而去治理他们。所以君臣都有很多功德可歌颂，各种生物都能各得其所。殷高宗武丁和周成王是商、周时代很有仁德的君主，可是领地向东不超过江国和黄国，向西不超过氐、羌，向南不超过荆州的蛮夷，向北不超过朔方郡，因此也得到各方的齐声颂扬，凡有视听的天地万物，都能安乐过活，连南方的越裳氏，都不嫌麻烦地派出译使来朝献中国，这并不是依恃战争所能取得的成果；等到了秦代，远征外地，兴兵动众，因为向外贪求，弄得国内空虚，以致天下离散叛乱；汉孝文皇帝偃武修文，这个时候，讼案只有几百件，赋税差役都很轻微；孝武皇帝时，则又攘除四夷，厉兵秣马，使得全天下的讼案增加到好几万件，赋税苛杂，差役繁重，到处都闹寇贼，军队经常出征，父亲先前已经战死了，女子跑到了边塞上那作为斥候守望的亭障去，儿子又因战斗而受伤，老母和寡妇都在里巷里痛哭饮泣，孤儿也在路上哭号，这都是土地开拓得太大，连年征战不止的缘故。现在关东的百姓，经常处于困境，流离失所，有出嫁妻子，贩卖子女的，法令不能禁止，义理也阻止不了这种悲惨行为的发生，人们已无暇再去亲近他们的父母，甚至也不能享受夫妇相处的乐趣，这是国家的大忧大患。现在陛下却因为忍不下一时的愤恨，就要驱派士卒到大海中去，想在那幽深黑暗的海南岛屿逞志快心，这不是救济饥荒、保护民众的办法啊！《诗经》说：'你们这些蠢蠢欲动，毫不逊服王命的荆州蛮夷，竟敢动为寇害，侵伐邻邦，与我大国结为仇敌！'这是说圣人兴起，蛮夷就诚心归服，中国叛乱，他们就立马背叛，是自古以来便引为忧患的一件事。

资治通鉴

更何况珠崖又在蛮荆以南，离京城有几万里的路程呢！这些所谓骆越的民众，父子同在河川里洗浴，习俗是喜欢用鼻子饮水，和禽兽一样，原本就不必去设置郡县。他们愚蠢无知，独居在大海中，既多雾露湿气，又多毒草、虫蛇、水土的灾害。人尚未被掳掠，战士就自己先死了。又不是只有珠崖有珠宝、犀牛和玳瑁。这种地方遗弃了并没什么可惜，不去攻打它，也不损害我们的威严。那里的人民就像是鱼鳖一样，有什么可贪求的呢？臣以从前在宣帝神爵元年发生过的羌乱为例来说：那时出师在外尚不到一年，兵士所到的地方也不超过一千里外，结果竟耗费钱财四十余万万，弄得专供军国费用的大司农把钱都耗尽了，不得不拿供养天子的少府中的禁钱来贴用。那一块小地方叛乱，用费尚且如此多，更何况是出动军队去远攻海外孤岛，不仅白白地牺牲士兵还毫无战功可言呢！这样的事情，依循往例，既有不合，用在现在，又有不便，臣认为凡不是顶冠束带习于礼教的国家，不是《尚书·禹贡篇》所谈论的地方，或者是《春秋》上所记载的各国，都能够且不去搭理它。请放弃珠崖，专心去顾念体恤关东人民的忧患，担心他们的困苦吧！"汉元帝就询问了丞相和御史的意见。御史大夫陈万年认为应当派兵去攻打珠崖，丞相于定国以为："以前连年兴兵去攻击他们，派去的护军都尉、校尉和丞一共十一人，生还的才两个人，死亡的士卒以及从事运输的百姓也在一万人以上，费用花掉了三万万多，结果还不能完全降服他们。现在关东又是那么困穷匮乏，民心动摇，捐之所议论的道理是很对的。"于是汉元帝便听纳了捐之的建议。捐之是贾谊的曾孙。

三年(乙亥，公元前四六年)春，诏曰："珠厓虏杀吏民，背畔为逆。今廷议者或言可击，或言可守，或欲弃之，其指各殊。朕日夜惟思议者之言，羞威不行，则欲诛之；狐疑辟难，则守屯田；通于时变，则忧万民。夫万民之饥饿与远蛮之不讨，危孰大焉？且宗庙之祭，凶年不备，况乎辟不嫌之辱哉！今关东大困，仓库空虚，无以相赡，又以动兵，非特劳民，凶年随之。其罢珠崖郡，民有慕义欲内属，便处之；不欲，勿强。"

【译文】初元三年（乙亥，公元前46年）春季，天子下诏令说："珠崖人逮捕我们的官吏民众，叛逆造反。在廷议上，有的认为可以放弃这一块地方，有的说可派兵去讨伐他们，有的说可以设置办法防备他们，意见各有不同。朕日夜思虑这些人的提议。以威令不能实行为耻的，就想要去讨伐他们；多疑怕难的，就想要派兵去屯田；能通达时局的变迁的，就考虑到人民处境的艰难。说到万民的饥荒和不去征讨叛乱的蛮夷，这两件事情，哪一件事情的危害大些呢？而且宗庙的祭祀，在收成不好的荒年，连礼仪都无法求得完备，哪里还有工夫去注意那些不惬意的细小耻辱呢？现在关东的人民，仓库很是空虚，生活非常困乏，没办法去救济他们，如在这个时候兴兵去作战，不只是劳民伤财，荒年还会随着发生。因此现在只好撤销珠崖郡的设置，那儿的人民，有向慕正义，想要归化中国的，就随他意愿，不加限制；没这个想法的，就不去勉强他们。"

夏，四月，乙末晦，茂陵白鹤馆灾；赦天下。

夏，旱。

立长沙炀王弟宗为王。

长信少府贡禹上言："诸离宫及长乐宫卫，可减其太半以宽繇役。"六月，诏曰："朕惟烝庶之饥寒，远离父母妻子，劳于非业之作，卫于不居之宫，恐非所以佐阴阳之道也。其罢甘泉、建章宫卫，令就农。百宫各省费。条奏，毋有所讳。"

是岁，上复擢周堪为光禄勋，堪弟子张猛为光禄大夫、给事中，大见信任。

【译文】 夏季，四月，乙未晦日（十一日）（按《汉书·五行志》："四月乙未，孝武园白鹤馆灾。"无"晦"字），武帝的陵园茂陵的白鹤馆发生了火灾。于是天子就下诏令赦免天下。

夏季，发生旱灾。

汉元帝册立长沙炀王刘旦的弟弟刘宗为王。

掌管皇太后宫中全部事宜的长信少府贡禹上奏说："各离宫和长乐宫的护卫可以省去一大半，以宽减人民的劳役。"六月，汉元帝下诏令说："朕考虑到百姓饥寒交迫，远离父母妻子，为一些不急的事宜忙碌，护卫已经不住的离宫，这恐怕不是用来佐助阴阳大化的道理。应当撤销甘泉宫和建章宫的卫队，让他们回家去从事农耕。所有的官员，都要各自设法节省费用。凡有建议分条直接上奏，不必有所隐避。"

这一年，汉元帝又提拔周堪为光禄勋。周堪的学生张猛被任命为光禄大夫、给事中，很受信任。

四年（丙子，公元前四五年）春，正月，上行幸甘泉，效泰畤。三月，行幸河东，祠后土；赦汾阴徒。

五年（丁丑，公元前四四年）春，正月，以周子南君为周承休侯。

三月，上行幸雍，祠五畤。

夏，四月，有星孛于参。

【译文】 初元四年（丙子，公元前45年）春季，正月，汉元帝到达甘泉宫去祭祀泰畤。三月，到河东去祭祀后土；赦免了汾阴县的犯人。

初元五年（丁丑，公元前44年）春季，正月，把周子南君姬延立为周承休侯。

三月，汉元帝到雍去祭祀五畤。

夏季，四月，在参宿座出现了彗星。

上用诸儒贡禹等之言，诏太官毋日杀，所具各减半；乘舆秣马，无乏正事而已。罢角抵、上林宫馆希御幸者、齐三服官、北假田官、盐铁官、常平仓。博士弟子毋置员，以广学者。令民有能通一经者，皆复。省刑罚七十馀事。

【译文】汉元帝采纳诸儒、贡禹等人的建议，下令太官不得日日宰杀牲畜，所供肉食都各节约一半，车马只要足够祭祀和狩猎之用就可以了。还撤销角力摔跤的杂技游艺，和上林苑中少去居住的宫馆、在产丝的齐地用来制备天子春、夏、冬三季衣冠的三所官舍、在北假管理官田租借给人民等事宜的田农之官、掌管天下盐铁榷卖的官员，再加上那在谷贱时增价买入，谷贵时减价卖出，用来平抑粮价的常平仓。博士弟子不再设置固定名额，取消过去有一定员额的限制，用来鼓励求学的人，并让所有能读通一种经书的人，都能够免除他本身应服的徭役。又减少了七十多件刑案。

陈万年卒。六月，辛酉，长信少府贡禹为御史大夫。禹前后言得失书数十上，上嘉其质直，多采用之。

【译文】陈万年去世。六月，辛酉日，长信少府贡禹被任命为御史大夫。贡禹前后数十次上奏进言政事的得失，汉元帝嘉许他的正直，接受了他很多意见。

匈奴郅支单于自以道远，又怨汉拥护呼韩邪而不助己，困辱汉使者江乃始等；遣使奉献，因求侍子。汉议遣卫司马谷吉送之，御史大夫贡禹、博士东海匡衡以为："郅支单于乡化未醇，所在绝远，宜令使者送其子，至塞而还。"吉上书言："中国与夷狄有羁縻不绝之义，今既养全其子十年，德泽甚厚，空绝而不送，近从塞还，示弃捐不畜，使无乡从之心，弃前恩，立后怨，不便！议者见前江乃始无应敌之数，智勇俱困，以致耻辱，即豫为臣忧。臣幸得建强汉之节，承明圣之诏，宣谕厚恩，不宜敢桀。若怀禽兽心，加无道于臣，则单于长婴大罪，必遁逃远舍，不敢近边。没一使以安百姓，国之计，臣之愿也。愿送到庭。"上许焉。既到，郅支单于怒，竟杀吉等；自知负汉，又闻呼韩邪益强，恐见袭击，欲远去。会康居王数为乌孙所困，与诸翁侯计，以为："匈奴大国，乌孙素服属之。今郅支单于困阨在外，可迎置东边，使合兵取乌孙而立之，长无匈奴忧矣。"即使使至坚昆，通语郅支。郅支素恐，又怨乌孙，闻康居计，大说，遂与相结，引兵而西。郅支人众中寒道死，馀财三千人。到康居，康居王以女妻郅支，郅支亦以女予康居王，康居甚尊敬郅支，欲倚其威以胁诸国。郅支数借兵击乌孙，深入至赤谷城，杀略民人，驱畜产去。乌孙不敢追，西边空虚不居者五千里。

冬，十二月，丁未，贡禹卒。丁巳，长信少府薛广德为御史大夫。

【译文】匈奴的郅支单于自认为距离汉朝很远，又怨恨汉朝拥护呼韩邪单于而不帮助他，便困辱了汉朝的使者江乃始等人；又派遣使者到汉朝进献，趁机要求汉朝送还郅支以前派去在汉朝做人质的儿子。汉朝就商量要派卫司马谷吉护送郅支单于的儿子返回匈奴去。御史大夫贡禹和博士东海人匡衡都认为："郅支单于的归附还没有朴厚统一，他的王庭又在离汉朝很遥远的地方，为了谨慎起见，应当命令使臣将他的儿子送往边塞以后，就可以回来了。"谷吉上书说："中原对于狄夷需要联系控制，不相弃绝，现今已经花了十年的时间养护保全郅支单于的儿子，这种很深厚的恩惠，假如空自断绝这种关系，不把郅支单于的儿子送回匈奴去，只到附近的边塞便回来，这就显示我们已遗弃他们，不再去支持他们，那会使他们失去归附顺从的心意，既丢弃从前的恩德，又遭到日后的怨恨，这对我们来说，是很不利的。参与议论的人，因为看见以前江乃始没有应付敌人的方略，既无勇力，也无智谋，以至于遭到羞辱，便预先替臣担忧。臣幸能操持着大汉的信节，承载圣君的诏令，去宣传晓谕皇上深厚的恩泽，郅支单于应该不敢施暴耍诈。假如他们真的忘恩负义，对臣无礼蛮横。那么郅支单于就会犯下永远不可饶恕的滔天大罪，就一定会畏罪遁逃远避，不敢再近边塞。如果这样，只牺牲一个使臣，便能使百姓安居，这是谋国之计，也是臣的心愿。臣愿意奉使把郅支单于的儿子送回匈奴的王庭。"汉元帝答应了谷吉的请求。等谷吉到达匈奴，郅支单于特别生气，居然杀了谷吉等人。因为他自知辜负了汉朝的恩义，又听说呼韩邪单于越来越强大，害怕遭到袭击，便想远遁他去。这时，正好康居王因为经常受到乌孙国的困扰，就和那些翕侯等重臣计议，觉得："匈奴是一个大国，乌孙向来很服从他。现在郅支单于被困在外，处境很是困难，我们能够把他接到我国东边来住，之后和他一起共同消灭乌孙，就让郅支在乌孙立国，如果这样，因为有匈奴在，就可以永无忧患了。"于是就派遣使者到郅支单于首都坚昆去，把这计划告诉了郅支。郅支平日就为当前的处境表示担忧，又特别怨恨乌孙，现今听到康居的计谋，特别高兴，便和康居互相勾结，率兵西去。郅支的民众因为受凉感冒，有很多死在了路上，只剩下三千人而已。到了康居，康居王把女儿嫁给郅支为妻，郅支也把女儿送给了康居王。康居王很尊敬郅支，想要依恃他的声威去威胁西域各国。郅支也常常借兵去攻击乌孙，深入到乌孙的首都赤谷城，杀伤抢夺百姓，驱赶掳获他们所养的牛、马等畜产。乌孙人不敢追赶，西边的国境有五千里地因此空虚着，不敢再有人去居住。

冬季，十二月，丁未日，贡禹去世。丁巳日，长信少府薛广德担任御史大夫。

永光元年（戊寅，公元前四三年）春，正月，上行幸甘泉，郊泰畤。视毕，因留射猎。薛广德上书曰："窃见关东困极，人民流离。陛下日撞亡秦之钟，听郑、卫之乐，臣诚悼之。今士卒暴露，从官劳倦，愿陛下亟反宫，思与百姓同忧乐，天下幸甚！"上即日还。

【译文】 永光元年（戊寅，公元前43年）春季，正月，汉元帝到达甘泉宫去祭祀泰畤。行过祭礼，就想留下来打猎。薛广德上书说："我看见关东非常困乏，百姓都因此流离失所，陛下却要天天去撞打亡秦的丧钟，听赏郑国和卫国的靡靡之音，忽视时政的危急，臣确实觉得忧伤痛惜。现今兵士都露置野外，侍从的官员也很疲劳，所以恳请陛下能赶快回宫，想到该和百姓同忧同乐才是。这才是天下的大幸！"于是汉元帝当天便回宫了。

二月，诏："丞相、御史举质朴、敦厚、逊让、有行者，光禄岁以此科第郎、从官。"

三月，赦天下。

雨雪、陨霜，杀桑。

秋，上酹祭宗庙，出便门，欲御楼船。薛广德当乘舆车，免冠顿首曰："宜从桥。"诏曰："大夫冠。"广德曰："陛下不听臣，臣自刎，以血污车轮，陛下不得入庙矣！"上不说。先驱光禄大夫张猛进曰："臣闻主圣臣直。乘船危，就桥安，圣主不乘危。御史大夫言可听！"上曰："晓人不当如是邪！"乃从桥。

【译文】 二月，下诏令说："丞相和御史要以质朴、敦厚、逊让、有德行四类举用人才，光禄大夫必须每年依此四项去考查各曹的郎官和侍从官员的表现，以评定他们政绩的高低，来了解他们是否有才能。"

三月，大赦天下。

下雪，又降霜，冻死了桑树。

秋季，汉元帝要去祭祀祖庙，出了长安城南的便门，想要坐楼船去。薛广德拦住汉元帝的车驾，丢掉官帽叩头说："应当坐车从桥上过去。"汉元帝不听，命令说："大夫把帽子戴上！"广德说："如果陛下不听臣的意见，臣就自杀，用臣的血污染车轮，让陛下以有死伤，犯于斋洁，不得入祭宗庙！"汉元帝特别不高兴。皇帝出行时的前导光禄大夫张猛进言说："臣听说君主圣明的话，臣子便很忠直。坐船特别危险，坐车从桥上经过还比较安全，圣明的君主是不去冒险的。御史大夫的意见是对的，应当被接受！"汉元帝说："要用道理去说服人，不是应当这样讲才合适吗？"于是便从桥上经过。

九月，陨霜杀稼，天下大饥。丞相于定国，大司马、车骑将军史高，御史大夫薛广德，俱以灾异乞骸骨。赐安车、驷马、黄金六十斤，罢。太子太傅韦玄成为御史大夫。广德归，县其安车，以传示子孙为荣。

帝之为太子也，从太中大夫孔霸受《尚书》。及即位，赐霸爵关内侯，号褒成君，给事中。上欲致霸相位，霸为人谦退，不好权势，常称"爵位泰过，何德以堪之!"御史大夫屡缺，上辄欲用霸；霸让位，自陈至于再三。上深知其至诚，乃弗用。以是敬之，赏赐甚厚。

戊子，侍中，卫尉王接为大司马、车骑将军。

【译文】九月，下了霜，冻坏了农作物，天下闹大饥荒。丞相于定国和大司马、车骑将军史高以及御史大夫薛广德都因为发生了灾情，恳求辞职。于是汉元帝就赏赐他们可以坐乘的安车和马匹，还有六十斤的黄金，辞退了他们。任命太子太傅韦玄成为御史大夫。广德回到家乡，悬挂皇帝赏赐的安车，以示荣幸，传示子孙。

当元帝还是太子的时候，跟掌管议论的太中大夫孔霸学习《尚书》。等到继承皇位，就赐给孔霸关内侯的爵位，称为褒成君，任命他为掌侍从规谏以及纠察的给事中。汉元帝很想让孔霸为丞相，可是孔霸不好权势，为人谦让，常说："爵位太高了，我有什么德行去承当它呢？"所以御史大夫一直有空缺，汉元帝即使想任用孔霸，孔霸都让了位，自行辞退了好几次。汉元帝深知孔霸的真诚，于是就不再想任用他为丞相或御史大夫。也因此更加尊敬他，给他很优厚的赏赐。

戊子日，任命侍中、卫尉王接为大司马、车骑将军。

石显惮周堪、张猛等，数谮毁之。刘更生惧其倾危，上书曰："臣闻舜命九官，济济相让，和之至也。众臣和于朝则万物和于野，故箫《韶》九成，凤皇来仪。至周幽，厉之际，朝廷不和，转相非怨，则日月薄食，水泉沸腾，山谷易处，霜降失节。

由此观之，和气致祥，乖气致异，祥多者其国安，异众者其国危，天地之常经，古今之通义也。今陛下开三代之业，招文学之士，优游宽容，使得并进。今贤不肖浑殽，白黑不分，邪正杂糅，忠谗并进；章交公车，人满北军，朝臣舛午，胶戾乖剌，更相谗诉，转相是非；所以营惑耳目，感移心意，不可胜载，分曹为党，往往群朋将同心以陷正臣。正臣进者，治之表也；正臣陷者，乱之机也；乘治乱之机，未知孰任，而灾异数见，此臣所以寒心者也。初元以来六年矣，按春秋六年之中，灾异未有稠如今者也。原其所以然者，由谗邪并进也；谗邪之所以并进者，由上多疑心，既已用贤人而行善政，如或谮之，则贤人退而善政还矣。夫执狐疑之心者，来谗贼之口；持不断之意者，开群枉之门；谗邪进则众贤退，群枉盛则正士消。故《易》有《否》、《泰》，小人道长，君子道消，则政日乱；君子道长，小人道消，则政日治。昔者鲧、共工、驩兜与舜、禹杂处尧朝，周公与管、蔡并居周位，当是时，迭进相毁，流言相谤，岂可胜道哉！帝尧、成王能贤舜、禹、周公而消共工、管、蔡，故以大治，荣华至今。孔子与季、孟偕仕于鲁，李斯与叔孙俱宦于秦，定公、始皇贤季、孟、李斯而消孔子、叔孙，故以大乱，污辱至今。故治乱荣辱之端，在所信任；信任既贤，在于坚固而不移。《诗》云：'我心匪石，不可转也，'言守善笃也。《易》曰：'涣汗其大号'，言号令如汗，汗出而不反者也。今出善令未能逾时而反，是反汗也；用贤未能三旬而退，是转石也。《论语》曰：'见不善如探汤。'今二府奏佞谄不当在位，历年而不去。故出令则如反汗，用贤则如转石，去佞则如拔山，如此，望阴阳之调，不亦难乎！是以群小窥见间隙，缘饰文字，巧言丑诋，流言、飞文哗于民间。故

《诗》云:'忧心悄悄,愠于群小,'小人成群,诚足愠也。昔孔子与颜渊、子贡更相称誉,不为朋党;禹、稷与皋陶传相汲引,不为比周,何则?忠于为国,无邪心也。今佞邪与贤臣并交戟之内,合党共谋,违善依恶,歙歙訿訿,数设危险之言,欲以倾移主上,如忽然用之,此天地之所以先戒,灾异之所以重至者也。自古明圣未有无诛而治者也,故舜有四放之罚,孔子有两观之诛,然后圣化可得而行也。今以陛下明知,诚深思天地之心,览《否》《泰》之卦,历周、唐之所进以为法,原秦、鲁之所消以为戒,考祥应之福,省灾异之祸,以揆当世之变,放远佞邪之党,坏散险诐之聚,杜闭群枉之门,广开众正之路,决断狐疑,分别犹豫,便是非炳然可知,则百异消灭而众祥并至,太平之基,万世之利也。"显见其书,愈与许、史比而怨更生等。

【译文】 石显因为惧怕周堪和张猛等人,便屡次诽谤他们。刘更生怕周堪、张猛等人会遭到石显的陷害,就上书说:"臣听说虞舜任命九名大臣时,大家都表现得很有风度,彼此谦让,显出一片非常和乐的样子。在朝廷上的大臣和乐相处的话,底下的民众就能同心协力,也能很平和地团结在一起,因此当箫《韶》九奏以后,凤凰因感至和而来仪。等到了周幽王、厉王的时候,因为朝廷不和,演变成彼此相互怨诽,于是发生了地震、日食、月食,使得百川泛滥,山谷崩裂,寒暑霜雪也都失去了它的节序。由此看来,和气可以致祥,戾气便会带来灾异,多祥和之气的国家,就能得到平安;灾异频繁的国家,就很危险了。这是天地间的常道,古今所一致认同的道理。现在陛下开创夏、商、周三代的功业,招揽文学才士,待以优柔宽大,使得有贤德的人都能被任用。可是现今竟变得贤佞混杂,是非不分,忠奸并用,邪正错乱。在北阙的公车里,奏章交集。在北门的北军中,因为上书言事,侵犯刑罚，而被惩治的，又人满为患。朝廷的大臣意见都不相同，各相违背，互相毁谤，搬弄是非。这些会让人觉得耳目眩动，也会影响到心意的事情，真的是不可胜记。他们又分别结为朋党，常常结群朋比，一起陷害公正的大臣。当公正的大臣被任用的时候，那就是太平治世的表征；而公正的大臣被诬陷的时候，正是灾乱的机兆。在天下治乱交换时，却不知道怎样去分辨正邪，任用正臣，使灾异屡次发生，这正是臣所以觉得寒心的地方。从初元之后到现在，已有六年了，在《春秋》上所记录的，六年之中发生的灾变，没有像今天这么多的。追究之所以会如此的原因，那是因为一些谗邪的人被任用的关系。谗邪的人之所以会被一起任用，是由于皇上多疑，既然已任用贤人而施行善政了，假如有谗邪的人说了一些坏话，贤人立马就被辞退，也把善政撤销了。那善变多疑的人，就会招来诬陷正人的口舌；不会当机立断的人，便会开启任用群小的大门。谗邪的人被任用了，群贤就会退避，众多小人势盛，君子就被消解。因此《易经》有'否卦'和'泰卦'，假如是小人道长，君子被丢弃不用，国政就日益衰乱；如果是君子道长，小人被斥逐远去，国事就一天天上轨道。从前鲧、共工、欢兜和舜、禹杂处在唐尧的朝上，周公和管叔、蔡叔也一起位列周朝，在这时，他们相互毁谤，流言很多，这哪里是说得完的事呢？后来因为帝尧和周成王能认清舜、禹和周公是有才能的人而任用他们，斥退了共工和管叔、蔡叔，因此国家大治，荣耀一直到今天。孔子和季孙斯、孟孙何忌全在鲁国当官，李斯和叔孙通都在秦国当官，鲁定公和秦始皇认为季孙氏、孟孙氏和李斯是贤人而重用他们，罢退了孔子和叔孙通，因此使得国家大乱，一直到今天还受人污辱。所以国家治乱荣辱的关键，全在于国君所宠信任用的人如何。所信任的人如果是贤人，就要对他坚信不疑。《诗经》

说:'石性虽坚,尚可移转,我的心志坚定,执德不倾,与石不同,是不可动摇的。'这是说一个人须能笃守善道。《易经》九五爻辞说:'王者大发号令,涣然如汗水的流出。'这是说国君的发号施令,如汗水的流出,汗水流出以后,是再也不会收回去的。现在嘉奖的诏令颁下以后,还没超过三个月就收回,这就如同汗水又被收回去一样;任用贤人还没超过一个月,就把他辞退,就如转动石头一般。《论语》孔子的话说:'遇见不是善良的事情,要像用手探到热汤就迅速抽回一样,避去唯恐不速。'现在二府已经上奏皇上,认为不应当使那些好巧言谄媚而心术不正的人在朝为官,可是经过很长时间都没有去除他们。由此可见,施发号令,便即刻收回,就像是把流出的汗又收回一样;任用贤人,马上又斥逐了他们,就如同转动石头一般;铲除佞人,却就像拔山一样难,一直没有动静。像这个样子,而期望阴阳寒暑能得到调和,不是很难吗?所以那些小人们窥见有缝隙可寻,有毛病可以指责,就用文字去修饰,用巧言丑语去设法污蔑人,于是流言四起,匿名信满天飞。因此《诗经》上又说:'实在让人忧愁啊!这一批围绕在君侧的小人,真是令人恼怒!'小人成群结党,确是使人感到愠怒。从前孔子和颜渊、子贡彼此互相赞美,却不结成党派,排斥异己;禹、稷和皋陶也互相引进提拔,却不结党营私。怎么会这样呢?因为他们都能忠心为国,一点偏邪的私心都没有。现在那些邪佞的人,渗透在贤臣之中,和贤人们并立在朝廷上,朋党合谋,去善归恶,空言无实,常常危言耸听,歪曲事实,希望能倾侧改移主上的心意,如果贸然采纳佞人们的言论,这就是天地所以先行示戒,各种灾害变异所以交相发生的原因。自古以来,那些圣明的国君没有能不行诛罚而可以把国家治好的,所以舜曾经把欢兜、共工、三苗和鲧流放到三危、幽州、崇山和羽山去，孔子当鲁国的司寇，也在宫门前的两阙之下，诛杀了奸雄少正卯，这样之后，圣人的教化才得施行。现在以陛下的圣明睿智，真能去深思天地的旨意，观览《易经》中的'否卦'和'泰卦'考求效法周成王、唐尧任用贤人的方法；探究秦始皇、鲁定公消退贤人的情形，以此为戒，考察那些嘉庆祯祥等吉利的事物，以及种种灾患变异等祸害，来权衡当世的动乱，放逐奸佞的党派，驱散那些心术不正的群党，杜塞群邪的门路，大开引进正人君子的途径，杜绝疑心，区别善恶，不再犹豫不决，便是非对错彰明可知，这样，各种灾异就会消失不见，所有的祥瑞就都会同时涌至，这是太平盛世的基业，子孙万世的福利。"石显看见了刘更生的奏章，更加和许嘉、史高狼狈为奸，而越发恨刘更生等人。

是岁，夏寒，日青无光，显及许、史皆言堪、猛用事之咎。上内重堪，又患众口之浸润，无所取信。时长安令杨兴以材能幸，常称誉堪，上欲以为助，乃见问兴："朝臣断断不可光禄勋，何邪？"兴者，倾巧士，谓上疑堪，因顺指曰："堪非独不可于朝廷，自州里亦不可也！臣见众人闻堪与刘更生等谋毁骨肉，以为当诛；故臣前书言堪不可诛伤，为国养恩也。"上曰："然此何罪当诛？今宜奈何？"兴曰："臣愚以为可赐爵关内侯，食邑三百户，勿令典事。明主不失师傅之恩，此最策之得者也。"上于是疑之。

【译文】这一年，在盛夏里，天气忽然变得很冷，太阳昏暗无光，显及许、史都说这都是因为任用周堪和张猛执事的罪过。汉元帝心里很看重周堪，可是又害怕石显等人不断地毁谤进谗，无法获得大家的信任。那时的长安县令杨兴，很有才能，因此得到汉元帝的宠信，他经常称誉周堪，汉元帝就想借助他的赞美，于是问他说："朝廷上的大臣经常讨论光禄勋的不是，这是为什么呢？"杨兴是一个善于改变的人，认为汉元帝是在怀疑周堪，就顺着误解的旨意说："周堪这样的人，不但不容于朝廷，就是在乡里，也可能会遭到非议呀！臣看到众人说周堪和刘更生等人商议毁谤皇上的骨肉近亲，觉得该杀。臣从前上书说周堪不能够去伤害他，这是为国表示恩养啊！"汉元帝说："如果这样的话，那么将要用什么罪名去惩罚他？现在该怎么办呢？"杨兴说："臣认为可以颁赐给他关内侯的爵位，封邑三百户，不让他主持政务。这么一来，圣君也不至于妄失了师傅的恩惠，这是最周全的处理。"汉元帝于是果然对周堪起了疑心。

司隶校尉琅邪诸葛丰始以特立刚直著名于朝，数侵犯贵戚，在位多言其短；后坐春夏系治人，徙城门校尉。丰于是上书告堪、猛罪。上不直丰，乃制诏御史："城门校尉丰，前与光禄勋堪、光禄大夫猛在朝之时，数称言堪、猛之美。丰前为司隶校尉，不顺四时，修法度，专作苛暴以获虚威；朕不忍下吏，以为城门校尉。不内省诸己，而反怨堪、猛以求报举，告按无证之辞，暴扬难验之罪，毁誉恣意，不顾前言，不信之大也。朕怜丰之耆老，不忍加刑，其免为庶人！"又曰："丰言堪、猛贞信不立，朕闵而不治，又惜其材能未有所效，其左迁堪为河东太守，猛槐里令。"

【译文】掌管督察百官和三辅各郡的司隶校尉，琅邪郡人诸葛丰，原先因为为人正直，与众不同，出名于朝廷，好几次侵犯贵戚，使得很多在位的人都说他的坏话。后来在春生夏长时，诸葛丰因为不顺天时就去逮捕审治人犯遭到处罚，被降调为主管长安各城门守备的城门校尉。于是诸葛丰上书揭发周堪和张猛的罪状。汉元帝不认为诸葛丰所告发的有理，就下诏令给御史大夫说："城门校尉诸葛丰，之前和光禄勋周堪、光禄大夫张猛在朝廷做官的时候，经常称赞周堪、张猛的美善。诸葛丰之前是司隶校尉，因为不能顺应四时，专尚苛暴，修改法度，以得虚威，朕不忍心把他交给司法官吏去治罪，因此贬他为城门校尉。但他却不知道内自反省，反而怨恨了周堪、张猛，以求报复，上奏毫无证据的言辞，揭发难有佐验的罪名，是诽谤名誉，随意指责，不顾前言周堪、张猛的美好，今则攻讦他们的过失，先后相违，没有比这更不可信的了。朕怜惜丰年老，不忍施加刑罚，现在要罢免他为平民！"又说："诸葛丰曾举告周堪和张猛的贞信不立，朕因为怜惜他们而不去治罪，同时也爱惜他们才能未能有所发挥，所以现在降调周堪为河东太守，张猛为槐里令。"

◆臣光曰：诸葛丰之于堪、猛，前誉而后毁，其志非为朝廷进善而去奸也，欲比周求进而已矣；斯亦郑朋、杨兴之流，乌在其为刚直哉！人君者，察美恶，辨是非，赏以劝善，罚以惩奸，所以为治也。使丰言得实，则丰不当绌；若其诬罔，则堪、猛何辜焉！今两责而俱弃之，则美恶、是非果何在哉！◆

【译文】◆臣司马光说：诸葛丰对于周堪和张猛，先是称赞他们，而后是诽谤他们，他的心意并不是为了朝廷的善政而进言，也不是为了去除奸邪，只是想要因此接近汉元帝，求取进身之阶罢了。这就和郑朋、杨兴那一流的人物是一样的，怎么算是一位刚直的人物啊！一国的国君，要能仔细去观察人事的好坏，辨明人事的是非，有所奖赏，是为了劝导人民的行善；有所惩罚，就是为了警惕奸邪，这样才能把国家治好。假如诸葛丰的话是真实的，那么就不应当罢黜他；假如他是诬告的，那周堪和张猛又犯了什么罪呢？现今却是双方面都加以责罚，都贬了他们，那么所说的是非好坏到底在哪里呢？◆

贾捐之与杨兴善。捐之数短石显，以故不得官，稀复进见；兴新以材能得幸。捐之谓兴曰："京兆尹缺，使我得见，言君兰，京兆尹可立得。"兴曰："君房下笔，言语妙天下；使君房为尚书令，胜五鹿充宗远甚。"捐之曰："令我得代充宗，君兰为京兆，京兆，郡国首，尚书，百官本，天下真大治，士则不隔矣！"捐之复短石显，兴曰："显方贵，上信用之；今欲进，第从我计，且与合意，即得入矣！"捐之即与兴共为荐显奏，称誉其美，以为宜赐爵关内侯，引其兄弟以为诸曹；又共为荐兴奏，以为可试守京兆尹。石显闻知，白之上，乃下兴、捐之狱，令显治之，奏"兴，捐之怀诈伪，更相荐誉，欲得大位，罔上不道！"捐之竟坐弃市，兴髡钳为城旦。

　　【译文】 贾捐之和杨兴很友好。捐之因为好几次谈论到石显的缺点，因此没能得到实任的官职，也很少有进见汉元帝的机会；而杨兴因为才能很得汉元帝的宠信。捐之便告诉杨兴说："现在京兆尹缺官，如果能让我见到皇上，说你君兰有才能，你立马就会被任命为京兆尹。"杨兴也告知贾捐之说："君房下笔有神，真是天下最精妙的辞章了，如果能让君房你去当尚书令，那真要远胜过五鹿充宗。"捐之说："让我能代替充宗，君兰当上京兆尹，京兆，是首都特区，地位比各郡国崇高，尚书，是百官的基础，如此，天下真的能太平，士人从此再也不会遭到蔽障而被疏远了！"捐之又批评了石显的缺失，杨兴说："石显正是显贵的时候，皇上很信任他；现在我们想要求仕进，但依照我的计谋，我们要暂且迎合他的意思，那么就会有机会入朝为官了！"捐之就和杨兴共同上了推荐赞美石显的奏章，称许他的优点，认为应赏赐给他关内侯的爵位，推举他的兄弟为诸曹官；又共同上了推荐杨兴的奏章，认为可以让他试着去担任京兆尹的职务。石显听到了他们这个计谋，便向汉元帝报告，于是就将杨兴和贾捐之都关到监狱里，派石显去审问他们。结果，石显上奏了他审判的结果，说："杨兴、贾捐之心怀诡诈，彼此推荐称誉，想要谋得重要的官位，欺上悖理！"贾捐之因此竟被处死，杨兴则被剃去头发，颈上戴枷，判处了徒刑，远徙到边塞去。

◆臣光曰：君子以正攻邪，犹惧不克。况捐之以邪攻邪，其能免乎！◆

【译文】◆臣司马光说：君子用正道去打击邪说，还担心会制服不了他们；更何况捐之是以邪恶去对付邪恶，这样怎么能免于灾难呢？◆

【乾隆御批】捐之朋比为奸，自贻伊戚。短显荐显，尤所谓授人以戈，不智之甚者。予舆氏所恶于小有才，尚非其比。兴亦倾邪小人。热中躁进，其后虽谏封王氏，实不足盖其前愆耳。

【译文】贾捐之和人勾结，相互为奸，自己给自己埋下祸患。批评石显又称赞石显，尤其是所谓把戈这一类兵器交给别人，真是不明智到了极点。予舆氏所厌恶的小有才智的人，都不能与他相比。杨兴也是邪僻小人，热衷于求官进取，后来虽然上书劝谏册封王氏，也难以掩盖他先前的污点。

【申涵煜评】小人附会，如蝇逐膻；其自戕也，如蛾扑火。彼郑朋、杨兴、贾捐之、诸葛丰之徒，倾危狙诈，卒蹈祸机，小人亦何益哉？然木必先朽也而后蠹入之，内有许、史、恭、显为之招，故此辈相扇而起耳。阴长阳消，此又汉运将衰使然。

【译文】小人附会别人，就像苍蝇追逐膻腥一样；他自杀的时候，就像飞蛾扑火一样。郑朋、杨兴、贾捐之、诸葛丰那些人阴险狡诈，最终引发了祸患，这样的小人有什么好处呢？然而，一棵树木的死亡，必然是先有腐朽部分，然后蠹虫才会进入将它啃噬致死。汉元帝朝，内有许广汉、史高、弘恭、石显作为内应，招引奸邪，所以这些人才会相互煽动勾结起来。奸恶势力兴盛，正义之道消亡，这是汉朝将要衰亡才使它变得这样啊。

徙清河王竟为中山王。

匈奴呼韩邪单于民众益盛，塞下禽兽尽，单于足以自卫，不畏郅支，其大臣多劝单于北归者。久之，单于竟北归庭，民众稍稍归之，其国遂定。

【译文】改调清河王刘竟为中山王。

匈奴呼韩邪单于势力越来越强盛，所聚集的民众越来越多，边塞的禽兽都猎杀完了，单于也能够自卫，不再畏惧郅支，于是呼韩邪的大臣们多半劝他北归旧处。时间长了，单于果然北归王庭，民众又慢慢地归附了他，呼韩邪单于的国势便因此又安定下来。

二年（己卯，公元前四二年）春，二月，赦天下。
丁酉，御史大夫韦玄成为丞相；右扶风郑弘为御史大夫。
三月，壬戌朔，日有食之。
夏，六月，赦天下。

【译文】永元二年（己卯，公元前42年）春季，二月，大赦天下。

二月丁酉日，御史大夫韦玄成被任命为丞相；右扶风郑弘为御史大夫。

三月，壬戌朔日，出现日食。

夏季，六月，大赦天下。

上问给事中匡衡以地震日食之变，衡上疏曰："陛下躬圣德，开太平之路，闵愚吏民触法抵禁，比年大赦，使百姓得改行自新，天下幸甚！臣窃见大赦之后，奸邪不为衰止，今日大赦，明日犯法，相随入狱，此殆导之未得其务也。今天下俗，贪财贱义，好声色，上侈靡，亲戚之恩薄，婚姻之党隆，苟合徼幸，以身设利，不改其原，虽岁赦之，刑犹难使错而不用也，臣愚以为宜壹旷然大变其俗。夫朝廷者，天下之桢幹也。朝有变色之言，则下有争斗之患；上有自专之士，则下有不让之人；上有克胜之佐，则下有伤害之心；上有好利之臣，则下有盗窃之民；此其本也。治天下者，审所上而已。教化之流，非家至而人说之也；贤者在位，能者布职，朝廷崇礼，百僚敬让，道德之行，由内及外，自近者始，然后民知所法，迁善日进而不自知也。《诗》曰：'商邑翼翼，四方之极。'今长安，天子之都，亲承圣化，然其习俗无以异于远方，郡国来者无所法则，或见侈靡而放效之；此教化之原本，风俗之枢机，宜先正者也。臣闻天人之际，精祲有以相荡，善恶有以相推，事作乎下者象动乎上，阴变则静者动，阳蔽则明者晻，水旱之灾随类而至。陛下祗畏天戒，哀闵元元，宜省靡丽，考制度，近忠正，远巧佞，以崇至仁，匡失俗，道德弘于京师，淑问扬乎疆外，然后大化可成，礼让可兴也。"上说其言，迁衡为光禄大夫。

【译文】 汉元帝询问给事中匡衡有关地震、日食变化的缘故。匡衡上疏说："陛下亲自为国家开辟太平盛世的大道，怜惜那些昏愚的官吏人民，触犯法禁，便每年都下令大赦天下，使民众得能改过迁善，去恶自新，真是国家之福啊！可是根据我的考察，在每次大赦以后，为非作歹的事情并没有因此减少，今天刚刚被大赦的人，明天又犯了法，一个个又被关进监狱，这大概是疏导他们的工作没有抓住重点的缘故。现在天下的社会风气，都是贪求财利而轻贱道义，崇尚奢侈，喜好声色，对于没有利害关系的亲戚都很薄情，却竞相利用婚姻关系去聚党巴结，阿谀迎合，罔顾道义，意图获得不当的利益，不惜以身试法，为利亡身，一点也不改变邪恶的本性，即使每年都在赦免囚犯，刑罚却仍然不能弃置不用，所以臣认为应该要大刀阔斧地彻底去改变一下这些不良的习俗。朝廷，是天下的根本所在。朝廷上有了不平和的言论，那么臣下便会有相争互斗的忧患；在上位的有了自以为是而专制的臣子，下面便会有不能忍让的人民；上面有了好胜嗜杀的僚属，下面便会有伤损残害的心意；上面有了贪图钱财的大臣，下面便会有偷盗抢劫的民众。这是因为下民所行，都是根据上面的教化如何。所以治理天下的国君只要仔细观察当时人民的风俗如何，便知道该如何去治理国家了。教化的推行，并不是要家家都注意到，每人都要去劝说他；只要能使贤能的人在位，能干的人尽忠职守，朝廷崇尚礼仪，文武百官互相尊敬谦让就可以了。道德的行为是要由内心发展到体外，从最近的人开始。若能如此，人民就知道该如何去效法学习，于是就能在不知不觉当中，自然而然地去改过迁善，日有长进。《诗经》说：'那商王的都邑，人民个个都能礼让恭敬，可以作为四方群众的榜样。'现在的长安，是天子的城池，人民亲承圣王的教化，但是他们的习气风俗和远方外地的人民一样，从郡国中来到京师的人，觉得并没什么值得学习的地方，有的人只看到它的奢侈浪费，就模仿了它。可见京师的习尚是一切教化的根源，是风俗如何的关键，是应该要先去端正的。臣听说天上跟人间的分际，彼此的精气，也是会互相激荡，言行的善恶，会彼此影响的，下面的人事如何，会反映到天象的变动，如果是阴气有了变化，便会发生地震，阳气遭到蒙蔽，就会产生日食，水灾、旱灾是随着不同的人事而发生的。陛下敬畏上天的警戒，只有哀怜众民，节省庞大的开支，戒绝奢侈，仔细研究先圣先贤的制度，疏远巧佞的小人，亲近忠正的君子，以提倡大仁大义，矫正败坏的风俗习惯，使道德能弘扬于京师，善名美誉能光大于域外，然后教化才可以完成，礼仪谦让可以复兴。"汉元帝很赏识他的建议，改任他为光禄大夫。

◆荀悦论曰：夫赦者，权时之宜，非常典也。汉兴，承秦兵革之后，大愚之世，比屋可刑，故设三章之法，大赦之令，荡涤秽流，与民更始，时势然也。后世承业，袭而不革，失时宜矣。若惠、文之世，无所赦之。若孝景之时，七国皆乱，异心并起，奸诈非一；及武帝末年，赋役繁兴，群盗并起，加以太子之事，巫蛊之祸，天下纷然，百姓无聊，人不自安；及光武之际，拨乱之后：如此之比，宜为赦矣。◆

【译文】◆荀悦评论说：这个囚徒的赦免，只是权宜之计，并不是正常的司法典范。汉继秦而起，延续暴秦的兵革战乱之后，在那民众几乎都身负重罪的时代，可说是每家每户都可施加刑罚，因此汉高祖便约法三章，即皇帝位以后，大赦天下，洗刷当时社会上的罪恶污秽，革新了人民，全部从头开始，这是当时的局势造成的。后代承袭了这个制度，不知道改革，对于大赦令的颁行，衍为成例，这就失去了时代意义。在惠帝、文帝的时候，就没什么大赦。在孝景帝时，发生七国叛乱，人心浮动，弄奸使诈，不一而足。到了武帝末年，赋税沉重，差役频繁，处处都发生了盗贼，加上戾太子被杀的事情，还有那混乱的灾祸，牵连所及，使得天下纷乱，百姓的生活，没有了依靠。待到光武帝起义，拨乱反正，像这样在

战乱之后，有诸如此类的事情发生，便该大赦天下了。◆

秋，七月，陇西羌乡姐旁种反，诏召丞相韦玄成等入议。是时，岁比不登，朝廷方以为忧，而遭羌变，玄成等漠然，莫有对者。右将军冯奉世曰："羌虏近在竟内背畔，不以时诛，无以威制远蛮，臣愿帅师讨之！"上问用兵之数，对曰："臣闻善用兵者，役不再兴，粮不三载，故师不久暴而天诛亟决。往者数不料敌，而师至于折伤，再三发调，则旷日烦费，威武亏矣。今反虏无虑三万人，法当倍，用六万人。然羌戎，弓矛之兵耳，器不犀利，可用四万人。一月足以决。"

【译文】 秋季，七月，陇西羌乡姐的旁支叛乱，于是天子下诏召集丞相韦玄成等人入宫商议。这时，因为收成连年不好，朝廷正为此事烦忧，又遭受到羌人的叛变，所以玄成等人都不知道该如何处理。因此没有人能提出相应的对策。右将军冯奉世便说："羌虏距离境内很近，竟敢反叛，如果不马上诛伐，就无法去征服远方的蛮夷，臣愿意率兵前去讨伐他们！"汉元帝问他要带多少兵去，冯奉世回答说："臣听说善于用兵的人，只要一次征讨，便能结束战事，不必起第二次兵，所带的粮食也不超过三年的需要，部队不宜在外面暴露耽搁很久，对于叛乱的征伐，是求能速战速决的。从前因为好几次错误估计敌情，使得军队遭到折损，虽然经过再三调派补充，但已经耽误了时日，增添了麻烦和费用，而且使朝廷的威武亏损殆尽。现在叛乱的羌虏大概有三万人，依照常理估计，我们派去征剿他们的部队应该加倍，那就是要用到六万人。但是因为羌人所使用的兵器只是弓、矛，武器并不锋锐，因此只要派四万人就够了，而且仅仅需要一个月的时间，就足以平定他们的叛乱。"

【乾隆御批】奉世所陈，颇为明决。至谓用兵之数，必计敌而倍之，欲以两人制一人，不堪一噱。白登之围。冒顿精兵四十万，法当用八十万，仓卒何由而得？

【译文】冯奉世的陈述，是很英明的决断。至于他所谈到的用兵数量，认为需要比敌人的兵力多两倍，计划用两人制服一人，这就不值得一笑了。当年汉高祖被围困白登，匈奴冒顿有精兵四十万，那么依照"常规"就应动用八十万大军，仓促之间，如何获得这么多的兵力？

丞相、御史、两将军皆以为："民方收敛时未可多发，发万人屯守之，且足。"奉世曰："不可。天下被饥馑，士马羸耗，守战之备久废不简，夷狄皆有轻边吏之心，而羌首难。今以万人分屯数处，虏见兵少，必不畏惧。战则挫兵病师，守则百姓不救，如此，怯弱之形见。羌人乘利，诸种并和，相扇而起，臣恐中国之役不得止于四万，非财币所能解也。故少发师而旷日，与一举而疾决，利害相万也。"固争之，不能得。有诏，益二千人。于是遣奉世将万二千人骑，以将屯为名，典属国任立、护军都尉韩昌为偏裨，到陇西，分屯三处。昌先遣两校尉与羌战，羌虏盛多，皆为所破，杀两校尉。奉世具上地形部众多少之计，愿益三万六千人，乃足以决事。书奏，天子大为发兵六万馀人。八月，拜太常弋阳侯任千秋为奋武将军以助之。冬，十月，兵毕至陇西，十一月，并进，羌虏大破，斩首数千级，馀皆走出塞。兵未决间，汉复发募士万人，拜定襄太守韩安国为建威将军，未进，闻羌破而还。诏罢吏士，颇留屯田，备要害处。

【译文】丞相、御史大夫和车骑将军王接、左将军许嘉都认为："人民恰好在收成的时候，不可以遣派太多的人力，只要调派

资治通鉴

一万人去屯守，大概就够用了。"冯奉世说："不可以。天下百姓现在正遭到饥荒，兵士马匹都很羸弱，守御攻战的军备，已经长时间废弃，不会再有什么挑选训练，夷狄都有轻视边吏的心意，羌人只是先发难罢了。现在我们如果仅派一万人，还要分派到几个地方去，羌虏看到兵少，一定不会害怕。我们如果要出战，军队便会遭到折损，如果要防守，百姓又不会来援助我们，这样一来，我们的劣势马上就显露出来。羌人乘着胜利，各羌种就会同时响应，鼓荡而起，到那时臣恐怕国中要派出的兵役，就不只是四万人而已，而且不只是花些钱财就能解决的。因此少派部队，空费时日而无功，和一举出兵，速战速决，这两种的利害，是相差万倍的。"即使奉世极力进言争取，最终没有获得同意。后来才下令再增加二千人。于是派遣奉世率领一万二千名士卒及马匹，以领兵屯田来当借口，向边塞进发。以典属国任立和护军都尉韩昌为偏将，到达陇西郡后，由任立、冯奉世、韩昌三人，分别率领军队屯驻在首阳、白石、临洮三个地方。韩昌先派遣了两名校尉去跟羌人作战，因为羌人太多，所以两名校尉都被羌人击败，还被杀了。冯奉世便把那里的地形和布军的多少一一地列成详细的计划，上奏给汉元帝，请求增加三万六千人，认为只有这样才能解决此次战争。奏章呈上去以后，天子果然派出许多的兵士，总共有六万多人。八月，任命太常弋阳侯任千秋为奋武将军，前去援助冯奉世。冬季，十月，全部的士兵都达到了陇西郡。十一月，各路军一起进发，攻击羌人。羌人大败，被砍头的有几千人之多，剩余的都逃出了边塞。在军事获得胜利时，汉朝又派遣了招募来的一万余名士兵，任命定襄太守韩安国为建威将军，准备进发到边塞去，在还没进发到目的时，就听说羌虏已破，于是又被调了回来。大胜后，汉元帝下令撤回派走的那些军吏士卒，只留下一些人在那里屯田，保卫在险要的地方。

资治通鉴卷第二十九　汉纪二十一

起上章执徐，尽著雍困敦，凡九年。

【译文】 起庚辰（公元前41年），止戊子（公元前33年），共九年。

【题解】 本卷记录了汉元帝刘奭永光三年至竟宁元年共九年间的历史。主要记录了宦官石显自保邀宠的种种奸猾行径，他接纳贡禹、韦玄成、匡衡，互相利用，掩饰逼杀萧望之的恶行；记录了西域都护甘延寿、副校尉陈汤明察审时，抓住战机，矫诏诛灭郅支单于，雪汉使谷吉被杀之耻，却被夸大过错，两年后才论功行赏。

孝元皇帝下

永光三年（庚辰，公元前四一年）春，二月，冯奉世还京师，更为左将军，赐爵关内侯。

三月，立皇子康为济阳王。

夏，四月，癸未，平昌考侯王接薨。秋，七月，壬戌，以平恩侯许嘉为大司马、车骑将军。

冬，十一月，己丑，地震，雨水。

复盐铁官，置博士弟子员千人。以用度不足，民多复除，无以给中外繇役故也。

【译文】 永光三年（庚辰，前41）春季，二月，冯奉世受命回到京师，孝元皇帝改任他为左将军，并赏赐他关内侯的爵位。

同年三月，汉元帝册立皇子刘康为济阳王。

夏季，四月，癸未日，平昌考侯王接过世。同年秋季七月壬戌日（七月无此日），汉元帝任命平恩侯许嘉担任大司马兼车骑将军。

冬季，十一月，己丑日（初八），国内发生地震，且又多发雨水，产生涝灾。

朝廷重新设立盐铁官；限制规定博士弟子的名额为一千人之内。实行这些政策是因为朝廷经费入不敷出，而多半百姓又免除了赋税徭役，使朝廷收入无法供给内外徭役所需费用。

四年（辛巳，公元前四〇年）春，二月，赦天下。

三月，上行幸雍，祠五畤。

夏，六月，甲戌，孝宣园东阙灾。

戊寅晦，日有食之。上于是召诸前言日变在周堪、张猛者责问，皆稽首谢；因下诏称堪之美，征诣行在所，拜为光禄大夫，秩中二千石，领尚书事；猛复为太中大夫、给事中。中书令石显管尚书，尚书五人皆其党也；堪希见得，常因显白事，事决显口。会堪疾瘖，不能言而卒。显诬谮猛，令自杀于公车。

初，贡禹奏言："孝惠、孝景庙皆亲尽宜毁，及郡国庙不应古礼，宜正定。"天子是其议。

秋，七月，戊子，罢昭灵后、武哀王、昭哀后、卫思后、戾太子、戾后园，皆不奉祠，裁置吏卒守焉。冬，十月，乙丑，罢祖宗庙在郡国者。

诸陵分属三辅。以渭城寿陵亭部原上为初陵。诏勿置县邑及徙郡国民。

【译文】 永光四年（辛巳，公元前40年）春季，二月，孝元帝大赦天下。

同年三月，汉元帝到雍城去祭祀五帝。

夏季，六月，甲戌日（二十六日），孝宣皇帝的寝园东门发生火灾。

戊寅晦日（三十日），又发生了日食。元帝召集那些先前说这些天变灾难都是因为周堪、张猛的官员进行责问，他们都跪拜于地，叩头认错谢罪。于是，孝元帝便下诏令称赞周堪、张猛的善行美德，并把他们调回京师长安，任命周堪为当朝光禄大夫，领俸禄中二千石，主管尚书事；重新任命张猛为太中大夫、给事中。可是，当时是由中书令石显主管尚书，五名尚书都与石显属于同一党，因此周堪很难见到元帝，周堪虽有建议，但常常要由石显上书汉元帝，汉元帝有所决定，也由石显进行转达。正巧，周堪又患了失音症，因喉咙沙哑，不能言语而去世。后来，石显又诬陷张猛，逼他自杀于公车官署。

当初，贡禹向汉元帝上奏章说："孝惠帝、景帝两座祭庙，与皇室的亲情已尽，所以应予撤除毁弃，另外，各个郡县、封国所设立的众多祖庙，有不合乎古代礼法规定的，也应该加以整理改正。"元帝很赞同他的想法。

秋季七月戊子日（初十），元帝便下诏罢废了高祖的母亲昭灵皇后、哥哥武哀王、姐姐昭哀后、汉武帝的皇后卫思后、孝元帝的曾祖父戾太子、戾太子之后戾后的庙园，从此这些庙园都不再按时祭祀，而只是派官兵驻守罢了。同年冬季十月乙丑日（十九日），元帝下令将郡国中那些不合乎典法礼制的宗庙一一撤除。

元帝下诏，各个帝王的陵园都不再归中央机关的太常府所管，而改为归到其陵园所在的各地方机关所管。同时又将渭城北原上寿陵亭一带设置为自己预置的陵寝，并下诏不必在将那里发展为县邑，也不需要搬迁郡国百姓去安居。

五年（壬午，公元前三九年）春，正月，上行幸甘泉，郊泰畤。三月，幸河东，祠后土。

秋，颍川水流杀人民。

冬，上幸长杨射熊馆，大猎。

十二月，乙酉，毁太上皇、孝惠皇帝寝庙园，用韦玄成等之议也。

【译文】 永光五年（壬午，公元前39年）春季，正月，元帝前往甘泉宫祭祀天神。同年三月，再到河东郡，祭祀土神。

秋季，国内颍川郡发生水灾，淹死百姓。

冬季，元帝到长杨宫射熊馆，大肆游猎。

十二月乙酉日（十六日），元帝采纳丞相韦玄成等人的意见，拆毁了太上皇和孝惠帝的祭庙。

上好儒术、文辞，颇改宣帝之政。言事者多进见，人人自以为得上意。又傅昭仪及子济阳王康爱幸，逾于皇后、太子。太子少傅匡衡上疏曰："臣闻治乱安危之机，在乎审所用心。盖受命之王，务在创业垂统，传之无穷；继体之君，心存于承宣先王之德而褒大其功。昔者成王之嗣位，思述文、武之道以养其心，休烈盛美皆归之二后，而不敢专其名，是以上天歆享，鬼神祐焉。陛下圣德天覆，子爱海内，然阴阳未和，奸邪未禁者，殆论议者未丕扬先帝之盛功，争言制度不可用也，务变更之，所更或不可行而复复之，是以群下更相是非，吏民无所信。臣窃恨国家释乐成之业而虚为此纷纷也！愿陛下详览统业之事，留神于遵制扬功，以定群下之心。《大雅》曰：

'无念尔祖，聿脩厥德。'盖至德之本也。《传》曰：'审好恶，理情性，而王道毕矣。'治性之道，必审己之所有馀而强其所不足，盖聪明疏通者戒于太察，寡闻少见者戒于壅蔽，勇猛刚强者戒于太暴，仁爱温良者戒于无断，湛静安舒者戒于后时，广心浩大者戒于遗忘。必审己之所当戒而齐之以义，然后中和之化应，而巧伪之徒不敢比周而望进。唯陛下戒之，所以崇圣德也！

【译文】 元帝喜好儒家学术和文章辞令，便更改了宣帝在时制定的一些法令制度。从此，那些喜好谈论政事、提出建议的人，多数能觐见汉元帝，向汉元帝提出他的意见，从而使得人人都自以为能引起汉元帝的注意。这时候，傅昭仪和她的儿子济阳王刘康都很得汉元帝的欢心，元帝对他们的恩宠甚至超过了皇后和太子刘骜。此时，太子少傅匡衡提出意见说："我曾经听说国家治乱安危的关键，在于人主凡事要用心谨慎。至于那承受天命的开国之君，其任务在于开创江山基业，使它世代相承，永传不朽。而继任的帝王，其任务在于一心去继承弘扬先王的功德，光大先王事业功绩。从前，周成王承继王位，他就能一心去继承文王和武王的治理之道，并以此来修养自己的心性，而有了卓越的功业。周成王便归功于文、武二帝，不敢居功自傲，因此，上天能享用他的贡品，连神灵都能保佑他。陛下圣明，关爱百姓。可是天地的寒暑变化不尽如人意，阴阳之气没有调和，奸佞邪恶也未得以杜绝的原因，大概是那些议论国事的朝廷众臣没有去弘扬先帝的盛大功德，只是在那里抨击过去的制度法令的是非，他们强调制度要有所变更，可是制度法令改变过后又无法执行，只好更改回来，最后，群臣只是在朝政上争论是非，发生纠纷，从而使得官吏百民无所适从。我常在内心痛恨，国家竟然废弃了那些已有的成就，弃人心所信服、喜好的功业于不顾，盲目地去尝试那些还在争辩不休、无据可考的想法。所以我请求陛下能去详细回顾先帝的圣德，遵从先帝遗留的法制，宣扬先帝所创的功业，从而安定群臣百姓的心。《诗经·大雅》说：'要常去怀念你的先祖，继承发扬先祖的功德啊！'这才是达到圣德的根本方法。《诗传》上是这样说的：'能知道好恶，顺应好的情性，一切治国平天下的方法，便全在这里了。'培养德行的方法是一定要知道自己的长处，并且要能取他人之所长，补自我之不足。一般而言，聪明通达之人，要警惕过于苛求别人的短处；见闻浅陋之人，要警诫自己不要遭到他人蒙蔽；勇猛刚强的之人，要戒惕自己不要变得太过凶残粗暴；仁爱温良之人，要警惕自己不要变得优柔寡断；沉静恬淡之人，要警惕自己不要流于迟缓，从而贻误时机；心胸宽广之人，要戒惕自己不要疏忽大意，以免挂一漏万。凡事一定要先明白自己应该引以为戒的，再依此行事，从而补足自己的短失，然后一切才能显得和谐顺达。这样，那些伪善、奸诈的佞人才不敢结党搭帮，企望挤入朝廷。请陛下务必鉴察，这是用来修养圣明道德的方法啊！

"臣又闻室家之道修，则天下之理得，故《诗》始《国风》，《礼》本冠、婚。始乎《国风》，原情性以明人伦也；本乎冠、婚，正基兆以防未然也。故圣王必慎妃后之际，别適长之位，礼之于内也。卑不逾尊，新不先故，所以统人情而理阴气也；其尊適而卑庶也，適子冠乎阼，礼之用醴，众子不得与列，所以贵正体而明嫌疑也。非虚加其礼文而已，乃中心与之殊异，故礼探其情而见之外也。圣人动静游燕所亲，物得其序，则海内自修，百姓从化。如当亲者疏，当尊者卑，则佞巧之奸因时而动，以乱国家。故圣人慎防其端，禁于未然，不以私恩害公义。《传》曰：'正家而

天下定矣！'"

【译文】 "臣曾经又听说，如果明白了齐家之道，也就能明白治理天下的道理。所以，《诗经》编排的先后，是从《国风》以《关雎》为先。《礼记》则以成冠礼及婚礼为礼之根本。《诗经》之所以以《国风》为始，其意是在探查情性，以明晓人伦；《礼记》之所以用冠礼和婚礼为礼之根本，这是在端本溯源，防患于未然。因此，圣明的君王一定要留意分清嫔妃与皇后的差别，将嫡长子的地位区别开来，这就是以礼来齐家之道。地位卑贱的人事事都不能超越地位高贵的人；后娶的妃子事事都不得优于原配的皇后。这是就用来理顺人情，调理阴气之法。嫡子在众子之中树立权威的方法是：嫡子成年时，在殿前的主阶上举行隆重的加冠礼，亲自用甜酒去祝贺他，庶子加冠时就不得如此。这就是用来珍视正统，辨明嫡庶之分，以避免众人迷惑啊！我所说的这些并不是去虚行这些礼仪而已，而是发自真心，对于亲密疏远尊贵卑贱，君主应有着不同的态度。可见礼仪可以探知一个人的内心，然后再让它表现出来。圣明君主的一切言行举止，包括平时所亲近的人和事，都要尊卑有序，那么就会天下大治，百姓就能遵从教化。如果理当亲近的人，反而被疏离了，应当得到尊重的人，反而被贬低了。那么那些奸佞巧诈之徒，便会乘机而动，从而扰乱国家正常运作。因此，圣人事先预防这些事情的出现，不因为个人的恩情，违背了大义。正如《易传》的卦辞所说：'能使家道端正，天下便能得以大治！'"

初，武帝既塞宣房，后河复北决于馆陶，分为屯氏河，东北入海，广深与大河等，故因其自然，不堤塞也。是岁，河决于清河灵鸣犊口，而屯氏河绝。

【译文】 当初，武帝曾派人于元丰二年堵塞了黄河决口，并在上面筑造起宣房宫。后来，黄河决口于北边的魏郡馆陶县，形成屯氏河，从东北方向的渤海郡章武县入海。因为河床宽度和深度堪比原来的黄河，所以便任其发展，不再筑堤阻塞。同年，黄河又决口于清河郡灵县西鸣犊河口，屯氏河因此断流。

建昭元年（癸未，公元前三八年）春，正月，戊辰，陨石于梁。

三月，上行幸雍，祠五畤。

冬，河间王元坐贼杀不辜废，迁房陵。

罢孝文太后寝祠园。

上幸虎圈斗兽，后宫皆坐；熊逸出圈，攀槛欲上殿，左右、贵人、傅倢伃等皆惊走；冯倢伃直前，当熊而立。左右格杀熊。上问："人情惊惧，何故前当熊？"倢伃对曰："猛兽得人止。妾恐熊至御坐，故以身当之。"帝嗟叹，倍敬重焉。傅倢伃惭，由是与冯倢伃有隙。冯倢伃，左将军奉世之女也。

【译文】　建昭元年（癸未，公元前38年）春季，正月戊辰日（二十九日），天外有陨石落于梁国。

三月，元帝到雍县拜祀五帝。

冬季，河间王刘元因为杀害了无辜的人被撤销爵位，贬逐至房陵县。

元帝下诏撤销了文帝的母亲孝文太后（高祖姬薄氏）坐落于霸陵的陵园。

元帝到虎圈去观赏猛兽搏斗，后宫的人都一起在座奉陪。有一只熊突然跳出了圈外，攀爬着栏杆，想要爬到殿上去。左右侍从、贵人包括傅婕妤在内等人都被吓跑了，只有冯婕妤一直挡在熊的前面。左右侍从赶快把熊杀死。后来，元帝便问她："为什么大家见了熊都恐惧惊走，唯独你敢向前去阻挡熊呢？"婕妤回答说：
"猛兽凶性大发时，只要抓着了一个人就会停下来。妾身是因为
担心熊会伤到皇上，所以便用自己微薄之躯去阻挡凶兽。"元帝听
了，很是感激赞叹，更加敬重冯婕妤。而傅婕妤大为惭魄，从此便
与冯婕妤之间有了隔阂。冯婕妤是左将军冯奉世的千金。

　　二年(甲申，公元前三七年)春，正月，上行幸甘泉，郊泰畤。
三月，行幸河东，祠后土。

　　夏，四月，赦天下。

　　六月，立皇子兴为信都王。

　　东郡京房学《易》于梁人焦延寿。延寿常曰："得我道以亡
身者，京生也。"其说长于灾变，分六十卦，更直日用事，以风雨
寒温为候，各有占验。房用之尤精，以孝廉为郎，上疏屡言灾异，
有验。天子说之，数召见问。

　　【译文】 二年(甲申，公元前37年)春季，正月，元帝前往甘泉
宫，在泰祭祀天神。三月，又到河东郡去祭祀后土神。

　　夏季的四月，元帝下诏大赦天下。

　　六月，元帝下诏册立皇子刘兴为信都王。

　　东郡人京房拜梁国人焦延寿为先生，跟从焦延寿学习《易
经》。焦延寿常说："因为学到我的学问而遭到丧命的，那便是京
房了。"焦延寿解说《易经》，擅长结合天灾人祸，他的卦象共分
为六十卦，每一爻主管一日，六十卦轮流交替，指定三百六十日，
六十卦更替配日行事，用风雨冷热来进行验证，从而预测每日的
福祸善恶，这种值日行事的方法各有灵验。他的学生京房对这种
占验执法尤其擅长。当他被举荐为孝廉并被任用为郎官之时，就
经常上疏汉元帝谈论天灾异象，都十分准确灵验，得到了汉元帝的

欢心，并被元帝数次召见询问。

房对曰："古帝王以功举贤，则万化成，瑞应著；末世以毁誉取人，故功业废而致灾异。宜令百官各试其功，灾异可息。"诏使房作其事，房奏考功课吏法。上令公卿朝臣与房会议温室，皆以房言烦碎，令上下相司，不可许；上意乡之。时部刺史奏事京师，上召见诸刺史，令房晓以课事；刺史复以为不可行。唯御史大夫郑弘、光禄大夫周堪初言不可，后善之。

【译文】京房回答元帝说："从前的帝王能按功提拔贤能，所以万事和谐，天降祥瑞；而到了末代的皇帝，凭借其名誉受到诋毁或是赞叹为依据提拔人才，所以功业尽遭废弃，导致灾难异象时常出现。所以现在应考察天下的官吏，考查他们的才干，考核他们的政绩，凭借才干来举用官员，那么天地间的一切灾难变异便可停止。"于是，元帝便下令让京房去策划考用贤才的方法。京房便将所拟定的考功课吏法上奏汉元帝，用来考核官吏的功绩过失，评定官吏政绩优劣。元帝就命令朝中大臣与京房在温室殿商讨此事。最后，公卿朝臣都认为京房的考绩法过于繁杂，大家认为京房使县令、县丞、县尉等上下级官吏去互相监督审察，从而预防贪赃枉法是无法实行的。可是，元帝觉得京房的办法实际可行，大有益处，便有意实施。当时刺史主管在各州中巡察官吏的政绩，听断冤狱错案，并且有罢免官吏的权力。按法令，每年岁末之时，刺史都回京向朝廷奏报一年中所巡察的事宜，汉元帝便召见他们，命令京房向刺史阐述他考课官吏的方法。这些刺史们也都一致反对。当时，只有御史大夫郑弘、光禄大夫周堪，最初反对，但后来支持其方法。

是时，中书令石显颛权，显友人五鹿充宗为尚书令，二人用事。房尝宴见，问上曰："幽、厉之君何以危？所任者何人也？"上曰："君不明而所任者巧佞。"房曰："知其巧佞而用之邪，将以为贤也？"上曰："贤之。"房曰："然则今何以知其不贤也？"上曰："以其时乱而君危知之。"房曰："若是，任贤必治，任不肖必乱，必然之道也。幽、厉何不觉寤而更求贤，曷为卒任不肖以至于是？"上曰："临乱之君，各贤其臣；令皆觉寤，天下安得危亡之君！"房曰："齐桓公、秦二世亦尝闻此君而非笑之；然则任竖刁、赵高，政治日乱，盗贼满山，何不以幽、厉卜之而觉寤乎？"上曰："唯有道者能以往知来耳。"

【译文】 这时，正值中书令石显独揽朝权，石显同党五鹿充宗任尚书令，二人同时受到元帝的信任，联合执掌天下政事。曾经，京房在公余觐见元帝，问元帝说："周幽王和周厉王为何使国家处于危亡之中的？他们所信任的都是些什么人？"元帝说："周朝末世陷于危亡是因为其国君昏庸不明，周幽王、周厉王所任用的都是一些奸佞小人。"京房又问："这些君王是因为知晓他们是奸佞小人而信任他们呢？还是因为误以为他们贤能而任用他们呢？"元帝答道："当然是认为他们贤能而任用他们的啊！"京房又问："那么为什么我们现在明白了他们是奸佞之人的呢？"元帝答："这是因为当时政局变得混乱，并且国君陷入危亡境地才知道的啊！"京房说："如此可知，任命贤人，国家必将太平，若任命奸佞之人，国家必定陷于危亡，这是必然的道理。但是，周幽王、周厉王为什么没有觉悟，从而罢黜奸佞，想办法去寻找贤人？为什么一直任命那些奸佞臣子，以至于亡国呢？"元帝说："那是因为那些陷于危亡之境的国君都认定那些佞臣都是贤士啊！若他们都能觉察到这一点了，那么天下怎么会有危亡的君主呢？"京房回答说："齐

资治通鉴

桓公、秦二世也都听说过周幽王、周厉王的为君无道而讥笑他们，可是齐桓公任用了佞臣竖刁、秦二世信任阉人赵高，使得朝政日益混乱，盗贼横行无忌，为什么他们没有以周幽王、周厉王为鉴而觉悟过来呢？"元帝说："那是因为只有圣明的君主才能借鉴往事，预测未来呀！"

房因免冠顿首曰："《春秋》纪二百四十二年灾异，以示万世之君。今陛下即位已来，日月失明，星辰逆行，山崩，泉涌，地震，石陨，夏霜，冬雷，春凋，秋荣，陨霜不杀，水，旱，螟虫，民人饥、疫，盗贼不禁，刑人满市，《春秋》所记灾异尽备。陛下视今为治邪，乱邪？"上曰："亦极乱耳，尚何道！"房曰："今所任用者谁与？"上曰："然，幸其愈于彼，又以为不在此人也。"房曰："夫前世之君，亦皆然矣。臣恐后之视今，犹今之视前也！"上良久，乃曰："今为乱者谁哉？"房曰："明主宜自知之。"上曰："不知也。如知，何故用之！"房曰："上最所信任，与图事帷幄之中，进退天下之士者是矣。"房指谓石显，上亦知之，谓房曰："已谕。"房罢出，后上亦不能退显也。

【译文】京房于是脱下了官帽，叩头说："《春秋》一书记载了二百四十二年的天灾异变，用来警示后代的君主。陛下自登基以来，也出现过日食、月食、星辰运行混乱；山崩泉涌、地震、陨石撞地；六月降霜、腊月雷鸣、春天草木凋谢、秋天枝叶繁茂、降下了霜雪草木依旧繁茂；水灾、旱灾、虫灾、百姓闹饥荒、瘟疫流行、盗贼猖獗、囚犯充斥集市等，凡《春秋》上所记记载过的灾异，现在都一一发生了。那么陛下认为我们现在是治世呢，还是一个乱世？"汉元帝说："这必然是一个很乱的时代，还用提吗！"京房说："现在陛下所重用的都是些什么人呢？"元帝说："万幸的是，现在所发生的那些天灾异变，比起前朝都还要好些，而且我认为这些灾难异变和所重用的人关系不大。"京房说："那些前代的国君，恐怕也都是这样想的啊。微臣担心后代的人看到我们今天的情形，也会像我们看从前的情形是一样的！"元帝考虑了很久，才问："那么现在扰乱国家的是谁呢？"京房说："陛下圣明，自己应该知晓。"元帝说："我不知道啊！如果知道了，又怎么会去任用他呢？"京房说："陛下最信任重用的，常召见他入宫，一起计议国家大事，掌握任免天下才士权柄的那个人便是了。"京房所指的是石显，元帝自己也知道，对京房说："我已经明白你的意思了。"京房便告退了，可是后来元帝也没能罢免石显。

◆臣光曰：人君之德不明，则臣下虽欲竭忠，何自而入乎！观京房之所以晓孝元，可谓明白切至矣，而终不能寤，悲夫《诗》曰："匪面命之，言提其耳。匪手携之，言示之事。"又曰："诲尔谆谆，听我藐藐。"孝元之谓矣！◆

【译文】◆臣司马光说：若君主的德行不够贤明，那么臣属虽想要竭尽忠心，要从哪里去入手呢？看到京房劝谏孝元帝的话，应该说已经是很明白恳切的了，但是元帝却始终不能听从采纳，真令人悲哀感叹啊！《诗经》说："我不但面对面地教导你，而且还亲自揪着你的耳朵提醒你；不但亲手提携你而且还亲自指示教导你辨别事情的是非善恶，希望你能有所觉悟。"又说："我教诲你时诚恳耐心，你却是那样的不以为是。"指的就是孝元帝这种人啊！◆

上令房上弟子晓知考功、课吏事者，欲试用之。房上"中郎任良、姚平，愿以为刺史，试考功法；臣得通籍殿中，为奏事，以防壅塞。"石显、五鹿充宗皆疾房，欲远之，建言，宜试以房为郡守。帝于是以房为魏郡太守，得以考功法治郡。

房自请："岁竟，乘传奏事。"天子许焉。

【译文】 元帝命令京房推荐他的通晓考察功课吏法的学生，想要进行试用。京房便上奏汉元帝说："中郎任良、姚平，请皇上派他去担任刺史，在各州县试行考绩功法制度。臣希望能留在朝廷，担任侍御史，向皇上转达各位公卿的奏事，以防止下情遭到梗阻，不得上达圣听。"但是，石显和五鹿充宗都很忌恨京房，想要让元帝疏远他，就上奏折给汉元帝，建议让京房去担任郡守的职务。元帝便任命京房为魏郡太守，允许他用他的考功法去治理本郡。

京房亲自向汉元帝请求："岁终的时候，请准许我可以乘坐驿站的马车前来京师，向皇上当面奏事，以免陛下受到奸臣的蒙蔽拨弄。"元帝答应了他的请求。

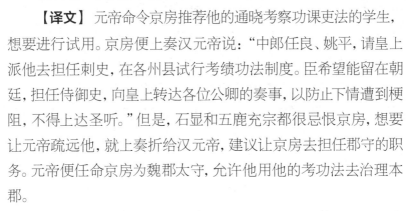

房自知数以论议为大臣所非，与石显等有隙，不欲远离左右，乃上封事曰："臣出之后，恐为用事所蔽，身死而功不成，故愿岁尽乘传奏事，蒙哀见许。乃辛已，蒙气复乘卦，太阳侵色，此上大夫覆阳而上意疑也。已卯、庚辰之间，必有欲隔绝臣，令不得乘传奏事者。"房未发，上令阳平侯王凤承制诏房止无乘传奏事。房意愈恐。

【译文】 京房知道自己已经因为多次论议国事，遭到大臣的非议，而且和石显等人有了嫌隙怨恨，所以不想远离朝堂，便上了密封的奏章给元帝说："微臣离开京师，到达魏郡以后，恐怕会被当朝执事大臣所陷害，以至于微臣身死但功业未成，所以便要求可以在年终之时，乘坐驿车，亲自到京师面圣，向皇帝奏事。承

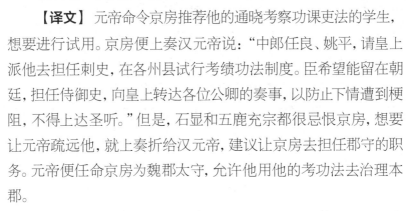

蒙皇上的哀怜，答应了微臣的请求。然而，在辛巳日（《汉书·京房传》载此封事上于二月朔，王先谦《补注》引钱大昕的说法，以为二月当作三月。二月辛巳为二月十八日。）阴蒙的昏暗气象，又触犯了用事的晋卦，昏气侵袭了阳光，这就预示将有上大夫遮蔽了阳光，侵扰了天子的心意，引起了陛下的怀疑。在己卯、庚辰这两日之间（依钱大昕说，当为二月十六日、十七日。）一定会有人要阻止我，让我无法乘坐驿车去向皇上奏事。"京房还没动身，元帝便命令阳平侯王凤下诏书给京房，禁止他以后可以乘驿车前来面圣奏事的权利，京房的心中变得更加恐慌。

　　秋，房去至新丰，因邮上封事曰："臣前以六月中言《遁卦》不效，法曰：'道人始去，寒涌水为灾。'至其七月，涌水出。臣弟子姚平谓臣曰：'房可谓知道，未可谓信道也。房言灾异，未尝不中。涌水已出，道人当逐死，尚复何言！'臣曰：'陛下至仁，于臣尤厚，虽言而死，臣犹言也。'平又曰：'房可谓小忠，未可谓大忠也。昔秦时赵高用事，有正先者，非刺高而死，高威自此成，故秦之乱，正先趣之。'今臣得出守郡，自诡效功，恐未效而死，惟陛下毋使臣塞涌水之异，当正先之死，为姚平所笑。"

　　【译文】秋季，京房动身离开长安，到达了距京师百里之外的新丰县城，便托差人向汉元帝传送了一件密封的奏章说："微臣曾经在六月中谈到遁卦的占候方法，结果是没有应验，但是我在占候法上面写道：'身怀道术的人刚一离去，便会天降大寒，而且会发生水灾。'到了七月，大水果然涌出。微臣的弟子姚平便告诉我说：'你可以说是一个通晓道术的人，却不是一个笃信的人。你所谈论的天灾变异，每一件都被你说中。现在大水已经上涌，道人应该被放逐或处死，你还有什么话可说的呢？'微臣说：'皇上最为仁慈，对待微臣尤其优待宽厚，就算微臣因为进谏而死，微臣还是要说。'姚平又说：'你不吝惜性命来进谏，只能说是一个能尽小忠的人，可是因为不能使得皇上听信谏言，所以算不上一个能尽大忠的人。秦朝，赵高被重用之时，曾有一个叫正先的人，只是因为批评讥刺赵高几句而被处死，但赵高的淫威也因此事被大家所认定。所以秦朝的败乱灭亡，也可以说是由正先引导促成的。'现在微臣被陛下任命为郡守，自当时常告诫自己为国效力，但是恐怕会来不及去为国效力，建功立业，就已经被害死。所以微臣请求皇上，不要让微臣去应验那涌水的变数，像正先那般被害死，让姚平所嘲笑。"

房至陕，复上封事曰："臣前白愿出任良试考功，臣得居内。议者知如此于身不利，臣不可蔽，故云'使弟子不若试师。'臣为刺史，又当奏事，故复云'为刺史，恐太守不与同心，不若以为太守。'此其所以隔绝臣也。陛下不违其言而遂听之，此乃蒙气所以不解、太阳无色者也。臣去稍远，太阳侵色益甚，唯陛下毋难还臣而易逆天意！邪说虽安于人，天气必变，故人可欺，天不可欺也，愿陛下察焉！"

【译文】 京房到了弘农郡的陕县上任后，又上密封奏章说："我曾经建议让任良担任刺史的职务，并希望让他去试行考功法，负责官员考绩，臣得以置身在朝堂内。那些议论此事的大臣，知道这件事对他们是不利的，陛下便不会受到他们的阻隔蒙蔽，所以就说：'与其派弟子去，不如老师亲自出面执行此事。'等到他们看到陛下要派臣去担任刺史，又有亲自向皇上奏事的权利，这对他们仍然是不利的，所以便又上书：'让臣担任刺史，恐怕在地方办事时，太守不会与刺史同心合作，不如让京房去当太守。'这是他们费尽心机，想尽办法要来阻隔我们君臣，使臣不得接近皇上的呀！可是陛下不但未斥退他们的建议，反而接纳了他们的意见，这就是朝堂之上阴蒙的昏气久不得解的原因。臣离开陛下越远，朝堂之上就越觉得幽晦不明，请皇上允许臣还京之事，从而顺应天意！邪恶阴谋虽然能骗得皇上一时信服，但是上天却会因此有所改变。所以人虽然可以被欺瞒，但是上天却是蒙蔽不了的啊！请陛下详查！"

房去月馀，竟征下狱。初，淮阳宪王舅张博，倾巧无行，多从王求金钱，欲为王求入朝。博从京房学，以女妻房。房每朝见，退辄为博道其语。博因记房所说密语，令房为王作求朝奏草，皆持柬与王，以为信验。石显知之，告房与张博通谋，非谤政治，归恶天子，诖误诸侯王。皆下狱，弃市，妻子徙边。郑弘坐与房善，免为庶人。

【译文】在京房离开长安一个多月以后，竟然被征召回京城关进监狱。当初，淮阳宪王刘钦的舅舅张博，为人奸诈，看风行事，品德低下，多次向淮阳宪王要钱，说是要设法使刘钦入朝觐见天子。张博曾跟随京房学习《易经》，并且将女儿嫁给京房，京房每次觐见天子，回家以后，都向张博说他和元帝的谈话内容，张博便暗中记住了京房所说的各种灾难变异和召见时的密语，要京房代替淮阳宪王刘钦草拟一份请求入朝的奏章，然后把这些都带回关东淮阳国，送给淮阳宪王刘钦过目。（按原文作"皆持柬与王"，"柬"，一作"东"，《汉书·京房传》亦作"东"，作"柬"或是形误。）把这些作为他工作的印证。石显知道这些事情以后，就向元帝告发说："京房和张博合谋，毁谤政治，非议天子，贻误连累诸侯王。"因此京房和张博便一起被关进监狱，后来两人都被处死，他们的妻子儿女被放逐边境。御史大夫郑弘因为和京房友善，也被牵连入罪，贬为平民。

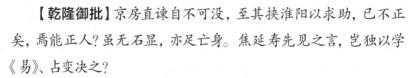

【乾隆御批】京房直谏自不可没，至其挟淮阳以求助，已不正矣，焉能正人？虽无石显，亦足亡身。焦延寿先见之言，岂独以学《易》、占变决之？

【译文】京房的直言规谏自然不可埋没，但他想通过挟制淮阳王求得帮助，自身已经不正，又怎能端正他人？因此，即使没有石显，他也必然身败名裂。焦延寿的预言，难道仅仅是他学习《易经》、占卜变异才得出的吗？

【申涵煜评】房术数可谓精矣，谋国可谓忠矣，而卒致杀身，何哉？良以疏远小臣，遽与权贵抗衡，感格无素故也。然能占灾变而不能料生死，又何以善易为？焦延寿曰："得吾道以亡身者，京生也。"论其人耶？论其数耶？神乎师哉！

【译文】京房的术数之学可以说很精深了，他为国家利益谋划可以说很忠心了，而最终引来了杀身之祸，为什么呢？诚然是因为疏远了那些卑微的小臣，就与权贵相抗衡，而平时相互之间却没有来往的原因。然而他能占卜灾祸变化，却不能料到自己的生死状况，擅长易经又有什么用呢？焦延寿说："学会了我的本事却因此而死的人，就是京房啊。"这说的是京房这个人呢？还是说京房他的术数之学呢？他的老师真神异啊。

御史中丞陈咸数毁石显，久之，坐与槐里令朱云善，漏泄省中语，石显微伺知之，与云皆下狱，髡为城旦。

石显威权日盛，公卿以下畏显，重足一迹。显与中书仆射牢梁、少府五鹿充宗结为党友，诸附倚者皆得宠位，民歌之曰："牢邪！石邪！五鹿客邪！印何累累，绶若若邪！"

显内自知擅权专柄在掌握，恐天子一旦纳用左右耳目以间己，乃时归诚，取一信以为验。

【译文】 御史中丞陈咸多次诽谤诋毁石显，时间长了，因为陈咸和槐里令朱云私交较好，便将在省中听到的话告诉朱云，被石显听到了，就上奏元帝，说御史大夫陈咸泄漏了省中的机密，结果两人都被捕入狱，剃掉了头发，罚做苦工。

石显的淫威权势日益增长，公卿以下的官员都很畏惧他，就连走路都不敢走错脚步，不敢稍有宽纵。石显和中书仆射牢梁、少府五鹿充宗结成了密党好友，所有依附他们的人，都得到了信任和高官厚禄。百姓都传唱着说："牢邪（你是姓牢的人啊）？石邪（还是姓石的啊）？五鹿客邪（是五鹿家的门客啊）！印何累累（官印怎么那样多？为什么大家都当了官），绶若若邪（绶带都那样的长呢）？"

石显内心自知专权，把持朝政，因为担心汉元帝有一天会纳用左右亲信的人而疏远自己，便想方设法及时表明自己的忠诚，就拿预先设计好的事情，作为验证。

显尝使至诸官，有所征发，显先自白："恐后漏尽宫门闭，请使诏吏开门。"上许之。显故投夜还，称诏开门人。后果有上书告"显颛命，矫诏开宫门"，天子闻之，笑以其书示显。显因泣曰："陛下过私小臣，属任以事，群下无不嫉妒，欲陷害臣者，事类如此非一，唯独明主知之。愚臣微贱，诚不能以一躯称快万众，任天下之怨。臣愿归枢机职，受后宫扫除之役，死无所恨。唯陛下哀怜财幸，以此全活小臣。"天子以为然而怜之，数劳勉显，加厚赏赐，赏赐及赂遗訾一万万。初，显闻众人匈匈，言己杀前将军萧望之，恐天下学士讪己，以谏大夫贡禹明经箸节，乃使人致意，深自结纳，因荐禹天子，历位九卿，礼事之甚备。议者于是或称显，以为不妒谮望之矣。显之设变诈以自解免，取信人主者，皆此类也。

【译文】 在石显曾经奉命到各官府去征集人力和物资时，便事先向元帝请求说："恐怕臣有时回宫已过了午夜，宫门已经关闭了，请求陛下允许我奉皇上的命令叫开宫门。"元帝答应了。一天，石显故意到了午夜才回宫，宣称是元帝的诏令，叫开了宫门入宫。后来果然有大臣上书控告"石显专擅皇帝命令，假借陛下诏令，私自叫开宫门"，元帝接到了奏章，便笑着拿给石显看。石显就泣诉道："陛下过于宠信微臣，把朝廷政事都委任给微臣去处理，群臣都因此而嫉妒我。那些想要陷害微臣的，类似这样的事不止这一次，只有圣明的君主才可以察明实情。愚臣出身低贱，能力低下，实在是不能以一身去使万人称心如意，而担负了天下人的怨恨。微臣请求陛下允许我辞去枢机的职务，而去清扫后宫，死而无恨。唯有请求皇上能够同情微臣，答应我，让微臣得以苟活性命！"元帝认为事情果真如此，就很同情石显，便常常勉励慰劳他，重重赏赐他。石显由此所得到的赏赐，加上百官群臣所赠送的财物，价值达一亿之多。最初，石显听说人们议论愤激，指责自己逼死了前将军萧望之，就很担心招致天下学士的诽谤。因为谏大夫贡禹深明儒家经典，节操高尚且有名望，于是就托人去向贡禹传达思慕、问候的情意，主动亲近他，和他深交，向天子举荐贡禹，使他历任九卿的职位，对他以厚礼相待。所以一些议论的大臣便转而赞扬石显，认为他应该不会因为妒嫉去做诽毁萧望之的事。石显善于巧设诡计，从而为自己解围，并取得君主信任，都像这样子。

◆荀悦曰：夫佞臣之惑君主也甚矣，故孔子曰："远佞人。"

非但不用而已，乃远而绝之，隔塞其源，戒之极也。孔子曰："政者，正也。"夫要道之本，正己而已矣。平直真实者，正之主也。故德必核其真，然后授其位；能必核其真，然后授其事；功必核其真，然后授其赏；罪必核其真，然后授其刑；行必核其真，然后贵之；言必核其真，然后信之；物必核其真，然后用之；事必核其真，然后修之。故众正积于上，万事实于下，先王之道，如斯而已矣！◆

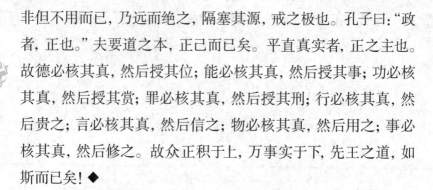

【译文】◆荀悦说：奸佞臣子迷惑君主手法真是厉害呀！所以孔子说："要远离佞人。"不仅要不任用他而已，还要离他远远的，并要隔绝他的任何关系，阻塞源头，严密地戒备他。孔子说："政治的道理，就是要能端正品行，远离奸佞。"一切高尚道德的根本，就在于能够端正自己而已。能够公平正直，就能使他言行端正。因此，对于品德，一定要经过考核是真实的，然后才能够让他担任职务；对于能力，一定也要经过真实的考验，然后才把国家要事交给他处理；对于功劳，一定要经过确切的考察，然后才能进行奖赏；对于罪责，也一定要经过确切的考察，然后才对他进行应得的刑罚；对于行为，一定要经确实的考察，然后才给他应有的尊重；对于言论，也一定要经过明确的核实，然后才能够相信他；不管什么事，都要核实过它的精确性，然后才相信使用它；众事一定要核实它的真实性，然后才去实行。所以作为君主，让所有的事情端正不倚，臣下的所作所为，才能真实不虚，古圣先王的治国要道，就是如此！◆

【申涵煜评】显既杀萧望之，恐天下学士讪己，乃擢用贡禹，与蔡京之荐龟山，石亨之举白沙，盗名欺世，古今一辙。而世人或遂为所欺者，眼孔何小！

【译文】石显已经陷害死了萧望之，他害怕天下的学士说自己坏话，便提拔任用了贡禹，这和蔡京推荐任用龟山先生杨时、石亨举荐白沙先生陈献章，盗窃名誉，欺骗世人，古往今来都是一样的路数。而当世的有些人便被他所欺骗，这些人的眼力真是太差了。

八月，癸亥，以光禄勋匡衡为御史大夫。

闰月，丁酉，太皇太后上官氏崩。

冬，十一月，齐、楚地震，大雨雪，树折，屋坏。

【译文】八月癸亥日（初三），元帝提升光禄勋匡衡为御史大夫。

闰八月丁酉日（初八），太皇太后上官氏驾崩。

冬季十一月，齐、楚两地都发生地震，还下大雪，折损了树木，毁坏了房屋。

三年（乙酉，公元前三六年）夏，六月，甲辰，扶阳共侯韦玄成薨。

秋，七月，匡衡为丞相。戊辰，卫尉李延寿为御史大夫。

冬，使西域都护、骑都尉北地甘延寿、副校尉山阳陈汤共诛斩匈奴郅支单于于康居。

【译文】三年（乙酉，公元前36年）夏季六月甲辰日（十九日），丞相扶阳恭侯韦玄成去世。

秋季七月，元帝提升匡衡为相。戊辰日（十四日），擢升卫尉李延寿为御史大夫。

冬季，元帝命西域都护、骑都尉、北地郡人甘延寿与副校尉山阳郡人陈汤一起出兵，前往康居，斩杀了郅支单于。

始，郅支单于自以大国，威名尊重，又乘胜骄，不为康居王礼，怒杀康居王女及贵人、人民数百，或支解投都赖水中。发民作城，日作五百人，二岁乃已。又遣使责阖苏、大宛诸国岁遗，不敢不予。汉遣使三辈至康居，求谷吉等死，郅支困辱使者，不肯奉诏；而因都护上书，言"居困厄，愿归计强汉，遣子入侍"。其骄嫚如此。

【译文】 最初，郅支单于自以为匈奴汗国是个大国，威名远扬受到邻国的尊重，又屡次取得了与乌孙等国的胜利，更是显得骄傲，不但对康居王不敬，还在一怒之下杀害了康居王的女儿，以及康居贵人、百姓几百人，有的甚至分尸以后，投到都赖水中去。另外，他还征调康居百姓为他建筑城垣，每天都有五百人施工，历时两年才完工。郅支单于还派出使节，指责阖苏和大宛各国，责令他们每年上贡，各个国家都不敢不给。汉朝曾经先后派出了三批使者到康居郅只单于处，去寻求查问谷吉等人的尸体下落，郅支单于竟然使汉使窘困受辱，不肯接受汉朝皇帝的诏书，还通过西域都护转达书信给汉朝天子，戏称"我现在的处境很是困苦艰难，希望能归顺强大的汉朝，接受汉朝的差遣，并且指派我的儿子入侍汉朝为人质"。郅支单于的态度骄横傲慢直至如此。

汤为人沉勇，有大虑，多策略，喜奇功，与延寿谋曰："夷狄畏服大种，其天性也。西域本属匈奴，今郅支单于威名远闻，侵陵乌孙、大宛，常为康居画计，欲降服之。如得此二国，数年之间，城郭诸国危矣。且其人剽悍，好战伐，数取胜，久畜之，必为西域患。虽所在绝远，蛮夷无金城、强弩之守。如发屯田吏士，驱从乌孙众兵，直指其城下，彼亡则无所之，守则不足自保，千载之功可一朝而成也！"

【译文】陈汤为人沉着勇敢，思虑远大，富有计策谋略，渴望建立不世功勋。他和甘延寿商议说："边境各族畏惧服从强大的种族，这是他们的天性。西域各国本来就在匈奴的势力范围，现在郅支单于威名远扬，不断侵略乌孙、大宛两国，经常替康居王国出谋划策，想要降服乌孙、大宛两国。如果让他征服了这两个国家，只要几年光景，那些不再游牧设有城郭的西域王国就会陷入危险的境地。而且郅支单于性情剽悍，喜好战争，且不断取得胜利。如让他长久地发展下去，一定会成为西域的祸患。虽然他地处边远之地，不便于征伐，但是蛮夷没有很坚固的城池堡垒，也没有强弩手来防守城郭。如果我们能征发在车师屯田的官兵前往，并驱使乌孙的部众随从，直接攻到他们城下，那时，他们想要逃亡，也没地方可逃，想要防守，也无法固守。这种千载难逢的功劳，便可以由我们一朝完成啊！"

延寿亦以为然，欲奏请之。汤曰："国家与公卿议，大策非凡所见，事必不从。"延寿犹与不听。会其久病，汤独矫制发城郭诸国兵、车师戊己校尉屯田吏士。延寿闻之，惊起，欲止焉。汤怒，按剑叱延寿曰："大众已集会，竖子欲沮众邪！"延寿遂从之。部勒行陈，汉兵、胡兵合四万馀人。延寿、汤上疏自劾奏矫制，陈言兵状，即日引军分行，别为六校：其三校从南道逾葱领，径大宛；其三校都护自将，发温宿国，从北道入赤谷，过乌孙，涉康居界，至阗池西。

【译文】延寿很认同他的看法，想要请求汉元帝准可。陈汤便说："这样一来，皇上便会召集公卿大臣一起商议，这样重大的策略，不是寻常的人所能想得到的，商议的结果，一定不会获得他们的准可。"延寿听罢心里迟疑不定，不敢轻易采纳陈汤的建议。

这时正好遇到延寿久病卧床，陈汤就擅自假托皇上的命令，征调了西域诸国士兵与屯田在车师戊己校尉的那些军士。甘延寿听到这消息，大惊而起，想要去阻止他这样做。陈汤很生气，按着剑，呵斥甘延寿说："所有的部队都已经集结在一起了，你这个小子想要来阻止大军建功吗？"延寿只好听从了他的建议。分派部署好队伍，总计汉兵和胡兵共四万多人。于是甘延寿、陈汤便呈上了奏章，弹劾自己假托圣旨的罪状，并且陈述当时部队调动的具体情况。当日便率兵分别进军，大军共分为六部：其中的三部，从南道越过葱领，穿过大宛国；另外的三部，由都护亲自率领，从温宿国出发，途径北道，进入赤谷，穿过乌孙国，沿着康居国的边界，抵达了阗池的西部。

资
治
通
鉴

　　而康居副王抱阗将数千骑寇赤谷城东，杀略大昆弥千馀人，驱畜产甚多，从后与汉军相及，颇寇盗后重。汤纵胡兵击之，杀四百六十人，得其所略民四百七十人，还付大昆弥，其马、牛、羊以给军食。又捕得抱阗贵人伊奴毒。入康居东界，令军不得为寇。间呼其贵人屠墨见之，谕以威信，与饮、盟，遣去。径引行，未至单于城可六十里，止营。复捕得康居贵人贝色子男开牟以为导。贝色子，即屠墨母之弟，皆怨单于，由是具知郅支情。

　　【译文】这时，康居国的副王抱阗也率领着几千名骑兵，进军寇赤谷城的东部，攻杀劫掠了乌孙大昆弥的百姓一千多人，抢回了很多马、牛、羊等牲口财产，然后又回军尾随在汉军之后，侵夺了一些汉军后行的辎重。陈汤便命令胡兵去迎战，杀了敌军四百六十人，又夺回被他劫走的乌孙民众四百七十人，交还给大昆弥。至于那些抢回来的马、牛、羊就留作部队食物。又捉到抱阗手下的贵族伊奴毒。攻入了康居东方的边界后，陈汤严肃军纪，命令军队不得侵扰抢掠。秘密召见他的贵族屠墨，以汉军的威信晓谕他，摆下酒席宴请他，结盟以后，又送他回去。然后由他做向导，在离新建单于城差不多六十里的地方安营扎寨。后来又捉到康居的贵族具色的儿子开牟，命令他当向导。具色的儿子开牟就是屠墨的母舅，他们都痛恨单于的残暴无道，因此汉朝对于郅支单于的事情，便知晓得很清楚。

　　明日，引行，未至城三十里，止营。单于遣使曰："汉兵何以来？"应曰："单于上书言：'居困厄，愿归计强汉，身入朝见，'天子哀闵单于弃大国，屈意康居，故使都护将军来迎单于妻子。恐左右惊动，故未敢至城下。"

　　使数往来相答报，延寿、汤因让之："我为单于远来，而至今无名王、大人见将军受事者，何单于忽大计，失客主之礼也！兵来道远，人畜罢极，食度且尽，恐无以自还，愿单于与大臣审计策！"

　　【译文】　第二天，就由开牟带路出发，在距离单于城三十里的地方扎下营寨。郅支单于派了使者去问汉军说："你们为什么到这里来呢？"汉军回答说："这是因为你们的单于曾上书给汉朝天子说：'现在处境很困穷艰苦，希望能归降强大的汉朝，听从汉朝的差遣，并且单于能亲身到长安朝见天子。'天子便很怜悯单于，想到他舍弃了那么大的国家，屈身到康居国，所以派都护将军来迎接单于的妻子儿女。又恐怕惊动单于左右亲随，因此不敢直接到达城下。"

　　双方使者来往交涉了好几次，甘延寿和陈汤便谴责单于说："我们为了你们，从中土远道而来，可是到了现在，却没有任何一个显贵的匈奴王或是贵族来见将军，接受命令供事，为什么单于对国家大事是这样的疏忽，招待客人这样失礼呢？军队远道而来，人马都很疲惫，粮草也将要耗尽，恐怕不能够回程，希望单于能和他的大臣们商议出一个办法来。"

明日，前至郅支城都赖水上，离城三里，止营傅陈。望见单于城上立五采幡帜，数百人被甲乘城；又出百馀骑往来驰城下，步兵百馀人夹门鱼鳞陈，讲习用兵。城上人更招汉军曰："斗来！"百馀骑驰赴营，营皆张弩持满指之，骑引却。颇遣吏士射城门骑、步兵，骑、步兵皆入。延寿、汤令军："闻鼓音，皆薄城下，四面围城，各有所守，穿堑，塞门户，卤楯为前，戟弩为后，仰射城楼上人。"楼上人下走。土城外有重木城，从木城中射，颇杀伤外人。外人发薪烧木城，夜，数百骑欲出，外迎射，杀之。

【译文】次日，汉朝大军挺进到郅支城的赖水畔，在离城只有三里的地方扎营布阵。望见单于城上五彩的旗帜高高飘扬，有几百个匈奴人都披着战甲，拿着武器守备在城墙上；城中又冲出一百多名骑兵，在城下往来奔驰；一百多名匈奴步兵，在城门两旁结成鱼鳞阵。城上的人向汉军挑战说："打过来啊！"最后，那一百多名骑兵直奔汉营，汉营都张满弓弩全副武装指向他们，胡骑只好退回了城。汉军便派遣了一些弓弩手射向在城门的那群正在操练的骑兵和步兵，那群匈奴骑兵和步兵就都退回了城。甘延寿和陈汤下令说："听到鼓声时，各军各部都要逼近城下，从四面包围单于城，各军都各有工作，有的要挖掘壕沟，有的要堵塞射击孔，盾牌手在前，长枪手、弓弩手在后，向上射杀城楼上的敌人。"攻击开始后，楼上的敌人便退下逃走。在土城外另有两层木城墙构成重木城，匈奴士兵又在木城中去射杀汉军，汉军伤亡较大。于是，汉军便搬来了木柴，纵火烧毁木城。到了夜晚，有几百名匈奴骑兵想要逃出城外，汉军就迎面痛击发箭，全数射杀了他们。

初，单于闻汉兵至，欲去，疑康居怨己，为汉内应，又闻乌孙诸国兵皆发，自以无所之。郅支已出，复还，曰："不如坚守。汉兵远来，不能久攻。"单于乃被甲在楼上，诸阏氏、夫人数十皆以弓射外人。外人射中单于鼻，诸夫人颇死；单于乃下。夜过半，木城穿，中人却入土城，乘城呼。时康居兵万馀骑，分为十馀处，四面环城，亦与相应和。夜，数奔营，不利，辄却。平明，四面火起，吏士喜，大呼乘之，钲鼓声动地。康居兵引却；汉兵四面推卤楯，并入土城中。单于男女百馀人走入大内。

【译文】起初，郅支单于听说汉兵抵达，便想要逃离此城，但他怀疑康居王怨恨自己，投靠了汉朝，替汉朝当内应，又听说乌孙王国等西域各国都派了兵来协助汉军，就自以为无可逃亡。所以郅支单于原本已逃出单于城，却又返回，说："不如坚守着城池。汉兵远征而来，肯定不能持久攻城。"于是郅支单于披甲执锐登上城楼指挥作战，他的几十个阏氏和夫人，每一个都拿着弓箭，射向汉军，参与守城。等汉军弓弩手射中了单于的鼻子，他的夫人也伤亡了不少，单于这才撤下了城楼。午夜之后，木城烧穿攻破，本在木城中的匈奴守兵便都退入土城，登上城楼呼号呐喊。这时康居国的一万多名骑兵援军分成十多批，从四面围绕着单于城，也和城上匈奴守兵相应和。入夜，这些骑兵援军多次冲向汉营，都没能得逞，于是又都退了回去。天刚亮时，四面八方都烧起了大火，汉朝的吏士士气振奋，便趁着火势呼号着进攻。金钟和大鼓的声音齐鸣，声震大地，康居兵只好退却扎营，汉军执着盾牌，从四面前进，一举攻入土城之中。郅支单于率领眷属、亲随一百多人都逃到王宫。

汉兵纵火，吏士争入，单于被创死。军候假丞杜勋斩单于首。得汉使节二及谷吉等所赍帛书。诸卤获以畀得者。凡斩阏氏、太子、名王以下千五百一十八级；生虏百四十五人，降虏千馀人，赋予城郭诸国所发十五王。

【译文】汉兵放火焚烧王宫，官兵们都争先抢入宫内，郅支单于身受重伤而死，担任军候而兼理都护丞的杜勋便砍下单于的首级。最后，汉军搜寻出了两个汉朝的使节以及谷吉等人所带来的帛书。其他所有的虏获的财物都归抢掠者所有。这一战一共斩杀了阏氏、太子和显贵的匈奴王以下一千五百一十八名；活捉的一百四十五人；投降的一千多人，都分配给派兵与汉军共围单于城的西域十五国。

四年(丙戌，公元前三五年) 春，正月，郅支首至京师。延寿、汤上疏曰："臣闻天下之大义当混为一，昔有唐、虞，今有强汉。匈奴呼韩邪单于已称北藩，唯郅支单于叛逆，未伏其辜，大夏之西，以为强汉不能臣也。郅支单于惨毒行于民，大恶通于天。臣延寿，臣汤，将义兵，行天诛，赖陛下神灵，阴阳并应，天气精明，陷陈克敌，斩郅支首及名王以下，宜县头槀街蛮夷邸间，以示万里，明犯强汉者，虽远必诛！"丞相匡衡等以为："方春，掩骼、埋胔之时，宜勿县。"诏县十日，乃埋之。仍告祠郊庙，赦天下。群臣上寿，置酒。

【译文】四年（丙戌，公元前35年）春季正月，郅支单于的首级被送到了京师长安。甘延寿和陈汤上奏章说："微臣听闻所谓天下的大义，应该是指能统一四海，使四海都听从一人的命令，从前有唐尧、虞舜成就伟业，现在则有强大的汉朝担当大义。匈奴的呼韩邪单于如今已经归顺大汉，称为北藩，唯有郅支单于仍敢叛乱大汉，还没服罪。他们逃亡到西域的大夏国以西荒凉之地，自认为强大的汉朝无法使他们臣服。郅支单于对待百姓残忍狠毒，巨大的罪恶上能通天。臣延寿、臣汤因此率领着仁义之师，代天诛伐征讨。幸好依赖皇上的神明圣德，又得到天地阴阳人神各方面的顺应，还有那天气的晴朗，所以得以克敌陷阵，斩杀了单于、显贵的匈奴王和单于的眷属以及亲信贵人。现在应该把他们的头悬挂在长安城门内的槀街，高高地悬挂在招待蛮夷的客馆上，用来昭示远在万里之外的蛮夷，让他们知道，冒犯强大汉朝的人，虽处在万里之外，也一定会遭受到征讨诛杀！"丞相匡衡等大臣认为："现在正值春令，天地好生，正是掩埋白骨死尸的时候，因此，单于的首级不宜悬挂。"最后，元帝下诏悬挂了十天，然后才加以掩埋。还依照惯例祭祀祷告了天地宗庙，大赦天下，满朝文武都为皇帝祝寿，并举行酒宴

六月，甲申，中山哀王竟薨。哀王者，帝之少弟，与太子游学相长大。及薨，太子前吊。上望见太子，感念哀王，悲不能自止。太子既至前，不哀，上大恨曰："安有人不慈仁，而可以奉宗庙，为民父母者乎！"是时驸马都尉、侍中史丹护太子家，上以责谓丹，丹免冠谢曰："臣诚见陛下哀痛中山王，至以感损。向者太子当进见，臣窃戒属，毋涕泣，感伤陛下；罪乃在臣，当死！"上以为然，意乃解。

蓝田地震，山崩，壅霸水；安陵岸崩，壅泾水，泾水逆流。

【译文】 六月，甲申日（初五），中山哀王刘竟去世。中山哀王也就是汉元帝最小的弟弟，从小就与太子一起宴游讲学，他们是一起长大的。中山哀王逝世的时候，太子就前往吊祭哀王。于

是汉元帝一看见太子，就感念中山哀王的去世，甚至悲伤得到了无法控制自己的地步。太子到了中山哀王的灵前，竟然一点也不哀恸，于是汉元帝就很生气地说："怎么会有一个心地不慈不仁的人，却可以奉祭祖庙，继承帝位，成为百姓的父母呢？"这个时候驸马都尉、侍中史丹奉汉元帝的命令作为太子的师傅，于是汉元帝便去指责史丹，史丹赶紧脱下了官帽向汉元帝谢罪说："其实臣是因为看见陛下为中山哀王的离去感到哀伤痛苦，激动到就连神气都受到了损耗，因此当太子要来觐见皇上，哀祭中山哀王的时候，臣便暗中劝诫嘱咐太子，不要再去悲泣流泪，免得又使皇上因此感伤进而耗损了陛下的神气。所以这不慈、不仁的罪过，其实应该由臣来承担，臣所犯下的罪应当判臣死刑！"汉元帝觉得史丹说得有道理，心意这才宽解了起来。

京兆的蓝田发生地震，山崩，壅塞了霸水；安陵堤岸崩塌，壅塞了泾水，导致泾水的河水倒流。

五年(丁亥，公元前三四年)春，三月，赦天下。

夏，六月，庚申，复戾园。

壬申晦，日有食之。

秋，七月，庚子，复太上皇寝庙园、原庙、昭灵后、武哀王、昭哀后、卫思后园。时上寝疾，久不平，以为祖宗谴怒，故尽复之；唯郡国庙遂废云。

是岁，徙济阳王康为山阳王。

匈奴呼韩邪单于闻郅支既诛，且喜且惧；上书，愿入朝见。

【译文】五年(丁亥，公元前34年)春季，三月，汉元帝下令大赦天下。

夏季，六月，庚申日(十七日)，汉元帝下令修复戾园。

74

壬申晦日（二十九日），发生了日食。

秋季，七月，庚子日（二十八日），汉元帝又下令修复了太上皇的陵寝园庙，以及高祖庙、昭灵后、武哀王、昭哀后、卫思后等人的园庙。因为汉元帝当时正染病卧床，很长时间都不能痊愈，汉元帝便认为是祖宗在生气谴责他，因此就把在永光四年废掉的陵园又全部都修复了起来，只有在郡国中的那些园庙没有修复。

这一年，汉元帝下令将济阳王刘康改封为山阳王。

匈奴的呼韩邪单于听说郅支单于已经被杀了以后，感到既高兴，又害怕，便向汉元帝上书请求入朝晋见。

竟宁元年（戊子，公元前三三年）春，正月，匈奴呼韩邪单于来朝，自言愿婿汉氏以自亲。帝以后宫良家子王嫱字昭君赐单于。单于欢喜，上书"愿保塞上谷以西至燉煌，传之无穷。请罢边备塞吏卒，以休天子人民。"天子下有司议，议者皆以为便。郎中侯应习边事，以为不可许。上问状，应曰："周、秦以来，匈奴暴桀，寇侵边境；汉兴，尤被其害。臣闻北边塞至辽东，外有阴山，东西千馀里，草木茂盛，多禽兽，本冒顿单于依阻其中，治作弓矢，来出为寇，是其苑囿也。至孝武世，出师征伐，斥夺此地，攘之于幕北，建塞徼，起亭隧，筑外城，设屯戍以守之，然后边境得用少安。幕北地平，少草木，多大沙，匈奴来寇，少所蔽隐；从塞以南，径深山谷，往来差难。边长老言：'匈奴失阴山之后，过之未尝不哭也！'如罢备塞戍卒，示夷狄之大利，不可一也。今圣德广被，天覆匈奴，匈奴得蒙全活之恩，稽首来臣。夫夷狄之情，困则卑顺，强则骄逆，天性然也。前已罢外城，省亭隧令，裁足以候望，通烽火而已。古者安不忘危，不可复罢，二也。中国有礼义之教，刑罚之诛，愚民犹尚犯禁；又况单于，能必其众不犯约哉！三也。自中国尚建关梁以制诸侯，所以绝臣下之觊欲也。设塞徼，置屯戍，非独为匈奴而已，亦为诸属国降民本故匈奴之人，恐其思旧逃亡，四也。近西羌保塞，与汉人交通，吏民贪利，侵盗其畜产、妻子，以此怨恨，起而背畔。今罢乘塞，则生嫚易分争之渐，五也。往者从军多没不还者，子孙贫困，一旦亡出，从其亲戚，六也。又边人奴婢愁苦，欲亡者多，曰：'闻匈奴中乐，无奈候望急何！'然时有亡出塞者，七也。盗贼桀黠，群辈犯法，如其窘急，亡走北出，则不可制，八也。起塞以来百有馀年，非皆以土垣也，或因山岩、石、木、溪谷、水门，稍稍平之，卒徒筑治，功费久远，不可胜计。臣恐议者不深虑其终始，欲以壹切省繇戍，十年之外，百岁之内，卒有它变，障塞破坏，亭隧灭绝，当更发屯缮治，累世之功不可卒复，九也。如罢戍卒，省候望，单于自以保塞守御，必深德汉，请求无已；小失其意，则不可测。开夷狄之隙，亏中国之固，十也。非所以永持至安，威制百蛮之长策也！"对奏，天子有诏："勿议罢边塞事。"使车骑将军嘉口谕单于曰："单于上书愿罢北塞吏士屯戍，子孙世世保塞。单于乡慕礼义，所以为民计者甚厚，此长久之策也。朕甚嘉之！中国四方皆有关梁障塞，非独以备塞外也，亦以防中国奸邪放纵，出为寇害，故明法度以专众心也。敬谕单于之意，朕无疑焉。为单于怪其不罢，故使嘉晓单于。"单于谢曰："愚不知大计，天子幸使大臣告语，甚厚！"

【译文】竟宁元年（戊子，公元前33年）春季，正月，匈奴呼韩邪单于前往朝见汉元帝，向汉元帝说希望能够娶汉女为妻，使自己能够成为汉朝的女婿。于是汉元帝就把后宫中的一个良家女子王嫱，字昭君，赐给了呼韩邪单于。呼韩邪单于感到很高兴，于是向汉元帝上书说是"愿意为汉朝防守边塞，使从上谷郡以西，直到敦煌郡的四千多里地，都能够传世无穷，并且保证永远顺从汉朝。同时请求皇上可以撤去在边境上戍守的士兵，以使百姓能够得到休养生息。"汉元帝便将呼韩邪单于的上书交付给相关官员去审议，大部分参与审议的人都认为可以采纳呼韩邪单于的这个建议。但是郎中侯应因为很熟悉边塞上的各种事情，所以他认为不可以答应。于是汉元帝就问他原因，侯应回答说："自从周朝、秦朝以来，匈奴便一直很残暴并且嗜杀，常常去侵略我们的边境。而自从汉朝兴起以来，更是经常受到他们的祸害。臣曾经听说，从北方的边塞一直到辽东郡的地方，外面有阴山，东西一共有一千余里地，草木十分茂盛，禽兽也有很多，那里本来是冒顿单于所占据的地方。就是在那里，他们制作弓箭，常常出来侵略盗窃，那里是他们的一个园圃。等到了孝武帝的时候，才派兵去征伐他们，然后开辟了这一片土地，把他们赶到了沙漠以北的地方，在这里，汉朝修建了用来防守的要塞、小路，兴建了用来守望的据点、亭障，还修筑了如光禄塞、受降城、遮虏障等这样不少的外城，此外更是派了驻军去屯兵防守，就是这样然后边境才可以稍稍得到安宁。而在沙漠以北的地方，土地很平坦，草木也很稀少，最多的就是大沙丘了，匈奴如果来侵略盗窃，那么就没有什么可以抵挡他们；而且从边塞向南的地方，几乎都是一些深碃难行的山谷，连往来都很困难。所以边塞上的老人就曾经说过：'匈奴自从失去阴山以后，每次再经过阴山的时候，没有一次不伤感哭泣的。'所以如果我们现在撤去在边塞上守备的官吏和士兵，这就是给夷狄提供了一个大好的机会，这是我们不可以从边塞上撤兵的第一个理由，更何况现在皇上的圣德在天下广播，就像上天一般庇护着匈奴，匈奴承蒙到我们保全救活他们的恩惠，所以才向我们俯首称臣。但是那些夷狄的性情，当在他们遇到苦难的时候，就很卑微顺从，可是一旦他们强盛起来了，便傲慢叛逆难以驯服，他们的天性如此。何况我们在汉宣帝地节二年的时候，才撤掉了塞外的诸城，裁去了一些亭隧，现在所剩下的，也仅仅够足供观望敌情，以方便用烽火与都城沟通而已。过去的人是在安定的时候不会忘记危险的存在，所以我们现在对于边塞上的官吏和士兵，是再也不能有所裁减的了，这是第二个理由。在中国的境内，有着礼义的教化，刑罚的制约，可是一般的愚民还是会去触犯禁条更何况是化外的单于呢？我们能确定那些夷狄一定不会违背彼此的誓言和约定吗？这是第三个理由。在中国的本土，我们都还要修筑关卡、津梁，用来控制各诸侯，以此来阻断消灭臣子的非分之想。所以设置边塞巡边，设置守军屯戍，并不只是为了防备匈奴而已，也是为了我们那些属国的降民，他们本来就是匈奴人，我担心他们会因为思念故乡而逃亡，这是第四个理由。而且近几年来我们有西羌保守边塞，和汉人交往，但是我们的官吏和百姓为了贪图一点利益，就去夺取他们的畜产、妻子和子女，这引起了他们的怨恨，进而发生了一些叛乱的事情。如果我们现在撤掉了可以登到高处进行看守的那些要塞，那么便会使得那些夷狄生出轻慢欺诬的想法，从而引起许多纠缠不清的纷争，这是第五个理由。此外，以前从军的人，有很多人都沦陷在了塞外，不再回汉朝了，但是这些人的子孙都很贫困，一旦有了机会，他们便会逃亡到塞外，去跟随他在塞外的亲戚，这是第六个理由。还有边境的人的奴婢都很愁怨苦闷，有很多人都想要逃亡，那些人都说：'听说在匈奴中生活的人过得都很快乐，但是无奈边境上看守得很严密，我们找不到机会过去啊！'可是尽管这样也经常有逃亡到塞外的人，这是第七个理由。盗贼都很凶恶奸诈，但是他们犯了法，如果被追捕通缉得很紧急，就会向北逃亡到境外去，那么我们便无法制服他们了。这是第八个理由。自从汉武帝开始建筑要塞以来，到现在已经有一百多年了，但是这些边塞并不都是用土墙修筑而成的，有的是借着山上的崖壁、岩石、树木、河谷，或者调节水量的水门，稍微平整了一下，由那些士兵和囚徒慢慢修筑完成的，为此所花费掉的劳力、费用和时间，多得甚至无法计算。臣担心那些参与商议的人，并没有好好地考虑到兴建这些要塞的始末，只是想要为了节省徭役戍守的花费，而忽略了事情的长短利害，便轻易地下了决定。如果这样，那么，在十年之后，百年之内，如果有突然发生的事端，到了那个时候，障塞已经被破坏了，亭隧也已经被毁掉了。那样的话就得再去调遣屯卒前往兴建，但是那便是花费上几年的工夫，也不可能马上就修复的，这是第九个理由。如果我们撤回了驻守边境的士兵，节省了观望警戒的人，呼韩邪单于就会自以为自己替汉朝保护守卫了要塞，守住了汉朝的边境，因而认为他对汉朝有了很大的贡献，于是便会不断地对我们有所要求，如果我们稍微不能够满足他的心意，那么后果就很难预料了。这其实是在给夷狄制造机会，进而损毁中国自己坚固的国防，这是不能撤除边防的第十个理由。所以说撤除边塞并不是保证国家永保太平、制服蛮夷之计啊！"侯应的奏对呈上去以后，汉元帝便下了诏令说："不要再去谈论要撤除边塞的事情了。"然后就派了车骑将军许嘉去口头传谕呼韩邪单于说："单于向皇上上书认为汉朝可以撤去北方边塞上的官吏士兵，并且表示愿意子子孙孙、世世代代替汉朝保护守卫我们的边境。单于对我们教化、礼义的向往、仰慕，为百姓做打算的这一番情意，的确是非常的深厚。这也的确是一个使国家长治久安的好计策，朕非常赞同！只是中国的四面八方都设置有关卡、津梁、亭障、城塞，这并不只是为了防备塞外的敌人而已，也是用来防备中国境内的奸邪小人，万一他们的言行越矩放纵，并因而逃离了边境，逃出边塞成为祸害，因此只好如此地修明法度，来使民心专一，使他们不敢去做恶事。对于单于的美意，朕是确信无疑的。因为担心单于责怪朕为什么不撤去边防，所以才特意派了许嘉去向单于说明情况。"呼韩邪单于感谢说："我实在是太愚笨了，不知道大汉天子的周详大计，幸好皇上能够派大臣前来告知我，皇上对我实在是太好了。"

初，左伊秩訾为呼韩邪画计归汉，竟以安定。其后或谮伊秩訾自伐其功，常鞅鞅，呼韩邪疑之；伊秩訾惧诛，将其众千馀人降汉，汉以为关内侯，食邑三百户，令佩其王印绶。及呼韩邪来朝，与伊秩訾相见，谢曰："王为我计甚厚，令匈奴至今安宁，王之力也，德岂可忘！我失王意，使王去，不复顾留，皆我过也。今欲白天子，请王归庭。"伊秩訾曰："单于赖天命，自归于汉，得以安宁，单于神灵，天子之祐也，我安得力！既已降汉，又复归匈奴，是两心也。愿为单于侍使于汉，不敢听命！"单于固请，不能得而归。

【译文】 起初，左伊秩訾王为呼韩邪单于计划过向汉朝归顺的事情，使得呼韩邪单于最终得以安定下来。但是后来，有人向呼韩邪单于进谗言诋毁左伊秩訾，说他自己常常矜夸他有安定匈奴的功绩，心里常常感到不高兴，于是呼韩邪单于就对他起了疑心。左伊秩訾担心自己被杀害，便带了一千多名部众向汉朝投降，于是汉朝就封他为关内侯，并且给了他关内三百户的封邑，而且还让他佩带匈奴王的印绶。等到呼韩邪单于来朝见汉天子，和左伊秩訾相见的时候，便向他谢罪："王爷为我想到的计策实在是很好，正是它使得匈奴直到今天仍然得以安宁无事，这可都是王爷的功劳啊？这种恩德，我哪里可以忘记呢？可是我却违背了王爷的心意，使得王爷离我而去，不再对匈奴有所顾念，这全部都是我的过错。现在我想要告知皇上，请他能够让王爷回到匈奴来。"但是左伊秩訾说："单于是幸好接受了上天的旨意，自行归顺汉朝，才得以使匈奴得到安宁，这是单于的神明使然，也是汉天子的庇佑，我哪里有什么功劳啊！更何况现在我既然已经向汉朝投降了，如果我又回到匈奴去了，这便是心有二属，而没有忠心可言了。还请您能够让我充当单于的使者，在汉朝继续留侍，我不能够听从您的命令回到匈奴去。"尽管呼韩邪单于再三地向他请求，但是最终也无法说动左伊秩訾返回匈奴。

　　单于号王昭君为宁胡阏氏；生一男伊屠智牙师，为右日逐王。

　　皇太子冠。

　　二月，御史大夫李延寿卒。

　　初，石显见冯奉世父子为公卿著名，女又为昭仪在内，显心欲附之，荐言："昭仪兄谒者逡修敕，宜侍幄帷。"天子召见，欲以为侍中。逡请间言事。上闻逡言显颛权，大怒，罢逡归郎官。及御史大夫缺，在位多举逡兄大鸿胪野王；上使尚书选第中二千石，而野王行能第一。上以问显，显曰："九卿无出野王者。然野王，亲昭仪兄，臣恐后世必以陛下度越众贤，私后宫亲以为三公。"

　　【译文】呼韩邪单于称呼王昭君为宁胡阏氏，后来王昭君生下了一个男孩，起名叫伊屠智牙师，日后伊屠智牙师当了右日逐王。

　　皇太子进行了冠礼。

二月，御史大夫李延寿去世了。

起初，石显看到冯奉世父子身为公卿并且十分有名声，女儿又被封为了昭仪，处在宫内，心里便想要去依附他，就向汉元帝推荐他说："昭仪的哥哥谒者冯逡，言行十分廉洁整饬，应该让他在宫中侍奉。"于是天子便召见了他，想要任命他为侍中。冯逡就请求汉元帝能够让左右的侍从退下，给他一个能够单独向汉元帝进言的机会，好让他能够把自己想说的话都说出来。汉元帝听到冯逡是要说石显专权的事情，感到非常生气，就免退了冯逡，让他回去继续做郎官。等到御史大夫出现空缺的时候，在位的大臣大多都推举冯逡的哥哥大鸿胪冯野王，于是汉元帝便派尚书在官秩二千石的官员中，去挑选有德行和才能的人，将他们的高下评定好再奏呈，结果野王的排名是第一。汉元帝就去询问了石显，石显说："在九卿当中，如果只是论才德的话，的确是没有比野王更好的了，只是野王是昭仪的亲哥哥，臣担心后世的人会认为陛下是越过了在朝的每一位贤达，为了偏私后宫的亲戚，所以才会特别选任他去担任三公的职务。"

上曰："善，吾不见是！"因谓群臣曰："吾用野王为三公，后世必谓我私后宫亲属，以野王为比。"三月，丙寅，诏曰："刚强坚固，确然亡欲，大鸿胪野王是也。心辨善辞，可使四方，少府五鹿充宗是也。廉洁节俭，太子少傅张谭是也。其以少傅为御史大夫。"

河南太守九江召信臣为少府。信臣先为南阳太守，后迁河南，治行常第一。视民如子，好为民兴利，躬劝耕稼，开通沟渎，户口增倍。吏民亲爱，号曰"召父"。

癸未，复孝惠皇帝寝庙园、孝文太后、孝昭太后寝园。

【译文】 汉元帝听后说："对啊，我竟然没有想到这一点！"于是便告诉群臣说："如果我任用野王为三公，后世的人一定会说我偏私后宫的亲戚，并且会把野王的事情拿出来作为证据。"三月，丙寅日（三月无此日），汉元帝就下诏令说："如果论起刚强坚固的节操，并且确实清清白白，一点私欲也没有的人，那当然是非大鸿胪野王莫属。但是如果说到能心辨是非而且善于辞令，可使四方朝奉的人，那就是少府五鹿充宗了。而能够廉洁节俭的人，那当然是太子少傅张谭啊！我现在就任命少傅张谭为御史大夫。"

汉元帝下令任命河南太守九江郡人召信臣为少府。召信臣原来是南阳太守，后来调任河南，治绩经常名列第一。他爱民如子，喜欢为百姓兴办公利，并且亲自劝勉百姓勤于耕稼，开通沟渠，百姓的户口数因此而加倍地增加，官吏百姓都很爱戴他，于是称他为"召父"。

癸卯日（三月无此日），汉元帝下令修复了孝惠皇帝在永光五年被毁的陵寝庙园，而且建昭元年罢废的孝文太后、孝昭太后的寝园也都恢复了。

初，中书令石显尝欲以姊妻甘延寿，延寿不取。及破郅支还，丞相、御史亦恶其矫制，皆不与延寿等。陈汤素贪，所卤获财物入塞，多不法。司隶校尉移书道上，系吏士，按验之。汤上疏言："臣与吏士共诛郅支单于，幸得禽灭，万里振旅，宜有使者迎劳道路。今司隶反逆收系按验，是为郅支报雠也！"上立出吏士，令县、道具酒食以过军。既至，论功，石显、匡衡以为："延寿、汤擅兴师矫制，幸得不诛，如复加爵土，则后奉使者争欲乘危徼幸，生事于蛮夷，为国招难。"帝内嘉延寿、汤功而重违衡、显之议，久之不决。

【译文】 起初，中书令石显想要将他的姐姐嫁给甘延寿为妻，但是甘延寿不愿意娶她。等到甘延寿击破了郅支单于回来的时候，丞相和御史又都很不同意甘延寿等人假托汉元帝的命令的做法。再加上陈汤一向就很贪心，只要是所虏获的财物，大多都被非法带入边塞。司隶校尉就写文书送到陈汤从西域回到京城的沿途的各个郡县，要求他们去逮捕那些回来的官兵来查问。陈汤便向汉元帝上书说："臣和士兵们一起去诛杀郅支单于，幸好能够将他们俘虏消灭，才能够从万里之外的关山凯旋回师，本来您应该派使臣在道路上迎接慰劳我们。但是现在司隶校尉却反过来逮捕查验这些士兵，这其实是在替郅支单于报仇啊！"于是汉元帝立刻下令要求放出这些官吏和士兵，并且还命令沿途的各县各道准备酒食来迎接慰劳他们过境。等到他们回到京城，论功行赏的时候，石显连同匡衡就都指出："甘延寿和陈汤擅自假托皇上的命令，调动了军队，现在幸好可以取得胜利回来，不必按照律令被诛杀。但是如果因此就加给他们爵位和封地，那么，以后奉命的人便都会争着去冒险，以贪取非分的利益，在蛮夷之间惹是生非，从而为国家招来祸患灾难。"尽管汉元帝的内心其实很赞赏甘延寿和陈汤的功劳，但是难以不管匡衡、石显的议论，于是这件事便因此而搁置下来，很长时间都不能够有所决定。

【乾隆御批】 甘延寿等之薄康居，斩郅支，可谓得临敌机宜。彼虽矫制发兵，前既上疏自劾，后亦未尝贪功、丧师，其事固当奖也。乃一时口说妄腾，后习而不察，往往如汲黯之矫诏、发粟，则传为美谈，于此则过为吹毛求疵。恶劳喜得，人之常情，益可鄙矣。

【译文】 甘延寿等人直逼康居城下，斩杀了郅支，可以说很懂得与敌交战的策略。虽然他们假传诏令，但是在发兵前已经上书自我弹劾，之后也没有贪图功劳、损失军队，这件事应该受赏。但因为某些言论一时占领上风，以至后人相沿成习而无所觉察，在谈论汲黯假传诏令、开仓救济灾民时，往往把它作为美谈传播，而对此事吹毛求疵。厌恶劳作思考，喜欢坐享其成，这是人之常情，也实在令人鄙视。

故宗正刘向上疏曰："郅支单于囚杀使者、吏士以百数，事暴扬外国，伤威毁重，群臣皆闵焉。陛下赫然欲诛之，意未尝有忘。西域都护延寿，副校尉汤，承圣指，倚神灵，总百蛮之君，揽城郭之兵，出百死，入绝域，遂蹈康居，屠三重城，搴歙侯之旗，斩郅支之首，县旌万里之外，扬威昆山之西，扫谷吉之耻，立昭明之功，万夷慑伏，莫不惧震。呼韩邪单于见郅支已诛，且喜且惧，乡风驰义，稽首来宾，愿守北藩，累世称臣。立千载之功，建万世之安，群臣之勋莫大焉。昔周大夫方叔、吉甫为宣王诛猃狁而百蛮从，其诗曰：'啴啴焞焞，如霆如雷。显允方叔，征伐猃狁，蛮荆来威。'《易》曰：'有嘉折首，获匪其丑。'言美诛首恶之人，而诸不顺者皆来从也。今延寿、汤所诛震，虽《易》之折首，《诗》之雷霆，不能及也。论大功者不录小过，举大美者不疵细瑕。《司马法》曰：'军赏不逾月，'欲民速得为善之利也。盖急武功，重用人也。吉甫之归，周厚赐之，其诗曰：'吉甫宴喜，既多受祉。来归自镐，我行永久。'千里之镐犹以为远，况万里之外，其勤至矣。延寿、汤既未获受祉之报，反屈捐命之功，久挫于刀笔之前，非所以劝有功，厉戎士也。昔齐桓前有尊周之功，后有灭项之罪，君子以功覆过而为之讳。贰师将军李广利，捐五万之师，靡亿万之费，经四年之劳，而仅获骏马三十匹，虽斩宛王母寡之首，犹不足以复费，其私罪恶甚多；孝武以为万里征伐，不录其过，遂封拜两侯、三卿、二千石百有馀人。今康居之国，强于大宛，郅支之号，重于宛王，杀使者罪，甚于留马，而延寿、汤不烦汉士，不费斗粮，比于贰师，功德百之。且常惠随欲击之乌孙，郑吉迎自来之日逐，犹皆裂土受爵。故言威武勤劳，则大于方叔、吉甫；列功覆过，则优于齐桓、贰师；近事之功，则高于安远、长罗。而大功未著，小恶数布，臣窃痛之！宜以时解县，通籍，除过勿治，尊宠爵位，以劝有功。"

资治通鉴

【译文】曾担任宗正的刘向就向汉元帝上疏说："郅支单于拘禁杀害了汉朝的使臣和将士有好几百个人，这种事情已经宣扬到其他国家去了，严重损害到了汉朝的威严，群臣都感到很伤心忧念，陛下也因此气得想要杀掉他，这种想法是一直不曾忘怀过的。西域都护甘延寿、副校尉陈汤遵照皇上的旨意，倚赖神灵的庇佑，指挥着各蛮夷的君主，统率拥有城池的西域诸国军队出生入死，多次身入绝境，才得以直接捣毁康居国，屠灭筑有一层土城和两层木城一共有三重城的郅支城，拔去了康居歙侯的旗帜，砍下了郅支单于的首级，这才使得汉朝的旌旗，能够高悬在万里之外的异域，使大汉的声威传扬到了昆仑山以西的地方，扫除了谷吉被郅支单于所杀的耻辱，立下了显赫的功绩，各蛮夷因此而畏惧服从汉朝，没有一个不恐惧害怕汉朝的。呼韩邪单于也是看到郅支单于已经死了，感到既高兴，又害怕，才向风慕义，驱驰而来，向我们叩头表示顺从，并且愿意世代为汉朝守卫北疆，累代向大汉称臣。这可是为汉朝立下了千载不易的功劳，创建了万世永安的基业啊，群臣所建下的功劳，没有一个比这更大的了。从前周朝的大夫方叔和尹吉甫替周宣王诛灭了古称猃狁的匈奴，使得各蛮夷因而归顺了周朝，赞美他们的《诗》（见《小雅·采芑》）便说是：'那盛大的军容，就像是雷霆一般。治军既严明且有诚信的方叔，征伐战胜了猃狁以后，使得荆楚的蛮夷也都畏惧周朝的威严而归顺了周朝。'《易经·离卦》上的九爻辞说：'王师出征，如果砍杀了罪人的首级，这是值得嘉奖的，所以要多获非类，以除去民害，才能够没有灾祸。'这正是在赞许因为能够诛杀罪魁祸首，而使得所有叛逆不顺从的人都能畏惧大国的威严前来归顺的事情。现在甘延寿和陈汤所诛服撼动的，是连《易经》上所赞美的砍首之功，以及《诗经》中所提到的雷霆之势都比不上的。在谈论大功的时候，是不能去记挂小过错的；在推举至善至美的事物的时候，也不能够去计较那些细小的瑕疵。兵书《司马法》里面说：'军中的奖赏，不能够迟过一个月。'这是为了要百姓能够很快地得到他为善时应该得到的奖励，这其实是在重视武功，谨慎地使用人才。当吉甫凯旋的时候，周宣王便给了他很优厚的赏赐，《诗经》里面赞美他说：'吉甫在接受周宣王的宴礼喜乐的时候，收到了很多的福赐。这是因为他是从遭到猃狁侵略的镐城，经过百战以后才能够荣幸归来，在外经年累月，行役有功啊！'即使是到了北方离京城只有千里之遥的镐城，都还觉得很远，更何况是到了万里之外的康居呢？可见更是辛勤万分了。甘延寿和陈汤既没有获得应当的奖励，反而屈辱了他们拼命所得的功劳，在刀笔吏的面前长久地受挫，这并不是用来奖励有功的人员，劝勉官吏将士为国效忠的方法。从前的齐桓公，因为先是有尊周攘夷，继绝存亡的功劳，所以当他后来有了灭掉项国的罪过的时候，周天子便将功补过，就连在《春秋》的僖公十七年上面，也只说：'夏，灭项。'而不说是齐灭掉了它，这实际上是在为齐桓公隐讳。贰师将军李广利，牺牲了五万名将士，浪费了几乎上亿万的费用，经过了四年的辛苦，却只获得了三十匹骏马，虽然他砍下了宛王毋寡的首级，但是还不足以弥补他所损失的，而且他个人所犯下的罪过也很多。可是孝武帝却认为他出征万里，所以并不计较他所犯下的过错，于是因此而封拜了两名侯爵，三名九卿，以及一百多名官秩二千石的官员。而现在的康居国，比起大宛还要强大许多，郅支单于的称号，比起宛王毋寡也要来得威严重要，此外郅支单于杀害汉使的罪状，更要比宛王毋寡因为怜惜马匹而不将骏马献给汉朝来得重大，而甘延寿和陈汤诛灭郅支单于，却并没有劳烦汉朝的将士，没有花费汉朝的任何粮食，这种功绩，比起贰师将军李广利，要胜过百倍。况且当年的常惠，没有经过汉宣帝的同意，也随机击破了乌孙，郑吉也擅自迎接自己前来归降的匈奴日逐王，尽管如此仍然还受到了封土爵赏。因此说起甘延寿和陈汤的威武勤劳，则要大于方叔和吉甫；如果说起将功补过，则要优于齐桓公和贰师将军李广利；如果说起近日的事功，则又要高于安远侯郑吉和长罗侯常惠。可是他们的大功劳没有被宣扬，他们的小过错反而经常被提起，臣私下里觉得很悲伤痛苦，我认为您应该及时解除他们这种悬而未决的疑案，恢复他们的名誉，免除他们的小过错，不再审问惩治他们，反而还要奖赏给他们爵位，去尊重宠爱他们，以此来劝勉有功的人士。"

于是天子下诏赦延寿、汤罪勿治，令公卿议封焉。议者以为宜如军法捕斩单于令。匡衡、石显以为"郅支本亡逃失国，窃号绝域，非真单于。"帝取安远侯郑吉故事，封千户；衡、显复争。夏，四月，戊辰，封延寿为义成侯，赐汤爵关内侯，食邑各三百户，加赐黄金百斤。拜延寿为长水校尉，汤为射声校尉。于是杜钦上疏追讼冯奉世前破莎车功。上以先帝时事，不复录。钦，故御史大夫延年子也。

【译文】于是汉元帝便下诏令赦免了甘延寿和陈汤的罪责，不再去审问他们，还命令公卿商议应该如何去封赏他们。参与议

资治通鉴

论的官员认为，应该按照军法所规定的捕斩单于的法令去奖赏他们。但是匡衡、石显以为"郅支单于本来就是一个亡命失国的人，他是在绝境中自行称号封王的，并不是真正的单于"。但是汉元帝按照安远侯郑吉的例子，封他们为千户侯，于是匡衡和石显又向汉元帝力争认为不可以这样做。夏季，四月，戊辰日（三十日），汉元帝下令封甘延寿为义成侯，赏赐了陈汤关内侯的爵位，食邑三百户，并且还赐给他们一百两黄金。之后汉元帝又任命甘延寿为长水校尉，陈汤为射声校尉。于是杜钦就向汉元帝上疏认为也要追论冯奉世以前击破莎车国的功劳。但是汉元帝认为那是先帝元康元年时候的事情，就不再去追认。杜钦是以前的御史大夫杜延年的儿子。

　　◆荀悦论曰：（成）〔诚〕其功义足封，追录前事可也。《春秋》之义，毁泉台则恶之，舍中军则善之，各由其宜也。夫矫制之事，先王之所慎也，不得已而行之。若矫大而功小者，罪之可也；矫小而功大者，赏之可也；功过相敌，如斯而已可也。权其轻重而为之制宜焉。◆

　　【译文】◆荀悦评论这件事说：如果一个人的功劳实在是值得去封赏的，那么就应该是可以追认前功的。按照《春秋》里面的大义，因为毁坏了先祖所修筑的泉台，就应该被记上一笔来讥骂，又因为能够依复古礼，舍弃了中军，也应该被记录下来嘉奖一番，这其实是各因所宜的缘故。但是假托皇上的命令的事情，是先王所最谨慎注意的，是万不得已的时候才去做的。如果假托命令的事情比较重大，而所得到的功效比较小，那么就可以去定他的罪；而如果假托命令的事件比较小，所得到的功劳却很大，那么是可以去封赏他的；如果是功过互相抵消了的话，那也就算了。这其实是要权衡事情的轻重以后，再去做适当的处置的。◆

【申涵煜评】汤康居之役，较傅介子而更奇。使其生武帝时，万户侯岂足道哉! 匡衡外持正议，内阿贼显，故格其赏而不行，殊失鼓励边臣之义。甘延寿因人成事，反为功首，遇合真有幸有不幸。

【译文】陈汤的康居之役，比傅介子楼兰之役更为奇特。假使他生在汉武帝时候，封个万户侯哪里值得一提呢? 匡衡外表上秉持正直的言论，实际上却阿附于贼人石显，所以搁置了他的赏赐而不施行，实在是有失鼓励守边之臣的道义。甘延寿是借别人之力才成功的，论功行赏时候，他反而居于首功，人的遭遇真是有幸运的，也有不幸运的啊。

初，太子少好经书，宽博谨慎；其后幸酒，乐燕乐，上不以为能。而山阳王康有材艺，母傅昭仪又爱幸，上以故常有意欲以山阳王为嗣。上晚年多疾，不亲政事，留好音乐；或置鼙鼓殿下，天子自临轩槛上，颇铜丸以擿鼓，声中严鼓之节。后宫及左右习知音者莫能为，而山阳王亦能之，上数称其材。史丹进曰："凡所谓材者，敏而好学，温故知新，皇太子是也。若乃器人于丝竹鼓鼙之间，则是陈惠、李微高于匡衡，可相国也!"于是上嘿然而笑。

【译文】起初，在太子还很小的时候，很喜欢读经书，处事也很宽大谨慎，但是后来却喜欢饮酒，追逐声色之乐，于是汉元帝就变得很不欣赏他，觉得他很平庸。而山阳王刘康则十分有才艺，他的母亲傅昭仪又得到汉元帝的宠幸，汉元帝因此经常有意要用山阳王来取代太子继承帝位。汉元帝晚年经常生病，不能够亲自去料理国家大事，但是他却嗜好音乐，有的时候便在大殿上放置鼙鼓，汉元帝自己登上殿堂的栏杆旁边，将铜锤从上往下地抢下去，去敲击鼙鼓，声音听起来十分紧密。后宫中以及左右的侍从中所有能够击鼓知晓乐理的人，都不能像元帝如此地敲打，可是山阳王刘康却能像元帝一样地敲击鼙鼓，于是汉元帝便屡次称赞他的才能。史丹看到这种情况，就向汉元帝进言说："我们一般所说的有才能，指的是能够敏捷好学，复习旧的知识从而得到新的知识，就像当今的皇太子一样。如果只是以能不能玩弄丝竹鼙鼓等乐器，来衡量一个人才华的高下，那么像陈惠和李微这些能吹善弹的人，不是都比匡衡要高明得多，难道可以让他们来担任宰相了吗？"汉元帝便笑了笑。

　　及上寝疾，傅昭仪、山阳王康常在左右，而皇后、太子希得进见。上疾稍侵，意忽忽不平，数问尚书以景帝时立胶东王故事。是时太子长舅阳平侯王凤为卫尉、侍中，与皇后、太子皆忧，不知所出。史丹以亲密臣得侍视疾，候上间独寝时，丹直入卧内，顿首伏青蒲上，涕泣而言曰："皇太子以適长立，积十馀年，名号系于百姓，天下莫不归心臣子。见山阳王雅素爱幸，今者道路流言，为国生意，以为太子有动摇之议。审若此，公卿以下必以死争，不奉诏。臣愿先赐死以示群臣！"天子素仁，不忍见丹涕泣，言又切至，意大感寤，喟然太息曰："吾日困劣，而太子、两王幼少，意中恋恋，亦何不念乎！然无有此议。且皇后谨慎，先帝又爱太子，吾岂可违指！驸马都尉安所受此语？"丹即却，顿首曰："愚臣妄闻，罪当死！"上因纳，谓丹曰："吾病寖加，恐不能自还，善辅道太子，毋违我意！"丹嘘唏而起，太子由是遂定为嗣。而右将军、光禄大夫王商，中书令石显亦拥佑太子，颇有力焉。夏，五月，壬辰，帝崩于未央宫。

　　【译文】等到汉元帝染病在床的时候，傅昭仪和山阳王刘康常常陪侍在病榻左右，皇后和太子反而都很少有机会能够进见汉元帝。汉元帝的病越来越严重了，精神也常常恍惚不定，有好几次去询问尚书汉景帝改立胶东王为太子的事情。这个时候，太子的大舅舅阳平侯王凤担任着卫尉、侍中的官，和皇后、太子一样都感到很焦虑，不知道应该怎么办才好。只有史丹因为是皇帝的亲信大臣，才得以去侍候探望汉元帝的疾病，等到汉元帝偶然有独寝的机会的时候，史丹便直接进入他的卧房，叩头匍匐在青色的蒲席上面，哭泣着对汉元帝说："因为皇太子是嫡长子，所以才被立为太子，到现在已经有十多年了，百姓已经熟知太子的名号了，天下人没有一个不归心顺服太子的。但是现在看到山阳王刘康一直深深地受到皇上的喜爱，因而道路上便有了流言传播，既有为国家的，也有出于个人考虑的，以为皇上或许会改立太子。如果果真如此，那么公卿以下的大臣们，一定会冒死向皇上进谏，不去遵照改立太子的诏令。所以臣请求皇上能先将我赐死，以此来明示群臣。"汉元帝本来就很仁慈，他不忍心看到史丹涕泣的样子，更何况他所说的话又很恳切，心里便大大地受到感动，于是就长叹一声说："我的身体一天天地困苦衰弱下去，而太子和山阳王刘康、信都王刘兴年纪又都是那么幼小，所以在我的心意当中，又何尝没有过改立太子的想法呢？可是我始终没有提出过改立的想法。而且皇后为人谨慎，再加上先帝又很喜欢太子，我又怎么可以违背先帝的旨意啊？驸马都尉是在哪里听到了我说要改立太子的话呢？"史丹听完汉元帝的话以后，就马上退离了蒲席，叩着头说："愚臣错误地听信传闻，罪当处死！"于是汉元帝便接受了史丹的建议，然后告诉他说："我的病现在渐渐加重了，恐怕我是无法再恢复健康了，你一定要好好地辅助太子，千万不要违背了我的旨意啊！"史丹嘘唏着站了起来，而太子也因此就被定为了储君。右将军、光禄大夫王商和中书令石显也都十分拥护太子，这对于太子都很有帮助。

夏季,五月,壬辰日(二十四日),汉元帝在未央宫驾崩。

◆班彪赞曰:臣外祖兄弟为元帝侍中,语臣曰:"元帝多材艺,善史书,鼓琴瑟,吹洞箫,自度曲,被歌声,分刌节度,穷极幼眇。少而好儒,及即位,征用儒生,委之以政,贡、薛、韦、匡迭为宰相。而上牵制文义,优游不断,孝宣之业衰焉。然宽弘尽下,出于恭俭,号令温雅,有古之风烈。"◆

【译文】◆班彪评论这件事说:臣的外祖兄弟担任过汉元帝的侍中,他曾经告诉臣说:"汉元帝有很多的才能,写得一手好书法,又会弹琴吹箫,同时也会自己作曲,再将曲子谱成新歌,就连那乐器音声的分部定位,都极为微妙好听。而且他从小就喜欢儒术,等到继承了皇帝之位,便征召了大量的儒生,将国家大事委托给他们去处理,所以贡禹、薛广德、韦玄成、匡衡等这些儒生都先后被汉元帝任命为宰相。可是汉元帝因为被儒学的文义所牵制,优柔寡断,所以业绩自然就不如孝宣皇帝了。只是他对待下属宽宏大量,语言行为恭谨不放纵,号令温儒敦厚,也有着古代帝王的风采和德行。"◆

【乾隆御批】史丹诡奏,或美其能全嫡嗣。然成帝继,而新莽之篡定矣,所谓安刘,适足以灭刘。且不泣与不哀大相径庭,元帝憒憒,以数言而解置之,不问,盖天欲中衰汉业,有非人力所能为耳。

【译文】史丹怀着诡诈之心上奏,有人却赞扬他能够维护嫡长子继承皇位的传统。然而成帝即位,王莽篡权便成定局。这种所谓让刘家天下安定的做法,却恰恰足以让刘家天下灭亡。而且不哭泣和面无哀容相差极远,元帝糊里糊涂听了几句话就被蒙骗过去,不加过问,这大概是上天让汉朝的事业中途衰亡，不是人的力量所能决定的。

匡衡奏言："前以上体不平，故复诸所罢祠，卒不蒙福。案卫思后、戾太子、戾后园，亲未尽。孝惠、孝景庙，亲尽，宜毁。及太上皇、孝文、孝昭太后、昭灵后、昭哀后、武哀王祠，请悉罢勿奉。"奏可。

六月，己未，太子即皇帝位，谒高庙。尊皇太后曰太皇太后，皇后曰皇太后。以元舅侍中、卫尉、阳平侯王凤为大司马、大将军、领尚书事。

秋，七月，丙戌，葬孝元皇帝于渭陵。

大赦天下。

【译文】匡衡上奏说："以前因为皇上的身体不健康，所以就恢复了所有被罢废的宗庙祠堂，可是直到最后也还是没有蒙受到什么福祥。核实了那卫思后、戾太子和戾后园，因为亲属关系尚未疏远，所以不应当毁弃。但是孝惠帝和孝景帝的庙园，因为亲情已经疏远了，所以应该弃置。还有太上皇、孝文帝、孝昭太后、昭灵后、昭哀后、武哀王的祠庙，也请您能够全部罢废，不再进行奉祭。"汉元帝接受了匡衡的上奏。

六月，己未日（二十二日），太子继承了皇帝之位，前去拜谒高庙。然后尊奉皇太后为太皇太后，皇后为皇太后，并且任命大舅侍中、卫尉、阳平侯王凤为大司马、大将军、领尚书事。

秋季，七月，丙戌日（二十一日），将孝元皇帝埋葬在渭陵。

汉成帝下令大赦天下。

丞相衡上疏曰："陛下秉至孝，哀伤思慕，不绝于心，未有游虞弋射之宴，诚隆于慎终追远，无穷已也。窃愿陛下虽圣性得之，犹复加圣心焉《诗》云：'嬛嬛在疚。'言成王丧毕思慕，意气未能平也。盖所以就文、武之业，崇大化之本也。臣又闻之师曰：'妃匹之际，生民之始，万福之原。婚姻之礼正，然后品物遂而天命全。'孔子论《诗》，以《关雎》为始，此纲纪之首，王教之端也。自上世已来，三代兴废，未有不由此者也。愿陛下详览得失盛衰之效，以定大基，采有德，戒声色，近严敬，远技能！臣闻《六经》者，圣人所以统天地之心，著善恶之归，明吉凶之分，通人道之正，使不悖于其本性者也。及《论语》《孝经》，圣人言行之要，宜究其意。臣又闻圣王之自为，动静周旋，奉天承亲，临朝享臣，物有节文，以章人伦。盖钦翼祗栗，事天之容也；温恭敬逊，承亲之礼也；正躬严恪，临众之仪也；嘉惠和说，飨下之颜也。举错动作，物遵其仪，故形为仁义，动为法则。今正月初，幸路寝，临朝贺，置酒以飨万方。《传》曰：'君子慎始。'愿陛下留神动静之节，使群下得望盛德休光，以立基桢，天下幸甚！"上敬纳其言。

【译文】丞相匡衡上疏说："陛下秉承着至孝的德行和节操，哀伤怀念先帝，常常都处在怀念当中，所以从未有过游娱射猎之类的喜乐，实在是能够做到极尽哀礼而不忘根本，可以说是孝思无穷。但是臣私心想要请求陛下，虽然您天性如此，但是还应该更加用心去留意一下其他的事情。《诗经》里面说：'先王已经驾崩，没有人去支撑家业，这使我觉得孤独因而忧病。'这是在说周成王为周武王办完丧礼以后，十分思念周武王，心中感到哀伤不已，于是才成就了周文王和周武王的功业，并且使它发扬光大。臣又听到师长说：'夫妻婚配的时候，就是人生的开始，是千万幸福的根源。婚姻的礼仪端正了以后，众物才能成，天命也才能得以保全。'孔子谈论《诗经》的时候，将《关雎》列在了第一篇，因为这是人伦纲纪的要领，是圣王教化的开端。从上古以来，看看那夏、商、周三个朝代的兴盛和衰败，没有一个不是由此造成的。请陛下能够详细地观览历代得失盛衰的例证，借此来奠定国家的基业，任用贤能有德行的人，戒除声色的迷惑，亲近那些端庄稳重而排斥那些空有奇技淫巧但是没有德行的人！臣听说《六经》等这些书籍，是圣人用来统御天下的人心，将善恶分别归类，显示吉凶的分别，指示做人的道理，使人能够不会违逆他的本性的经典。还有那《论语》和《孝经》上面所记载的，也同样是圣人言行中最切要的事理，您应该去探究明白那里面的意义。臣还听说，圣明的君主的作为，无论是动静周旋、奉天承亲，还是临朝管理臣子、处理国事，事事都要有一定的分寸，以彰明人伦道理。能够恭顺、小心、敬畏、有所畏惧，这就是侍奉上天的态度；能够和悦、顺从、谨严，凡事顺遂称心，这便是奉承亲意所应该有的礼教；对于自己能够做到严明诚敬，这是临众统御百姓时应该有的威仪；对待他人能够施恩嘉惠同时和颜悦色，这是宴飨臣下时应该有的容貌。进退言行，都要能够成为万民的榜样，所以仪容要符合仁义，动作要符合法则。在正月初的时候，皇上要到大殿上面去接受群臣的朝拜恭贺，所以应该准备酒席来宴飨各方前来朝觐的人。经传上面说：'君子要能够在事情一开始的时候，便能够做到谨慎小心。'因此请陛下能够留意举止应该有的分寸，使得群臣都能够仰望到皇上圣明的德泽和善美的光彩，从而为国家立下良好的基础，那么天下就十分幸运了！"汉成帝谦恭地采纳了他的建议。

资治通鉴卷第三十　汉纪二十二

起屠维赤奋若，尽著雍阉茂，凡十年。

【译文】 起己丑（公元前32年），止戊戌（公元前23年），共十年。

【题解】 本卷记录了汉成帝刘骜建始元年至阳朔二年共十年间的历史。主要记录了汉成帝执政前期的状况。成帝贬逐宦官石显，节省宫廷开支，赈灾、减税、大规模整理图书，下诏求言、识破拒绝匈奴诈降，羁縻西域、用能吏抚慰西南，有明智的一面。但成帝懦弱糊涂，曾一日封五外戚为侯，大权掌握在舅父王凤手中。由于没有加固黄河大堤，黄河两次决堤，死伤无数，灾民流离。成帝还贬逐贤良，使丞相王商、京兆尹王尊、王章含冤而死，知刘向忠诚而不用，令人丧气愤懑。

孝成皇帝上之上

建始元年（己丑，公元前三二年）春，正月，乙丑，悼考庙灾。

石显迁长信中太仆，秩中二千石。显既失倚，离权，于是丞相、御史条奏显旧恶；及其党牢梁、陈顺皆免官，显与妻子徙归故郡，忧懑不食，道死。诸所交结以显为官者，皆废罢；少府五鹿充宗左迁玄菟太守，御史中丞伊嘉为雁门都尉。

【译文】 建始元年（己丑，公元前32年）春季，正月，乙丑日（初一），汉宣帝的父亲悼考庙发生了火灾。

汉成帝将石显改任为长信宫的中太仆，在太后所居住的长信宫中管理关于皇太后车驾的事情，俸禄是中二千石。石显已经失去了汉元帝的依恃，原来他是中书令，管理着国家的枢密机要，但是现在则只是一个闲散的宫官，远离了权力的中心，于是丞相匡衡和御史大夫张谭就一条条列举出石显过去的种种恶行，并且上奏给了汉成帝。石显及其同党牢梁和陈顺被免了官，石显和妻子也被遣回了故乡济南郡。石显因为忧愁烦闷，不进饮食，最后死在了返乡的途中。而所有曾经由于和石显交结才得以被任命为官的人，也全部都被免职贬斥。少府五鹿充宗被降调为玄菟郡的太守，御史中丞伊嘉被改任为雁门郡的都尉。

司隶校尉涿郡王尊劾奏："丞相衡、御史大夫谭，知显等颛权擅势，大作威福，为海内患害，不以时白奏行罚；而阿谀曲从，附下罔上，怀邪迷国，无大臣辅政之义，皆不道！在赦令前。赦后，衡、谭举奏显，不自陈不忠之罪，而反扬著先帝任用倾覆之徒，妄言'百官畏之，甚于主上'；卑君尊臣，非所宜称，失大臣体！"于是，衡渐惧，免冠谢罪，上丞相、侯印绶。天子以新即位，重伤大臣，乃左迁尊为高陵令。

【译文】 司隶校尉涿郡人王尊向汉成帝上奏弹劾说："丞相匡衡、御史大夫张谭明明知道石显等人专权擅势，作威作福，成为海内的祸害，他们却没有及时向皇上上奏要求惩罚他们，反而是阿谀奉承，曲附在下的石显，欺瞒在上的皇上，顺从了邪恶，迷惑了国家，一点也没有大臣辅政时应该遵守的义理。但是这些不好的事情，都是发生在皇上七月大赦天下之前。可是皇上颁下了赦令以后，匡衡、张谭就向皇上举奏了石显的是非，却没有陈述自己不忠的罪状，反而去宣扬先帝错误地任用了那些倾斜颠覆国家的人，甚至还胡说些什么'百官都十分害怕石显,甚至比起害怕皇上还要更厉害';这种贬低国君、尊显人臣的话,并不是他们所应该说的,这实在是有失大臣的体统!"因此匡衡觉得既羞惭,又害怕,便脱下了官帽向皇上请罪,还呈还了丞相和乐安侯的印绶。但是因为成帝刚刚上任,很难去重重地惩罚大臣,反而把王尊降调为高陵县的县令。

然群下多是尊者。衡嘿嘿不自安,每有水旱,连乞骸骨让位;上辄以诏书慰抚,不许。

【译文】 可是群臣都认为王尊做得很对,于是匡衡心里便常常觉得很不自在,就连一句话都说不出口,每遇到水灾、旱灾,他就赶快向汉成帝请求辞职让位,但是汉成帝则每次都下诏书抚慰他,并不答应他的辞职。

【乾隆御批】王尊数言,所谓诛衡、谭之心。谭故碌碌,衡乃明经者,不大负所学哉?

【译文】王尊的几句话,直刺匡衡、张谭的内心。张谭原本就是碌碌无为之人,而匡衡可是通晓经学,这岂不是极大地辜负了所学的经学吗?

立故河间王元弟上郡库令良为河间王。

有星孛于营室。

赦天下。

壬子,封舅诸吏、光禄大夫、关内侯王崇为安成侯;赐舅谭、商、立、根、逢时爵关内侯。夏,四月,黄雾四塞,诏博问公卿大夫,无有所讳。谏大夫杨兴、博士驷胜等对,皆以为"阴盛侵阳之气也。高祖之约，非功臣不侯；今太后诸弟皆以无功为侯，外戚未曾有也，故天为见异"。于是，大将军凤惧，上书乞骸骨，辞职。上优诏不许。

【译文】汉成帝册立了原河间王的弟弟、上郡的兵器库令刘良为河间王。

在二十八宿的营室星附近出现了彗星。

汉成帝下令大赦天下。

壬子日（正月无此朔，无壬子），汉成帝封舅舅光禄大夫、关内侯王崇为安城侯；同时也赐给舅舅王谭、王商、王立、王根、王逢时等五个人关内侯的爵位。夏季，四月，到处都弥漫着黄色的雾气，于是汉成帝便下诏广泛地询问公卿大夫原因，并且要求他们直言，不要有所避讳和隐瞒。谏大夫杨兴和博士驷胜等人都认为这是由于"阴气太过强盛，扰乱了阳气所造成的。汉高祖曾经有过凡不是功臣便不封他为侯的规定，但是现在太后所有的弟弟，都没有立下功劳却受封为侯，这是以前的外戚从来没有过的事情，因此上天就显示出了异常的气象"。于是大将军王凤便感到很害怕，就向汉成帝上书请求能够辞职退休，于是汉成帝就特地颁下了诏令不答应王凤的请求。

御史中丞东海薛宣上疏曰："陛下至德仁厚，而嘉气尚凝，阴阳不和，殆吏多苛政。部刺史或不循守条职，举错各以其意，多与郡县事，至开私门，听谗佞，以求吏民过，谴呵及细微，责义不量力；群县相迫促，亦内相刻，流至众庶。是故乡党阙于嘉宾之欢，九族忘其亲亲之恩，饮食周急之厚弥衰，送往劳来之礼不行。夫人道不通则阴阳否隔，和气不兴，未必不由此也《诗》云：'民之失德，乾餱以愆。'鄙语曰：'苛政不亲，烦苦伤恩。'方刺史

100

奏事时，宜明申敕，使昭然知本朝之要务。"上嘉纳之。

【译文】 御史中丞东海郡人薛宣向汉成帝上疏说："陛下您很有仁德，可是祥瑞之气却仍然凝聚在一起不通畅，阴阳不能够调和，这恐怕是由于官吏的苛政太多的缘故。被派去周边的郡国视察治理情况的部刺史，有的不能够遵照所规定的职务去办事，任意地纠察弹劾，察举都依照自己的私人想法，而偏私自己的所爱，多方面地去干预郡县的行政，甚至私自打开门户，听信谗言，来追查官吏百姓的过错，责问申斥一些十分细微的事情，对人的要求过于苛刻，不去考虑他的负担能力。郡守和县令受到这种逼迫以后，对内也作如此这样的要求，于是上下互相损害，这种不醇厚的风气，也会影响到所有的百姓。因此，在乡里之间，百姓彼此之间的感情，就缺少了一种对待嘉宾时本应该有的欢乐，就连九族之间，彼此也不能够以亲情互相款待，过去在饮食和起居方面，彼此一旦有了急难困穷，就互相救济的恩义，更是普遍地衰微下去，送往迎来、互相应酬的礼仪和情感，也都行不通了。既然人情道理都不要求了，那么天地之间的阴阳之气，自然就会遭到阻隔，祥和之气凝聚不通，未尝不是由于这个原因啊！《诗经》里面说：'百姓因为有了粗陋的干粮却没有与别人分食，就会受到旁人的批评指责。'俗话说：'施行的政策太过苛刻，就会使亲情疏远；施行的举措太过烦苦，就会伤害到恩情。'当刺史来京城奏事的时候，皇上应该明白地告诫约束他们，使他们清清楚楚地知道朝廷的要务究竟在哪里。"汉成帝很赞同并采纳了他的建议。

八月，有两月相承，晨见东方。

冬，十二月，作长安南、北郊，罢甘泉、汾阴祠，及紫坛伪饰、女乐、鸾路、驷驹、龙马、石坛之属。

【译文】 八月，有两个月亮在早晨一上一下地出现在东方的天空。

冬季，十二月，汉成帝在长安城南作天郊用来祭天，在城北作地郊用来祭地，免掉了原本在甘泉祭天、汾阴祭地的祭祀，同时，原本在甘泉泰畤的紫坛上所有的那些采镂、玉女歌妓、车驾、赤色马、神马和石坛等物品，因为不符合古制，也都不再去修理了。

二年(庚寅，公元前三一年)春，正月，罢雍五畤及陈宝祠，皆从匡衡之请也。辛巳，上始郊祀长安南郊。赦奉郊县及中都官耐罪徒；减天下赋钱，算四十。

【译文】 二年（庚寅，公元前31年）春季，正月，汉成帝又按照匡衡的奏请，罢废了在雍县的五畤以及在陈仓的陈宝祠。辛巳日（二十三日），汉成帝在长安南郊开始举行祭天的庆典，因此赦免了负责祭天的各县，以及在京城各官府服刑的那些仍然可以留有鬓毛，没有被全部剃去头发的罪行比较轻的囚徒；减免了天下百姓的赋税，本来应该每年缴纳一百二十文，现在减去了四十文，只需要缴纳八十文。

闰月，以渭城延陵亭部为初陵。

三月，辛丑，上始祠后土于北郊。

丙午，立皇后许氏。后，车骑将军嘉之女也。元帝伤母恭哀后居位日浅而遭霍氏之辜，故选嘉女以配太子。

【译文】 闰正月，汉成帝将渭城延陵亭一带的地方划为初陵，开始营陵。

三月，辛丑日（十四日），汉成帝在长安北郊开始进行祭地礼。

丙午日（十九日），汉成帝册立了许皇后。皇后许氏是车骑将军许嘉的女儿。汉元帝因为感伤母亲恭哀后作为汉宣帝皇后的日子很短，就遭到了霍氏的毒害，所以特意选择了许嘉的女儿许配给太子。

上自为太子时，以好色闻；及即位，皇太后诏采良家女以备后宫。大将军武库令杜钦说王凤曰："礼，一娶九女，所以广嗣重祖也；娣侄虽缺不复补，所以养寿塞争也。故后妃有贞淑之行，则胤嗣有贤圣之君；制度有威仪之节，则人君有寿考之福。废而不由，则女德不厌；女德不厌，则寿命不究于高年。男子五十，好色未衰；妇人四十，容貌改前；以改前之容侍于未衰之年，而不以礼为制，则其原不可救而后徕异态；后徕异态，则正后自疑而支庶有间适之心；是以晋献被纳谗之谤，申生蒙无罪之辜。今圣主富于春秋，未有适嗣，方乡术入学，未亲后妃之议。将军辅政，宜因始初之隆，建九女之制，详择有行义之家，求淑女之质，毋必有声色技能，为万世大法。夫少戒之在色，《小卞》之作，可为寒心。唯将军常以为忧！"凤白之太后，太后以为故事无有；凤不能自立法度，循故事而已。凤素重钦，故置之莫府，国家政谋常与钦虑之，数称达名士，裨正阙失；当世善政多出于钦者。

【译文】汉成帝身为太子的时候，便以好色出名；到了即位以后，皇太后就下诏要求去选择良家女子来充入后宫。大将军王凤的属官武库令杜钦就劝王凤说："依照礼制，每一次的聘娶，是可以同时娶来九个陪嫁女子的，这是用来多增加后嗣，尊重祖先的；如果原配去世的话，就可以用其他年幼的娣侄来继室。如果没有娣侄，就不再补入，这样就可以用来延长年寿，避免发生争端。所以如果后宫的妃子有贞洁善美的德行的话，那么后世便会有贤明神圣的国君；如果在制度上有了长幼先后的秩序，那么君王便会有长命寿考的福禄。如果废弃了这种礼制不去使用，那么就会好色而且不知道节制；如果好色而且不知道节制的话，那么寿命自然就会短促。男人即使到了五十岁，还是会很喜好女色；但是妇人一旦过了四十，容貌就会不如从前了。用那逐渐衰败的容貌，去侍奉仍然处在好色之年的男人，如果不以礼制去节制他，那么就将无法去阻止他那原本就好色的心意，而且他以后对待妻子的态度，也会和从前大不相同。原本恩爱的态度改变了，原配便会很自然地起疑心，而妾妇庶子，也会产生与嫡子疏远的想法。所以晋献公才会听信了骊姬毁谤世子的谗言，申生才会蒙受了冤枉的毒害。而现在圣上正是年轻的时候，但是还没有后嗣，正在专心于学术，尚未接触到有关纳娶妃子的建议。将军辅助皇上施政的时候，应该趁着皇上刚刚即位之时的隆重盛大，设定下一娶九女的制度，谨慎地去选择那些有德行、有道义的家庭，去寻求那些本性善良的女子，不必去计较有没有音声或者美色技能，以此来为后代万世立下大法。一个人在年少的时候，不能够好色而没有节制，《诗经》中的那首《小弁》之诗，就讥刺了周幽王废去申后，改立褒姒为后，哀太子被放逐的事情，来悲悯周室的衰败，这实在是值得警惕的事情啊！我请求将军能够常常以此事为念！"于是王凤便转向太后禀告此事，太后认为这样做并没有过去的例子可以遵循，而王凤也不能自己去制定律令，于是便只有遵守已经有的例子去做而已。王凤向来就很器重杜钦，所以让他在自己的幕府里面做事，无论有什么国家大事，都经常和杜钦一起计划筹谋，他也因此多次被称为当代名士，修正了政治上的很多缺失，而当时的一些美政善举，很多便是因为杜钦的建议。

夏，大旱。

匈奴呼韩邪单于嬖左伊秩訾兄女二人；长女颛渠阏氏生二子，长曰且莫车，次曰囊知牙斯；少女为大阏氏，生四子，长曰雕陶莫皋，次曰且麋胥，皆长于且莫车，少子咸、乐二人，皆小于囊知牙斯。又它阏氏子十馀人。颛渠阏氏贵，且莫车爱，呼韩邪病且死，欲立且莫车。颛渠阏氏曰：“匈奴乱十馀年，不绝如发，赖蒙汉力，故得复安。今平定未久，人民创艾战斗。且莫车年少，百姓未附，恐复危国。我与大阏氏一家共子，不如立雕陶莫皋。”大阏氏曰：“且莫车虽少，大臣共持国事。今舍贵立贱，后世必乱。”单于卒从颛渠阏氏计，立雕陶莫皋，约令传国与弟。呼韩邪死，雕陶莫皋立，为复株累若鞮单于。复株累若鞮单于以且麋胥为左贤王，且莫车为左谷蠡王，囊知牙斯为右贤王。复株累单于复妻王昭君，生二女，长女云为须卜居次，小女为当于居次。

【译文】 夏季，发生了大旱灾。

匈奴的呼韩邪单于十分宠爱左伊秩訾的哥哥的两个女儿：大女儿为颛渠阏氏，生了两个儿子，大儿子叫且莫车，二儿子叫囊知牙斯；小女儿为大阏氏，生了四个儿子，大儿子叫雕陶莫皋，二儿子叫且麋胥，年纪都比且莫车的年纪大，另外两个小的咸、乐，则都比囊知牙斯的年纪小。再加上其他的阏氏所生的儿子一共有十多个人。颛渠阏氏的地位比较显要高贵，所以且莫车也比较受到呼韩邪单于的宠爱，当呼韩邪病重将死的时候，他就想要立且莫车为下一任的单于。但是颛渠阏氏说：“匈奴危险慌乱了十多年，国运一直十分危急，幸好能蒙受汉朝的扶持，才得以重新稳定了下来。现在刚刚安定不久，百姓都很担心发生战争，很想休养生息。且莫车的年纪太小了，百姓还无法顺从他，恐怕又会陷国家于危亡之中。我和大阏氏是亲姐妹，本来就是一家人，而且我们两人对待彼此所生的儿子，都是一样的恩慈，没有什么差别，就如同是自己生的一样，所以您不如改立雕陶莫皋为下一任的单于。"大阏氏说："且莫车的年纪虽然小，但是有大臣可以辅佐他共同施政。如果现在就弃贵立贱，后代一定会产生混乱。"但是呼韩邪单于最后还是按照颛渠阏氏的意思，改立了雕陶莫皋为下一任单于，两人约定雕陶莫皋将来再传位给弟弟。呼韩邪单于死后，雕陶莫皋继任单于，被称为复株累若鞮单于。复株累若鞮单于任命且麋胥为左贤王，且莫车为左谷蠡王，囊知牙斯为右贤王。复株累单于又娶王昭君为妻，生下了两个女儿，大女儿云，被称为须卜居次（匈奴称公主为居次，须卜是她丈夫家的氏族，为匈奴贵族），小女儿为当于居次（当于也是匈奴的大族）。

三年（辛卯，公元前三〇年）春，三月，赦天下徒。

秋，关内大雨四十馀日。京师民相惊，言大水至；百姓奔走相蹂躏，老弱号呼，长安中大乱。天子亲御前殿，召公卿议。大将军凤以为："太后与上及后宫可御船，令吏民上长安城以避水。"君臣皆从凤议。左将军王商独曰："自古无道之国，水犹不冒城郭；今政治和平，世无兵革，上下相安，何因当有大水一日暴至，此必讹言也！不宜令上城，重惊百姓。"上乃止。有顷，长安中稍定；问之，果讹言。上于是美壮商之固守，数称其议；而凤大惭，自恨失言。

【译文】三年（辛卯，公元前30年）春季，三月，汉成帝下令赦免了天下所有的徒刑犯。

秋季，关内下了四十多天的雨。住在京城的百姓都很惊慌，都说这是要发大水了。百姓们都吓得赶快逃亡，彼此互相践踏，使得年老衰弱的人呼号求救，长安城内一片混乱的景象。汉成帝便亲自到前殿去召集公卿们商议这件事。大将军王凤认为："太后和皇上以及后宫里面的人可以乘船逃走，然后让官吏百姓们爬到长安的城墙上面去躲避水患。"群臣都十分赞同王凤的建议，只有左将军王商说："自古以来，即使是一个没有道义的国家，大水也不会去淹没他的城池。更何况现在政治清明，又没有战争发生，全国上下都相安无事，又怎么会有大水突然来到呢？这一定是谣言！我们不应该让百姓爬到城墙上面，这会使得百姓更加担惊受怕的。"汉成帝这才停止了行动。过了一段时间，长安城内稍稍安定了下来，一问起来，果然是谣言。汉成帝因此很赞赏王商的稳重笃定，经常称赞他的提议；王凤因此觉得很惭愧，十分后悔自己的失言。

上欲专委任王凤，八月，策免车骑将军许嘉，以特进侯就朝位。

张谭坐选举不实，免。冬，十月，光禄大夫尹忠为御史大夫。

十二月，戊申朔，日有食之。其夜，地震未央宫殿中。诏举贤良方正能直言极谏之士。杜钦及太常丞谷永上对，皆以为后宫女宠太盛，嫉妒专上，将害继嗣之咎。

越巂山崩。

丁丑，匡衡坐多取封邑四百顷，监临盗所主守直十金以上，免为庶人。

【译文】汉成帝想把朝政专门委托给王凤，所以在八月的时候，便下令罢免了许嘉车骑将军的职位，让他以特进侯的身份，置身朝列之中，尽管不是三公的职位，但是却在所有列侯之上。

张谭因为选举不诚实，被汉成帝罢免了官职。冬季，十月，汉成帝任命光禄大夫尹忠为御史大夫。

十二月，戊申朔日（初一），发生了日食。同一天的晚上，未央宫发生了地震。因此汉成帝便下诏要求大臣们举荐贤良方正以及能够直言进谏的人。于是杜钦和太常谷永就向汉成帝上奏，他们都认为这是由于后宫的女宠太过于受到汉成帝的宠爱，而且憎恨他人得到汉成帝的宠爱胜过自己，并且想要专揽大权，这是有害于后嗣所造成的灾祸的征兆。

越巂郡发生山崩。

丁丑日（三十日），匡衡由于多收取了四百顷的封邑收入，一共增收了一千多石的谷子，犯了律法，被司隶校尉弹劾奏报，因为他盗取自己监守的物品的价格超过了十金以上，所以按照律法被罢免，成为平民。

【乾隆御批】匡衡讲经义，言治道，乃始以外戚史高而进，终以纵子、夺邑而败。进退无据，斯人之谓矣。

【译文】匡衡讲论经学义理，谈论治国之道，然而他开始因外戚史高的推荐得到任用，最终又因放纵儿子、多占封邑而被免官。无论进退都没有让人称道之处，说的就是匡衡这种人。

【申涵煜评】衡以经术为相，而浮沉于石显擅权之时，是胡广一流人。杜钦、谷永号称文学，亦附王氏而专攻后宫，殆班固、柳宗元之匹也。贪位济恶，文人更巧。窦太后黜臧、绾，而崇万石，未为无见。

【译文】匡衡凭借懂得经术做了丞相，而在石显专权的时候随波逐流，是胡广一类的人。杜钦、谷永是以文章出名的士人，也依附于王氏而专门奉承后宫，大概是班固、柳宗元一类的人吧。贪恋权位，助长恶行，文人更巧于应对。窦太后黜免了王臧、赵绾，而尊重万石君，不能说没有先见啊。

四年(壬辰,公元前二九年)春,正月,癸卯,陨石于(毫)〔亳〕四,陨于肥累二。

罢中书宦官。初置尚书员五人。

【译文】 四年(壬辰,公元前29年)春季,正月,癸卯日(二十六日),有四颗陨石在亳县落下,有两颗在肥累县落下。

汉成帝下令罢去了中书宦官;先设置五名尚书员,将他们分为五曹,分科办事。

三月,甲申,以左将军乐昌侯王商为丞相。

夏,上悉召前所举直言之士,诣白虎殿对策。是时上委政王凤,议者多归咎焉。谷永知凤方见柄用,阴欲自托,乃曰:"方今四夷宾服,皆为臣妾,北无薰粥、冒顿之患,南无赵佗、吕嘉之难,三垂晏然,靡有兵革之警。诸侯大者乃食数县,汉吏制其权柄,不得有为,无吴、楚、燕、梁之势。百官盘互,亲疏相错,骨肉大臣有申伯之忠,洞洞属属,小心畏忌,无重合、安阳、博陆之乱。三者无毛发之辜,窃恐陛下舍昭昭之白过,忽天地之明戒,听晻昧之瞽说,归咎乎无辜,倚异乎政事,重失天心,不可之大者也。陛下诚深察愚臣之言,抗湛溺之意,解偏驳之爱,奋乾刚之威,平天覆之施,使列妾得人人更进,益纳宜子妇人,毋择好丑,毋避尝字,毋论年齿。推法言之,陛下得继嗣于微贱之间,乃反为福;得继嗣而已,母非有贱也。后宫女史、使令有直意者,广求于微贱之间,以遇天所开右,慰释皇太后之忧悁,解谢上帝之谴怒,则继嗣蕃滋,灾异讫息!"杜钦亦仿此意。上皆以其书示后宫,擢永为光禄大夫。

【译文】 三月，甲申日（初八），汉成帝任命左将军乐昌侯王商为丞相。

夏季，汉成帝召集了以前被荐举的全部直言的人士，到未央宫的白虎殿去回答策问。那个时候，由于汉成帝把国家大事都委托给王凤去掌管负责，所以大部分参与审议的人对此都有所批评和指责。只有谷永知道王凤现在正在受到重用，手中握有大权，便想暗中去讨好他，就向汉成帝上书说："现在四方的夷狄都向我们臣服，北边没有了薰粥、冒顿的祸患，南边没有了赵佗、吕嘉的隐患，三面的边境都很安宁，没有战争的警告讯号。即使是比较大的诸侯，也不过是拥有几个县的封邑而已，而且还有汉天子派去的官吏控制着他们的权柄，使他们不能够有什么其他的作为，也使他们再也没有了像吴、楚、燕、梁诸王一样的声望、气势。再加上百官彼此之间的职务是如此的制衡交结，与皇帝有亲戚关系的官员与没有亲戚关系的官员互相掺杂，在与皇上有骨肉之亲的大臣当中，也有像周宣王的舅舅申伯那样忠诚的人，恭恭敬敬，是如此小心谨慎，再也没有像重合侯马通、安阳侯上官桀、博陆侯霍禹那样的乱臣贼子阴谋要造反。无论是边塞之外，还是国中，以及朝廷的各个方面，都没有一丝一毫的事情需要您去担心，由此可见，您让王凤执政并没有什么不对，天地间发生的灾祸其实和他无关。所以臣担心陛下会丢开那些其他昭明显著的过失不去提及，忽略了天地所垂示的明显的告诫不谈，反而去听信那些谗言，归罪于自己无辜的舅舅，并且将政权改交给他人，从而失去了国家的重心，这可是非常不应该的。假如陛下能够深切地去考虑愚臣的言论，那么就能够排除沉溺已久的心意，解除偏颇驳杂的情爱，振奋刚强的神威，平均您所布施的恩德，使众妃嫔有机会可以人人轮流侍奉君主。多方面地去接纳能够生男孩的妇人。无论她的美丑，也不去嫌弃她是否嫁过人，更不要去管她的年龄。这样仔细地推论起来，陛下如果能够从民间得到适合的女子，并且让她生下男孩，那么反而是一件有福的事情。我们的目的只是能生个儿子就可以，那么就不必去考虑孩子生母身份的贵贱。在后宫里可供差遣的那些知书达理、喜好学习的宫女当中，如果有令您满意的，也可以从中去寻找，选纳为妃，以此来答谢上天庇佑使您能够得子的深情厚意，并且还能宽慰皇太后的忧愁与不快，解除上天的谴责发怒，那么，后嗣能够繁多地滋生，所有的灾难变异自然就能够停止了！"杜钦也按照这个意思向汉成帝进言。于是汉成帝便将这些奏书，全部拿到后宫去传阅展示，然后提升谷永为光禄大夫。

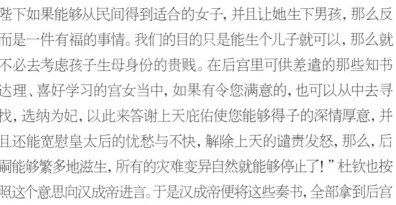

【乾隆御批】谷永、杜钦依愿权贵，甘心为私门走狗，而巧予餂觎，徒指斥宫帏，沽直谏之名。虽明经术，实经术之罪人耳。

【译文】谷永、杜钦攀附权贵，心甘情愿地做权贵们的走狗，而且擅于钻空子，不着边际地斥责批评后宫之事，以此求取直言极谏的声名。他们虽然通晓经学，但实际却是经学的罪人。

夏，四月，雨雪。

秋，桃、李实。

大雨水十余日，河决东郡金堤。先是清河都尉冯逡奏言："郡承河下流，土壤轻脆易伤，顷所以阔无大害者，以屯氏河通两川分流也。今屯氏河塞，灵鸣犊口又益不利，独一川兼受数河之任，虽高增堤防，终不能泄。如有霖雨，旬日不霁，必盈溢。九河故迹，今既灭难明，屯氏河新绝未久，其处易浚；又其口所居高，于以分杀水力，道里便宜，可复浚以助大河，泄暴水，备非常。不豫修治，北决病四、五郡，南决病十余郡，然后忧之，晚矣!"事下丞相、御史,白遣博士许商行视,以为"方用度不足,可且勿浚。"后三岁,河果决于馆陶及东郡金堤,泛滥兖、豫,入平原、千乘、济南,凡灌四郡、三十二县,水居地十五万馀顷,深者三丈;坏败官亭、室庐且四万所。

资治通鉴

【译文】夏季,四月,下雪。

秋季,桃树、李树都结了果实。

大雨下了十多天,这场大雨使得东郡的黄河堤防金堤溃决了。起初,清河郡的都尉冯逡向汉成帝上奏说:"清河郡位于黄河的下游,土壤松软脆弱,十分容易崩坏,最近之所以会很少遭到河水的祸害,是因为在汉武帝的时候,黄河在馆陶决口过,因而通成了长度、深度和黄河都相等的屯氏河,于是就变成了有两条河分流了河水,从而减小了水势。但是现在屯氏河因为黄河后来又在清河郡灵县的鸣犊口决堤了,河水改道向鸣犊口流去,所以屯氏河的水流渐渐地就淤塞不通了,再加上灵县的鸣犊口现在也越来越不畅通,于是便形成了只有一条河流来承受过去几条河流的流量,所以虽然我们在逐渐加高河堤,但是最终也无法使河水得到适合的宣泄。如果有大量的雨水降下来,一连十多天都不停止的话,河水必定会涨满的。况且以前承接黄河的徒骇、太史、马颊、覆釜、胡苏、简、洁、钩盘、鬲津等九河的遗迹,现在既然都已经湮没难寻,但是屯氏河却是最近刚刚阻塞不久的,如果要对屯氏河加以疏通的话,并不是那么困难;加上它的口岸地势也很高亢,对于减弱水力以及分散水的流量来说,都很方便适合,可以再加以疏浚,来分担黄河的水量,来宣泄暴涨的河水,防范发生紧急的事情。如果不事先加以整治的话,一旦黄河的北岸溃堤了,那么就会淹没到四五个郡;一旦黄河在南岸决堤的话,便会淹没到十多个郡。如果我们到那时候才来担忧操心的话,那可就太迟了!"冯逡的奏章被交到丞相和御史那里去审议以后，于是他们便建议汉成帝派遣博士许商去巡视黄河。但是巡视的结果却是："现在国家财政上有些困难，可以暂时先不用去疏通它。"三年以后，黄河果然在馆陶和东郡的金堤决口了，河水横流到了兖州、豫州以及平原郡、千乘郡和济南郡，一共淹没了四个郡，三十二个县，共十五万多顷地，有些水灾严重的地方，水甚至有三丈深，冲毁了官府的办公处所和将近四万栋的民房。

冬，十一月，御史大夫尹忠以对方略疏阔，上切责其不忧职，自杀。遣大司农非调调均钱谷河决所灌之郡，谒者二人发河南以东船五百艘，徙民避水居丘陵九万七千馀口。

【译文】 冬季，十一月，御史大夫尹忠因为在应对治河的方略的时候过于粗心大意，汉成帝就痛切地指责他玩忽职务，于是尹忠就自杀了。汉成帝赶紧派了大司农非调去调动处理被河水淹没的各郡的钱财和粮食，另外还派了两名使者去征召了五百艘河南以东的船只，用于转移灾民，帮助他们躲避水患，使他们都改住到丘陵去了，一共救了九万七千多人。

壬戌，以少府张忠为御史大夫。

南山群盗傰宗等数百人为吏民害。诏发兵千人逐捕，岁馀不能禽。或说大将军凤，以"贼数百人在毂下，讨不能得，难以示四夷；独选贤京兆尹乃可"。于是凤荐故高陵令王尊，征为谏大夫，守京辅都尉，行京兆尹事。旬月间，盗贼清；后拜为京兆尹。

【译文】 壬戌日（二十日），汉成帝任命少府张忠继任为御史大夫。

南山的一群盗贼傰宗等几百个人在地方作乱，使官吏和百姓受到了损害。于是汉成帝就下诏命令征调一千名士兵去追捕那群盗贼，经过了一年多的时间，却始终无法擒获他们。于是有人便劝大将军王凤说：“那些盗贼只有几百个人，又距离京城很近，就在天子的车辇之下，却不能够镇压他们，这让我们在四方的夷狄面前，实在是很难交代。所以现在只有一个办法，那就是去选任贤能的京兆尹，让他来处理了。”于是王凤就向汉成帝推荐了以前的高陵令王尊，汉成帝就征调他为谏大夫，并且让他代理京辅都尉的职位，同时还履行京兆尹的职务。王尊上任才一个月，盗贼便被肃清了。所以后来王尊就被汉成帝正式任命为京兆尹。

资治通鉴

上即位之初，丞相匡衡复奏：“射声校尉陈汤以吏二千石奉使，颛命蛮夷中，不正身以先下，而盗所收康居财物，戒官属曰：‘绝域事不覆校。’虽在赦前，不宜处位。”汤坐免。后汤上言：“康居王侍子，非王子。”按验，实王子也。汤下狱当死。

【译文】 汉成帝刚刚继位的时候，丞相匡衡就向汉成帝上奏说：“射声校尉陈汤，以西域副校尉官秩二千石的身份，奉命被委派到西域去的时候，专门负责西域蛮夷的事务，但是他却没有以身作则，盗取了所没收的康居国的财物，还告诫命令下属的官员说：‘在距离京城万里绝域以外发生的事，朝廷是不会认真地计较的。’这件事情虽然是发生在竟宁元年七月皇上下令大赦天下之前，但是也不适合让他再担任官职了。”于是陈汤便因此而被罢免了射声校尉的职务。后来，陈汤向汉成帝上奏说：“康居王派来服侍皇上的儿子，并不是康居国真正的王子。”但是经过查验以后，证实他是真正的王子，于是陈汤便被关进了监狱，并且被判处了死刑。

太中大夫谷永上疏讼汤曰："臣闻楚有子玉得臣，文公为之仄席而坐；赵有廉颇、马服，强秦不敢窥兵井陉；近汉有郅都、魏尚，匈奴不敢南乡沙幕。由是言之，战克之将，国之爪牙，不可不重也。盖君子闻鼓鼙之声，则思将帅之臣。窃见关内侯陈汤，前斩郅支，威震百蛮，武畅西海，汉元以来，征伐方外之将，未尝有也！今汤坐言事非是，幽囚久系，历时不决，执宪之吏欲致之大辟。昔白起为秦将，南拔郢都，北坑赵括，以纤介之过，赐死杜邮；秦民怜之，莫不陨涕。今汤亲秉钺席卷，喋血万里之外，荐功祖庙，告类上帝，介胄之士靡不慕义。以言事为罪，无赫赫之恶。《周书》曰：'记人之功，忘人之过，宜为君者也。'夫犬马有劳于人，尚加帷盖之报，况国之功臣者哉！窃恐陛下忽于鼙鼓之声，不察《周书》之意，而忘帷盖之施，庸臣遇汤，卒从吏议，使百姓介然有秦民之恨，非所以厉死难之臣也！"

【译文】太中大夫谷永（按：今年夏，谷永才升为光禄大夫，到河平二年仍是光禄大夫，官佚二千石。这里说是太中大夫，官秩才千石。知此条当有误系。）就向汉成帝上书为陈汤求情申冤说："臣听说以前楚国有一个令尹，名字叫作得臣，字叫子玉的，正是因为他的贤能，才使得晋文公虽然在城濮之战中打败了楚军，但是还是不敢放心地端坐着；正是因为赵国有了廉颇和马服君赵奢，才使得强大的秦国，也不敢发兵进攻赵国西北界的险隘井陉关；而近年来的汉朝，因为有了汉景帝时候的雁门郡太守郅都，和汉文帝时候的云中郡太守魏尚，才使得匈奴不敢南下接近雁门、云中。由此说来，能够战胜敌人的将领，都是国家勇武的臣子，我们不可以不重视他啊！在国君听到战鼓的声音的时候，便会很自然地想到那些在战场上冲锋陷阵的将帅大臣。臣看到关内侯陈汤，当他以前砍杀了郅支单于的时候，汉朝的声威震动了所有的蛮

资治通鉴卷第三十 汉纪二十二

115

夷，英武传遍了整个的西域，从汉朝开国建元以来，所有的在疆域之外征战的将领之中，没有一个能够像他一样的。但是现在陈汤因为犯了报告不实的罪名，被长久地拘禁在监牢里面，他的案子也是一拖再拖，迟迟都得不到审决，那些执法的官吏，显然是想要判他死刑的。从前白起身为秦将的时候，率领军队去进攻楚国，向南击破了郢都，又领兵去攻打赵国，北杀赵括，可是后来他就因为一点细小的过错，被赐死在了杜邮，秦国的百姓都为他感到哀伤怜惜，没有一个不为他流泪的。现在陈汤亲手拿着武器，席卷了康居国，带着血前进在万里之外，斩杀了郅支单于，战胜归来，我们才得以向宗庙进颂功业，并且对天帝告祭战果，所有的战士，没有一个不倾慕陈汤的。他不过是因为说错了话才犯了罪，并没有什么明显的罪恶。《周书》里面说：'要记住他人的功劳，忘记他人的过错，这样的人才适合作为百姓的国君。'那犬马因为能够为人类劳动，人类还会在它们死后加上帷幕或被盖来埋葬它们，以此来报答它们，更何况是国家的功臣呢？臣担心陛下忽视了战鼓的声音，没能去深切地体察《周书》的意思，因而忘掉了要去报答功臣的功绩，反而拿对待平庸之臣的态度来对待陈汤，最终赞成执法的官吏的意见，使得百姓的心里耿耿然有当初秦国百姓的那种遗憾，那么这就不能用来勉励那些为国死难的臣子了啊！"

书奏，天子出汤，夺爵为士伍。会西域都护段会宗为乌孙兵所围，驿骑上书，愿发城郭、燉煌兵以自救；丞相商、大将军凤及百寮议数日不决。凤言："陈汤多筹策，习外国事，可问。"上召汤见宣室。汤击郅支时中寒，病两臂不屈申；汤入见，有诏毋拜，示以会宗奏。汤对曰："臣以为此必无可忧也。"上曰："何以言之？"汤曰："夫胡兵五而当汉兵一，何者？兵刃朴钝，弓弩不利。今闻颇得汉巧，然犹三而当一。又《兵法》曰：'客倍而主人半，然后敌。'今围会宗者人众不足以胜会宗。唯陛下勿忧！且兵轻行五十里，重行三十里，今会宗欲发城郭、燉煌，历时乃至，所谓报雠之兵，非救急之用也。"上曰："奈何？其解可必乎？度何时解？"汤知乌孙瓦合，不能久攻，故事不过数日，因对曰："已解矣！"屈指计其日，曰："不出五日，当有吉语闻。"居四日，军书到，言已解。大将军凤奏以为从事中郎，莫府事壹决于汤。

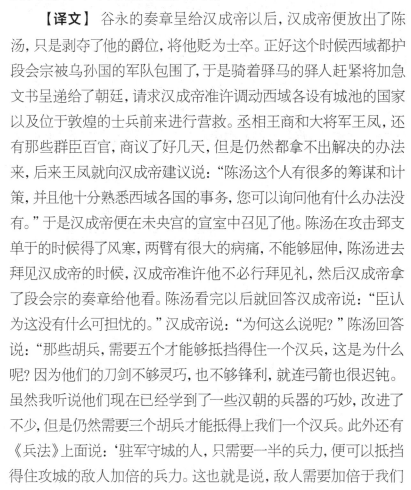

【译文】 谷永的奏章呈给汉成帝以后，汉成帝便放出了陈汤，只是剥夺了他的爵位，将他贬为士卒。正好这个时候西域都护段会宗被乌孙国的军队包围了，于是骑着驿马的驿人赶紧将加急文书呈递给了朝廷，请求汉成帝准许调动西域各设有城池的国家以及位于敦煌的士兵前来进行营救。丞相王商和大将军王凤，还有那些群臣百官，商议了好几天，但是仍然都拿不出解决的办法来，后来王凤就向汉成帝建议说："陈汤这个人有很多的筹谋和计策，并且他十分熟悉西域各国的事务，您可以询问他有什么办法没有。"于是汉成帝便在未央宫的宣室中召见了他。陈汤在攻击郅支单于的时候得了风寒，两臂有很大的病痛，不能够屈伸，陈汤进去拜见汉成帝的时候，汉成帝准许他不必行拜见礼，然后汉成帝拿了段会宗的奏章给他看。陈汤看完以后就回答汉成帝说："臣认为这没有什么可担忧的。"汉成帝说："为何这么说呢？"陈汤回答说："那些胡兵，需要五个才能够抵挡得住一个汉兵，这是为什么呢？因为他们的刀剑不够灵巧，也不够锋利，就连弓箭也很迟钝。虽然我听说他们现在已经学到了一些汉朝的兵器的巧妙，改进了不少，但是仍然需要三个胡兵才能抵得上我们一个汉兵。此外还有《兵法》上面说：'驻军守城的人，只需要一半的兵力，便可以抵挡得住攻城的敌人加倍的兵力。这也就是说，敌人需要加倍于我们的兵力，才可以与我们为敌。'所以现在包围段会宗的敌兵，是绝对无法胜过段会宗的，因此请陛下不必担心！况且部队轻装备行军一天也只可以行军五十里，而重装备行军一天就只可以行军三十里，段会宗想要调动西域有城池的各国以及位于敦煌的士兵前往解围，那也是要经过一段时间才能到达的，这就是所谓的用来报仇的军队了，并不是用来救助急难的了呀！"汉成帝就说："那我们应该怎么办呢？这个围一定可以解得掉吗？你预料要用多久才能解围呢？"陈汤知道乌孙国的士兵只是一群乌合之众而已，不可能长久地进攻下去，按照过去的经验，只不过几天而已，就回答汉成帝说："应该已经解围了！"然后就弯着手指头计算了一下日子，又对汉成帝说："不超过五天，就一定会有解围的喜讯上报给皇上的。"过了四天以后，段会宗果然送来了军书，军书上面说是已经解围了。于是大将军王凤就奏请汉成帝任命陈汤为大将军府的从事中郎，负责参谋议事，所有有关幕府的事情，都由陈汤决定。

河平元年（癸巳，公元前二八年）春，杜钦荐犍为王延世于王凤，使塞决河。凤以延世为河堤使者。延世以竹落长四丈，大九围，盛以小石，两船夹载而下之。三十六日，河堤成。三月，诏以延世为光禄大夫，秩中二千石，赐爵关内侯、黄金百斤。

【译文】河平元年（癸巳，公元前28年）春季，杜钦向王凤推荐犍为郡人王延世，请求派他去设法阻塞已经溃决的黄河堤岸。于是王凤就任命王延世为河堤使者。王延世命人用竹子编成长四丈，九人合抱那么大的竹笼，在里面盛满了小石头，用两艘船夹着搬运，然后将竹笼沉到水中。经过了三十六天以后，终于筑成了新的堤防，阻塞了黄河的决口。三月，汉成帝下诏任命王延世为光禄大夫，官秩为中二千石，并且赐给了他关内侯的爵位，还额外奖赏了他一百两黄金。

夏，四月，己亥晦，日有食之。诏公卿百僚陈过失，无有所
讳。大赦天下。光禄大夫刘向对曰："四月交于五月，月同孝惠，
日同孝昭，其占恐害继嗣。"是时许皇后专宠，后宫希得进见，中
外皆忧上无继嗣，故杜钦、谷永及向所对皆及之。

【译文】 夏季，四月，己亥晦日（三十日），发生了日食。汉成
帝便下诏命令公卿百官，要他们进谏朝廷政事的过失，不要有所
忌讳，并且还下令大赦天下。光禄大夫刘向便向汉成帝上奏说：
"以前在孝惠帝七年，五月，丁卯，晦前一日，也发生过一次日食，
那时候是在四月交于五月的时候，现在又发生了日食，因此如果要
说起月份的话，是同孝惠帝那时的一样；如果讲到日期的话，因为
在孝昭帝元年，七月，己亥晦日，也有过一次日食，所以又同孝昭帝
一样了。在孝惠、孝昭发生了日食以后，二帝都很快就去世了，而且
他们也都没有子嗣。因此这次发生的日食，恐怕是对后嗣不利。"
这个时候许皇后得到了汉成帝的专宠，后宫其他的妃嫔很少有机
会能够接近汉成帝，朝廷内外的人因此都很担心汉成帝会因此而
没有后代，所以杜钦、谷永和刘向所呈奏给汉成帝的话，就都涉及
了这一点。

上于是减省椒房、掖廷用度，服御、舆驾所发诸官署及所造
作，遗赐外家、群臣妾，皆如竟宁以前故事。

【译文】 于是汉成帝便减少了椒房殿和掖庭中后妃的开支。
各官府所发给以及所制造的衣服用具和轿舆车马，只要是赠赐给
外家的，还有各个臣妾的，都如同汉元帝竟宁以前的样子一样。

皇后上疏自陈，以为："时世异制，长短相补，不出汉制而已，纤微之间未必可同。若竟宁前与黄龙前，岂相放哉! 家吏不晓，今壹受诏如此，且使妾摇手不得。设妾欲作某屏风张于某所，曰：'故事无有。'或不能得，则必绳妾以诏书矣。此诚不可行，唯陛下省察! 故事，以特牛祠大父母，戴侯、敬侯皆得蒙恩以太牢祠，今当率如故事，唯陛下哀之! 今吏甫受诏读记，直豫言使后知之，非可复若私府有所取也。其萌牙所以约制妾者，恐失人理。唯陛下深察焉!"

【译文】许皇后因为这件事，就向汉成帝上书自述，她认为："时代已经不同了，很多事情都是长短互补的，因此只要不超越汉朝的体制便可以了。有些细节，未必都要和从前一样的。就像汉元帝竟宁以前和汉宣帝黄龙以前的制度，难道就一定会是相同的吗? 但是主管后宫的官吏却不知道变通，现在竟然完全遵照诏令，一切都要按照竟宁的成例来办，这将会使得臣妾的举止受到很大的束缚，将会使我连摇手都不成了。如果臣妾想要在某个地方摆设一个屏风，他们就会告诉我说：'过去没有这样做的成例。'臣妾如果有所要求，而官吏却不肯准备，便一定会托词说是诏书不允许，借此来限制臣妾的需要。这实在是不可行的啊，还请陛下明察! 还有如果依照往例，就只能用一头牛去祭祀祖父母，可是平恩戴侯许广汉和乐成敬侯许延寿，都已经蒙受了皇上恩德，被皇上允许可以用牛、羊、猪三牲具备的太牢来祭拜他们，但是现在如果要依照诏书，要按照往例的话，那么他们就要改用一头牛来祭祀了，所以我请求陛下能够破格哀怜他们，仍然准许他们用三牲去祭拜祖先。但是下面执行的官吏，才刚刚接到诏书，阅读到诏书上面所记载的种种事宜，就立刻私下里警告我说：'应该要让皇后知道，从今以后，不可以还和以前一样，把宫廷中的物品，看成是自

资治通鉴

己家的东西，可以随意地去取用。'只是在一开始的时候，就如此凶狠，那么以后将用来约束限制臣妾的，恐怕将会更加不合情理。我请求陛下能够明察！"

上于是采谷永、刘向所言灾异咎验皆在后宫之意以报之，且曰："吏拘于法，亦安足过！盖矫枉者过直，古今同之。且财币之省，特牛之祠，其于皇后，所以扶助德美，为华宠也。咎根不除，灾变相袭，祖宗且不血食，何戴侯也！传不云乎：'以约失之者鲜'，审皇后欲从其奢与？朕亦当法孝武皇帝也。如此，则甘泉、建章可复兴矣。孝文皇帝，朕之师也。皇太后，皇后成法也。假使太后在彼时不如职，今见亲厚，又恶可以逾乎！皇后其刻心秉德，谦约为右，垂则列妾，使有法焉！"

【译文】 于是汉成帝就摘录了谷永和刘向所说的，他们认为所有的灾变征兆都是由于后宫造成的，回报给皇后，并且对皇后说："官吏只是在遵守法令而已，又有什么罪过呢？因为要矫正那些邪曲过错，有的时候的确是会超过本来应该有的限度的，这是从古至今都一样的道理。而且节省下来一些财物，不用三牲而只是用一头牛来祭祀先祖，这些都有助于皇后的美德，是一件光荣、有名誉的事情啊！而且如果不设法除去这种灾祸的源头，让灾变就这样一直发生下去，就连祖宗尚且不能够长久地享用子孙牺牢的祭典，又怎么能够谈到戴侯的祭祖呢？《论语》上面记载的孔子的话不是说过吗：'能够践行俭约的人，而又会犯有过失的，那真是太少太少的了。'难道说皇后是真的希望可以奢侈浪费吗？那么朕也就应当去效法孝武皇帝的样子了，这样一来，甘泉宫和建章宫这两座宫殿朕便可以再派人去重新把它修建起来。但是，节俭的孝文皇帝才是朕的老师。况且皇太后、皇后的待遇也都有明文规定，假如太后在从前的时候得不到应有的标准的话，那么皇后现在所受到的优待，又怎么可以超过太后那个时候的制度呢？皇后你应该要削弱自己的心志，秉持着道德，以谦和节俭为先，这样就可以给后宫其他众妃嫔作一个示范，使她们也能够有所遵守践行。"

给事中平陵平当上言："太上皇，汉之始祖，废其寝庙园，非是。"上亦以无继嗣，遂纳当言。秋，九月，复太上皇寝庙园。

【译文】 给事中平陵、平当向汉成帝上奏说："太上皇是汉朝的开国始祖，汉元帝的时候废掉了他的陵寝庙园，这是不应该的。"而汉成帝也因为当时没有后代，便采纳了平当的建议。秋季，九月，汉成帝下令恢复了太上皇的陵寝庙园，并且还按时去那里进行祭祀。

诏曰："今大辟之刑千有馀条，律令烦多，百有馀万言；奇请，它比，日以益滋。自明习者不知所由，欲以晓喻众庶，不亦难乎！于以罗元元之民，夭绝亡辜，岂不哀哉！其议减死刑及可蠲除约省者，令较然易知，条奏！"时有司不能广宣上意，徒钩摭微细，毛举数事，以塞诏而已。

【译文】 汉成帝下诏说："现在按照律令应当判处死刑的法令有一千多条，律令的繁多，甚至多到有一百多万字；此外还有因为明文规定的法令，从而由办案人员另外拟罪，上奏请求判决的，而且比附着其他的条文去定罪的情况也一天比一天多了起来。纵使是熟悉法令的人，有时候也不知道应当使用什么条令去办理案件，我们却想要拿这些律令去教导百姓，使他们都能够全部明白，这难道不是很困难的吗？我们设置了这么多烦琐的刑律来制约百姓，使得百姓无法逃避，况且还有很多百姓都是由于无罪但是死于非命，甚至比夭折的还要多，这难道不是一件很令人哀痛的事情吗？所以我们现在应该要去商讨哪些死刑条文是可以减除的，以及哪些律令是可以废弃简化的，从而使这些律条清楚明白，容易被百姓理解。你们讨论之后，将结果分条呈奏给我！"但是当时的那些主管官员不能够广泛地理解汉成帝的旨意，所以他们就只是钩取了一些细枝末节，杂举了一些如毫毛一般的小事，来敷衍搪塞汉成帝的诏书罢了。

匈奴单于遣右皋林王伊邪莫演等奉献，朝正月。

【译文】 匈奴的单于派遣右皋林王伊邪莫演等人前来向汉成帝进贡，并且他们将会参加元旦的朝贺大典。

二年（甲午，公元前二七年）春，伊邪莫演罢归，自言欲降："即不受我，我自杀，终不敢还归。"使者以闻，下公卿议。议者或言："宜如故事，受其降。"光禄大夫谷永、议郎杜钦以为："汉兴，匈奴数为边害，故设金爵之赏以待降者。今单于屈体称臣，列为北藩，遣使朝贺，无有二心。汉家接之，宜异于往时。今既享单于聘贡之质，而更受其逋逃之臣，是贪一夫之得而失一国之心，拥有罪之臣而绝慕义之君也。假令单于初立，欲委身中国，未知利害，私使伊邪莫演诈降以卜吉凶，受之，亏德沮善，令单于自疏，不亲边吏；或者设为反间，欲因而生隙，受之，适合其策，使得归曲而责直。此诚边境安危之原，师旅动静之首，不可不详也。不如勿受，以昭日月之信，抑诈谖之谋，怀附亲之心，便！"对奏，天子从之。遣中郎将王舜往问降状，伊邪莫演曰："我病狂，妄言耳。"遣去。归到，官位如故，不肯令见汉使。

【译文】 二年（甲午，公元前27年）春季，伊邪莫演进贡完毕以后，汉成帝便想要遣送他归国，但是他竟然自己说："我希望能够归降汉朝，如果皇上不接受，我就自杀，反正我终究是不敢回到匈奴去的。"于是汉朝派去接送伊邪莫演的使者便将这件事上奏给了汉成帝，汉成帝就将这件事交给公卿们去审议。在参与审议的人中，有的说："我们应该和以前的做法一样，去接受他的投降。"但是光禄大夫谷永、议郎杜钦都认为："从汉朝兴盛以来，匈奴就多次地侵扰我们的边境，所以我们才会设下黄金、爵位的奖赏来款待向汉朝投降的人。但是现在，匈奴的单于已经向我们卑躬屈膝，向汉朝称臣，被我们列为我们北面的藩属国，而且他还派遣了使者前来向汉朝进贡，并没有其他的想法。因此，我汉朝对待他们，也应该与过去有所不同。我们现在已经接受了匈奴的单于派遣使者前来进贡的诚意，却还去接纳他叛逃的臣子，这可是为了贪取一个人而失去一个国家的归顺的心意，我们只会是获得了一名有罪的臣子，而与一位仰慕仁义向汉朝归顺的国君绝交啊！而且或许这是因为在匈奴的单于刚刚即位的时候，为了想要依附中国，却不知道究竟是利是害，才私下里派伊邪莫演前来向我们诈降，以此来推测是吉是凶，如果我们接受了他归降的请求，那么就会有损我们的道德，这不但会阻塞了他们归顺的心意，并且还会让匈奴的单于因此而与我们疏远，不再与边境的官吏亲和友好。又或者这其实是他们在进行反间之计，想要借此来惹是生非，如果我们接受了伊邪莫演的归降，便正好中了他们的计谋，使得他们可以说我汉朝的不是，而且他们还可以理直气壮地来指责我们。所以这实在是今后我们的边境究竟是安宁是危险的一个根源，也是我们的军队是否需要再去从事征杀的一个契机，是不可以不详细地去考虑的。因此我们不如不去接受伊邪莫演的请求，以此来昭明我们如同日月一般的信义，阻止他们向汉朝诈降的阴谋，安抚他们想要与我们亲近的心意，这样还是较为方便的。"他们的意见呈奏给汉成帝以后，被汉成帝所采纳。于是汉成帝便派了中郎将王舜前往询问伊邪莫演当时要求投降的情形，但是伊邪莫演竟然说："我有精神狂妄症，我以前说我想要投降的话，只不过是一时的精神错乱，胡言乱语罢了。"于是汉成帝就把他遣送回了匈奴。可是当他回到匈奴的时候，官位仍然和从前的一样，只是匈奴的单于不肯让他见到汉朝的使臣而已。

夏，四月，楚国雨雹，大如釜。

徙山阳王康为定陶王。

六月，上悉封诸舅：王谭为平阿侯，商为成都侯，立为红阳侯，根为曲阳侯，逢时为高平侯。五人同日封，故世谓之"五侯"。太后母李氏更嫁为河内苟宾妻，生子参；太后欲以田蚡为比而封之。上曰："封田氏，非正也！"以参为侍中、水衡都尉。

【译文】夏季，四月，楚国下了冰雹，冰雹大得就像锅一样。

改封山阳王刘康改调为定陶王。

六月，汉成帝册封了他所有的舅舅：王谭为平阿侯，王商为成都侯，王立为红阳侯，王根为曲阳侯，王逢时为高平侯，由于这五个人是在同一天接受册封的，所以世人称他们为"五侯"。那个时候太后的母亲李氏已经改嫁给河内郡人苟宾为妻，而且还生下了一个儿子苟参，太后就也想比照着孝景帝王皇后的同母异父弟田蚡得到册封的例子，请汉成帝也去册封苟参。但是汉成帝却说："汉武帝当时对田氏的册封，并不是一个正规的做法。"于是汉成帝仅仅是任命苟参为侍中、水衡都尉。

【康熙御批】自古外戚之祸莫甚于汉。由王氏相继秉政，根深蒂固。加以莽贼承袭诸父之势，包藏祸心，卒成篡窃，非一朝一夕之故也。履霜坚冰，成哀之世，昧此义矣。

资治通鉴

【译文】自古以来外戚的灾祸没有比汉朝更厉害的。由于王氏家族相继执政，根深蒂固。加上王莽贼子继承父辈们的势力，包藏祸心，最后成功篡夺政权，这不是一朝一夕造成的。《周易》里面"履霜坚冰"的道理，在成帝、哀帝时，皇帝就完全不懂啊。

御史大夫张忠奏京兆尹王尊暴虐倨慢，尊坐免官；吏民多称惜之。湖三老公乘兴等上书讼："尊治京兆，拨剧整乱，诛暴禁邪，皆前所稀有，名将所不及；虽拜为真，未有殊绝褒赏加于尊身。今御史大夫奏尊'伤害阴阳，为国家忧，无承用诏书意，"靖言庸违，象龚滔天。"'源其所以，出御史丞杨辅，素与尊有私怨，外依公事建画为此议，傅致奏文，浸润加诬，臣等窃痛伤。尊修身洁己，砥节首公，刺讥不惮将相，诛恶不避豪强，诛不制之贼，解国家之忧，功著职修，威信不废，诚国家爪牙之吏，折冲之臣。今一旦无辜制于仇人之手，伤于诋欺之文，上不得以功除罪，下不得蒙棘木之听，独掩怨雠之偏奏，被共工之大恶，无所陈冤诉罪。尊以京师废乱，群盗并兴，选贤征用，起家为卿。贼乱既除，豪猾伏辜，即以佞巧废黜。一尊之身，三期之间，乍贤乍佞，岂不甚哉！孔子曰：'爱之欲其生，恶之欲其死，是惑也。''浸润之谮不行焉，可谓明矣。'愿下公卿、大夫、博士、议郎定尊素行！夫人臣而'伤害阴阳'，死诛之罪也；'靖言庸违'，放殛之刑也。审如御史章，尊乃当伏观阙之诛，放于无人之域，不得苟免；及任举尊者，当获选举之辜，不可但已。即不如章，饰文深诋以诉无罪，亦宜有诛，以惩谗贼之口，绝诈欺之路。唯明

126

主参详，使白黑分别！"书奏，天子复以尊为徐州刺史。

【译文】 御史大夫张忠向汉成帝上奏弹劾京兆尹王尊为官暴虐傲慢，于是王尊便被罢免了官职，但是官吏和百姓却都很称赞他，为他表示惋惜。湖县掌管教化的三老公乘兴等人便向汉成帝上书为他申冤说："王尊治理京兆的时候，他能够拨整乱事，诛除邪暴，这全部都是以前所少有的，郡国的都尉都比不上的；虽然王尊后来因为立功而被皇上正式任命为京兆尹，但是您并没有什么奖赏颁赐给他。可是现在御史大夫却向您上奏弹劾王尊，说他：'伤害阴阳，为国家带来了忧愁，还说他没有接受执行皇上的诏书的心意，表面上说话总是说得很善良，但是实际上他的所作所为却和他所说的相违背；他外表看起来好像是很恭敬谨慎的样子，但是他的内心其实却很傲慢欺天。'如果要追究御史大夫如此说的原因，其实纯粹是由于御史大夫杨辅一直以来就和王尊有私人上的嫌隙，所以这件事情，表面上看起来好像是在秉公处理，因而杨辅才筹划出了这个弹劾案，于是他的弹劾才更加附会牵强，他罗织了罪名，写成了奏章，制造事端，才组成了罪状，臣等私下都感到非常伤心痛苦。王尊能够自尊自爱，操守廉洁，砥砺品节，一心为公；所有应当讥刺的人，即使是将相，他也不会畏惧他们的权势；所有应当诛除的恶霸，即使是土豪强梁，他也不会去躲避他。他既平定了不肯顺服的盗贼傰宗等人，又消除了国家的忧患，功绩十分显著，他忠于职守，树立了朝廷的威信，实在是国家一名勇武威猛的官员，一名抗敌保国的忠臣。但是现在他却明明没有罪过而受制在仇人的手中，被伤害在诋毁他的不实的文字里面，他对上既不能将功赎罪，对下也不能站在棘木之下，不能在公堂上为自己辩冤（古者取棘木之赤心，象征公正，以棘木之刺，象征刺探真情，所以在棘木之下听断诉讼。）来让皇上明白真实的情况，因而只能独自遭到挟怨报仇他的人一面之词的遮掩，蒙受到《虞书·尧典》里面用来指责共工的恶名，而且没有地方去陈诉他的冤情。王尊是因为过去京城的治安十分混乱，盗贼成群地起来造反，于是皇上才选贤举能，征用了他，王尊这才由原来的被废免在家，而变为被起用为谏大夫，同时还是京辅都尉，并且还兼为京兆尹事，因此王尊才跻身在公卿的行列。可是现在盗贼的叛乱已经被平定了，群盗也已经伏罪了，王尊却马上就被指控为佞巧小人并且遭到了贬斥。明明同样是王尊这个人，但是在三年之间，居然忽然被称赞为有贤能的人，忽然又被指控为奸佞小人，这难道不是太过分了吗?《论语》里面记载孔子的话说：'当喜爱他的时候，便会想方设法要他活着，而当厌恶他的时候，就会想尽办法要置他于死地，这其实是一种很混乱的做法啊！'里面还说：'如果一个人可以做到不相信如水一般慢慢渗透进的谗言的话，那么这个人便可以说是一个能够做到明察的人了。'所以请您能够交给公卿、大夫、博士、议郎去廷议王尊一直以来的操守行为。那为人臣子的人，如果真的伤害了天地间的阴阳，那就是要犯下死罪的；如果真的是表面上把话说得很善良，实际上的所作所为却与他的话相违背，这种言行上面的不一致，也是要遭到放逐或者杀戮的刑罚的。如果真的如御史大夫所上奏的罪状一样，王尊便应该立刻被伏诛在宫殿之下，或者被流放到罕无人迹的边疆那里去，不应该只是免去他的官职那么简单而已。还有那些举荐担保王尊的人，也要受到推选保举的连带责任，不可以就这么草率了事。但是如果王尊并不像御史大夫的奏章上面所说的那个样子，那么假托文辞，诋毁陷害无罪的人的御史大夫，也应该遭到刑罚，以此来惩戒那些谗言害人的人，让他们放弃欺诈骗人的邪路。我请求圣明的君主能够参酌详察，使得黑白分明！"张忠的奏章呈上以后，汉成帝便又重新任命王尊为徐州刺史。

夜郎王兴、钩町王禹、漏卧侯俞更举兵相攻。牂柯太守请发兵诛兴等。议者以为道远不可击，乃遣太中大夫蜀郡张匡持节和解。兴等不从命，刻木象汉吏，立道旁，射之。

【译文】夜郎王兴、钩町王禹、漏卧侯俞彼此发兵互相攻打。牂柯太守就向汉成帝请求可以调兵去诛讨他们。但是参与廷议的大臣认为由于路途太远，不可以派兵去出击。便派遣太中大夫蜀郡人张匡持着汉节前往那里进行调解。但是他们竟然都不遵从汉成帝的命令，反而还把木头刻成汉吏的模样，接着将木头树立在路的旁边，然后用箭去射他。

杜钦说大将军王凤曰："蛮夷王侯轻易汉使，不惮国威，恐议者选耎，复守和解；太守察动静有变，乃以闻。如此，则复旷一时，王侯得收猎其众，申固其谋，党助众多，各不胜忿，必相殄灭。自知罪成，狂犯守尉，远藏温暑毒草之地；虽有孙、吴将，贲、育士，若入水火，往必焦没，智勇亡所施。屯田守之，费不可胜量。宜因其罪恶未成，未疑汉家加诛，阴敕旁郡守尉练士马，大司农豫调谷积要害处，选任职太守往。以秋凉时入，诛其王侯尤不轨者。即以为不毛之地，无用之民，圣王不以劳中国，宜罢郡，放弃其民，绝其王侯勿复通。如以先帝所立累世之功不可堕坏，亦宜因其萌牙，早断绝之。及已成形然后战师，则万姓被害。"

【译文】于是杜钦就劝说大将军王凤："那些蛮夷王侯，竟然是如此怠慢轻视汉朝的使臣，一点也不畏惧汉朝的国威，可是那些参与廷议的人恐怕到现在也仍然是那么软弱无能，还是会主张与他们和解。那么，等到当地的太守察觉到他们的动静确实又有了新的变化，才又再次上报给朝廷的时候，将又会白白地浪费掉一时（三个月为一时），而不能够提早发兵来预防发生不测。当那些蛮夷王侯能够聚集他们的党羽，策划了他们的谋略的时候，党徒已经多了起来，彼此又都无法忍耐下心中的愤怒、仇恨，就一定又会继续互相攻击杀害。等到他们自己知道罪过已经形成的时候，便会疯狂地去进犯各郡的太守和都尉，然后逃到远远的布满暑气和毒草的荒地去。到了那个时候，我们就算是有了以前的名将孙武和吴起挂帅为将，古时候的勇士孟贲和夏育从军为兵，也将会是像到了水中、火中去一样的危险，一旦进去，便会被烧焦或者淹没，使得他们的才智和勇气都无法得到施展。要是我们还要再派兵去屯田开垦种植，以此来防守那边塞的蛮荒之地的话，所需要的花费，将会是庞大得无法计算的。因此，我们现在应该趁着那些蛮夷的君主的罪恶还没有形成，还不会怀疑汉朝将会施加给他们刑戮的时候，秘密地命令邻近的各郡的太守和都尉，赶紧训练将士、马匹，由大司农提前去调配粮食，把粮食积存在重要的地区，然后选用能够称职的太守前往那里，在秋凉的时候再到蛮夷那里去，杀掉那些特别狂傲悖逆不遵守王法的王侯。如果您认为那些不生五谷的地方，百姓也没有什么作用，君主是不用去劳烦中国的军队去击讨的，那么就应该撤销郡守，放弃待在那里的百姓，断绝和他们君民的关系，不再和他们有所往来。但是如果您认为先帝积累了好几代才建立下来的基业不可以被毁坏，也就应该趁着他们刚刚有了不轨的想法的时候，便及早地去打消它。如果等到恶行已经形成了，然后再去兴师进行攻战的话，那么百姓便要受到损害了。"

大将军凤于是荐金城司马临邛陈立为牂柯太守。立至牂柯，谕告夜郎王兴，兴不从命；立请诛之，未报。乃从吏数十人出行县，至兴国且同亭，召兴。兴将数千人往至亭，从邑君数十人入见立。立数责，因断头。邑君曰："将军诛无状，为民除害，愿出晓士众！"以兴头示之，皆释兵降。钩町王禹、漏卧侯俞震恐，入粟千斛、牛羊劳吏士。立还归郡。

【译文】 于是王凤就向汉成帝推荐金城郡司马临邛县人陈立为牂柯太守。陈立一到牂柯，便去劝告夜郎王兴。但是王兴不听从陈立的劝告，于是陈立就将此事上报给了朝廷，向汉成帝请求能够杀掉他。在朝廷还没回复陈立的请求的时候，陈立便带着几十名随从去巡视他所管辖的各县。等到了夜郎国的且同亭的时候，陈立就召见了夜郎王兴。王兴就率领了几千名部众到了且同亭，带着几十名夜郎国的酋长去见了陈立。陈立便立刻指责他的不是，然后趁机砍下了他的头。于是那些酋长们便说："将军诛除了不守法的人，为民除去了祸害，我请您能够出示告示来晓谕部众。"陈立就出示了王兴的首级，于是大家就都丢下武器向陈立投降。钩町王禹和漏卧侯俞都感到很害怕，便带了一千斛粮食和一些牛羊给陈立去慰劳将士。陈立办完了事情以后，就回到了郡邸。

兴妻父翁指，与子邪务收馀兵，迫胁旁二十二邑反。至冬，立奏募诸夷，与都尉、长史分将攻翁指等。翁指据厄为垒，立使奇兵绝其饟道，纵反间以诱其众。都尉万年曰："兵久不决，费不可共。"引兵独进。败走，趋立营。立怒，叱戏下令格之。都尉复还战，立救之。时天大旱，立攻绝其水道。蛮夷共斩翁指，持首出降，西夷遂平。

【译文】 夜郎王兴的岳父翁指，和他的儿子邪务聚集了剩余的士兵，强迫威胁邻近的二十二个部落和他一起共同造反。到了冬天以后，陈立向汉成帝上奏请求可以招募各蛮夷及都尉、长史分别率兵攻击翁指等人。翁指占据了险要的地方，在那里修筑了壁垒。陈立使用奇兵，断绝了他的军需补给线，还向他们派去了间谍，使用反间计去引诱他的部众。都尉万年说："军事久久都不能结束，剩余的费用已经无法再供给军需了。"然后万年便率军单独向翁指进兵，结果却被击溃了，于是他就退向了陈立的军营。陈立知道以后感到很生气，就责令部下抵抗攻击万年，不让他退入军营。都尉万年只好又回头去进行战斗。陈立也就随后赶去救助他们。当时天很长时间都不下雨，正在闹旱灾，于是陈立就进攻夺取阻绝了蛮夷的士兵的输水管道。蛮夷走投无路了，便一起杀掉了翁指，带着他的首级向陈立投降。于是西夷就这样被平定了。

三年(乙未，公元前二六年)春，正月，楚王嚣来朝。二月，乙亥，诏以嚣素行纯茂，特加显异，封其子勋为广戚侯。

【译文】 三年(乙未，公元前26年)春季，正月，汉宣帝的儿子楚王刘嚣前来朝见汉成帝。二月，乙亥日(十六日)，汉成帝就下诏令说，因为刘嚣一直以来的德行都很纯美良好，所以对他特别加以褒扬，然后封他的儿子刘勋为广戚侯。

丙戌，犍为地震，山崩，壅江水，水逆流。

【译文】 丙戌日(二十七日)，犍为发生了地震，这场地震使得山岳崩溃，江水阻塞，水流泛滥。

秋，八月，乙卯晦，日有食之。

上以中秘书颇散亡，使谒者陈农求遗书于天下。诏光禄大夫刘向校经传、诸子、诗赋，步兵校尉任宏校兵书，太史令尹咸校数术，侍医李柱国校方技。每一书已，向辄条其篇目，撮其指意，录而奏之。

【译文】 秋季，八月，乙卯晦日（二十九日），又有日食发生了。

汉成帝因为宫中所收藏的书籍散落流失了不少，便派光禄勋中以及掌管奉诏出使的谒者陈农，到天下各地去寻访探求遗落的书籍。汉成帝还下诏命令光禄大夫刘向校定经传、诸子、诗赋等各种典籍；掌管上林苑门屯兵的步兵校尉任宏，则负责校定兵书；隶属太常，和掌管统领诸史以及星历占算的太史令尹咸，去校定数术等有关占卜星历的图书；嘱咐少府太医令，负责皇上及后宫疾病诊疗的侍医李柱国，让他来负责校定方技等医书。当每一册书校定完毕以后，刘向便分别向汉成帝说明这本书篇目的多寡，并且摘要列述这本书的旨意等，用笔抄录下来奏呈给汉成帝。

刘向以王氏权位太盛，而上方向《诗》、《书》古文，向乃因《尚书·洪范》，集合上古以来，历春秋、六国至秦、汉符瑞、灾异之记，推迹行事，连傅祸福，著其占验，比类相从，各有条目，凡十一篇，号曰《洪范五行传论》，奏之。天子心知向忠精，故为凤兄弟起此论也；然终不能夺王氏权。

【译文】 刘向因为外戚王氏的权势地位过于显要强盛，而汉成帝当时正一心向慕《诗》《书》等古书，便从《尚书》里面的《洪范篇》中，集合了上古以来，经历了春秋时代、六国时代，以及秦朝、汉朝等有关祥瑞和灾异的记载，推测天象变化的原因，比附着因果祸福的关系，去突出它的灵验，分门别类，各自加上篇目，一共是十一篇，刘向称它为《洪范五行传论》，然后刘向将这本书呈奏给了汉成帝。虽然汉成帝知道刘向对汉室的一片忠心，知道他是在借故因为王凤兄弟的强盛，才写了这一本书来劝告自己，可是汉成帝终究不能削弱外戚王氏的权位。

资治通鉴

【乾隆御批】心知之而不能夺，在他人皆可言，在为君者，实无是理也。

【译文】心里明白却不能夺权，如果是别人也就算了，可是身为国君，这实在没有道理。

河复决平原，流入济南、千乘，所坏败者半建始时。复遣王延世与丞相史杨焉及将作大匠许商、谏大夫乘马延年同作治，六月乃成。复赐延世黄金百斤。治河卒非受平贾者，为著外繇六月。

【译文】黄河又一次在平原郡决口了，河水泛滥到了济南、千乘两郡，所有被毁坏的财物甚至达到了建始四年时候的一半。于是汉成帝又派遣王延世和丞相长史杨焉以及掌管负责宫室等建筑的将作大匠许商，还有谏大夫乘马延年等人共同前去整治黄河。经过了六个月，他们才完成了修治。汉成帝便又赏赐了王延世一百两黄金，而所有参与治河的士兵，只要不是受雇佣而且领有工资的，都被登记在了名册上面，可以抵消六个月的劳役。

四年（丙申，公元前二五年）春，正月，匈奴单于来朝。

赦天下徒。

三月，癸丑朔，日有食之。

琅邪太守杨彤与王凤连昏，其郡有灾害，丞相王商按问之。

凤以为请，商不听，竟奏免肜，奏果寝不下。

【译文】 四年（丙申，公元前25年）春季，正月，匈奴的单于前来朝见汉成帝。

汉成帝下令赦免了天下所有的徒刑犯。

三月，癸丑朔日（初一），发生了日食。

琅邪太守杨肜因为和王凤缔结有姻亲关系，所以当琅邪郡发生了灾害，丞相王商负责去查问实情的时候，王凤便替杨肜向王商求情，但是王商不理会他，并且向汉成帝上奏请求可以罢免杨肜的官职。可是后来王商的奏章竟然被压下了，没有批下来。

凤以是怨商，阴求其短，使频阳耿定上书，言"商与父傅婢通；及女弟淫乱，奴杀其私夫，疑商教使。"天子以为暗昧之过，不足以伤大臣。凤固争，下其事司隶。太中大夫蜀郡张匡，素佞巧，复上书极言诋毁商。有司奏请召商诣诏狱。上素重商，知匡言多险，制曰："勿治！"凤固争之。

【译文】 王凤因此而十分怨恨王商，便暗中去寻找他的缺点，然后王凤指使频阳县人耿定向汉成帝上书说："王商和他父亲的近侍婢女私通；还有他的妹妹行为也很淫乱，却被一个奴才杀掉了她的奸夫，这很有可能是王商去唆使的。"只是汉成帝认为这种私人的过错，还不足以伤害一位大臣。但是后来因为王凤坚持，于是汉成帝就把这个案子交给了掌管纠察百官的司隶去处理。太中大夫蜀郡人张匡一直是一个奸佞小人，就又向汉成帝上书极力去批评毁谤王商。主管的官员便向汉成帝上奏请求可以把王商拘拿到奉诏成立的特别监狱去。但是汉成帝平时就很重视王商，他知道张匡的话里面有很多问题，便下诏说："你们不要去办理他。"但是王凤一再地向汉成帝进言与之争论。

夏，四月，壬寅，诏收商丞相印绶。商免相三日，发病，欧血薨，谥曰戾侯。而商子弟亲属为驸马都尉、侍中、中常侍、诸曹、大夫、郎吏者，皆出补吏，莫得留给事、宿卫者。有司奏请除国邑；有诏："长子安嗣爵为乐昌侯。"

【译文】 在夏季，四月，壬寅日（二十日）这一天，汉成帝终于下了诏书，命令收回王商的丞相印绶，免去了他的职务。王商被罢相的第三天就生了重病，最后吐血而死，谥号叫戾侯。而他的那些任职为驸马都尉、侍中、中常侍、诸曹、大夫、郎吏的子弟和亲属，也都被下放为外官，不能够再留在中枢给事、宿卫，在汉成帝的左右服侍。主管的官员还向汉成帝上奏请求汉成帝可以废除王商的封国，汉成帝却下诏说："就由他的长子王安继任乐昌侯的爵位吧。"

上之为太子也，受《论语》于莲勺张禹，及即位，赐爵关内侯，拜为诸吏、光禄大夫，秩中二千石，给事中，领尚书事。禹与王凤并领尚书，内不自安，数病，上书乞骸骨，欲退避凤；上不许，抚待愈厚。六月，丙戌，以禹为丞相，封安昌侯。

【译文】 当汉成帝还是太子的时候，曾经跟随莲勺县的张禹学习过《论语》，等到他继位以后，便赐给了他关内侯的爵位，并且任命他为诸吏、光禄大夫，官秩为中二千石，给事中、总领尚书诸曹。张禹因为是和王凤一同掌管尚书，所以内心总是觉得不安宁，多次生病，就向汉成帝上书请求辞官，想要躲避王凤。但是汉成帝每次都不答应，对他的安抚和待遇反而更加优厚了。六月，丙戌日（初五），汉成帝任命张禹为丞相，并且封他为安昌侯。

庚戌，楚孝王嚣薨。

初，武帝通西域，罽宾自以绝远，汉兵不能至，独不服，数剽杀汉使。久之，汉使者文忠与容屈王子阴末赴合谋攻杀其王；立阴末赴为罽宾王。后军候赵德使罽宾，与阴末赴相失；阴末赴锁琅当德，杀副已下七十馀人，遣使者上书谢。孝元帝以其绝域，不录，放其使者于县度，绝而不通。

【译文】庚戌日（二十九日），楚孝王刘嚣去世了。

起初，当汉武帝通西域的时候，罽宾国自以为离汉朝的路途很远，汉朝的军队无法到达，便单独抵抗汉朝，不肯向汉朝屈服，多次去劫杀汉朝的使者。时间久了以后，汉朝的使者文忠终于和罽宾国的一个部落酋长容屈王的儿子阴末赴合谋进攻，杀害了罽宾王，改立了阴末赴为罽宾王。后来，在军中任职为军候的一个裨将赵德，奉文忠的命令到罽宾去，但是他和阴末赴意见不合，于是阴末赴便将赵德拘禁了起来，还杀掉了副使以下的七十多个人，然后就派遣使者去上书给孝元帝谢罪。但是孝元帝因为罽宾国位于一个很遥远的地方，便没有接纳他的上书，而且不去理会他，还把他派来的使者遣放到了县度去，断绝了和他的关系。

及帝即位，复遣使献谢罪。汉欲遣使者报送其使。杜钦说王凤曰："前罽宾王阴末赴，本汉所立，后卒畔逆。夫德莫大于有国子民，罪莫大于执杀使者，所以不报恩，不惧诛者，自知绝远，兵不至也。有求则卑辞，无欲则骄嫚，终不可怀服。凡中国所以为通厚蛮夷，慊快其求者，为壤比而为寇。今县度之厄，非罽宾所能越也；其乡慕，不足以安西域；虽不附，不能危城郭。前亲逆节，恶暴西域，故绝而不通；今悔过来，而无亲属、贵人，奉献者皆行贾贱人，欲通货市买，以献为名，故烦使者送至县度，恐失实见欺。凡遣使送客者，欲为防护寇害也。起皮山，南更不属汉之国四、五，斥候士百馀人，五分夜击刁斗自守，尚时为所侵盗。驴畜负粮，须诸国禀食，得以自赡。国或贫小不能食，或桀黠不肯给，拥强汉之节，馁山谷之间，乞匄无所得，离一、二旬，则人畜弃捐旷野而不反。又历大头痛、小头痛之山，赤土、身热之阪，令人身热无色，头痛呕吐，驴畜尽然。又有三池盘、石阪道，狭者尺六七寸，长者径三十里，临峥嵘不测之深，行者骑步相持，绳索相引，二千馀里，乃到县度。畜坠，未半坑谷尽靡碎；人堕，势不得相收视；险阻危害，不可胜言。圣王分九州，制五服，务盛内，不求外；今遣使者承至尊之命，送蛮夷之贾，劳吏士之众，涉危难之路，罢敝所恃以事无用，非久长计也。使者业已受节，可至皮山而还。"于是凤白从钦言。罽宾实利赏赐贾市，其使数年而壹至云。

资治通鉴

【译文】 等到汉成帝即位以后，罽宾王又派遣使者前来请罪。汉成帝就想要派遣使臣答报他，并且护送他的使者回罽宾国。于是杜钦便劝说王凤说："以前罽宾王阴末赴本来是汉朝所拥立的，但是后来他竟然反叛了。世界上最大的恩德，是没有比能够保护他的国家，爱护他的百姓的那种恩惠更大的了；而世界上最大的罪恶，也没有比捕杀他人的使臣更罪大恶极的了。可是罽宾王却不知道报恩，不害怕被诛杀，那是因为他们自己知道离我们很远，汉朝的军队不可能赶到他们的国境。所以当他们有求于我们的时候，就会低声下气；而当他们无求于我们的时候，便骄纵怠慢。对于他们，我们是无法以怀柔的态度来使他们顺服的。过去中国之所以要厚待蛮夷，尽量满足他们的要求，是因为和他们的国境相邻近，担心一旦他们不满意，就会去侵扰劫掠我们的边境。现在那县度的险要，不是罽宾人所能够越过的，他们对汉朝的仰慕归顺，并不能够使西域其他的国家也闻风向化，而即使他们不顺从我们，也不会危害到已经归顺汉朝的西域其他已经拥有城池的国家。他们从前的行为，近乎叛逆，他们的恶迹也已经昭彰于西域各国，因此我国也就和他们断绝了交往。现在他们虽然悔过前来，但是却不派遣他们的亲属或贵人前来，声称来汉朝进贡的，都只是一些商人或者贱民，他们其实是想要来这里做买卖的，只是以进贡为借口。但是我们却要因此而劳烦我们的使臣，护送他们回到县度去，这原本因为担心他们是伪装前来，使我们受到欺骗。我们之所以要派遣使臣护送来客返回，其实都是为了要防范他们趁机侵犯损害我们呀！可是现在从皮山国开始，向南经过的不臣属于汉朝的国家就有四五个，我们便要派有负责保护警戒，以防止使臣受到伤害的军士一百多名，每个晚上还要将他们平分为五批人，击打着白天作为爨炊锅具的铜制刁斗，用来守夜。但是即使如此，还是会不时地受到劫掠盗取。而那驴子所能够驮负的粮食又不多，甚至还需要沿路的各国的供给，才能够满足自己的需要。但是有些国家因为贫穷弱小，无法供给；有的由于狡猾不驯服，不肯供应。这个时候，奉命前往护送的使臣们便要白白地拿着盛汉的旄节，只能在山谷之间饥饿困顿，到处向别人乞讨，却什么也得不到。如此只要经过一二十天的饥饿，人畜就会死在荒野而无法返回。沿途如果能够幸运而不被饿死，又需要经过大头痛山和小头痛山的崇山峻岭，赤土坂和身热坂的悬崖峭壁，使整个人都感到浑身暑热，面无人色，头痛呕吐，就连驴畜也都是一样的情况。此外还有三池盘和石阪道的险路，那些路最狭窄的只有一尺六七寸宽，路远的有三十里长，面对着险峻的深渊，经过那里的人需要一边注意驴畜，一边注意脚下的路，小心翼翼，互相扶持着，还要用绳索彼此互相牵引着，保持这个样子大约要行走两千多里路，才能够到达县度。万一有驴畜在途中不慎坠落下去，还没有掉到那坑谷的一半，驴畜的尸体就早已被撞得糜烂散碎；如果有人也滑落到山下面坑谷，那便势必无法为他收尸入殓。路途的险阻危害，实在是多得说都说不完。想想以前的圣王把领土划分为冀、兖、豫、青、徐、荆、扬、梁、雍九州，又制定了甸、侯、绥、要、荒五服的远近亲疏关系，便是在务求能够使本国强盛而不用管边塞以外的事情。但是现在我们却要派遣使臣，遵照皇上的命令，护送蛮夷的商人回去，劳烦那么多的官吏士兵，走上那危险难行的路途，使我们那些可以去依恃的国防力量疲乏，去为那无用的外族效劳，这实在不是长久的计策啊！当然使臣既然接受了皇上的命令持节，已经计划好了要前去送行，不能够中止了，不过可以命令他们只要送到皮山国就可以了。”于是王凤便向汉成帝上报，汉成帝采纳了杜钦的建言。罽宾国确实是为了贪图赏赐和与汉朝做生意才不远千里而来，并且他们的使者也是几年才来一次的。

阳朔元年（丁酉，公元前二四年）春，二月，丁未晦，日有食之。

三月，赦天下徒。

冬，京兆尹泰山王章下狱，死。

时大将军凤用事，上谦让无所颛。左右尝荐光禄大夫刘向少子歆通达有异材，上召见歆，诵读诗赋，甚悦之，欲以为中常侍；召取衣冠，临当拜，左右皆曰："未晓大将军。"上曰："此小事，何须关大将军！"左右叩头争之，上于是语凤，凤以为不可，乃止。

【译文】阳朔元年（丁酉，公元前24年）春季，二月，丁未晦日（三十日），发生了日食。

三月，汉成帝下令赦免天下囚徒。

冬季，京兆尹泰山郡人王章被关进了监狱，最后死在了监牢里面。

当时大将军王凤掌管着国家大事，汉成帝谦逊软弱，没有什么实权。左右的大臣曾经向汉成帝推荐光禄大夫刘向最小的儿子刘歆，说他明白事理，而且有卓越的才能。于是汉成帝便召见了他。刘歆就向汉成帝诵读了一些诗赋，汉成帝感到很高兴，便想要任他为中常侍，让他可以出入禁中。等到汉成帝已经令人拿来了中常侍的官服，就在刘歆要下拜受命的时候，左右的人却又都说："这件事还没有告诉大将军啊！"汉成帝就说："这只是件小事，又何必去关照大将军啊！"但是左右的人都叩头向汉成帝诤谏，于是汉成帝就把这件事告诉了王凤。但是王凤竟然认为不可，这个任命便也因此被废止了。

王氏子弟皆卿、大夫、侍中、诸曹，分据势官，满朝廷。杜钦见凤专政泰重，戒之曰："愿将军由周公之谦惧，损穰侯之威，放武安之欲，毋使范雎之徒得间其说！"凤不听。

【译文】外戚王氏的子弟都身任卿、大夫、侍中、诸曹，分别盘踞了显贵而有势力的官职，整个朝廷上面都是他们的人。杜钦看到王凤太过于专政，就劝告他说："我请求将军能够遵循效法周公辅佐周成王时的谦逊、恭敬的态度，减少像秦昭王的舅舅穰侯魏冉执秦政十年时那样的威势，放弃如汉武帝的舅舅武安侯田蚡为丞相时的那种恃势贪婪，不要让战国说士范雎那样子的人，能够抓到机会，像离间秦昭王的感情一样地向皇上进谗言挑拨您与皇上的关系。"但是王凤不听杜钦的劝说。

时上无继嗣，体常不平。定陶共王来朝，太后与上承先帝意，遇共王甚厚，赏赐十倍于它王，不以往事为纤介；留之京师，不遣归国。上谓共王："我未有子，人命不讳，一朝有它，且不复相见，尔长留侍我矣！"其后天子疾益有瘳，共王因留国邸，且夕侍上。上甚亲重之。大将军凤心不便共王在京师，会日食，凤因言："日食，阴盛之象。定陶王虽亲，于礼当奉藩在国；今留侍京师，诡正非常，故天见戒，宜遣王之国！"上不得已于凤而许之。共王辞去，上与相对涕泣而决。

资治通鉴

【译文】 当时汉成帝还没有后嗣，又经常生病，定陶共王刘康前来朝见汉成帝的时候，太后和汉成帝都秉承着先帝的心意，对共王刘康很是礼遇，所给他的赏赐，比其他诸王要多上十倍，而且没有因为先帝曾经想要用他来取代成为太子，而对他有任何的嫌怨和芥蒂，并且把他款留在了京城，不让他回国。汉成帝还告诉共王刘康说："我现在还没有儿子，人命无常，我终究会有死的那一天，一旦我发生了什么意外，我们就不可能再有相见的机会了，所以你就长久地留在我的身边陪伴我吧！"后来汉成帝的病，慢慢地好转了，共王刘康就留下来住在京城的定陶共王邸，每天从早到晚都去陪伴服侍汉成帝，汉成帝也很亲近重视他。但是大将军王凤的心里觉得共王刘康长久地留在京城，对自己行事非常不便，正好此时又发生了日食，王凤便对汉成帝说："现在之所以会发生日食，这实际上是一个阴气过盛的天象。定陶王与皇上的关系虽然很亲近，但是按照礼制他应当驻守在他的藩国，而现在他却留在京城陪伴服侍皇上，这件事违背了正道，为了纠正这件不应该发生的事情，因此上天就用日食来垂示警戒，所以您应该把共王遣送回定陶国去。"汉成帝面对王凤的逼迫，没有办法，只好答应了王凤的要求。当共王刘康与汉成帝辞行的时候，汉成帝和他面对面哭泣着话别。

王章素刚直敢言，虽为凤所举，非凤专权，不亲附凤，乃奏封事，言："日食之咎，皆凤专权蔽主之过。"上召见章，延问以事。章对曰："天道聪明，佑善而灾恶，以瑞异为符效。今陛下以未有继嗣，引近定陶王，所以承宗庙，重社稷，上顺天心，下安百姓，此正议善事，当有祥瑞，何故致灾异! 灾异之发，为大臣颛政者也。今闻大将军猥归日食之咎于定陶王，建遣之国，苟欲使天子孤立于上，颛擅朝事以便其私，非忠臣也。且日食，阴侵阳，臣颛君之咎。今政事大小皆自凤出，天子曾不壹举手，凤不内省责，反归咎善人，推远定陶王。且凤诬罔不忠，非一事也。前丞相乐昌侯商，本以先帝外属，内行笃，有威重，位历将相，国家柱石臣也，其人守正，不肯屈节随凤委曲; 卒用闺门之事为凤所罢，身以忧死，众庶愍之。又凤知其小妇弟张美人已尝适人，于礼不宜配御至尊，托以为宜子，内之后宫，苟以私其妻弟; 闻张美人未尝任身就馆也。且羌、胡尚杀首子以荡肠正世，况于天子，而近已出之女也! 此三者皆大事，陛下所自见，足以知其馀及它所不见者。凤不可令久典事，宜退使就第，选忠贤以代之!"

【译文】 王章一直以来就刚直敢言，虽然是王凤所推举的人，但是他很不认可王凤的专权擅势，并且他不去亲附王凤，于是王章便向汉成帝上了一封隐秘的奏章告诉汉成帝说："之所以会发生日食，其实完全是由于王凤专权擅势，蒙蔽国君的罪过。"于是汉成帝就召见了王章，然后向王章询问事情的真相。王章回答汉成帝说："其实天道是很聪慧明达的，它是在保佑善良的人，同时降灾给罪恶的人，它通常会以祥瑞的感应作为信号。现在陛下因为仍然没有子嗣，所以才会与定陶王那么亲近，那是为了宗庙的继承，是在重视社稷，对上顺应了天意，对下使百姓安心，这是一种正确的选择，善良美好的事情，本来应当有嘉庆的征兆才是，又怎么会有灾异发生呢？灾异的发生，实际上是因为有大臣专权啊！我听说大将军把发生日食的过错错误地推给了定陶王，而且建议皇上将定陶王遣返回了他的藩国，他这样做其实是想使天子孤立无助，以使他能专执朝政，方便他的私欲，这并不是一个忠臣应该有的作为。而且日食的发生，是表示阴气侵犯了阳气，这是臣子专擅了君权的罪过。现在朝廷中的大小政事都是由王凤一个人来决定，皇上甚至不曾亲自干预过一次，王凤不在心里自己进行检讨反省，反而把罪过推给一个善良的人，让皇上排挤疏远了定陶王。并且王凤这个人欺诬不忠的，不是只有这一件事而已。以前的丞相乐昌侯王商，本来因为是先帝舅舅王武的儿子，再加上德行笃厚，仪表威重，所以他才会位居将相，成为国家的重臣。王商坚持正道，不肯屈节来迎合王凤，和他同流合污，但是最终却因为闺门内的私隐、暧昧之事，被王凤用来作为陷害他的借口，并且使皇上把他免了官，而王商旋即因为忧郁、愤怒而死了，大家因此都很同情他。还有王凤明明知道他妾妇的妹妹张美人曾经嫁过人了，按照礼制她不应该再被许配给皇上，但是他却托词说她将能生下儿子，硬是把她纳进了后宫，还徇私偏袒她。但是听说张美人进宫以来，却未曾怀孕生下儿子呀！更何况连羌、胡这些蛮夷，还知道应当杀掉新娶的妇人所生下的第一个孩子，将之称为洗肠，借此来使血统纯正，更何况是皇上呢？但是您却去亲近已经出嫁过的女子。这三件事都是大事，是陛下您自己所能看见的，由此您应该就可以知道其他的，以及您所不曾看见过的事情，王凤应当是如何地欺上瞒下的。所以您不可以让王凤长久地去主持政事，您应该让他辞职回家，然后另外去选择忠诚贤能的人来代替他。"

自凤之白罢商，后遣定陶王也，上不能平；及闻章言，天子感寤，纳之，谓章曰："微京兆尹直言，吾不闻社稷计。且唯贤知贤，君试为朕求可以自辅者。"于是章奏封事，荐信都王舅琅邪太守冯野王，忠信质直，知谋有馀。以王舅出，以贤复入，明圣主乐进贤也。上自为太子时，数闻野王先帝名卿，声誉出凤远甚，方倚欲以代凤。章每召见，上辄辟左右。时太后从弟子侍中音独侧听，具知章言，以语凤。凤闻之，甚忧惧。杜钦令凤称病出就第，上疏乞骸骨，其辞指甚哀。太后闻之，为垂涕，不御食。上少而亲倚凤，弗忍废，乃优诏报凤，强起之；于是凤起视事。

【译文】 自从王凤上报汉成帝要求罢免王商的丞相职位以后，以至于后来他所要求的遣归定陶王刘康，都使得汉成帝心里感到很是气愤。等到听到王章的奏言以后，汉成帝便很是感悟，于是就采纳了王章的建言，并且汉成帝还告诉他说："要不是京兆尹对我的直言，我还从来没有听过应该如何为国家谋划的言论啊！只有贤人才能够知道谁是贤人，你就去试着为我找一个可以辅佐我的人吧！"于是王章便又向汉成帝上奏封事，他推荐信都王的舅舅琅邪太守冯野王，王章认为他为人忠信正直，而且很有智谋。当汉成帝还仍然是太子的时候，就多次听说过野王的名声，于是汉成帝便想依仗他来取代王凤。王章每次被召见的时候，汉成帝就会让左右的人退去。当时太后的叔父王弘的儿子是侍中音，便独自侧耳探听汉成帝和王章的谈话，因而他完全得知汉成帝与王章的谈话，然后他就告诉了王凤这件事。王凤知道了这件事情以后，感到非常担忧惧怕。于是杜钦便让王凤称病回家，并且向汉成帝上书请求可以辞职，言辞的内容写得令人非常哀伤、怜惜。太后知道了以后，便因此常常伤心地流泪，不肯进饮食。再加上汉成帝从小就亲近依赖王凤，便不忍心罢免王凤，于是汉成帝就特意下诏回答王凤，然后勉强王凤重新任职，王凤这才又就职治事。

上使尚书劾奏章："知野王前以王舅出补吏，而私荐之，欲令在朝，阿附诸侯；又知张美人体御至尊，而妄称引羌胡杀子荡肠，非所宜言。"下章吏。廷尉致其大逆罪，以为"比上夷狄，欲绝继嗣之端，背畔天子，私为定陶王。"章竟死狱中，妻子徙合浦。自是公卿见凤，侧目而视。

【译文】 汉成帝暗示尚书弹劾王章说："王章明明知道野王以前是因为王舅的身份，因而不适合备位做九卿，所以才会由大鸿胪出补为上郡太守，但是王章却私下向汉成帝推荐野王，还想要使他再次在朝为官，以此来迎合诸侯。又知道张美人被许配给了汉成帝，但是却胡乱地去引用羌、胡杀子洗肠的事情来进行比较，这不是他所应该说的话。"于是汉成帝就把王章交给了主管的官吏去进行审理，廷尉便写文罗织他的罪名，最后判了他一个大逆不道的罪名，说他是："将皇上和夷狄相比，显然是想要断绝皇上获得后嗣的端绪，他这是背叛了皇上，他的内心实际上是偏向定陶王的。"王章就因此而死在了狱中，他的妻子和子女也被放逐到了南方的合浦郡去了。从此以后公卿们遇到王凤的时候，都感到又害怕又仇恨，没有一个人会用正眼去看他。

冯野王惧不自安，遂病；满三月，赐告，与妻子归杜陵就医药。大将军凤风御史中丞劾奏"野王赐告养病而私自便，持虎符出界归家，奉诏不敬。"杜钦奏记于凤曰："二千石病，赐告得归，有故事；不得去郡，亡著令。《传》曰：'赏疑从予，'所以广恩劝功也；'罚疑从去，'所以慎刑，阙难知也。今释令与故事而假不敬之法，甚违'阙疑从去'之意。即以二千石守千里之地，任兵马之重，不宜去郡，将以制刑为后法者，则野王之罪在未制令前也。刑赏大信，不可不慎！"凤不听，竟免野王官。

【译文】 冯野王因为事情关连到他自己，心里就感到忧郁、恐惧，不能自安下来，便生起了病来。冯野王生病满了三个月以后，汉成帝就特准他带官养病，于是冯野王就和妻子、儿女一起回到杜陵去求医服药进行治疗。这时大将军王凤就去暗示御史中丞向汉成帝弹劾冯野王，对汉成帝说："冯野王获得皇上的准许可以带职养病，但是他却私行方便，带着虎符离界回家，这实际上是奉诏但是心存不敬。"于是杜钦就劝说王凤说："官秩二千石的官员生病了，获得皇上的准许可以带官回家治病，这是可以找到成例去遵循的，但是说他不可以因此而擅离所看守的郡界，却是律法中没有明文规定的。《传》上面说：'应该奖赏的时候，如果尚且有所怀疑而不能够决定，便要从宽进行行赏。'这是用来推广恩德，劝人立功的；而'应该惩罚的时候，如果尚且有所疑惑而不能够决定，就要从宽免除惩罚。'这是为了能够慎施刑罚，而弥补所难知的事情。如果您现在不顾及律令和成例的有无，就去假托法令，胡乱地说他有不敬之罪，那么就和'阙疑从去'的旨意很大程度上相违背了。如果因为官秩二千石的官员有守护千里之地以及指挥兵马的重大责任，不应该离开郡界去别的地方，您想要制定刑律，以作为后人的法令，那么冯野王所犯下的罪，可是在尚未制定律令之前啊！刑罚奖赏都必须讲求信实，这是不可以不谨慎的呀！"但是王凤不听杜钦的劝说，最终汉成帝免去了冯野王的官职。

时众庶多冤王章讥朝廷者，钦欲救其过，复说凤曰："京兆尹章，所坐事密，自京师不晓，况于远方！恐天下不知章实有罪，而以为坐言事。如是，塞争引之原，损宽明之德。钦愚以为宜因章事举直言极谏，并见郎从官，展尽其意，加于往前，以明示四方，使天下咸知主上圣明，不以言罪下也。若此，则流言消释，疑惑著明。"凤白行其策焉。

【译文】 当时的百姓大多都为王章感到冤屈，因而讥讽评论朝政，杜钦为了补救掩饰这个过错，就又劝说王凤说："京兆尹王章被判下的罪名，真实的情况很隐秘，就连京城的百姓都不清楚，那么更何况是其他的更远地方的人呢！我们不能为了怕天下的百姓不知道王章实际上是有罪的，而使百姓误认为王章是因为议论国事犯了皇上的忌讳才被判了刑，因为如果这样一来，便会阻止臣下的谏争之言，杜绝了使皇上可以采纳建议的来源，而且也会损害到朝廷宽和明察的恩德。因此，我们应该趁着王章的事情，举用敢于直言进谏的人，包括现在的郎吏和侍从官们，也要让他们尽量去发言，我们要比从前更加地去鼓励他们，来显示给天下四方的百姓，以便他们知道皇上的圣明，知道皇上是不会因为言辞上的过失，去给一个人判刑。这样一来，谣言自然就会消除了，而那些感到疑惑不解的人，也自然便能明白了。"王凤就向汉成帝禀报了杜钦的建议，汉成帝采纳了他的办法。

是岁，陈留太守薛宣为左冯翊。宣为郡，所至有声迹。宣子惠为彭城令，宣尝过其县，心知惠不能，不问以吏事。或问宣："何不教戒惠以吏职？"宣笑曰："吏道以法令为师，可问而知；及能与不能，自有资材，何可学也！"众人传称，以宣言为然。

【译文】 这一年，汉成帝任命了陈留太守薛宣为左冯翊的长官。薛宣治理该郡的时候，他所到的地方都留有名声和成绩。薛宣的儿子薛惠做彭城令的时候，薛宣有一次经过彭城县，他心里知道薛惠并没有什么当官的才能，因此他并不去问他儿子有关官吏治理百姓的事情。于是就有人问他说："你为什么不拿官吏修举职事的方法来教导薛惠呢？"薛宣就笑着回答说："当官的方法，其实就是要以法令来做别人的老师的，这个一问便可以知道。至于能不能管理百姓，运用的技巧是如何的，就要看他的天资材质如何了，哪里是可以随便学得来的呢？"大家便都传播着薛宣的这些话，认为他说得很对。

二年（戊戌，公元前二三年）春，三月，大赦天下。

御史大夫张忠卒。

夏，四月，丁卯，以侍中、太仆王音为御史大夫。于是王氏愈盛，郡国守相、刺史皆出其门下。五侯群弟争为奢侈，赂遗珍宝，四面而至，皆通敏人事，好士养贤，倾财施予以相高尚；宾客满门，竞为之声誉。刘向谓陈汤曰："今灾异如此，而外家日盛，其渐必危刘氏。吾幸得以同姓末属，累世蒙汉厚恩，身为宗室遗老，历事三主。上以我先帝旧臣，每进见，常加优礼。吾而不言，孰当言者！"

【译文】二年（戊戌，公元前23年）春季，三月，汉成帝下令大赦天下。

御史大夫张忠去世了。

夏季，四月，丁卯日（二十七日），汉成帝任命侍中、太仆王音为御史大夫。自此王氏的权位便更加鼎盛了，郡国中所有的郡守、国相和刺史都出自他们的门户之下。以前在同一天被封侯的王谭、王商、王立、王根、王逢时这些王氏的兄弟，彼此的生活都争相以奢侈为时尚，贿赂他们的珍宝，便从四面八方送了过来。他们都十分洞晓人事，好士养贤，拿自己的钱财去施舍个别人，把这样的事认为是高尚的，于是他们就宾客满门，这些宾客也都竞相称赞他们。刘向就告诉陈汤说："现在灾异如此严重，外戚王氏的势力却一天天地显盛起来，这样下去，一定会危害到刘氏的。幸好我能够因为是汉高祖幼弟楚元王刘交的后裔，世代蒙受汉室的厚恩，我身为宗室的老臣，经历侍奉了三位国君，皇上也因为我是先帝的旧臣，每次我觐见皇上的时候，经常都加给我特别的礼遇，所以现在的这种情形，如果连我都不站出来说话了，还有谁会去说呢？"

遂上封事极谏曰："臣闻人君莫不欲安，然而常危；莫不欲存，然而常亡；失御臣之术也。夫大臣操权柄，持国政，未有不为害者也。故《书》曰：'臣之有作威作福，害于而家，凶于而国。'孔子曰：'禄去公室，政逮大夫，'危亡之兆也。今王氏一姓，乘朱轮华毂者二十三人，青、紫、貂、蝉充盈幄内，鱼鳞左右。大将军秉事用权，五侯骄奢僭盛，并作威福，击断自恣，行污而寄治，身私而托公，依东宫之尊，假甥舅之亲，以为威重。尚书、九卿、州牧、郡守皆出其门，管执枢机，朋党比周；称誉者登进，忤恨者诛伤；游谈者助之说，执政者为之言。排摈宗室，孤弱公族，其有智能者，尤非毁而不进，远绝宗室之任，不令得给事朝省，恐其与己分权；数称燕王、盖主以疑上心，避讳吕、霍而弗肯称。内有管、蔡之萌，外假周公之论，兄弟据重，宗族磐互，历上古至秦、汉，外戚僭贵未有如王氏者也。物盛必有非常之变先见，为其人微象。孝昭帝时，冠石立于泰山，仆柳起于上林，而孝宣帝即位。今王氏先祖坟墓在济南者，其梓柱生枝叶，扶疏上出屋，根垂地中，虽立石起柳，无以过此之明也。事势不两大，王氏与刘氏亦且不并立，如下有泰山之安，则上有累卵之危。陛下为人子孙，守持宗庙，而令国祚移于外亲，降为皂隶，纵不为身，奈宗庙何！妇人内夫家而外父母家，此亦非皇太后之福也。孝宣皇帝不与舅平昌侯权，所以全安之也。夫明者起福于无形，销患于未然，宜发明诏，吐德音，援近宗室，亲而纳信，黜远外戚，毋授以政，皆罢令就弟，以则效先帝之所行，厚安外戚，全其宗族，诚东宫之意，外家之福也。王氏永存，保其爵禄，刘氏长安，不失社稷，所以褒睦外内之姓，子子孙孙无疆之计也。如不行此策，田氏复见于今，六卿必起于汉，为后嗣忧，昭昭甚明。唯陛下深留圣思！"书奏，天子召见向，叹息悲伤其意，谓曰："君且休矣，吾将思之！"然终不能用其言。

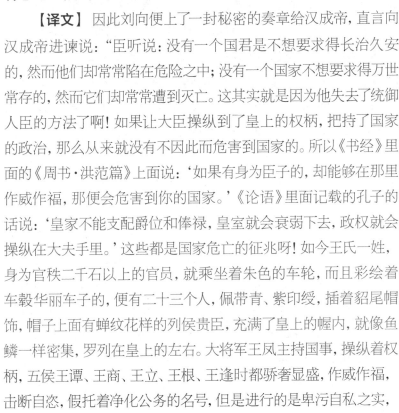

【译文】因此刘向便上了一封秘密的奏章给汉成帝，直言向汉成帝进谏说："臣听说：没有一个国君是不想要求得长治久安的，然而他们却常常陷在危险之中；没有一个国家不想要求得万世常存的，然而它们却常常遭到灭亡。这其实就是因为他失去了统御人臣的方法了啊！如果让大臣操纵到了皇上的权柄，把持了国家的政治，那么从来就没有不因此而危害到国家的。所以《书经》里面的《周书·洪范篇》上面说：'如果有身为臣子的，却能够在那里作威作福，那便会危害到你的国家。'《论语》里面记载的孔子的话说：'皇家不能支配爵位和俸禄，皇室就会衰弱下去，政权就会操纵在大夫手里。'这些都是国家危亡的征兆呀！如今王氏一姓，身为官秩二千石以上的官员，就乘坐着朱色的车轮，而且彩绘着车毂华丽车子的，便有二十三个人，佩带青、紫印绶，插着貂尾帽饰，帽子上面有蝉纹花样的列侯贵臣，充满了皇上的幄内，就像鱼鳞一样密集，罗列在皇上的左右。大将军王凤主持国事，操纵着权柄，五侯王谭、王商、王立、王根、王逢时都骄奢显盛，作威作福，击断自恣，假托着净化公务的名号，但是进行的是卑污自私之实，它们依恃着太后的尊位，凭借着与皇上的甥舅亲情，以此来树立自己的威严。尚书、九卿、州牧、郡守都出自他的门下，执掌着国家的机要，结党营私。凡是称赞他们的人，就能够得到升迁的机会，而违背嫉恨他们的人，便会遭到诛灭伤害的下场，所有游谈、执政的人都帮他们说话。于是他们便会排斥皇上的宗亲，使刘姓的公族孤立、弱小，而对于有才智、能力的人，更是要去对他们加以毁谤，使他们不能够得到升迁，他们还极力地阻绝皇上任用宗室，不让他们在中央政府任职，因为担心他们会和自己争权分职。他们还经常对皇上说从前燕王和盖主谋反的事情，借此来迷惑皇上的想法，使皇上误以为宗室是不可以亲近的，但是他们却忌讳说吕后的外家吕产、吕禄等的专权擅势，以及霍光的子·侄和女婿们的贵盛逆反，在事情败露以后被诛杀的事情。他们的内心里酝酿着管叔、蔡叔的叛乱思想，但是外表上，他们却以皇上年幼为借口，把自己比作周公摄政。王氏兄弟都占据着重镇要津，所有的王氏宗族，彼此都是犬牙交错的，自从上古以来，以至于秦、汉，外戚的僭越显贵，没有一个能够像王氏这个样子的。一个事物如果强盛到了极点，就一定会首先有不同寻常的灾异发生，这其实就是为了隐藏在这种人身上的微小的动机，能够先让它可以表现在物象上。在孝昭帝元凤三年的时候，泰山上就曾经有一个大石块自己竖立了起来，上林苑中也出现了枯僵的柳树又获重生的情况，因此便有了孝宣帝的即位。而现在王氏在济南郡的先祖祠堂，房屋的木柱上已经生长出了枝叶，并且茂盛得伸到了屋顶上面，而它的根就深深地垂入在土地里面，虽然我是拿泰山的立石和上林苑的柳树与这个来进行比较，但是也没有比这个更明显的征兆了。事情的形势其实就是，不可能有两大势力并立的，王氏和刘氏也不可能并存的，如果臣下获得了泰山一般的安稳，那么君上便会有如累卵一样的危险。陛下为刘氏子孙，继承了帝位，现在却将要让国运转移到外戚手中，使自己降为卑贱之人，纵使您不为自身着想，难道您也不为祖宗考虑考虑吗？妇人就应该与夫家亲近，以夫家为主，并且与娘家疏远才是，所以如此这样一来，也并不是皇太后的福禄啊！孝宣皇帝没有给他的舅舅平昌侯任何的权力，所以才能够上下都感到安心。那些圣明的人，能够在无形当中招福增禄，而且可以在祸患还没有形成之前，便去消除它。所以皇上应该赶紧下诏，做出有德于祖宗天下的决定，任用宗室，亲信接纳他们；罢黜疏远外戚，不要交给他们任何的事权，并且让他们都辞官回家，来效法先帝的做法，优厚地去礼遇外戚，以保全他们的宗族，这才应该是太后的心意，外戚的福禄啊！如此一来，既可以使王氏永存，保住他们的爵位、福禄，也可以使刘氏长久地安宁下去，不失去社稷。这是用来使皇室内外各姓褒赏融洽和睦，使子子孙孙获得永世无疆的福禄的办法呀！如果您不照着这个方法去做的话，那么周安王二十四年齐卿田氏的篡齐，将又会出现在今天，春秋时晋大夫知氏、范氏、中行氏、韩氏、魏氏、赵氏六卿强盛的政局，也一定又会出现在汉朝，而为后嗣带来很多的忧患，这已经是十分明显的事情了。我请求陛下能够去深切地考虑考虑！"刘向的奏章呈上去以后，汉成帝立刻就召见了刘向，汉成帝对于他的心意觉得十分赞叹和伤感，便告诉他说："你暂且先不要再说了，我会想想应该怎么办！"可是汉成帝始终没能采纳刘向的建议。

秋，关东大水。

八月，甲申，定陶共王康薨。

是岁，徙信都王兴为中山王。

【译文】秋季，关东发大水。

八月，甲申日（八月无此日），定陶共王刘康去世。

这一年，改封信都王刘兴为中山王。

资治通鉴卷第三十一　汉纪二十三

起屠维大渊献，尽彊围协洽，凡九年。

【译文】起己亥（公元前22年），止丁未（公元前14年），共九年。

【题解】本卷记录了汉成帝刘骜阳朔三年至永始三年共九年间的历史。汉成帝此时更加荒唐，不理政事，沉迷游乐，受张放蛊惑，微服出游，数年后才被迫停止。赵飞燕姐妹受宠，淫秽后宫，大臣进谏不纳。此时自然灾害频发，起义不断。王莽趁乱崭露头角。

孝成皇帝上之下

阳朔三年（己亥，公元前二二年）春，三月，壬戌，陨石东郡八。

夏，六月，颍川铁官徒申屠圣等百八十人杀长吏，盗库兵，自称将军，经历九郡。遣丞相长史、御史中丞逐捕，以军兴从事，皆伏辜。

【译文】阳朔三年（己亥，公元前22年）春季，三月，壬戌日（三月无此日），八颗陨石在东郡落下。

夏季，六月，颍川郡铁官里的囚犯申屠圣等一百八十个人杀死了长吏，盗取了兵器库里的兵器造反，一共侵扰了九个郡（荀悦《汉纪》作经历郡国；一疑"郡"是"县"），于是汉成帝便派遣丞相长史和御史中丞前去追捕他们，按照军法征用财物，来供给军需，只要是不从命的，都以军法治罪。终于将他们全部捕杀了。

秋，王凤疾，天子数自临问，亲执其手涕泣曰："将军病，如有不可言，平阿侯谭次将军矣！"凤顿首泣曰："谭等虽与臣至亲，行皆奢僭，无以率导百姓，不如御史大夫音谨敕，臣敢以死保之！"及凤且死，上疏谢上，复固荐音自代，言谭等五人必不可用；天子然之。初，谭倨，不肯事凤，而音敬凤，卑恭如子，故凤荐之。八月，丁巳，凤薨。九月，甲子，以王音为大司马、车骑将军，而王谭位特进，领城门兵。安定太守谷永以谭失职，劝谭辞让，不受城门职；由是谭、音相与不平。

【译文】秋季，王凤生病了，汉成帝常常亲自前往探问王凤，他握住王凤的手，哭泣着对王凤说："将军现在生了重病，如果有了什么万一的话，就由平阿侯王谭来接替将军吧。"王凤叩着头哭泣着对汉成帝说："王谭等人虽然和臣是至亲的关系，可是他们的生活行为都很奢侈僭越，无法成为百姓的表率，不如御史大夫王音的言行那么严谨修敕，臣敢用生命去担保他绝对是错不了的。"等到王凤病危将死的时候，王凤便上书向汉成帝表示感谢，又再三地向汉成帝推荐王音来接替他的职位，并且说王谭等五个人是一定不可以被任用的。汉成帝采纳了他的建议。起初，王谭就很倨傲无礼，不肯逢迎王凤，但是王音很尊敬王凤，对他谦卑恭敬得就像是他的亲生儿子一样，所以王凤就向汉成帝推荐了他。八月，丁巳日（二十四日），王凤去世了。九月，甲子日（初二），汉成帝任命王音为大司马、车骑将军，而王谭以特进的身份（《汉宫仪》："诸侯功德优盛，朝廷所敬者，位特进，在三公下。"），掌管统领长安十二城门的驻军。安定太守谷永觉得王谭以至戚贤舅的身份，不应该处在王音之下，而去负责城门兵，便劝他辞职退让，不去接受这个职务。王谭、王音也因此生出间隙。

【申涵煜评】汉祚虽移于莽，实萌于凤。王商、王章之死，国之元气已伤。然成帝亦尝觉悟矣，而太后垂涕不食，遂使视事如故。是篡实成于太后也。卬成之肉，尚可食哉！

【译文】汉朝的统治虽然是被王莽窃取的，实际上却萌发于王凤执政的时候。王商、王章之死，汉朝便元气大伤了。汉成帝也曾经觉悟了，不能让王凤专权，然而王太后因此向皇帝哭泣，并且绝食，于是汉成帝只好让王凤像以前一样继续执政。王莽篡汉实际上是王太后造成的啊。卬成太后赐予的肉，还能吃得到吗？

冬，十一月，丁卯，光禄勋于永为御史大夫。永，定国之子也。

【译文】冬季，十一月，丁卯日（初六），汉成帝任命光禄勋于永为御史大夫。于永是于定国的儿子。

四年（庚子，公元前二一年）春，二月，赦天下。

夏，四月，雨雪。

秋，九月，壬申，东平思王宇薨。

少府王骏为京兆尹。骏，吉之子也。先是，京兆有赵广汉、张敞、王尊、王章、王骏，皆有能名，故京师称曰："前有赵、张，后有三王。"

【译文】四年（庚子，公元前21年）春季，二月，汉成帝下令大赦天下。

夏季，四月，下雪了。

秋季，九月壬申日（十六日），汉宣帝的儿子东平思王刘宇去世了。

汉成帝任命少府王骏为京兆尹。王骏是王吉的儿子。起初，担任过京兆尹的，先后有赵广汉、张敞、王尊、王章，一直到现在的王骏，都被称赞是很贤能的官吏，因此便一直传颂着说："前有赵、张，后有三王。"

闰月，壬戌，于永卒。

乌孙小昆弥乌就屠死，子拊离代立；为弟日贰所杀。汉遣使者立拊离子安日为小昆弥。日贰亡阻康居；安日使贵人姑莫匿等三人诈亡从日贰，刺杀之。于是，西域诸国上书，愿复得前都护段会宗；上从之。城郭诸国闻之，皆翕然亲附。

【译文】闰十二月，壬戌日（初七），于永去世。

乌孙的小昆弥乌就屠死了，他的儿子拊离就被继立为王，但是拊离竟然被他的弟弟日贰杀了。于是汉朝就派遣使臣去改立拊离的儿子安日为小昆弥。日贰因此逃亡到了康居去寻求庇护，安日就派贵人姑莫匿等三人也跟着日贰伪装逃亡的样子，刺杀了日贰。于是西域各国都上书给汉天子，请求汉成帝能够再派遣以前的西域都护段会宗前来，汉成帝接受了他们的意见，西域各个设有城池的国家听到这个消息以后，都一致亲附归顺了汉朝。

谷永奏言："圣王不以名誉加于实效；御史大夫任重职大，少府宣达于从政，唯陛下留神考察！"上然之。

【译文】谷永上奏说："圣明的君主是只会要求一个人的实际才能如何，而不会理会他的虚名的。御史大夫职责重大，官任少府的薛宣通达政事，可以任用，请陛下能够留心考核！"汉成帝认可了他的推举。

鸿嘉元年(辛丑，公元前二〇年)春，正月，癸巳，以薛宣为御史大夫。

二月，壬午，上行幸初陵，赦作徒；以新丰戏乡为昌陵县，奉初陵。

【译文】 鸿嘉元年(辛丑，公元前20年)春季，正月，癸巳日(初九)，汉成帝任命薛宣为御史大夫。

二月，壬午日(二十八日)，汉成帝到初陵去巡视，然后赦免在那儿服役的囚徒，之后还将新丰的戏乡改名为昌陵县，以此来承奉初陵。

上始为微行，从期门郎或私奴十馀人，或乘小车，或皆骑，出入市里郊野，远至旁县甘泉、长杨、五柞，斗鸡、走马，常自称富平侯家人。富平侯者，张安世四世孙放也。放父临，尚敬武公主，生放，放为侍中、中郎将，娶许皇后女弟，当时宠幸无比，故假称之。

【译文】 汉成帝开始微服出行，身边只跟随着十几个期门郎或者私奴，有时候乘坐小车，有时候都骑着马，在市内的街巷和郊外来往出入，有时甚至远到长安附近各县甘泉、长杨、五柞去观看斗鸡、赛马，并且汉成帝经常称自己是富平侯的家人。富平侯就是张安世的第四代孙张放。张放的父亲张临娶了敬武公主为妻，然后生下了张放。张放是侍中、中郎将，他娶了许皇后的妹妹为妻，当时张放非常地受到宠信，所以汉成帝就假装自己是张放的家人。

三月，庚戌，张禹以老病罢，以列侯朝朔、望，位特进，见礼如丞相，赏赐前后数千万。

【译文】 三月，庚戌日（二十七日），张禹因为年老多病而辞去了官职，以诸侯的身份能够在每月的初一、十五上朝晋见汉成帝，位为特进，受到的礼遇就如丞相一般地，所获得的赏赐，前后甚至达到了数千万之多。

【申涵煜评】 禹尊为师傅，贪谄倾邪，王氏之篡，成于一言。与李勣之赞立武后，赵普之谋立廷美，古今三大恨事。予谓奸雄可耐而柔佞难忍，安得斩马剑，尽诛若辈！

【译文】 张禹作为皇帝的师傅，为人贪婪谄媚，邪恶不正，王莽篡汉就成于他的一句话。这和李勣赞成立武则天为皇后、赵普图谋立赵廷美为皇帝，并称为古今三大恨事。我想说，一个奸雄的作为尚且可以忍耐，而一个善于伪装谄媚的人的作为，就无法忍受了，从哪里能得到一把斩马剑，把这些人全杀了！（按：图谋立赵廷美的人，并不是赵普，而是卢多逊，是赵普主管审查卢多逊谋立赵廷美一案，史家或疑赵普诬陷卢多逊。）

夏，四月，庚辰，薛宣为丞相，封高阳侯；京兆尹王骏为御史大夫。

【译文】 夏季，四月，庚辰日（二十七日），汉成帝任命薛宣为丞相，并且封他为高阳侯；任命京兆尹王骏为御史大夫。

王音既以从舅越亲用事，小心亲职。上以音自御史大夫入为将军，不获宰相之封，六月，乙巳，封音为安阳侯。

【译文】 王音是因为表舅的关系才越亲执事，便很小心地去任职。汉成帝因为王音从御史大夫被任命为将军后，还没有被封侯,所以在六月,乙巳日(六月无此日),就封他为安阳侯。

冬,黄龙见真定。

是岁,匈奴复株累单于死,弟且糜胥立,为搜谐若鞮单于;遣子左祝都韩王昫留斯侯入侍,以且莫车为左贤王。

【译文】冬季,在真定出现了一条黄龙。

这一年,匈奴的复株累单于死了,他的弟弟且糜胥继任为搜谐若鞮单于;搜谐若鞮单于就派遣儿子左祝都韩王昫留斯侯进入汉朝服侍,然后任命且莫车为左贤王。

二年(壬寅,公元前一九年)春,上行幸云阳、甘泉。

三月,博士行大射礼。有飞雉集于庭,历阶登堂而雊;后雉又集太常、宗正、丞相、御史大夫、车骑将军之府,又集未央宫承明殿屋上。车骑将军音、待诏宠等上言:"天地之气,以类相应;谴告人君,甚微而著。雉者听察,先闻雷声,故《月令》以纪气。《经》载高宗雊雉之异,以明转祸为福之验。今雉以博士行礼之日大众聚会,飞集于庭,历阶登堂,万众睢睢,惊怪连日,径历三公之府,太常、宗正典宗庙骨肉之官,然后入宫,其宿留告晓人,具备深切;虽人道相戒,何以过是!"后帝使中常侍晁闳诏音曰:"闻捕得雉,毛羽颇摧折,类拘执者,得无人为之?"音复对曰:"陛下安得亡国之语!不知谁主为佞谄之计,诬乱圣德如此者!左右阿谀甚众,不待臣音复谄而足。公卿以下,保位自守,莫有正言。如令陛下觉寤,惧大祸且至身,深责臣下,绳以圣法,臣音当先诛,岂有以自解哉!今即位十五年,继嗣不立,日日驾车而出,失行流闻;海内传之,甚于京师。外有微行之害,内有疾病

161

之忧，皇天数见灾异，欲人变更，终已不改。天尚不能感动陛下，臣子何望！独有极言待死，命在朝暮而已。如有不然，老母安得处所，尚何皇太后之有！高祖天下当以谁属乎！宜谋于贤智，克己复礼，以求天意，继嗣可立，灾变尚可销也。"

【译文】二年（壬寅，公元前19年）春季，汉成帝到了云阳县的甘泉宫去。

三月，在博士举行大射礼的时候，有野鸡集中飞到了庭中来，然后循着台阶登上了厅堂，在那里鸣叫着。后来野鸡又集中地飞到了太常、宗正、丞相、御史大夫、车骑将军等人的各府上去，最后野鸡又飞到了未央宫承明殿的屋顶上。车骑将军王音和待诏宠等人便联名向汉成帝上书说："天地之间的气息，通常是同类相感，它对人君的警告，看似很细微，却是非常彰明显著。野鸡的听觉十分敏锐，会最先听到雷声，雷声刚刚开始鸣动，野鸡便会啼叫起来，所以在《月令》上面所记载的冬季的月份，便用野鸡的鸣叫来记录节气。《书经》上面也写到了高宗武丁祭祀成汤的时候，就有野鸡飞到鼎耳上面去鸣叫的异常现象，但是高宗坚守正道，这才消弭了灾祸，这是转祸为福的明显例子。现在有野鸡在博士举行大射礼的当天，循着台阶，登上了厅堂，在众人的注视中，引起了连日的惊怪，之后又径直飞到了三公的府邸，以及太常、宗正这些掌管宗庙和骨肉亲属的官府那里去，最后飞到了未央宫。这种现象显示给人们的意义是非常深刻而切要的。即使我们用人事来进行劝诫，也没有比这更明显清楚的了！"后来汉成帝就派遣中常侍晁闳下诏书给王音说："听说你捕捉到了野鸡，发现这些野鸡上面的羽毛都曾经受到了一些摧残折损，好像这些野鸡是由人们抓来释放的，不是自然飞来的。这会不会是有人故意这么做，来制造所谓的灾变啊？"王音就回答汉成帝说："陛下是从哪里得来的这种亡国的言论？不知道是谁设下的这个谄媚的诡计，如此地来诬蔑扰乱圣德啊？现在陛下的左右阿谀奉承的人有很多，是不必等臣王音再去增加一些什么谗言的了。从公卿以下的官员，大家都只顾着守职自保，没有人敢于向皇上直言。因为如果让陛下觉悟过来了，他们都怕大祸将会到来，您会深深地责备臣下，拿王法去处置他们，臣王音是应当首先受到惩罚的，又哪能自求解脱呢？现在陛下继位已经有十五年了，仍然没有继嗣，而您却天天只管驾车出游，关于这些过失的传闻，都已经远传到了海内的各地，有些甚至比在京城所听到的还要厉害。既然外面已经留下了您微服出行时的种种不是，再加上您本身又有多次生病的忧愁，上天因此常常显示灾异，就是想要陛下能够有所改变，却始终没有看到您有什么变化。如果连天意都还不能够感动陛下，臣子又能够有什么期望呢？只有极力地冒死向皇上进言，终日战战兢兢而已了。万一国家要是有什么不测的话，皇太后不知道将能在什么地方安身啊？所以到了那个时候还能谈什么皇太后啊，还顾得了皇太后吗？汉高祖所打下来的汉家的天下又会属于谁呢？因此您应该赶紧和那些富有贤能、才智的人去商议，要能够约束自己，克制您的私欲，践行天理，使一切行为都符合礼义，以此来遵循天意，那么，继嗣就可以诞生，灾变也有希望可以被消除。"

　　初，元帝俭约，渭陵不复徙民起邑；帝起初陵，数年后，乐霸陵曲亭南，更营之。将作大匠解万年使陈汤为奏，请为初陵徙民起邑，欲自以为功，求重赏。汤因自请先徙，冀得美田宅。上从其言，果起昌陵邑。

　　【译文】　当初，汉元帝非常俭约，他修筑渭陵的时候，就下诏命令不调迁郡国的民众徙居，也不设置县邑。但是汉成帝已经建了初陵，几年以后，因为喜欢霸陵曲亭南边的那一片地方，于是就又在那里开始营建陵寝。将作大匠解万年便要陈汤去上奏汉成帝，请求汉成帝能够为初陵迁徙郡国百姓，设置县邑，从此显示自己的功劳，谋得汉成帝的重赏。于是陈汤就自己请求能够首先进行迁徙，希望能够在那里寻找到一个美好的田地住宅。汉成帝采纳了他们的建议，便兴建了昌陵邑。

夏，徙郡国豪桀赀五百万以上五千户于昌陵。

【译文】 夏天，汉成帝下令迁徙了郡国中拥有家财五百万以上的富豪五千户到昌陵去。

五月，癸未，陨石于杜邮三。

六月，立中山宪王孙云客为广德王。

是岁，城阳哀王云薨；无子，国除。

【译文】 五月，癸未日（初六），有三颗陨石在杜邮落下了。

六月，汉成帝册立中山宪王的孙子刘云客为广德王。

这一年，城阳哀王刘云去世了。因为他没有子嗣去继承爵位，于是他的封国便被撤除了。

三年（癸卯，公元前一八年）夏，四月，赦天下。

大旱。

王氏五侯争以奢侈相尚。成都侯商尝病，欲避暑，从上借明光宫。后又穿长安城，引内沣水，注第中大陂以行船，立羽盖，张周帷，楫棹越歌。

【译文】 三年（癸卯，公元前18年）夏季，四月，汉成帝下令大赦天下。

发生了大旱灾。

王氏五侯互相争着比谁更加奢侈。成都侯王商曾经因为生病,想要去避暑,便向汉成帝借用了位于长乐宫后的明光宫。但是后来他竟然擅自凿穿了长安城的城墙,去引纳北经上林苑的沣水的水流,然后将水灌注到宅第中的大池里去供行船游乐,船上用孔雀的羽毛编成了顶盖,四周都张挂上了帷帐,还命令执桨撑船的人吹唱越歌。

上幸商第,见穿城引水,意恨,内衔之,未言;后微行出,过曲阳侯第,又见园中土山、渐台,象白虎殿。于是上怒,以让车骑将军音。商、根兄弟欲自黥、劓以谢太后。上闻之,大怒,乃使尚书责问司隶校尉、京兆尹,知成都侯商等奢僭不轨,藏匿奸猾,皆阿纵,不举奏正法;二人顿首省户下。又赐车骑将军音策书曰:"外家何甘乐祸败!而欲自黥、劓,相戮辱于太后前,伤慈母之心,以危乱国家!外家宗族强,上一身浸弱日久,今将一施之,君其召诸侯,令待府舍!"是日,诏尚书奏文帝时诛将军薄昭故事。车骑将军音藉藁请罪,商、立、根皆负斧质谢,良久乃已。上特欲恐之,实无意诛也。

【译文】汉成帝到了王商的住宅以后,看到他竟然凿穿了城墙去引水,心里感到很是生气怨恨,但是汉成帝并没说出来。后来汉成帝在微服出行的时候,经过了曲阳侯的宅第,又看到他的庭院中筑有土山和建在水中的台榭,整个庭院的规制就如同未央宫的白虎殿一样。于是汉成帝便发怒了,他就去责问负责国柄的车骑将军王音。王商、王根兄弟便想要自己去请求汉成帝在脸上刺字、割掉自己的鼻子,在太后的面前向汉成帝谢罪。汉成帝听说他们的想法以后,感到更加生气了,就派遣尚书去诘问负责三辅的司隶校尉和治理京邑的京兆尹，责问他们为什么明明知道成都侯王商等人奢侈僭越，不守礼法，而且还藏匿奸诈狡猾亡命的人，但是竟然徇私放纵，不去加以纠正弹劾正法。司隶校尉和京兆尹二人吓得一直在宫门下面叩头。于是汉成帝就又颁下诏书给车骑将军王音说："外家的舅舅为什么竟然都如此的奢侈僭越，甘愿犯罪从而败落，然后却又想要自己去请求在脸上刺字、割掉鼻子的处罚，先后在太后的面前摆出一副被屠戮的样子，伤害了慈母的心意，以此来使国家危险慌乱呢？外戚的宗族在朝廷上已经拥有很强盛的权势了，我在他们的包围之下，很长时间都没有一点作为，所以现在我将要对他们一一进行刑罚，来惩戒他们，你现在就去召集王商、王根等那些诸侯，让他们待在府舍里面等候我的诏命。"当天，汉成帝便下诏令给尚书，说了汉文帝诛杀将军薄昭的故事。车骑将军王音就坐在垫有草席的地上，等待汉成帝的刑戮，王商、王立、王根也都自己去向汉成帝请求被诛戮。经过了很长的一段时间以后，汉成帝才下令赦免了他们。因为汉成帝本来就只是想要吓唬他们一下，让他们有所制约、畏惧而已，并没有想真的诛杀他们。

【申涵煜评】五侯虽骄纵，尚未敢有逆谋，故一经诘责，遂藉藁负斧陈谢。使帝此时整顿乾纲，汉家何至改步！乃积重难返，酿成大变。《易》曰："弑君弑父，非一朝夕之故。"信夫！

【译文】五侯虽然骄傲放纵，但他们尚且不敢有篡逆之谋，故而一经汉成帝的责问，他们就自己在地上垫好稻草，背上刑具，自陈其罪了。假使汉成帝在这个时候整顿朝廷纲纪，汉朝何至于改朝换代呢？这种长时间积累的祸端，难以轻易消除，所以才酿成了大的变故。《易经》说："杀害君主杀害父亲这种事，不是一天两天积累的原因。"确实是这样啊!

秋, 八月, 乙卯, 孝景庙北阙灾。

初, 许皇后与班婕妤皆有宠于上。上尝游后庭, 欲与婕妤同辇载, 婕妤辞曰:"观古图画, 贤圣之君皆有名臣在侧, 三代末主乃有嬖妾。今欲同辇, 得无近似之乎!"上善其言而止。太后闻之, 喜曰:"古有樊姬, 今有班婕妤!"班婕妤进侍者李平得幸, 亦为婕妤, 赐姓曰卫。

【译文】 秋季, 八月, 乙卯日(十五日), 孝景庙的北门发生了火灾。

起初, 许皇后和班婕妤同时得到了汉成帝的宠爱。汉成帝曾经有一次在后宫游乐, 想要和班婕妤一同乘坐同一辆车子, 但是班婕妤推辞说:"我观看古时候的图画的时候, 发现贤能圣明的国君, 都是名臣陪侍在国君的旁边, 只有到了夏、商、周三代的最末的一个君主, 才会有受到皇帝宠幸的臣妾在旁边随侍, 现在皇上想要和我同坐一辆车, 这不是就和那三个朝代的末代君主相似了吗?"汉成帝很认可她的话, 便打消了这个念头。太后听到了这件事情以后, 就很高兴地说:"古时候有一个能够以不吃兽肉去进谏喜好打猎的楚庄王的樊姬, 而现在我们也有一个贤德的班婕妤。"班婕妤曾经推荐侍者李平给汉成帝, 李平也得到了汉成帝的宠幸, 后来被任命为婕妤, 赐姓卫。

其后, 上微行过阳阿主家, 悦歌舞者赵飞燕, 召入宫, 大幸; 有女弟, 复召入, 姿性尤醲粹, 左右见之, 皆啧啧嗟赏。有宣帝时披香博士淖方成在帝后, 唾曰:"此祸水也, 灭火必矣!"姊、弟俱为婕妤, 贵倾后宫。许皇后、班婕妤皆失宠。于是, 赵飞燕潜告许皇后、班倢伃挟媚道，祝诅后宫，詈及主上。冬，十一月，甲寅，许后废处昭台宫，后姊谒等皆诛死，亲属归故郡。考问班倢伃，倢伃对曰：“妾闻‘死生有命，富贵在天。’修正尚未蒙福，为邪欲以何望！使鬼神有知，不受不臣之诉；如其无知，诉之何益！故不为也。”上善其对，赦之，赐黄金百斤。赵氏姊、弟骄妒，倢伃恐久见危，乃求共养太后于长信宫。上许焉。

【译文】 后来，汉成帝在微服出行的时候，经过了阳阿公主的家，喜欢上了一名歌舞者赵飞燕，就将赵飞燕召入了宫里，对她十分宠幸；她还有一个妹妹，也被召到了宫里，姿色秉性尤其纯美，一点瑕疵也没有，就连汉成帝左右的人看见了，也都无不众口啧啧称赞，羡慕她们。只有一个汉宣帝时就在后宫为披香博士的淖方成，站在汉成帝的身后，不屑地骂她们说：“这就是一种祸水啊！她们一定会灭掉汉家的火种的！”后来赵飞燕姐妹两人都被封为了倢伃，受到的宠幸和器重，压倒了后宫中所有的妃嫔，许皇后和班倢伃也因此便失宠了。于是赵飞燕就向汉成帝进谗言诬蔑诋毁许皇后和班倢伃，说她们用法术去蛊惑汉成帝，而且还诅咒后宫的人，甚至还骂咒到了国君。冬季，十一月，甲寅日（十六日），许皇后便被罢废了，她移居到上林苑的昭台宫去了以后，皇后的姐姐许谒等人也都被处死了，她的亲属们也都被遣归回了原籍山阳郡。汉成帝又去拷问了班倢伃，班倢伃回答汉成帝说：“臣妾听说：‘生死有命，富贵由天。’就连修行正道的人，都可能还得不到幸福，邪恶的人又怎么能够获得什么幸福呢？假使让鬼神知道的话，便不会接受诅咒主上，不遵守臣道的人的祈求；如果鬼神不会知道的话，那么即使祷告了又会有什么用呢？所以我是不会去做这种事的。”汉成帝很认可她的解释，就赦免了她，还赐了她一百两黄金。赵飞燕姐妹从此便越来越骄纵嫉妒，班倢伃担心时间久了以后，自己会遭到毒害，就向汉成帝要求到长信宫去供养太后。汉成帝就答应了她的请求。

【申涵煜评】汉家母后多失节再醮之妇，而卫子夫、赵飞燕尤以歌舞儿进。夫士民之家，妾婢怙宠，阃政为之不修，况母天下以娼哉！善乎！淖方成祸水之言，此女谒而通乎道者也！

【译文】汉朝皇帝的母后，大多是失节再嫁的妇人，而卫子夫、赵飞燕尤其是以歌舞侍女进位为后。那些士人百姓之家，小妾、婢女恃宠而骄，就会导致家庭不和睦，况且是以娼女为天下之母呢！淖方成说赵飞燕是祸水的话，说得很好啊！这个女的虽然只是宫廷女官，却是个懂得大道的人啊。

广汉男子郑躬等六十馀人攻官寺，篡囚徒，盗库兵；自称山君。

【译文】 益州广汉郡的男罪犯郑躬等六十多个人，联合进攻了政府的官署，劫走了囚徒，盗取了兵器库中的兵器，自称为山君。

四年(甲辰，公元前一七年)秋，勃海、清河、信都河水溢溢，灌县、邑三十一，败官亭、民舍四万馀所。平陵李寻等奏言："议者常欲求索九河故迹而穿之。今因其自决，可且勿塞，以观水势；河欲居之，当稍自成川，跳出沙土。然后顺天心而图之，必有成功，而用财力寡。"于是遂止不塞。朝臣数言百姓可哀，上遣使者处业振赡之。

【译文】 四年(甲辰，前17)秋天，在渤海、清河、信都各郡的黄河河水泛滥成灾，一共淹没了三十一个县邑，破坏了四万多栋官亭和百姓的房舍。平陵人李寻就向汉成帝上奏说："以前参与议论的人经常建议要去寻找那徒骇、太史、马颊、覆釜、胡苏、简、絮、钩盘、鬲津等九条黄河故道的遗迹，然后再去重新凿穿疏通它，以此来减少水患的发生。但是现在我们可以趁着黄河自己的决口，暂且先不要去堵塞它，来观察水势。黄河的水流经过的地方，一定会自然地稍微形成一些河川的痕迹，并且显露出沙土来。然后我们再顺应天意，把这些河川的痕迹描绘下来，这样就一定可以成功地找出过去那些已经湮废或已经改道的黄河故迹，而且这样所花费的财力也不会那么多了。"于是汉成帝便停止了行动，也不派人去堵塞黄河的决口。朝廷的大臣多次向汉成帝上奏说，灾区百姓的灾情非常严重，于是汉成帝就派遣使者前去安置、救济他们。

广汉郑躬等党与浸广，犯历四县，众且万人；州郡不能制。冬，以河东都尉赵护为广汉太守，发郡中及蜀郡合三万人击之，或相捕斩除罪；旬月平。迁护为执金吾，赐黄金百斤。

【译文】 广汉人郑躬的党羽越来越多了，先后侵扰了四个县，聚集到一起的同伙甚至有一万人，就连州郡都无法制服他们了。冬天，汉成帝任命河东都尉赵护为广汉太守，调配郡里以及蜀郡的部众一共有三万人一起去平定他们。有贼党彼此互相捕捉斩杀，前来投降的，就免除他们所犯下的罪行。历经了一个月以后，乱党终于被平定了下来。于是汉成帝就调升赵护为执金吾，并且颁赐给他一百两的黄金。

是岁，平阿安侯王谭薨。上悔废谭使不辅政而薨也，乃复成都侯商以特进领城门兵，置幕府，得举吏如将军。

【译文】 就在这一年，平阿安侯王谭去世了。汉成帝十分后悔罢免了王谭，不再让他来辅佐政事，并且使得他因此而逝世，就再一次任用了成都侯王商，让他以特进的身份，掌管统领城门兵，而且还像列将军一样可以自己设置幕府，举荐任用官吏。

魏郡杜邺时为郎，素善车骑将军音，见音前与平阿侯有隙，即说音曰："夫戚而不见殊，孰能无怨！昔秦伯有千乘之国而不能容其母弟，《春秋》讥焉。周、召则不然，忠以相辅，义以相匡，同己之亲，等己之尊，不以圣德独兼国宠，又不为长专受荣任，分职于陕，并为弼疑，故内无感恨之隙，外无侵侮之羞，俱享天祐，两荷高名者，盖以此也。窃见成都侯以特进领城门兵，复有诏得举吏如五府，此明诏所欲宠也。将军宜承顺圣意，加异往时，每事凡议，必与及之。发于至诚，则孰不说谕！"音甚嘉其言，由是与成都侯商亲密。二人皆重邺。

【译文】 魏郡人杜邺，当时担任的是郎官的职务，平时就和车骑将军王音的关系十分要好，他看到王音从前和平阿侯王商有过嫌隙，便向王音进言说："你们亲为骨肉，却不互相亲附，如此谁能没有怨言呢？以前秦景公是一个拥有一千辆兵车的诸侯国的国君，但是他却容不下他母亲的弟弟公子针，因此《春秋》上面便讥讽了他。但是周公和召公就不是这个样子了。他们彼此之间都能够以忠心互相辅佐，用义理来互相匡助。周公对待召公，不但能与自己一样的亲近，并且能与自己一样的尊敬，不会因为自己是圣君的关系，而独自享受国家的宠爱，也不会因为自己的地位较高，而专享荣耀显要的职务，因此自陕以西的地方，周公便分给召公去治理，自陕以东的地方才由自己专门治理。两人同样都是辅佐皇上的重臣。所以在他们的内心里面，便能没有丝毫的怨隙；在表面上，也没有互相侵犯侮辱的羞耻，因而能够共同享受上天的保佑，并且拥有崇高的名声，这就是因为他们能够为了国家彼此相礼让啊！现在成都侯以特进的身份掌管统领城门兵，又拥有诏令，让他能够像丞相府、御史府、车骑将军府、左将军府、右将军府一样地举荐任用官吏，这其实就是皇上明白地表示将来一定会去宠信他啊！将军也应该要顺承皇上的旨意，去优厚地对待成都侯，要与过去的样子不同。每件事情，只要有议论，一定都要和他去商量一下，同时要出自自己的内心。那么，你们彼此之间就一定会互相和悦，而没有忧愁乖异了。"王音很赞许他的建议，便开始和成都侯王商亲密地交往。王音和王商两个人因此也都很重视杜邺。

永始元年（乙巳，公元前一六年）春，正月，癸丑，太官凌室火。戊午，戾后园南阙火。

上欲立赵倢伃为皇后，皇太后嫌其所出微甚，难之。太后姊子淳于长为侍中，数往来通语东宫；岁馀，乃得太后指，许之。夏，四月，乙亥，上先封倢伃父临为成阳侯。谏大夫河间刘辅上书，言："昔武王、周公，承顺天地以飨鱼、鸟之瑞，然犹君臣祗惧，动色相戒。况于季世，不蒙继嗣之福，屡受威怒之异者虖！虽夙夜自责，改过易行，畏天命，念祖业，妙选有德之世，考卜窈窕之女，以承宗庙，顺神祗心，塞天下望，子孙之祥犹恐晚暮！今乃触情纵欲，倾于卑贱之女，欲以母天下，不畏于天，不愧于人，惑莫大焉！里语曰：'腐木不可以为柱；人婢不可以为主。'天人之所不予，必有祸而无福，市道皆共知之，朝廷莫肯壹言。臣窃伤心，不敢不尽死！"书奏，上使侍御史收缚辅，系掖庭秘狱，群臣莫知其故。于是左将军辛庆忌、右将军廉褒、光禄勋琅邪师丹、太中大夫谷永俱上书曰："窃见刘辅前以县令求见，擢为谏大夫，此其言必有卓诡切至当圣心者，故得拔至于此；旬月之间，收下秘狱。臣等愚以为辅幸得托公族之亲，在谏臣之列，新从下土来，未知朝廷体，独触忌讳，不足深过。小罪宜隐忍而已，如有大恶，宜暴治理官，与众共之。今天心未豫，灾异屡降，水旱迭臻，方当隆宽广问，褒直尽下之时也，而行惨急之诛于谏争之臣，震惊群下，失忠直心。假令辅不坐直言，所坐不著，天下不可户晓。同姓近臣，本以言显，其于治亲养忠之义，诚不宜幽囚于掖庭狱。公卿以下，见陛下进用辅亟而折伤之暴，人有惧心，精锐销耎，莫敢尽节正言，非所以昭有虞之听，广德美之风！臣等窃深伤之，惟陛下留神省察！"上乃徙系辅共工狱，减死罪一等，论为鬼薪。

【译文】 永始元年（乙巳，公元前16年）春季，正月，癸丑日（二十二日），太官藏冰的凌室失火了。戊午日（二十七日），戾后园的南门也失火了。

汉成帝想要册立赵婕妤为皇后，但是皇太后嫌弃她的出身过于卑贱低下，就对这件事加以阻碍。后来因为皇太后姐姐的儿子淳于长任侍中，经常到长乐宫去，和皇太后有所联系，为成帝传话，经过一年多的时间，汉成帝才得到了太后的旨意，皇太后答应了这件事。夏季，四月，乙亥日（十五日），汉成帝首先册封赵婕妤的父亲赵临为成阳侯。谏大夫河间人刘辅便向汉成帝上书说："从前周武王和周公，都能够顺承天地的旨意，所以在讨伐商纣王的时候，才能在渡过黄河的时候，有白色的鱼跃入了周武王的船里面，以供给祭祀，以及在渡河之后，有火焰从上面垂下来，覆盖了周武王所居住的房子，然后化为赤色乌鸦的祥瑞。可是他们君臣之间，却仍然是那样地心怀恭敬和戒惧，彼此都能以脸色的变动来互相劝勉，一点儿也不敢大意。更何况现在正处于末世，不但没有蒙受到上天赐予后嗣的福气，还多次遭到上天的降威震怒，经常发生日月食、水旱灾和地震等灾异的人呢？虽然是早晚都自我监督自责，改过易行，敬畏天命，怀念祖业，精心挑选有贤德的家族，从中寻求有妇德妇容的窈窕女子，来承接宗庙，顺应神明，满足天下百姓的愿望。即使如此，能否获得生子生孙的福气，都仍然担心会太迟缓了，而现在您却是在肆意放纵您的情欲，倾心于卑贱的女子，甚至还想要让她母仪天下，封她为皇后，既不敬畏天命，也不觉得愧对于百姓。真的是没有比这更令人感到迷惑不解的事情了啊！俗话说：'已经腐朽的木材，是不可以拿来用作柱子的，出身微贱的人，是只可以为人婢女，而不可以升为主人的。'只要是上天和百姓所不赞同的事情，是一定只会带来灾祸而没有祥福可言的，这是街市上的每个人所共知的道理，但是朝中各大臣却没有一个人站出来为此说一句话，臣私下里觉得很是伤心，所以不敢不冒死向皇上进言。"刘辅的奏章呈上去以后，汉成帝就派了侍御史去逮捕收押刘辅，然后把他关进了由宦官掌管的掖庭诏狱里面去了，但是群臣都不知道究竟是什么原因。于是左将军辛庆忌、右将军廉褒、光禄勋琅邪人师丹、太中大夫谷永等四个人便一起向汉成帝上书说："刘辅从前以襄贲令的官位向皇上上书言施政上的得失，才得以蒙受皇上的召见而被擢升为谏大夫，这一定是他的建议不同于众人，具有卓越的见识，并且切中事理，符合皇上心意，所以才能够被提拔到这个地位。可是仅仅在一个月之内，他便被关进了秘狱。臣等认为刘辅幸好能够以宗室的亲属关系，位为谏臣，这次或许是因为他是新近才从外县入朝的，不知道朝廷的体制，以致触犯了皇上的忌讳，这种罪过其实应该是可以不必去深究的。如果他所犯下的只是小过错，您应该要对他隐忍宽恕，如果他有大罪恶，您也应该明白地批交给廷尉去进行审理，让众人都知道他的罪行。现在天意尚未转好，常常降下灾异，水旱灾相继到来，正是应当去崇

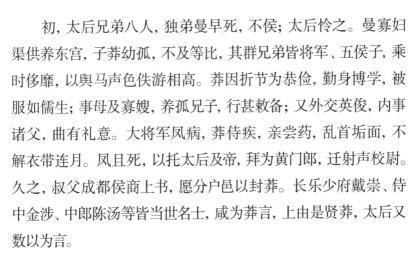

尚宽容,多方面地去垂问建议,褒奖忠直的官员,使臣下能够尽言尽意,然而您却对诤谏的臣子施行了那么严苛激烈的刑罚,这将会使群臣震惊,并且使这些臣子失去了忠直的心意。假如刘辅并不是犯了直言诤谏的过失,所犯下的罪行又不是那么明显,而且天下那么大,我们是不可能使家家晓谕的。刘辅是和皇上同姓的近臣,他本来因为向皇上上书进言而得到了显要的官职,所以从管理亲族、教导忠义的义理方面来说,您实在是不应该把他拘禁在掖庭秘狱的。从公卿以下的官员,看到陛下快速升迁任用刘辅然后却又立刻去贬谪他,每个人都会因此而生出戒心来,报效国家的精气锐意,也会因而消失软弱下去,这会使他们再也不敢去向皇上尽忠直言,这实在不是用来推广视听,使得德风淳朴美好的方法啊!臣等心里为此感到非常伤心痛苦,我们请求陛下能够留神注意一下这件事情!"于是汉成帝就把刘辅转移到了少府的诏狱去,减免了死罪一等,改判他为三年的徒刑,让他去捡拾薪柴供给宗庙。

初,太后兄弟八人,独弟曼早死,不侯;太后怜之。曼寡妇渠供养东宫,子莽幼孤,不及等比,其群兄弟皆将军、五侯子,乘时侈靡,以舆马声色佚游相高。莽因折节为恭俭,勤身博学,被服如儒生;事母及寡嫂,养孤兄子,行甚敕备;又外交英俊,内事诸父,曲有礼意。大将军凤病,莽侍疾,亲尝药,乱首垢面,不解衣带连月。凤且死,以托太后及帝,拜为黄门郎,迁射声校尉。久之,叔父成都侯商上书,愿分户邑以封莽。长乐少府戴崇、侍中金涉、中郎陈汤等皆当世名士,咸为莽言,上由是贤莽,太后又数以为言。

【译文】起初,在皇太后的八名兄弟当中,只有她的弟弟王曼因为死得早，所以没有被汉成帝封侯，太后因此便更加觉得非常感伤哀怜。王曼的遗孺渠，就被供养在了太后的长乐宫中，王曼的儿子王莽，因为在还很年幼的时候就失去了父亲，所以他所享受的荣华富贵便比不上其他的堂兄弟们。他的那些堂兄弟们，全部都是将军和五侯的儿子，就都趁着还身处高贵的地位的时候，奢侈浪费，彼此之间在车马声色逸游无度方面竞相挥霍。虽然王莽屈于人下，但是他言行恭敬谦和，勤奋好学，表现得十分有一个读书人的样子。在服侍他的母亲以及守寡的嫂嫂，抚养他哥哥王永的孤子王光等方面，都非常尽心尽意。再加上他十分善于待人，又长得很英俊，侍奉伯、叔父的时候，都很有礼节。在他的伯父大将军王凤生病的时候，王莽去服侍他，总是亲自先去尝药石，把自己弄得蓬头垢面的，好几个月都没有解衣休息过，克尽了卑幼之礼。于是在王凤将要去世的时候，便请求太后和汉成帝，希望汉成帝可以任命他为黄门郎，后来汉成帝又将王莽升为射声校尉。经过了一段时间以后，王莽的叔父成都侯王商便向汉成帝上书，表示他愿意把他的封邑分出来改封给王莽。长乐少府戴崇、侍中金涉、中郎陈汤等人都是当时的名士，他们也都替王莽说好话，汉成帝因此便很器重他，而且太后又经常向汉成帝赞美王莽。

五月，乙未，封莽为新都侯，迁骑都尉、光禄大夫、侍中。宿卫谨敕，爵位益尊，节操愈谦，散舆马、衣裘振施宾客，家无所馀；收赡名士，交结将、相、卿、大夫甚众。故在位更推荐之，游者为之谈说，虚誉隆洽，倾其诸父矣。敢为激发之行，处之不渐恧。尝私买侍婢，昆弟或颇闻知，莽因曰："后将军朱子元无子，莽闻此儿种宜子，为买之"。即日以婢奉朱博。其匿情求名如此！

【译文】 五月，乙未日（初六），汉成帝便册封王莽为新都侯，升任他为骑都尉、光禄大夫、侍中。王莽值勤的时候很谨慎小心，爵位越是尊贵显要，他的行为表现得也越谦逊。他甚至还分散了他所得到的车马衣裘去接济他的门客，使得自己的家里没有多余的钱财。他还收罗赡养名士，结交了很多的将、相、卿、大夫。所以在朝任职的人便更加争相向汉成帝推荐他，善于游说的人也都到处去宣传他，这使得他的虚名更加隆盛无比，凌驾在他的叔父们之上。他还敢于做出一些违俗立异的事情，并且一点也不会觉得愧疚。他曾经私下去购买了一个侍婢，但是后来被他的兄弟们得知了这个消息，王莽便解释说："我是因为后将军朱子元没有儿子，我听说这个女子能够传宗接代，所以才买了她。"并且他当天就把这个女子送给了朱博。他隐匿了真实的情况，贪求名声，就像这个样子。

【乾隆御批】 白居易诗以周公王莽真伪，必于事后始见，乃世俗悠谬之论，向尝有诗反其意。夫周公不具论，若莽"色取行违"，即虚誉隆洽时，其迹一一可按。何待事后哉？

【译文】 白居易在诗里说，周公和王莽的真伪，只有事后才能分辨，这实在是世俗荒诞无稽的见解，过去已有诗对此表示了反对意见。周公姑且不去细说，假如论起王莽的"貌似仁者，实际却没有德行"的表现，即使在他虚假声誉闻名当世的时候，也可以一一列举，何必要等到事后呢？

六月，丙寅，立皇后赵氏，大赦天下。皇后既立，宠少衰。而其女弟绝幸，为昭仪，居昭阳舍：其中庭彤朱而殿上髹漆；切皆铜沓，黄金涂；白玉阶；壁带往往为黄金釭，函蓝田璧、明珠、翠羽饰之。自后宫未尝有焉。赵后居别馆，多通侍郎、宫奴多子者。昭仪尝谓帝曰："妾姊性刚，有如为人构陷，则赵氏无种矣！"因泣下悽恻。帝信之，有白后奸状者，帝辄杀之。由是后公为淫恣，无敢言者，然卒无子。

【译文】六月，丙寅日（初七），汉成帝册立了皇后赵氏，然后下令大赦天下。赵氏被册立为皇后以后，所受到的汉成帝的宠爱就不如从前了，但是她的妹妹很得汉成帝的宠幸，被封为了昭仪，住在了昭阳舍中。昭阳舍的中庭全部被粉刷成了朱红色，而大殿上被漆成了黑色，门限全部被都包上铜器，还涂上了黄金，墙中露出的横木就如带子一样，整个昭阳舍几乎处处都用黄金装饰着，然后再用今陕西省蓝田县东南的蓝田山所生产的美玉明珠，以及翠鸟的羽毛嵌入壁带里面装饰着，后宫从来就没有这样装潢过。赵皇后住在另外的一个馆舍中，经常和侍郎或者因为罪罚而在宫中服役但是生有很多孩子的人私通。赵昭仪曾经告诉汉成帝说："我的姐姐生性刚烈正直，如果遭人设计陷害，我们赵氏就将会无后了。"然后就哭得很伤心。汉成帝相信了她的话，只要是去向他禀报皇后的奸情的人，便会杀掉他。因此赵皇后更是公然恣意宣淫，却没有一个人敢说她的不是，可是她始终也没能生下一个儿子。

光禄大夫刘向以为王教由内及外，自近者始，于是采取《诗》、《书》所载贤妃、贞妇兴国显家及孽、嬖乱亡者，序次为《列女传》，凡八篇，及采传记行事，著《新序》、《说苑》，凡五十篇，奏之，数上疏言得失，陈法戒。书数十上，以助观览，补遗阙。上虽不能尽用，然内嘉其言，常嗟叹之。

【译文】光禄大夫刘向认为，君王对百姓的教化，应该从宫内开始，由近及远，然后普及到天下的其他地方。于是刘向就摘取了《诗经》《书经》中所记载的贤妃、贞妇使国家振兴、家族显达以及孽庶、嬖幸扰乱灭亡了国家的事情，收集编录成了一部《列女传》，里面一共有八篇；又摘录了书传旧籍中的种种有关盛衰的事宜，著成了《新序》《说苑》，一共是五十篇，然后将这些呈奏给了汉成帝。他还多次向汉成帝上书谈论政事上的得失，陈述应当效法或者借鉴的史事。总共向汉成帝上奏了几十次，来协助汉成帝观察政事，并且补足行事上的错误和缺漏。汉成帝虽然不能完全采纳他的建议，但是内心很赞同他的意见，就经常赞美他。

昌陵制度奢泰，久而不成。刘向上疏曰："臣闻王者必通三统，明天命所授者博，非独一姓也。自古及今，未有不亡之国。孝文皇帝尝美石椁之固，张释之曰：'使其中有可欲，虽锢南山犹有隙。'夫死者无终极而国家有废兴，故释之之言为无穷计也。孝文寤焉，遂薄葬。棺椁之作，自黄帝始。黄帝、尧、舜、禹、汤、文、武、周公，丘垄皆小，葬具甚微；其贤臣孝子亦承命顺意而薄葬之。此诚奉安君父忠孝之至也。孔子葬母于防，坟四尺。延陵季子葬其子，封坟掩坎，其高可隐。故仲尼孝子而延陵慈父，舜、禹忠臣，周公弟弟，其葬君、亲、骨肉皆微薄矣。非苟为俭，诚便于体也。秦始皇帝葬于骊山之阿，下锢三泉，上崇山坟，水银为江、海，黄金为凫、雁，珍宝之臧，机械之变，棺椁之丽，宫馆之盛，不可胜原。天下苦其役而反之，骊山之作未成，而周章百万之师至其下矣。项籍燔其宫室、营宇，牧儿持火照求亡羊，失火烧其臧椁。自古至今，葬未有盛如始皇者也。数年之间，外被项籍之灾，内离牧竖之祸，岂不哀哉！是故德弥厚者葬弥薄，知愈深者葬愈微，无德寡知，其葬愈厚，丘陇弥高，宫庙甚丽，发掘必速。由是观之，明暗之效，葬之吉凶，昭然可见矣！陛下即位，躬亲节俭，始营初陵，其制约小，天下莫不称贤明；及徙昌陵，增卑为高，积土为山，发民坟墓，积以万数，营起邑居，期日迫卒，功费大万百馀，死者恨于下，生者愁于上，臣甚惛焉！以死者为有知，发人之墓，其害多矣；若其无知，又安用大！谋之贤知则不说，以示众庶则苦之，若苟以说愚夫淫侈之人，又何为哉！唯陛下上览明圣之制以为则，下观亡秦之祸以为戒，初陵之模，宜从公卿大臣之议，以息众庶！"上感其言。

资治通鉴

【译文】 昌陵（按当作延陵）修建的时候，因为规模过于奢侈，所以很长时间都不能完成，于是刘向便向汉成帝上疏说："臣听说一个国家的君主，一定要通晓天、地、人三统，明白天命可以授予的人，是没有一定的对象的，并不是只限于一姓而已。从古至今，没有一个不被灭亡的国家。孝文皇帝曾经感叹赞美石椁的坚固，张释之就对他说：'假如在石椁里面藏很多的金银珠宝，使人人都想去挖掘盗取的话，那么即使是用铜铁去浇铸南山，也还是会有间隙可乘的。'死亡的人埋在地下是没有结束的时候的，而国家是有兴盛和衰退的不同的，所以张释之的话其实是为孝文帝的长久做打算的。孝文帝领悟到了他这一层意思，便主张薄葬。仅仅制作棺椁去埋葬死者，是从黄帝开始的。但是黄帝、尧、舜、禹、汤、文、武、周公的坟墓都很低小，就连陪葬的东西也不多，他们的贤臣孝子也都能够顺承他们的意愿对他们进行薄葬，这实在是使君父安心，对他们尽忠尽孝的最真挚的表现啊！孔子在鲁国的防城埋葬了他的母亲，坟墓只有四尺高；延陵的季子埋葬他的儿子的时候，隐蔽了坟丘，坟墓低矮得几乎就看不出来。因此孔仲尼可以说是一个孝子，而延陵也可以算是一个慈父，舜、禹也都是忠臣，而周公能友爱兄弟。他们对于君主、父母、骨肉的埋葬，都很简单微薄，这并不是为了能够节俭而已，实在是为了方便死者的遗体，使他们不会遭到破坏啊！秦始皇被埋葬在了骊山的山曲处，在他即位不久的时候，命人在那里的地下挖了三重泉水，然后又铸铜把它塞住，接着又在上面堆积了一个如山一样高的坟墓，坟内用水银灌成了江河大海，又用黄金铸成野鸭、大雁，里面所埋藏的珍奇宝物，由工匠制成的各种防止别人偷盗的机械机关，华丽的棺椁，并且还命人在坟冢内修建了许多富丽豪华的宫殿，那些东西的数量真是不可计量。但是这也使得天下的百姓因为受劳役的差遣的痛苦，因而造反。骊山的陵寝尚未修筑完成，陈胜的部将周章所率领的百万军队就已经到达了。后来又有了项籍的一把大火，烧掉了秦朝的宫室，后来又因为牧童拿火把照明寻找丢失的小羊，因而失火烧毁了已经被盗取了财物的墓穴里面的棺椁。从古到今，如果要说起葬礼的丰厚，没有比秦始皇更丰富的了。可是才几年之内，就外受项籍纵火的灾难，内遭牧童失火的灾祸，这难道不是很伤感的事情吗？因此德业越是深厚的人，他的葬礼就越是微薄；越是富有智慧的人，他的葬礼也越微不足道；而越是没有德业而又缺少智谋的，他的墓葬就越是丰厚，那坟冢就越是高大，宫殿就越是华丽，所以也越快遭到人们的挖掘。由此看来，在埋葬的时候，如何才算是隐秘的，如何则反而容易被人知道，而招来盗窃这种结果，以及如何埋葬才是真的能够永保吉祥，如何则反而容易遭到毁坏，已经是很清楚明白的了！陛下即位的时候，便亲自以节俭为天下的百姓做表率，在刚开始修建初陵的时候，它的规模体制也很是简约细小的，天下的百姓没有一个不称赞皇上贤明的。但是等到要改建昌陵的时候，您却要加高坟冢，挖出来的土堆积得像山一样高，而所挖掘的百姓的坟墓，更是数以万计，而且您还要建筑迁移富豪前往居住用的住宅，使这些住宅可以聚集成邑，还要为修建定下期限，眼看时间一天天迫近了，所花费的实在是太多太多了。这使得死者在地下含恨，而活着的人则在世上忧愁，臣实在是感到非常担忧。如果您认为死者是能够知道的，那么我们挖开了人家的坟墓，是会遭到很多灾异的；如果他们是不会知道的话，那么死了以后又何必要那么大的花费，修建那么大的坟墓呢？如果把这种事情拿去问一问那些贤明的人，他们都会觉得不高兴的，如果拿去告诉百姓的话，他们也都会因此而感到愁闷苦恼。如果您是要借着这种做法，想使那些愚夫以及喜欢奢侈浪费的人觉得高兴，那么又何必呢？因此我请求陛下能够参照以往圣明的体制，将这些体制取为法则，并且以亡秦的灾祸作为借鉴，关于初陵的规模，您应该听从公卿大臣们的建议，使得百姓得以有机会休养生息。"汉成帝被他这一番言论所感动。

初，解万年自诡昌陵三年可成，卒不能就；群臣多言其不便者。下有司议，皆曰："昌陵因卑为高，度便房犹在平地上；客土之中，不保幽冥之灵，浅外不固。卒徒工庸以巨万数，至然脂火夜作，取土东山，且与谷同贾，作治数年，天下遍被其劳。故陵因天性，据真土，处势高敞，旁近祖考，前又已有十年功绪，宜还复故陵，勿徙民，便！"

【译文】起初，解万年曾经自己向汉成帝说昌陵只需要三年便可以完成修筑，可是他却始终无法如期完工。于是群臣便争相向汉成帝进言兴建昌陵有很多不方便的地方。于是汉成帝就把这件事批交给主管的官员去进行商议，大家都对汉成帝说："昌陵的地势很低矮，但是现在却要去把它加高来筑坟，如果量量已经修成的墓穴中的休息室，其实都还在平地上面，而且从别的地方取来用以填高的那些泥土，也是不能保住幽灵，使他们不逸出的，因为那些既不是原本的泥土，又不够深厚，所以并不坚固。至于那些招来进行修建的工人，也需要花费巨额的工资，甚至还需要点上油灯，连夜进行修建，而那些从东山运去的泥土，价钱都要和谷物一样的昂贵，因此建筑的这几年，使得天下百姓都普遍遭受了劳累辛苦。但是原来所修建的初陵，既顺应了天然的地势，依据原本就有的泥土，地势高耸宽敞，而且还邻近祖坟，何况以前又已经有了十年的修建基础，所以您应该再改回去继续修筑那初陵，仍然不要迁徙百姓前往那里聚居，如此应当比较便利。"

秋，七月，诏曰："朕执德不固，谋不尽下，过听将作大匠万年言'昌陵三年可成'，作治五年，中陵、司马殿门内尚未加功。天下虚耗，百姓罢劳，客土疏恶，终不可成，朕惟其难，悒然伤心。夫'过而不改，是谓过矣'。其罢昌陵，及故陵勿徙吏民，令天下毋有动摇之心！"

【译文】秋季，七月，汉成帝就下诏令说："朕的秉性德行不够深固，还不能够做到和群臣进行广泛的商议，以致我误听了将作大匠解万年所说的'昌陵三年便可以完成'的话，可是结果修建了五年，就连陵中的寝殿和司马门都尚未修建完成，反而使得天下财政紧张，百姓疲惫劳苦。那些从外面运来用作填补的泥土，又很疏松劣质，不够牢固，现在看来这陵寝的修建，是终究不会有完成的时候了。朕考虑到修造这陵寝的困难，感到很是伤心不安。既然已经犯下了过错，如果始终不改，那便是真的错了。因此，我现在便要罢废那个昌陵，再改回去继续修建初陵，并且不会在初陵上建造陵邑来迁徙官吏百姓前往聚居，以此来使天下的百姓不会再有动摇的心意。"

初，酂侯萧何之子孙嗣为侯者，无子及有罪，凡五绝祀。高后、文帝、景帝、武帝、宣帝思何之功，辄以其支庶绍封。是岁，何七世孙酂侯获坐使奴杀人，减死，完为城旦。先是，上诏有司访求汉初功臣之后，久未省录。

【译文】起初，继任酂侯萧何的侯位的子孙，因为没有子嗣去继承以及犯了罪，一共有五次都停止了祭祀。汉高后、汉文帝、汉景帝、汉武帝、汉宣帝感念萧何为开国立下的功劳，每一次都任命他的旁支去继承。这一年，萧何的第七代孙子酂侯萧获，因为犯了唆使家奴去杀人的罪，但是由于萧何的功劳，所以萧获被免除了死刑，从轻改判为徒刑。起初，汉成帝下诏令给主管的官员去探访寻求汉朝建立最初的功臣的后代，但是很长时间都没有结果。

杜业说上曰："唐、虞、三代皆封建诸侯，以成太平之美，是以燕、齐之祀与周并传，子继弟及，历载不堕。岂无刑辟、繇祖之竭力，故支庶赖焉。迹汉功臣，亦皆割符世爵，受山河之誓；百馀年间，而袭封者尽，朽骨孤于墓，苗裔流于道，生为愍隶，死为转尸。以往况今，甚可悲伤。圣朝怜闵，诏求其后，四方忻忻，靡不归心。出入数年而不省察，恐议者不思大义，徒设虚言，则厚德掩息，鲜简布章，非所以示化劝后也。虽难尽继，宜从尤功。"上纳其言。癸卯，封萧何六世孙南䜌长喜为酂侯。

【译文】于是杜业便劝汉成帝说："唐尧、虞舜以及夏、商、周三代，都是因为封建了诸侯，才能够成就他们太平盛世的伟大功业，也正是因为这个，燕国和齐国的国运才能够和周朝一样那么昌隆，爵位既可以由儿子去继承，也可以由弟弟去继承兄长的爵位，这样才可以历年不会断绝。这并不是因为那些国家都没有刑罚，而是由于他们的先人对国家全心奉献，所以才会使得那些功臣的子孙甚至于他的旁支都能因此蒙受皇恩去继任他们先人的爵位。您看看过去那些汉朝的功臣们，也都是以剖符作为凭证，世世代代都可以去承袭封爵，遵守了指着黄河和泰山发誓的约定，可是这才仅仅经过一百多年，那些应该去承袭封爵的人，都已经一一凋零了，他们腐朽的骨骸，也被孤零零地弃置在墓地里面，而他们的后代子孙，则是流离迁徙在道路上，当他们活着的时候，仅仅是一名让人感到十分哀婉可怜的徒隶，等到他们死了以后，就连他们的尸体都不能够埋葬，反而是被抛弃在沟壑里面。如果我们拿过去的情况和现在的情况来进行比较的话，那实在是很值得悲伤的啊！现在皇上为他们的这个样子反倒怜悯，于是就下诏去寻访探求他们的后世子孙，四方的百姓因此也都感到很高兴，没有一个人不因此而对皇上心悦诚服，向朝廷归顺、称臣的。可是现在已经过去好几年了，却仍然没有寻访出什么头绪来，这个结果大概就是因为那些参与商议的人们，不能够去考虑清楚这件事情的主旨所在，仅仅只是在那里白白地进行议论而已。如果都是像这个样子的话，那就会使得朝廷的厚德遭到遮蔽，让百姓认为皇上是因为吝惜而不去封赏那些功臣的后代，因为缺略而不去寻求探访的，而这样子的传闻也会在全天下彰显的，那样的话，就不是用来开导教化，劝导后嗣的方法了。汉朝的那些功臣多半已经不在这个世上了，虽然我们很难再去让那些爵位一一地被继承起来，可是我们应该让那些功绩特别显著的功臣的后代，都能够再去继承他的封国。"汉成帝采纳了他的建议。癸卯日（十五日），汉成帝册封了萧何的第六代孙子钜鹿郡南䜌县的县长萧喜为酂侯。

立城阳哀王弟俚为王。

八月，丁丑，太皇太后王氏崩。

九月，黑龙见东莱。

丁巳晦，日有食之。

是岁，以南阳太守陈咸为少府，侍中淳于长为水衡都尉。

【译文】汉成帝册立了城阳哀王的弟弟刘俚继任为城阳哀王。

八月，丁丑日（十九日），太皇太后王氏去世了。

九月，东莱出现了一条黑龙。

丁巳晦日（三十日），发生了日食。

这一年，汉成帝任命南阳太守陈成为少府，侍中淳于长为水衡都尉。

二年（丙午，公元前一五年）春，正月，己丑，安阳敬侯王音薨。王氏唯音为修整，数谏正，有忠直节。

二月，癸未夜，星陨如雨，绎绎，未至地灭。

【译文】二年（丙午，公元前15年）春季，正月，己丑日（初三），安阳敬侯王音去世了。在王氏当中，只有王音比较能修养自己的性情，他又好几次向汉成帝进言规劝汉成帝，他有着忠诚正直的节操。

二月，癸未日（二十八日）的夜里，流星像雨一样地陨落，流星的光彩十分闪烁，但是流星在还没有坠落到地上的时候，就已经消失。

乙酉晦，日有食之。

三月，丁酉，以成都侯王商为大司马、卫将军；红阳侯王立位特进，领城门兵。

京兆尹翟方进为御史大夫。

谷永为凉州刺史，奏事京师，讫，当之部，上使尚书问永，受所欲言。永对曰："臣闻王天下、有国家者，患在上有危亡之事而危亡之言不得上闻。如使危亡之言辄上闻，则商、周不易姓而迭兴，三正不变改而更用。夏、商之将亡也，行道之人皆知之。晏然自以若天有日，莫能危，是故恶日广而不自知，大命倾而不自寤。《易》曰：'危者有其安者也，亡者保其存者也。'陛下诚垂宽明之听，无忌讳之诛，使刍荛之臣得尽所闻于前，群臣之上愿，社稷之长福也！元年，九月，黑龙见；其晦，日有食之。今年二月（己）〔癸〕未夜，星陨；乙酉，日有食之。六月之间，大异四发，二二而同月。三代之末，春秋之乱，未尝有也。臣闻三代所以陨社稷、丧宗庙者，皆由妇人与群恶沉湎于酒；秦所以二世、十六年而亡者，养生泰奢，奉终泰厚也。二者，陛下兼而有之，臣请略陈其效。

【译文】乙酉晦日（三十日），发生日食。

三月，丁酉日（十二日），汉成帝任命成都侯王商为大司马、卫将军，任命红阳侯王立以特进的身份，掌管统领城门的兵马。

京兆尹翟方进被汉成帝任命为御史大夫。

谷永作为凉州刺史，到京城去向汉成帝上奏他所掌管的各种事宜。等到他向汉成帝上奏完公事以后，当他要回到他所管辖的辖区去的时候，汉成帝就派遣尚书去询问谷永，想要听取他所想要讲的话。于是谷永便回答说："臣听说国君降临天下，只要是拥有国家的人，他们最担心的就是，位于上位的人有了危险的事情，但是向他陈述危险的话，却不能够传达到他那里。如果所有陈述危险的言论每一次都能够顺利地使位于上位的人知道，那么商朝和周朝便不会这样地被改换朝代，相继兴盛起来，夏、商、周三代也就不会有什么改变了，而且还可传世无穷。当夏朝、商朝即将要灭亡的时候，即使是路上的行人都知道那将会是必然的事情了，可是那些亡国的君主，却仍然安然地认为自己还是如日在天，没有人能够去危害他的状态。因此他们的恶行也就一天天地增多了，他们却仍然不能够自己意识到；国运即将倾倒了，但是仍然不能自己领悟到。《易经》里面说：'今天之所以会有危险的事情发生，就是因为从前太过于安乐，自以为自己很安全，不知道戒备畏惧啊；之所以会有今天的灭亡，就是由于以前太过于安定，自以为自己能够长久地生存下去，不知道忧虑啊！'如果陛下真的能向百姓垂示宽厚明智的德行、操守，就不会有因为臣子犯了皇上的忌讳便遭到诛杀、惩罚，这样就使得那些卑微的臣子，都可以向皇上报告他们的所见所闻，而且这也是群臣们最大的心愿，同时也是国家最大的幸福啊！在元年九月，出现了黑龙；当月的三十日，发生了日食。今年的二月，己未日（初四）的夜里，有流星陨落了；乙酉日（初三），又发生了日食。在短短的六个月之间，竟然发生了四次大的灾异，甚至就在同一个月里面，发生了流星陨落和日食两件大事。这可是在夏、商、周三代的末期，甚至是在春秋时代的乱世的时候，都没有发生过的事情呀！臣听说夏、商、周三代之所以会毁掉了社稷，失去了宗庙，遭遇了荒乱灭亡的原因，其实都是由于女人和那一群恶劣的小人，沉湎在酒食和女色当中。秦朝之所以只传了两代，国家只存在了十六年便被毁灭的原因，也正是因为他们的生活太过于奢侈，即使当他们逝世的时候，也耗费太多了。但是现在这两样缺陷，却是陛下全部都具有的，还请您让我向您大概地陈述它将会引起的不良后果。

"建始、河平之际，许、班之贵，倾动前朝，熏灼四方，女宠至极，不可上矣；今之后起，什倍于前。废先帝法度，听用其言，官秩不当，纵释王诛，骄其亲属，假之威权，从横乱政，刺举之吏莫敢奉宪。又以掖庭狱大为乱阱，榜箠瘢于炮格，绝灭人命，主为赵、李报德复怨。反除白罪，建治正吏，多系无辜，掠立迫恐，至为人起责，分利受谢，生入死出者，不可胜数。是以日食再既，以昭其辜。

【译文】 "在建始、河平年间，许皇后和班婕妤的显要与尊贵倾动一时，她们声势的隆盛，使天下都感到震惊，而妇人受到的宠爱，甚至已经到了无可复加的地步。可是现在那后起的赵飞燕和李平，她们所受到的宠爱，比许皇后和班婕妤当年所受到的宠爱还要多十倍。您现在废弃了先帝的制度，听信了她们的言论，使得对官员的任命不适合，还随意释放王法所应当诛杀的人，并且还使得她们的亲属也一个一个地都傲慢放纵起来，而且您还给了她们权力和威势，这使得她们恣意放肆毫无顾忌地干涉扰乱政治，即使是负责纠察举报的司隶校尉、丞相司直和绣衣直指等官吏，也都不敢按照法律去纠正举报她们。此外您还设置了掖庭狱，随心所欲地去逮捕诛杀他人，陷害百姓没有限度。您对百姓所施加的逮捕诛杀，甚至比商纣王用来刑罚诛杀人的炮烙还要痛苦。而您如此随意地夺取他人的性命，也只不过是为了替赵飞燕、李平去报复、复仇而已。但是对于罪证确凿的人，您反而去释放了他；公正办案的官吏，却遭到了逮捕和审问。您多方拘禁没有犯罪的人，并且还对他们进行捶打和拷问，逼迫他们承认那些莫须有的罪名。您甚至还帮富商大贾冒名假借，到处去放贷金钱，以此来分取利息，或者接受那些人其他的报答。这种随意操纵人的生死的事情，真是数都数不清。因此上天才会一再地发生日食，来彰显您这种胡作非为的罪行。

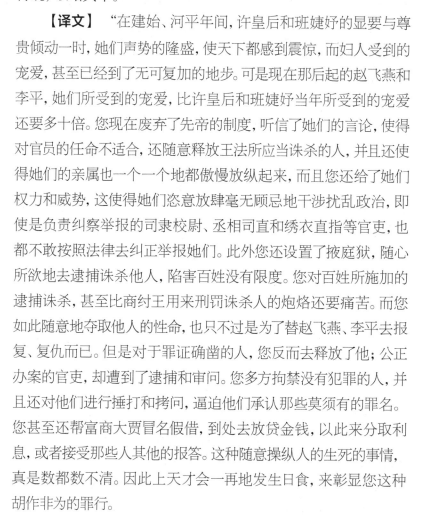

"王者必先自绝，然后天绝之。今陛下弃万乘之至贵，乐家人之贱事，厌高美之尊号，好匹夫之卑字，崇聚儇轻无义小人以为私客，数离深宫之固，挺身晨夜，与群小相随，乌集杂会，饮醉吏民之家，乱服共坐，流湎媟嫚，溷淆无别，黾勉遁乐，昼夜在路，典门户、奉宿卫之臣执干戈而守空宫，公卿百僚不知陛下所在，积数年矣。

【译文】 "作为一个国家的君主，一定是先放弃了自己，然后上天才会放弃他。而现在陛下放弃了您自己身为统一天下的至尊至贵的君王的身份，反而去喜好那些平民所去做的储蓄私人的田产、奴婢、财物的微小卑贱的事情；您厌倦了崇高美好的尊号，却喜欢微服出行，自称您是富平侯的家人，假冒为匹夫；您与那些轻浮没有义气的小人聚集在一起，并且把他们引为自己的宾客；您经常离开稳固的深宫，将自己置身在晨夜里面，让那一群小人伴随在您的身边，就好像乌鸟一般聚散不定，醉饱在吏民的家里面，混淆扰乱了应该穿的服饰，不分尊卑，共起共坐，沉迷于戏狎，混杂无别，没有限度地去游玩，日夜在外。这使得那些掌管门禁、奉命在夜晚进行守卫的武臣，都手中拿着干戈，在那里白白地守卫着空荡荡的宫殿，就连公卿以及百官都不知道陛下您到底在什么地方，而这种事情已经持续好几年了。

"王者以民为基，民以财为本，财竭则下畔，下畔则上亡。是以明王爱养基本，不敢穷极，使民如承大祭。今陛下轻夺民财，不爱民力，听邪臣之计，去高敞初陵，改作昌陵，役百乾溪，费拟骊山，靡敝天下，五年不成而后反故。百姓愁恨感天，饥馑仍臻，流散冗食，馁死于道，以百万数。公家无一年之畜，百姓无旬日之储，上下俱匮，无以相救。《诗》云：'殷监不远，在夏后之世。'

190

愿陛下追观夏、商、周、秦所以失之，以镜考己行，有不合者，臣当伏妄言之诛！

【译文】 "君王就是要以百姓为根本，而百姓又要以财货为基础，一旦财货枯竭了，百姓便会反叛，如果百姓反叛了，君王就只有灭亡一条道路了。因此，那些圣明的君王会去爱惜保护他的百姓的财货，不敢做得太过分的，而且在他们差遣百姓的时候，心里面常常都会感到畏惧谨慎，不敢将民力用尽。但是现在陛下您却是那么轻易地就去剥夺了百姓的财货，一点也不爱惜民力，听信奸臣的谗言，舍弃了那高大宽敞的初陵，改去建造昌陵，而这一切所花费的劳役，比楚灵王为了要得到乾溪的宝物而去调遣的还要多过百倍，而所耗费的财物，简直可以和秦始皇建造的骊山陵寝相比拟了。您如此用尽天下百姓的财产，就这样经过了五年，最终却因为没有完成建造，又改回去继续修建初陵，这使得百姓的愁苦怨恨震惊了上天，饥馑频频降临，百姓也全都流离失所，到处向别人乞讨食物，因此而饿死在路上的，就有好几百万人了。国家既没有足够一年用的储存，百姓也缺少足够一个月用的积蓄，国家和百姓之间，上下都很匮乏，彼此之间都无法互相支援。《诗经》上面说：'商汤讨伐夏桀的事情，就发生在离我们很近的前面的朝代，殷商的子孙，应该以夏朝的倾覆灭亡为借鉴。'因此我请求陛下能够深入思考夏、商、周、秦之所以会失去天下的原因，并且以此来考核审视您自己的行为，如果陛下的言行，并不像夏、商、周、秦亡天下的时候的那个样子，那么臣愿意被追究胡乱说话的罪过。

"汉兴九世，百九十馀载，继体之主七，皆承天顺道，遵先祖法度，或以中兴，或以治安；至于陛下，独违道纵欲，轻身妄行，当盛壮之隆，无继嗣之福，有危亡之忧，积失君道，不合天意，亦以多矣。为人后嗣，守人功业如此，岂不负哉！方今社稷、宗庙祸福安危之机在于陛下，陛下诚肯昭然远寤，专心反道，旧愆毕改，新德既章，则赫赫大异庶几可销，天命去就庶几可复，社稷、宗庙庶几可保！唯陛下留神反覆，熟省臣言！"

【译文】 "自从汉朝开国以来，已经经过九代了，一共是一百九十多年，继位的国君一共有七位，这些人都能够顺承天道，遵守先王制定的法度，他们这些人当中有的因此使汉朝中兴，有的因此使得汉朝的天下长治久安。但是单单到了陛下，却是这样地违反了正道，放纵自己的欲望，轻易地舍弃了自己的使命，任意妄为。在盛壮的年岁，却不能享有拥有子嗣的福气，再加上又有了危险亡国的忧虑，此外您还长久地失去了身为一国之君应有的作为，您的言行都不合天意，类似这样子的事情，实在是太多了。您身为先帝的子孙，应该是为先人保护守卫功业的，但是您竟然是这个样子，难道您就不觉得心中有愧吗？现在社稷和宗庙祸福安危的机遇运气如何，就全部都在于陛下的作为了。如果陛下真的能够明白并且深深地反省自己，一心去改正自己的过错，返回到正常的道路上，并且把您从前所犯下的错误完全改掉，那么，等到您改善以后的德行彰明显著以后，那些上天所垂示的大灾异，必将可以得到消除，而那已经失去了的天命，也将会可以复兴，社稷和宗庙更将可以因此而得到保护！我请求陛下能够再三地去注意，深深地去省视体察臣的建议。"

帝性宽，好文辞，而溺于燕乐，皆皇太后与诸舅夙夜所常忧；至亲难数言，故推永等使因天变而切谏，劝上纳用之。永自知有内应，展意无所依违，每言事辄见答礼。至上此对，上大怒。卫将军商密擿永令发去。上使侍御史收永，敕过交道厩者勿追；御史不及永，还。上意亦解，自悔。

【译文】 汉成帝的性情，十分宽厚，再加上他又喜欢文辞，但是他却沉溺在嬉游宴乐当中，这也正是皇太后和汉成帝的那些舅舅们日夜所常常感到忧虑的。但是因为与汉成帝太亲近的亲属是很难经常去劝谏他的，因此他们便向汉成帝推举谷永等人，并且让他们趁着上天有了灾异的时候去向汉成帝直言进谏，希望汉成帝能够接纳他们的劝说和教导。谷永自己明白这种劝谏能够得到太后和诸舅的支持，便尽意地去向汉成帝进谏，一点顾忌也没有。再加上他每次进谏的时候，也都能够得到汉成帝的回答，并且汉成帝对他也优礼有加。可是这次他向汉成帝呈上的奏章，汉成帝却感到很生气。于是卫将军王商便暗中催促谷永赶快回到他自己的辖区那里去。而汉成帝则派了侍御史前去逮捕谷永，但是汉成帝却命令他，如果谷永已经到达了距离长安有六十里路，靠近延陵的交道厩的话，那么就让他回去算了。最终御史并没有追到谷永，就退了回来。那个时候汉成帝的心意也已经得到了宽解，于是他就很后悔派遣了侍御史去追捕谷永这件事。

上尝与张放及赵、李诸侍中共宴饮禁中，皆引满举白，谈笑大噱。时乘舆幄坐张画屏风，画纣醉踞妲己，作长夜之乐。侍中、光禄大夫班伯久疾新起，上顾指画而问伯曰：“纣为无道，至于是虖？”对曰：“《书》云：‘乃用妇人之言’，何有踞肆于朝！所谓众恶归之，不如是之甚者也！”上曰：“苟不若此，此图何戒？”对曰：“‘沉湎于酒’，微子所以告去也。‘式号式謼’，《大雅》所以流连也。《诗》、《书》淫乱之戒，其原皆在于酒！”上乃喟然叹曰：“吾久不见班生，今日复闻谠言！”放等不怿，稍自引起更衣，因罢出。

【译文】 汉成帝曾经和张放及赵、李等这些侍中在宫殿里面共同饮宴的时候，每一个人都把酒杯倒得满满的，然后一饮而尽，大声地谈话说笑着。那个时候汉成帝的辇车和在宫室中放下帷帐用来坐的地方，都陈设有带有绘图的屏风，上面画着纣王醉坐在妲己的身上，正在作通宵达旦的欢乐的样子，侍中、光禄大夫班伯那个时候久病刚刚好了，于是汉成帝便回头指着屏风上面的图画问班伯说："纣王的荒淫无道，就是像这个样子的吗？"班伯说："《尚书》上面只说：'纣王听信了妇人妲己的话，所以才自取灭亡。'怎么会有商纣王坐在妲己的身上在朝廷上恣肆的这个样子呢？这也就是我们所说的，一个人一旦做错了事情，那么所有的坏事便都会推到他的身上，但是他其实并没有坏到那种程度啊！"然后汉成帝说："如果不是像这个样子的话，那么这种图画究竟是在劝诫些什么呢？"于是班伯就回答说："那是因为殷纣一直沉迷在酒食当中，所以微子就出言告诫他，然后就离他而去了；由于他经常喝醉了酒以后呼喊号叫，把白昼当成黑夜，所以诗人在《诗经·大雅》这篇文章当中，就一再地嗟叹告诫，不忍心遽去。《诗经》和《书经》里面对于淫乱的劝诫，都是认为淫乱根源全都在一个'酒'上！"于是汉成帝就喟然长叹说："我已经很长时间没有看到班伯了，我知道今天才又能够听到这些善言美语。"张放等人都感到很不高兴，于是就稍微离开了一下，前去更换衣服，然后便全部都退了出去。

时长信庭林表适使来，闻见之。后上朝东宫，太后泣曰："帝间颜色瘦黑。班侍中本大将军所举，宜宠异之；益求其比，以辅圣德！宜遣富平侯且就国！"上曰："诺。"上诸舅闻之，以风丞相、御史，求放过失。于是丞相宣、御史大夫方进奏"放骄蹇纵恣，奢淫不制，拒闭使者，贼伤无辜，从者支属并乘权势，为暴虐，请免放就国。"上不得已，左迁放为北地都尉。其后比年数有灾变，故放久不得还。玺书劳问不绝。敬武公主有疾，诏征放归第视母疾。

【译文】 那个时候，在长信宫服侍的宦官林表正好奉命前来，他得知了这件事情，当他前去朝见太后的时候，便向太后报告了这件事情，于是太后就很受感动地哭泣着对汉成帝说："最近皇上的脸色是又瘦又黑。班侍中本来是太将军王凤所推举的人，你应该要特别地去亲近和关照他，而且你还要从各方面去寻找访求像他这一类的人来辅佐帮助皇上的德行。而像富平侯张放这种人，你应该要遣送他回国才对。"汉成帝听后便说："好的。"汉成帝的舅舅们听说了张放的事情以后，便向丞相和御史示意，要求他们去寻找张放的过失。于是丞相王宣和御史大夫方进就向汉成帝上奏说："张放的语言行为傲慢放纵，奢侈淫乱，不知道节制，并且关上大门拒绝使者奉命前去逮捕贼人，又因为私人恩怨杀死伤害无辜的人，他的家奴和支属也都利用他的权势为非作歹，所以我们请求您能够遣送张放归国。"汉成帝压不住这件事情，只好把张放降调为北地都尉。这件事以后连着几年经常有灾异发生，张放也因此一直不能够回到朝廷中。但是汉成帝经常给张放寄去文书慰问他。一直等到敬武公主生了病以后，汉成帝才得以下诏命征召张放回家去探视母亲的疾病。

数月，主有瘳，后复出放为河东都尉。上虽爱放，然上迫太后，下用大臣，故常涕泣而遣之。

【译文】 经过了几个月以后，公主的病也已经痊愈了，于是汉成帝就又派遣张放去当河东都尉。虽然汉成帝很喜爱张放，但是对上由于受太后的逼迫，对下又因为大臣，所以汉成帝只能无可奈何地哭泣着遣走他。

邛成太后之崩也，丧事仓卒，吏赋敛以趋办，上闻之，以过丞相、御史。冬，十一月，己丑，册免丞相宣为庶人，御史大夫方进左迁执金吾。二十馀日，丞相官缺，群臣多举方进者；上亦器其能，十一月，壬子，擢方进为丞相，封高陵侯。以诸吏、散骑、光禄勋孔光为御史大夫。方进以经术进，其为吏，用法刻深，好任势立威；有所忌恶，峻文深诋，中伤甚多。有言其挟私诋欺不专平者，上以方进所举应科，不以为非也。光，褒成君霸之少子也，领尚书，典枢机十馀年，守法度，修故事，上有所问，据经法，以心所安而对，不希指苟合；如或不从，不敢强谏争，以是久而安。时有所言，辄削草藁，以为章主之过以奸忠直，人臣大罪也。有所荐举，唯恐其人之闻知。沐日归休，兄弟妻子燕语，终不及朝省政事。或问光："温室省中树，皆何木也?"光嘿不应，更答以它语，其不泄如是。

【译文】邛成太后去世的时候，因为丧事办得很仓促，所以官吏便用征收赋税来赶办这件事，汉成帝知道了以后，就去怪罪丞相和御史。冬季，十一月，己丑日（十一月无此日），汉成帝便下令罢免了丞相王宣的职务，将他罢为平民，御史大夫方进也被降调为执金吾。经过了二十多天以后，丞相这个职位仍然一直虚悬着，由于群臣多半都推举方进，认为他可以继任为丞相，再加上汉成帝也很器重他的才能，十一月，壬子日（初二），汉成帝就提升方进为丞相，并且封他为高陵侯。汉成帝还任命诸吏、散骑、光禄勋孔光为御史大夫。因为方进十分了解经术，得以蒙受汉成帝的升迁，他为官，使用律法刻薄严密，喜欢任用和自己有关系、有权势的人，以此来树立自己的威严。如果有他所憎恶的人，他就会用严刑峻法去深切地苛责那些人，因此有很多人被他中伤。于是就有人向汉成帝举报他挟私诬蔑，办理案件不公正，但是汉成帝因为方进所纠察举报的，都是合乎律条的，就不认为方进是错的。孔光，是褒成君孔霸最小的儿子，掌管负责尚书、典守枢机已经十多年了。他遵守法令，遵循已经有的例子，如果汉成帝有什么事情向他询问，他都是根据律法，用自己心里已经确认为正确的答案去回答汉成帝，一点儿也不会去询问汉成帝的旨意是如何的，来苟且迎合朝廷。汉成帝如果不遵从，他也不敢强行向汉成帝诤谏，因此他才能够长时间并且仍然稳固着他的地位。如果他对汉成帝有所建议的话，他也经常将草稿一改再改，他认为如果显露了国君的过错，并且因此而得到了忠直的名声，那就是人臣的大罪。如果有所推举的话，他就十分担心让被推举的人探知，如果他遇到休假日回家休息，在和兄弟妻子的闲谈当中，一点儿也不会涉及朝廷上的政事。即使有人问孔光："长乐宫中的温室殿里面，都种一些什么树木啊？"孔光也会闭上嘴巴不去理会他的问题，而改用别的话去回答他。孔光不泄漏公事，就是像这个样子。

上行幸雍，祠五畤。

卫将军王商恶陈汤，奏"汤妄言昌陵且复发徙；又言黑龙冬出，微行数出之应。"廷尉奏"汤非所宣言，大不敬。"诏以汤有功，免为庶人，徙边。

【译文】汉成帝到雍去祭祀五帝庙。

卫将军王商十分讨厌陈汤，便向汉成帝上奏说："陈汤胡乱说皇上又将要迁徙百姓住到昌陵邑那里去，又说冬天会有黑龙出现，是因为皇上经常微服外出的缘故。"廷尉也向汉成帝上奏说："陈汤说了不应该说的话，这是犯了大不敬的罪过。"但是汉成帝因为陈汤有斩杀郅支单于的功劳，便下诏罢免他为平民，并且将他发配到边疆去了。

上以赵后之立也，淳于长有力焉，故德之，乃追显其前白罢昌陵之功，下公卿，议封长。光禄勋平当以为："长虽有善言，不应封爵之科。"当坐左迁巨鹿太守。上遂下诏，以常侍闳，侍中、卫尉长首建至策，赐长、闳爵关内侯。将作大匠万年佞邪不忠，毒流众庶，与陈汤俱徙燉煌。

【译文】 汉成帝因为册立赵皇后的事情，得到了淳于长很多的帮助，所以很感谢他，就追念表扬他从前建议不要去昌陵的功劳，然后批交给公卿去进行商议，想要册封淳于长。但是光禄勋平当却认为："淳于长虽然有善良美好的建议，但是不符合汉高祖所制定下来的，不是刘氏就不封为王侯，不是立下功劳就不封为侯的誓言、约定。"平当因此被汉成帝降罪，降调为钜鹿太守。汉成帝然后就下诏令说，因为常侍王闳和卫尉淳于长首先提出要避免去昌陵的好计策，因此封赐淳于长、王闳关内侯的爵位。将作大匠解万年因为邪恶不忠，祸害了百姓，所以和陈汤一起被流放到敦煌去了。

初，少府陈咸，卫尉逢信，官簿皆在翟方进之右；方进晚进，为京兆尹，与咸厚善。及御史大夫缺，三人皆名卿，俱在选中，而方进得之。会丞相薛宣得罪，与方进相连，上使五二千石杂问丞相、御史，咸诘责方进，冀得其处，方进心恨。陈汤素以材能得幸于王凤及王音，咸、信皆与汤善，汤数称之于凤、音所，以此得为九卿。及王商黜逐汤，方进因奏"咸、信附会汤以求荐举，苟得无耻。"皆免官。

【译文】起初，少府陈咸和卫尉逢信的官位，都位于翟方进之上。翟方进晚进，当他还位为京兆尹的时候，他和陈咸的关系十分友好、和善。等到御史大夫的职位有了缺口的时候，因为这三个人都是当时非常著名的大臣，所以都被列为候选人，最后的结果是方进得到了这个职位。但是当时又正好遇到丞相薛宣因事获罪，而这件事又牵连到了翟方进，于是汉成帝便派了五名官秩二千石的大臣去盘问丞相和御史，陈咸负责审讯翟方进，他希望能够知道真实的情况，翟方进的心里因此对他便很怨恨。陈汤一直以来都是因为自己的才能得到了王凤和王音的宠信，陈咸、逢信都和陈汤关系十分友善，陈汤有好几次在王凤和王音那里向他们称赞他们，因此他们才得以被任命为中央政府当中较为高级的官员。等到王商贬斥了陈汤的时候，翟方进便向汉成帝上奏说："陈咸、逢信因为附和、跟从了陈汤，所以才得以被举荐为九卿的官职，这是通过不正当的手段得到的官位，一点廉耻也没有。"结果他们两人也都被汉成帝免了官。

【乾隆御批】史云方进公洁，持法，然迹其所劾者，不过陈咸、萧育辈无足重轻之人，不法如五侯，则喋不一语矣。至称孔光不希指苟合，夫附董贤，颂王莽，无所不为，岂其少尚廉隅，老而贬节耶？然史论当要以终身，不可阿其所好。

【译文】史书上说翟方进公正廉洁，依法行事。然而考察他所弹劾的对象，不过是像陈咸、萧育等无足重轻的人物，对五侯这样的不法之徒，则喋若寒蝉，不敢说一句话。至于称赞孔光不迎合天子的旨意，但是依附董贤，称颂王莽，无一不是他所为，这岂不是说他年轻时还崇尚不苟的品行，到老却损伤了节操？史论应当贯穿一个人的始终，不能迎合自己的喜好。

是岁，琅邪太守朱博为左冯翊。博治郡，常令属县各用其豪桀以为大吏，文、武从宜。县有剧贼及它非常，博辄移书以诡责之，其尽力有效，必加厚赏；怀诈不称，诛罚辄行。以是豪强慑服，事无不集。

【译文】 这一年，汉成帝任命琅邪太守朱博为左冯翊的长官。朱博对于郡上事务的治理，经常命令他所管辖的各县，任用他们各地的贤人豪杰为高级干部，无论文、武，都分别依照他们的才能进行任用。县里如果有比较大的盗窃以及其他非常的事情发生的话，朱博就写公文给去责备他们，而对于能够尽心尽力，绩效十分突出卓越的，他也一定给他们优厚的赏赐；而那些心怀诡诈，不能称职的人，他便去诛罚他们。因此地方上的豪强人士，对他都很畏惧顺从，几乎没有不能完成的事情。

三年(丁未，公元前一四年)春，正月，己卯晦，日有食之。

初，帝用匡衡议，罢甘泉泰畤，其日，大风坏甘泉竹宫，折拔畤中树木十围以上百馀。

【译文】 三年（丁未，公元前14年）春季，正月，己卯晦日（三十日），发生了日食。

起初，汉成帝采纳了匡衡的建议，罢免了去甘泉的泰畤，就在同一天，大风就吹坏了位于甘泉的竹宫，吹断或拔掉了庙中一百多棵已经有十围以上粗壮的树木。

帝异之，以问刘向，对曰："家人尚不欲绝种祠，况于国之神宝旧畤！且甘泉、汾阴及雍五畤始立，皆有神祇感应，然后营之，非苟而已也。武、宣之世奉此三神，礼敬敕备，神光尤著。祖宗所立神祇旧位，诚未易动。前始纳贡禹之议，后人相因，多所动摇。《易大传》曰:'诬神者殃及三世。'恐其咎不独止禹等!"上意恨之,又以久无继嗣,冬,十月,庚辰,上白太后,令诏有司复甘泉泰畤、汾阴后土如故,及雍五畤、陈宝祠、长安及郡国祠著明者,皆复之。

【译文】 汉成帝就觉得很奇怪,便去询问刘向。刘向就回答汉成帝说:"就算是一般的百姓人家,尚且不希望罢废去他们的家祠,更何况是一国的神宝旧庙呢? 而且甘泉、汾阴和雍的五畤在刚刚建立的时候,都是因为那里有神明感应,我们才会去建造的,我们并不是随随便便就去建立宗庙进行祭拜的。在汉武帝、汉宣帝的时候,奉拜祭祀这三地的神明,礼仪敬意都非常整齐完备,因此神光才会特别显著。祖宗所祭拜的神明旧庙,实在是不可以轻易就去进行改动的。以前在汉元帝的时候,采用了贡禹的建议,后世的人遵循着这个例子,便经常有所变动。《易大传》里面说:'那些诬蔑神明的人,连续三代会遭到灾祸。'恐怕这种罪过,不单单会只落在贡禹等人的身上而已啊! "汉成帝的心里因此便感到很后悔。又因为汉成帝久久都没有后代,在冬季,十月,庚辰日(初五),汉成帝就向太后报告,说是要命令主管的官员恢复位于甘泉的泰畤和汾阴后土祠的祭祀,一切都要如同过去一样,并且位于雍的五畤、陈宝祠,长安以及郡国中著名的神祠,也都要加以恢复。

是时,上以无继嗣,颇好鬼神、方术之属,上书言祭祀方术得待诏者甚众,祠祭费用颇多。谷永说上曰:"臣闻明于天地之性,不可惑以神怪;知万物之情,不可罔以非类。诸背仁义之正道,不遵《五经》之法言,而盛称奇怪鬼神,广崇祭祀之方,求报无福之祠,及言世有仙人,服食不终之药,遥兴轻举、黄冶变化之术者,皆奸人惑众,挟左道,怀诈伪,以欺罔世主。听其言,洋洋满耳，若将可遇，求之，荡荡如系风捕景，终不可得。是以明王距而不听，圣人绝而不语。昔秦始皇使徐福发男女入海求神采药，因逃不还，天下怨恨。汉兴，新垣平、齐人少翁、公孙卿、栾大等皆以术穷诈得，诛夷伏辜。唯陛下距绝此类，毋令奸人有以窥朝者！"上善其言。

【译文】 这个时候，因为汉成帝还没有后代，就十分喜欢鬼神、方术这一类的说法，所以当时就有很多人便因为向汉成帝上书谈论有关祭祀和方术的事情，而被汉成帝任命为待诏，而且用在祭祀方面的费用也是相当地多。于是谷永就劝汉成帝说："臣听说：如果明白了天地的性情，便不可能拿些什么神怪的事情去使他感到迷惑；如果知道了万物的本性，就不能用鬼神之类的事物去欺骗他。所有违背了仁义大道，不遵守五经正言，反而极力称扬鬼怪神奇，多方面地崇尚祭拜的方法，祈求那些不能降下祥福的祭祀，以及说到人世间有仙人存在，可以服用不死药，以祈求可以羽化仙去，又可以冶炼丹砂，使丹砂发生变化，以此来铸成黄金的这些说法，其实都是奸人在妖言惑众，挟持邪道，心怀诡诈，来欺骗国君的。如果听信了他们的话，绘声绘影，就好像可以遇见神仙一样；可是一旦认真去追求的话，就会空空地好像是在捕风捉影一样，是始终得不到什么神仙的。因此，真正贤明的君王，都会去拒绝这一类的说法，不会去听信它；圣人也会去放弃杜绝它，绝口不谈。过去秦始皇派遣徐福，调配了一批男女入海去求神采药，但是结果徐福趁机逃亡，再也没有回去，使得天下人都对他怨恨不已。而汉朝建立以后，有新垣平和齐人少翁、公孙卿、栾大等人，都因术穷词窘，被国君觉察到他们的诡计，而他们也一个个都被诛杀伏罪。因此我请求陛下能够抵制类似这些不可以相信的事情，不要让那些邪恶的人有机会来窥觊朝廷。"汉成帝很认可他的建议。

十一月，尉氏男子樊并等十三人谋反，杀陈留太守，劫略吏民，自称将军；徒李潭、称忠、钟祖、訾顺共杀并，以闻，皆封为侯。

【译文】 十一月，陈留郡尉氏县的男子樊并等一共十三个人谋反，杀掉了陈留太守严普，劫掠了官吏百姓，自己称为将军。后来有刑徒李谭、称忠、钟祖、訾顺等人一起杀了樊并，上奏给了汉成帝，使汉成帝知道，于是这些人便都被汉成帝册封为侯。

十二月，山阳铁官徒苏令等二百二十八人攻杀长吏，盗库兵，自称将军；经郡国十九，杀东郡太守及汝南都尉。汝南太守严诉捕斩令等。迁诉为大司农。

【译文】 十二月，山阳郡铁官的刑徒苏令等一共二百二十八人攻杀了长吏，盗取了兵器库的兵器，自称为将军。经过了十九个郡国，杀掉了东郡太守和汝南都尉。后来由于汝南太守严诉逮捕诛杀了苏令等人，严诉便被汉成帝升迁为大司农。

故南昌尉九江梅福上书曰："昔高祖纳善若不及，从谏如转圜，听言不求其能，举功不考其素，陈平起于亡命而为谋主，韩信拔于行陈而建上将；故天下之士云合归汉，争进奇异，知者竭其策，愚者尽其虑，勇士极其节，怯夫勉其死。合天下之知，并天下之威，是以举秦如鸿毛，取楚若拾遗，此高祖所以无敌于天下也。

【译文】 原南昌县尉九江人梅福向汉成帝上书说："过去，汉高祖接纳美好的建议，就好像是害怕会失去它一样；听从进谏的话语，就如同转圜一般地顺易；听取建议的时候，只考虑意见的本身有没有价值，而不会去计较提议的人的才能的优劣；推举功劳的时候，只谈论他功劳的大小，而不去考究他一直以来的行为或是出身是怎样的。所以陈平虽然出身于亡命之徒，却被起用为众谋士之主；韩信从一个小军官得到提拔，被任命为大将军。因此，天下有才能的人，都从四面八方前来归附汉王，大家都争着向汉王进献奇谋异计，那些有才智的人，竭力地向汉王进献出他的策略，而那些较为愚笨的人，也尽力地向汉王进献出他的思虑，勇士更加勇敢，懦夫也能够变得不怕死。汇聚了天下人的智慧，集结了全天下的威势，因此攻占秦朝的时候就如同鸿毛一般地轻松容易，打败项羽的时候也像捡取掉落的东西一样简单，这是汉高祖之所以能够做到天下无敌的原因。

　　"孝武皇帝好忠谏，说至言，出爵不待廉、茂，庆赐不须显功，是以天下布衣各厉志竭精以赴阙廷，自衒鬻者不可胜数，汉家得贤，于此为盛。使孝武皇帝听用其计，升平可致，于是积尸暴骨，快心胡、越，故淮南王安缘间而起；所以计虑不成而谋议泄者，以众贤聚于本朝，故其大臣势陵，不敢和从也。

　　【译文】 "孝武皇帝非常欢迎忠心的诤谏，喜欢至善至理的言论，只要诤谏符合当时的情况，便会进行封爵，不必等到中了孝廉或是茂才以后；只要建议合情合理，便会有赏赐，不必等到有了显著的军功以后，所以天下的百姓都能各自去砥砺他们自己的心志，竭尽他们的精神，以此来谋求可以被国家所用，那些毛遂自荐，主动去显露自己的才能，以求可以被汉王重用的人，多得数都数不过来，汉代所得到的贤才，在这个时候也是一个登峰造极的时候。假如孝武皇帝能够听从这些贤士的计策，国家的太平，是可以达到的。可就是在这个时候，却是连年的进行战争，尸骨遍野，只是想要在胡、越之间快心逞意而已，也正是因此，淮南王刘安才能乘隙而起。而他的计划之所以最终会失败，就连他们策划的内容也被泄漏，也是因为众多的有贤能的人士都聚集在汉朝、淮南相和内史等地方，因此淮南王的大臣们才会不敢跟随淮南王一起反叛朝廷。

"方今布衣乃窥国家之隙，见间而起者，蜀郡是也。及山阳亡徒苏令之群，蹈藉名都、大郡，求党与，索随和，而亡逃匿之意，此皆轻量大臣，无所畏忌，国家之权轻，故匹夫欲与上争衡也。士者，国之重器。得士则重，失士则轻。《诗》云：'济济多士，文王以宁。'庙堂之议，非草茅所言也。臣诚恐身涂野草，尸并卒伍，故数上书求见，辄报罢。臣闻齐桓之时，有以九九见者，桓公不逆，欲以致大也。今臣所言，非特九九也，陛下距臣者三矣，此天下士所以不至也。昔秦武王好力，任鄙叩关自鬻；缪公行伯，由余归德。

【译文】 但是现在就连那些平民百姓也都正在窥伺朝廷的间隙，而正在乘机而起的，正是蜀郡中在鸿嘉年间郑躬等人的叛乱，还有山阳铁官的亡命之徒苏令这些人。他们践踏了名都大郡，寻求网罗党羽，招揽附合的人，索要财物，一点逃亡的打算也没有。这都是因为他们轻视大臣，不害怕朝廷的权力，所以现在就连匹夫都想要和皇上比试一下高下了。士人，是国家重要人才，如果得到了士人，国家便会显得庄重、有威仪；而如果失去了士人，朝廷就会被人们轻视。《诗经》里面说：'周文王能够多多重用贤人，所以他的邦国才得以安宁。'国家大事，不是在乡野、民间的草民所应当去议论的；臣实在是担心自己会陈尸郊野，与弃尸在一起，因此我才会多次向皇上上书请求您可以召见我，可是我的上书每一次都没有被接纳。臣听说在齐桓公的时候，有一个人仅仅是懂得九九的算法，便请求晋见齐桓公，但是齐桓公并没有拒绝他，齐桓公其实是想要借此引来更加有贤能的人。现在臣所建议的，并不仅仅只是九九算法的小技能，可是陛下再三地拒见我，这可正是使天下的贤士之所以不来朝廷效力的原因啊！秦武王喜好勇力，于是那个时候的勇士任鄙就入函谷关自荐；秦缪公称霸，繇余便从西边从军向慕归顺。

"今欲致天下之士，民有上书求见者，辄使诣尚书问其所言，言可采取者，秩以升斗之禄，赐以一束之帛，若此，则天下之士，发愤懑，吐忠言，嘉谋日闻于上，天下条贯，国家表里，烂然可睹矣。夫以四海之广，士民之数，能言之类至众多也；然其俊桀指世陈政，言成文章，质之先圣而不缪，施之当世合时务，若此者亦无几人。故爵禄束帛者，天下之砥石，高祖所以厉世摩钝也。孔子曰：'工欲善其事，必先利其器。'至秦则不然，张诽谤之罔以为汉驱除，倒持泰阿，授楚其柄。

【译文】　"如果皇上现在想要得到天下的贤士的话，百姓有向皇上上书请求觐见的，您便应该让他到尚书那里去询问一下他想说的是什么，他所提出来的建议，如果有值得采纳的，您就应该颁授给他升斗的爵禄，赏赐给他一束布帛。这样一来，天下的贤士，自然就能激发出他的心意，使他吐露出他的忠言。那些善良美好的谋议，皇上自然就可以天天知道了。而治理天下的层次，国家里里外外的种种事宜，也自然就分明可观了。就天下的广大，以及官吏百姓的学术造诣来看，能言善道的人，应该是十分众多的。但是当这些才俊豪杰，在指出现世的弊端，陈述政治的情况的时候，能够出言成章，并且所提出来的意见，能既不违背先世的作为，也能合乎当世的时务的，却没有几个人能够做到。因此那些能够得到爵禄束帛的人，都是天下百姓的磨刀石，是汉高祖用来砥砺世人，使鲁钝的人奋发有为的方式。孔子说：'如果想要把工事做好，一定要先使工具锋利。'所以如果想要使国家的政治上轨道，您必须能够首先得到有贤能才华的人士。可是在秦朝的时候并不是这个样子。他们设下了逮捕诽谤朝政者的法网，来为汉朝排除困难，使百姓抛弃了秦朝转而归顺汉朝。他们也就好像是倒拿着泰阿宝剑，再将剑柄递交给楚国一样，没有正确的义理的结果，使得陈涉、项羽能够乘机而起。

"故诚能勿失其柄，天下虽有不顺，莫敢触其锋，此孝武皇帝所以辟地建功，为汉世宗也。

【译文】 所以假如您真的可以不会失去权柄，那么即使天下发生了叛乱谋逆，也没有一个人敢去冒犯朝廷的锋芒。这也正是孝武皇帝能够对外扩张领土，建立功业，被汉代所景仰的原因。

"今陛下既不纳天下之言，又加戮焉。夫鸢鹊遭害，则仁鸟增逝，愚者蒙戮，则智士深退。间者愚民上疏，多触不急之法，或下廷尉而死者众。自阳朔以来，天下以言为讳，朝廷尤甚，群臣皆承顺上指，莫有执正。何以明其然也？取民所上书，陛下之所善，试下之廷尉，廷尉必曰'非所宜言，大不敬，'以此卜之，一矣。故京兆尹王章，资质忠直，敢面引廷争，孝元皇帝擢之，以厉具臣而矫曲朝；及至陛下，戮及妻子。且恶恶止其身，王章非有反畔之辜而殃及室家，折直士之节，结谏臣之舌。群臣皆知其非，然不敢争，天下以言为戒，最国家之大患也！

【译文】 但是现在陛下您不但不采纳天下百姓的言论，反而还要对他们加以杀戮。如果鸥鹊遭到了杀害，鸾凤自然就会高飞远去的；愚忠的人遭到了斩杀，有才智的人便会自然地退避。最近这段时间百姓向皇上上书所谈论的，多半是触犯到了那些并不是十分严重的法令，却遭受到严重刑罚的事，因此被拘禁在廷尉狱里而死的人实在是太多了。自从阳朔以来，天下的百姓就都十分忌讳言谈，担心自己的话会出什么错，尤其在朝廷中更是如此，群臣都仅仅只是顺承了朝廷的旨意而已，没有一个人敢于公正地去执行事务。为什么我会知道是这个样子的呢？您可以拿百姓所呈上来的建议，选取一些陛下所赞同的，尝试着批交给廷尉看一看，廷尉一定会说：'这不是他们应该说的话，这是犯了大不敬的罪行。'由此我就可以推测，也就可以看出群臣办事的态度是怎样的了。以前的京兆尹王章，本质忠诚正直，胆敢当着皇上的面，在朝廷上据理诤谏，孝元皇帝也因此而提拔了他，用来激励那些只是充数而不能够实际上有所作为的臣子，也用来矫正因为那些尸位素餐的臣子而歪曲的朝政。可是到了陛下您的手上，您竟然诛杀了他，就连他的妻子也被贬斥到合浦去了。对于一个人的恶行的厌恶，应该仅仅只是去惩罚他一个人而已，更何况王章并没有犯下什么叛逆大罪，但是他的灾祸牵连到了他夫妇全家。这是在阻断忠诚正直的人士的节操，使诤谏之臣的喉舌打结。尽管群臣都知道您这样的做法是不对的，可是他们却不敢向皇上进言劝谏，因此天下的百姓都互相先后以诤谏为警戒，这才是国家最大的祸患啊！

"愿陛下循高祖之轨，杜亡秦之路，除不急之法，下无讳之诏，博览兼听，谋及疏贱，令深者不隐，远者不塞，所谓'辟四门，明四目'也。往者不可及，来者犹可追。方今君命犯而主威夺，外戚之权，日以益隆。陛下不见其形，愿察其景！

【译文】"我请求陛下能够遵循汉高祖的做法，杜绝秦朝之所以会战败灭亡的道路，删除不是国家急须要的法律，颁布让百姓不必忌讳言谈的诏书，并且多看多听，即使是再疏远卑贱的人，您也要去听听他们的意见，让深深地隐藏起来的人，不再去逃遁隐匿起来，让那些与皇上疏远的人，也不会再遭到堵塞，这也就是所谓的'能够广开四门，来招揽众多的贤人，才能够明视四方'啊！发生过的事情，已经追悔莫及了，可是尚未发生的事情，我们却可以提前就做好计划。现在是主上的威严受到了侵犯，主上的威权，被臣下侵夺了，外戚的权力威势，一天天地昌隆兴盛起来。陛下目前还看不到这种情形的具体情况，可是我请您能仔细考察这种形势已经造成的影响！

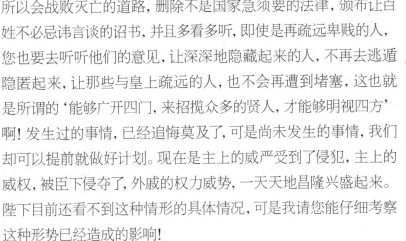

"建始以来，日食、地震，以率言之，三倍春秋，水灾亡与比数，阴盛阳微，金铁为飞，此何景也？汉兴以来，社稷三危：吕，霍，上官；皆母后之家也。亲亲之道，全之为右，当与之贤师良傅，教以忠孝之道。今乃尊宠其位，授以魁柄，使之骄逆，至于夷灭，此失亲亲之大者也。自霍光之贤，不能为子孙虑，故权臣易世则危。《书》曰：'毋若火，始庸庸。'势陵于君，权隆于主，然后防之，亦无及已！"上不纳。

【译文】"从建始以来，国家就不断地发生日食、地震，大约说来的话，这些灾异已经有春秋时的三倍多了，至于发生的水灾，那更是多得无法比较了。权臣主管着国家的事务，主上的威仪就会变得微弱，这就使得在河平二年（公元二七年），沛郡铁官在铸钱的时候，金铁就好像星星飞走那样离开，这究竟是什么征兆呢？自从汉朝兴盛以来，社稷曾经遭遇过三次危险，那就是：吕氏、霍氏、上官氏的时候，这全部都是太后的家属，亲近尊亲的方法，应该是能够使他们全部都安全为上，您应该为他们聘请贤能善良的师傅，用忠孝的道理教导他们。但是现在您却是在尊宠他们的地位，把权柄交给他们，这使他们养成了傲慢横逆的习惯，使他们达到了灭族的情况，这就失去了亲爱亲人的大义。像霍光那么贤能的人，尚且不能为他的后代子孙考虑到他们的进退举止，可见权臣一旦到换了时代的时候，处境便会很危险。《尚书》里面说：'不要以为星火刚刚开始燃烧，还很微弱渺小，不必去介意，但是一旦到燃烧旺盛的时候，就无法扑灭了。'如果等到大臣的威势凌驾君上，大臣的权柄比君主隆盛的时候，您再去想办法进行防患，那就已经来不及了！"但是最终汉成帝并没有采纳他的建议。

资治通鉴

资治通鉴卷第三十二　汉纪二十四

起著雍涒滩，尽昭阳赤奋若，凡六年。

【译文】 起戊申（公元前13年），止癸丑（公元前8年），共6年。

【题解】 本卷记录了汉成帝刘骜永始四年至绥和元年共六年间的历史。此时为汉成帝执政后期，谷永上奏劝阻，停止对梁王刘立的调查，掩饰皇室乱伦丑闻。段会宗出使西域，使匈奴、乌孙、康居归附。蜀地发生山崩，成帝不思救济，竟抓捕野兽取乐。大权旁落外戚，灾害连年，元帝浑噩无为，众臣劝谏，元帝不纳。元帝恢复三公建制，王莽工于心计，善于伪装，夺取大司马之职。

孝成皇帝中

永始四年（戊申，公元前一三年）春，正月，上行幸甘泉，郊泰畤；大赦天下，三月，行幸河东，祠后土。

夏，大旱。

四月，癸未，长乐临华殿、未央宫东司马门皆灾。六月，甲午，霸陵园门阙灾。

秋，七月，辛未晦，日有食之。

冬，十一月，庚申，卫将军王商病免。

【译文】 永始四年（戊申，公元前13年）春季，正月，汉成帝到甘泉去祭祀泰畤，并且下令大赦天下。三月，汉成帝到河东去祭祀后土。

夏季，发生了大旱灾。

四月，癸未日（十一日），长乐宫的临华殿和未央宫东面的司马门都发生了火灾。六月，甲午日（二十三日），霸陵园的门阙失火。

秋季，七月，辛未晦日（三十日），发生了日食。

冬季，十一月，庚申日（二十一日），卫将军王商因为生病被汉成帝罢免了官职。

梁王立骄恣无度，至一日十一犯法。相禹奏"立对外家怨望，有恶言"。有司案验，因发其与姑园子奸事，奏"立禽兽行，请诛"。太中大夫谷永上书曰："臣闻礼，天子外屏，不欲见外也；是故帝王之意，不窥人闺门之私，听闻中冓之言。《春秋》为亲者讳。今梁王年少，颇有狂病，始以恶言按验，既无事实，而发闺门之私，非本章所指。王辞又不服，猥强劾立，傅致难明之事，独以偏辞成罪断狱，无益于治道。污蔑宗室以内乱之恶，披布宣扬于天下，非所以为公族隐讳，增朝廷之荣华，昭圣德之风化也。臣愚以为王少而父同产长，年齿不伦；梁国之富足以厚聘美女，招致妖丽；父同产亦有耻辱之心。案事者乃验问恶言，何故猥自发舒！以三者揆之，殆非人情，疑有所迫切，过误失言，文吏蹑寻，不得转移。萌牙之时，加恩勿治，上也。既已案验举宪，宜及王辞不服，诏廷尉选上德通理之吏更审考清问，著不然之效，定失误之法，而反命于下吏，以广公族附疏之德，为宗室刷污乱之耻，甚得治亲之谊。"天子由是寝而不治。

【译文】 梁王刘立傲慢放纵没有限度，甚至到了在一天当中犯十一次律法的程度。梁国相禹向汉成帝上奏说："刘立对外戚王氏怀有怨恨，对他们有十分恶劣的言论。"汉成帝就将这件案子批交给主管的官员去进行调查和审理，于是刘立就被揭发出来他和他的姑母园子乱伦的事情，于是有司就向汉成帝上奏说："刘立有乱伦这样的禽兽行为，请求皇上诛杀他。"但是太中大夫谷永向汉成帝上书说："臣听说，依照礼制，天子应当在门外设置一个屏风，这是因为皇上不想让自己的家事外泄出去，因此帝王的心意，应该是不去窥视他人的闺房私情，也不去探听他人在寝室里面的谈话。在《春秋》上面所记载的，也常常会隐讳亲属的过错和罪恶。现在梁王刘立的年纪还小，又患有狂病，首先是因为言论上的差错，被批交给相关官员去进行调查审理，因为没有查出事实，就又被告发了他闺房中的隐私，这应该不是原来的案件中的事实所在。而且梁王的答辩中又没有认罪，如果就这样勉强胡乱地去弹劾梁王刘立，牵强附会地去罗织那难以清楚的事实，单单凭借一方面的言辞，便去定罪结案，这对于国家的治理并没有什么好处。就这样轻易地污蔑了宗室，用乱伦的罪恶，向天下百姓广为公布宣扬，这也不适合替公族隐藏避讳过错罪恶，以增加朝廷的荣华，昭明圣德教化的道理。臣认为梁王尚且年少，而他的姑母已经年长，从年龄上来说，是不能互相匹配的；再加上按照梁国的富有，是足以提供花费优厚的聘礼去娶美女，招揽任伺巧艳美丽的女子的；还有他的姑母也应当有着羞耻心，一定不会同他乱伦的。前去进行调查审理案件的人，是奉命查问他言语上的过失的事实，但是为什么他会自己胡乱说些什么乱伦的事情呢？从这三方面来推测，如果说是会发生这样子的事情，恐怕是很不近人情的。所以这或许是梁王在急切之中，说错了话，却被调查人员抓住了把柄，而刻意去追查他们内部乱伦的迹象。现在事情才刚刚开始被揭露，朝廷如果能够加以掩饰，不予追究，其实是最好的办法。如果已经调查清楚，依法检举揭发了，您也应该在梁王尚未认罪的时候，就颁布诏令给廷尉，推选尚德通理的官吏，去重新进行审讯详问，证明这件事情的发生是没有根据的，确认这是错误地给人定了罪，将调查无罪的事实交付给相关官员，来广布公族亲疏的恩德，替宗室洗清污乱的耻辱，这才是治亲的大义所在。"汉成帝因此便将这个案子按下没有进行办理。

是岁，司隶校尉蜀郡何武为京兆尹。武为吏，守法尽公，进善退恶，其所居无赫赫名，去后常见思。

【译文】这一年，汉成帝任命司隶校尉蜀郡人何武为京兆尹。何武为官，奉公守法，能进善退恶，在职的时候，虽然没有显赫的名声，可是在他离职以后，百姓却十分怀念他。

元延元年（己酉，公元前一二年）春，正月，己亥朔，日有食之。

壬戌，王商复为大司马、卫将军。

三月，上行幸雍，祠五畤。

夏，四月，丁酉，无云而雷，有流星从日下东南行，四面燿燿如雨，自晡及昏而止。

赦天下。

秋，七月，有星孛于东井。

【译文】元延元年（己酉，公元前12年）春季，正月，己亥朔日（初一），发生了日食。

壬戌日（二十四日），王商又被汉成帝任命为大司马、卫将军的官职。

三月，汉成帝到雍去祭祀五畤。

夏季，四月，丁酉日（初一），天上没有云朵，竟然打起了雷来。并且还有流星从太阳的东南方飘落，四面闪闪发光，多得就好像下雨一样，从午后晡的时候（下午三时正至五时正）一直到黄昏才停止。

汉成帝下令大赦天下。

秋季，七月，在井宿出现了彗星。

上以灾变，博谋群臣。北地太守谷永对曰："王者躬行道德，承顺天地，则五征时序，百姓寿考，符瑞并降，失道妄行，逆天暴物，则咎征著邮，妖孽并见，饥馑荐臻；终不改寤，恶洽变备，不复谴告，更命有德。此天地之常经，百王之所同也。加以功德有厚薄，期质有修短，时世有中季，天道有盛衰。陛下承八世之功业，当阳数之标季，涉三七之节纪，遭《无妄》之卦运，直百六之灾厄，三难异科，杂焉同会。建始元年以来，二十载间，群灾大异，交错锋起，多于《春秋》所书。内则为深宫后庭，将有骄臣悍妾、醉酒狂悖卒起之败，北宫苑囿街巷之中、臣妾之家幽闲之处征舒、崔杼之乱；外则为诸夏下土，将有樊并、苏令、陈胜、项梁奋臂之祸。安危之分界，宗庙之至忧，臣永所以破胆寒心，豫言之累年。下有其萌，然后变见于上，可不致慎！祸起细微，奸生所易。愿陛下正君臣之义，无复与群小媟黩燕饮；勤三纲之严，修后宫之政，抑远骄妒之宠，崇近婉顺之行；朝觐法驾而后出，陈兵清道而后行，无复轻身独出，饮食臣妾之家。三者既除，内乱之路塞矣。诸夏举兵，萌在民饥馑而吏不恤，兴于百姓困而赋敛重，发于下怨离而上不知。《传》曰：'饥而不损，兹谓泰，厥

215

咎亡。'比年郡国伤于水灾，禾麦不收，宜损常税之时，而有司奏请加赋，甚缪经义，逆于民心，市怨趋祸之道也。臣愿陛下勿许加赋之奏，益减奢泰之费，流恩广施，振赡困乏，敕劝耕桑，以慰绥元元之心，诸夏之乱庶几可息！"

【译文】 汉成帝因为不断地有灾变发生，便广泛地向群臣谋议。北地太守谷永向汉成帝上奏说："一个国家的君王，如果能够亲身实践道德，顺承天地的旨意，那么雨、温、寒、热、风这五种征候，就能按照正常的顺序发生，百姓也就会长寿，祥瑞的征兆也会同时出现；但是如果不按照正道行事，胡作非为，违背上天的旨意，浪费财物，那么上天也会明白地显现出犯这些罪过所应该有的征兆，给他降下灾祸，并且一些怪异祸乱的事情也会同时发生，饥荒的年月会连年到来；如果到这种时候还仍然不知悔改醒悟，使得恶贯满盈，灾变丛生的话，那么上天便将不再做出警告的天象，转而会改将天下归命给其他有德的人去接受。这是天地间的正常道理，是古今所有帝王所遭遇到的同样的情况。此外，考虑到功德有厚薄的不同，期限有长短的差异，世代有中末的区别，天道也会有盛衰的变化。陛下继承了汉高祖、汉惠帝、汉文帝、汉景帝、汉武帝、汉昭帝、汉宣帝、汉元帝八世的功业，正是处于阳九的末季，接近三七二百一十年的灾厄劫数，遭到《易经·无妄卦》上面所写到的那无所复望的卦运，又正当刚刚进入元一百六岁中的灾难，这三七的劫数、无妄的卦运、百六的灾难三种不同的灾厄，就会聚集在一起。从建始元年以来，这二十年之间，各种比较大的灾异，都是同时发生的，比《春秋》上面所记载的还要多。在朝廷之内，在深宫后庭之中，将会有像淳于长一样的骄臣，如赵昭仪姐妹一般的悍妾，醉酒狂乱，猝起败坏国家；在北宫的园苑街巷当中，侍臣和姬妾家里的幽闲之处，皇上的一些细小的行为，将会

资治通鉴

招来夏征舒射杀陈灵公和崔杼伏杀齐庄公一样的作乱；在朝廷之外，在诸夏领土之中，将会发生如樊并、苏令、陈胜、项梁一般奋臂造反的灾祸。处在这种可能安全可能危险的分界，是宗庙国家最大的忧愁的时期。臣谷永甘愿冒着胆破心寒的杀头之祸，连年做出这种预言。下面有变乱的萌芽，然后才会在上面演化成变乱，怎么可以不小心谨慎呢？祸乱都是从细微的小事当中产生出来的，奸邪就是由于轻视忽视所造成的。我请求陛下能够端正君臣间相处应该有的义理，不要再和那些小人在一起狎戏玩弄喝酒作乐；要严格按照君臣、父子、夫妇之间的三个纲领，使得君为臣纲，父为子纲，夫为妇纲，并且您还要治理好后宫家事，疏远那些恃势骄妒的宠妃，看重亲近有着婉顺的德行的女子；应该在朝觐车驾的仪仗准备好以后再外出，在街上布列好士兵，清除了路上的闲杂人等以后再出行，不要再独自一人微服随便出门，在宠幸的臣妾家里胡乱饮食。等到微行、嗜饮、好色这三样事情都戒除了以后，内乱的根源，便会从此被堵塞住。诸夏的举兵，是由于百姓的饥馑，而官吏却不知道体恤；由于百姓的困顿，但是赋敛却更加沉重；也由于臣下的怨恨叛离，而皇上不知道。《易传》里面说：'发生了饥荒年月的灾异，如果还不知道节俭，这就实在是太浪费了，如此将会给人带来灭亡的灾祸的。'郡国连年都受到大水泛滥的灾害，禾麦都什么收成都没有，所以现在应该是减少赋税的时候了，但是主管的官员反而向皇上奏请增加赋税，这实在是太违背经书里面经常谈论到的义理，也和百姓的愿望大相径庭，这实际上是在招取百姓的怨恨，使国家走向衰败啊！臣请求陛下不要准许增加赋税的建议，并且您还应该更加地节省那些浮华奢侈的费用，广泛地散布您的恩泽，救济那些贫困的人，劝勉他们去从事农耕，来抚慰百姓惶恐的心情，那么诸夏的叛变，也许就将可以停止了！"

中垒校尉刘向上书曰："臣闻帝舜戒伯禹'毋若丹朱敖'，周公戒成王'毋若殷王纣'，圣帝明王常以败乱自戒，不讳废兴，故臣敢极陈其愚，唯陛下留神察焉！谨案《春秋》二百四十二年，日食三十六，今连三年比食，自建始以来，二十岁间而八食，率二岁六月而一发，古今罕有。异有小大希稠，占有舒疾缓急。观秦、汉之易世，览惠、昭之无后，察昌邑之不终，视孝宣之绍起，皆有变异著于汉纪。天之去就，岂不昭昭然哉！臣幸得托末属，诚见陛下宽明之德，冀销大异而兴高宗、成王之声，以崇刘氏，故恳恳数奸死亡之诛！天文难以相晓，臣虽图上，犹须口说，然后可知；愿赐清燕之闲，指图陈状！"上辄入之，然终不能用也。

【译文】中垒校尉刘向向汉成帝上书说："臣听说舜帝曾经劝诫伯禹说'你不要像尧的儿子丹朱样骄傲'，周公也曾经戒勉成王说'不要如殷王商纣一般的昏聩淫乱'，圣明的帝王是经常会拿过去败乱的事迹来进行自我警戒的，一点儿也不会忌讳谈论废兴的事情，因此臣才敢极力陈述我愚钝的意见，我请求陛下能够留神考察！按照《春秋》里面所记载的，从隐公元年到哀公十四年获麟的时候为止，在这二百四十二年间，一共发生过三十六次日食，但是现在却连着三年都发生了日食。从建始以来，大约二十年间，一共发生了八次日食，大概是每两年六个月就会发生一次日食，这可真的是古今少有的现象。灾异有大小多少的不同，征兆也有舒缓紧急的区别。看看那秦朝、汉朝的改朝换代，汉惠帝、昭帝子嗣的断绝，昌邑王刘贺被废夺太子位，孝宣皇帝的继起，都有过发生灾异的记录，这在《汉纪》里面就可以稽考。天命的变迁，难道不是昭然清楚的吗？臣幸好可以成为宗室的一分子，诚然看到陛下有着宽厚贤明的德行，希望您可以有一个办法去消除那上天所垂示的大的灾异，来复兴殷高宗、周成王时候的声誉，增加刘氏的功业，因此我很诚恳地多次冒犯着会遭到诛杀的危险向皇上上奏进言。天文是很难以了解的，臣虽然绘制了图画呈奏给皇上请您观览，但是还是需要口头说明您才能够更加明白，我请您能够赐给我闲暇的时间，使我能够指着图画来向您陈述天文变化的情况！"于是汉成帝便召刘向入见，可是汉成帝最终并没有采纳刘向的建议。

红阳侯立举陈咸方正，对策，拜为光禄大夫、给事中。丞相方进复奏"咸前为九卿，坐为贪邪免，不当蒙方正举，备内朝臣"；并劾"红阳侯立选举故不以实"。有诏免咸，勿劾立。

【译文】红阳侯王立推举陈咸做方正的官，通过了御前殿试以后，陈咸就被汉成帝任命为光禄大夫、给事中。丞相方进就向汉成帝上奏说："陈咸从前是九卿的官，最后却因为贪鄙邪恶，被皇上罢免了官职，所以他现在不应该接受方正的推举，并且被充任为给事中的中朝官。"同时他还弹劾红阳侯王立选举不实，有意隐瞒。于是汉成帝就下诏免除了陈咸的官职，但是汉成帝并不许去弹劾红阳侯王立。

十二月，乙未，王商为大将军。辛亥，商薨。其弟红阳侯立次当辅政，先是立使客因南郡太守李尚占垦草田数百顷，上书以入县官，贵取其直一万万以上，丞相司直孙宝发之，上由是废立，而用其弟光禄勋曲阳侯根。庚申，以根为大司马、骠骑将军。

【译文】十二月，乙未日（初二），汉成帝任命王商为大将军。辛亥日（十八日），王商去世了。按照顺序本来应当由他的弟弟红阳侯王立辅政的，因为王立以前曾经让人经由南郡太守李尚开垦了几百公顷的荒田，但是其中有一部分原本就已经由百姓开垦过了，红阳侯王立却全部占为自己所有，并且向汉成帝上书说是新开垦得到了那块荒田，把这些田卖给了国家，并且从中贪取了比当时的价格贵了一亿钱以上的补偿，最后被丞相司直孙宝按验揭发了这件事，提出了弹劾，因此汉成帝就废弃了王立，改由他的弟弟光禄勋曲阳侯王根继任。庚申日（二十七日），汉成帝任命王根为大司马、骠骑将军。

特进、安昌侯张禹请平陵肥牛亭地；曲阳侯根争，以为此地当平陵寝庙，衣冠所出游道，宜更赐禹它地。上不从，卒以赐禹。根由是害禹宠，数毁恶之。天子愈益敬厚禹，每病，辄以起居闻，车驾自临问之，上亲拜禹床下，禹顿首谢恩；禹小子未有官，禹数视其小子；上即禹床下拜为黄门郎、给事中。禹虽家居，以特进为天子师，国家每有大政，必与定议。

【译文】官位为特进的安昌侯张禹，请求汉成帝可以把平陵的肥牛亭这一块土地赐给自己，想要将那里作为自己的墓地。曲阳侯王根向汉成帝力争不可以这样做，王根认为这一块土地正位于汉昭帝的陵寝，是汉昭帝的衣冠每个月依照规制出游庙园时必须经过的要道，所以汉成帝应该另外再找一块地方赐给他。汉成帝没有采纳王根的意见，最终还是把这块土地赐给了张禹。王根也因此很忌妒张禹所受到的汉成帝的宠信，便经常向汉成帝去诽谤批评张禹。可是汉成帝反而更加敬重厚待张禹，张禹每次生病的时候，汉成帝就会问候他的饮食起居，甚至还会亲自去那里慰问他，并到张禹的床前去探望他。于是张禹便向汉成帝叩头谢恩。那个时候张禹的小儿子还尚未做官，张禹就好几次看着他的小儿子进行示意，于是汉成帝便马上在张禹的床前任命他的小儿子为黄门郎、给事中。虽然张禹是住在家里，但是因为他是以特进的身份贵为汉成帝的老师,所以每当国家有大事发生的时候,汉成帝便会去和他进行商议。

时吏民多上书言灾异之应,讥切王氏专政所致,上意颇然之,未有以明见;乃车驾至禹弟,辟左右,亲问禹以天变,因用吏民所言王氏事示禹。禹自见年老,子孙弱,又与曲阳侯不平,恐为所怨,则谓上曰:"《春秋》日食、地震,或为诸侯相杀,夷狄侵中国。灾变之意,深远难见,故圣人罕言命,不语怪神,性与天道,自子贡之属不得闻,何况浅见鄙儒之所言。陛下宜修政事,以善应之,与下同其福喜,此经义意也。新学小生,乱道误人,宜无信用,以经术断之!"上雅信爱禹,由此不疑王氏。后曲阳侯根及诸王子弟闻知禹言,皆喜说,遂亲就禹。

【译文】 那个时候,无论是官吏还是百姓,很多人都向汉成帝上书谈论灾异的出现,讥讽指责这些灾异是由于王氏的专政所引起来的,汉成帝的心里面也很认可这个看法,但是汉成帝只是还不能够确认是否真的就是如此。于是汉成帝便亲自到张禹的住所去,让左右的侍从人员退避,亲自向张禹询问发生灾异的原因,同时还把官吏和百姓所谈论的有关王氏的事情告诉了张禹。但是张禹因为自己的年纪已经很老了,而自己的子孙都还很年幼弱小,加上自己和曲阳侯王根的关系不是很好,他恐怕自己会遭到他们的怨恨,便告诉汉成帝说:"《春秋》上面所记载的发生日食和地震的原因,有的是因为诸侯互相攻杀,有的是由于夷狄侵犯中国。天地发生灾异的原因,含义十分深远,难以明白地知道,所以圣人很少会谈论到有关天命的问题,而且绝口不谈怪力乱神的事情,像性命和天道这种问题,就连子贡这些人都不曾听到孔子谈论过,更何况是那些见识短浅、肤浅鄙陋的儒生呢? 他们又能够谈论出些什么呢？陛下您应该勤于政事，处处行善，来应对天地所显示的灾异，尽量和臣下一同分享福祥，这才是儒家经术的大义所在。那些后学晚进的儒生，胡言乱语，迷惑误导他人，请您不要相信和任用他们，请您按照儒家的经术去决断事理。"汉成帝非常宠信张禹，因此汉成帝便不再去怀疑王氏的专权了。曲阳侯王根和王氏的那些子弟们，听说了张禹的这一番话，都感到很高兴，从那以后，便和张禹亲近友好起来。

故槐里令朱云上书求见，公卿在前，云曰："今朝廷大臣，上不能匡主，下无以益民，皆尸位素餐，孔子所谓'鄙夫不可与事君，苟患失之，亡所不至'者也！臣愿赐尚方斩马剑，断佞臣一人头以厉其馀！"上问："谁也？"对曰："安昌侯张禹！"上大怒曰："小臣居下讪上，廷辱师傅，罪死不赦！"

【译文】槐里原县令朱云向汉成帝上书求见，那个时候还有公卿在汉成帝的身边，朱云便对汉成帝说："现在朝廷里面的大臣，对上不能匡扶辅佐人君，对下不能有益于百姓，都是白白地占着职位但是不去办实事，白白地领取着俸禄而德行却不配做官，这正是孔子所说的'浅陋的人是不可以让他们去侍奉国君，为国家办事的，因为他们一旦得到宠信和俸禄以后，便会患得患失，因此而以至于他们的言行邪恶孤僻，无所不为'的那种人啊！臣请皇上能够赐给我由少府的属官尚方所制作的斩马剑，去砍断一个佞臣的头，以此来警告其他的人！"汉成帝便问他："那个佞臣是谁呢？"朱云就回答汉成帝说："那个人就是安昌侯张禹。"汉成帝就很生气地对他说："你一个在下面小小的官员，竟然胆敢诽谤国家重臣，在朝廷上出言侮辱皇帝的师傅，你犯了应当被处死的罪行，绝对不可以被赦免！"

御史将云下，云攀殿槛，槛折。云呼曰："臣得下从龙逢、比干游于地下，足矣！未知圣朝何如耳！"御史遂将云去。于是，左将军辛庆忌免冠，解印绶，叩头殿下曰："此臣素著狂直于世，使其言是，一可诛；其言非，因当容之。臣敢以死争！"庆忌叩头流血，上意解，然后得已。及后当治槛，上曰："勿易，因而辑之，以旌直臣！"

【译文】于是御史便将朱云拿下，朱云一时情急，就抓住大殿旁边的栏杆不放手，竟然使得栏杆也被他折断了。朱云高声向汉成帝叫着说："臣得以和夏桀的臣子关龙逢、商纣的臣子比干一样，都因为诤谏而死，我也心满意足了！只是我不知道汉朝是不是也将会和夏、殷一样亡国啊！"御史这才把朱云拖了下去。左将军辛庆忌便将官帽脱下，将印绶解下，在大殿下面叩着头对汉成帝说："朱云这个人向来就以狂癫耿直而出名，假如他说的话是对的，那您自然是不能杀掉他的；如果是他说错了话，您也应当宽容他的。臣冒着生命危险，请求您赦免他的罪行！"辛庆忌叩头流血。等到汉成帝的怒气慢慢消解了，朱云才得以免除一死。后来当要人去修理栏杆的时候，汉成帝就说："你们不要去换新的栏杆了，就把那些已经弄坏的栏杆修补一下就可以了，我要用它来表扬那些能够对国家忠诚耿直的臣子！"

【乾隆御批】张禹鄙夫患失，云言足以尽之。然元、成时权贵妨政，倒持太阿，为有目所共睹。乃铮铮如刘向辈，不过因缘灾异，冀收纳牖之助。是以明者推往知来之说，元帝既用以拒京房。而禹，且得引天变深远，不语神怪，斥正人为乱道矣。是则执六艺以文奸言，亦汉时腐儒高谈经术者有以酿成之耳。

【译文】张禹见识浅薄、患得患失，已经被朱云的一番话分析得十

资治通鉴卷第三十二 汉纪二十四

分彻底。然而元帝、成帝时权贵妨害朝政，把大权交给别人，自己反受其害，这是有目共睹的，即使像刘向这样的铮铮敢言之士，也不过是假借灾异现象，希望达到规劝君主排斥外戚的效果。因此"圣贤推论往事即可知道未来"的说法，在元帝时就已经被用来拒绝京房的建议了，现在又被张禹利用，说上天的变异深远莫测，君主不应谈论鬼神，斥责正人君子扰乱正道。由此看来，研究六艺，通过文辞以售其奸，是由汉代的腐儒们高谈阔论经术酿成的。

匈奴搜谐单于将入朝；未入塞，病死。弟且莫车立，为车牙若鞮单于；以囊知牙斯为左贤王。

【译文】 匈奴搜谐单于打算入朝朝见汉成帝，但是他在还没有进入边塞的时候，就病死了。他的弟弟且莫车继任了单于的位置，被称为车牙若鞮单于，车牙若鞮单于任命囊知牙斯为左贤王。

北地都尉张放到官数月，复征入侍中。太后与上书曰："前所道尚未效，富平侯反复来，其能默虖！"上谢曰："请今奉诏！"上于是出放为天水属国都尉。

【译文】 北地都尉张放到职几个月以后，便又被汉成帝征召入朝，做了侍中的官。太后给汉成帝上书说："我以前对你提到的要你特别照顾班伯的事情，你还没有办到，怎么现在富平侯张放又回来了，我能不说话吗？"汉成帝赶紧向太后表示说："我现在马上按照您的意思去办。"于是汉成帝便把张放派遣去当天水属国都尉。

引少府许商、光禄勋师丹为光禄大夫，班伯为水衡都尉，并侍中，皆秩中二千石，每朝东宫，常从；及大政，俱使谕指于公卿。上亦稍厌游宴，复修经书之业；太后甚悦。

【译文】 将少府许商、光禄勋师丹升任为光禄大夫，班伯为水衡都尉，并且兼任侍中，官秩都是中二千石。汉成帝每次去朝见太后的时候，常常都让他们跟着一起去。如果遇到国家大事的话，汉成帝就派他们向公卿传达自己的旨意。汉成帝也渐渐厌倦了到处去游乐饮宴，又开始研习起已经荒废很久的经书。太后因此感到非常高兴。

是岁，左将军辛庆忌卒。庆忌为国虎臣，遭世承平，匈奴、西域亲附，敬其威信。

【译文】 这一年，左将军辛庆忌去世了。辛庆忌是一名捍卫国家的勇武大臣，他出生在国家太平无事的时候，那个时候匈奴和西域都亲近依附汉朝，对他的威信十分崇敬。

二年（庚戌，公元前一一年）春，正月，上行幸甘泉，郊泰畤。三月，行幸河东，祠后土。既祭，行游龙门，登历观，陟西岳而归。

【译文】 二年（庚戌，公元前11年）春季，正月，汉成帝到甘泉去祭祀泰畤。三月，汉成帝到河东去祭祀后土神。祭祀结束以后，汉成帝就去龙门游玩，登上了历观，又爬上了西岳华山，然后才回来。

夏，四月，立广陵孝王子守为王。

初，乌孙小昆弥安日为降民所杀，诸翎侯大乱；诏征故金城太守段会宗为左曹、中郎将、光禄大夫，使安辑乌孙；立安日弟末振将为小昆弥，定其国而还。时大昆弥雌栗靡勇健，末振将恐为所并，使贵人乌日领诈降，刺杀雌栗靡。汉欲以兵讨之而未能，遣中郎将段会宗立公主孙伊秩靡为大昆弥。久之，大昆弥、翎侯难栖杀末振将，安日子安犁靡代为小昆弥。汉恨不自诛末振将，复遣段会宗发戊己校尉诸国兵，即诛末振将太子番丘。会宗恐大兵入乌孙，惊番丘，亡逃不可得，即留所发兵垫娄地，选精兵三十弩径至昆弥所在，召番丘，责以末振将之罪，即手剑击杀番丘，官属以下惊恐，驰归。小昆弥安犁靡勒兵数千骑围会宗，会宗为言来诛之意，"今围守杀我，如取汉牛一毛耳。宛王、郅支头县桑街，乌孙所知也。"

【译文】夏季，四月，汉成帝册立广陵孝王的儿子刘守为广陵孝王。

起初，乌孙国的小昆弥安日被投降的人杀死了，各翎侯因此大乱。汉成帝因此便下诏去征召以前做过金城太守的段会宗做左曹、中郎将、光禄大夫，并且命令他去安抚乌孙。于是段会宗就改立了安日的弟弟末振将为小昆弥，段会宗安抚了乌孙国以后，就回来了。那个时候大昆弥雌栗靡十分勇猛剽悍，末振将担心他会兼并乌孙国，就派了贵族乌日领前去诈降，趁机刺杀了雌栗靡。汉朝本来想派兵去讨伐他，却没能够做到，便又派遣中郎将段会宗前去改立公主解忧的孙子伊秩靡为大昆弥。过了一段时间，大昆弥和翎侯难栖又杀掉了末振将，安日的儿子安犁靡便继任为小昆弥。汉朝因为不能亲自杀掉末振将而感到十分后悔，就又派遣段会宗调配戊己校尉所管辖的诸国的士兵，马上去想办法诛杀末振将的太子番丘。段会宗担心一旦大军抵达乌孙，会惊动番丘，让他有逃亡的机会，从而不能够逮捕诛杀他，便把所有调配出来的士兵留在了垫娄负责防守，另外选取了三十名精良的弓弩手，直接进入昆弥所在的地方，然后把番丘招来，用末振将不应该派人刺杀大昆

资治通鉴

弥的事情去责备他，然后就亲手拿着剑，杀掉了番丘。番丘手下的官兵都感到很惊恐，就赶紧逃了回去。小昆弥安犁靡知道了以后，就立刻率领了几千名骑兵包围了段会宗。于是段会宗就告诉了他们他前来诛杀番丘的原因，并且对他们说："你们现在前来包围并且杀害我，这对于汉朝来讲，就好像是拔掉了牛身上的一根毛一样的微不足道。以前的宛王和郅支，他们的头之所以会悬挂在长安街上面，这些原因，都是乌孙国应当知道的。"

　　昆弥以下服，曰："末振将负汉，诛其子可也，独不可告我，令饮食之邪？"会宗曰："豫告昆弥，逃匿之，为大罪，即饮食以付我，伤骨肉恩。故不先告。"昆弥以下号泣罢去。会宗还，奏事，天子赐会宗爵关内侯、黄金百斤。会宗以难栖杀末振将，奏以为坚守都尉。责大禄、大监以雌栗靡见杀状，夺金印、紫绶，更与铜、墨云。末振将弟卑爰疐本共谋杀大昆弥，将众八万馀口北附康居，谋欲借兵兼并两昆弥；汉复遣会宗与都护孙建并力以备之。

　　【译文】于是昆弥和他的官员，大家都对段会宗感到十分畏惧，还说："是因为末振将违背了汉朝的旨意，所以他的儿子才会被杀掉，你的做法是正确的，可是你为什么不事先告诉我们，好让我们先给他一些饮食，然后你再去杀掉他呢？"段会宗回答说："如果我预先告诉了昆弥，昆弥就会因为叔侄的感情，一定会让番丘想办法去逃亡隐藏，这对于汉朝来说，便是犯了大罪。如果你真的会先让番丘饮食以后，再把他交给我们处置，那样就又会伤害到你们之间的骨肉亲情。所以我事先才没有告诉你们。"昆弥和他的官员听了段会宗这一番解释以后，都无可奈何地哭泣着收兵回去了。段会宗回朝以后，就向汉成帝奏明了这件事情的始末，于是汉成帝就赐给了他关内侯的爵位，以及一百两的黄金。段会宗因为难栖诛杀末振将立下了功劳，就向汉成帝奏请希望可以任命他为坚守都尉，并且用雌栗靡被杀的这件事情，责备了大禄、大监，夺回了原本在汉宣帝的时候赐给他的金印、紫绶，改给了他铜印、墨绶。末振将的弟弟卑爰疐本来曾经共谋杀害大昆弥，因此他便率领着八万部众向北去投靠康居国，想要借他们的士兵去兼并两昆弥，于是汉朝便又派遣段会宗和都护孙建合力去防范他。

　　自乌孙分立两昆弥，汉用忧劳，且无宁岁。时康居复遣子侍汉，贡献，都护郭舜上言；"本匈奴盛时，非以兼有乌孙、康居故也；及其称臣妾，非以失二国也。汉虽皆受其质子，然三国内相输遗，交通如故；亦相候司，见便则发。合不能相亲信，离不能相臣役。以今言之，结配乌孙，竟未有益，反为中国生事。然乌孙既结在前，今与匈奴俱称臣，义不可距。而康居骄黠，讫不肯拜使者；都护吏至其国，坐之乌孙诸使下，王及贵人先饮食已，乃饮啖都护吏，故为无所省以夸旁国。以此度之，何故遣子入侍？其欲贾市，为好辞之诈也。匈奴，百蛮大国，今事汉甚备；闻康居不拜，且使单于有悔自卑之意。宜归其侍子，绝勿复使，以章汉家不通无礼之国！"汉为其新通，重致远人，终羁縻不绝。

　　【译文】 自从乌孙国分立为两昆弥以后，汉朝就因此很忧虑和操劳，有的时候是威胁、牵制，有的时候是镇压、安抚，但一点安宁的时候也没有。恰好这时康居国又派遣了他们的王子进入汉朝服侍汉成帝，并且奉命进贡财物，都护郭舜就向汉成帝上书说："匈奴以前强盛的时候，并不是因为兼并了乌孙国和康居国两个国家；等到匈奴归顺汉朝，向汉朝称臣的时候，也不是因为失去了这两个国家。虽然汉朝后来都接受了这三个国家将他们的王子送入汉朝作为人质，可是匈奴、乌孙和康居这三个国家之间，彼此仍然互相转输赠送，和过去一样进行交往；同时也互相窥伺、等待，一旦得到了机会，他们就会马上发兵进行攻击。由此可见，即使在他们之间互相亲近友好的时候，还是不能互相亲近信任，在他们分离的时候，也无法互相将对方当作臣属来役使。就现在的情况来说，自从汉武帝以来，就将宗室的女子下嫁给乌孙王，可是汉朝却从来没有得到过什么好处，反而乌孙还经常给中国惹是生非，带来麻烦。只是乌孙国既然早就已经和我们结为姻亲的关系了，现在又和匈奴一起向汉朝称臣，归顺汉朝，从大义出发，是不可以去拒绝他们的。至于康居国，他们却是那么的傲慢狡猾，一直到现在都仍然不肯对汉朝的使臣行叩拜礼。当都护府的官员到康居国去的时候，他们竟然让他们坐在乌孙国的使者之下，并且还要等到国王以及贵人先吃喝完毕以后，才让都护府的官员开始饮食，此外，他们还故意做出忽视汉使的样子，借此来向邻国夸耀自己竟然敢如此地慢待汉朝。由此推测，康居国为什么现在要遣送王子来汉朝服侍皇上呢？那就是因为他想要和汉朝做买卖，所以他们现在所说的一些好话以及所表示出来的友善的态度，其实都是骗人的。匈奴，在各蛮夷当中，是最强大的国家，现在他们对汉朝的侍奉，礼仪非常周到完备，假如他们听说康居国竟然敢不归顺汉朝，那将会使单于产生后悔自卑服侍汉朝的想法。所以我们应该把康居国派来进入汉朝服侍皇上的王子遣送回去，然后和他断绝交往，不派使者来往，以宣扬汉朝不和不知道礼义的国家交往的立场！"汉成帝因为康居国是最近才和汉朝开始交通来往，他认为偏远的国家是不容易归顺的，竟然不断地想办法去牵制康居国，不让他们脱离汉朝。

三年(辛亥, 公元前一〇年) 春, 正月, 丙寅, 蜀郡岷山崩,雍江三日，江水竭。刘向大恶之，曰："昔周岐山崩，三川竭，而幽王亡。岐山者，周所兴也。汉家本起于蜀、汉，今所起之地，山崩川竭，星孛又及摄提、大角，从参至辰，殆必亡矣！"

【译文】 三年（辛亥，公元前10年）春季，正月，丙寅日（初十），蜀郡的岷山发生了山崩，崩落下来的土石阻塞长江的流水长达三天之久。由于上游的水流不能流到下游去，江水因此枯竭。刘向对于这种灾异，感到十分厌恶心烦，便说："在周幽王二年（公元前775年）的时候，岐山也发生过山崩，泾水、渭水、洛水也枯竭过一段时间，结果没有多久周幽王就被犬戎杀害了。岐山是周朝最开始兴起的地方。汉家原本也是蜀、汉兴起的，但是现在汉朝兴起的地方，竟然也发生了山崩，水流枯竭，而且彗星的长尾又扫到了摄提以及大角星座，从参星一直运行到了辰星的位置，汉朝恐怕是一定要灭亡了！"

二月，丙午，封淳于长为定陵侯。

三月，上行幸雍，祠五畤。

上将大夸胡人以多禽兽。秋，命右扶风发民入南山，西自褒、斜，东至弘农，南驱汉中，张罗罔罝罘，捕熊罴禽兽，载以槛车，输长杨射熊馆，以罔为周阹，纵禽兽其中，令胡人手搏之，自取其获，上亲临观焉。

【译文】 二月，丙午日（二十日），汉成帝册封淳于长为定陵侯。

三月，汉成帝到雍去祭祀五畤。

汉成帝为了向胡人极力地炫耀中国有很多野兽，便在秋天的时候，命令右扶风调派百姓前往南山，西边从褒、斜两个山谷起，东到弘农郡，南至汉中，全部都张挂着捕兽的网，驱赶着野兽，去捕捉熊罴禽兽，然后把这些野兽装载在有栅栏围着，用来运送野兽的车子上，运到长杨宫的射熊馆，再用网子围成困住野兽的围障，然后把野兽放到那里面去，让胡人和熊罴去赤手搏斗，杀死的野兽归斗兽人所有，汉成帝亲自莅临前去观看。

四年(壬子，公元前九年)春，正月，上行幸甘泉，郊泰畤。

中山王兴，定陶王欣皆来朝，中山王独从傅，定陶王尽从傅、相、中尉。上怪之，以问定陶王，对曰："令：诸侯王朝，得从其国二千石。傅、相、中尉，皆国二千石，故尽从之。"上令诵《诗》，通习，能说。佗日，问中山王："独从傅在何法令？"不能对；令诵《尚书》，又废；及赐食于前，后饱；起下，袜系解。帝由此以为不能，而贤定陶王，数称其材。是时诸侯王唯二人于帝为至亲，定陶王祖母傅太后随王来朝，私赂遗赵皇后、昭仪及票骑将军王根。后、昭仪、根见上无子，亦欲豫自结，为长久计，皆更称定陶王，劝帝以为嗣。帝亦自美其材，为加元服而遣之，时年十七矣。

【**译文**】四年(壬子，公元前9年)春季，正月，汉成帝到甘泉去祭祀泰畤。

中山王刘兴和定陶王刘欣都入朝朝见汉成帝。中山王刘兴仅仅是跟随着太傅入朝，而定陶王刘欣则把自己封国的太傅、相，甚至就连掌管军事的中尉都一起带来跟着他入朝了。汉成帝因此就觉得很奇怪，便去询问定陶王。定陶王就回答汉成帝说："按照汉朝律令的规定：诸侯王朝见天子的时候，可以由他诸侯国里面官秩为二千石的官员陪从跟随。傅、相、中尉都是我诸侯国里面官秩为二千石的官员，因此我就让他们都和我一起来了。"于是汉成帝就又要他背诵《诗经》，结果他不仅能熟练地背诵，并且还能解释出《诗经》的义理。另一日，汉成帝就问中山王说："你只带了太傅前来，这是根据哪一条法令呢？"中山王不知道怎么回答；汉成帝又命令他背诵《尚书》，但是刘兴又不能完整地背诵下来；等到让他去吃饭的时候，他的动作也很慢，并且还是最后一个吃完的；等到他站了起来，走下台阶的时候，却连自己绑袜子的带子松了也没有发觉。汉成帝因此便认为中山王没有什么才能，所以就比较欣赏定陶王，多次称赞他的才能。那个时候，在诸侯王里面，只有这两个人是汉成帝的至亲，定陶王刘欣的祖母傅太后，在跟着定陶王前来朝见汉成帝的时候，曾经暗中贿赂赵皇后、赵昭仪和骠骑将军王根。赵皇后、赵昭仪和王根看到汉成帝仍然没有子嗣，就也想要事先去和他结交，来作为长久的打算，便一起接替着向汉成帝赞美定陶王，并且劝告汉成帝立他为继承人。由于汉成帝自己也很欣赏他的才能，于是就为他主持了加冠礼，然后才送他回国，那个时候刘欣才十七岁。

資治通鑒

三月，上行幸河东，祠后土。

陨石于关东二。

王根荐谷永，征入，为大司农。永前后所上四十馀事，略相反覆，专攻上身与后宫而已；党于王氏，上亦知之，不甚亲信也。为大司农岁馀，病；满三月，上不赐告，即时免。数月，卒。

【译文】三月，汉成帝到河东去祭祀后土神。

有两颗陨石在关东（按《汉书·五行志》作都关）落下了。

王根推荐了谷永，于是汉成帝便从北地太守把他征召入朝，并且任命谷永为大司农。谷永前后向汉成帝上奏的四十多件事情，里面有一些是重复的，只是专门在批评汉成帝本身以及后宫的后妃而已；谷永偏袒王氏，汉成帝的心里也很清楚，所以对他并不是那么亲信。谷永在担任了大司农一年多以后，就生了病；在他的病假满了三个月的时候，汉成帝就不再准许他的假期，并且立刻罢免了他的官职。过了几个月以后，谷永便死了。

绥和元年（癸丑，公元前八年）春，正月，大赦天下。

上召丞相翟方进、御史大夫孔光、右将军廉褒、后将军朱博入禁中，议"中山、定陶王谁宜为嗣者"。

【译文】 绥和元年（癸丑，公元前8年）春季，正月，汉成帝下令大赦天下。

汉成帝召集丞相翟方进、御史大夫孔光、右将军廉褒、后将军朱博到宫中去进行商议："中山王刘兴和定陶王刘欣两个人当中究竟谁应当被册立为皇位的继承人呢？"

方进、根、褒、博皆以为："定陶王，帝弟之子，《礼》曰：'昆弟之子，犹子也。为其后者，为之子也，'定陶王宜为嗣。"光独以为："礼，立嗣以亲。以《尚书·盘庚》殷之及王为比，兄终弟及。中山王，先帝之子，帝亲弟，宜为嗣。"上以"中山王不材；又礼，兄弟不得相入庙，"不从光议。二月，癸丑，诏立定陶王欣为皇太子，封中山王舅谏大夫冯参为宜乡侯，益中山国三万户，以慰其意；使执金吾任宏守大鸿胪，持节征定陶王。定陶王谢曰："臣材质不足以假充太子之宫；臣愿且得留国邸，旦夕奉问起居，俟有圣嗣，归国守藩。"书奏，天子报闻。戊午，孔光以议不合意，左迁廷尉；何武为御史大夫。

【译文】 方进、王根、廉褒、朱博都认为："定陶王是皇上的弟弟的儿子。《礼记》上面说：'兄弟的儿子，就如同自己的儿子一样。把弟弟的儿子立为哥哥的后代，那也就是哥哥的儿子了。'所以皇上应该立定陶王为后嗣，来继承皇位。"只有孔光一个人认为：
"按照礼制，册立继承人就应该选择与自己最亲近的人。根据《尚
书·盘庚》里面所记载殷王的继承情况为例子来看，商朝君王传位
的方式，是哥哥去世，弟弟继位，从外丙、仲壬，一直到盘庚，大抵
都是兄弟代立。中山王是先帝的儿子，皇上的亲弟弟，所以刘兴应
该被立为皇位的继承人。"汉成帝以"中山王不成材，按照礼制，
宗庙的体制是以父子为序，父昭子穆，昭居左，穆在右，所以将来
兄弟不得接连入祀祖庙"为理由，没有采纳孔光的建议。二月，癸
丑日（初九），汉成帝便下诏册立定陶王刘欣为皇太子。然后册封
中山王刘兴的舅舅谏大夫冯参为宜乡侯，还给中山国增加了三万
户的封邑，来安慰中山王刘兴，为了避免他怨恨自己。之后汉成帝
就派了执金吾任宏暂时充当掌管诸侯事宜的大鸿胪，让他带着符
节去征召定陶王去京城。定陶王向汉成帝上书推辞说："按照我的
才能资质，是不足以被立为太子，进住太子的宫殿的。所以我请求
您能够保留我住在长安的定陶国的官邸，让我能够早晚向您请安，
问候皇上的起居。等到皇上有了皇嗣以后，我再回到定陶国去。"
刘欣的奏章呈给汉成帝以后，汉成帝没有采纳他的建议。戊午日
（十四日），孔光因为自己议论的内容不符合汉成帝的心意，所以
被汉成帝降调为廷尉。之后汉成帝任命何武为御史大夫。

初，诏求殷后，分散为十馀姓，推求其嫡，不能得。匡衡、
梅福皆以为宜封孔子世为汤后，上从之，封孔吉为殷绍嘉侯。三
月，与周承休侯皆进爵为公，地各百里。

【译文】起初，汉成帝曾经下诏去探访寻求殷的后代，但是
结果因为殷的子孙后来已经分化为了十几个姓，所以无法推算找
出他的嫡传子孙。匡衡和梅福便都认为汉成帝应该册封孔子的后

代,让他能够继承商汤的后裔。汉成帝采纳了他们的建议,就册封了孔吉为殷绍嘉侯。三月,孔吉和周承休侯都一起被晋升为公爵,两个人各自有一百里的封地。

上行幸雍,祠五畤。

初,何武之为廷尉也,建言:"末俗之敝,政事烦多,宰相之材不能及古,而丞相独兼三公之事,所以久废而不治也。宜建三公官。"上从之。

【译文】汉成帝到雍去祭祀五畤。

起初,何武担任廷尉的时候,向汉成帝建议:"末世习俗的弊病就是政事繁多,而现在宰相的才能,又比不上过去的人。现在丞相的职务,是一个人兼管过去三公主管的职事,因此才会导致事务废弛,长时间不能管理好国家。所以我们现在应该重新再去建立起以前三公的官职,来分担国家大事。"汉成帝采纳了他的建议。

夏,四月,赐曲阳侯根大司马印绶,置官属,罢票骑将军官;以御史大夫何武为大司空,封(汜)〔氾〕乡侯。皆增奉如丞相,以备三公焉。

【译文】 夏季,四月,汉成帝将大司马的金印、紫绶赐给了曲阳侯王根,并且让他去设置大司马的官属,罢免了他骠骑将军的官衔。汉成帝又任命御史大夫何武为大司空,封他为氾乡侯,俸禄也增加到和丞相一样的程度,来使三公的结构齐备。

秋,八月,庚戌,中山孝王兴薨。

匈奴车牙单于死;弟囊知牙斯立,为乌珠留若鞮单于。乌珠留单于立,以弟乐为左贤王,舆为右贤王,汉遣中郎将夏侯藩、副校尉韩容使匈奴。

【译文】【译文】 秋季，八月，庚戌日（初九），中山孝王刘兴去世了。

匈奴车牙单于死了以后，他的弟弟囊知牙斯继任了单于的位置，被称为乌珠留若鞮单于。乌珠留若鞮单于继承了单于的位置以后，任命他的弟弟乐为左贤王，舆为右贤王，汉朝也派遣了中郎将夏侯藩和副校尉韩容等人去出使匈奴。

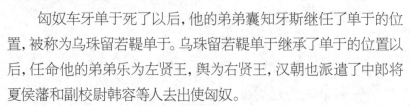

或说王根曰："匈奴有斗入汉地，直张掖郡，生奇材木箭竿，鹫羽；如得之，于边甚饶，国家有广地之实，将军显功垂于无穷！"根为上言其利，上直欲从单于求之，为有不得，伤命损威。根即但以上指晓藩，令从藩所说而求之。

【译文】 有人告诉王根说："匈奴有一个地方十分险峻，楔进了汉朝的边界，和张掖郡相接，那里出产一些奇异的木材，可以用来制作箭杆，还有那里出产的鹫鸟的羽毛，可以用来制作箭翎，如果我们可以得到它，我们的边疆将会更加富饶，对于国家来说，我们的领土也会更加辽阔，将军也可以因为这件事而功业显著，名垂千古！"于是王根就向汉成帝上报了这件事情，并且告诉了他获得这一块土地将给中国带来的好处。汉成帝想要直接去要求单于把那块地割让给汉朝，可是又担心自己会遭到拒绝，担心诏命的执行会受到伤害，损害到汉朝的声威。于是王根就把汉成帝的旨意告诉了夏侯藩，要他自己去想办法劝说单于，使单于同意。

藩至匈奴，以语次说单于曰："窃见匈奴斗入汉地，直张掖郡，汉三都尉居塞上，士卒数百人，寒苦，候望久劳，单于宜上书献此地，直断割之，省两都尉士卒数百人，以复天子厚恩，其报必大。"单于曰："此天子诏语邪，将从使者所求也？"藩曰："诏指也；然藩亦为单于画善计耳。"单于曰："此温偶駼王所居地也，未晓其形状、所生，请遣使问之。"

【译文】 夏侯藩到了匈奴，便在谈话中劝说单于说："我看到匈奴有一块土地十分陡峭贫瘠，延伸到了汉朝的境内，和张掖郡连接，这使汉朝在张掖郡要派遣三名都尉在边塞上驻扎，还要有几百名士兵在那里进行防守。但是那里实在是太寒冷了，如果要他们在那里长期进行防守瞭望，那真的是太劳累辛苦了。所以单于应该可以上书给汉天子，将那块土地进献给汉朝，然后划一条直线，把延伸到汉朝境内的那一块割去，这样做就可以省去两名都尉和几百名士兵的兵力，并且用这个来报答皇上的厚恩，皇上给匈奴的回报也一定会很大的。"单于就说："这究竟是皇上的旨意呢，还是使者你的要求呢？"夏侯藩回答说："这其实是皇上的旨意。可是夏侯藩也是在为单于您筹划一条好计策啊！"单于回答说："那个地方是温偶駼王居住的，我并不知道那块土地的情况是怎样的，都出产什么东西，请你让我派人去查问一下。"

藩、容归汉；后复使匈奴，至则求地。单于曰："父兄传五世，汉不求此地，至知独求，何也？已问温偶駼王，匈奴西边诸侯作穹庐及车，皆仰此山材木，且先父地，不敢失也。"藩还，迁为太原太守。单于遣使上书，以藩求地状闻。诏报单于曰："藩擅称诏，从单于求地，法当死；更大赦二，令徙藩为济南太守，不令当匈奴。"

【译文】 夏侯藩和韩容回到了汉朝以后，又奉汉成帝的命令再度到匈奴去了。一到达匈奴，他们便又要求单于把之前提到过的那块土地割让给汉朝。单于就说："从呼韩邪单于开始，我们父兄已经传了五代，汉朝从来就没有要求割让过此地，为什么偏偏到了我囊知牙斯单于,汉朝忽然提出了这个要求呢? 我已经询问过温偶騄王了,他说匈奴西边的各诸侯王,要制造帐幕和车子的时候,都是依靠这一座山出产的木材来供给材料的。而且这一块土地是先父遗留下来的,我不敢轻易就失去它呀!"夏侯藩又回到汉朝以后,便被汉成帝改任为太原太守。后来单于就派了使者去上书给汉成帝,向汉成帝上报了夏侯藩要求割地的事情。汉成帝就下诏回复单于说:"夏侯藩擅自假称诏令,向单于要求割让土地,按照律令本来应该被处死的,但是因为现在已经过了两次大赦,所以我改调夏侯藩为济南太守,不再让他到匈奴去了。"

冬,十月,甲寅,王根病免。

上以太子既奉大宗后,不得顾私亲,十一月,立楚孝王孙景为定陶王,以奉恭王后。太子议欲谢;少傅阎崇以为为人后之礼,不得顾私亲,不当谢;太傅赵玄以为当谢,太子从之。诏问所以谢状,尚书劾奏玄,左迁少府;以光禄勋师丹为太傅。

【译文】冬季,十月,甲寅日(十四日),王根因病被汉成帝罢免了官职。

汉成帝认为太子以定陶王的身份被封为长房以后,依理便不可以再去照顾定陶王的亲属。十一月,汉成帝就册立楚孝王的孙子刘景为定陶王,使刘欣生父一脉得以延续。太子便与自己左右的人商议要去感谢汉成帝,少傅阎宗认为:"您继承为他人的长房以后,按照礼制就不可以再去照顾自己原来的亲属了,所以您不应当因此去叩谢皇上。"但是太傅赵玄认为太子应当去谢恩,最终太子采纳了太傅的意见。汉成帝便下诏询问太子当初想要来谢恩的情形,最后尚书就因此纠正弹劾了赵玄不适当的行为,赵玄便被汉成帝降调为少府,由光禄勋师丹担任太傅的官职。

初，太子之幼也，王祖母傅太后躬自养视；及为太子，诏傅太后与太子母丁姬自居定陶国邸，不得相见。顷之，王太后欲令傅太后、丁姬十日一至太子家，帝曰："太子承正统，当共养陛下，不得复顾私亲。"王太后曰："太子小而傅太后抱养之；今至太子家，以乳母恩耳，不足有所妨！"于是，令傅太后得至太子家；丁姬以不养太子，独不得。

【译文】 起初，太子尚且年幼，在定陶国里面，是由他的祖母傅太后亲自抚养照顾的。等到他被汉成帝立为太子以后，汉成帝便下诏让傅太后和太子的生母丁姬仍然住在定陶国的官邸里面，不可以和太子见面。过了一段时间以后，王太后想让傅太后和丁姬每隔十天就到太子的家里面去探望太子一次，汉成帝就说："太子既然已经继承正统了，就应当去奉养太后，不可以再去照顾他原来的亲属傅太后和丁姬了啊！"王太后却说："太子从小是由傅太后抱养长大的，皇上现在让她到太子家里面去，也不过是让她以乳母的身份去罢了，这是没有什么关系的。"于是汉成帝便让傅太后可以到太子家里面去。而丁姬因为并没有抚养太子，就没有被允许去。

卫尉、侍中淳于长有宠于上，大见信用，贵倾公卿，外交诸侯、牧、守，赂遗、赏赐累巨万，淫于声色。许后姊嬷为龙额思侯夫人，寡居；长与嬷私通，因取为小妻。许后时居长定宫，因嬷赂遗长，欲求复为倢伃。长受许后金钱、乘舆、服御物前后千馀万，诈许为白上，立以为左皇后。嬷每入长定宫，辄与嬷书，戏侮许后，嫚易无不言；交通书记，赂遗连年。

【译文】 卫尉、侍中淳于长因为受到汉成帝的宠爱，深受汉成帝的信任，因此比公卿还要显要尊贵，他对外与诸侯、州牧和太守结交，所收到的贿赂和汉成帝的赏赐加在一起有好几百万，因而整日在声色当中放纵。许皇后的姐姐嬺，原本是龙雒思侯韩宝的妻子，在家守寡，淳于长便和她私通，因而就娶她做自己的妾。许皇后那个时候住在长定宫，便通过嬺的关系，贿赂了淳于长，想要托他去请求汉成帝再任命自己为婕妤。淳于长接受了已经被废的许皇后很多的金钱、车子、衣服、用品等，前后一共有一千多万，便假装答应她会替她向汉成帝求情，立她为左皇后。嬺每次要到长定宫去的时候，淳于长便托嬺向许皇后转达书信，戏弄许皇后，各种亵污轻薄的话，没有不说的。这样的来往送信、贿赂持续了好几年。

资治通鉴

　　时曲阳侯根辅政，久病，数乞骸骨。长以外亲居九卿位，次第当代根。侍中、骑都尉、光禄大夫王莽心害长宠，私闻其事。莽侍曲阳侯病，因言："长见将军久病意喜，自以当代辅政，至对及冠议语署置。"具言其罪过。根怒曰："即如是，何不白也"？莽曰："未知将军意，故未敢言！"根曰："趣白东宫！"莽求见太后，具言长骄佚，欲代曲阳侯；私与长定贵人姊通，受取其衣物。太后亦怒曰："儿至如此！往，白之帝！"莽白上；上以太后故，免长官，勿治罪，遣就国。

　　【译文】那个时候是由曲阳侯王根辅政，因为他经常生病，便多次向汉成帝上书请求可以辞职。淳于长以外戚的身份，又是九卿的官，如果王根退休的话，按照顺序就应该由他去继任王根的职位。侍中、骑都尉、光禄大夫王莽对淳于长受到的宠信心里感到十分嫉妒，他私底下听说了有关淳于长言行不检点的事情以后，就在他侍奉曲阳侯养病的时候，趁机告诉王根说："淳于长看到将军生病很久了，心里就感到很高兴，以为自己应当会代替将军辅政，甚至还对着那些士大夫以及贵族子弟预言哪一个可以担任什么样的官职，什么人应当主管什么事。"同时王莽还把淳于长的罪过，也一一告诉了王根。王根便很生气地说："如果真的是这个样子的话，你为什么不早一点说出来呢？"王莽回答说："因为我之前不知道将军的想法是怎样的，所以我才不敢说出来！"王根就说："你赶快去报告给太后，让太后也知道这件事情！"于是王莽就去求见太后，向太后一一报告了淳于长傲慢淫逸，想要代替曲阳侯王根辅政，还私通长定宫的贵人许皇后的姐姐嬺，接受她们贿赂的衣物等的种种事情。太后听了以后也很生气地说："这个孩子竟然敢放肆到这个样子！走！你去报告给皇上，让皇上也知道！"于是王莽便向汉成帝报告了这件事。汉成帝因为淳于长是太后的姐姐的儿子，只能罢免了淳于长的官职，但是并没有惩治他的罪，只是把他遣回到定陵侯国去了。

初，红阳侯立不得辅政，疑为长毁谮，常怨毒长；上知之。及长当就国，立嗣子融从长请车骑，长以珍宝因融重遗立。

【译文】 起初，红阳侯王立不能够辅政的时候，怀疑那是因为汉成帝受到淳于长进谗言毁谤，便时常怨恨淳于长。后来汉成帝也知道了这件事情。等到现在淳于长要被遣回封国去的时候，王立的嫡长子王融，因为淳于长经常乘坐的车骑已经没有什么作用了，便请求淳于长可以把他的车骑留下来送给他，于是淳于长就通过王融，给王立送去了很多珍宝。

立因上封事，为长求留，曰："陛下既托文以皇太后故，诚不可更有它计。"于是天子疑焉，下有司按验。吏捕融，立令融自杀以灭口。上愈疑其有大奸，遂逮长系洛阳诏狱，穷治。长具服戏侮长定宫，谋立左皇后，罪至大逆，死狱中。妻子当坐者徙合浦；母若归故郡。上使廷尉孔光持节赐废后药，自杀。丞相方进复劾奏"红阳侯立，狡猾不道，请下狱"。上曰："红阳侯，朕之舅，不忍致法；遣就国。"于是方进复奏立党友后将军朱博、巨鹿太守孙闳，皆免官，与故光禄大夫陈咸皆归故郡。咸自知废锢，以忧死。

【译文】 于是王立便向汉成帝呈上了一件密封的奏章，为淳于长求情，请求汉成帝能够让他留下来。奏章上面说："陛下既然已经在诏书上面说是因为皇太后，不去加罪淳于长了，那么就实在是不应该将淳于长遣送回封国。"这份奏章引起了汉成帝的怀疑，于是汉成帝就把这个案子批交给主管的官员去进行调查审理。相关官员便将王融拘捕起来，王立担心事情败露，就叫王融自杀灭口。汉成帝因此就更加怀疑淳于长这个案子有很大的问题，便把淳于长拘禁在洛阳的特别监狱里面，再三地去讯问追查淳于长。于是淳于长就一一地承认了自己曾经戏弄过被废弃在长定宫的许皇后，还许诺立她为左皇后的事情。淳于长也因此犯了大逆不道的死罪，后来淳于长就死在了监狱里面。他的妻子、子女也受到了牵连，被发配到合浦去了；而淳于长的母亲王若，汉成帝就下令让她回到原籍魏郡去。此外，汉成帝还派廷尉孔光带着符节去赐毒药给废后许氏，让她自杀。丞相翟方进又向汉成帝弹劾红阳侯王立狡猾，不守正道，请求汉成帝也可以惩治他的罪。汉成帝就说："红阳侯是我的舅舅，我不忍心惩治他，就也把他遣送回封国吧！"于是翟方进就又向汉成帝上奏说王立偏袒后将军朱博和钜鹿太守孙闳，他们因此也都被罢免了官职，并且和以前的光禄大夫陈咸都回到故郡去了（按胡三省说是："博、闳免官，独咸归故郡耳。"）。陈咸知道自己已经被禁止录用了，因此郁闷愤懑而死。

方进智能有馀，兼通文法吏事，以儒雅缘饰法律，号为通明相，天子器重之；又善求人主微指，奏事无不当意。方淳于长用事，方进独与长交，称荐之；及长坐大逆诛，上以方进大臣，为之隐讳，方进内惭，上疏谢罪乞骸骨。上报曰："定陵侯长已伏其辜，君虽交通，《传》不云乎：'朝过夕改，君子与之。'君何疑焉！其专心壹意，毋怠医药，以自持。"方进起视事，复条奏长所厚善京光尹孙宝、右扶风萧育，刺史二千石以上，免二十馀人。

　　【译文】 翟方进富有智谋才能，并且还能够通晓文书法令官吏治事等种种公事，又能以儒学经典装饰自己，言行也十分温文尔雅，圆通明敏，因此被称为通明达理的丞相，汉成帝也因此很器重他。他又善于观察汉成帝的想法，所以他向汉成帝建议的事情，没有一个不符合汉成帝的旨意。当淳于长被汉成帝宠信重用的时候，翟方进就只和他交往，并且向汉成帝称赞举荐他。等到淳于长犯了大逆不道的罪行遭到诛杀的时候，汉成帝因为翟方进是朝廷的重臣，就为他隐藏了他们交好的事情。翟方进内心感到十分惭愧，便向汉成帝上疏请求自己可以辞职退休。汉成帝回答说："定陵侯淳于长已经伏罪了，虽然你和他有过来往，但是古书上面不是说过吗：'如果一个人能够早上犯下过错，但是晚上就马上改掉，君子还是会赞许他的。'你还有什么可担心畏惧的呢？你现在应该专心一意，好好服药，保养好自己的身体。"翟方进因此就又出来任职办事，而且还向汉成帝一一报告检举了和淳于长有特别交情的京兆尹孙宝、右扶风萧育，以及刺史、郡守等以上的官员，所以汉成帝就又罢免了二十多个人的官职。

　　函谷都尉、建平侯杜业，素与方进不平，方进奏"业受红阳侯书听请，不敬，"免，就国。

【译文】 函谷关都尉、建平侯杜业一直以来就和翟方进不和，翟方进便向汉成帝上奏说："杜业曾经接受了红阳侯的书信的嘱托，答应他不去追究淳于长的过错，这是不敬的表现。"因此杜业也被汉成帝罢免了，并且还被遣送回封国去了。

上以王莽首发大奸，称其忠直；王根因荐莽自代。丙寅，以莽为大司马，时年三十八。莽既拔出同列，继四父而辅政，欲令名誉过前人，遂克己不倦。聘诸贤良以为掾、史，赏赐、邑钱悉以享士，愈为俭约，母病，公卿列侯遣夫人问疾，莽妻迎之，衣不曳地，布蔽膝，见之者以为僮使，问知其夫人，皆惊。其饰名如此。

【译文】 汉成帝因为是王莽最先揭发淳于长奸乱的事情，就称赞他忠心正直，于是王根便向汉成帝推荐王莽来接任自己的职务。丙寅日（本月无此日），汉成帝任命王莽为大将军，那个时候王莽是三十八岁。王莽既然超出自己的同列被提拔上来，继王凤、王商、王音、王根四位伯、叔父之后成为辅政大臣，他为了想要让他的声名超越之前的几个人，便竭力要求自己，一点也不倦怠，并且它还聘请了很多贤良的人作为自己的部属，将自己得到的赏赐，以及自己从封邑收上来的税赋，全部都拿来与自己的门客分享，生活比以前更加节俭。当他的母亲生病的时候，公卿诸侯都派了夫人前去探视王莽母亲的疾病，王莽的妻子前去迎接他们的时候，衣裙的长度竟然还没有碰到地面，膝盖前面还围着一条围裙，看到的人都以为那是他家里面的佣人，询问了以后，才知道原来她是王莽的夫人。他就是这样矫饰做作，以博取名声。

丞相方进、大司空武奏言："《春秋》之义，用贵治贱，不以卑

资治通鉴

临尊。刺史位下大夫而临二千石，轻重不相准。臣请罢刺史，更置州牧以应古制！"十二月，罢刺史，更置州牧，秩二千石。

【译文】 丞相翟方进、大司空何武向汉成帝上奏说："按照《春秋》上面的义理，您应该要用尊贵的人去管理卑贱的人，不可以让卑贱的人凌驾在尊贵的人上面。刺史是相当于下大夫的小官，但是他却要去监管官秩为二千石的官员，轻重的标准是不合适的，所以臣请求您能够罢废刺史这个职位，改为设置州牧这个官职，来符合古制。"于是在十二日的时候，汉成帝便罢废了刺史的职位，改为设置了州牧，官秩也提升为二千石。

　犍为郡于水滨得古磬十六枚，议者以为善祥。刘向因是说上："宜兴辟雍，设庠序，陈礼乐，隆雅颂之声，盛揖让之容，以风化天下。如此而不治者，未之有也。或曰：不能具礼。礼以养人为本，如有过差，是过而养人也。刑罚之过或至死伤，今之刑非皋陶之法也，而有司请定法，削则削，笔则笔，救时务也。至于礼乐，则曰不敢，是敢于杀人、不敢于养人也。为其俎豆、管弦之间小不备，因是绝而不为，是去小不备而就大不备，惑莫甚焉！夫教化之比于刑法，刑法轻，是舍所重而急所轻也。教化，所恃以为治也；刑法，所以助治也；今废所恃而独立其所助，非所以致太平也。自京师有悖逆不顺之子孙，至于陷大辟、受刑戮者不绝，由不习五常之道也。夫承千岁之衰周，继暴秦之馀敝，民渐渍恶俗，贪饕险波，不闲义理，不示以大化而独（欧）〔驱〕以刑罚，终已不改！"帝以向言下公卿议，丞相、大司空奏请立辟廱，按行长安城南营表；未作而罢。时又有言"孔子布衣，养徒三千人，今天子太学弟子少。"于是增弟子员三千人，岁馀，复如故。

【译文】犍为郡有人在水边找到了十六枚古时候作为乐器用的玉石，那些议论的人认为这是一种祥瑞的征兆。因此刘向就建议汉成帝说："您应该开办辟雍和庠序等各级学校，陈列礼器乐器，提倡那些中正平和的音乐，尽力推广谦逊礼让的美德，来教化百姓。如果能够做到这样但是却不能治理好天下，那是从来没有过的事情。也许会有人说：'以前的礼仪是怎么样的，现在已经不够完备，不甚明了了呀！'礼本身是以感化一个人，使他能走上正道为根本目的，即使还有一些不完备，也还是可以利用它去教导一个人的。刑罚方面的过失，有的时候甚至会使人死伤，但是现在的刑罚，也并不是皋陶的时候所制定下来的律令，然而主管的官员一样还是要去请求另外制定法律，他们也会随着情况的不同而去进行删减增加。这都是救济时弊的需要。刑罚尚且如此，而一提到礼乐，却推辞说：'不敢轻举妄动。'"这其实就是敢于杀人，却不敢去教导一个人啊！仅仅因为俎豆祭品和管弦乐器等有一些欠缺、不完备，就拒绝放弃礼乐，这是因为礼乐有一点小的不完备，而竟然甚至于完全地废弃它，这将会成为一种十分巨大的损失，那实在是没有比这更会让人感到困惑的事情了！教化和刑法相比较，还是刑法比较轻一些，所以这种做法，实际上是放弃了应该去重视的，却去急于贪图没有那么重要的事情。教化，是我们来维系国家社会治安的法宝；刑法，则是用来帮助社会治安的。但是我们现在废弃了最重要的，却单单把次要的树立起来，这不是用来促使天下太平的方法。从京城开始，总是会有一些悖逆不孝顺的子弟，甚至还经常会有人因此被判处死刑，遭到杀戮，这都是因为他们不去学习仁、义、礼、智、信五常之道。我们现在这些人，在已经经历了有千年之久的衰落的周朝之后，又承接了残暴的秦朝的残风败俗，百姓都已经逐渐感染到了鄙薄的风俗，大家都是那么贪婪险

资治通鉴

恶，不明白道理，如果我们再不用仁义教化来引导他们，仅仅是注意到要用刑罚去约束他们，那么这种衰败没有秩序的情况，将会一直都得不到改善的！"于是汉成帝就把刘向的这个建议，交给公卿们去进行讨论。丞相和大司空也都向汉成帝上奏请求可以兴办学校，于是汉成帝便批准他们可以到长安城城南去考查巡视，准备设立学校。甚至都已经探测了土地，树立了标志，但是后来因为遇到了汉成帝的丧事，结果还没有能够有所兴建，便又停止了。于是就又有人说："孔子只是一位平民而已，但是却能够教导三千名徒弟那么多，所以现在在皇上的太学中进行学习的弟子，实在是太少了。"于是太学的弟子名额就增加到了三千人。可是才经过了一年多的时间，就又恢复了原来的人员的名额。

刘向自见得信于上，故常显讼宗室，讥刺王氏及在位大臣，其言多痛切，发于至诚。上数欲用向为九卿，辄不为王氏居位者及丞相、御史所持，故终不迁，居列大夫官前后三十馀年而卒。后十三岁而王氏代汉。

【译文】刘向看到自己已经能够得到汉成帝的信任了，所以就经常公开去指责宗室，讥讽批评王氏以及在位的大臣，他所说的话，大多数都很沉痛恳切，出于自己内心的至诚。于是汉成帝就有好几次想要让他担任九卿的官职，使他在中央政府里面可以担任比较高级的职位，可是刘向每一次都得不到在位的王氏以及丞相和御史的支持，因此始终没有得到升迁。他在列大夫的官位上，前后一共有三十多年，一直到他去世。在他去死十三年以后，王氏果然取代了汉朝。

资治通鉴卷第三十三　汉纪二十五

起阏逢摄提格，尽旃蒙单阏，凡二年。

【译文】　起甲寅（公元前7年），止乙卯（公元前6年），共两年。

【题解】　本卷记录了汉成帝刘骜绥和二年至哀帝刘欣建平元年共两年间的历史。主要记录了西汉王朝的内部斗争和宫廷黑幕。天象不祥，成帝为应天变逼死丞相翟方进，于事无补，成帝无疾暴崩，哀帝立，哀帝没有作为，只是召回陈汤，傅太后入宫掌权，破坏成帝死因的调查，维护成帝皇后赵飞燕，因旧日争宠逼死中山王太后冯氏。

孝成皇帝下

绥和二年（甲寅，公元前七年）春，正月，上行幸甘泉，郊泰畤。

二月，壬子，丞相方进薨。时荧惑守心，丞相府议曹平陵李寻奏记方进，言："灾变迫切，大责日加，安得但保斥逐之戮！阘府三百馀人，唯君侯择其中，与尽节转凶。"方进忧之，不知所出。会郎贲丽善为星，言大臣宜当之。上乃召见方进。还归，未及引决，上遂赐册，责让以政事不治，灾害并臻，百姓穷困，曰："欲退君位，尚未忍，使尚书令赐君上尊酒十石，养牛一，君审处焉！"方进即日自杀。上秘之，遣九卿册赠印绶，赐乘舆秘器、少府供张，柱槛皆衣素。天子亲临吊者数至，礼赐异于它相故事。

【译文】 绥和二年（甲寅，公元前7年）春季，正月，汉成帝巡行驾临了甘泉宫，在泰畤（祭天神之坛）举行了祭天的仪式。

二月，壬子日（十三日），丞相翟方进去世了。当时天象显示火星接近心宿，停留在那里一直不离开，丞相府议曹平陵人李寻向翟方进上书，说："天灾地变逼迫了，上天的谴责也一天比一天加重了，我们怎样才能做到只受斥逐的惩罚啊！整个丞相府的官属有三百多人，我希望您能够从里面选择设和的人，来竭尽忠节，把凶险转移了。"翟方进为这件事感到十分忧愁，不知道应该怎么办。正好郎官贲丽精通天文星象，擅长占卜，他说大臣应当用自己的身体来抵挡皇上的灾祸，来使灾异消弭。于是汉成帝就召见了翟方进。等到翟方进回到家里以后，他还来不及自裁，汉成帝就赐下了策书，指责他不能处理好政事，使得灾异一直到来，百姓贫穷困乏，并且说："我想要罢免你的官职，但是我又不忍心这样做，我现在派尚书令赐给你十石上等的好酒、一头肥牛，你自己去谨慎地处理好这个问题吧！"于是翟方进在当天就自杀了。汉成帝对这件事情秘而不宣，只是派遣了九卿携带着策书，赠送给翟方进印章、绶带，赐给翟方进车子、棺材，由少府负责陈设的一切，就连屋子里面的柱子和轩前的栏杆都用白布包了起来。汉成帝亲自驾临吊祭了翟方进好几次，对翟方进的礼数和赏赐都比过去其他的丞相要好很多。

◆臣光曰：晏婴有言："天命不慆，不贰其命。"祸福之至，安可移乎！昔楚昭王、宋景公不忍移灾于卿佐，曰："移腹心之疾，置诸股肱，何益也！"藉其灾可移，仁君犹不肯为，况不可乎！使方进罪不至死而诛之，以当大变，是诬天也；方进有罪当刑，隐

其诛而厚其葬，是诬人也；孝成欲诬天、人而卒无所益，可谓不知命矣。◆

【译文】◆臣司马光说：晏婴有句话说："天命是不可以怀疑的，天命只有一个，是永恒不变的。"福祸的降临，又怎么能够将它转移呢？从前的楚昭王、宋景公不忍心将灾祸转移给辅佐的大臣，就说："将心腹的疾患，转移给身体的四肢，又能够有什么好处呢！"即使可以转移这些灾祸，仁慈的君王还是会不忍心去这样做，更何况这是不能转移的呢？假如翟方进没有犯下应当处死的罪，却把他秘密地杀死了，以此来抵挡重大的灾祸，这实际上是在欺骗上天，假如翟方进犯下了应当处死的罪，却秘密地杀死了他，又对他赐以厚葬，这是在欺骗百姓；孝成皇帝想欺骗上天、百姓，但是他最后并没有得到什么好处，可以说这是他不知道天命。◆

【乾隆御批】杀丞相以当灾变，启后世无穷恶习，乃至"持节，赐牛、酒，使者未白事，以病不起闻"著为令典。荒谬若此，适足召灾，况弥灾乎？

【译文】罢免丞相以消除灾异的做法，为后世许多的恶习开了先例，以至于将"手持符节，赐给牛、酒，使者尚未报告，尚书就向天子报告丞相一病不起"的做法写入法令之中。荒谬至此，这正是招来灾祸，谈什么消弭灾祸呢？

三月，上行幸河东，祠后土。

丙戌，帝崩于未央宫。

帝素强无疾病。是时，楚思王衍、梁王立来朝，明旦，当辞去，上宿供张白虎殿；又欲拜左将军孔光为丞相，已刻侯印，书赞。昏夜，平善，乡晨，傅绔袜欲起，因失衣，不能言，昼漏上十

250

刻而崩，民间讙哗，咸归罪赵昭仪。皇太后诏大司马莽杂与御史、丞相、廷尉治，问皇帝起居发病状；赵昭仪自杀。

【译文】三月，汉成帝巡行驾临河东，祭祠后土神。

丙戌日（十八日），汉成帝在未央宫去世了。

汉成帝一直以来身体强壮并且没有疾病。当时，楚思王刘衍、梁王刘立来京城朝见汉成帝，第二天早晨，当他们向汉成帝辞别准备离开的时候，汉成帝还在白虎殿陈设了帷帐等用具，并且汉成帝还想要任命左将军孔光为丞相，就连侯印都已经刻好了，赞美他的言辞也都已经在诏书上写好了。当天晚上，一切还和平时一样正常，但是就在第二天早晨，汉成帝穿着裤袜准备起床的时候，衣服却突然掉了下来，并且不能开口讲话了，当计时的沙漏漏到十刻的时候，汉成帝去世了。民间喧哗，百姓们都认为罪过是在赵昭仪的身上。于是皇太后就下诏让大司马王莽联合御史、丞相、廷尉一起来审理这件事情，并且查问汉成帝日常的生活以及他发生疾病的时候的情形。最终赵昭仪自杀而死了。

◆班彪赞曰：臣姑充后宫为倢伃，父子、昆弟侍帷幄，数为臣言："成帝善修容仪，升车正立，不内顾，不疾言，不亲指，临朝渊嘿，尊严若神，可谓穆穆有天子之容者矣。博览古今，容受直辞，公卿奏议可述。遭世承平，上下和睦。然湛乎酒色，赵氏乱内，外家擅朝，言之可为於邑！"建始以来，王氏始执国命，哀、平短祚，莽遂篡位，盖其威福所由来者渐矣！◆

【译文】◆班彪感叹说："我的姑妈在后宫担任婕妤的时候，她的父亲、兄弟都在汉成帝身边侍奉，他们有好几次都对我说：'汉成帝十分善于修饰仪容，上车以后能够端正地直立着，不回头看，讲话一点也不急切，不指指画画，在朝廷处理政事的时候，仪态深沉平静，尊崇严肃，就像神一般，可以说是具有君主和敬的仪容了。汉成帝博览群书，融贯古今，能够宽容地接受臣子直率的言辞，公卿的奏议也都有值得称赞的内容。正好处在承平之世，却能够上下和睦亲和。可是，汉成帝最后却沉湎于美酒美色，使赵氏在内宫里面秽乱，使外戚在朝中专权，说起来真是令人叹息啊！'从建始元年开始，王氏开始执掌国家的命运，汉哀帝、汉平帝在位的时间又很短促，最终王莽篡夺了皇位，大概他所拥有的威福也是逐渐发展而得来的！"◆

是日，孔光于大行前拜受丞相、博山侯印绶。

富平侯张放闻帝崩，思慕哭泣而死。

◆荀悦论曰：放非不爱上，忠不存焉。故爱而不忠，仁之贼也！◆

【译文】 汉成帝去世的当天，孔光在大行皇帝的灵柩前跪拜接受了丞相、博山侯的印信和绶带。

富平侯张放知道汉成帝去世了，追思仰慕汉成帝哭泣不止，悲痛而死。

◆荀悦评论这件事说："张放并不是不爱汉成帝，但是他对汉成帝只有爱没有忠。因此，爱却不能尽忠，才是对仁德足最大的伤害！"◆

皇太后诏南、北郊长安如故。

夏，四月，丙午，太子即皇帝位，谒高庙；尊皇太后曰太皇太后，皇后曰皇太后。大赦天下。

哀帝初立，躬行俭约，省减诸用，政事由己出，朝廷翕然望至治焉。

【译文】 皇太后下诏恢复在长安南北郊举行的祭祀天地大典。

夏季，四月，丙午日（初八），太子刘欣继承皇位，拜谒了汉高祖刘邦的祭庙；尊称皇太后为太皇太后，皇后为皇太后。并且下令大赦天下。

汉哀帝刚刚登基，亲自践行节俭，减免省去了很多费用，由自己裁决各项政事，朝廷上下一致希望汉哀帝能够治理好政事。

己卯，葬孝成皇帝于延陵。

太皇太后令傅太后、丁姬十日一至未央宫。

有诏问丞相、大司空："定陶共王太后宜当何居？"丞相孔光素闻傅太后为人刚暴，长于权谋，自帝在襁褓，而养长教道至于成人，帝之立又有力；光心恐傅太后与政事，不欲与帝旦夕相近，即议以为："定陶太后宜改筑宫。"大司空何武曰："可居北宫。"上从武言。北宫有紫房复道通未央宫，傅太后果从复道朝夕至帝所，求欲称尊号，贵宠其亲属，使上不得由直道行。高昌侯董宏希指，上书言："秦庄襄王，母本夏氏，而为华阳夫人所子，及即位后，俱称太后。宜立定陶共王后为帝太后。"事下有司，大司马王莽，左将军、关内侯、领尚书事师丹劾奏宏："知皇太后至尊之号，天下一统，而称引亡秦以为比喻，诖误圣朝，非所宜言，大不道！"上新立，谦让，纳用莽、丹言，免宏为庶人。傅太后大怒，要上，欲必称尊号。上乃白太皇太后，令下诏尊定陶恭王为恭皇。

【译文】 己卯日（四月无此日），汉哀帝将孝成皇帝安葬在了延陵。

太皇太后下令傅太后、丁姬每隔十天就可以去一次未央宫。

汉哀帝下诏询问丞相、大司空："定陶共王太后应当居住在哪个宫里面才最合适？"丞相孔光早就知道傅太后为人刚强暴戾，擅长权变计谋，从汉哀帝婴儿的时候起，便由她抚养长大，一直到把汉哀帝教育成人，再加上汉哀帝当初被立为太子的时候她也出过力。孔光十分担心傅太后以后会参与政事，不希望汉哀帝和她早晚都太接近了，于是孔光就向汉哀帝建议说："您应该为定陶太后另外建一所宫室用来居住。"而大司空何武说："定陶太后可以居住在北宫。"最后汉哀帝采纳了何武的建议。北宫有紫房阁道可以通到未央宫去，傅太后果然早晚都通过阁道到汉哀帝的住处，要求汉哀帝加封她尊号，提拔宠信她的亲属，使汉哀帝不能按照正常的方式去行事。高昌侯董宏迎合汉哀帝、傅太后的心意，向汉哀帝上书说："秦国庄襄王的母亲原本是夏氏，但是他却是被华阳夫人所抚养的，等到他继承了皇位以后，夏氏和华阳夫人就都被尊为太后。所以您也应该册立定陶共王后为帝太后。"汉哀帝就把这件事情交付给主办的官吏。大司马王莽，左将军、关内侯、兼管尚书事师丹就一起写奏折向汉哀帝上奏弹劾董宏说："董宏明明知道皇太后是最尊贵的称号，现在天下统一了，他却称述引用亡秦的事例来做比喻，欺蒙贻误当今的圣朝，这实在不是他所应该说的话，他这是犯了'大不敬'的罪！"汉哀帝刚刚继位，态度谦卑恭让，就采用了王莽、师丹的建议，罢免了董宏的官职，将他降为平民。傅太后知道以后十分愤怒，于是就向汉哀帝要求，一定要称尊号不可。于是汉哀帝就上报了太皇太后，太皇太后就同意让汉哀帝下诏尊称定陶恭王为恭皇。

五月，丙戌，立皇后傅氏，傅太后从弟晏之子也。

诏曰："《春秋》，母以子贵。宜尊定陶太后曰恭皇太后，丁姬曰恭皇后，各置左右詹事，食邑如长信宫、中宫。"追尊傅父为崇祖侯，丁父为褒德侯；封舅丁明为阳安侯，舅子满为平周侯，皇后父晏为孔乡侯，皇太后弟、侍中、光禄大夫赵钦为新城侯。太皇太后诏大司马莽就第，避帝外家；莽上疏乞骸骨。帝遣尚书令诏起莽，又遣丞相孔光、大司空何武、左将军师丹、卫尉傅喜白太皇太后曰："皇帝闻太后诏，甚悲！大司马即不起，皇帝即不敢听政！"太后乃复令莽视事。

【译文】五月，丙戌日（十九日），汉哀帝册封傅氏为皇后，傅氏是傅太后堂弟傅晏的女儿。

诏书上面说："根据《春秋》里面的义理，母亲会因为儿子而显得尊贵。所以应该尊称定陶太后为恭皇太后、尊称丁姬为恭皇后，分别设置了左、右詹事，采邑也比照着长信宫（指王太后）、中宫（指皇后）的宫殿。"汉哀帝还追尊傅太后的父亲为崇祖侯，丁姬的父亲为褒德侯；然后又册封舅父丁明为阳安侯，舅父的儿子丁满为平周侯，傅太后的父亲傅晏为孔乡侯，皇太后赵飞燕的弟弟侍中、光禄大夫赵钦为新城侯。太皇太后王政君下诏命令大司马王莽罢官并且离开朝廷回到自己的府第以回避汉哀帝的外戚。于是王莽就向汉哀帝上疏请求可以辞职，汉哀帝就派遣尚书令下诏起用王莽，又派遣丞相孔光、大司空何武、左将军师丹、卫尉傅喜向太皇太后上报说："皇上听说了太皇太后的诏书以后，感到非常悲伤！如果大司马不能够被起用，皇上就不敢治理政事了！"于是太皇太后就又命令王莽上朝处理政事。

成帝之世，郑声尤甚，黄门名倡丙彊、景武之属富显于世，贵戚至与人主争女乐。帝自为定陶王时疾之，又性不好音，六月，诏曰："孔子不云乎：'放郑声，郑声淫。'其罢乐府官；郊祭乐及古兵法武乐在《经》，非郑、卫之乐者，条奏别属他官。"凡所罢省过半。然百姓渐渍日久，又不制雅乐有以相变，豪富吏民湛沔自若。

【译文】 汉成帝的时候，靡靡之音的郑声特别盛行，这导致黄门著名的乐人丙强、景武等人当时十分富有并且尊贵，皇亲国戚甚至和国君争夺歌伎。汉哀帝还在做定陶王的时候就十分厌恶它，再加上他本身就不喜欢音乐，六月，汉哀帝下诏说："孔子不是说过吗：'要杜绝禁止郑声，因为郑声太淫乱了。'所以我们应该撤除乐府官；郊祭的时候所演奏的音乐以及古代兵法所演奏的武乐都在经书里面，那些不是郑国、卫国的音乐，可以把它们另外由其他官员管理。"有超过一半的人员都被裁减了。可是，由于百姓受靡靡之音熏染的时间已经很久了，而现在又不能制作其他高雅的音乐来进行替换，于是那些富有的官吏和百姓仍然沉湎于郑声，和过去一样。

王莽荐中垒校尉刘歆有材行，为侍中，稍迁光禄大夫，贵幸；更名秀。上复令秀典领《五经》，卒父前业；秀于是总群书而奏其七略，有《辑略》、有《六艺略》、有《诸子略》、有《诗赋略》、有《兵书略》、有《术数略》、有《方技略》。凡书六略，三十八种，五百九十六家、万三千二百六十九卷。其叙诸子，分为九流：曰儒，曰道，曰阴阳，曰法，曰名，曰墨，曰从横，曰杂，曰农，以为："九家皆起于王道既微，诸侯力政，时君世主好恶殊方，是以九家之术蜂出并作，各引一端，崇其所善，以此驰说，取合诸侯，其言虽殊，譬犹水火相灭，亦相生也；仁之与义，敬之与和，相反而皆相成也。《易》曰：'天下同归而殊涂，一致而百虑。'今异家者推所长，穷知究虑以明其指，虽有蔽短，合其要归，亦《六经》之支与流裔；使其人遭明王圣主，得其所折中，皆股肱之材已。仲尼有言：'礼失而求诸野。'方今去圣久远，道术缺废，无所更索，彼九家者，不犹愈于野乎！若能修《六艺》之术而观此九家之言，舍短取长，则可以通万方之略矣。"

【译文】 王莽向汉哀帝推荐中垒校尉刘歆，说刘歆有才干德行，汉哀帝就任命刘歆为侍中，刘歆慢慢地升任为光禄大夫，地位也变得显贵起来，汉哀帝也越来越宠信他。刘歆后来也改名为刘秀。汉哀帝又命令刘秀负责审核校对《五经》，完成他的父亲刘向生前没有完成的事业。于是刘秀就汇总群书编成了七略，然后上奏给了汉哀帝，有《辑略》、有《六艺略》、有《诸子略》、有《诗赋略》、有《兵书略》、有《术数略》、有《方技略》。记录书目的一共有六略，包括三十八种、五百九十六家、一万三千二百六十九卷。其中叙述诸子的，分为九大流派：儒家，道家，阴阳家，法家，名家，墨家，纵横家，杂家，农家，刘秀认为"这九家都是在王道已经衰微，诸侯凭借自己的实力用武力互相征伐的时候兴起的，那个时候的君王的喜恶大不相同，因此这九家的学说同时兴起，分别阐述自己学派的主张，推崇他所喜好的学说，并且用这些学说来奔走游说各国，希望自己的学说能够迎合诸侯的爱好而被取用。虽然他们的学说不一样，但是就好像水和火可以互相消灭，也可以互相滋生。比如仁与义，敬与和，彼此相反，也都彼此相成。《易经》里面说：'天下的人最终都会回到同一个地方，只是走的路有所不同而已；天下的道理是一致的，但是人们的思虑有很多。'现在，各个不同学派的人，都分别推崇自己学派的长处，如果我们深入研究，弄明白他们学说的宗旨，虽然每一个人都有偏见和短处，但是，把各家的主要内容和宗旨综合起来，其实也不过都是儒家中的六经所分化出来的。如果他们遇到了圣明的君主，把他们的主张折中修正，那么他们就都可以成为辅佐国事的良臣。孔子曾经说过：

'都城里面的人失去了礼仪,还可以从乡野中得到。'现在距离圣人的时代已经很远了,那时候的道术也都残缺废弃,没有办法从其他地方另外求取了,但是,我们可以采用他们这九家的学说,那不是比到乡野中去寻找要来得更好吗?假如我们能够钻研儒学的六艺,同时还参考这九家的学说,舍弃他们的短处,采取他们的长处,那么,我们也就可以通晓治国之道了。"

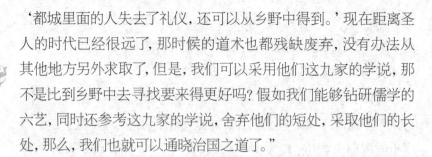

河间惠王良能修献王之行,母太后薨,服丧如礼;诏益封万户,以为宗室仪表。

初,董仲舒说武帝,以"秦用商鞅之法,除井田,民得买卖,富者田连阡陌,贫者亡立锥之地,邑有人君之尊,里有公侯之富,小民安得不困!古井田法虽难卒行,宜少近古,限民名田以赡不足,塞并兼之路;去奴婢,除专杀之威;薄赋敛,省繇役,以宽民力,然后可善治也!"及上即位,师丹复建言:"今累世承平,豪富吏民訾数巨万,而贫弱愈困,宜略为限。"天子下其议,丞相光、大司空武奏请:"自诸侯王、列侯、公主名田各有限;关内侯、吏、民名田皆毋过三十顷;奴婢毋过三十人。期尽三年。犯者没入宫。"

【译文】河间惠王刘良能学习献王的德行,他的母亲王太后去世的时候,他能够完全按照礼仪的规定来服行丧事。于是汉哀帝就下诏给刘良增加了一万户的封邑,让他作为皇族奉行礼仪的表率。

以前,董仲舒向汉武帝进言,他以为:"秦国采用了商鞅的方法,废除了井田制度,使百姓能够自由买卖田地,结果造成了有钱的人家的田亩前后相接,一望无际,贫穷的人家却连立锥之地都没有,城邑中有像国君一样尊贵的人,乡里面也有像公侯一样富有的人，普通的百姓怎么可能不穷困呢？虽然现在很难突然实行古代的井田制度，但是也应该稍微恢复一点，我们应该限制百姓占田的数量，将多余的土地用来资助缺少土地的人，堵塞兼并的途径，废除奴婢，废除主人可以擅自杀死奴婢的特权，减轻百姓的赋税，减少消除徭役，从而让百姓的财力与劳力都慢慢宽绰起来，然后我们才可以治理好国家！"等到汉哀帝登基以后，师丹又向汉哀帝建议说："现在连续几代都是太平盛世，富有的官吏、百姓的钱财甚至有万万那么多，但是贫穷孤弱的百姓却越来越困苦，您应该稍微限制一下占田的数量才是。"于是汉哀帝就把他的建议交付下去，丞相孔光、大司空何武向汉哀帝上奏请求："从诸侯王开始，诸侯王、列侯、公主占田分别制定限额：关内侯、官吏、百姓占田都不能超过三十顷；奴婢不能超过三十人，时间以三年为限。不遵守这个命令的，就把他们的田地没收然后充入宫府。"

【乾隆御批】限田之制其名似美，实不可行。且一州一邑中田满三十顷者本不多见，即分其所余何以与贫民，亦且势难遍给，徒使富者诡名寄户，贫者讦告、纷争而已。是岂达治体者之所为？

【译文】限制占田的做法看起来很好，实际上是不可行的。而且州邑中拥有三十顷土地的人本就不多见，即使把他们剩余的土地分给贫民，那也很难全部分到，结果只能是使富人利用假名和别人的户籍占田，穷人互相告发、纷争不已而已。这难道是通晓治国纲要的人的所为吗？

时田宅、奴婢贾为减贱，贵戚近习皆不便也，诏书："且须后。"遂寝不行。又诏齐三服官："诸官织绮绣，难成、害女红之物，皆止，无作输。除任子令及诽谤诋欺法。掖廷宫人年三十以下，出嫁之；官奴婢五十以上，免为庶人，益吏三百石以下俸。”

【译文】 那个时候的田宅、奴婢的价格十分低廉，汉哀帝的贵戚和亲信都认为这个命令对自己不利，于是汉哀帝就又下诏书暂时放缓这个计划，最后还是搁置没有执行下去。汉哀帝又下诏说：“在齐国设置的三服官以及其他主管皇家服饰的官府，由于那些绮罗的绣纺是很难织成的，而且又是对女子纺织有害的东西，因此就全部停止不再制作和向京城运送了。同时还废除官秩为二千石以上的官吏任职满三年，可以保荐他的子弟当官以及诽谤诬欺的法令。掖庭宫里面年龄在三十岁以下的宫女，可以出宫嫁人；官府中年龄在五十岁以上的奴婢，全部赦免她们的罪行，让她们去做平民。增加官秩在三百石以下的官吏的俸禄。”

上置酒未央宫，内者令为傅太后张幄，坐于太皇太后坐旁。大司马莽按行，责内者令曰：“定陶太后，藩妾，何以得与至尊并！”彻去，更设坐。傅太后闻之，大怒，不肯会，重怨恚莽；莽复乞骸骨。秋，七月，丁卯，上赐莽黄金五百斤，安车驷马，罢就第。公卿大夫多称之者，上乃加恩宠，置中黄门，为莽家给使，十日一赐餐。又下诏益封曲阳侯根，安阳侯舜，新都侯莽，丞相光，大司空武邑户各有差。以莽为特进、给事中、朝朔望，见礼如三公。又还红阳侯立于京师。

【译文】 汉哀帝在未央宫设置酒宴，内者令将傅太后的座位安排在太皇太后的座位旁边，大司马王莽按次序进行巡视以后，就指责内者令说：“定陶太后只不过是藩王的妃子而已，怎么可以和至尊的太皇太后并排坐在一起？”然后下令把座位撤去，让他们给傅太后另外设置座位。傅太后知道了这件事以后，十分生气，于是就不肯参加未央宫的酒宴，并且因此而更加怨恨王莽。于是王莽就又向汉哀帝上疏请求辞职。秋季，七月，丁卯日（初一），汉哀帝赐了五百两黄金给王莽，四匹马驾驶的安车一辆，让王莽辞去官职回到了自己的府邸。公卿大夫大多都称赞王莽，于是汉哀帝就给予了他更多的恩宠，特意派遣中黄门在王莽的家中，来让他差遣，每隔十天，汉哀帝就给他赐一次餐。后来汉哀帝又下诏加封曲阳侯王根、安阳侯王舜、新都侯王莽、丞相孔光、大司空何武采邑人户各不相同。并且还任命王莽做特进、给事中的官职，每逢初一、十五就可以去朝见汉哀帝，朝见汉哀帝的时候的礼节和三公一样。汉哀帝又把红阳侯王立召回了京城。

傅太后从弟右将军喜，好学问，有志行。王莽既罢退，众庶归望于喜。初，上之官爵外亲也，喜独执谦称疾；傅太后始与政事，数谏之；由是傅太后不欲令喜辅政。庚午，以左将军师丹为大司马，封高乡亭侯；赐喜黄金百斤，上右将军印绶，以光禄大夫养病；以光禄勋淮阳彭宣为右将军。

【译文】傅太后的堂弟右将军傅喜，喜欢读书，志向品行也很高。王莽辞职以后，大家就都将希望集中在了傅喜的身上，希望由他来接任王莽的职位。当初，汉哀帝赐官职爵位给外戚的时候，只有傅喜一个人称病谦让推辞，傅太后刚开始参与政事的时候，傅喜好几次都劝谏她，因此傅太后不想让傅喜去辅佐朝政。庚午日（初四），汉哀帝任命左将军师丹做大司马，封他为高乡亭侯；赐了傅喜一百两黄金，让他交回右将军的印信绶带，以光禄大夫的身份去养病；任命光禄勋淮阳人彭宣做右将军。

大司空何武、尚书令唐林皆上书言："喜行义修洁，忠诚忧国，内辅之臣也。今以寝病一旦遣归，众庶失望，皆曰：'傅氏贤子，以论议不合于定陶太后，故退，'百寮莫不为国恨之。忠臣，社稷之卫。鲁以季友治乱，楚以子玉轻重，魏以无忌折冲，项以范增存亡。百万之众，不如一贤，故秦行千金以间廉颇，汉散黄金以疏亚父。喜立于朝，陛下之光辉，傅氏之废兴也。"上亦自重之，故寻复进用焉。

资治通鉴

【译文】 大司空何武、尚书令唐林都向汉哀帝上书说："傅喜的品行道德高尚廉洁，修饰洁净，忠诚正直，为国忧劳，适合做皇上辅弼的臣子。但是您现在以傅喜生病为借口，一下子就把他遣送回到老家去了，大家都感到十分失望，都说：'傅喜是一个贤能的人，就是因为他的主张和定陶太后不合，所以才被罢免遣返的。'百官没有一个不为国家感到深深惋惜的。忠诚的臣子，是国家的卫士。鲁国因为任用了季友治理好了国内的混乱；楚国被其他国家重视还是轻视决定于子玉是否活着；魏国因为有了公子无忌才能抵御强敌；项羽的生存与灭亡是由范增来决定的。这样说来，百万之人那么多，也不如一个贤能的人，所以秦国才会花费千金贿赂赵国，来离间廉颇和赵王的关系；汉高祖才会使用了万金向敌国施加恩惠，来使项羽疏远亚父（范增）。傅喜能够在朝廷任职，是陛下的光辉，也是傅氏兴废的关键。"再加上汉哀帝自己也很看重他，所以没有多久就又起用了傅喜。

建平侯杜业上书诋曲阳侯王根、高阳侯薛宣、安昌侯张禹而荐朱博。帝少而闻知王氏骄盛，心不能善，以初立，故且优之。后月馀，司隶校尉解光奏："曲阳侯，先帝山陵未成，公聘取故掖庭女乐五官殷严、王飞君等置酒歌舞，及根兄子成都侯况，亦聘取故掖庭贵人以为妻，皆无人臣礼，大不敬，不道！"于是天子曰："先帝遇根、况父子，至厚也，今乃背恩忘义！"以根尝建社稷之策，遣就国；免况为庶人，归故郡。根及况父商所荐举为官者皆罢。

【译文】 建平侯杜业向汉哀帝上书诋毁曲阳侯王根、高阳侯薛宣、安昌侯张禹，并且向汉哀帝推荐了朱博。汉哀帝从小就知道王氏骄横放纵、气焰嚣张，内心十分不喜欢他们，但是因为他刚刚登基，所以才暂且优待他们。杜业向汉哀帝上书一个多月以后，司隶校尉解光就向汉哀帝上奏："曲阳侯王根，在先帝的陵墓还没有完成的时候，就公开聘娶掖庭宫的女乐五官殷严、王飞君等，在家设置酒宴进行歌舞表演，还有王根的侄子成都侯王况，也聘娶了前掖庭宫的贵人做自己的妻子，他们一点臣子的礼节都没有，实在是大不敬，犯下了不道的罪名！"于是汉哀帝就说："先帝对待王根、王况父子十分优厚，但是如今他们竟然背弃恩德，忘却大义！"因为王根曾经有立太子的建议（立哀帝为嗣），所以汉哀帝就把他送回了原郡；然后罢免了王况的官职，将他贬为平民，责令返回他原郡。而由王根及王况的父亲王商所推举任官的人也都被免职了。

九月，庚申，地震，自京师到北边郡国三十馀处，坏城郭，凡压杀四百馀人。上以灾异问待诏李寻，对曰："夫日者，众阳之长，人君之表也。君不修道，则日失其度，晻昧亡光。间者日尤不精，光明侵夺失色，邪气珥，蜺数作。小臣不知内事，窃以日视陛下，志操衰于始初多矣。唯陛下执乾刚之德，强志守度，毋听女谒、邪臣之态；诸保阿、乳母甘言悲辞之托，断而勿听。勉强大谊，绝小不忍；良有不得已，可赐以货财，不可私以官位，诚皇天之禁也！

【译文】 九月，庚申日（二十五日），发生了地震，从京城到北边郡国一共有三十多处城池被毁坏，一共有四百多人被压死。于是汉哀帝就向待诏李寻询问这次的灾异，李寻回答汉哀帝说："太阳，是所有阳性物质的主宰，是君王的象征。君王不遵守正道，那么太阳就会失去它的常度，暗淡无光。最近太阳尤其不明亮，光彩被侵夺而失去了原来的光彩，邪气珥、霓（都是日旁之气）多次出现，小臣不知道宫里面发生的事情，只能以太阳的变化来观察陛下，您的意志和行为比刚刚即位的时候的确是衰落了很多。我希望陛下可以振奋阳刚之气，意志坚决，慎守法度，不要听从女子的请求，不要受邪臣的摆布，那些保姆、阿母、乳母甜言谦辞的请托，千万不能听从，您要努力实行大义。不要在小的地方不忍心，如果是实在不得已的时候，您可以赐给他们货物，钱财，但是不可以胡乱地授予他们官职爵位，因为这实在是上天所禁止的！

"臣闻月者，众阴之长，妃后、大臣、诸侯之象也。间者月数为变，此为母后与政乱朝，阴阳俱伤，两不相便；外臣不知朝事，窃信天文，即如此，近臣已不足杖矣。唯陛下亲求贤士，无强所恶，以崇社稷，尊强本朝！

【译文】 "臣听说月亮是阴性物质的主宰，是后妃、大臣、诸侯的象征。最近月亮多次发生变异，这显示的是母后参与政治，扰乱朝廷所造成的，阴阳都受到了伤害，彼此互相妨碍。外臣不知道朝廷里面的事情，我只能相信天象，如果真的是这样的话，那么陛下现在所亲近的大臣就不足以依赖了。我希望陛下可以亲自去求取有贤能德行的人，不要让那些可恶的邪佞小人势力强大起来，这样才能使国家兴旺强盛，汉王朝才能强大起来！

"臣闻五行以水为本，水为准平，王道公正修明，则百川理，落脉通；偏党失纲，则涌溢为败。今汝、颍漂涌，与雨水并为民害，此《诗》所谓'百川沸腾'，咎在皇甫卿士之属。唯陛下少抑外亲大臣！

【译文】 "臣听说五行是以水为根本的，水是公平的标准，帝王施行王道，政事公正修明，那么百川就会顺畅，经脉就会畅通；如果帝王偏颇私党，失去纲纪，那么江水就会泛滥外溢，成为灾祸。现在汝水、颍水腾涨漫溢，和雨水一起为百姓带来了灾害，这就是《诗经》里面所说的'百川沸腾'，这些灾害应该归咎于皇甫卿士等人（周室女宠之族）。我希望陛下可以稍稍压制一下外戚大臣！

"臣闻地道柔静，阴之常义也。间者关东地数震，宜务崇阳抑阴以救其咎，固志建威，闭绝私路，拔进英隽，退不任职，以强本朝！夫本强则精神折冲；本弱则招殃致凶，为邪谋所陵。闻往者淮南王作谋之时，其所难者独有汲黯，以为公孙弘等不足言也。弘，汉之名相，于今亡比，而尚见轻，何况亡弘之属乎！故曰朝廷亡人，则为贼乱所轻，其道自然也。"

【译文】 "臣听说大地行事柔和平静，这是阴性事物的正常状态。最近关东发生了好几次地震，您一定要专心崇尚阳道，抑制阴道，来挽救因为上天的怪罪而降下来的灾祸，坚定您的意志，建立您的威势，关闭杜绝私下请托之路，提拔引进有才能的人，罢免辞退不能胜任职守的官吏，来使朝廷强盛起来！如果根本强盛了，那么，精神就可以振奋起来，就可以抵制为害的；如果根本衰弱了，那么，就会招致灾祸，获致凶险，被邪恶的阴谋所欺凌。我听说过去淮南王开始谋反的时候，他所认为不好对付的只有汲黯一个人，他认为公孙弘等人是不值一提的。公孙弘是汉朝著名的丞相，甚至到现在为止还没有人可以和他相提并论，可是即便如此，他还是会被轻视，更何况我们现在没有像公孙弘这样的人呢？所以说如果朝廷里面没有人才的话，那么就会被乱臣贼子所轻视，这种道理其实是很自然的。"

骑都尉平当使领河堤，奏："九河今皆寘灭。按经义，治水有决河深川而无堤防壅塞之文。河从魏郡以东北多溢决，水迹难以分明，四海之众不可诬。宜博求能浚川疏河者。"上从之。

【译文】骑都尉平当被汉哀帝任命为河堤使，主管治理河堤的事务，他向汉哀帝上奏："古时候的九河现在都已经埋灭难以寻找了。按照常理，治理水患有分泄河水，浚治河川的方法，却没有防止河道堵塞的记载。黄河从魏郡以东多次发生过河水泛滥决口的事情。水道是很难分辨清楚的，四海之内的百姓，是不能被欺骗的。我们应该多方面地去求取能够把水道挖深、把河水疏通的人。"汉哀帝采纳了他的建议。

待诏贾让奏言："治河有上、中、下策。古者立国居民，疆理土地，必遗川泽之分，度水势所不及。大川无防，小水得入，陂障卑下，以为污泽，使秋水多得其所休息，左右游波宽缓而不迫。夫土之有川，犹人之有口也，治土而防其川，犹止儿啼而塞其口，岂不遽止，然其死可立而待也。故曰：'善为川者决之使道，善为民者宣之使言。'盖堤防之作，近起战国，雍防百川，各以自利。齐与赵、魏以河为竟，赵、魏濒山，齐地卑下，作堤去河二十五里，河水东抵齐堤则西泛赵、魏；赵、魏亦为堤，去河二十五里，虽非其正，水尚有所游荡。时至而去，则填淤肥美，民耕田之；或久无害，稍筑宫宅，遂成聚落；大水时至，漂没，则更起堤防以自救，稍去其城郭，排水泽而居之，湛溺自其宜也。今堤防，狭者去水数百步，远者数里，于故大堤之内复有数重，民居其间，此皆前世所排也。河从河内黎阳至魏郡昭阳，东西互有石堤，激水使还，百馀里间，河再西三东，迫厄如此，不得安息。今行上策，徙冀州之民当水冲者，决黎阳遮害亭，放河使北入海；河西薄大山，东薄金堤，势不能远泛滥，期月自定。难者将曰：'若如此，败坏城郭、田庐、冢墓以万数，百姓怨恨。'昔大禹治水，山陵当路者毁之，故凿龙门，辟伊阙，析底柱，破碣石，堕断天地之性，此乃人功所造，何足言也！今濒河十郡，治堤岁费且万万；及其大决，所残无数。如出数年治河之费以业所徙之民，遵古圣之法，定山川之位，使神人各处其所而不相奸；且以大汉方制万里，岂其与水争咫尺之地哉！此功一立，河定民安，千载无患，故谓之上策。若乃多穿漕渠于冀州地，使民得以溉田，分杀水怒，虽非圣人法，然亦救败术也。可从淇口以东为石堤，多张水门。恐议者疑河大川难禁制，荥阳漕渠足以卜之。冀州渠首尽，当仰此水门，诸渠皆往往股引取之：旱则开东方下水门，溉冀州；水则开西方高门，分河流，民田适治，河堤亦成。此诚富国安民、兴利除害，支数百岁，故谓之中策。若乃缮完故堤，增卑倍薄，劳费无已，数逢其害，此最下策也！"

【译文】待诏贾让向汉哀帝上奏说："治河一共有上、中、下三种方案。古人建立国家，使百姓安居，划定疆界，在辨别土壤是否适宜进行垦殖经营的时候，一定会放弃川泽之水流到一起聚集的地方，而会选择在他们估计水势不会达到的地方。大河没有修建堤防，而小河小溪就可以流进去，然后在地势低下的地方，利用山坡去修筑堤坝，来形成湖泊池泽，这可以使它在秋天水多的时候能够利用它来作为蓄水的地方，左右两边起伏的水面可以十分宽大，水流也可以舒缓并且不急迫。说到土地上面有河川，就好比人的脸上有嘴一样；用土石修筑堤防来防止河水的泛滥，就好像是塞住小孩的嘴巴来阻止他啼哭是一样的，难道不是很快就阻止了吗？但是，孩子的死亡也是立刻就会等到的。所以说：'擅长治理河水的会使河水分泄，从而使河水通畅，擅长治理百姓的就要让百姓畅所欲言。'堤防的修筑，是源于战国时期，各国修筑堤防，使百川堵塞，分别使自己的国家得到好处。齐国和赵国、魏国以黄河为边界，赵国、魏国以山岭为边界，但是齐国地势低下，于是齐国就在距离黄河二十五里的地方修筑了堤防，河水向东流到了齐国的堤防，受到了阻碍，于是就向西流到了赵国、魏国；赵国、魏国也在距离黄河二十五里的地方修筑了堤防，虽然他们采用的不是正确的方法，但是，河床比较宽阔，河水还有地方可以流动。黄河的水在一定的时候流过来，然后又离开，使淤泥填满了河道，让这里的土地变得肥沃起来，于是百姓就利用它来耕田；经过了很长的时间也没有灾害发生，就开始渐渐地修建房屋宅院，最后那里就成为村落邑里；如果经常发生水灾，漂流、淹没了民宅、田畜，百姓就会另外去修筑更高的堤防来挽救自己，然后把城镇稍微做一点迁移，把里面的积水排泄出来，然后在那里居住下来，所以，经常发生被洪水冲跑淹死的惨剧，自然也就是正常的了。而现在的堤防，近一点的距离河水是几百步，远一点的就会是几里，在原来就有的大的堤防的里面又修筑了好几层小的堤防，百姓在那里面居住，这都是前代将水排出来所形成的。黄河从河内黎阳到魏郡昭阳，东西两岸都有石头修筑的堤防，使河水急剧回转，在一百多里之间，黄河二次向西猛拐，三次向东弯折，黄河被挤迫到这种程度，自然就不能平静停息。现在如果实行最好的方案，那就是把面对着水流的冲击的冀州的百姓迁移到别的地方，在黎阳县的遮害亭打开一个缺口，然后把黄河的水从那个缺口放出去，让它向北流入大海里面；黄河的西边紧邻着大山，东边靠近金堤，水势无法冲击到很远的地方，河水泛滥一个月也就会自动平静下来了。只是将会有人责难我们说：'如果这样去做，那就一定会毁坏数以万计的城市、田宅和坟墓，百姓将会产生怨恨的。'过去大禹治理洪水，对于挡住河道的山陵，就会把它们全部损毁，所以才能够凿通了龙门山，打通了伊阙山，劈分了底柱山，击破了碣石山，把天地的本体都毁坏割裂了，而这些城市、田宅和坟墓只不过是人工建造的，又有什么值得去说的啊！现在靠近黄河的十个郡，每年仅仅是治理堤防的费用，就已经将近万万了，但是，一旦它严重决口了，那么将会受到的损失也就无法计算了。如果我们把多年治理黄河需要的费用拿出来，用来迁移百姓，遵照古代圣人的方法，确定山川的位置，使神和人各得其所、互不干扰；此外，大汉的国土有万里那么多，土地方正，我们又何必去和河水争这少许的土地呢？一旦建立下这样的功业，就可以治理好黄河，百姓就可以安定，千年都将可以没有灾害发生，所以说这是最好的方案。至于在冀州地区大量开凿运河渠道，使百姓能够利用它们来灌溉农田，使水势减小，虽然圣人的办法不是这个，可是，这也是挽救危局的好方法。我们可以从淇口开始，向东修筑石头堤防，多设置一些水门。议论的人可能会怀疑黄河的水太大，用水门是不能控制住的。但是荥阳县的运河的功能，就已经可以验证了。冀州灌溉水渠的水，从头到尾都需要依赖这种水门，这些河渠往往都需要从那里分别取水：天旱的时候，就打开东方的水流向下的水闸，去灌溉冀州的农田；洪水到来的时候，就打开西边高处的水闸，来使河水可以分散流开，使百姓的农田得到适当的管理，黄河的堤防也不会容易损坏。这实在是使国家富有，百姓安定，振兴利益，控制灾害，能支持几百年的方法，所以我才说这是中等的方案。至于只是修补完善原来就有的堤防，增加低的地方的高度，增加薄的地方的厚度，所消耗的劳力和费用将永无止境，但是我们还是会多次遭遇灾害，因此这是最差的方案！"

【康熙御批】治河之难其来已久。观贾让所画，在当时亦为中策，可行尔。况今借黄流以济运艘其间，疏凿兼施，亦不得不然之势也。

【译文】治理黄河的难题由来已久。观察贾让的规划，在当时也可以算作中策，可以施行。何况现在借黄河渡漕运船只，疏通河开凿同时施行，这也是必然的趋势。

【乾隆御批】贾让以放河使北入海为上策。然西薄大山，固可不致泛滥，至东薄金堤，此堤将以何地为限？且既有堤，又岂有久而不溃者？居今之世，虽大禹复生，吾知其无善策，亦不过补偏救弊耳。

【译文】贾让把让黄河水北流入海作为上策。黄河西邻大山，当然不会泛滥，可是它东依金堤，那金堤又以哪里为界限呢？况且既然有堤，又怎么会长期不溃堤呢？当今之世，即使大禹再生，我也知道他没什么良策，只不过是修缮偏差补救错误罢了。

孔光、何武奏："迭毁之次当以时定，请与群臣杂议。"于是，光禄勋彭宣等五十三人皆以为："孝武皇帝虽有功烈，亲尽宜毁。"太仆王舜、中垒校尉刘歆议曰：《礼》，天子七庙。七者其正法数，可常数者也。宗不在此数中，宗变也。苟有功德则宗之，不可预为设数。臣愚以为孝武皇帝功烈如彼，孝宣皇帝崇立之如此，不宜毁!"上览其议，制曰："太仆舜、中垒校尉歆议可。"

　　【译文】孔光、何武向汉哀帝上奏："应该撤除的亲情已尽的祖先祭庙的名次，应该及时确定下来，请您和众臣一起讨论这件事。"于是光禄勋彭宣等五十三个人都认为"孝武皇帝虽然有功业，但是亲情已尽，所以应该撤除宗庙"。但是太仆王舜、中垒校尉刘歆议说："按照《礼》(《礼记》)天子应该有七座祭庙。七是正规的数量，应该是一个不可以改变的数字，可以作为常数。但是宗(武帝庙号世宗)却不在这个数字里面，因此宗不是一个常数。如果有功德就被尊为'宗'，因此不可以预先规定宗的数量。臣愚昧地认为孝武皇帝的功业是那么显赫，而孝宣皇帝又是那么尊崇他，建立了他的庙号，实在不应该撤除他的祭庙!"汉哀帝看了他的奏议以后，就指示说："太仆王舜、中垒校尉刘歆所议论的很正确。"

　　何武后母在蜀郡，遣吏归迎；会成帝崩，吏恐道路有盗贼，后母留止。左右或讥武事亲不笃，帝亦欲改易大臣，冬，十月，策免武，以列侯归国。癸酉，以师丹为大司空。丹见上多所匡改成帝之政，乃上书言："古者谅闇不言，听于冢宰；三年无改于父之道。前大行尸柩在堂，而官爵臣等以及亲属，赫然皆贵宠，封舅为阳安侯，皇后尊号未定，豫封父为孔乡侯；出侍中王邑、射声校尉王邯等。诏书比下，变动政事，卒暴无渐。臣纵不能明陈大义，复曾不能牢让爵位，相随空受封侯，增益陛下之过。间者郡国多地动水出，流杀人民，日月不明，五星失行，此皆举错失中，号令不定，法度失理，阴阳溷浊之应也。

　　【译文】何武的继母在蜀郡，于是何武就派属下将她从家乡接过来；但是当时正好遇到汉成帝去世了，属下担心去京城的路上会出现盗贼，于是就把何武的继母留在了原地。于是汉哀帝身边就有亲信讥评讽刺何武侍奉母亲不够孝顺厚道，当时正好汉哀帝也想更换大臣，冬季，十月，汉哀帝下诏书罢免了何武的官职，让他以列侯的身份回到了封国。癸酉日（初九），汉哀帝任命师丹为大司空。师丹看到汉哀帝更改了很多汉成帝的施政措施，就向汉哀帝上书说："古时候，新即位的君主在服丧期间，不会颁布政令，国家大事都由宰相去处理；在三年守丧期间，不能改变他父亲生前的主张。之前先帝的尸体灵柩还停在灵堂上面的时候，您就已经开始给大臣们以及您的亲属授予官职和爵位了，并且那些人居然都是您宠信的外戚，您封您的舅父为阳安侯，皇后的尊号还没有确定的时候，您就已经预先封她的父亲为孔乡侯了。您罢免了侍中王邑、射声校尉王邯等人的官职，频繁地颁下诏书，经常改变政令，政事变更仓促突然，而不是逐渐变更的。虽然臣不能明白地公开表明大义，但也不能坚决地辞让爵位，随波逐流，凭空地接受封侯，增加陛下的过失。最近有许多郡国发生了地震水灾，百姓都被大水冲走淹死了，太阳、月亮昏暗，没有光彩，五星也失去了正常的运行，这都是举措失当，号令不定，法令制度和常理相违背，阴阳混浊的反映啊。

"臣伏惟人情无子，年虽六七十，犹博取而广求。孝成皇帝深见天命，烛知至德，以壮年克己，立陛下为嗣。先帝暴弃天下，而陛下继体，四海安宁，百姓不惧，此先帝圣德，当合天人之功也。臣闻'天威不违颜咫尺'，愿陛下深思先帝所以建立陛下之意，且克己躬行，以观群下之从化。天下者，陛下之家也，胏附何患不富贵，不宜仓卒若是，其不久长矣！"丹书数十上，多切直之言。

【译文】　"臣恭敬地想，在人之常情方面，如果没有儿子，虽然年龄已经超过六七十了，还是会多娶一些妻妾，而想办法求得儿子。孝成皇帝深刻地认识了天命，明白陛下具有很高的德行，在他仍然身在壮年的时候，就能够克制自己的私欲，并且册立陛下为继承人。先帝没有疾病但是突然就去世了，然后陛下就继承了皇位，天下太平，百姓没有感到惊惧，这是先帝圣明的德行，正好与天人合一相符合。我听说'不要违逆天帝的威严，因为它离你只有咫尺之远'，我希望陛下可以深刻地思考先帝选择陛下为继承人的深意，并且暂时先克制住自己的私欲，亲自施行新君不言的古制，来观察百官是如何从善向化的。天下，就是陛下的私人财产，您的亲戚又何必为不会富贵而发愁呢？您实在是不应该如此急促地就分封了他们，那样也不会长久的。"师丹又向汉哀帝上书了几十次，言辞都十分痛切恳直。

　　傅太后从弟子迁在左右，尤倾邪，上恶之，免官，遣归故郡。傅太后怒；上不得已，复留迁。

　　丞相光与大司空丹奏言："诏书前后相反，天下疑惑，无所取信。臣请归迁故郡，以销奸党。"卒不得遣，复为侍中，其逼于傅太后，皆此类也。

　　【译文】傅太后堂弟的儿子傅迁在汉哀帝的身边服侍，为人十分阴险奸佞，汉哀帝很厌恶他，于是就下令罢免了他的官职，将他送回了原郡。傅太后因此就感到很生气。汉哀帝没有办法，只好又把傅迁留了下来。

　　丞相孔光和大司空师丹就都向汉哀帝上奏说："您前后颁布的两份诏书的内容完全相反，会使天下的百姓感到怀疑和迷惑，使百姓无法相信。臣请求您仍然坚持把傅迁遣送回原郡，来清除奸党。"但是汉哀帝最后不但没有把傅迁遣送回原郡，还恢复了他侍中的官职。汉哀帝受傅太后逼迫的窘况，都是像这个样子。

议郎耿育上书冤讼陈汤曰："甘延寿、陈汤，为圣汉扬钩深致远之威，雪国家累年之耻，讨绝域不羁之君，系万里难制之虏，岂有比哉！先帝嘉之，仍下明诏，宣著其功，改年垂历，传之无穷。应是，南郡献白虎，边垂无警备。会先帝寝疾，然犹垂竟不忘，数使尚书责问丞相，趣立其功；独丞相匡衡排而不予，封延寿、汤数百户，此功臣战士所以失望也。孝成皇帝承建业之基，乘征伐之威，兵革不动，国家无事，而大臣倾邪，欲专主威，排妒有功，使汤块然被冤拘囚，不能自明，卒以无罪老弃。燉煌正当西域通道，令威名折冲之臣，旋踵及身，复为郅支遗虏所笑，诚可悲也！至今奉使外蛮者，未尝不陈郅支之诛以扬汉国之盛。夫援人之功以惧敌，弃人之身以快谗，岂不痛哉！且安不忘危，盛必虑衰，今国家素无文帝累年节俭富饶之畜，又无武帝荐延枭俊禽敌之臣，独有一陈汤耳！假使异世不及陛下，尚望国家追录其功，封表其墓，以劝后进也。汤幸得身当圣世，功曾未久，反听邪臣鞭逐斥远，使亡逃分窜，死无处所。远览之士，莫不计度，以为汤功累世不可及，而汤过人情所有，汤尚如此，虽复破绝筋骨，暴露形骸，犹复制于唇舌，为嫉妒之臣所系虏耳。此臣所以为国家尤戚戚也。"书奏，天子还汤，卒于长安。

【译文】议郎耿育向汉哀帝上书替陈汤讼冤说："甘延寿、陈汤，能够为大汉深入敌国，在边远的战场诛杀异族来宣扬我国的威仪，洗雪国家多年的耻辱，讨伐远国不服从我大汉的君主，捕捉万里之外、难以制服的强虏，又怎么会有人的功劳可以和他们相比呢？先帝赞美嘉奖他们，多次颁布诏书，来宣扬彰显他们的功劳，为此甚至更改了年号，使他们的事迹，传世无穷。与此相合，南郡向我们进献白虎，边境再也不必警戒防备。尽管恰好碰到先帝卧病在床，可是，先帝对这件事情仍然念念不忘，多次派遣尚书去责问丞相，催促他们迅速拟定功劳的等级；只因丞相匡衡从中进行排斥阻挠，最后汉成帝仅仅封赏了甘延寿、陈汤几百户的食邑，这就是功臣战士会感到失望的原因。孝成皇帝继承的是前人已经功成业就的基业，趁着征伐的威势，平息了战争，使国家安宁，可是，大臣不正，想要独专国家的权威，排斥嫉妒立下功劳的臣子，使陈汤被单独拘禁在牢狱中，不能向皇上表明自己，最后又因为无罪年老之身而被抛弃。敦煌正好位于通往西域的道路上，让过去具有威名、抵御外敌的臣子，一下子变成了有罪的人，还要被郅支单于过去的下属所讥讽嘲笑，实在是让人感到悲哀！至今奉命出使各国的使节，没有一个不用诛杀郅支单于的事情，来彰显宣扬汉朝的强盛的。我们借助功臣的功劳，来使敌人对我们感到畏惧害怕，但是我们却抛弃了功臣，从而让进谗言的人愉快，难道不令人悲痛吗？而且即使在安定的时候我们也不可以忘记危险，在兴盛的时候也必须考虑到衰微，现在国家已经没有汉文帝多年节俭积蓄下来的富饶的国库，也没有汉武帝招揽群臣推荐的贤才而延纳的众多勇猛善战令敌胆寒的名将，我们现在能够枭将擒敌的臣子只有一个陈汤了！假如陈汤去世时没有赶上陛下在位，我也仍然希望国家能够追记他的功劳，把他的坟墓加高，来表彰他的功劳，以鼓励后来的仁人志士。但是幸好陈汤能够身处当代，并且距离他立功的时间还没有多久。可是，如果您去听任邪佞的臣子将他驱逐贬谪到偏远的边塞，使他亡命躲避，家人离散逃窜，死无葬身之地。那些有远见的人，没有一个不认为陈汤的功劳是历代以来的人都不能赶得上的，而陈汤的过错却是人情所共有并且不能避免的。

陈汤尚且落得如此下场，我们这些后继的人虽然能够继续为国家牺牲生命，疆场捐躯，可是，我们还是会受奸佞的臣子的口舌的钳制，被嫉妒的臣子陷害成囚徒！这也就是为什么臣为国家感到更加忧虑不安的原因了。"耿育的奏章呈给汉哀帝以后，汉哀帝就将陈汤赦还，后来陈汤就在长安终老。

孝哀皇帝上

建平元年（乙卯，公元前六年）春，正月，陨石于北地十六。赦天下。

【译文】建平元年（乙卯，公元前6年）春季，正月，在北地郡有十六颗陨石炸裂然后坠落了。

汉哀帝下令大赦天下。

司隶校尉解光奏言："臣闻许美人及故中宫史曹宫皆御幸孝成皇帝，产子。子隐不见。臣遣吏验问，皆得其状：元延元年，宫有身；其十月，宫乳掖庭牛官令舍。中黄门田客持诏记与掖庭狱丞籍武，令收置暴室狱，'毋问儿男、女，谁儿也！'宫曰：'善臧我儿胞，丞知是何等儿也！'后三日，客持诏记与武，问：'儿死未？'武对：'未死。'客曰：'上与昭仪大怒，奈何不杀！'武叩头啼曰：'不杀儿，自知当死；杀之，亦死！'即因客奏封事曰：'陛下未有继嗣，子无贵贱，唯留意！'奏入，客复（特）〔持〕诏记取儿，付中黄门王舜。舜受诏，内儿殿中，为择乳母，告'善养儿，且有赏，毋令漏泄！'舜择官婢张弃为乳母。后三日，客复持诏记并药以饮宫。宫曰：'果也欲姊弟擅天下！我儿，男也，额上有壮发，类孝元皇帝。今儿安在？危杀之矣！奈何令长信得闻之？'遂饮药死。

弃所养儿十一日，宫长李南以诏书取儿去，不知所置。许美人元延二年怀子，十一月乳。昭仪谓成帝曰：'常绐我言从中宫来。即从中宫来，许美人儿何从生中！许氏竟当复立邪！'怼，以手自搞，以头击壁户柱，从床上自投地，啼泣不肯食，曰：'今当安置我，我欲归耳！'帝曰：'今故告之，反怒为，殊不可晓也！'帝亦不食。昭仪曰：'陛下自知是，不食何为！陛下尝自言："约不负女！"今美人有子，竟负约，谓何？'帝曰：'约以赵氏故不立许氏，使天下无出赵氏上者，毋忧也！'后诏使中黄门靳严从许美人取儿去，盛以苇箧，置饰室帘南去。帝与昭仪坐，使御者于客子解箧缄，未已，帝使客子及御者皆出，自闭户，独与昭仪在。须臾开户，呼客子使缄封箧，及诏记令中黄门吴恭持以与籍武曰：'告武，箧中有死儿，埋屏处，勿令人知！'武穿狱楼垣下为坎，埋其中。其它饮药伤堕者无数事，皆在四月丙辰赦令前。臣谨案：永光三年，男子忠等发长陵傅夫人冢。事更大赦，孝元皇帝下诏曰：'此朕所不当得赦也。'穷治，尽伏辜。天下以为当。赵昭仪倾乱圣朝，亲灭继嗣，亲属当伏天诛。而同产亲属皆在尊贵之位，迫近帷幄，群下寒心，请事穷竟！"丞相以下议正法，帝于是免新成侯赵钦、钦兄子成阳侯䜣为庶人，将家属徙辽西郡。

【译文】 司隶校尉解光向汉哀帝上奏说："臣听说许美人以及前中宫（皇后之宫）女史曹宫，都曾经蒙受孝成皇帝的宠幸，并且生下了两个儿子，可是，现在这两个儿子都下落不明。臣派遣属下进行查问，都得到了她们的实情：元延元年，曹宫怀有身孕；这一年的十月，曹宫在掖庭牛官令舍生下了一个儿子。可是中黄门田客却拿着汉成帝的诏策给了掖庭狱丞籍武，下令让籍武将曹宫母子关押在暴室狱，并且还吩咐籍武说：'不许问她生下的小孩是男的、女的，也不许问她那是谁的小孩！'曹宫说：'请你把我儿子的胎衣好好地收藏起来。你（掖庭狱丞籍武）知道这是什么人的孩子吗？'三天以后，田客就拿着汉成帝的诏策给籍武，问他说：'小孩死了没有？'籍武回答说：'没死。'田客就说：'皇上和昭仪（赵昭仪）大怒，你为什么不动手杀掉？'于是籍武就磕着头说：'不把这个小孩杀掉，我知道自己会死；但是即使我杀了，我仍然会死！'然后籍武就让田客代为向皇上上奏了一封密封的文书说：'陛下没有可以继承的儿子，儿子不论是贵或贱，希望您能多加注意！'密奏呈上去以后，田客又拿着汉成帝的诏策来取走了小孩子，然后把小孩交给了中黄门王舜。王舜接受了诏书，将小孩送入了殿中，为他选择奶妈，并且告诉她说：'好好抚养这个孩子，你将来会有赏赐的，千万不要把这件事泄漏出去！'王舜选了宫中的婢女张弃来当孩子的奶妈。三天后，田客又拿着汉成帝的诏策和毒药，叫曹宫把毒药喝下去。曹宫就说：'果然，她们姐妹俩想要独擅天下！我的小孩，是个男孩，额头上面有"壮发"，就和孝元皇帝一样。现在小孩在哪里呢？大概已经被杀了吧！我怎么才能够让太后知道这件事呢？'然后曹宫就喝下毒药死了。张弃抚养的小孩子，经过了十一天以后，宫长李南就拿着汉成帝的诏书，将小孩带走了，不知道安置在了什么地方。许美人在元延二年怀孕，十一月生下了一个男孩。（赵）昭仪对汉成帝说：'您经常骗我说您是从皇后的宫里过来的。假如您真的是从皇后的宫里过来的，那么许美人的小孩是从哪里生的呢！难道您要再将许氏立为皇后吗？'赵昭仪非常怨怒，就用手捶打自己，用头去碰墙门柱，从床上滚到了地上，啼叫哭泣不肯吃饭，并且对汉成帝说：'您现在就必须安排我！我现在就要回家！'汉成帝就回答说：'我现在特意把事情告诉你，为什么你反而发怒呢？真是太不能让人理解了！'于是汉成帝就也不吃饭。赵昭仪就说：'陛下既然知道自己是对的，那为什么不吃饭呢？陛下曾经说过：'我发誓绝对不辜负你。'但是现在许美人有了孩子，您终究还是违背了誓约，还有什么好说的呢？'汉成帝说：'我是说因为赵氏，所以不册立许氏为皇后，让天下人没有一个能位居赵氏之上，你就不要忧虑了！'后来汉成帝就下诏派中黄门勒严从许美人那里取来了小孩，装在了苇草编成的箱子里面，放到了饰室门帘的南边再离开。汉成帝和赵昭仪坐着，命令侍者于客子将苇草编成的箱子的绳子解开，汉成帝命令客子和侍者全部出去，自己把门关好，单独和赵昭仪留了下来。没有多久，门被打开了，汉成帝喊客子，叫他把箱子封好，系上绳子，然后命令中黄门吴恭拿着诏策给籍武说：'告诉籍武，箱子里面有一个死婴，把他埋在隐蔽的地方，不要让其他人知道！'于是籍武就在狱楼的墙下挖了一个坑坎，把小孩埋在了里面。其他喝药堕胎的发生了无数件，而且都是发生在四月丙辰日（绥和二年四月十八日）汉成帝颁布赦免令之前。臣谨慎核实过：永光三年的时候，男子忠等挖掘了长陵傅夫人的坟墓，这件事情正好碰上皇上下令大赦天下，但是孝元皇帝当时却颁下诏书说：'这件事情，我是不可以赦免的！'于是就对这件事进行了彻底地追究和处理，最终让那些人全部都伏法了。天下的百姓都认为皇上处理得很正确。赵昭仪倾败扰乱了朝廷，亲自杀害了皇上的子嗣，她的家属也应当受到惩罚。但是她的兄弟亲属都处在尊贵的地位，在皇上的周围，天下的百姓都感到战栗，我请求皇上可以彻底追究这件事情！让丞相以下的官员详细地进行商议，来定下他们的罪行。"于是汉哀帝就罢免了新成侯赵钦、赵钦的侄子咸阳侯赵䜣的官职，将他们贬为平民，把他们的家属也都迁到了辽西郡。

议郎耿育上疏言："臣闻继嗣失统，废适立庶，圣人法禁，古今至戒。然太伯见历知适，逡循固让，委身吴、粤，权变所设，不计常法，致位王季，以崇圣嗣，卒有天下，子孙承业七八百载，功冠三王，道德最备，是以尊号追及太王。故世必有非常之变，然后乃有非常之谋。孝成皇帝自知继嗣不以时立，念虽未有皇子，万岁之后未能持国，权柄之重，制于女主，女主骄盛则奢欲无极，少主幼弱则大臣不使，世无周公抱负之辅，恐危社稷，倾乱天下。知陛下有贤圣通明之德，仁孝子爱之恩，怀独见之明，内断于身，故废后宫就馆之渐，绝微嗣祸乱之根，乃欲致位陛下以安宗庙。愚臣既不能深援安危，定金匮之计，又不知推演圣德，述先帝之志，乃反覆校省内，暴露私燕，诬污先帝倾惑之过，成结宠姜妒媚之诛，甚失贤圣远见之明，逆负先帝忧国之意！夫论大德不拘俗，立大功不合众，此乃孝成皇帝至思所以万万于众臣，陛下圣德盛茂所以符合于皇天也，岂当世庸庸斗筲之臣所能及哉！且褒广将顺君父之美，匡救销灭既往之过，古今通义也。事不当时固争，防祸于未然，各随指阿从以求容媚；晏驾之后，尊号已定，万事已讫，乃探追不及之事，讦扬幽昧之过，此臣所深痛也！愿下有司议，即如臣言，宜宣布天下，使咸晓知先帝圣意所起。不然，空使谤议上及山陵，下流后世，远闻百蛮，近布海内，甚非先帝托后之意也。盖孝子，善述父之志，善成人之事，唯陛下省察！"

【译文】 议郎耿育向汉哀帝上疏说："臣听说皇位的继承顺序失去了秩序，废嫡立庶，这是圣人之法严厉禁止的，是古今以来都不能容许发生的。可是，太伯发现季历适合做王位的继承人，就退了下来，并且坚决辞让，逃到了吴、粤去躲避，这是特殊情况下的权宜应变之法，不应算作常法，太伯把王位让给了季历，以尊崇圣嗣（文王），结果姬昌终于统一天下，子孙继承了他的事业，长达七八百年，他的功劳比夏禹、商汤、周文王还要高得多，道德也是最完美的，因此他的尊号上追到了太王（古公亶父），所以世界上一定有非常的变化，然后才会有非常的决策。孝成皇帝知道自己没有及时生下子嗣，同时也想到晚年可能会有皇子，但是，等到他去世以后，孩子年幼，不能处理政事，掌握国家的权力，那么主要的权力就会被母后操纵。母后过于骄横放纵，就会贪得无厌；少主弱小，大臣就不会听从少主的命令去行事。那个时候如果没有周公那么忠心地去辅佐成王，那么国家恐怕就会受到危害，倾覆扰乱天下。先帝知道陛下有贤圣通明的德行，仁孝慈爱的恩泽，具备独特的远见，于是就从自己克制自己的欲望做起，不再去后宫妃子们的住所，断绝了由于少主幼小而带来祸乱的根源，并且把地位传给了陛下，来使宗庙安定。但是有些愚昧的大臣既不能挽救国家的安危，制定长远的计划，又不知道推广皇上圣明的德行，继承先帝的志向，反而一再调查审讯后宫里面的事情，使先帝后宫的私事被暴露出来，诬蔑先帝有惑乱不正的过错，造成宠姜因为妒忌而残杀别人，实在是大大地抹杀了您圣贤远见的英明，违背了先帝为国忧虑的本意！谈论大德是不可以拘泥于习俗的，建立大的功劳是不能迎合众人的，这也是为什么孝成皇帝卓越的思想能够超越众臣万万倍，而且这也是为什么陛下盛大的圣德与上天相符合的原因，又怎么是当代平庸、见识短浅的臣子所能赶得上的呢？此外褒颂发扬顺从君父的美德，匡正补救消除已往的过错，是古今通行的大义。遇到事情不对的时候，就应该坚决力争，来防止未来发生祸乱；但是却分别随着旨意阿谀奉承，来迎合皇上；等到先帝去世了以后，尊号已经确定，所有的事情都已经结束了，然后才去探究追论已经没有办法去弥补的事情，揭发隐私，不能说明的过错，这实在是令臣感到深切伤痛啊！我希望皇上可以将这件事交付给主管的官吏去进行商议，假如真的像臣所说的一样，那么您就应该昭告天下，让他们都明白知道先帝圣明的旨意的起因。不然的话，白白地使毁谤的言论伤害到先帝，再慢慢流传到后代，远大偏远的异族，近则传遍全国，这绝对不是先帝寄托给后嗣的本意。孝顺的人，善于遵照父亲的遗志，善于完成先人没有完成的事业，我希望陛下能够仔细地去考虑！"

资治通鉴

【申涵煜评】赵氏姐弟淫恶贯盈，其戕害皇子是实。解光虽非正人，然既已发觉，形迹凿凿，正宜穷究根柢，为国伸法。育乃谓扬先帝之过，负托后之意，帝亦私德赵氏而曲庇之，失春秋复仇讨贼之义矣。

【译文】赵飞燕姐妹俩恶贯满盈，她们残害皇子是事实存在的。解光虽然不是正直的人，但他既然已经发觉赵氏姐妹确切的罪恶行径，就应该穷究到底，为国家伸张法律正义。耿育居然说，如果宣扬先帝的过错，就有负先帝把国家托付给后人的意思，汉哀帝也因赵飞燕对他继做了好处，从而曲意庇护，这有失春秋时候复仇讨贼的道理啊。

帝亦以为太子颇得赵太后力，遂不竟其事。傅太后恩赵太后，赵太后亦归心，故太皇太后及王氏皆怨之。

【译文】汉哀帝也认为自己被立为太子，得到了赵太后很多的帮助，最终没有再去追究这件事情。傅太后感激赵太后立汉哀帝为太子的功劳，赵太后也感到十分满意，所以太皇太后以及王氏都十分怨恨赵太后。

丁酉，光禄大夫傅喜为大司马，封高武侯。

【译文】 丁酉日（初四），光禄大夫傅喜被汉哀帝任命为大司马，并且被封为高武侯。

秋，九月，甲辰，陨石于虞二。

郎中令泠褒、黄门郎段犹等复奏言："定陶共皇太后、共皇后皆不宜复引定陶藩国之名，以冠大号；车马、衣服宜皆称皇之意，置吏二千石以下，各供厥职；又宜为共皇立庙京师。"上复下其议，群下多顺指言："母以子贵，宜立尊号以厚孝道。"唯丞相光、大司马喜、大司空丹以为不可。丹曰："圣王制礼，取法于天地。尊卑者，所以正天地之位，不可乱也。今定陶共皇太后、共皇后以'定陶共'为号者，母从子，妻从夫之义也。欲立官置吏，车服与太皇太后并，非所以明'尊无二上'之义也。定陶共皇号谥已前定，义不得复改。礼：'父为士，子为天子，祭以天子，其尸服以士服'，子无爵父之义，尊父母也。为人后者为之子，故为所后服斩衰三年，而降其父母期，明尊本祖而重正统也。孝成皇帝圣恩深远，故为共王立后，奉承祭祀，令共皇长为一国太祖，万世不毁，恩义已备。陛下既继体先帝，持重大宗，承宗庙、天地、社稷之祀，义不可复奉定陶共皇祭入其庙。今欲立庙于京师，而使臣下祭之，是无主也。又，亲尽当毁。空去一国太祖不堕之祀而就无主当毁不正之礼，非所以尊厚共皇也！"丹由是浸不合上意。

【译文】 秋季，九月，甲辰日（十五日），在虞县有两颗陨石炸裂并且坠落了。

郎中令泠褒、黄门郎段犹等又向汉哀帝上奏说："定陶恭皇太后、恭皇后都不应该再引用定陶诸侯的名称，并且把它们加在尊号的上面；车马、衣服也应该都符合皇室的身份；您应该设置官秩在

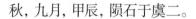

二千石以下的官吏，在那里分别供职。您还应该为共皇在京城建立宗庙。"于是汉哀帝就将这份奏章交给下面的大臣进行商议，臣子们大多都顺从汉哀帝的想法说："母亲凭借儿子而尊贵起来，您应该给她们建立尊号，以此来重视孝道。"只有丞相孔光、大司马傅喜、大司空师丹认为不可以这样做。师丹对汉哀帝说："圣王制定的礼仪，是取天地为法式的。上尊下卑的法则，是用来确定天地的位置的，是不可以扰乱的，但是现在定陶共皇太后、共皇后都用'定陶共'作为号，这表示的是母亲跟随儿子、妻子跟随丈夫的道理。如果要设置官吏，车子、衣服和太皇太后一样的话，就不能用来使'没有两个都是最尊贵的'之道理清楚明白的。定陶共皇的尊号、谥号以前就已经确定了，理论上面是不能更改的。礼记里面说：'父亲是士，儿子是天子，在祭祀父亲的时候，虽然要用天子的礼仪去进行祭祀，但是父亲的殡服仍然要是士的衣服。'这说明儿子没有给父亲封赏爵位的道理，这是为了表示尊敬父母的原因。过继给他人去做儿子的，应该为他过继的父母服丧三年，而为自己的亲生父母的服丧就会减到一年，用来表明尊重继承人的祖先、重视正统的延续。孝成皇帝圣恩弘深远大，所以特意为共王选择了继承人，以承奉共皇一脉的祭祀，使共皇永远成为一国的太祖，万代都不会使祭祀共皇的香火因为没有后代而熄灭，恩义已经很完备了。陛下继承了先帝的位置，应该去主持天子的祭祀，承受宗庙、天地、社稷的祭祀，在道义上面就不能再去供奉定陶共皇，到共皇庙去进行祭祀了。而且您现在还想要在京城建立共皇的宗庙，让臣子去祭祀他，这是没有嫡嗣的祭祀。而且，当亲情已经结束的时候，他的宗庙就应当被撤除了，如今白白地放弃一国太祖不会结束的祭祀，反而去迁就没有嫡嗣应当去除的不正的礼仪，并不是用来尊重共皇的！"师丹与汉哀帝的意见因此开始渐渐不合。

资治通鉴

会有上书言："古者以龟、贝为货，今以钱易之，民以故贫，宜可改币。"上以问丹，丹对言可改。章下有司议，皆以为行钱以来久，难卒变易。丹老人，忘其前语，复从公卿议。又丹使吏书奏，吏私写其草。丁、傅子弟闻之，使人上书告"丹上封事，行道人遍持其书。"上以问将军、中朝臣，皆对曰："忠臣不显谏。大臣奏事，不宜漏泄，宜下廷尉治。"事下廷尉，劾丹大不敬，事未决，给事中、博士申咸、炔钦上书言："丹经行无比，自近世大臣能若丹者少。发愤懑，奏封事，不及深思远虑，使主簿书，漏泄之过不在丹，以此贬黜，恐不厌众心。"上贬咸、钦秩各二等。遂策免丹曰："朕惟君位尊任重，怀谖迷国，进退违命，反覆异言，甚为君耻之！以君尝托傅位，未忍考于理，其上大司空、高乐侯印绶，罢归！"

【译文】 恰好有人向汉哀帝上书说："古代用龟甲、贝壳作为货币，如今用钱币来取代它们，百姓因此贫穷，您应该可以改革币制。"于是汉哀帝就拿这个问题去询问师丹，师丹就回答汉哀帝说币制可以更改。于是汉哀帝就把师丹的奏章交付给主管的官吏进行商议，大臣们都认为实行钱币的日子已经很长时间了，很难突然就变更过来。师丹的年龄大了，忘记了他以前说过的话，于是就听从了公卿的商议。碰巧师丹又让属下抄写下来向汉哀帝上奏，但是他的属下却私下里抄写了一份他的草稿，丁、傅两家的子弟知道了以后，立刻就令人向汉哀帝上书告发"师丹向皇上所上的机密奏章，即使是路人都普遍拿着他的文稿"。于是汉哀帝就拿这件事去询问将军、朝中的臣子。他们都回答汉哀帝说："忠贞的臣子是不应该显露谏诤的内容的。大臣向皇上上奏的事情，都不应该泄露到外面，您应该把这件事交付给廷尉去处理。"汉哀帝把这件事交付给廷尉以后，廷尉就立刻向汉哀帝弹劾师丹犯下了大不敬的罪，在事情还没有判定下来的时候，给事中、博士申咸、炔钦都向汉哀帝上书说："师丹的经学、德行，没有一个人可以比得上，因此近代的大臣能像师丹那样的人很少。师丹由于心中烦闷，向汉哀帝上呈机密的奏书，不能够进行深入的思考，长远的考虑，就命令主簿进行抄录，所以奏章泄漏的过错不在于师丹，如果您因此就将他罢免废黜的话，恐怕不能使大家心服口服。"于是汉哀帝就将申咸、炔钦的官职分别降下了二等；然后，汉哀帝就颁布策书免除了师丹的官爵并且说："朕以为你官位崇高，任务重大，可是，你却心怀诈欺，扰乱了国家，言行违背了命令，说话一再地矛盾，我为你感到可耻！但是因为你曾经身居太傅的官位，我不忍心命令廷尉去拷问你，现在我命令你上交大司空、高乐侯的印信，辞去你的官职回家！"

尚书令唐林上疏曰："窃见免大司空丹策书，泰深痛切！君子作文，为贤者讳。丹，经为世儒宗，德为国黄耇，亲傅圣躬，位在三公；所坐者微，海内未见其大过。事既以往，免爵太重；京师识者咸以为宜复丹爵邑，使奉朝请。唯陛下裁览众心，有以尉复师傅之臣！"上从林言，下诏，赐丹爵关内侯。

【译文】尚书令唐林向汉哀帝上疏说："我私底下看到了您罢免大司空师丹职务的诏书内容，感到非常沉痛悲切。君子做文章的时候，都会为贤德的人掩饰他们的差错。师丹的经学是当代的儒家学者所尊崇的，品德高洁，也是国家的老前辈了，他亲自教导辅佐了圣上，位居三公；而且他所犯下的过失很小，全国的百姓都没有见他犯下过重大的罪过。既然事情已经过去了，您废除了他的爵位，对他的惩罚有些太重了。京城里面的有识之士都认为您应该恢复师丹的爵位和封邑，让他有机会去朝见皇上。我希望陛下能够裁决考虑众人的想法，用来安慰报答做过皇上的师傅的臣子！"汉哀帝听从了唐林的话，于是就颁下了诏书，赐师丹爵位为关内侯。

【乾隆御批】"立庙京师，遣祭无主"及"去太祖一国不坠之祀，就无主，当毁不正之礼"，数语最为切情近理。明代，与献王之议，聚讼哓哓未有如此明晰者。

【译文】"在京城立庙，派遣大臣进行无主祭祀"，以及"舍弃对一国太祖万世不变的祭祀，屈从既无君主，又应拆毁祭庙的不符合礼法的祭祀"，这几句话最贴近情理。明世宗时，有关他的生父献王尊号的争议，众说纷纭，都没有上述见解如此明白清晰。

上用杜业之言，召见朱博，起家复为光禄大夫；迁京兆尹。

冬，十月，壬午，以博为大司空。

【译文】 汉哀帝采纳了杜业的话，召见了朱博，重新起用了他，让他再次去做光禄大夫的官；将朱博调任为京兆尹。

冬季，十月，壬午日（二十三日），汉哀帝任命朱博做大司空。

中山王箕子，幼有眚病，祖母冯太后自养视，数祷祠解。上遣中郎谒者张由将医治之。由素有狂易病，病发，怒去，西归长安。尚书簿责由擅去状，由恐，因诬言中山太后祝诅上及傅太后。傅太后与冯太后并事元帝，追怨之，因是遣御史丁玄案验；数十日，无所得。更使中谒者令史立治之；立受傅太后指，冀得封侯，治冯太后女弟习及弟妇君之，死者数十人，诬奏云："祝诅，谋杀上，立中山王。"责问冯太后，无服辞。立曰："熊之上殿何其勇，今何怯也！"太后还谓左右："此乃中语，前世事，吏何用知之？欲陷我效也！"乃饮药自杀。宜乡侯参、君之、习夫及子当相坐者，或自杀，或伏法，凡死者十七人。众莫不怜之。

【译文】中山王刘箕子，从小就患有眼病，一直都由祖母冯太后亲自抚养照顾，多次祈祷，祈求上天可以免除刘箕子的灾病。皇上派中郎谒者张由去对他进行医治。张由原本就有发狂并且变态的老毛病，他的毛病发作了，于是张由就发怒离开了中山国，回到了西边的长安。尚书就用文簿一一责问张由擅自离开中山国的原因。张由感到十分害怕，就诬告中山太后祷告天神，想要上天降下灾祸在汉哀帝和傅太后的身上。傅太后和冯太后都是一起侍奉元帝的，傅太后追念前情因而对冯太后产生了怨恨，因此她就派遣御史丁玄去进行查证。经过了几十天以后，丁玄没有查到什么证据，于是傅太后就另外派遣了中谒者令史立去审理这件事。史立接受了傅太后的旨意以后，希望自己能够因此而被封侯，于是就处理了冯太后的妹妹冯习以及弟媳妇君之，一共杀死了几十个人，还欺骗汉哀帝上奏说："冯太后祷告天神，祈求上天可以降下灾祸，阴谋杀死皇上，来立中山王为帝。"但是史立去责问冯太后的时候，却没有得到冯太后认罪的口供。于是史立就说："过去，熊从栏中扑上大殿的时候，你都可以走到熊的面前直立，用身体去抵挡，是多么勇敢，为什么现在你却如此胆怯呢！"于是冯太后就回头对两旁的人说："这是当年在皇宫里面发生的事情，你们是怎么知道的？你们想陷害我，这就是证明！"然后冯太后就喝下毒药自杀了。宜乡侯冯参、君之、冯习以及她的丈夫、儿子，凡是被牵连进这个案件的，有的自杀而死，有的因为遭受刑罚而死，一共死了十七个人。大家都对他们感到十分同情。

司隶孙宝奏请覆治冯氏狱，傅太后大怒曰："帝置司隶，主使察我！冯氏反事明白，故欲擿抉以扬我恶，我当坐之！"上乃顺指，下宝狱。尚书仆射唐林争之，上以林朋党比周，左迁燉煌鱼泽障候。大司马傅喜、光禄大夫龚胜固争，上为言太后，出宝，复官。张由以先告，赐爵关内侯；史立迁中太仆。

【译文】 司隶孙宝向汉哀帝上奏请求汉哀帝可以再次审理冯氏的案件，傅太后大怒对汉哀帝说："皇上设置了司隶，难道主要就是让它追查我的吗？冯氏造反的事情已经很清楚了，孙宝之所以要求你重新审理这件事情，就是为了要显示宣扬我的过错，应该被治罪的人是我才对！"于是汉哀帝就听从了傅太后的旨意，将孙宝关进了监狱。尚书仆射唐林为孙宝向汉哀帝争辩，汉哀帝却认为唐林这是在结党营私，排斥异己，于是将唐林降职为敦煌郡鱼泽障军候。大司马傅喜、光禄大夫龚胜向汉哀帝极力辩护，于是汉哀帝就告诉了傅太后这件事情，然后将孙宝从监狱里面放了出来，恢复了他的官职。而张由因为是最先告发冯太后的，被汉哀帝赐爵为关内侯；史立被汉哀帝升为中太仆。

资治通鉴卷第三十四　汉纪二十六

起柔兆执徐,尽著雍敦牂,凡三年。

【译文】　起丙辰(公元前5年),止戊午(公元前3年),共三年。

【题解】　本卷记录了汉哀帝刘欣建平二年至建平四年共三年间的历史。主要记录了哀帝刘欣执政前期的政事。哀帝继位后违反伦理,为生父刘康、祖母傅氏上尊号。哀帝暴虐昏庸,亲小人远贤臣,外戚傅氏、丁氏、王氏,明争暗斗,傅太后干权,国势迅速衰落。

孝哀皇帝中

建平二年(丙辰,公元前五年)春,正月,有星孛于牵牛。

丁、傅宗族骄奢,皆嫉傅喜之恭俭。又,傅太后欲求称尊号,与成帝母齐尊;喜与孔光、师丹共执以为不可。上重违大臣正议,又内迫傅太后,依违者连岁。傅太后大怒,上不得已,先免师丹以感动喜。喜终不顺。朱博与孔乡侯傅晏连结,共谋成尊号事,数燕见,奏封事,毁短喜及孔光。丁丑,上遂策免喜,以侯就第。

【译文】　建平二年(丙辰,公元前5年)春季,正月,在牵牛宿出现了彗星。

丁、傅宗族的人傲慢奢侈,都对傅喜的恭敬节俭十分忌恨,再加上傅太后向汉哀帝要求给自己和汉成帝的母亲一样尊贵的尊号，但是傅喜和孔光、师丹都坚持认为汉哀帝不可以这样做。汉哀帝难以违背大臣正当的议论，但是在内又受到了傅太后的逼迫，好几年都不能把这件事情决定下来。傅太后大怒，汉哀帝没有办法，只能首先罢免了师丹的官职，借此来动摇傅喜的想法，可是，傅喜始终都没有顺从。朱博和孔乡侯傅晏勾结在一起，共同谋划促成了给傅太后加尊号的事情，他们多次在闲暇的时候，从容谒见汉哀帝，向汉哀帝上呈密封的奏疏，向汉哀帝诋毁诽谤傅喜和孔光的缺点。丁丑日（正月无此日），汉哀帝最终用策书罢免了傅喜的官爵，让傅喜以侯爵的身份回到家里。

御史大夫官既罢，议者多以为古今异制，汉自天子之号下至佐史，皆不同于古，而独改三公，职事难分明，无益于治乱。于是，朱博奏言："故事：选郡国守相高第为中二千石，选中二千石为御史大夫，任职者为丞相；位次有序，所以尊圣德，重国相也。今中二千石未更御史大夫而为丞相，权轻，非所以重国政也。臣愚以为大司空官可罢，复置御史大夫，遵奉旧制。臣愿尽力以御史大夫为百僚率！"上从之。夏，四月，戊午，更拜博为御史大夫。又以丁太后兄阳安侯明为大司马、卫将军，置官属；大司马冠号如故事。

【译文】御史大夫的官职被撤销以后，议论的人都认为古今的制度不同了，汉朝上至天子的称号，下到佐史的名称，都和古代的制度有所不同，但是唯独更改了三公，这使得职权责任难以划分清楚，对于国家的治理并没有什么好处。于是，朱博就向汉哀帝上奏说："根据过去的例子：选择郡国太守、诸侯相治理其管辖的地方的成绩优良的做官秩为中二千石的官，选择官秩为中二千石的官员做御史大夫，做御史大夫能够胜任职务的就任命他做丞相，这样子的话，晋升官位就会有一定的顺序，不会产生混乱，这是用来尊敬皇上的圣德，看重国家的丞相的。但是如今官秩为中二千石的官员还没有做过御史大夫的官职就被升做了丞相，权势轻微，这不是加强统治国家的方法。臣愚昧地认为您可以废除大司空的官职，重新再去设置御史大夫的官职，遵守奉行原本就有的制度。臣愿意竭尽心力去做御史大夫的官职，来为百官做表率！"汉哀帝采纳了他的建议。夏季，四月，戊午日（初二），汉哀帝改任朱博为御史大夫。又任命丁太后的哥哥阳安侯丁明做大司马、卫将军，设置了属官，给大司马所加上的尊号和绶也和以前的制度是一样的。

傅太后又自诏丞相、御史大夫曰："高武侯喜附下罔上，与故大司空丹同心背畔，放命圮族，不宜奉朝请，其遣就国！"

【译文】傅太后又自己下诏给丞相、御史大夫说："高武侯傅喜亲近附会大臣，欺瞒蒙蔽皇上，和前任的大司空师丹背叛皇上的想法是一样的，不听从皇室的教令，损害了宗族，不适合再让他以朝请的名义去朝见皇上，你应该立即把他遣送回原封国去！"

丞相孔光，自先帝时议继嗣，有持异之隙，又重忤傅太后指。由是傅氏在位者与朱博为表里，共毁谮光。乙亥，策免光为庶人。以御史大夫朱博为丞相，封阳乡侯；少府赵玄为御史大夫。临延登受策，有大声如钟鸣，殿中郎吏陛者皆闻焉。

【译文】丞相孔光，从先帝选择定陶共王为皇位继承人的时候，就对这件事持有异议而与傅太后和汉哀帝有了嫌隙，再加上他违背了傅太后的旨意，因此傅氏在朝廷做官的人和朱博内外互相勾结，一起向汉哀帝诋毁孔光。乙亥日（十九日），汉哀帝用策书罢免了孔光的官职，将他贬为平民。然后汉哀帝任命御史大夫朱博做丞相，封朱博为阳乡侯；又任命少府赵玄为御史大夫。汉哀帝在任命他们两个人的时候，就在二人登上大殿并且准备接受汉哀帝的封官的时候，忽然有像钟响一般很大的声音出现了，大殿里面的郎官卫士都听到了这个声音。

上以问黄门侍郎蜀郡扬雄及李寻。寻对曰："此《洪范》所谓鼓妖者也。师法，以为人君不聪，为众所惑，空名得进，则有声无形，不知所从生。其传曰：'岁、月、日之中，则正卿受之。'今以四月日加辰、巳有异，是为中焉。正卿，谓执政大臣也。宜退丞相、御史，以应天变。然虽不退，不出期年，其人自蒙其咎。"扬雄亦以为："鼓妖，听失之象也。朱博为人强毅，多权谋，宜将不宜相，恐有凶恶亟疾之怒。"上不听。

【译文】于是汉哀帝就拿这件事情去询问黄门侍郎蜀郡人扬雄和李寻。李寻回答汉哀帝说："这应该就是《洪范》里面所说的鼓妖。他们施行妖术的时候，往往是他们认为国君听言不清，被别人迷惑了，从而使有名无实的人能够进入朝廷任职，那么，就会出现这种有声音但是却没有形象的怪事，不知道是从哪里发出的这种声音。注解里面说：'如果发生在年、月、日的中期的话，那么就预示着这是由正卿所造成的。'现在是四月的日子，再加上辰时、巳时，出现了这种声音，这正好就是发生在年、月、日的中期的意思（将一年分为三分，则四月巳为年的中期；将一日分为三分，则辰、巳为日的中期）。正卿，也就是指执政大臣。所以您应该罢免御史、丞相，以此来应付上天的改变。否则，即使您没有罢免他们的官职，不超过一年，这些人自己也会遭受到灾祸。"扬雄也认为："鼓妖的出现，就是国君听言不清的象征。朱博这个人刚强果断，多权变的计谋，他适合做将军，但是他却不适合做丞相，如果您坚持不罢免他的话，恐怕会使上天感到愤怒，从而使国家遭受到凶恶紧急的灾祸。"汉哀帝没有听从他们两个的建议。

朱博既为丞相，上遂用其议，下诏曰："定陶共皇之号，不宜复称定陶。尊共皇太后曰帝太太后，称永信宫；共皇后曰帝太后，称中安宫；为共皇立寝庙于京师，比宣帝父悼皇考制度。"于是四太后各置少府、太仆，秩皆中二千石。

【译文】朱博做了丞相以后，汉哀帝就采纳了他的建议，颁下诏书宣布说："定陶共皇这个称号，不应该再称呼为定陶了，从现在开始，就尊称共皇太后为帝太太后，称永信宫；共皇后为帝太后，称中安宫；为共皇在京城建立祭祀的庙宇，比照汉宣帝的父亲悼皇考的祭庙的规格建立。"于是，傅太后、丁太后、赵太后、太皇太后分别都设置了少府、太仆，并且官秩都是中二千石。

【申涵煜评】共皇之事，定义昭然，而阿旨者必欲加之以非分，父子天性之间，其说最易入邀上宠，而弋显爵小人往往视为奇货。故濮王、兴献之聚讼，欧阳、张、桂诸公议虽有据，而咎者纷纷。君子立言，不可不慎。

【译文】定陶王刘康被追尊为共皇帝，早已是明白确定了的事，然而阿谀旨意的人一定要给共皇帝加上非分的谥号，父子亲情是天性，这种说法最容易受到皇帝的喜欢，而求取显赫爵位的那些小人往往把这种说法视为奇货。故而为宋代濮王，明代兴献王追尊的事便成了难以解决的问题，欧阳修、张璁、桂萼诸公的议论虽然有理有据，而怪罪他们的人却很多。君子说话立论，不能不谨慎啊。

傅太后既尊后，尤骄，与太皇太后语，至谓之“妪”。时丁、傅以一二年间暴兴尤盛，为公卿列侯者甚众。然帝不甚假以权势，不如王氏在成帝世也。

【译文】 傅太后取得尊号以后，更加傲慢放纵，就连和太皇太后说话的时候，她甚至称太皇太后是“妪”。这个时候，丁、傅两家也在这一两年间急速兴盛起来，权力、威势也更加盛大，他们的家人有很多都是公卿列侯的官职。可是，汉哀帝并没有将很多权利给予他们，因此他们在威势上比不上王氏在汉成帝的时候。

丞相博、御史大夫玄奏言：“前高昌侯宏，首建尊号之议，而为关内侯师丹所劾奏，免为庶人。时天（下）〔子〕衰粗，委政于丹，丹不深惟褒广尊号之义，而妄称说，抑贬尊号，亏损孝道，不忠莫大焉！陛下仁圣，昭然定尊号，宏以忠孝复封高昌侯；丹恶逆暴著，虽蒙赦令，不宜有爵邑，请免为庶人。”奏可。又奏：“新都侯王莽前为大司马，不广尊尊之义，抑贬尊号，亏损孝道，当伏显戮。幸蒙赦令，不宜有爵土，请免为庶人。”上曰：“以莽与太皇太后有属，勿免，〔遣〕就国。”及平阿侯仁臧匿赵昭仪亲属，皆遣就国。

【译文】 丞相朱博、御史大夫赵玄向汉哀帝上奏说：“以前高昌侯董宏，是最先提出了尊称定陶共王后为帝太后的建议的，却被关内侯师丹向汉哀帝上奏弹劾，因此被罢免了官职贬为平民。那个时候汉哀帝正在守丧期间，国家大事都是由师丹进行处理的，但是师丹不去深思褒扬推崇尊号的深意，却狂妄地胡说，压抑贬低了尊号，使您的孝道受到了损害，实在是再也没有比这更加不忠的了！陛下仁慈圣明，明白地给帝太太后定下了尊号，董宏也应该因为他的忠诚孝顺重新被封为高昌侯；而师丹的罪恶违逆已经十分明显了，即使他蒙受了汉哀帝的赦免之令，也不应该再拥有爵位和封邑了，我请求您可以罢免了他的官职，将他贬为平民。"汉哀帝采纳了赵玄的奏疏。朱博、赵玄还向汉哀帝上奏说："新都侯王莽以前做大司马的时候，没有广泛地去宣扬尊崇尊号的道理，反而压抑贬低了尊号，使您的孝道受到了损害，您应当在市集将他斩首，来警示众臣。即使他有幸蒙受了皇上的赦免之令，但是他也不应该再拥有爵位和封邑了，我请求您可以罢免他的官职，将他贬为平民。"汉哀帝回答说："因为王莽和皇太后有亲属关系，我不可以罢免了他的官职，但是可以把他遣送回封国。"此外，等到平阿侯王仁隐藏赵昭仪亲属的事情被发现了以后，也都被遣送回了封国。

天下多冤王氏者。谏大夫杨宣上封事言："孝成皇帝深惟宗庙之重，称述陛下至德以承天序，圣策深远，恩德至厚。惟念先帝之意，岂不欲以陛下自代，奉承东宫哉！太皇太后春秋七十，数更忧伤，敕令亲属引领以避丁、傅，行道之人为之陨涕，况于陛下？时登高远望，独不惭于延陵乎？"帝深感其言，复封成都侯商中子邑为成都侯。

【译文】 天下的很多百姓都为王氏受到的冤屈而感到不公平。谏大夫杨宣向汉哀帝呈上秘密的奏章说："孝成皇帝深深地思考到了宗庙的重要，他称赞陛下有至高的品德，寻您来承继帝王的位置。圣上圣明的计划意义深远，恩泽也是十分地深厚。您追想一下先帝的用意，又怎么会是不想让陛下来代替自己，去侍奉太皇太后呢？太皇太后的年龄已经高达七十了，却多次经历忧虑伤感，皇上却还要下令让她的亲属自动辞职然后引退，来避开丁、傅这两家，路上的行人都为了这件事情而伤心落泪了，何况陛下呢？

如果您登上高处，向远处望去，当您面对延陵（成帝的陵寝）的时候，难道您就不会感到羞愧吗？"汉哀帝被他的话深深地感动了，于是重新册封成都侯王商的次子王邑为成都侯。

朱博又奏言："汉家故事，置部刺史，秩卑而赏厚，咸劝功乐进。前罢刺史，更置州牧，秩真二千石，位次九卿；九卿缺，以高第补；其中材则苟自守而已。恐功效陵夷，奸轨不禁。臣请罢州牧，置刺史如故。"上从之。

【译文】　朱博又向汉哀帝上奏说："根据汉家以往的例子，州设置的刺史，俸禄微薄；但是，对他们的赏赐十分丰厚，因此人人都勤勉立功，以进取为乐。只是前几年您撤除了刺史的官职，改为设置州牧，官秩为真二千石（真二千石即二千石），地位比九卿低；一旦九卿有所缺少，就从州牧中名次靠前的去填补；这样一来，如果州牧的才干是平庸的，那就会只是随便地守住自己的位置而已了，我担心他们作为监察官的功效将会逐渐地减弱丧失，犯法作乱的行为也就无法得到禁止了。臣请求您能够撤除州牧的官职，转而设置刺史，还和过去一样。"汉哀帝采纳了他的建议。

六月，庚申，帝太后丁氏崩，诏归葬定陶共皇之园，发陈留、济阴近郡国五万人穿复土。

【译文】　六月，庚申日（初五），帝太后丁氏去世了，汉哀帝下诏将丁氏运回去葬到定陶共皇的陵寝里面，征用了陈留郡、济阴郡以及接近定陶国的郡县一共有五万人，去挖土筑坟，完成合葬。

初，成帝时，齐人甘忠可诈造《天官历》、《包元太平经》十二卷，言汉家逢天地之大终，当更受命于天，以教渤海夏贺良等。中垒校尉刘向奏忠可假鬼神，罔上惑众；下狱，治服；未断，病死。贺良等复私以相教。上即位，司隶校尉解光、骑都尉李寻白贺良等，皆待诏黄门。数召见，陈说"汉历中衰，当更受命。成帝不应天命，故绝嗣。今陛下久疾，变异屡数，天所以谴告人也。宜急改元易号，乃得延年益寿，皇子生，灾异息矣。得道不得行，咎殃且无不有，洪水将出，灾火且起，涤荡民人。"上久寝疾，冀其有益，遂从贺良等议，诏大赦天下，以建平二年为太初元年，号曰"陈圣刘太平皇帝"，漏刻以百二十为度。

【译文】 当初，汉成帝在位的时候，齐国人甘忠可伪造了《天官历》《包元太平经》十二卷，他说汉家正好遇到了天地的一次最大的终结，应当重新接受上天的命令，并且把这个传授给了渤海人夏贺良等人。中垒校尉刘向向汉哀帝上奏说甘忠可假借鬼神，欺骗皇上，蛊惑百姓，于是汉成帝就下令将甘忠可关进了监狱，追究他挟诈欺罔的罪行并且取得了他认罪的口供，但是还没有对甘忠可进行判决，甘忠可就生病去世了。然而夏贺良等人仍然继续暗地里互相教授。汉哀帝登基以后，司隶校尉解光、骑都尉李寻向汉哀帝说明了夏贺良等人的事情，于是夏贺良等人都被汉哀帝任命为待诏在禁门黄闼服侍。汉哀帝几次召见了夏贺良等人，夏贺良等人对汉哀帝叙说："汉朝的国运，在中途就衰落了，您应当重新去接受上天的命令。汉成帝不符合上天的命令，所以他才会断绝了子嗣。现在陛下您长时间生病，怪异的现象也一再出现，这正是上天在谴责和警告世人，所以您应该赶快另外再起一个元年，更改您的名号，然后您才能够延长年岁，增加寿数，等到皇子诞生以后，现在一直出现的灾异也就可以停止了。您知道了这个道理，却不能照这样子去做，凶险灾异就不可能没有，洪水将会出现，火灾也将会兴起，这些都会使百姓流离失所。"汉哀帝长时间地卧病在床，他希望自己的病情能够好转起来，于是，汉哀帝就采纳了夏贺良等人的建议，下令大赦天下，并且以建平二年作为太初元年，号称自己是"陈圣刘太平皇帝"，还把计时用的刻漏改为以一百二十刻为标准。

【乾隆御批】自眭孟、翼奉好言阴阳灾异。而图谶符命之说兴，然刘向、谷永之伦早有以启之矣，驯至甘忠可、夏贺良接踵之，新莽遂借以篡汉，左道之诛，其可贷耶。

【译文】过去眭孟、翼奉就喜好谈论阴阳灾异。而图谶符命学说的兴起，早在刘向、谷永等人的时候就已露出苗头，以至甘忠可、夏贺良等人接踵而来，最后王莽利用它颠覆了汉朝政权，所以诛杀宣传邪道的人，是可以的。

秋，七月，以渭城西北原上永陵亭部为初陵，勿徙郡国民。

上既改号月馀，寝疾自若。夏贺良等复欲妄变政事，大臣争以为不可许。贺良等奏言："大臣皆不知天命，宜退丞相、御史，以解光、李寻辅政。"上以其言无验，八月，诏曰："待诏贺良等建言改元易号，增益漏刻，可以永安国家。朕信道不笃，过听其言，冀为百姓获福，卒无嘉应。夫过而不改，是谓过矣！六月甲子诏书，非赦令，皆蠲除之。贺良等反道惑众，奸态当穷竟。"皆下狱，伏诛。寻及解光减死一等，徙燉煌郡。

【译文】秋季，七月，汉哀帝下令在渭城西北原上的永陵亭一带修筑自己的陵墓，他没有下令将郡国的百姓迁移到陵区。

汉哀帝更改年号一个多月之后，还是和以前一样卧病在床。夏贺良等人就又想胡乱地去变更政事，于是大臣就向汉哀帝争辩，认为汉哀帝不可以答应他们的请求。于是夏贺良等人就向汉哀帝上奏说："大臣们都不知道上天的命令是什么，您应该罢免了丞相、御史，任用解光、李寻来辅助朝政。"汉哀帝认为他们的话没有起什么作用，八月，就下诏说："待诏夏贺良等人，建议我另外起一个元年，更改年号，增加刻漏的刻度，他们说这样做就可以使国家永远平安；由于朕对天道的信奉还不够笃定真诚，所以才会错信了他们的话，我希望可以借此来为百姓谋求福泽，却始终没有出现吉祥的征兆。犯下了过错却没有改正，这才是真正的过错！我在六月甲子的时候颁布下的诏书，除了赦令以外，剩下的全部都废除掉。夏贺良等人违反了正道，蛊惑了民众，他们奸诈邪恶的行为，应当全部进行彻底追究。"于是汉哀帝就下令将他们都关进监狱，对他们处以死刑。李寻和解光减免死罪一等，被放逐到了敦煌郡。

上以寝疾，尽复前世所尝兴诸神祠凡七百馀所，一岁三万七千祠云。

傅太后怨傅喜不已，使孔乡侯晏风丞相朱博令奏免喜侯。博与御史大夫赵玄议之，玄言："事已前决，得无不宜？"博曰："已许孔乡侯矣。匹夫相要，尚相得死，何况至尊！博唯有死耳！"玄即许可。博恶独斥奏喜，以故大司空（氾）〔氾〕乡侯何武前亦坐过免就国，事与喜相似，即并奏："喜、武前在位，皆无益于治，虽已退免，爵土之封，非所当也。皆请免为庶人。"上知傅太后素尝怨喜，疑博、玄承指，即召玄诣尚书问状，玄辞服。有诏："左将军彭宣与中朝者杂问"，宣等奏劾"博、玄、晏皆不道，不敬，请召诣廷尉诏狱"。上减玄死罪三等；削晏户四分之一；假谒者节召丞相诣廷尉，博自杀，国除。

【译文】汉哀帝因为卧病在床，所以就将所有汉成帝时候曾经祭祀过的神祠都恢复了，一共是七百多所神祠，一年之中需要进行的祭祀就有三万七千多次。

傅太后对傅喜怨恨不已，于是就命令孔乡侯傅晏去暗示丞相朱博，让朱博向汉哀帝上奏罢免了傅喜的侯爵。朱博就去和御史大夫赵玄商议这件事，赵玄就说："这件事皇上以前已经判决过了，再提恐怕不合适吧？"朱博回答说："我已经答应孔乡侯了。普通人之间互相约定好了，还需要以死相报的，更何况是傅太后要求的呢！我朱博只有效死来做这件事了！"于是赵玄就答应了朱博去这样做。朱博不愿意单独向汉哀帝上奏请求斥退傅喜，因为前大司空汜乡侯何武以前也犯下过错而被罢免了职务遣返回封国，情况和傅喜很相似，于是朱博就向汉哀帝同时上奏弹劾他们两人："傅喜、何武以前在位的时候，对国家的治理什么帮助也没有，即使现在您已经罢免了他们的官职，可是，现在他们所拥有的爵位和食邑，也不是他们所应该拥有的，我请求您能够把他们的爵位和食邑也都废除了，并且将他们都贬为平民。"汉哀帝知道傅太后一直都十分怨恨傅喜，于是就怀疑朱博、赵玄是受了她的指使，就将赵玄传召到尚书处，向他问明情形，赵玄就向汉哀帝谢罪降服。于是汉哀帝就下诏说："我命令左将军彭宣和朝中大臣一起审问这件事情。"彭宣等人向汉哀帝上奏弹劾说："朱博、赵玄、傅晏做事都不端正，犯了不敬的罪行，我们请求您可以下诏将他们传唤到廷尉诏狱。"汉哀帝减免了赵玄死罪三等，削减了傅晏四分之一的食邑，又让谒者持节为使臣，将丞相传召到廷尉那里去，于是朱博就自杀了，封国也被撤除了。

【申涵煜评】喜持正不阿，甚类窦婴，乃外戚中贤者。太后怨之于上，朱博等谮之于下，哀帝能察其冤，而博等自杀，此际颇有乾断，较胜成帝。

【译文】 傅喜坚持正道，不阿附权贵，和窦婴很类似，是外戚中贤明的人。上有傅太后的怨恨，下有朱博等人的诬陷，汉哀帝能知道傅喜的冤情，而使得朱博等人自杀，对这件事的处理，汉哀帝很能显示出帝王的裁决能力，比汉成帝强一点。

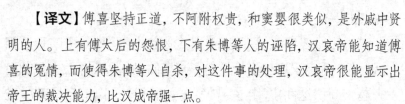

九月，以光禄勋平当为御史大夫；冬，十月，甲寅，迁为丞相；以冬月故，且赐爵关内侯。以京兆尹平陵王喜为御史大夫。

【译文】 九月，汉哀帝任命光禄勋平当作御史大夫。冬季，十月，甲寅日（初一），平当被汉哀帝升作丞相，因为是在不适合封侯的冬季的月份，汉哀帝暂且先给平当赐爵为关内侯。任命京兆尹平陵人王喜为御史大夫。

上欲令丁、傅处爪牙官，是岁，策免左将军淮阳彭宣，以关内侯归家，而以光禄勋丁望代为左将军。

【译文】 汉哀帝想要让丁、傅两个家族的人担任重要的武官，这一年，汉哀帝就下诏罢免了左将军淮阳人彭宣的官职，让他以关内侯的身份回家，转而任命光禄勋丁望代为左将军。

乌孙卑爰疐侵盗匈奴西界，单于遣兵击之，杀数百人，略千馀人，驱牛畜去。卑爰疐恐，遣子趋逯为质匈奴，单于受，以状闻。汉遣使者责让单于，告令还归卑爰疐质子。单于受诏遣归。

【译文】 乌孙国的卑爰疐侵犯劫掠匈奴西部的边境地区，于是单于就派兵去攻击他，一共杀死了几百人，抢掠了一千多人，将牛畜都驱赶走了。卑爰疐感到十分恐惧，就将儿子趋逯送到匈奴去做人质,单于接受了他,并且将这件事呈报给了汉朝。汉朝就派遣使臣去指责单于,警告命令他将作为人质的卑爰疐的儿子遣送回去;单于接受了诏命,然后就将人质送了回去。

三年(丁巳,公元前四年)春,正月,立广德夷王弟广汉为广平王。

【译文】三年(丁巳,公元前4年)春季,正月,汉哀帝册立广德夷王的弟弟刘广汉做广平王。

癸卯,帝太太后所居桂宫正殿火。

上使使者召丞相平当,欲封之。当病笃,不应召。室家或谓当:"不可强起受侯印为子孙邪?"当曰:"吾居大位,已负素餐责矣。起受侯印,还卧而死,死有馀罪。今不起者,所以为子孙也!"遂上书乞骸骨,上不许。三月,己酉,当薨。

【译文】帝太太后居住的桂宫正殿发生了火灾。

汉哀帝派遣使臣去召见丞相平当,想要册封他为侯,可是,平当病重,没有接受诏命。于是平当的妻室就对平当说:"难道你就不能为子孙勉强起来接受侯爵的印信吗?"平当就回答说:"我居于丞相高位的时候,就已经担负白吃饭不管事的罪责了;如果我现在起来接受侯爵的印信,回来就卧病死去了,那就会在死后遗留下罪过。我现在不起来接受侯爵的印信,才是为子孙着想啊!"于是,平当就向汉哀帝上书请求引退,可是,汉哀帝没有答应平当的请求。三月,己酉日(二十八日),平当去世。

有星孛于河鼓。

夏,四月,丁酉,王嘉为丞相,河南太守王崇为御史大夫。

崇，京兆尹骏之子也。嘉以时政苛急，郡国守相数有变动，乃上疏曰："臣闻圣王之功在于得人。孔子曰：'材难，不其然与！'故继世立诸侯，象贤也。虽不能尽贤，天子为择臣、立命卿以辅之。居是国也，累世尊重，然后士民之众附焉。是以教化行而治功立。今之郡守重于古诸侯，往者致选贤材，贤材难得，拔擢可用者，或起于囚徒。昔魏尚坐事系，文帝感冯唐之言，遣使持节赦其罪，拜为云中太守，匈奴忌之。武帝擢韩安国于徒中，拜为梁内史，骨肉以安。张敞为京兆尹，有罪当免，黜吏知而犯敞，敞收杀之，其家自冤，使者覆狱，劾敞贼杀人，上逮捕不下，会免；亡命十数日，宣帝征敞拜为冀州刺史，卒获其用。前世非私此三人，贪其材器有益于公家也。孝文时，吏居官者或长子孙，以官为氏，仓氏、库氏则仓库吏之后也；其二千石长吏亦安官乐职，然后上下相望，莫有苟且之意。其后稍稍变易，公卿以下传相促急，又数改更政事，司隶、部刺史举劾苛细，发扬阴私，吏或居官数月而退，送故迎新，交错道路。中材苟容求全，下材怀危内顾，壹切营私者多。二千石益轻贱，吏民慢易之，或持其微过，增加成罪，言于刺史、司隶，或上书告之。众庶知其易危，小失意则有离畔之心。前山阳亡徒苏令等纵横，吏士临难，莫肯伏节死义，以守、相威权素夺也。孝成皇帝悔之，下诏书，二千石不为故纵，遣使者赐金，尉厚其意，诚以为国家有急，取办于二千石；二千石尊重难危，乃能使下。孝宣皇帝爱其善治民之吏，有章劾事留中，会赦壹解。故事：尚书希下章，为烦扰百姓，证验系治，或死狱中，章文必有'敢告之'字乃下。唯陛下留神于择贤，记善忘过，容忍臣子，勿责以备。二千石、部刺史、三辅县令有材任职者，人情不能不有过差，宜可阔略，令尽力者有所劝。此方今急务，国家之利也。前苏令发，欲遣大夫使逐问状，时见大夫无可使者，召鏊屋令尹逢，拜为谏大夫遣之。今诸大夫有材能者甚少，宜豫畜养可成就者，则士赴难不爱其死。临事仓卒乃求，非所以明朝廷也。"嘉因荐儒者公孙光、满昌及能吏萧咸、薛修等，皆故二千石有名称者，天子纳而用之。

【译文】 在河鼓星出现了彗星。

　　夏季，四月，丁酉日（十七日），汉哀帝任命王嘉为丞相，河南郡太守王崇为御史大夫。王崇，是京兆尹王骏的儿子。王嘉感到那个时候施行的政令苛刻急切，担任郡太守、诸侯相的官员经常都有变更，于是就向汉哀帝上疏说："臣听说圣王成就功业就在于对贤人的任用，孔子说过：'贤才难得，难道不是这样的吗？'所以选择诸侯的继承人，只要多少像他的父祖的贤德就可以。即使不能完全和他的父祖一样的贤德，但是天子可以为他选择臣子，及时任命贤能的卿来辅助他。他处在这个封国里面，历代受到百姓的尊重，然后广大的士民才会归附他，因此教化就可以得到推行，治功可以得到建立。现在的郡太守，职权比古代的诸侯还要大；过去总是精心去选取贤才来担任郡守的职务，却很难得到贤才，为了提升擢用可以任用的人，甚至有从囚犯中起用的事例。从前魏尚因事犯罪，被关进了监狱，汉文帝被冯唐的话所感动，就派遣使者，拿着符节，去赦免了他的罪过，并且任命他为云中郡的太守，匈奴对他都十分畏惧。汉武帝（当作景帝，"通鉴"此处有误）从罪犯里面提拔了韩安国，任命他为梁国的内史，使得刘氏的骨肉得以平安。张敞被任命为京兆尹的时候，因为犯了罪本来应该被罢免职务，可是却有狡猾的官吏，明明知道这件事就去故意冒犯张敞，于是张敞就将他拘捕杀死了，因此死者的家人就去为他申明冤情，使臣也详细地审查了这个案件，向汉宣帝弹劾张敞杀害人，上奏请求汉宣帝可以逮捕张敞，但是汉宣帝却没有下令逮捕张敞，不久又恰好遇到赦免令，张敞逃命十多天以后，汉宣帝就征召了张敞，并且任命他为冀州的刺史，张敞最后获得了汉宣帝的任用。前代的君王并不是偏袒这三个人，而是因为看重他们的才能器度对国家有益处。孝文帝的时候，任用的官吏长期都没有改变，有的等到子孙长大以后，就以官名作为姓氏，仓氏、库氏就是管理仓库的官吏的后代；其中官秩为二千石吏秩尊高的也都安于官职，乐于供职，然后上下互相期待勉励，没有不守礼法、不务实际的想法。后来稍微有所改变，公卿以下的官员互相层层督促，要求严厉苛刻，又多次更改政事，司隶、州刺史检举弹劾官吏十分苛刻，就连细微的过错也不放过，揭发别人的隐私，有的官吏就做了几个月官就被罢免了，送走旧的官员，迎接新的官员，交错行走在道路上。才能中等的人，处事苟且，优待纵容下属的官员，以求能够保全自己；才能低下的，心里经常担忧恐惧，内心有很多顾虑，很多人一切都为自己打算。官秩为二千石的官更是轻微低贱，官吏百姓都对他们十分轻慢，有的抓住他们小小的过错，就扩大他的罪状，使他被定罪，报告给司隶、刺史，有的甚至向汉哀帝上书报告汉哀帝，大家都发现官秩为二千石的官员很容易被扳倒，遇到稍微有一点不符合自己心意的，就会产生叛离的想法。前一段时间，山阳郡的亡命之徒苏令等人杀掠各郡国的时候，官吏和武士面对那么紧急危险的情况，都不肯为节而殉，为义而死的，就是因为郡太守、诸侯相的威信和权力早就被人侵夺。孝成皇帝感到十分懊悔，就颁下诏书，说对于官秩为二千石的官员不会以故意纵使犯罪或脱逃而对他们构成罪状，并且派遣使臣去赏赐他们黄金，表达慰问的意思，安抚他们的情绪，十分深厚，这实在是因为国家有危急的事情的时候，必须交由官秩为二千石的官员去办理，并且只有官秩为二千石的官员受到尊重，才会很难受到危害，然后他们才能统御驱使下属的官员。孝宣皇帝十分喜爱善于治理百姓的官吏，每当有弹劾他们的罪过的奏章，汉宣帝就会将奏章扣留在宫中，等到遇到大赦的时候，一切事情都解决了。根据以前的惯例：尚书很少把弹劾的奏章交付给有关机构进行查办。就是因为担心烦琐骚扰百姓，查核验证，囚禁审理，有的人就死在了监狱里面，所以弹劾的奏章里面的文字必须有'敢告之'这三个字，才会将它转交给有关机构进行审理。我希望陛下能够注意选择有贤德的人，记住他们的优点，忘记他们的过错，宽容忍耐臣子的缺点，不要求全责备。官秩为二千石、各州的刺史、三辅县令有才能胜任职守的，在人情上是不可能没有过错的，您应该可以宽恕忽略他们小的过错，使尽力供职的官员有所勉励。这是现在最紧急的事情，也关系到国家的利益。以前苏令作乱的时候，朝廷想要派遣大夫令他去驱逐盗匪并且调查苏令起兵的原因，那个时候所有的大夫里面竟然没有一个可以用的，于是就征召了蓥屋县的县令尹逢，任命他为谏大夫然后派遣他出去。现在我们的那些大夫有才能的很少，我们应该预先培养可以造就的人才，那么，才能在士人前赴紧急危险的事情的时候，让他们不会爱惜自己的生命；不然，等到遇到事情的时候，才忽惶急遽去寻求，就不能表明朝廷有人才了。"王嘉趁这个机会向汉哀帝推荐儒者公孙光、满昌以及干吏萧咸、薛修等人，都是以前官秩为二千石并且有名声的官员，汉哀帝接纳而任用了他们。

　　六月，立鲁顷王子部乡侯闵为王。

　　上以寝疾未定，冬，十一月，壬子，令太皇太后下诏复甘泉泰畤、汾阴后土祠，罢南、北郊。上亦不能亲至甘泉、河东，遣有司行事而礼祠焉。

【译文】六月，汉哀帝册立鲁顷王的儿子部乡侯刘闵为王。

汉哀帝因为病情仍然没有好转，冬季，十一月，壬子日（初五），就让太皇太后颁下诏书，恢复了甘泉宫泰畤、汾阴县后土祠，停止了南、北郊的祭礼。因为汉哀帝也不能亲自到甘泉宫、河东郡，就派主管的官吏代表他去行礼进行祭祀。

无盐危山土自起覆草，如驰道状；又，瓠山石转立。东平王云及后谒自之石所祭，治石象瓠山立石，束倍草，并祠之。河内息夫躬、长安孙宠相与谋共告之，曰："此取封侯之计也！"乃与中郎（谷）〔左〕师谭共因中常侍宋弘上变事，告焉。

【译文】无盐县境内的危山的泥土忽然自动翻起来覆盖住青草，就好像是人力开掘的一样，成了驰道的样子；此外，瓠山的石头突然转侧立了起来，东平王刘云以及王后谒就亲自到石头的地方去进行祭祀，并且在宫中建立了一个瓠山立石的形象，又缚上了黄培草，一起进行祭祀。河内人息夫躬、长安人孙宠共同商议，一起向汉哀帝告发这件事情，说："这是一个获取封侯的机会啊！"于是他们就和中郎右师谭一起通过中常侍宋弘向汉哀帝上奏告发了变乱的事情。

是时上被疾，多所恶，事下有司，逮王后谒下狱验治；服"祠祭诅祝上，为云求为天子，以为石立，宣帝起之表也。"有司请诛王，有诏，废徙房陵。云自杀，谒并舅伍宏及成帝舅安成共侯夫人放，皆弃市。事连御史大夫王崇，左迁大司农。擢宠为南阳太守，谭颍川都尉，弘、躬皆光禄大夫、左曹、给事中。

【译文】那个时候汉哀帝生病，对很多事情都感到很厌恶，所以就将这件事情交付给主管的官吏去办理，主管的官员逮捕了东平王后谒,将她关进了监狱里面,进行查证审理;王后谒招供承认了"祭祀山石,祈求上天可以降下灾祸给皇上,为刘云谋求可以做皇上,因为认为山石转侧起立,是以前汉宣帝接受天命成为皇上的征兆"。主管的官吏向汉哀帝请求可以诛杀东平王,汉哀帝颁下了诏书,废黜了他的王位,将他放逐到了房陵县。最后刘云自杀了,王后谒以及刘云的舅舅伍宏和汉成帝的舅舅安成共侯夫人放,都被处以死刑。事情牵连到了御史大夫王崇,他被贬职为大司农。汉哀帝擢升孙宠做南阳郡的太守,右师谭做颍川郡的都尉,宋弘、息夫躬都升为了光禄大夫、左曹、给事中。

四年(戊午,公元前三年)春,正月,大旱。

关东民无故惊走,持槀或抶一枚,转相付与,曰行西王母筹,道中相过逢,多至千数,或被发徒跣,或夜折关,或逾墙入,或乘车骑奔驰,以置驿传行,经历郡国二十六至京师,不可禁止。民又聚会里巷阡陌,设张博具,歌舞祠西王母,至秋乃止。

【译文】四年(戊午,公元前3年)春季,正月,发生大旱。

函谷关以东地区的百姓无缘无故惊慌奔走,手里都拿着一根禾秆或麻秆,互相传递,说"西王母将会到来,我们是在替她传达诏策",在道路上来回奔走,人数多达千人;有的人披着头发光着脚,有的人在夜里绕关而行,有的人翻墙进入,有的人乘坐车马奔走疾驰,利用国家设置的驿传车马来赶路,经过了二十六个郡国到达了京城,无法禁止。百姓又聚集在街巷、田间小路,摆设赌博的用具,用歌舞去祭祀西王母,一直到秋天才停止了。

上欲封傅太后从父弟侍中、光禄大夫商,尚书仆射平陵郑崇谏曰:"孝成皇帝封亲舅五侯,天为赤黄,昼昏,日中有黑气。孔乡侯，皇后父，高武侯以三公封，尚有因缘。今无故欲复封商，坏乱制度，逆天人之心，非傅氏之福也！臣愿以身命当国咎！"崇因持诏书案起。傅太后大怒曰："何有为天子乃反为一臣所颛制邪！"

【译文】汉哀帝想要册封傅太后的堂弟侍中、光禄大夫傅商为侯爵，尚书仆射平陵人郑崇向汉哀帝劝谏说："孝成皇帝册封自己五个亲舅舅做侯爵，天色因此而变成了赤黄。白天昏暗，太阳中有黑气。孔乡侯傅晏，是皇后的父亲；高武侯傅喜，位列三公才被封侯，根据汉家的旧制，他们被封爵还有根据和理由。但是现在您无缘无故想要封傅商为侯爵，破坏了汉家的制度，违背了上天和众人的心意，这可不是傅氏的福泽！臣愿意用生命去承当国家的灾祸！"郑崇说完就拿着诏书的草稿站了起来。傅太后大怒说："哪里有做皇上的反而被一个臣子所控制，反而让他独断专行的呢！"

二月，癸卯，上遂下诏封商为汝昌侯。

驸马都尉、侍中云阳董贤得幸于上，出则参乘，入御左右，赏赐累巨万，贵震朝廷。常与上卧起。尝昼寝，偏藉上袖，上欲起，贤未觉，不欲动贤，乃断袖而起。

【译文】二月，癸卯日（二十八日），汉哀帝最终还是颁下诏书册封傅商做汝昌侯。

驸马都尉、侍中云阳人董贤深受汉哀帝的宠信，就连出宫也与汉哀帝同乘一辆车，进宫也随侍在汉哀帝的身边，汉哀帝对他的赏赐累积一共有数万之多，董贤的显贵使朝廷的官员都感到震惊。董贤和汉哀帝常常睡在一起，曾经有一次睡午觉的时候，董贤侧身躺在了汉哀帝的袖子上面，汉哀帝起床的时候，董贤还没有睡醒，汉哀帝为了不惊动董贤，割断了袖子以后才起来。

又诏贤妻得通引籍殿中，止贤庐。又召贤女弟以为昭仪，位次皇后。昭仪及贤与妻旦夕上下，并侍左右。以贤父恭为少府，赐爵关内侯。诏将作大匠为贤起大第北阙下，重殿，洞门，土木之功，穷极技巧。赐武库禁兵，上方珍宝。其选物上弟尽在董氏，而乘舆所服乃其副也。及至东园秘器、珠襦、玉柙，豫以赐贤，无不备具。又令将作为贤起冢茔义陵旁，内为便房，刚柏题凑，外为徼道，周垣数里，门阙罘罳甚盛。

【译文】 后来汉哀帝又颁下诏书，允许董贤的妻子在向门使通报姓名记录在案后，能够被引导出入殿门进入皇宫，住在董贤在皇宫里面的屋子。又征召董贤的妹妹做了昭仪，地位仅次于皇后。昭仪和董贤夫妇早晚往来，一起在汉哀帝的身边日夜服侍。汉哀帝还任命董贤的父亲董恭为少府，赐爵为关内侯。汉哀帝还颁下诏书，命令将作大匠为董贤在北阙附近建筑一个大宅，里面有前后大殿，殿门宽阔，土木工程十分浩大，豪华精巧绝伦。汉哀帝赏赐给他兵库里面的武器、宫中的卫兵、上好的珍宝。其中经过挑选而被列为上等的精良的器物，都在董贤的家里面，然而汉哀帝所使用的却是次一等的。汉哀帝连皇家丧葬用的棺木、珍珠连缀制成的寿衣、玉璧制成的寿裤，都预先赏赐给了董贤，没有一样东西是不完备的。汉哀帝又命令将作大匠在义陵旁边为董贤建立一个坟墓，里面还建设有休息的地方，用坚硬的柏木做题凑，墓园外面修建有警备的道路，四周的围墙就有几里那么长，门阙和用作守望防御的网状障墙有很多雕饰的屏风。

郑崇以贤贵宠过度谏上，由是重得罪，数以职事见责；发疾颈痛，欲乞骸骨，不敢。尚书令赵昌佞谄，素害崇；知见疏，因奏"崇与宗族通，疑有奸，请治。"上责崇曰："君门如市人，何以欲禁切主上？"崇对曰："臣门如市，臣心如水。愿得考覆！"上怒，下崇狱。司隶孙宝上书曰："按尚书令昌奏仆射崇狱，覆治，榜掠将死，卒无一辞，道路称冤。疑昌与崇内有纤介，浸润相陷。自禁门枢机近臣，蒙受冤谮，亏损国家，为谤不小。臣请治昌以解众心。"书奏，上下诏曰："司隶宝附下罔上，以春月作诋欺，遂其奸心，盖国之贼也。免宝为庶人。"崇竟死狱中。

资治通鉴

【译文】 郑崇认为汉哀帝对董贤的显贵宠爱超过了法度，就向汉哀帝进行劝谏，因此而得罪了汉哀帝，汉哀帝多次借公事去谴责他，后来，郑崇因为脖子上面长了毒疮生病了，想要辞职退休，但是又不敢。尚书令赵昌奸邪、善于谄谀，一直以来都嫉恨郑崇，看到郑崇被汉哀帝疏远了，就趁机向汉哀帝上奏说："郑崇和宗族的人勾结，我怀疑他们有奸谋，我请求皇上可以进行审理"。于是汉哀帝就谴责郑崇说："你家门前来回奔走的人有很多，就好像是市集一样，你为什么要约束别人与主上交往呢？"郑崇回答汉哀帝说："虽然在臣门前来回奔走的人有很多，但是，臣的心像水一般清，我希望皇上能够仔细考察审核！"汉哀帝就发怒了，将郑崇关进了监狱里面。司隶孙宝向汉哀帝上书说："尚书令赵昌上奏仆射郑崇这件案子，经过反复审理，答击拷问以后，郑崇都即将死去了，可是，始终没有一句招认的话，就连路上的行人都说郑崇是冤枉的。我怀疑赵昌是因为和郑崇之间有私人的恩怨，所以才向汉哀帝进谗言陷害他。如果就连宫禁之内皇帝身边主管机要的大臣，都受到冤枉诬蔑，将会使国家受到损失，还会招来很多诽谤。臣请求皇上可以惩办赵昌来纾解众人内心的不平。"孙宝的奏书呈递给汉哀帝以后，汉哀帝就颁下诏书说："司隶孙宝附会臣下，欺瞒君上，想要利用春月是宽大赦免的时候，进行诋毁和欺骗，来满足他自己奸邪的心意，他才是害国的奸贼。现在我就罢免孙宝的官职，将他贬为平民。"郑崇最后还是死在了监狱里面。

二月，丁卯，诸吏、散骑、光禄勋贾延为御史大夫。

上欲侯董贤而未有缘，侍中傅嘉劝上定息夫躬、孙宠告东平本章，掇去宋弘，更言因董贤以闻，欲以其功侯之，皆先赐爵关内侯。顷之，上欲封贤等而心惮士嘉，乃先使孔乡侯晏持诏书示丞相、御史。于是，嘉与御史大夫贾延上封事言："窃见董贤等三人始赐爵，众庶匈匈，咸曰贤贵，其馀并蒙恩，至今流言未解。陛下仁恩于贤等不已，宜暴贤等本奏语言，延问公卿、大夫、博士、议郎，考合古今，明正其义，然后乃加爵土；不然，恐大失众心，海内引领而议。暴评其事，必有言当封者，在陛下所从；天下虽不说，咎有所分，不独在陛下。前定陵侯淳于长初封，其事亦议，大司农谷永以长当封；众人归咎于永，先帝不独蒙其讥。臣嘉，臣延，材驽不称，死有馀责，知顺指不逆，可得容身须臾。所以不敢者，思报厚恩也。"上不得已，且为之止。

【译文】二月，汉哀帝任命诸吏、散骑、光禄勋贾延为御史大夫。

汉哀帝想要册封董贤侯爵，却没有理由，侍中傅嘉劝谏汉哀帝更改定息夫躬、孙宠告发东平王刘云的奏章，抹去宋弘的名字，改说成是由董贤告发的，汉哀帝想要借由这个功劳来封侯，于是就先把进行告发的有功人员全赐封为关内侯。没有多长时间，汉哀帝想要册封董贤等人，但是心里又顾忌王嘉反对，就先派遣孔乡侯傅晏将诏书拿给丞相、御史看。于是，王嘉和御史大夫贾延就向汉哀帝进呈秘密的奏章说："我私底下见到董贤等三人当初被赐爵位的时候，大家都议论纷纷，都说董贤显贵，其他的人都是借着他才蒙受恩宠的，流言一直到现在都没有平息；陛下对董贤等人施加的仁义恩泽没有停止过，您应该公布董贤等人上奏的奏章的原文，然后再去询问公卿、大夫、博士、议郎，考察是否符合古今的前例，彰明册封他的理由是否正当，使这件事能够名正言顺，然后您才可以赏赐爵位和食邑给他。如果您没有这样做的话，恐怕您就会失去众人的心了，全国的百姓，议论纷纷，很长时间都不会停止，激烈地议论抨击这件事情，如果公开议论这件事，一定会有人说应当封侯的，对陛下来说，就是采纳顺从了众人的建议；即使天下的百姓不高兴，也有人去承担过错，不用只由陛下一人承担。以前定陵侯淳于长刚刚被封侯的时候，他的事情公开地进行了议论，大司农谷永认为淳于长应当被封侯，于是大家就将过错都集中在了谷永的身上，不是只有先帝承受众人的讥讽。臣王嘉、臣贾延，才能低下，不符合职守，即使是死了也有余责，明明知道顺从皇上的旨意，不违逆皇上，就可以使自己的官位安稳，保全自己的身家性命，但是我们之所以不敢这样做，实在是想要报答皇上深厚的恩泽啊。"汉哀帝没有办法，只能暂且把这件事搁置下来。

　　夏，六月，尊帝太太后为皇太太后。

　　秋，八月，辛卯，上下诏切责公卿曰："昔楚有子玉得臣，晋文为之侧席而坐；近事，汲黯折淮南之谋。今东平王云等至有图弑天子逆乱之谋者，是公卿股肱莫能悉心、务聪明以销厌未萌故也。赖宗庙之灵，侍中、驸马都尉贤等发觉以闻，咸伏厥辜。《书》不云乎：'用德章厥善。'其封贤为高安侯，南阳太守宠为方阳侯，左曹、光禄大夫躬为宜陵侯，赐右师谭爵关内侯。"

　　【译文】夏季，六月，汉哀帝尊奉帝太太后为皇太太后。

　　秋季，八月，辛卯日（十九日），汉哀帝颁下诏书，严厉地指责公卿说："从前楚国有子玉得臣，晋文公因为他而忧愁得不敢正着坐只能侧身坐着。就拿最近发生的事例来说，汲黯曾经挫败了淮南王谋反的阴谋。但是现在东平王刘云等人甚至有策划弑杀皇上叛逆作乱的阴谋，这是公卿大臣不能够尽心职守，致力于察觉阴谋，在事情还没有发生之前就加以消灭埋塞的缘故。幸好我依赖宗庙的神灵，侍中、驸马都尉董贤等人发现以后告知了我，才使他们都伏法了。《书经》里面不是说过吗：'人主应该用察照之德，赐以爵禄之赏，来表彰臣下的善行。'现在我下令册封董贤为高安侯，南阳太守孙宠为方阳侯，左曹、光禄大夫息夫躬为宜陵侯，赐给右师谭关内侯的爵位。"

又封傅太后同母弟郑恽子业为阳信侯。息夫躬既亲近，数进见言事，议论无所避，上疏历诋公卿大臣。众畏其口，见之仄目。

【译文】又下令册封傅太后的亲弟弟傅郑恽的儿子傅郑业为阳信侯。息夫躬与汉哀帝亲近之后，多次去觐见汉哀帝，与汉哀帝谈论事情，议论没有什么忌讳，向汉哀帝进呈的奏疏，逐个诋毁公卿大臣。大家都畏惧他的利嘴，遇见他都不敢正眼看他。

上使中黄门发武库兵，前后十辈，送董贤及上乳母王阿舍。执金吾毋将隆奏言："武库兵器，天下公用。国家武备，缮治造作，皆度大司农钱。大司农钱，自乘舆不以给共养；共养劳赐，一出少府。盖不以本臧给末用，不以民力共浮费，别公私，示正路也。古者诸侯、方伯得颛征伐，乃赐斧钺，汉家边吏职任距寇，亦赐武库兵，皆任事然后蒙之。《春秋》之谊，家不臧甲，所以抑臣威，损私力也。今贤等便僻弄臣，私恩微妾，而以天下公用给其私门，契国威器，共其家备，民力分于弄臣，武兵设于微妾，建立非宜，以广骄僭，非所以示四方也。孔子曰：'奚取于三家之堂！'臣请收还武库。"上不说。

【译文】 汉哀帝派遣中黄门拿出武库里面的兵器，前后一共有十车，送给了董贤和汉哀帝的奶妈王阿舍。执金吾毋将隆向汉哀帝上奏说："武库里面的兵器，是天下的百姓公用的。国家的武器装备，修理制作的费用都来自大司农。但是大司农的钱，即使是皇上也不去供给；皇上的生活费用和犒劳赏赐臣下的钱，都来自少府。因此您这就是不把国家用于根本的钱财用在不重要的事情上，不拿百姓的劳力去供应没有必要的消耗，区别公私，来表示走的是正道。古代的诸侯、方伯专门负责征伐的事务，所以才会被赐予斧钺；汉家戍守边疆的臣子，职责就是抵御抗拒敌寇，所以才会被赐予武库里面的兵器，他们也都是在接受了职务和责任之后，然后才去接受了兵器。根据《春秋》里面所写的大义，大夫之家是不可以私藏武器铠甲的，这是为了压制臣子的威势，削弱私家的力量。但是现在董贤等人，都只不过是皇上宠信亲近的弄臣，对皇上有私情的卑贱的奴仆而已，凭着私人的恩惠，贱妾的关系，却可以拿着天下的兵器，把国家公用的东西送进了私人的家门，取走国家的兵器，给他们家用来进行武备，您把百姓的劳力分散给弄臣，把武库里面的兵器陈设在贱妾的家里，您把这些东西陈设在不适合的地方，会扩大骄纵僭越，这是不能用来给天下的百姓做榜样的。孔子说：'雍乐怎么会出现在三家（鲁国的叔孙、仲孙、季孙）的庙堂呢！'臣请求您可以将武器全部收回来，还给武库。"汉哀帝感到很不高兴。

顷之，傅太后使谒者贱买执金吾官婢八人，隆奏言："买贱，请更平直。"上于是制诏丞相、御史:"隆位九卿,既无以匡朝廷之不逮,而反奏请与永信宫争贵贱之贾,伤化失俗。以隆前有安国之言,左迁为沛郡都尉。"初,成帝末,隆为谏大夫,尝奏封事言:"古者选诸侯入为公卿,以褒功德,宜征定陶王使在国邸,以填万方。"故上思其言而宥之。

【译文】 不久,傅太后派遣谒者以低价买了执金吾的八个官婢,毋将隆向汉哀帝上奏说:"购买官婢的价格实在是太便宜了,我请求您可以重新制定公平合理的价格。"于是汉哀帝就下诏给丞相、御史:"毋将隆作为九卿的官员,既没有办法匡正朝廷的缺失,反而上奏请求和永信宫(傅太后)争论购买官婢价格的高低,伤害了教化,败坏了风俗。因为毋将隆以前有过有助于安定国家的言论,所以现在我罢免他的官职,将他贬职为沛郡都尉。"当初,成帝末年,毋将隆为谏大夫,曾经向汉哀帝进呈机密的奏章说:"古代遴选诸侯进入朝廷做公卿,就是为了褒扬他们的功德,您现在应该征召定陶王,让他住在定陶王府邸,来镇定天下。"汉哀帝想到他的话所以才宽恕了他。

谏大夫渤海鲍宣上书曰:"窃见孝成皇帝时,外亲持权,人人牵引所私以充塞朝廷,妨贤人路,浊乱天下,奢泰亡度,穷困百姓,是以日食且十,彗星四起。危亡之征,陛下所亲见也;今奈何反覆剧于前乎!

【译文】 谏大夫渤海人鲍宣向汉哀帝上书说:"我私底下见到孝成皇帝的时候,外戚把持着权势,每个人都向孝成皇帝举荐他自己偏爱的人,他们的亲信充满了朝廷,阻碍有贤能的人的晋升道路,扰乱了国家,生活也十分奢侈,没有节制,使百姓贫穷困乏,因此发生了将近十次的日食,出现了四次彗星。这些危险灭亡的征兆，都是陛下曾经亲眼看到的，可是，为什么现在比以前更加厉害了啊！

"今民有七亡：阴阳不和，水旱为灾，一亡也；县官重责，更赋租税，二亡也；贪吏并公，受取不已，三亡也；豪强大姓，蚕食亡厌，四亡也；苛吏繇役，失农桑时，五亡也；部落鼓鸣，男女遮列，六亡也；盗贼劫略，取民财物，七亡也。七亡尚可，又有七死：酷吏殴杀，一死也；治狱深刻，二死也；冤陷亡辜，三死也；盗贼横发，四死也；怨雠相残，五死也；岁恶饥饿，六死也；时气疾疫，七死也。民有七亡而无一得，欲望国安，诚难；民有七死而无一生，欲望刑措，诚难。此非公卿、守相贪残成化之所致邪？群臣幸得居尊官，食重禄，岂有肯加恻隐于细民，助陛下流教化者邪？志但在营私家，称宾客，为奸利而已。以苟容曲从为贤，以拱默尸禄为智，谓如臣宣等为愚。陛下擢臣岩穴，诚冀有益豪毛，岂徒欲使臣美食大官、重高门之地哉！

【译文】如今百姓不能好好生活，有七种原因：阴阳没有调和，造成了水灾、旱灾，这是第一种百姓不能好好生活的原因；国家加重征收更赋和租税，苛责严酷，这是第二种百姓不能好好生活的原因；贪官污吏以公务为借口，不停止对百姓的勒索，这是第三种百姓不能好好生活的原因；势力强横的豪强大族，蚕食剥削百姓，兼并百姓的土地，永远不知道满足，这是第四种百姓不能好好生活的原因；苛刻的官吏滥发百姓徭役，导致百姓不能按时进行农桑活动，这是第五种百姓不能好好生活的原因；听到蛮夷部落的桴鼓的声响，就男女争相出外逃亡，追捕清剿，这是第六种百姓不能好好生活的原因；盗贼抢劫掠夺，拿走了百姓的财物，这是第七种百姓不能好好生活的原因。这七种百姓不能好好生活的原因还可以接受，但是还有七种导致百姓死亡的原因：残酷的官吏用廷杖将人打死，这是第一种导致百姓死亡的原因；办理案件，在监狱中虐待百姓，这是第二种导致百姓死亡的原因；冤枉陷害没有犯罪的无辜的百姓，这是第三种导致百姓死亡的原因；盗贼四处兴起，残杀百姓，这是第四种导致百姓死亡的原因；怨仇互相报复互相残杀，这是第五种导致百姓死亡的原因；五谷歉收，百姓饥饿，这是第六种导致百姓死亡的原因；气候不调，传染病盛行，百姓感染生病，这是第七种导致百姓死亡的原因。百姓有七种不能好好生活的原因，却没有一种可以帮助百姓生活的原因，您希望国家能够安定，实在是太困难了；有七种导致百姓死亡的原因，却没有一种可以让百姓生存下去的原因，您希望可以不使用刑罚，也实在是太困难了。这难道不是九卿、太守、诸侯、丞相贪婪残暴形成的习俗导致这种结果的吗？臣子们幸运地能够身居高官，享受丰厚的俸禄，又怎么会有人肯对小民存有同情的心，帮助陛下推广教化呢？他们的心志不过只是在为自己的家人经营，满足宾客的要求，做的是欺诈的事情，为图个人的私利而已。他们认为苟且附会，取容于世，委屈自己，顺从别人，是贤德的；认为拱手默然不言，白白地享用俸禄，尸位素餐，是明智的，他们反而认为像臣鲍宣等人是愚蠢的。陛下把臣在山野里面提拔出来，就是希望我可以对您有丝毫的帮助，怎么会只是让臣饮用美味的食物，做个大官，尊贵地站在高门大殿上面而已呢！

"天下，乃皇天之天下也。陛下上为皇天子，下为黎庶父母，为天牧养元元，视之当如一，合《尸鸠》之诗。今贫民菜食不厌，衣又穿空，父子、夫妇不能相保，诚可为酸鼻。陛下不救，将安所归命乎！奈何独私养外亲与幸臣董贤，多赏赐，以大万数，使奴从、宾客，浆酒藿肉，苍头庐儿，皆用致富？非天意也！"及汝昌侯傅商，亡功而封。夫官爵非陛下之官爵，乃天下之官爵也。陛下取非其官，官非其人，而望天说民服，岂不难哉！方阳侯孙宠，宜陵侯息夫躬，辩足以移众，强可用独立，奸人之雄，惑世尤剧者也，宜以时罢退。及外亲幼童未通经术者，皆宜令休，就师傅。急征故大司马傅喜，使领外亲。故大司空何武、师丹，故丞相孔光，故左将军彭宣，经皆更博士，位皆历三公；龚胜为司直，郡国皆慎选举；可大委任也。陛下前以小不忍退武等，海内失望。陛下尚能容亡功德者甚众，曾不能忍武等邪？治天下者，当用天下之心为心，不得自专快意而已也。"宣语虽刻切，上以宣名儒，优容之。

【译文】 "天下，是皇天的天下。陛下在上是皇天之子，在下是百姓的父母，为上天像牧养牛马一样牧养人民，对待人民应当一视同仁，就如同《尸鸠》里面尸鸠善待他的七个儿子、平等对待的诗旨一样。现在虽然穷人吃的是蔬食，可是，还是不能够吃饱；穿的也仍然是破旧的衣服，父子、夫妇不能互相保全，实在令人为他们感到伤心而落泪。如果陛下不去挽救他们，他们又将要依附谁呢？为什么您只是供养外戚和宠臣董贤，给他们大量的赏赐，可以用多少万来计算，使他们的奴仆、宾客都把酒当水，把肉当豆叶来挥霍，他们的奴仆侍从，也都因此而富有，这实在不是上天的意思啊！再说汝昌侯傅商，他没有功劳却被封侯。官位爵禄并不是陛下的官位爵禄，而是天下百姓的官位爵禄。陛下选择的人，不应当将这个官位给他，又或者是所给的这个官位，不应当是这个人，但是您却希望上天可以感到喜悦，百姓服从，难道这不是很困难吗？方阳侯孙宠、宜陵侯息夫躬，论辩足以改变大家的想法，强悍足以使自己自立，他们实在是奸人中的雄才，蛊惑世人尤其厉害的人物，您应该及时罢免他们的官职；以及外戚的幼童中不通儒学经术的，都应该罢免他们的官职，让他们回去向师傅学习儒术。您还应该赶快征召前大司马傅喜，让他去管理外戚；前大司空何武、师丹，前丞相孔光，前左将军彭宣，他们的儒学经术都曾经接受过名师的教导，也都担任过三公的官职；龚胜去做司直的官，郡国都谨慎地向朝廷推荐人才；您可以委任这些人重要的职务。陛下以前因为对他们的一点小事，不能够忍耐，所以就把何武等人罢免了，这使全国百姓都感到失望。皇上对于没有立下功劳的人尚且还能够容忍，为什么就不能够容忍何武等人呢？治理天下的人，就应当把天下人的心意当作自己的心意，不能只是擅自做主，只是让自己内心感到快乐而已。"鲍宣的话虽然尖刻严厉，但是汉哀帝因为鲍宣是著名的大儒，所以也就宽容了他。

匈奴单于上书愿朝五年。时帝被疾，或言："匈奴从上游来厌人；自黄龙、竟宁时，单于朝中国，辄有大故。"

上由是难之，以问公卿，亦以为虚费府帑，可且勿许。

【译文】 匈奴单于向汉哀帝上书，希望可以在建平五年去朝见汉哀帝。恰好这个时候汉哀帝生病了，于是就有人说："匈奴从西北方向前来，气势压人；从黄龙、竟宁（宣帝、元帝之年号）年间的时候起，每一次单于到中国来朝见皇上，中原就会有大的变故发生。"

因此汉哀帝很难做出决定，所以就拿这件事去询问公卿，公卿也都认为单于的每一次朝见都浪费了官府大量的财货，可以暂时先不答应。

单于使辞去，未发，黄门郎扬雄上书谏曰："臣闻《六经》之治，贵于未乱；兵家之胜，贵于未战；二者皆微，然而大事之本，不可不察也。今单于上书求朝，国家不许而辞之，臣愚以为汉与匈奴从此隙矣。匈奴本五帝所不能臣，三王所不能制，其不可使隙明甚。臣不敢远称，请引秦以来明之：以秦始皇之强，蒙恬之威，然不敢窥西河，乃筑长城以界之。会汉初兴，以高祖之威灵，三十万众困于平城，时奇谲之士、石画之臣甚众，卒其所以脱者，世莫得而言也。又高皇后时，匈奴悖慢，大臣权书遗之，然后得解。及孝文时，匈奴侵暴北边，候骑至雍甘泉，京师大骇，发三将军屯细柳、棘门、霸上以备之，数月乃罢。

【译文】 单于的使臣辞别了以后离开，还没有出发，黄门郎扬雄就向汉哀帝上书劝谏说："臣听说《六经》里面所讲的治国之道，推崇在变乱尚未形成的时候就把它消弭于无形；军事上的取胜之术，推崇不通过战争厮杀就制服敌人。这两个说法都是高明精妙的策略，同时也是大事的根本，不能不去留意。现在单于向皇上上书请求前来朝见皇上，如果国家不答应并且拒绝了他的请求，臣愚笨地认为汉朝和匈奴的嫌隙将会从这里产生。匈奴原本就是五帝无法让他臣服，三王无法对他控制的国家，我们不可以和它有比较明显的嫌隙。臣不敢引用远代的事情来进行论述，请求您让我引用秦朝以来的史实来说明这个问题：凭借秦始皇的强大，蒙恬的威猛，匈奴虽然不敢窥伺西河，而是以建筑的长城，作为边界。等到汉朝刚刚开始兴起的时候，凭借着高祖的威力和英明，三十万大军仍然被围困在平城，这个时候高祖手下善于权诈诡异的策士、奇谋异计的臣子有很多，所以最后是如何脱险的，世人都无法知道，也无法言说。等到吕后的时候，匈奴悖逆傲慢，多亏了大臣灵活地处理，给匈奴的单于送去言辞谦卑的回信，因而才把危机解除了。到了孝文帝的时候，匈奴对我国的北边边境侵凌暴虐，侦查的骑兵甚至到了雍州、甘泉，京城十分震惊，于是就派遣徐厉、周亚夫、刘礼三位将军，分别驻守在棘门、细柳、霸上来对他进行防备，经过了几个月的时间才撤兵回来。

"孝武即位，设马邑之权，欲诱匈奴，徒费财劳师，一虏不可得见，况单于之面乎！其后深惟社稷之计，规恢万载之策，乃大兴师数十万，使卫青、霍去病操兵，前后十馀年，于是浮西河，绝大幕，破寘颜，袭王庭，穷极其地，追奔逐北，封狼居胥山，禅于姑衍，以临翰海，虏名王、贵人以百数。自是之后，匈奴震怖，益求和亲，然而未肯称臣也。且夫前世岂乐倾无量之费，役无罪之人，快心狼望之北哉？以为不壹劳者不久佚，不暂费者不永宁，是以忍百万之师以摧饿虎之喙，运府库之财填卢山之壑而不悔也。

【译文】　"孝武帝登位以后，在马邑县设下了圈套，想要引诱匈奴的主力深入然后攻击他们，然而也只是白白地浪费了大量的钱财，使军队劳累，却连一个匈奴人也没有见到，更何况是单于亲自前来相见呢？此后汉武帝深思国家的存亡大计，筹划安定万年的策略，然后就大规模地动员几十万的军队，派遣卫青、霍去病统领军队，前后一共经过了十多年，才渡过了西河，穿越了大漠，攻下了寘颜山，袭击了单于居住的地方，跑遍了匈奴的国土，追击奔逃的单于和匈奴的残兵败将，在狼居胥山积土为坛进行祭天，在姑衍山除地为蝉进行祭地，逼近了大沙漠，擒获的名王、贵族，一共有数百人那么多。从那以后，匈奴对汉朝感到震惊害怕，更加迫切地请求和我们结亲相和，但是他们却始终不肯向汉朝称臣。再说难道前世的人就喜欢支出耗费的费用，去役使没有犯罪的人，在狼烟候望的边塞的北边，去逞内心的一时之快吗？　那是由于没有一次的辛劳，就得不到长久的安逸，没有短暂的花费，就不能够得到长久的安宁，因此汉武帝才会甘愿用百万大军去摧折凶残的匈奴，搬运国库的钱财来填平匈奴卢山的深沟而不感到懊悔。

"至本始之初，匈奴有桀心，欲掠乌孙，侵公主，乃发五将之师十五万骑以击之，时鲜有所获，徒奋扬威武，明汉兵若雷风耳！虽空行空反，尚诛两将军，故北狄不服，中国未得高枕安寝也。逮至元康、神爵之间，大化神明，鸿恩溥洽，而匈奴内乱，五单于争立，日逐、呼韩邪携国归死，扶伏称臣，然尚羁縻之，计不颛制。自此之后，欲朝者不距，不欲者不强。何者？外国天性忿鸷，形容魁健，负力怙气，难化以善，易肆以恶，其强难诎，其和难得。故未服之时，劳师远攻，倾国殚货，伏尸流血，破坚拔敌，如彼之难也；既服之后，慰荐抚循，交接赂遗，威仪俯仰，如此之备也。往时尝屠大宛之城，蹈乌桓之垒，探姑缯之壁，藉荡姐之场，艾朝鲜之旃，拔两越之旗，近不过旬月之役，远不离二时之劳，固已犁其庭，扫其闾，郡县而置之，云彻席卷，后无馀灾。唯北狄为不然，真中国之坚敌也，三垂比之县矣；前世重之兹甚，未易可轻也。

【译文】 "到了本始（宣帝之年号）的初期，匈奴仍然有暴戾之心，想要掠夺乌孙国，侵夺乌孙国的公主，因此我们才会动员田广明、范朋友、韩增、赵充国、田顺五个将军的军队，合计一共有十五万人的骑兵去攻击他，那个时候斩获的很少，只是振奋宣扬了我国的国威而已，表明汉军如万钧雷霆之势，行动如疾风一样罢了！纵然往返是徒劳的，没有失去士兵，但是还是使田广明、田顺两位将军自杀而死；因为北方的蛮狄不顺服汉朝，所以中国就不能高枕无忧。等到到了元康、神爵（皆宣帝之年号）年间，朝廷政治异常清明，社会风气良好，皇恩广泛地施行，而匈奴的内部却发生了叛乱，五个单于争夺王位，日逐王、呼韩邪单于率领匈奴的百姓归顺了汉朝，匍匐称臣，然而朝廷还是要去笼络他们，礼待他们，并没有打算把他们置于直接统治之下。从那以后，匈奴想要前来朝见皇上的都没有被拒绝过，不想前来朝见皇上的也没有勉强他们。这是什么道理呢？因为外国人天性急躁凶猛，体态容貌魁梧健壮，凭借着一身的蛮力，凭借着自己的气势，我们很难感化他们向善，但是却很容易引导他们为恶，因此我们想要和他们和谐相处，实在是很难做到。所以在他们还没有归顺汉朝的时候，朝廷就劳动军队，去进攻遥远的边境地区，耗尽了国力，耗光了财货。很多将士惨烈地牺牲在沙场上，攻坚破城，打败敌人，是那样的艰难；等到匈奴归顺汉朝以后，朝廷又对他们进行慰劳安抚，交际馈赠，接待他们的礼节隆重威严，是如此的完备周详。过去汉朝的军队曾经攻破了大宛的都城，攻下了乌桓族的军营，袭击了姑缯族的营壁，扫荡了荡姐族的土地，砍断了朝鲜国旌旗，拔去了两越（南越与东越）的军旗，历时短的战役，不过是十天或者一个月的战役；历时长的战役，也不会经历半年的战争，就已经能够在蛮夷的庭院里面耕田种植了，扫除原来的聚落，设置郡县，犹如云被扫净，席子被卷起，没有为后世留下一点可能的祸乱。唯独对北方的夷狄不能做到这种地步，他们才是中国真正的强敌，东、西、南三个方向的敌人，和他比起来，实在是差得太远了，前代对匈奴甚为重视，现在也不能轻易地改变态度而等闲视之。

"今单于归义，怀款诚之心，欲离其庭，陈见于前，此乃上世之遗策，神灵之所想望，国家虽费，不得已者也。奈何距以来厌之辞，疏以无日之期，消往昔之恩，开将来之隙？

【译文】"现在，匈奴的单于归义向化，怀着忠实诚恳的内

心，想要离开自己的王庭，到陛下的大殿上面朝见皇上，这是前
代遗留下来的有利于和平的策略，也是神灵所盼望出现的太平盛
景，即使国家会有所花费，但是那也是不得已的。我们又怎么能够
因为‘匈奴是从西北方向前来的，气势迫人’的胡话，拒绝匈奴来
朝见皇上呢？如果推说让他们以后再来但是却没有约定好确定的
日期，就会使他和汉朝疏远，消除了过去的恩德，开启将来的嫌隙
啊！

　　"夫疑而隙之，使有恨心，负前言，缘往辞，归怨于汉，因以
自绝，终无北面之心，威之不可，谕之不能，焉得不为大忧乎！夫
明者视于无形，聪者听于无声，诚先于未然，即兵革不用而忧患
不生。不然，壹有隙之后，虽智者劳心于内，辩者毂击于外，犹
不若未然之时也。且往者图西域，制车师，置城郭都护三十六
国，费岁以大万计者，岂为康居、乌孙能逾白龙堆而寇西边哉？乃
以制匈奴也。夫百年劳之，一日失之，费十而爱一，臣窃为国不
安也。唯陛下少留意于未乱、未战，以遏边萌之祸！"

　　【译文】　"如果匈奴的单于因为怀疑而与我们产生嫌隙，使
他有了怨恨汉朝的想法，仗恃以前有和好的言论，就会借着汉朝拒
绝他们朝见皇上的时候说的话，而对汉朝产生怨恨，同时，趁这个
机会和汉朝断绝了关系，最终放弃了臣服汉朝的心，到了那个时
候，我们既不能威慑住他，又不能够劝服他，怎么可能不构成重大
的忧患呢？目明的人能够看清楚无形的东西，耳聪的人能够听清
楚无声的音响，假如我们真的能够在事情还没有发生的时候就预
先防范好了，那么即使没有发动战争，也可以令忧患不生。否则，一
旦产生了嫌隙，即使智者在内部绞尽脑汁，辛苦地进行策划，善辩
的人在外面频频出使，还是不如在嫌隙还没有产生的时候，就遏

止住它的好。再说，从前开拓西域，制服车师国，设置西域都护，管理西域的三十六个城邦国家的时候，又怎么仅仅是为了防备康居国、乌孙国能够越过白龙堆沙漠来侵犯我国西边的边境啊？实际上是因为要扼制匈奴。百年的艰苦奋斗获得的和平安定局面，却要在一天之内破坏掉，花费十分费用取得的胜利成果，却因爱惜一分而令其全部付之东流，臣真是私底下为国家感到十分不安。我希望陛下能够在还没有发生叛乱、还没有发生战争的时候稍加注意，来阻止边疆战争的发生！"

书奏，天子寤焉，召还匈奴使者，更报单于书而许之。赐雄帛五十匹，黄金十斤。单于未发，会病，复遣使愿朝明年；上许之。

【译文】扬雄的奏书呈上以后，汉哀帝醒悟了，立刻就将匈奴的使臣传召回来，更换了给单于的书信并且答应了他的请求。汉哀帝还赐了五十匹帛、十斤黄金给扬雄。单于还没有启程，就生病了，于是单于就又派遣使者来向汉哀帝说明希望可以明年再去朝见，汉哀帝答应了他。

董贤贵幸日盛，丁、傅害其宠，孔乡侯晏与息夫躬谋欲求居位辅政。会单于以病未朝，躬因是而上奏，以为："单于当以十一月入塞，后以病为解，疑有他变。乌孙两昆弥弱，卑爰疐强盛，东结单于，遣子往侍，恐其合势以并乌孙；乌孙并，则匈奴盛而西域危矣。可令降胡诈为卑爰疐使者来上书，欲因天子威告单于归臣侍子，因下其章，令匈奴客闻焉；则是所谓'上兵伐谋，其次伐交'者也。"

【译文】董贤受到的宠幸一天比一天尊贵，丁、傅二氏嫉妒他受到的汉哀帝的宠爱，孔乡侯傅晏和息夫躬商量想要求取辅政大臣的官位。正好遇到单于因为生病而没有朝见汉哀帝，息夫躬趁这个机会向汉哀帝进呈了奏书，他认为："单于本来应该在十一月进入边关，但是他后来却以生病为借口，我怀疑他是有其他的变故。乌孙国的两个昆弥势力弱小，逃亡在外的卑爰的势力则强盛一些，他过去就与单于勾结，派遣自己的儿子作为人质前去侍奉单于，我担心他们两个会联合起来吞并乌孙国，一旦乌孙国被吞并了，那么匈奴的势力就会更加强盛，而西域就会危险起来。我们可以让投降的西域胡人假扮成卑爰的使臣前来向皇上上书，请求借助皇上的威势告诉单于，让单于将卑爰作为人质服侍单于的儿子送还回去。皇上就将奏章交付给有关的官员审理的时候，让匈奴的使者知道。那就是所谓的'最好的战略是破坏敌方的计划，其次是拆散敌方外交的连接援助'。"

　　书奏，上引见躬，召公卿、将军大议。左将军公孙禄以为："中国常以威信怀伏夷狄，躬欲逆诈，进不信之谋，不可许。且匈奴赖先帝之德，保塞称蕃。今单于以疾病不任奉朝贺，遣使自陈，不失臣子之礼。臣禄自保没身不见匈奴为边竟忧也！"躬掎禄曰："臣为国家计，冀先谋将然，豫图未形，为万世虑。而禄欲以其犬马齿保目所见。臣与禄异议，未可同日语也！"上曰："善！"乃罢群臣，独与躬议。

　　【译文】息夫躬的奏书呈上去以后，汉哀帝就召见了息夫躬，召集公卿、将军广泛地进行商议。左将军公孙禄认为："中国经常利用威望和信用，怀柔夷狄，使他归顺中国，但是息夫躬想要用诈谋来对付匈奴，进献这种不讲信用的谋略，是不可以得到允许的。况且匈奴依赖先帝的恩德，自称藩属，为汉朝保卫我们的边塞；现在单于因为生病不能亲自前来朝见皇上，所以才会派遣使者前来叙述他的情况，仍然具有作为臣子的礼节。臣公孙禄可以保证直到我死为止也不会看到匈奴成为汉朝边境的忧患！"息夫躬紧接着公孙禄的话说："臣也是为国家着想，才希望能够在将来可能发生的事情发生之前就先设下防范的计策，预先推测出还没有形成的阴谋，我这是在为万代考虑啊。可是，公孙禄却想要用自己有限的年龄来保证眼前所看到的。臣和公孙禄的意见不一样，不可以同日而语啊！"汉哀帝赞同地说："是啊！"然后就命令臣子们退下，单独和息夫躬进行商议。

躬因建言："灾异屡见，恐必有非常之变，可遣大将军行边兵，敕武备，斩一郡守以立威，震四夷，因以厌应变异。"上然之，以问丞相嘉，对曰："臣闻动民以行不以言，应天以实不以文。下民微细，犹不可诈，况于上天神明而可欺哉！天之见异，所以敕戒人君，欲令觉悟反正，推诚行善，民心说而天意得矣！辩士见一端，或妄以意傅著星历，虚造匈奴、乌孙、西羌之难，谋动干戈，设为权变，非应天之道也。守相有罪，车驰诣阙，交臂就死，恐惧如此，而谈说者欲动安之危，辩口快耳，其实未可从。夫议政者，苦其诣谀、倾险、辩惠、深刻也。昔秦缪公不从百里奚、蹇叔之言，以败其师，其悔过自责，疾诣误之臣，思黄发之言，名垂于后世。唯陛下观览古戒，反覆参考，无以先入之语为主！"上不听。

【译文】 息夫躬就向汉哀帝建议说："灾异多次出现，我担心以后一定会出现不寻常的变化，我们可以派遣大将军去巡视边境的军队，整顿军事装备，斩杀一个郡的太守来树立威严，震动四方的异族，用这个方法来应对天象的变化。"汉哀帝认为息夫躬的建议是正确的，就拿这件事去询问丞相王嘉，王嘉回答汉哀帝说：

"臣听说引导百姓要依靠行动，而不是依靠言辞，顺应上天要依靠实际行动而不是依靠表面文章，下民虽然卑微弱小，但是也仍然不可以欺骗他们，更何况上天神通明达，难道可以去欺骗吗？上天显示出来的灾异，是用来告诫警示国君的，是想要让他觉悟，改正过失，诚心诚意，施行美好的政策，百姓的内心喜悦了，上天的目的也就实现了！但是善辩的人只是看到了事物的一方面，有时就胡乱地用自己的意思去附会星象历法，凭空捏造出匈奴、西羌将要发难的预言，打算发动战争，设计施行权变，这实在不是顺应上天的办法。太守、诸侯相只要犯下了罪过，就应该用车子很快地押送到朝廷，反缚双臂，接受死刑，恐惧到如此地步，然而摇唇鼓舌之人却妄想动摇国家安全的策略，把国家推向危难，雄辩的口舌，只是使人听了很舒服而已，实际上是不可以采纳的。讨论政事，最让人感到头痛的就是那些诬妄谄谀、倾覆危险、善辩无实、严密刻薄的言论了。从前秦缪公没有听从百里奚、蹇叔的话，最后使自己的军队遭到了败绩，后来他悔恨自责自己的过错，指责自己，痛恨那些误国的臣子，想起老人的诤言，作《秦誓》以悔过，从而使自己的名声流传后代。我希望陛下可以观览古代的告诫，一再地去查考印证，反复思考，不要被最先提出的建议影响了正确的判断！"汉哀帝没有听从。

资治通鉴卷第三十五 汉纪二十七

起屠维协洽，尽玄黓阉茂，凡四年。

【译文】起己未（公元前2年），止壬戌（公元2年），共四年。

【题解】本卷记录了汉哀帝刘欣元寿元年至平帝刘衍元始二年共四年间的历史。主要记录了傅太后死，傅氏、丁氏失势。哀帝宠信董贤，为之割断衣袖，赏赐众多。丞相王嘉直谏下狱，绝食而死。匈奴单于至长安朝哀帝。哀帝驾崩，太皇太后王政君夺回权力，重用野心家王莽。王莽迅速夺权，送女为后，篡位时机已经成熟。

孝哀皇帝下

元寿元年（己未，公元前二年）春，正月，辛丑朔，诏将军、中二千石举明习兵法者各一人，因就拜孔乡侯傅晏为大司马、卫将军，阳安侯丁明为大司马、票骑将军。

【译文】元寿元年（己未，公元前2年）春季，正月辛丑朔日（初一），汉哀帝下诏命令将军、官秩为中二千石的官员，各自推荐一个精通兵法的人，趁这个机会汉哀帝就任命孔乡侯傅晏为大司马、卫将军，阳安侯丁明为大司马、骠骑将军。

是日，日有食之。上诏公卿大夫悉心陈过失；又令举贤良方正能直言者各一人。大赦天下。

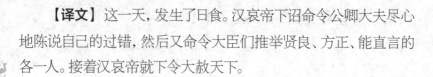

【译文】这一天，发生了日食。汉哀帝下诏命令公卿大夫尽心地陈说自己的过错，然后又命令大臣们推举贤良、方正、能直言的各一人。接着汉哀帝就下令大赦天下。

丞相嘉奏封事曰："孝元皇帝奉承大业，温恭少欲，都内钱四十万万。尝幸上林，后宫冯贵人从临兽圈，猛兽惊出，贵人前当之，元帝嘉美其义，赐钱五万。掖庭见亲，有加赏赐，属其人勿众谢。示平恶偏，重失人心，赏赐节约。是时外戚赀千万者少耳，故少府、水衡见钱多也。虽遭初元、永光凶年饥馑，加以西羌之变，外奉师旅，内振贫民，终无倾危之忧，以府藏内充实也。孝成皇帝时，谏臣多言燕出之害，及女宠专爱，耽于酒色，损德伤年，其言甚切，然终不怨怒也。宠臣淳于长、张放、史育，育数贬退，家赀不满千万，放斥逐就国，长榜死于狱，不以私爱害公义，故虽多内讥，朝廷安平，传业陛下。陛下在国之时，好《诗》、《书》，上俭节，征来，所过道上称诵德美，此天下所以回心也。初即位，易帷帐，去锦绣，乘舆席缘绨缯而已。先皇寝庙比当作，忧闵元元，惟用度不足，以义割恩，辄且止息，今始作治。而驸马都尉董贤亦起官寺上林中，又为贤治大第，开门乡北阙，引王渠灌园池，使者护作，赏赐吏卒，甚于治宗庙。贤母病，长安厨给祠具，道中过者皆饮食。为贤治器，器成，奏御乃行，或物好，特赐其工。自贡献宗庙、三宫，犹不至此。贤家有宾婚及见亲，诸官并共，赐及仓头、奴婢人十万钱。使者护视、发取市物，百贾震动，道路讙哗，群臣惶惑。诏书罢苑，而以赐贤二千馀顷，均田之制从此堕坏。奢僭放纵，变乱阴阳，灾异众多，百姓讹言，持筹相惊，天惑其意，不能自止。陛下素仁智慎事，今而有此大讥。孔子曰：'危而不持，颠而不扶，则将安用彼相矣！'臣嘉幸得备位，窃内悲伤不能通愚忠之信；身死有益于国，不敢自惜。唯陛下慎己之所独乡，察众人之所共疑！往者宠臣邓通、韩嫣，骄贵失度，逸豫无厌，小人不胜情欲，卒陷罪辜，乱国亡躯，不终其禄，所谓'爱之适足以害之'者也！宜深览前世，以节贤宠，全安其命。"上由是于嘉浸不说。

【译文】 丞相王嘉向汉哀帝进呈机密奏章说："孝元皇帝继承帝位，温和恭敬，很少有欲望，国库里面的钱达到了四十亿。汉元帝曾经驾临上林苑，后宫的冯贵人跟随他一起靠近了兽栏，猛兽受惊跑了出来，冯贵人挺身上前阻挡它，汉元帝嘉奖赞美她的义勇，也只不过赏赐了她五万钱。后宫里面被皇上宠爱的人，受到赏赐的时候，汉元帝都会嘱咐他们不要在众人的面前拜谢。这是为了表示公平，不愿意被人指责自己不公，看重人心的得失，而且赏赐节约。那个时候外戚里面有千万钱财的都很少，所以少府、水衡才积存了很多钱。即使遭受初元、永光年间的灾荒饥馑，粮食歉收，再加上西羌部族的叛乱，对外还要供给军队的费用，对内需要救济贫苦的灾民，却始终没有倾覆危险的忧虑，这就是国库积藏充实的缘故。孝成皇帝的时候，谏臣大多建言皇上微服出行的害处，以及专宠美女，沉湎于酒色，将会损害道德，减少自己的寿数，他们的言辞十分激烈，但是汉成帝却始终没有对他们怨恨发怒。宠臣淳于长、张放、史育三个人中，史育多次被贬降，家财不满千万；张放被罢免了官职，遣送回了封国；淳于长在监狱里面被拷问而死；汉成帝没有因为自己私人的宠爱而去损害公众的义理，所以虽然汉成帝招致了许多喜好女色的讥刺，但是朝廷却平安无事，这才将帝业传给了陛下。陛下尚未登基，在定陶县的时候，喜好诗书，崇尚俭朴节约，在您被征召入朝为皇太子的时候，您所经过的地方，大家都称赞您道德高尚，这也就是为什么大家会用爱戴先帝的心意来同样地爱戴陛下。陛下刚刚登基的时候，更换了帷幕，撤除了精致的服饰，车子里面的座位也只是用绨缯包围了边缘作为装饰而已。每一次碰到先皇的寝庙需要修建的时候，您因为怜悯百姓劳苦，考虑到国家的经费不足，为了公义割舍亲情，常常停止先皇寝庙的修建，直到最近才又开始修建。但是驸马都尉董贤也在上林苑里面修盖了官府，您还为董贤修建了宏大的住宅，大门朝向皇宫的北门，引来王渠的水灌溉园林水池，您也派遣使者去监督施工，赏赐佐治的小吏和皂隶，远远超过了修盖宗庙时的情况。董贤的母亲生病了，就由长安府的厨官提供祈祷的用具和食品，因为是在道路上进行祈祷的，所以路上的行人都可以获得施舍的饮食。您为董贤制造器具，器具制造完成，还必须进呈给皇上以后才可以给董贤送去，有的器具制作的很好，您就会特别赏赐制作的工匠；即使是进献给宗庙、三宫的器具，也远远没有这样讲究。如果董贤的家里招待宾客、举办婚礼以及亲戚相见，百官就要一起去供献财物，甚至还要赏赐仆隶、奴婢，每个人达到了十万钱。当董贤家去市场购买物品的时候，您还派遣使者护送陪同，这使得商贾震动，路人喧哗，众臣惶恐并感到困惑。您颁布诏书停止苑囿的修建，却赏赐给董贤二千多顷田地，使官员限田的制度由此开始被破坏。奢侈僭越，放肆纵情，使阴阳发生变化混乱，频繁出现灾异，于是百姓之间开始有谣言流传，路人手里面拿着禾秆麻秆惊恐地奔走，上天也对这种现象感到困惑，不能使他们自己停止。陛下一直以来都是仁德明智，处事谨慎的，但是现在却因为这些过失而被人如此讥讽。孔子说：'国家有危险不去解救，见颠覆不去匡扶，那么要你们这些丞相有什么用啊！'臣王嘉有幸能够位居丞相，我自己私底下内心经常感到悲伤以至于不能让皇上知道我对您的忠心，如果牺牲生命可以对国家有益的话，臣是不敢爱惜自己的生命的。我希望陛下能够谨慎地对待自己的偏爱，仔细地去观察大家所共有的疑虑！过去，邓通、韩嫣，骄纵显贵，没有限度，安逸享乐，不知道满足，这些小人不能克制自己的情欲，最后终于犯下了罪过，扰乱了国家，失去了自己的生命，因而不能长久地保全自己的富贵。这就是人们所说的'原本是爱他的，反而却害了他'！您实在是应该深入观览前代的教训，节制对董贤的宠爱，来保全他的生命。"汉哀帝因此开始对王嘉渐渐不满。

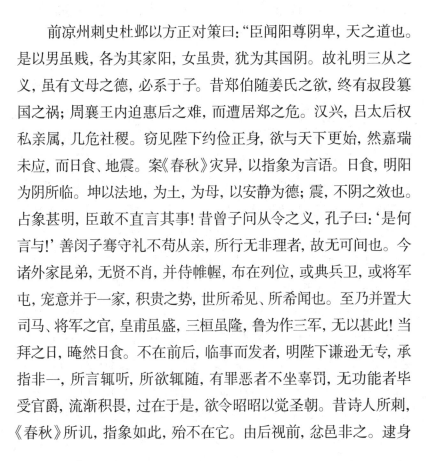

前凉州刺史杜邺以方正对策曰："臣闻阳尊阴卑，天之道也。是以男虽贱，各为其家阳，女虽贵，犹为其国阴。故礼明三从之义，虽有文母之德，必系于子。昔郑伯随姜氏之欲，终有叔段篡国之祸；周襄王内迫惠后之难，而遭居郑之危。汉兴，吕太后权私亲属，几危社稷。窃见陛下约俭正身，欲与天下更始，然嘉瑞未应，而日食、地震。案《春秋》灾异，以指象为言语。日食，明阳为阴所临。坤以法地，为土，为母，以安静为德；震，不阴之效也。占象甚明，臣敢不直言其事！昔曾子问从令之义，孔子曰：'是何言与！'善闵子骞守礼不苟从亲，所行无非理者，故无可间也。今诸外家昆弟，无贤不肖，并侍帷幄，布在列位，或典兵卫，或将军屯，宠意并于一家，积贵之势，世所希见、所希闻也。至乃并置大司马、将军之官，皇甫虽盛，三桓虽隆，鲁为作三军，无以甚此！当拜之日，晻然日食。不在前后，临事而发者，明陛下谦逊无专，承指非一，所言辄听，所欲辄随，有罪恶者不坐辜罚，无功能者毕受官爵，流渐积畏，过在于是，欲令昭昭以觉圣朝。昔诗人所刺，《春秋》所讥，指象如此，殆不在它。由后视前，忿邑非之。逮身所行，不自镜见，则以为可，计之过者。愿陛下加致精诚，思承始初，事稽诸古，以厌下心，则黎庶群生无不说喜，上帝百神收还威怒，祯祥福禄，何嫌不报！"

【译文】 前凉州刺史杜邺以方正的身份回答策问说："臣听说阳尊阴卑，是天道之理。因此男子即便卑贱，也各自是自己家中的阳；女子即便尊贵，也仍然是本国之阴。所以礼教要求彰明妇人在家从父、既嫁从夫、夫死从子的道理，即使有文母（文王之妃太姒）的美德，也一定要依附于儿子。从前郑庄公放任姜氏对自己小儿子的溺爱，结果造成了共叔段篡夺国家大权的祸害；周襄王在内受到他的母亲惠后逼迫的压力，因而遭遇流亡郑国的危险；汉朝兴起，吕太后凭借权势，把朝廷大权私自交给她的亲属，差一点使国家受到了危难。我私底下看到陛下节约俭朴，端正自身，想要与天下人振兴天下，开创新的局面，可是，吉祥的征兆还没有降临应验，而日食、地震却频繁地发生。根据《春秋》里面记载的灾异现象，上天是在用这种景象来告诫人君。日食，就是表明阳被阴侵犯了。坤是用来表示地的，也就是土，就是母，以安静为美德，发生了地震，就是不遵循阴道的征验。占验天象非常明显，我又怎么敢不直说这些事啊？从前曾子问孔子听从父亲的命令，可以算是孝顺吗？孔子回答说：'这是什么话！'孔子赞美闵子骞谨守礼仪，不随便盲从亲人的命令，所作所为，没有不符合道理的，所以其他人也就无法离间他与父母以及亲人的关系。但是现在那些外戚的兄弟，不论是贤德的还是不贤德的，都在皇宫里面任职，在皇上的身边服侍，分布在重要的位置上，有的主管禁卫，有的带领军队屯驻，您的宠爱都集中在一家人的身上，使他们的权势越来越显贵，这是世上所少见、所少知的。甚至都到了同时设置两个大司马、将军官职的地步，即使是周朝皇甫氏的强大，鲁国三桓的隆盛，虽然鲁国建立了三军，三分公室，也没有办法和现在的丁、傅二氏相比较！就在您授予他们官职的当天，阴晦不明，发生了日食。不是在那天之前，也不是在那天之后，而正好是在授予官职的时候才发生，这说明陛下太过于谦虚逊让，不敢专断，顺从太后的旨意，不只是那一次，只要是太后说的话就听从，只要是太后想要的就满足，外戚中犯下罪行的不受法律的制裁，没有功劳才能的却都被授予了官位爵禄，这样的事情逐渐发展加剧，越积越多，这就是您所犯下的过错，我想向您讲清楚这些过失，从而使圣明的皇上醒悟过来。从前被诗人所讽刺的，被《春秋》所讥讽的，就是这一类的状况，恐怕不是针对其他方面。后人看到了前人出现过失的行为，就感到愤懑抑郁然后去抨击他们，等到自己也做了同样的事情，就不能像照镜子一样看见自己的过失，认为自己是正确的，其实计策已经出现失误了。我希望陛下能够尽力贡献自己的精诚来治理国家，一旦您想要做什么的时候，就需要去追思自己的初衷，不要被当前的情况蒙蔽了，每一件事都参考遵照古代的规定，作为警戒，来满足百姓的心愿，那么天下的百姓就都会感到喜悦，而上天和众神灵也将会把怒气收回来，至于吉祥福禄，我们还有什么好怀疑它不会回报降临呢！"

上又征孔光诣公车，问以日食事，拜为光禄大夫，秩中二千石，给事中，位次丞相。

初，王莽既就国，杜门自守。其中子获杀奴，莽切责获，令自杀。在国三岁，吏民上书冤讼莽者百数。至是，贤良周护、宋崇等对策，复深讼莽功德。上于是征莽及平阿侯仁还京师，侍太后。

【译文】汉哀帝又征召孔光到公车（官署之称），询问孔光有关日食的事情，然后就任命孔光为光禄大夫，官秩为中二千石，并且任命孔光为给事中，地位仅次于丞相。

当初，王莽返回到自己的封国以后，关上门不会见宾客。他的次子王获杀死了家里的奴仆，王莽就严厉地指责了王获，然后命令他自杀谢罪。王莽在封国待了三年，官吏百姓很多都向汉哀帝上书为王莽申冤。到了这个时候，贤良的周护、宋崇等在回答汉哀帝的策问的时候，又一次为王莽向汉哀帝申冤，赞颂王莽的功德。于是，汉哀帝就征召王莽和平阿侯王仁回到京城，让他们去侍奉太皇太后。

董贤因日食之变以沮傅晏、息夫躬之策，辛卯，上收晏印绶，罢就第。

丁巳，太皇太后傅氏崩，合葬渭陵，称孝元傅皇后。

丞相、御史奏息夫躬、孙宠等罪过，上乃免躬、宠官，遣就国；又罢侍中、诸曹、黄门郎数十人。

【译文】 董贤利用日食的变异，阻止了傅晏、息夫躬向匈奴发动战争的计划，辛卯日（正月无此日），还收回了傅晏的印信，罢免了他的官职，让他离开朝廷回家。

丁巳日（十七日），太皇太后傅氏去世了，汉哀帝将她与汉元帝合葬在渭陵，称之为孝元傅皇后。

丞相、御史向汉哀帝上奏弹劾息夫躬、孙宠等人的罪过，于是汉哀帝就罢免了息夫躬、孙宠的官职，将他们遣送回封国；又罢免了侍中、诸曹、黄门郎等几十个人。

【申涵煜评】 傅后之擅，王氏少衰。然如火势方炽，沃之以勺水，而其焰益张。况后以悍毒易其暴，莽以阴谋售其奸，如加脂膏于积薪之内，有不燎原焚栋者哉!

【译文】傅皇后擅权的时候，王氏把持朝政的势力略微有所衰弱。然而，就像一把火烧的正旺，突然泼一勺水，他的火焰便会更加高涨。况且傅皇后以凶悍狠毒替代王氏的残暴，王莽用阴谋施展他的奸计，就像是把油脂加入薪柴里面，哪有不引起燎原大火而烧掉房屋栋梁的呢?

鲍宣上书曰："陛下父事天，母事地，子养黎民。即位已来，父亏明，母震动，子讹言相惊恐。今日食于三始，诚可畏惧。小民正朔日尚恐毁败器物，何况于日亏乎! 陛下深内自责，避正殿，举直言，求过失，罢退外亲及旁仄素餐之人，征拜孔光为光禄大夫，发觉孙宠、息夫躬过恶，免官遣就国，众庶歙然，莫不说喜。天人同心，人心说则天意解矣。乃二月丙戌，白虹干日，连阴不雨，此天下忧结未解，民有怨望未塞者也。侍中、驸马都尉董贤，本无葭莩之亲，但以令色、谀言自进，赏赐无度，竭尽府臧，并合三第，尚以为小，复坏暴室。贤父、子坐使天子使者，将作治第，行夜吏卒皆得赏赐，上冢有会，辄太官为供。海内贡献，当养一君，今反尽之贤家，岂天意与民意邪! 天不可久负，厚之如此，反所以害之也! 诚欲哀贤，宜为谢过天地，解雠海内，免遣就国，收乘舆器物还之县官，如此，可以父子终其性命；不者，海内之所仇，未有得久安者也。孙宠、息夫躬不宜居国，可皆免，以视天下。复征何武、师丹、彭宣、傅喜，旷然使民易视，以应天心，建立大政，兴太平之端。"上感大异，纳宣言，征何武、彭宣；拜鲍宣为司隶。

【译文】鲍宣向汉哀帝上书说："陛下侍奉上天就像侍奉父

亲一样，侍奉大地就像侍奉母亲一样，抚养百姓就像抚养自己的子女一样。但是，自您登基以来，上天缺少光明，大地发生震动，百姓造谣并且互相惊惧害怕。现在在正月初一就发生了日食，实在是令人感到害怕恐惧。百姓在正月初一就连损坏器具物品尚且会感到害怕，更何况是发生了日食呢！陛下应该深刻地在内心责备自己，避开在正殿听政，采纳正直的言论，寻找自己的过错失误，罢免外戚以及您身边没有做什么实事却享有俸禄的官员，您应该征召任命孔光为光禄大夫，觉察到孙宠、息夫躬的过错罪恶，罢免他们的官职，派人将他们遣送回封国，大家都一致支持这样的做法，没有一个人会不感到喜悦的。天和人的心意是一样的，人内心感到喜悦了，那么上天的愤怒就会被化解。在二月丙戌日（十六日），白气侵犯了太阳，连续几天都是阴田没有下雨，这就表示天下还有忧愁纠结在一起没有得到化解，百姓有怨气还没有得到平息。侍中、驸马都尉董贤，和陛下原本一点亲戚关系也没有，却凭借着自己的媚色、巧言阿谀使自己得到了皇上的欢心，结果使皇上对他的赏赐超越正常的规制，没有限度，用尽了府库里面的钱财，将三座宅院合并成一座宅院赏赐给他，但是仍然认为它太过狭小，就又拆除了宫廷的暴室来增加它的面积。董贤父子甚至可以坐着指使皇上的使者，命令将作大匠为其修盖住宅，甚至他家巡夜的小吏和皂隶都可以得到赏赐，当他去上坟，以及接待前去悼祭的宾客的时候，都由太官为他提供祭祀需要用的器具。全国各地向朝廷进献的珍品，本来应当是供养皇上一个人的，可是，现在反而都在董贤的家里面，这难道是天意和民意吗？天意是不可以长久违背的，您如此厚待董贤，反而会因此害了他！如果您真的想要怜悯董贤，就应该为他向天地认错，解除众人对他的仇恨，罢免他的官职，派人遣送他返回封国，没收您赐给他的车子器物，并且归还给官府，只有这样做，才可以一直保全董贤父子的生命，否则，被众人仇恨的人，是不可能长久平安的。孙宠、息夫躬也不应该被封侯，您应该免除他们的爵位，向天下表示您彻底改正过错了。然后重新征召何武、师丹、彭宣、傅喜等人，使百姓能够很清楚并且容易地知道陛下改过的决心，来顺应天意，建立伟大的政权，复兴太平的盛世。"汉哀帝有感于天象发生变化的严重性，于是就采纳了鲍宣的建议，征召了何武、彭宣，并且任命鲍宣为司隶。

　　上托傅太后遗诏，令太皇太后下丞相、御史，益封董贤二千户，赐孔乡侯、汝昌侯、阳新侯国。王嘉封还诏书，因奏封事谏曰："臣闻爵禄、土地，天之有也。《书》云：'天命有德，五服五章哉！'王者代天爵人，尤宜慎之。裂地而封，不得其宜，则众庶不服，感动阴阳，其害疾自深。今圣体久不平，此臣嘉所内惧也。高安侯贤，佞幸之臣，陛下倾爵位以贵之，单货财以富之，损至尊以宠之，主威已黜，府臧已竭，唯恐不足。财皆民力所为，孝文皇帝欲起露台，重百金之费，克己不作。今贤散公赋以施私惠，一家至受千金，往古以来，贵臣未尝有此，流闻四方，皆同怨之。里谚曰：'千人所指，无病而死。'臣常为之寒心。今太皇太后以永信太后遗诏诏丞相、御史，益贤户，赐三侯国，臣嘉窃惑。山崩、地动、日食于三朝，皆阴侵阳之戒也。前贤已再封，晏、商再易邑，业缘私横求，恩已过厚，求索自恣，不知厌足，甚伤尊尊之义，不可以示天下，为害痛矣！臣骄侵罔，阴阳失节，气感相动，害及身体。陛下寝疾久不平，继嗣未立，宜思正万事，顺天人之心，以求福祐，奈何轻身肆意，不念高祖之勤苦，垂立制度，欲传之于无穷哉！臣谨封上诏书，不敢露见。非爱死而不自法，恐天下闻之，故不敢自劾。”

【译文】 汉哀帝假托傅太后遗留下来的诏书，请太皇太后下令给丞相、御史，要求他们给董贤增加二千户人家的采邑，赏赐孔乡侯傅晏、汝昌侯傅商、阳新侯郑业三人封国。王嘉没有公布诏书的内容，直接封起来退还给汉哀帝，然后再向汉哀帝进呈机密奏书劝谏说：“臣听说爵位、俸禄、土地，是上天所拥有的。《书经》里面说：‘上天任命有德行的人做官员，规定了五种不同色彩图案的衣服，来表示尊卑！’帝王代替上天赐人爵位和俸禄，更加应该谨慎。如果把土地分封给不适合的人，那么百姓就不会顺服，民众的怨气就会惊动阴阳，进而深深地损害皇上的健康。现在陛下的疾病这么长时间都不能痊愈，这正是臣王嘉内心所惧怕的事情。高安侯董贤，是一个依靠佞媚得到皇上宠信的臣子，陛下给他封赐爵位来使他显贵，耗尽了货财来使他富有，损害皇上的利益去宠爱他，国君的威严已经降低，府库的钱财已经耗尽，但是仍然担心不够。财货都是通过百姓的力量所产生的，孝文帝想要修盖一个露台，但是因为需要花费百金的修建费用感到为难，所以克制自己的私欲而没有修建。但是现在董贤却把官府的税收当作私人恩惠来随意施舍给别人，一家甚至可以得到千金的赏赐，自古以来，从来就没有像这样显贵的臣子，有关董贤的流言在各地传播，大家全都怨恨董贤。俗谚说：‘一个人如果被一千个人一起指责，即使没有生病也会死去。’臣常常为此而感到害怕。现在太皇太后根据永信太后遗留下来的诏书去命令丞相、御史，增加董贤的采邑，赏赐三个侯国给他，臣王嘉私底下感到很迷惑。山崩、地震、日食的现象同时发生在正月初一，这都是上天因为阴侵阳而表现出来的警示啊。董贤之前已经被封为关内侯了，现在却又要册封他为高安侯；傅晏、傅商也再次更换封国采邑；郑业因为皇上的宠爱，贪求无度。您对他们的恩德已经太丰厚了，可是，他们却肆意向皇上求取，不知道满足，这大大地违背了尊崇傅太后的本意，实在不可以向天下的百姓公布，因为祸害实在是太大了！臣子骄纵，冒犯诬蔽圣上，使阴阳失去调节，阴阳二气互相感染而互相冲突，于是就伤害到了身体。陛下长时间地生病不能痊愈，继承者也没有确定，您实在应该考虑到使所有的事情都步入正轨，顺从上天和百姓的心意，以求上天的保佑，您怎么可以忽视自身的健康，肆意放纵自己，不顾及高祖创业的勤苦，留下他所建立起来的制度，并且使它一直流传下去呢！臣谨慎地向您进呈这机密的奏书，不敢显露出来让别人看见。并非是爱惜自己的生命而不敢以违拒诏旨之法自劾，我实在是担心天下的百姓知道了诏书的内容，所以才不敢弹劾自己的罪状。"

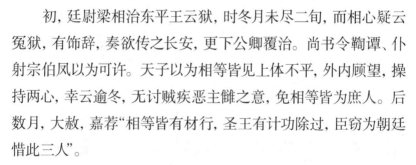

初，廷尉梁相治东平王云狱，时冬月未尽二旬，而相心疑云冤狱，有饰辞，奏欲传之长安，更下公卿覆治。尚书令鞫谭、仆射宗伯凤以为可许。天子以为相等皆见上体不平，外内顾望，操持两心，幸云逾冬，无讨贼疾恶主雠之意，免相等皆为庶人。后数月，大赦，嘉荐"相等皆有材行，圣王有计功除过，臣窃为朝廷惜此三人"。

【译文】当初，廷尉梁相审理东平王刘云的案子时，冬月只剩下二十天，而梁相怀疑刘云的案子是一件冤案，供词有不真实的地方，于是梁相就向汉哀帝上奏希望可以将这件案子牵涉到的人犯押送到长安，另交给公卿重新进行审理。尚书令鞫谭、仆射宗伯凤认为可以准许梁相的请求。可是，汉哀帝却认为梁相等人是看到自己的身体还没有痊愈，对于朝廷里外的事情，有所顾虑才进行观望，怀有模棱两可的想法，希望刘云的案件能够侥幸拖过冬季，最终可以免去他的死刑，没有讨伐贼寇、痛恶坏人、为主上报仇的忠心，于是就罢免了梁相等人的官职，将他们贬为平民。过了几个月以后，汉哀帝下令大赦天下，于是王嘉就向汉哀帝推荐说"梁相等人都有才干德行，圣明的君王对臣下总是记录他们的功劳，抹去他们的过失，臣私底下为朝廷怜惜这三个人才"。

书奏，上不能平。后二十馀日，嘉封还益董贤户事，上乃发怒，召嘉诣尚书，责问以"相等前坐不忠，罪恶著闻，君时辄已自劾；今又称誉，云'为朝廷惜之'，何也？"嘉免冠谢罪。

【译文】王嘉的奏书呈给汉哀帝以后，汉哀帝心里感到十分愤怒。过了二十多天以后，王嘉又把增加赏赐给董贤采邑的诏书递交回去，于是汉哀帝就发怒了，汉哀帝传召王嘉到尚书处，责问他："梁相等人以前犯下了不忠的罪行，罪恶十分明显，你那个时候也曾经弹劾过自己的罪状；可是，你现在却又称赞他们，说你'为朝廷怜惜他们'，这究竟是什么意思？"于是王嘉就摘下官帽向汉哀帝认罪。

事下将军中朝者，光禄大夫孔光等劾"嘉迷国罔上，不道，请谒者召嘉诣廷尉诏狱"。议郎龚等以为"嘉言事前后相违，宜夺爵土，免为庶人"。永信少府猛等以为"嘉罪名虽应法，大臣括发关械，裸躬就笞，非所以重国，褒宗庙也。"上不听，三月，诏"假谒者节，召丞相诣廷尉诏狱"。

【译文】汉哀帝就将这件案子交付给将军以及朝中大臣进行审理，光禄大夫孔光等人就向汉哀帝弹劾说"王嘉迷惑国家，欺骗皇上，犯下了不道的罪行，我请求皇上可以派遣谒者将王嘉传召到廷尉，把他关到诏狱里面去"。议郎龚等认为"王嘉的奏言前后不一致，您应该剥夺他的爵位和食邑，罢免他的官职，将他贬为平民"。永信宫少府猛等认为"王嘉的罪名既然已经成立了，您应该把他交给官吏，依照律法进行惩处。但是让大臣束住头发，锁上刑具，袒露身体，鞭笞拷打，实在不是尊重国家，褒扬宗庙的办法啊"！汉哀帝没有听从，最终颁布诏书命令"谒者拿着符节作为使臣，传召丞相到廷尉诏狱里面去"。

使者既到府，掾、史涕泣，共和药进嘉，嘉不肯服。主簿曰："将相不对理陈冤，相踵以为故事，君侯宜引决！"使者危坐府门上，主簿复前进药。嘉引药杯以击地，谓官属曰："丞相幸得备位三公，奉职负国，当伏刑都市，以示万众。丞相岂儿女子邪？何谓咀药而死！"嘉遂装，出见使者，再拜受诏；乘吏小车，去盖，不冠，随使者诣廷尉。廷尉收嘉丞相、新甫侯印绶，缚嘉载致都船诏狱。上闻嘉生自诣吏，大怒，使将军以下与五二千石杂治。吏诘问嘉，嘉对曰："案事者思得实。窃见相等前治东平王狱，不以云为不当死，欲关公卿，示重慎，诚不见其外内顾望，阿附为云验，复幸得蒙大赦。相等皆良善吏，臣窃为国惜贤，不私此三人。"

【译文】汉哀帝的使臣到了丞相府，丞相府的掾、史等官员都流泪哭泣，一起调配好毒药，给王嘉送去让他喝，但是王嘉不肯服毒。于是他的主簿就说："将相犯下罪行，是不可以面对狱官为自己陈述冤情的，这种做法世代相沿，已经成为惯例了，君侯应该自杀才对！"使臣严肃地坐在府门那边，主簿再一次走上前去，将毒药送给王嘉。王嘉拿起药杯摔在地下，对相府的掾史、主簿说："丞相我有幸能够担任三公的职位，如果我供职不谨慎，对不起国家，我就应当在都市中接受死刑，向万众宣告。丞相难道是小儿

345

妇女吗？我为什么要服毒自杀呢？"于是王嘉就穿上朝服，出去接见使臣，再次跪拜接受皇上的诏书，然后乘坐小吏乘坐的小车，除去车篷，脱下官帽，随着使臣到了廷尉。廷尉收走了王嘉丞相、新甫侯的印信，将王嘉捆绑起来，用车子押送到了都船（署名）诏狱去。汉哀帝知道王嘉活着亲自去见执法的官吏，非常愤怒，就命令将军以下和五个官秩为二千石的官吏一起来审问王嘉。狱吏责问王嘉的时候，王嘉回答说："审查案件的时候，就是希望得到事情的真相。我私底下见到梁相等人以前审理东平王案子的时候，他们并没有认为刘云不应该死，只是希望公卿可以参与审理，表示更加慎重而已，我实在是看不出他对朝廷内外的事情，有所顾虑才进行观望，又或者是验证了刘云的罪状，阿谀攀附刘云的罪证。后来他们又有幸可以蒙受大赦，梁相等人也都是优秀的官吏，臣私底下为国家爱惜有贤能才干的人，并不是偏袒他们三个人。"

狱吏曰："苟如此，则君何以为罪？犹当有以负国，不空入狱矣。"吏稍侵辱嘉，嘉喟然仰天叹曰："幸得充备宰相，不能进贤、退不肖，以是负国，死有馀责。"吏问贤、不肖主名。嘉曰："贤故丞相孔光、故大司空何武，不能进；恶高安侯董贤父子佞邪乱朝，而不能退。罪当死，死无所恨！"嘉系狱二十馀日，不食，欧血而死。已而上览其对，思嘉言，会御史大夫贾延免。夏，五月，乙卯，以孔光为御史大夫。

【译文】 狱吏就说："假如真的是这样，那么，为什么你会有罪呢？你还是有负国的行为，不可能是无缘无故就被关进监狱的。"狱吏逐渐开始侵犯凌辱王嘉，王嘉抬头望天长叹说："我有幸可以担任丞相的职位，可是，我却不能任用贤才，黜退奸佞，因此我才会对不起国家，我即便是死了，还是有没有尽到的责任。"

资治通鉴

狱吏向他询问贤才、奸佞的名字。王嘉回答说："贤人，就是前丞相孔光、前大司空何武，我不能向皇上举荐引用他们；奸佞小人，就是高安侯董贤父子，他们扰乱朝政，但是我却不能黜退他们。臣犯下的罪行应该让我去死，就算我死了也没有什么怨恨!"王嘉被关在监狱里面二十多天，什么东西也没有吃，最后吐血而死。没有多久，汉哀帝看到了王嘉的供词，思索他说的话，恰好御史大夫贾延被罢免了官职。

【乾隆御批】孔光首劾王嘉，嘉转以光为贤。此固嘉能忘情恩怨，然光之欺世盗名使人至死不悟，安得不谓之大奸耶?

【译文】孔光首先弹劾王嘉，王嘉反认为孔光是贤人。王嘉固然能够不计个人恩怨，然而孔光的欺世盗名能够使人至死都不能觉察，怎么能说他不是大奸之人呢?

秋，七月，丙午，以光为丞相，复故国博山侯；又以氾乡侯何武为御史大夫。上乃知孔光前免非其罪，以过近臣毁短光者，曰："傅嘉前为侍中，毁谮仁贤，诬诉大臣，令俊艾者久失其位，其免嘉为庶人，归故郡。"

【译文】夏季，五月乙卯日(十七日)，汉哀帝任命孔光为御史大夫。秋季，七月丙午日(初九)，汉哀帝任命孔光为丞相，恢复了原先封国博山侯的爵位；又任命氾乡侯何武为御史大夫。汉哀帝知道之前罢免孔光的官职并不是因为他真的犯了罪，而是因为与自己亲近的那些臣子诋毁诽谤孔光，于是汉哀帝就说："傅嘉以前做侍中的时候，向我进谗言诋毁有仁义贤能的人，诬陷大臣，使贤能的人才长久地失去他应该得到的职位，应该罢免傅嘉的官职，将他贬为平民，遣送他回到原郡去。"

八月，何武徙为前将军。辛卯，光禄大夫彭宣为御史大夫。

司隶鲍宣坐摧辱宰相，拒闭使者，无人臣礼，减死髡钳。

【译文】 八月，何武被调任为前将军。辛卯日（二十四日），汉哀帝任命光禄大夫彭宣为御史大夫。

司隶鲍宣因为犯下了羞辱丞相、闭门拒绝使者的罪行，失去了臣子的礼仪，汉哀帝下令将死罪减免为剪去他的头发并且用铁链锁住脖子的刑罚。

大司马丁明素重王嘉，以其死而怜之；九月，乙卯，册免明，使就第。

【译文】 大司马丁明一直以来就十分尊重王嘉，于是就对他的死表达了怜悯；九月乙卯日（十九日），汉哀帝颁布诏书，罢免了丁明的官职，命令他离开朝廷回家。

冬，十一月，壬午，以故定陶太傅、光禄大夫韦赏为大司马、车骑将军。己丑，赏卒。

十二月，庚子，以侍中、驸马都尉董贤为大司马、卫将军，册曰："建尔于公，以为汉辅！往悉尔心，匡正庶事，允执其中！"是时贤年二十二，虽为三公，常给事中，领尚书，百官因贤奏事。

【译文】 冬季，十一月壬午日（十一月无此日），汉哀帝派遣前定陶太傅、光禄大夫韦赏为大司马、车骑将军。己丑日（十一月无此日），韦赏去世了。

十二月庚子日（初六），汉哀帝任命侍中、驸马都尉董贤为大司马、卫将军，册封的诏书里面说："我任命你担任三公的官职，让你作为汉朝的辅佐大臣！以后你要竭尽忠心，匡正众事，真正地

资治通鉴

坚持治政的中庸之道！"这个时候董贤才二十二岁，虽然他担任三公的职位，但是经常待在宫中服侍汉哀帝而没有掌管三公职事，只是主管尚书事务，百官必须通过董贤才能向汉哀帝上奏事情。

以父卫尉恭不宜在卿位，徙为光禄大夫、秩中二千石；弟宽信代贤为驸马都尉。董氏亲属皆侍中、诸曹、奉朝请，宠在丁、傅之右矣。

【译文】 汉哀帝因为董贤的父亲卫尉董恭不应该担任卿的官职，就调任他做光禄大夫，官秩为中二千石；让董贤的弟弟董宽信接替董贤担任驸马都尉。董氏的亲属都担任侍中、诸曹的官职，能够定期去朝见汉哀帝，汉哀帝对他们的宠爱远远超过了丁、傅二氏。

初，丞相孔光为御史大夫，贤父恭为御史，事光。及贤为大司马，与光并为三公。上故令贤私过光。光雅恭谨，知上欲尊宠贤。及闻贤当来也，光警戒衣冠出门待，望见贤车乃却入，贤至中门，光入阁，既下车，乃出，拜谒、送迎其谨，不敢以宾客钧敌之礼。上闻之，喜，立拜光两兄子为谏大夫、常侍。贤由是权与人主侔矣。

【译文】 当初，丞相孔光担任御史大夫的时候，董贤父亲董恭担任的是御史，需要侍奉孔光；等到董贤担任大司马的官职以后，他和孔光都是三公的官位。汉哀帝故意叫董贤私下去拜访孔光。孔光一直以来就恭敬谨慎，他知道汉哀帝想要尊崇宠幸董贤。等到他知道董贤快到的时候，就很谨慎地穿戴好衣帽，走出大门等待董贤的到来，直到远远地看见董贤的车子了才退回屋子里面，董贤到达中门以后，孔光才进入客厅，董贤下了车以后，孔光才走出来, 拜见、送迎非常恭敬谨慎, 不敢用接待同等地位宾客的礼节来接待董贤。汉哀帝知道这件事情以后, 感到很高兴, 立刻就下令任命孔光的两个侄子为谏大夫、常侍。董贤的权势自此以后和汉哀帝相等了。

是时, 成帝外家王氏衰废, 唯平阿侯谭子去疾为侍中, 弟闳为中常侍。闳妻父中郎将萧咸, 前将军望之子也, 贤父恭慕之, 欲为子宽信求咸女为妇, 使闳言之。咸惶恐不敢当, 私谓闳曰: "董公为大司马, 册文言'允执其中', 此乃尧禅舜之文, 非三公故事, 长者见者莫不心惧。此岂家人子所能堪邪!" 闳性有知略, 闻咸言, 心亦悟; 乃还报恭, 深达咸自谦薄之意。恭叹曰: "我家何用负天下, 而为人所畏如是!" 意不说。后上置酒麒麟殿, 贤父子、亲属宴饮, 侍中、中常侍皆在侧, 上有酒所, 从容视贤, 笑曰: "吾欲法尧禅舜, 何如?" 王闳进曰: "天下乃高皇帝天下, 非陛下之有也! 陛下承宗庙, 当传子孙于亡穷, 统业至重, 天子亡戏言!" 上默然不说, 左右皆恐。于是遣闳出归郎署。

【译文】这个时候, 汉成帝的外戚王氏已经衰微没落了, 只有平阿侯王谭的儿子王去疾担任侍中的官职, 弟弟王闳担任中常侍的官职。王闳的岳父中郎将萧咸, 是过去的将军萧望之的儿子, 董贤的父亲董恭十分仰慕他, 想要为儿子董宽信求娶萧咸的女儿做妻子, 就请王闳去告诉他这件事情。萧咸感到十分惊惧而不敢答应, 就私底下对王闳说: "董公被任命为大司马的时候, 册封的诏书里面说'允执其中', 这是唐尧禅让帝位给虞舜的时候说的话, 不是授予三公的官职的册封文书惯用的文字, 前辈们看到以后, 没有一个不感到惊惧害怕的。这哪里是我家的女儿所能匹配得上的呢!" 王闳生性聪明, 有谋略, 听了萧咸的话以后, 也明白了, 于是就回答董恭，转达了萧咸感觉自己地位卑微，高攀不上的意思，代替他向董恭表达深深的歉意。董恭叹息说："我们家有什么对不起天下的地方啊，竟然被人如此畏惧啊！"内心感到很不高兴。后来，汉哀帝在麒麟殿摆设酒席的时候，董贤父子、亲属都参加了宴会，侍中、中常侍都在两边服侍，汉哀帝酒喝多了，看了董贤好一会儿，然后笑着说："我想效法唐尧将帝位禅让给虞舜，怎么样啊？"王闳就走到前面插话说："天下是高祖皇帝的天下，并不是陛下所有的！陛下承继了宗庙祭祀，就应当传给自己的子孙于无穷无尽。王统帝业是至关重大的事情，皇上不可以拿这件事开玩笑！"汉哀帝沉默，感到不高兴，在两侧服侍的人都感到惶恐。于是，汉哀帝命令王闳出宫，回到郎署，不许再随侍禁中。

【申涵煜评】汉世多外宠，以文、武英明，尚有邓通、韩嫣，哀帝又何足责？然官大司马，位百僚上，至欲法尧禅舜，则已甚矣，其父恭以此封侯，是何名目？岂高帝枕宦者而卧，子孙遂相沿为家法欤？

【译文】汉世多外宠，以汉文帝、汉武帝的英明还有邓通、韩嫣等外宠，哀帝您又何必自责呢？然而哀帝让董贤位居大司马，位于百官之上，至于说想效法尧禅位给舜，那就有些过了，他的父亲董恭因此封侯，是什么名目？难道高帝枕着宦者而卧，子孙就要延续继承吗？

久之，太皇太后为闳谢，复召闳还。闳遂上书谏曰："臣闻王者立三公，法三光，居之者当得贤人。《易》曰：'鼎折足，覆公𫗧。'喻三公非其人也。昔孝文皇帝幸邓通，不过中大夫；武皇帝幸韩嫣，常赐而已，皆不在大位。今大司马、卫将军董贤，无功于汉朝，又无肺腑之连，复无名迹高行以矫世，升擢数年，列备鼎足，典卫禁兵，无功封爵，父子、兄弟横蒙拔擢，赏赐空竭帑藏，万民喧哗，偶言道路，诚不当天心也！昔褒神蚖变化为人，实生褒姒，乱周国，恐陛下有过失之讥，贤有小人不知进退之祸，非所以垂法后世也！"上虽不从闳言，多其年少志强，亦不罪也。

【译文】 经过一段很长的时间，太皇太后为王闳向汉哀帝道歉，汉哀帝才又把王闳传召回来。王闳就向汉哀帝上书劝谏说："臣听说帝王设立三公的官职，就是效法天上日、月、星的意思，担任这个职位的应该是有贤德的人才对。《易经》里面说：'鼎折了脚，就会打翻大家所吃的东西。'这是用来比喻担任三公职位的人不合适。从前孝文皇帝宠爱邓通，也只不过是让他担任中大夫的官职；武帝宠爱韩嫣，也只不过是经常给他赏赐而已，都没有让他们担任公卿的官职。现在大司马、卫将军董贤，对汉朝没有立下什么功劳，和皇室也没有一点亲戚关系，而且也没有什么清白的名声、优秀的事迹、高尚的德行来匡正世俗的弊病，却连着好几年被晋升提拔，担任三公的官职，掌管统领宫中的禁卫军队，他没有立下功劳却被封赏爵位，他的父子、兄弟也凭空得到了越级的提拔，对他的赏赐耗尽了官府的钱财，万民为这件事喧哗，路人在道路上议论纷纷，实在是不符合上天的心意啊！从前褒邑的神蛇，变化成人，后来生下了美女褒姒，扰乱了周国。我担心陛下会因为犯下过错而被后人讽刺，而董贤也会有小人不知道进退的灾祸，这实在不是用来流传给后代效法的！"虽然汉哀帝没有听从王闳的谏言，但欣赏他年少志壮，也没有对他加罪。

二年(庚申，公元前一年)春，正月，匈奴单于及乌孙大昆弥伊秩靡皆来朝，汉以为荣。是时西域凡五十国，自译长至将、相、侯、王皆佩汉印绶，凡三百七十六人；而康居、大月氏、安息、罽宾、乌弋之属，皆以绝远，不在数中，其来贡献，则相与报，不督录总领也。自黄龙以来，单于每入朝，其赏赐锦绣、缯絮，辄加厚于前，以慰接之。单于宴见，群臣在前，单于怪董贤年少，以问译。上令译报曰："大司马年少，以大贤居位。"单于乃起，拜贺汉得贤臣。是时上以太岁厌胜所在，舍单于上林苑蒲陶宫，告之以加敬于单于；单于知之，不悦。

【译文】 二年（庚申，公元前1年）春季，正月，匈奴单于以及乌孙国大昆弥伊秩靡都来京城朝见汉哀帝，汉朝认为这是一件荣耀的事情。这个时候西域一共有五十个国家，从译长到将、相、侯、王都佩戴着汉朝的印章绶带，一共有三百七十六个人；而康居、大月氏、安息、罽宾、乌弋等国，都因为位于距离汉朝很远的地方，所以不在计算之中，当他们前来向汉朝进贡的时候，汉朝也派遣使者送去等值的礼物，不把他们归属在西域都护管辖范围。从黄龙（宣帝年号）以来，单于每次来京城朝见汉哀帝，汉哀帝赏赐给他的锦绣、缯絮都比以前的要丰厚一些，以此来慰劳接待他们。单于在汉哀帝闲暇的时候，前去朝见，臣子们都走在前面，单于看到董贤年轻，就感到很奇怪，于是就去询问翻译官。汉哀帝命令翻译官回答说："大司马虽然年轻，却是因为有高尚的品德和才能才担任这个官职的。"于是单于就起立，向汉哀帝跪下恭贺汉朝能够得到一个有贤能德行的臣子。那个时候汉哀帝其实是因为太岁灾星在上林苑蒲陶宫方位，压伏了南方，才想让单于留宿在上林苑蒲陶宫，想要用咒诅之术来压伏他，但是他告诉单于这样做是为了更加尊重单于，后来单于知道了那其实是汉朝想要用咒诅之术来压伏他的实情，就感到很不高兴。

【乾隆御批】汉哀短祚、国势衰敝。试思当时为何时？适会昆弥内乱，偶尔入朝，自以为荣，不亦鄙哉?

【译文】汉哀帝在位短暂，国势衰微。试想当时已经是什么时候了? 昆弥恰好因内乱而偶然朝见，就自以为荣，不也是可鄙的吗?

夏，四月，壬辰晦，日有食之。

五月，甲子，正三公官分职。大司马、卫将军董贤为大司马；丞相孔光为大司徒；御史大夫彭宣为大司空，封长平侯。

【译文】夏季，四月壬辰晦日(四月无此日)，发生了日食。

五月甲子日(初二)，正式确定了三公的名称，以及划分了他们各自的分工职责。汉哀帝任命大司马、卫将军董贤为大司马；丞相孔光为大司徒；彭宣为大司空，并封为长平侯。

六月，戊午，帝崩于未央宫。

帝睹孝成之世禄去王室，及即位，屡诛大臣，欲强主威以则武、宣。然而宠信谗谄，憎疾忠直，汉业由是遂衰。

【译文】六月戊午日(二十六日)，汉哀帝在未央宫驾崩。

汉哀帝目睹了孝成皇帝的时代，政权脱离皇室，旁落在后家王氏的手里，等到即位以后，他多次诛杀大臣，想要加强国君的威势，来效法汉武帝、汉宣帝。但是汉哀帝却宠信进献谗言、奸佞邪恶的小人，憎恶痛恨忠贞耿直的臣子，汉朝的帝业也就从此衰落了。

太皇太后闻帝崩，即日驾之未央宫，收取玺绶。太后召大司马贤，引见东箱，问以丧事调度；贤内忧，不能对，免冠谢。太后曰："新都侯莽，前以大司马奉送先帝大行，晓习故事，吾令莽佐君。"贤顿首："幸甚!"太后遣使者驰召莽。诏尚书，诸发兵符节、百官奏事、中黄门、期门兵皆属莽。莽以太后指，使尚书劾贤帝病不亲医药，禁止贤不得入宫殿司马中；贤不知所为，诣阙免冠徒跣谢。己未，莽使谒者以太后诏即阙下册贤曰："贤年少，未更事理，为大司马，不合众心，其收大司马印绶，罢归第！"即日，贤与妻皆自杀；家惶恐，夜葬。莽疑其诈死。有司奏请发贤棺，至狱诊视，因埋狱中。太皇太后诏"公卿举可大司马者"。莽故大司马，辞位避丁、傅，众庶称以为贤，又太皇太后近亲，自大司徒孔光以下，举朝皆举莽。

【译文】 太皇太后知道了汉哀帝驾崩的消息以后，当天就乘车到达未央宫，取走了皇帝的玉玺。太后在东厢召见了大司马董贤，询问董贤汉哀帝的丧事应该如何布置安排，董贤内心感到忧虑恐惧，回答不上来，只能脱下官帽向太后谢罪。太后就说："新都侯王莽，以前担任大司马的官职时曾经办理过先帝（成帝）的丧事，他熟悉旧例，我去命令王莽来协助你。"董贤就磕头说："那真是太好了！"太后派遣使臣速去传召王莽过来，并且下诏给尚书说：所有征调军队的符节、百官奏事、中黄门、期门兵都由王莽掌管。王莽按照太后的指示，命令尚书弹劾董贤，说在汉哀帝生病的时候，他没有亲自侍奉医药，并且因此禁止董贤再进入宫殿的司马中（宫内之门）。董贤不知道应该怎么办，只能到皇宫门口脱下官帽光着脚叩头谢罪。己未日（二十七日），王莽派遣谒者拿着太后的诏书到皇宫门口颁布给董贤说："董贤年轻，没有经历过事理，让他担任大司马，不符合百姓的心意，应该把大司马的印信收回来，罢免他的官职，让他回家！"当天，董贤和妻子就都自杀了。他的家人感到十分害怕，就在夜里把他们悄悄地埋葬了。王莽怀疑他们是在诈死，并没有真的死掉，于是主管的官吏就向他上奏请求打开董贤的坟墓，把董贤的棺材取出来，送到监狱里面去检验究竟是真的还是假的，然后埋葬在了监狱里面。太皇太后下诏命令"公卿推举可以担任大司马官职的人"。王莽以前担任过大司马，但是为了避开丁、傅二氏而辞去了官职，大家都称赞他贤能、有德行，又是太皇太后的近亲，于是从大司徒孔光以下，整个朝廷的臣子都向太皇太后推举王莽。

资治通鉴

　　独前将军何武、左将军公孙禄二人相与谋，以为"往时惠、昭之世，外戚吕、霍、上官持权，几危社稷；今孝成、孝哀比世无嗣，方当选立近亲幼主，不宜令外戚大臣持权。亲疏相错，为国计便"。于是武举公孙禄可大司马，而禄亦举武。庚申，太皇太后自用莽为大司马、领尚书事。

　　【译文】只有前将军何武、左将军公孙禄两个人的意见和其他的大臣不一样，他们认为"在过去惠帝、昭帝的时候，外戚吕氏、霍氏、上官氏把持着朝政，几乎危害到了刘氏的国家；现在孝成、孝哀两代国君接连没有子嗣，正应当选择立刘氏的近支亲属为新帝，不应该再让外戚把持朝政，应该让外戚和异姓大臣掺杂在一起，如果是为国家着想的话，就应该这样做"。于是，何武向太皇太后推举公孙禄担任大司马的官职，并且公孙禄也向太皇太后推举何武担任大司马的官职。庚申日（二十八日），太皇太后自己决定任命王莽为大司马，并且主管尚书事务。

　　太皇太后与莽议立嗣。安阳侯王舜，莽之从弟，其人修饬，太皇太后所信爱也，莽白以舜为车骑将军。秋，七月，遣舜与大鸿胪左咸使持节迎中山王箕子以为嗣。

　　【译文】太皇太后和王莽商量选择册立皇位继承人的事情。安阳侯王舜，是王莽的堂弟，他这个人正直谨慎，受到了太皇太后的信任和宠爱,于是王莽就向太皇太后请求,可以任命王舜为车骑将军。秋季,七月,太皇太后任命王舜和大鸿胪左咸为使臣,手里拿着符节去迎接中山王刘箕子作为皇位的继承人。

莽又白太皇太后,诏有司以皇太后前与女弟昭仪专宠锢寝,残灭继嗣,贬为孝成皇后,徙居北宫。又以定陶共王太后与孔乡侯晏同心合谋,背恩忘本,专恣不轨,徙孝哀皇后退就桂宫,傅氏、丁氏皆免官爵归故郡,傅晏将妻子徙合浦。独下诏褒扬傅喜曰:"高武侯喜,姿性端悫,论议忠直,虽与故定陶太后有属,终不顺指从邪,介然守节,以故斥逐就国。《传》不云乎:'岁寒然后知松柏之后凋也。'其还喜长安,位特进,奉朝请。"喜虽外见褒赏,孤立忧惧;后复遣就国,以寿终。莽又贬傅太后号为定陶共王母,丁太后号曰丁姬。莽又奏董贤父子骄恣奢僭,请收没入财物县官,诸以贤为官者皆免。父恭、弟宽信与家属徙合浦,母别归故郡巨鹿。

【译文】 王莽又向太皇太后上奏,请求她颁布诏书给主管的官员:因为皇太后赵飞燕和妹妹赵昭仪独占了皇上的宠爱,阻塞了后宫侍寝的道路,残害灭绝了汉成帝可以继承皇位的子嗣,应该将她贬为孝成皇后,把她迁到北宫去住;但是又因为定陶共王太后傅氏和孔乡侯傅晏有相同的想法,一起谋划,背弃了汉成帝的恩情,忘记了根本,专断放肆,图谋不轨,现在将孝哀皇后贬到桂宫去住,免除傅氏、丁氏的爵位,遣送他们回到原郡去,将傅晏和他的妻子、子女迁移到合浦郡去。太皇太后唯独颁下诏书,褒奖傅喜说:"高武侯傅喜,姿态端庄,本性诚恳严谨,有忠诚和正直的言行举止,傅喜虽然和已经去世的定陶太后有亲属关系,却始终没有顺从旨意,附和邪害;忠贞耿直,坚守节操,最后也因此被斥退驱逐回封国。古书上面不是说过吗：'到了天寒地冻的时候才知道只有松柏是不会凋谢的。'我现在将傅喜传召回长安，让他以特进的身份，可以定期朝见皇上。"虽然傅喜表面上是受到了褒奖，却孤单独立，因此他感到忧愁恐惧。后来他又被遣送回了封国，最后老死在家里面。王莽又将傅太后的尊号贬为定陶共王母，将丁太后的尊号贬为丁姬。王莽又向太皇太后上奏说董贤父子骄纵放肆，奢侈僭越，请求太皇太后下令将他们的财物没收，收入各县的府库，并且罢免那些凭借董贤被授予官职的官员。还要将董贤的父亲董恭、弟弟董宽信和他的家属都迁到合浦郡去，特准他的母亲可以回到原郡巨鹿。

长安中小民欢哗，乡其第哭，几获盗之。县官斥卖董氏财，凡四十三万万。贤所厚吏沛朱诩自劾去大司马府，买棺衣，收贤尸葬之。莽闻之，以它罪击杀诩。莽以大司徒孔光名儒，相三主，太后所敬，天下信之，于是盛尊事光，引光女婿甄邯为侍中、奉车都尉。诸素所不说者，莽皆傅致其罪，为请奏草，令邯持与光，以太后指风光。光素畏慎，不敢不上之；莽白太后，辄可其奏。于是劾奏何武、公孙禄互相称举，皆免官，武就国。又奏董宏子高昌侯武父为佞邪，夺爵。又奏南郡太守毋将隆前为冀州牧，治中山冯太后狱，冤陷无辜，关内侯张由诬告骨肉，中太仆史立、泰山太守丁玄陷人入大辟，河内太守赵昌谮害郑崇，幸逢赦令，皆不宜处位在中土，免为庶人，徙合浦。中山之狱，本立、玄自典考之，但与隆连名奏事；莽少时慕与隆交，隆不甚附，故因事挤之。

【译文】长安城里的百姓知道以后都嘈杂哄闹，到董贤的家里去假装哭泣，实际上是想要去偷窃。官府变卖了董氏的财物，一共得到了四十三亿之多。董贤以前厚待过的沛人朱诩自己弹劾了自己的罪状然后离开了大司马府，买了棺材寿衣等，收殓了董贤的尸体进行安葬。王莽知道这件事情以后，就用其他的罪名，杀死了朱诩。因为大司徒孔光是著名的大儒，还辅佐过三位国君，太皇太后也十分敬重他，天下的百姓也都信服他，于是，王莽非常尊崇侍奉孔光，还向太皇太后引荐孔光的女婿甄邯为侍中、奉车都尉。而那些自己一直以来就不喜欢的人，王莽就会附会罗织他们的罪名，写下弹劾的奏章草稿，让甄邯去拿给孔光，按照太皇太后的旨意暗示孔光，孔光一直以来就胆小谨慎，不敢不以自己的名义呈递上去，然后王莽再告诉太后自己的意见，太后总是会认可他的奏书。于是，王莽就向太后上奏弹劾何武、公孙禄互相标榜推举，因此罢免了他们两个人的官职，何武被遣送回了封国。王莽又向太后上奏说董宏的儿子高昌侯董武，他的父亲是奸佞邪恶的人，应该剥夺他的爵位。还向太后上奏说南郡太守毋将隆以前做冀州牧的时候，在审理中山冯太后的案子时，冤枉陷害没有犯罪的人，关内侯张由诬告皇上的亲骨肉，中太仆史立、泰山郡太守丁玄陷害别人被判处大辟的死刑，河内郡太守赵昌诬告陷害郑崇，幸好他们都遇到了赦免的命令，免除了死刑，但是都不应该在国中任官了，罢免了他们的官职，将他们贬为平民，让他们迁到合浦郡去。中山王的案件，本来是史立、丁玄自己刑讯处理的，只是和毋将隆联名向皇上上奏这件事情而已。王莽年轻的时候，仰慕毋将隆的为人，想要和他结交，可是，毋将隆却不怎么亲近他，所以王莽就借这件事把他排挤掉了。

红阳侯立，太后亲弟，虽不居位，莽以诸父，内敬惮之，畏立从容言太后，令己不得肆意，复令光奏立罪恶："前知定陵侯淳于长犯大逆罪，多受其赂，为言误朝。后白以官婢杨寄私子为皇子，众言曰：'吕氏少帝复出。'纷纷为天下所疑，难以示来世，成襁褓之功。请遣立就国。"太后不听。

【译文】 红阳侯王立，是太后的亲弟弟，虽然没有官位，但是王莽因为他是自己的叔伯，内心对他又敬重又害怕，他担心王立会在太后面前从容地谈论国家政事，使自己不能随心所欲做事，就命令孔光向太后上奏弹劾王立的罪恶："王立以前知道定陵侯淳于长犯下了大逆的罪过，但是王立接受了淳于长的贿赂，就为淳于长辩护说情，贻误了朝廷；后来他又提议让官婢杨寄的私生子去做皇子，大家都说：'吕氏、少帝的局面又要出现了。'天下的百姓纷纷怀疑王立这样做的动机，使他难以向后世交代，完成辅佐幼主的功业。我请求您派人遣送王立回到封国。"太后没有听从。

莽曰："今汉家衰，比世无嗣，太后独代幼主统政，诚可畏惧。力用公正先天下，尚恐不从；今以私恩逆大臣议，如此，群下倾邪，乱从此起。宜可且遣就国，安后复征召之。"太后不得已，遣立就国。莽之所以胁持上下，皆此类也。

【译文】 王莽就说："现在汉家已经衰落了，接连两代君主都没有子嗣，只好让太后代替幼主主持朝政，实在是令人感到畏惧。即使您勉力做到公正无私，首先为天下的百姓着想，仍然要担心人心不服；现在您因为私人的亲情而反对大臣们的建议，这样一来，臣子们就会偏颇邪恶，祸乱也就会从此而兴起。您应该先暂时派人遣送他回到封国，等到局势都安定下来以后，再征召他回来。"太后没有办法，就派人遣送王立回到了封国。王莽胁持上下的手段，都类似这个样子。

于是附顺莽者拔擢，忤恨者诛灭，以王舜、王邑为腹心，甄丰、甄邯主击断，平晏领机事，刘秀典文章，孙建为爪牙。丰子寻、秀子菜、涿郡崔发、南阳陈崇皆以材能幸于莽。莽色厉而言方，欲有所为，微见风采，党与承其指意而显奏之。莽稽首涕泣，固推让，上以惑太后，下用示信于众庶焉。

【译文】于是，亲附顺从王莽的都被提拔了，而忤逆怨恨王莽的都被诛杀了，王莽任用王舜、王邑为自己的心腹，甄丰、甄邯负责弹劾以及司法刑狱，平晏主管机要的事务，刘秀主管起草诏书文告，孙建负责军事。甄丰的儿子甄寻、刘秀的儿子刘菜、涿郡人崔发、南阳人陈崇都因为有才干受到了王莽的器重。王莽外表严厉，言谈方直，如果他想要做某件事，只需要在言辞形态上面稍微做出一点暗示，他的同党就会按照他的意思公然地向太后进呈奏书；但是王莽却叩首流泪哭泣，坚决推辞谦让，他对上使太后迷惑，对下向众人表现他的谦恭可信。

八月，莽复白太皇太后，废孝成皇后、孝哀皇后为庶人，就其园。是日，皆自杀。

【译文】八月，王莽又向太皇太后上书请求，要求废黜孝成皇后、孝哀皇后，将她们贬为平民，把她们遣送到汉成帝和汉哀帝的陵园去守墓。当天，两位皇后都自杀而死。

大司空彭宣以王莽专权，乃上书言："三公鼎足承君；一足不任，则覆乱美实。臣资性浅薄，年齿老眊，数伏疾病，昏乱遗忘，愿上大司空、长平侯印绶，乞骸骨归乡里，竢填沟壑。"莽白太后策免宣，使就国。莽恨宣求退，故不赐黄金、安车、驷马。宣居国数年，薨。

【译文】 大司空彭宣因为王莽专擅权势，就向太后上书说："三公就好比鼎的三只脚，是一起侍奉国君的，如果有一只脚不能胜任，就会使鼎倾覆，破坏里面的美食。臣资质浅薄，年龄也已经大了，多次受到疾病的困扰，头脑昏乱，记忆也不好了，我希望可以交回大司空、长平侯的印信，并准许我辞职，回到我的家乡，等待辞世。"王莽就报告了太后，于是太后就颁下诏书罢免了彭宣的官职和爵位，命令他回到封国去。王莽因为怨恨彭宣自己向太后请求辞职，所以就没有赐予他黄金、安车、驷马。彭宣在封国住了几年然后就去世了。

◆班固赞曰：薛广德保县车之荣，平当逡巡有耻，彭宣见险而止，异乎苟患失之者矣！◆

【译文】 ◆班固感慨地说：薛广德能够保持高悬安车的荣耀，平当拒绝了封爵，明理知耻，彭宣发现了危险就中止做官，他们和苟且偷生并且担心失去官位的人截然不同啊！◆

戊午，右将军王崇为大司空，光禄勋东海马宫为右将军，左曹、中郎将甄丰为光禄勋。

九月，辛酉，中山王即皇帝位，大赦天下。

【译文】 戊午日（二十七日），太后任命右将军王崇为大司空，光禄勋东海人马宫为右将军，左曹、中郎将甄丰为光禄勋。

九月辛酉日（初一），中山王刘箕子继任了皇位（就是汉平帝），下令大赦天下。

平帝年九岁，太皇太后临朝，大司马莽秉政，百官总己以听于莽。莽权日盛，孔光忧惧，不知所出，上书乞骸骨；莽白太后，帝幼少,宜置师傅,徙光为帝太傅,位四辅,给事中,领宿卫、供养,行内署门户,省服御食物。以马宫为大司徒,甄丰为右将军。

【译文】汉平帝当时只有九岁,太皇太后临朝听政,大司马王莽把持着朝政,百官各司其职,最后都听从王莽的裁决。王莽的权势一天比一天扩大,孔光感到忧虑害怕,不知道应该怎么办,就向汉平帝上书请求辞职;王莽就告诉太后,说皇上的年龄尚小,您应该为他配置师傅,于是太后就调任孔光做汉平帝的太傅,担任四辅的官位,兼任给事中,兼管宿卫、供养、宫中署门户,察看皇上御用的衣服、车马、食物。太后任命马宫为大司徒,甄丰为右将军。

【译文】光之尤惧,盖心知莽伪为尊事,不得与王舜、王邑同预腹心之列耳。岂真以汉祚将移痛心疾首哉?厥后以周公领莽功德,肺肝毕见矣。

【译文】孔光感到害怕的原因在于他心里明白王莽是在假意尊敬他,没有把他列入和王舜、王邑一样的心腹大臣之列。他哪里是真的在为汉朝大权即将旁落而痛心疾首呢?后来他借周公歌颂王莽的功德,内心世界便暴露无遗。

冬,十月,壬寅,葬孝哀皇帝于义陵。

【译文】冬季,十月壬寅日(十二日),将孝哀皇帝安葬在了义陵。

孝平皇帝上

元始元年(辛酉,公元一年)春,正月,王莽风益州,令塞外蛮夷自称越裳氏重译献白雉一、黑雉二。莽白太后下诏,以白雉荐宗庙。于是群臣盛陈莽功德，致周成白雉之瑞，周公及身在而托号于周，莽宜赐号曰安汉公，益户畴爵邑。太后诏尚书具其事。莽上书言："臣与孔光、王舜、甄丰、甄邯共定策；今愿独条光等功赏，寝置臣莽，勿随辈列。"甄邯白太后下诏曰："'无偏无党，王道荡荡。'君有安宗庙之功，不可以骨肉故蔽隐不扬，君其勿辞！"莽复上书固让数四，称疾不起。左右白太后，"宜勿夺莽意，但条孔光等，莽乃肯起。"二月，丙辰，太后下诏；"以太傅、博山侯光为太师，车骑将军、安阳侯舜为太保，皆益封万户。左将军、光禄勋丰为少傅，封广阳侯。皆授四辅之职。侍中、奉车都尉邯封承阳侯。"四人既受赏，莽尚未起。

【译文】元始元年（辛酉，公元1年）春季，正月，王莽暗示益州的地方官，命令边塞外自称是越裳氏的蛮夷，通过译使，向汉平帝进献一只白色的野鸡、两只黑色的野鸡。王莽向太后报告了这件事，建议太后下诏：用白色的野鸡去祭祀宗庙。于是，臣子们大肆歌颂王莽的功德，认为他"像周公姬旦使周成王获得白野鸡的祥瑞一样，那个时候周公旦还仍然在世，就托名周朝，让他被尊称为周公，现在王莽有定国安汉的功劳，也应该被赐予尊号为安汉公，并增加他的采邑人户，使与公爵爵位相称"。于是太后就颁布诏书，命令尚书去准备这件事。王莽向太后上书说："臣和孔光、王舜、甄丰、甄邯共同制定了迎立当今圣上的国策，我现在只希望您能够单独列举孔光等人的功劳奖赏，舍弃臣王莽，不要把我和他们列在一起。"甄邯向太皇太后报告了这件事，太皇太后就下诏说："《尚书》里面说'不要有所偏私，不要袒护同党，圣王之道才能够宽阔平坦。'你有安定宗庙的功劳，不可以因为你是我的至亲，就遮蔽隐藏，不去宣扬褒奖。你就不要推辞了！"王莽又向太后上书了四次表示坚决推让，称自己生病了不去上朝；左右的臣子就告诉太后："您还是不要改变王莽的心意了，只去褒奖赏赐孔光等人吧。"王莽这才肯上朝。二月，丙辰日（二十八日），太后颁布诏书："任命太傅、博山侯孔光为太师，车骑将军、安阳侯王舜为太保，全部增加赏赐一万户的食邑；左将军、光禄勋甄丰为少傅，封他为广阳侯；以上四人都分别授予四辅的职务。侍中、奉车都尉甄邯被封为承阳侯。"这四个人接受了封赏以后，王莽还是没有上朝理事。

群臣复上言："莽虽克让，朝所宜章，以时加赏，明重元功，无使百僚元元失望！"太后乃下诏："以大司马、新都侯莽为太傅，干四辅之事，号曰安汉公，益封二万八千户。"于是莽为惶恐，不得已而起，受太傅、安汉公号，让还益封事，云："愿须百姓家给，然后加赏。"群臣复争，太后诏曰："公自期百姓家给，是以听之，其令公奉赐皆倍故。百姓家给人足，大司徒、大司空以闻。"莽复让不受，而建言褒赏宗室群臣。立故东平王云太子开明为王；又以故东平思王孙成都为中山王，奉孝王后；封宣帝耳孙信等三十六人皆为列侯；太仆王恽等二十五人皆赐爵关内侯。又令诸侯王公、列侯、关内侯无子而有孙若同产子者，皆得以为嗣；宗室属未尽而以罪绝者，复其属；天下令比二千石以上年老致仕者，参分故禄，以一与之，终其身。下及庶民鳏寡，恩泽之政，无所不施。

【译文】臣子们又向太后上书说："王莽虽然恭谨谦让，但是朝廷也应该表彰嘉奖他的功绩，及时地给予奖赏，表示朝廷注重立下功劳的人，不要让百官和百姓感到失望！"于是太后就下诏："任命大司马、新都侯王莽为太傅，担任四辅的职务，加封称号为安汉公，给他增加两万八千户的封邑。"于是，王莽就假装担心害怕，没有办法才上朝理事，接受了太傅、安汉公的尊号，但是推辞归还了增加封邑的赏赐，他说："我希望可以等到百姓每一户人家都可以自给自足了，然后才能接受赏赐。"臣子们又争着向太后为王莽说话，于是太后就颁下诏书说："王莽希望自己可以等到百姓每一户人家都可以自给自足再接受封赏，我可以接受这个请求，不过也要让俸禄和赏赐都增加一倍。等到百姓每一户人家都可以自给自足以后，大司徒、大司空就立刻把这件事上奏给我，让我知道。"王莽仍然谦让不肯接受，反而建议太后褒扬赏赐宗室和群臣，立已经去世的东平王刘云的太子刘开明为东平王；又任命已经去世的东平思王刘宇的孙子刘成都为中山王，作为中山孝王的后嗣；册封汉宣帝的曾孙刘信等三十六个人为列侯；又给太仆王恽等二十五个人都颁赐关内侯的爵位。又命令诸侯王、公、列侯、关内侯没有儿子但是有孙子以及同一个母亲的兄弟的孩子的，都可以作为自己的继承人；皇族近亲支系的后裔因为犯罪而被开除宗室谱籍的，恢复他的属籍；天下的官吏官秩为二千石以上但是因为年老而退休的，将原有的俸禄分成三份，一份给他，一直到他去世为止。下至平民百姓、鳏夫寡妇，有关恩惠照顾的政策，没有不去施行的。

莽既媚说吏民，又欲专断，知太后老，厌政，乃风公卿奏言："往者吏以功次迁至二千石，及州部所举茂材异等吏，率多不称，宜皆见安汉公。又，太后春秋高，不宜亲省小事。"令太后下诏曰："自今以来，唯封爵乃以闻，他事安汉公、四辅平决。州牧、二千石及茂材吏初除奏事者，辄引入，至近署对安汉公，考故官，问新职，以知其称否。"于是莽人人延问，密致恩意，厚加赠送，其不合指，显奏免之，权与人主侔矣。

【译文】 王莽既想讨好官吏百姓，又想专权独断，他知道太后年龄已经大了，厌恶政治，就暗示公卿向太后上奏说："过去根据官吏的功劳和资历，按顺序逐阶提升到二千石，各州部刺史所推举的茂材、异能等被委任为官吏的，大多都和他们的职务不符合，您应该让他们都去拜见安汉公。另外，太皇太后的年龄已经大了，不适合亲自过问这些小事。"让太皇太后颁布诏书说："从今以后，只有封爵的事情才需要上呈给我，让我知道，其他的事情可以让安汉公、四辅裁决处理。州牧、二千石以及茂材、新任的官吏有事情需要上奏的，就直接把他们引到安汉公官署，去拜见安汉公，由安汉公去考察他过去是否有功绩，并且询问他到任以后将会如何施政，来了解他能否称职。"于是，王莽就接见了每一个人，关怀备至，表达恩意，馈赠丰厚的礼品，对于那些不迎合他的意思的官员，就公开向汉平帝上奏罢免他的官职，王莽的权势几乎和国君相等了。

置羲和官，秩二千石。

夏，五月，丁巳朔，日有食之。大赦天下。公卿以下举敦厚能直言者各一人。

王莽恐帝外家卫氏夺其权，白太后："前哀帝立，背恩义，自贵外家丁、傅，桡乱国家，几危社稷。今帝以幼年复奉大宗为成帝后，宜明一统之义，以戒前事，为后代法。"

六月，遣甄丰奉玺绶，即拜帝母卫姬为中山孝王后。赐帝舅卫宝、宝弟玄爵关内侯。赐帝女弟三人号曰君，皆留中山，不得至京师。

【译文】 汉平帝设置羲和官，官秩为二千石。

夏季，五月丁巳朔日（初一），发生日食。汉平帝下令大赦天下。公卿以下推举敦厚能直言进谏的各一人。

王莽担心汉平帝的外戚卫氏侵夺他的权力，就上报太后说："以前汉哀帝即位的时候，背弃恩义，自行使外戚丁、傅二家尊显，扰乱了国家，几乎危害到了社稷。现在皇上年龄幼小，又继承了大宗因而即位为汉成帝的后嗣，应该明确正统相承的道理，以之前发生的事为警诫，防备再出现从前的事情，作为后代效法的榜样。"

六月，太后就派遣甄丰拿着印信，在中山国任命汉平帝的母亲卫姬为中山孝王后；赐予汉平帝的舅舅卫宝、卫宝的弟弟卫玄关内侯的爵位；赐予汉平帝的三个妹妹尊号为君，让他们都留在中山国，不可以到京城去。

扶风功曹申屠刚以直言对策曰："臣闻成王幼少，周公摄政，听言下贤，均权布宠，动顺天地，举措不失；然近则召公不说，远则四国流言。今圣主始免襁褓，即位以来，至亲分离，外戚杜隔，恩不得通。且汉家之制，虽任英贤，犹援姻戚，亲疏相错，杜塞间隙，诚所以安宗庙，重社稷也。宜亟遣使者征中山太后，置之别宫，令时朝见，又召冯、卫二族，裁与冗职，使得执戟亲奉宿卫，以抑患祸之端。上安社稷，下全保傅。"莽令太后下诏曰："刚所言僻经妄说，违背大义！"罢归田里。

【译文】扶风郡功曹申屠刚以"直言"的身份，在回答朝廷策问的时候说："臣听说周成王年幼，周公旦代为摄政，听从官位低下的贤臣的意见，把权力平分，广布恩宠，所作所为顺应天地的心意，没有施行不适当的措施。可是，就近处来说，就有召公的不高兴；就远处来说，有管、蔡、商、奄四个国家的流言。现在陛下刚刚长大，自从他即位以来，就和自己的至亲骨肉分离，与外戚断绝来往，不能互通亲情。况且根据汉朝的制度，虽然任用了英才贤士，但还是需要提拔姻亲，使姻亲和异姓臣子掺杂在一起任职，杜绝嫌隙，这实在是为了安定宗庙、巩固社稷。您应该赶快派遣使臣征召中山太后到京城，把她安置在行宫里，让她可以定时朝见皇上，还要征召冯、卫二族，只安排他们担任闲散的官职，使他们能够亲执兵器，亲自担任宫中的警卫，来抑制祸患的发生，对上可以使国家安定，对下可以保全四辅。"王莽就让太后下诏说："申屠刚所说的话违反了儒家的经典，胡乱陈说，违背了大义！"然后就下令罢免了他的官职，命令他返回家乡。

丙午，封鲁顷公之八世孙公子宽为褒鲁侯，奉周公祀；封褒成君孔霸曾孙均为褒成侯，奉孔子祀。

诏："天下女徒已论，归家，出雇山钱，月三百。复贞妇，乡一人。大司农部丞十三人，人部一州，劝农桑。"

秋，九月，赦天下徒。

【译文】 丙午日（二十日），汉平帝册封鲁顷公的第八代孙公子宽为褒鲁侯，侍奉周公的祭祀；封褒成君孔霸的曾孙孔均为褒成侯，侍奉孔子的祭祀。

汉平帝颁布诏书："天下凡是已经判定有罪的女子，准予释放她们回家，但是她们必须每个月交纳三百钱，由官府雇人在山上伐木来自赎。免除贞妇的赋税，每个乡有一个名额。大司农部丞定为十三个人，每个州设一人，劝导农民从事耕田植桑。"

秋季，九月，汉平帝下令赦免了天下囚犯。

二年（壬戌，公元二年）春，黄支国献犀牛。黄支在南海中，去京师三万里。王莽欲耀威德，故厚遗其王，令遣使贡献。

【译文】 二年（壬戌，公元2年）春季，黄支国向汉朝进献了一头犀牛。黄支国位于南海，距离京城三万里。王莽想炫耀自己的威望和盛德，所以就派遣使臣向黄支国的国王馈赠丰厚的礼物，叫他派遣使臣向朝廷进贡。

越巂郡上黄龙游江中。太师光、大司徒宫等咸称"莽功德比周公，宜告祠宗庙。"大司农孙宝曰："周公上圣，召公大贤，尚犹有不相说，著于经典，两不相损。今风雨未时，百姓不足，每有一事，群臣同声，得无非其美者？"时大臣皆失色。甄邯即时承制罢议者。会宝遣吏迎母，母道病，留弟家，独遣妻子。司直陈崇劾奏宝，事下三公即讯。宝对曰："年七十，悖眊，恩衰共养，营妻子，如章。"宝坐免，终于家。

帝更名衍。

三月，癸酉，大司空王崇谢病免，以避王莽。

【译文】 越巂郡官员向太后上奏说，有一条黄龙在长江里面游动。太师孔光、大司徒马宫等人都称赞说"王莽的功德可以比得上周公旦，您应该把他的功绩祭告宗庙才是"。大司农孙宝说："周公旦是崇高的圣人，召公奭是伟大的贤人，但是他们两个人尚且还有不和，这种情况被记录在经书里面，可是，这对于他们的名声、品德什么损害都没有。现在风雨不按照时节，百姓生活贫困，但是每遇到一件事，臣子们就异口同声地去赞美王莽，难道就没有不赞美的人吗？"当时大臣们的脸色都发生了变化，显得十分惊恐。甄邯立即宣布，奉旨停止讨论。恰好这个时候孙宝派遣属下去迎接自己的母亲，他的母亲在前来的路上生病了，于是就留在孙宝的弟弟的家里面，只是将孙宝的妻子接了过来，司直陈崇向汉平帝上奏弹劾孙宝，这个案件就交付给三公进行审讯。孙宝回答说："我的

资治通鉴

年龄已经七十了，糊涂昏聩，供养母亲的恩义衰退了，只知道照顾自己的妻子、子女，全部都正如奏章所说的。"孙宝因为犯罪被罢免了官职，死在了自己的家里面。

汉平帝改名为刘衎。

三月癸酉日（二十一日），大司空王崇因为生病向汉平帝请求辞职，来避开王莽。

夏，四月，丁酉，左将军甄丰为大司空，右将军孙建为左将军，光禄勋甄邯为右将军。

立代孝王玄孙之子如意为广宗王，江都易王孙盱台侯宫为广川王，广川惠王曾孙伦为广德王。绍封汉兴以来大功臣之后周共等皆为列侯及关内侯，凡百一十七人。

郡国大旱，蝗，青州尤甚，民流亡。王莽白太后，宜衣缯练，颇损膳，以示天下。莽因上书愿出钱百万，献田三十顷，付大司农助给贫民。于是，公卿皆慕效焉，凡献田宅者二百三十人，以口赋贫民。又起五里于长安城中，宅二百区，以居贫民。

【译文】夏季，四月丁酉日（十六日），汉平帝任命左将军甄丰为大司空，右将军孙建为左将军，光禄勋甄邯为右将军。

汉平帝册立代孝王玄孙的儿子刘如意做广宗王，江都易王的孙子盱台侯刘宫为广川王，广川惠王的曾孙刘伦为广德王。册封汉朝兴起以来的大功臣的后代周共等人都为列侯以及关内侯，一共是一百一十七个人。

郡国发生大旱灾，出现了蝗虫，青州尤其严重，百姓逃荒流亡。王莽把这件事情告诉了太皇太后：您应该改穿有花纹的丝帛服装，减省御用的膳食，来向天下的百姓表示克己节约。王莽趁这个机会向汉平帝上书表示自己愿意捐出一百万钱，捐献田地三十顷，交给大司农来补助贫民。于是，公卿大臣都仰慕然后效法，有二百三十个人捐献了田地宅院，把这些田地和宅院按照贫民的人数去分配。又在长安城里面修建了五个乡里，修盖了二百所住宅，用来让贫民居住。

莽帅群臣奏太后，言："幸赖陛下德泽，间者风雨时，甘露降，神芝生，蓂荚、朱草、嘉禾，休征同时并至。愿陛下遵帝王之常服，复太官之法膳，使臣子各得尽欢心，备共养！"莽又令太后下诏，不许。每有水旱，莽辄素食，左右以白太后，太后遣使者诏莽曰："闻公菜食，忧民深矣。今秋幸孰，公以时食肉，爱身为国！"

【译文】 王莽带领臣子们向太皇太后上奏说："幸好仰赖陛下的恩德，最近风雨依照时节，甘露从天而降，灵芝生长，蓂荚、朱草、嘉禾等这些美好的征兆同时降临，我希望陛下仍然遵照规定穿帝王的正常服装，恢复太官正常的饮食供应，使做臣子的各自都能尽力使陛下有和乐之心，精心周到地供养您！"王莽又让太皇太后颁下诏书，表示不允许这样做。每当发生了水旱灾害，王莽就总是吃素食，左右的大臣就告诉太皇太后这件事。太皇太后派遣使臣诏令王莽说："我听说你只吃素食，为了百姓深深忧虑。幸好今年秋天可以丰收，你还是需要按时吃肉，为国家爱护自己的身体！"

六月，陨石于巨鹿二。

光禄大夫楚国龚胜、太中大夫琅邪邴汉以王莽专政，皆乞骸骨。莽令太后策诏之曰："朕愍以官职之事烦大夫，大夫其修身守道，以终高年。"皆加优礼而遣之。

【译文】六月，在巨鹿降落了两颗陨石。

光禄大夫楚国人龚胜、太中大夫琅邪人邴汉因为王莽独掌政权，都上书请求辞职。王莽让太皇太后颁下诏书说："因为官职的事情而去麻烦两位大夫，朕感到很不忍心，两位大夫就好自为之，修养品德，笃守正道，去安享高年吧。"然后给予了他们优厚的礼遇，把他们遣送回家。

梅福知王莽必篡汉祚，一朝弃妻子去，不知所之。其后，人有见福于会稽者，变姓名为吴市门卒云。

【译文】梅福知道王莽一定会篡夺汉朝的江山，突然有一天就抛弃了自己的妻子、子女离开了，没有人知道他去了哪里。后来，据说有人在会稽郡看到了梅福，他已经改变了姓名做了吴县的守门卒了。

秋，九月，戊申晦，日有食之，赦天下徒。

遣执金吾候陈茂谕说江湖贼成重等二百馀人皆自出，送家在所收事。重徙云阳，赐公田宅。

王莽欲悦太后以威德至盛异于前，乃风单于令遣王昭君女须卜居次云入侍太后，所以赏赐之甚厚。

车师后王国有新道通玉门关，往来差近，戊己校尉徐普欲开之。车师后王姑句以当道供给使者，心不便也。普欲分明其界，然后奏之，召姑句使证之；不肯，系之。

【译文】秋季，九月，戊申晦日（三十日），发生了日食，汉平帝下令赦免了天下囚犯。

王莽派遣执金吾候陈茂贴出告示劝说江湖盗贼成重等两百多个人投降，盗匪全部自动出来自首了，王莽把他们都遣送回自己的家乡，为当地官府供应劳役。把成重迁移安顿到云阳县，赐给他公家的田地、住宅。

王莽想用盛大的威严和德泽来讨好太皇太后，表示太皇太后的威望和圣德已经达到了极盛，超越了前代，就暗示单于命令他派遣王昭君的女儿须卜居次云进入皇宫侍奉太皇太后，所以给予单于的赏赐十分丰厚。

车师后王国有一条直通玉门关的新道，往来交通比原先的道路要近，戊己校尉徐普想要把它拓宽成大道。车师后王姑句认为他们正好位于西域前往中国的要冲，如果把它拓宽成大道，那么汉朝使者的沿途供给就会由他们去负担，所以心里感到不方便。徐普想要勘明新道的路线分界，然后上奏给朝廷，就把姑句传召过来，让他证明新道的确比旧道要近，姑句不肯证明，于是徐普就将他扣押了起来。

其妻股紫陬谓姑句曰："前车师前王为都护司马所杀，今久系必死，不如降匈奴！"即驰突出高昌壁，入匈奴。又去胡来王唐兜与赤水羌数相寇，不胜，告急都护，都护但钦不以时救助。唐兜困急，怨钦，东守玉门关；玉门关不内，即将妻子、人民千馀人亡降匈奴。单于受，置左谷蠡地，遣使上书言状，曰："臣谨已受。"诏遣中郎将韩隆等使匈奴，责让单于；单于叩头谢罪，执二虏还付使者。诏使中郎将王萌待于西域恶都奴界上。单于遣使送，因请其罪；使者以闻。

【译文】他的妻子股紫陬对姑句说："过去车师前王被都护司马杀害了，现在你被囚禁了这么久，一定会被杀死的，你还不如去向匈奴投降呢！"姑句等人立刻就骑马突围冲出了高昌郡的军垒，逃到了匈奴。此外，去胡来王唐兜和赤水羌多次互相攻击，唐兜战败了，就向都护报告危急的情况，可是，都护但钦没有及时地去援助。唐兜被困紧急，怨恨但钦没有援助，于是往东退走，想拒守玉门关，但是玉门关的守将不准许他入关，于是，唐兜就率领妻子、子女、一千多百姓逃亡到匈奴并且向匈奴投降。单于接受了他们的投降，把他们安置在左谷蠡王所居住的地方，然后单于就派遣使臣向汉朝上书报告了实情说："臣很慎重地接受了唐兜的投降。"太皇太后下诏派遣中郎将韩隆等人出使匈奴，责备单于。单于就磕头认罪，将姑句和唐兜抓了起来，交给了汉朝的使者。太皇太后又下诏派遣中郎将王萌在西域恶都奴的边界上等待接收两个俘虏。单于派遣使臣将他们送走以后，就向汉朝请求可以宽恕姑句和唐兜两个人的背叛罪行，使者回去以后向王莽上报了单于的请求。

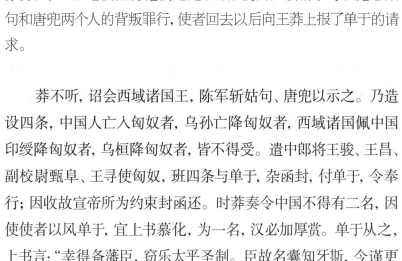

莽不听，诏会西域诸国王，陈军斩姑句、唐兜以示之。乃造设四条，中国人亡入匈奴者，乌孙亡降匈奴者，西域诸国佩中国印绶降匈奴者，乌桓降匈奴者，皆不得受。遣中郎将王骏、王昌、副校尉甄阜、王寻使匈奴，班四条与单于，杂函封，付单于，令奉行；因收故宣帝所为约束封函还。时莽奏令中国不得有二名，因使使者以风单于，宜上书慕化，为一名，汉必加厚赏。单于从之，上书言："幸得备藩臣，窃乐太平圣制。臣故名囊知牙斯，今谨更名曰知。"莽大说，白太后，遣使者答谕，厚赏赐焉。

【译文】 可是，王莽没有准许单于的请求，下诏召集了西域各国的国王，陈列军队，当众斩杀了姑句、唐兜。接着，王莽又制定了四条新的规定：凡是逃亡到匈奴的中国人，凡是逃亡到匈奴的乌孙国人，凡投降匈奴的西域诸国佩戴中国印信绶带者，凡是投降匈奴的乌桓国人，匈奴都不可以接受。王莽派遣中郎将王骏、王昌，副校尉甄阜、王寻出使匈奴，颁布了这四条新的规定和诏书放在同一个匣子里面，加上了封条，交给了单于，然后命令单于遵照新的规定执行，并且趁这个机会把过去汉宣帝所制定的约束也放在匣子里面封好带了回来。这个时候王莽向汉平帝上奏要求中国人取名字不能带有两个字，然后就派遣使臣暗示单于，应该向汉平帝上书表示仰慕中国古代文化风俗，要把名字改成一个字的，汉朝一定会给予他丰厚的赏赐。单于听从了使臣的暗示，就向汉平帝上书说："我幸运地能够充当中国的藩国臣属，我私底下为太平圣制感到高兴。臣原来的名字是囊知牙斯，现在谨请改名为知。"王莽感到非常高兴，告诉了太皇太后这件事情，然后就派遣使臣回答单于已经知道了，并且赐给单于十分丰厚的奖赏。

莽欲以女配帝为皇后以固其权，奏言："皇帝即位三年，长秋宫未建，掖廷媵未充。乃者国家之难，本从无嗣，配取不正，请考论《五经》，定取后礼，正十二女之义，以广继嗣，博采二王后及周公、孔子世、列侯在长安者適子女。"事下有司，上众女名，王氏女多在选中者，莽恐其与己女争，即上言："身无德，子材下，不宜与众女并采。"太后以为至诚，乃下诏曰："王氏女，朕之外家，其勿采。"庶民、诸生、郎吏以上守阙上书者日千馀人，公卿大夫或诣廷中，或伏省户下，咸言："安汉公盛勋堂堂若此，今当立后，独奈何废公女，天下安所归命！愿得公女为天下母！"莽遣长史以下分部晓止公卿及诸生，而上书者愈甚。太后不得已，听公卿采莽女。莽复自白："宜博选众女。"公卿争曰："不宜采诸女以贰正统。"莽乃白："愿见女。"

【译文】 王莽想要把自己的女儿嫁给汉平帝成为皇后，来巩固自己的权力，就向太皇太后上奏说："皇上即位已经三年了，还没有娶皇后，后宫的妃嫔也有空缺。过去国家发生的危难，本来是没有继承人，后宫的妃子的来路不正所引起的，我请求您可以考察讨论《五经》里面的有关记载，订定聘娶皇后的礼仪，正式决定以皇上娶十二个女子为标准，来广大地求取可以继承皇位的子嗣，广泛地在殷、周天子的后裔，周公、孔子的后代，以及在长安的列侯之家中，挑选合适的女子。"太皇太后将这件事情交付给下面主管的官吏，然后主管的官员呈上了很多女子的名字，王氏家族的女子有很多都在遴选的名单里面。王莽十分担心她们和自己的女儿竞争当皇后，就向太皇太后上书说："臣本身没有高尚的品德，女儿的资质才能又是下等，她不应该和众女一起被挑选。"太皇太后以为他是诚心诚意的谦虚，就颁下诏书说："王氏家族的女人，是朕的外戚，就不要参加挑选了。"庶民、诸生、郎吏以上，守候在皇宫门口上书的官吏，每天就有一千多个人。公卿、大夫有的到殿廷里面，有的匍匐在宫内官署的门下，都向太皇太后要求说："安汉公立下了如此高显盛大的功勋，现在到了应该立皇后的时候，为什么却单单舍弃了他的女儿呢？天下的百姓将要把期望归聚到哪一位身上呢？我希望您能够让他的女儿做皇后！"王莽派遣长史以下的官员分别去劝说并且阻止公卿以及诸生请愿，希望他们不要再向太皇太后说立自己的女儿为皇后，可是向太皇太后上书的人反而更多了。王莽又为自己辩白说："您应该广选众女。"公卿争辩说："您不应该采纳众女而使正统出现混乱。"王莽就顺势说："那就请你们仔细察看我的女儿吧。"

资治通鉴卷第三十六　汉纪二十八

起昭阳大渊献，尽著雍执徐，凡六年。

【译文】起癸亥（公元3年），止丁卯（公元8年），共六年。

【题解】本卷记录了元始三年至初始元年间的历史。此卷详细写了王莽代汉的经过。王莽借吕宽一事大肆消灭异己，太皇太后也被王莽玩于掌心之上。元始五年加九锡之礼。元始六年王莽称"摄皇帝"，毒死平帝，改立幼君。王莽代理皇帝长达三年，镇压宗室及地方反抗。后来，王莽认为篡权条件成熟，遂称帝，改国号新。王莽以奸诈之心，一步步夺取政权，以至改朝换代。

孝平皇帝下

元始三年（癸亥，公元三年）春，太后遣长乐少府夏侯藩、宗正刘宏、尚书令平晏纳采见女。还，奏言："公女渐渍德化，有窈窕之容，宜承天序，奉祭祀。"太师光、大司徒宫、大司空丰、左将军孙建、执金吾尹赏、行太常事、太中大夫刘秀及太卜、太史令服皮弁、素积，以礼杂卜筮，皆曰："兆遇金水王相，卦遇父母得位，所谓康强之占，逢吉之符也。"又以太牢策告宗庙。有司奏："故事：聘皇后，黄金二万斤，为钱二万万。"莽深辞让，受六千三百万，而以其四千三百万分予十一媵家及九族贫者。

【译文】元始三年（癸亥，公元3年）春季，太皇太后派遣长乐少府夏侯藩、宗正刘宏、尚书令平晏去接见那些女子，从那些女子

378

里面选择可以聘娶的。他们回来以后，就向太皇太后上奏说："安汉公的女儿王涵濡浸润道德教化，有美好的容貌，适合继承帝王的统嗣，承担祭祀的事务。"太师孔光、大司徒马宫、大司空甄丰、左将军孙建、执金吾尹赏，以及摄太常事、太中大夫刘秀以及太卜、太史令都穿戴鹿皮冠、穿上素色的衣裳，按照仪式进行占兆和占卦，都说："占兆遇金水王相，占封遇父母得王。这是金、水互相辅佐的吉兆，父母和睦喜悦的卦象。这就是所谓的本身康乐、强健的预兆，子孙大吉的征兆。"接着，又用太牢(牛、羊、豕三者兼备)策书祭祀、禀告了宗庙。主管的官吏向太皇太后上奏说："按照往例：聘娶皇后的彩礼，是二万两黄金，折合钱是二亿。"王莽执意推辞谦让，只接受六千三百万钱，并且拿出其中的四千三百万钱分赠被选为从嫁媵妾的十一家，以及王姓家九族以内的贫苦亲属。

夏，安汉公奏车服制度，吏民养生、送终、嫁娶、奴婢、田宅、器械之品，立官稷，及郡国、县邑、乡聚皆置学官。

【译文】 夏季，安汉公向太皇太后上奏关于车马和衣服穿着的制度，全国官吏平民的日常生活，丧葬送终，男婚女嫁，以及奴婢的买卖和待遇，田地房产的转移，各种用具等，分别定立等级，又设置祭祀五谷的神庙，并且在郡国、县邑、乡聚，都设置了学官。

大司徒司直陈崇使张敞孙竦草奏，盛称安汉公功德，以为："宜恢公国令如周公，建立公子令如伯禽，所赐之品亦皆如之，诸子之封皆如六子。"太后以示群公。群公方议其事，会吕宽事起。

【译文】 大司徒司直陈崇派遣张敞的孙子张竦起草奏章，歌颂安汉公的功劳德行，他认为："您应该扩大他的封国，使他能够像周公旦辅助周朝一样，让他的儿子也能够接受爵位的封赏，就像周成王命令周公旦册封伯禽为周公一样，赏赐的等级也应该相同，此外，其他儿子的封赏，也都应该像周公旦的六个儿子一样。"太皇太后就把这份奏章拿给众位大臣看。正当大臣们在商量这件事的时候，恰好发生了吕宽的事情。

初，莽长子宇非莽隔绝卫氏，恐久后受祸，即私与卫宝通书，教卫后上书谢恩，因陈丁、傅旧恶，冀得至京师。莽白太皇太后，诏有司褒赏中山孝王后，益汤沐邑七千户。卫后日夜啼泣，思见帝面，而但益户邑。宇复教令上书求至京师，莽不听。宇与师吴章及妇兄吕宽议其故，章以为莽不可谏而好鬼神，可为变怪以惊惧之，章因推类说令归政卫氏。宇即使宽夜持血洒莽第门，吏发觉之。莽执宇送狱，饮药死。宇妻焉怀子，系狱，须产子已，杀之。甄邯等白太后，下诏曰："公居周公之位，辅成王之主，而行管、蔡之诛，不以亲亲害尊尊，朕甚嘉之！"莽尽灭卫氏支属，唯卫后在。吴章要斩，磔尸东市门。

【译文】当初，王莽的长子王宇反对王莽隔离卫氏家族，他担心一段时间以后，会遭到卫氏的报复，就私底下和卫宝通信，让卫后向上书，感谢皇上的恩德，并且借这个机会向皇上陈述丁、傅两家的罪恶，希望自己可以被传召到京城去。王莽告诉太皇太后，让太皇太后下诏命令主管的官员褒扬赏赐中山孝王后，增加了汤沐邑七千户人家。卫后日夜哭泣，希望可以见到汉平帝的面，但只是增加了封邑的户数。王宇再次让她向汉平帝上书，请求可以被传召到京城去。但是王莽没有准许。王宇和老师吴章以及大舅子吕宽一起商量这件事，吴章认为王莽不可以劝谏但是他相信鬼神，可以制造灾变怪异来恐吓他，这样吴章就可以根据灾变怪异去顺势推演，游说王莽将政权移交给卫氏。然后王宇就命令吕宽在夜里把血涂洒在王莽的住宅，结果被守门的官吏发现了。王莽就把王宇抓了起来，押送到监狱里面，让他喝毒药自杀。王宇的妻子吕焉，当时怀有身孕，也被关进了监狱，等到她生下孩子以后，王莽就把她也杀了。甄邯等人把这件事告诉了太皇太后，于是太皇太后就颁下诏书说："安汉公身居周公旦的地位，辅佐像周成王这样的幼主，可是能够实施对管叔、蔡叔的诛灭，不因为骨肉亲情而伤害君臣之间的关系，朕非常嘉勉这种大义灭亲的壮举！"王莽于是下令将卫氏的亲属全部屠杀了，只留下卫后一个人。吴章被腰斩，在东市门被施以分裂尸体的酷刑。

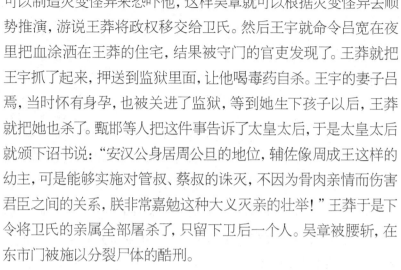

【申涵煜评】宇惧祸劝父用卫氏不能得，乃假鬼神以吓之，其谋虽拙，情有可原。黄皇室主不改节而殉汉。以莽之恶，生此贤儿女，亦可谓犁牛之子矣。

【译文】王宇害怕灾祸降临到自己的家族，劝谏父亲任用卫氏却不被王莽采纳，于是假借鬼神之力来以恐吓父亲，他的计谋虽然笨拙，但情有可原。黄皇室主（王莽的女儿）不改节操而以身殉汉。以王莽的罪恶，却生出这样的贤良儿女，也可以说是犁牛之子了。

初，章为当世名儒，教授尤盛，弟子千馀人。莽以为恶人党，皆当禁锢不得仕宦，门人尽更名他师。平陵云敞时为大司徒掾，自劾吴章弟子，收抱章尸归，棺敛葬之，京师称焉。

【译文】当初，吴章是当时著名的大儒，跟随学习的人很多，弟子有一千多人。王莽认为那些弟子全部都是恶人的党徒，应该把他们都禁锢起来，让他们不能做官，于是，这些人就都改认别人做自己的老师。平陵人云敞那个时候担任大司徒掾，就向汉平帝上书弹劾自己的罪状，说自己是吴章的弟子，希望把吴章的尸体领回去，为他准备棺材，将他的尸体收殓埋葬，京城的人都称赞他有高尚的道义。

莽于是因吕宽之狱，遂穷治党与，连引素所恶者悉诛之。元帝女弟敬武长公主素附丁、傅，及莽专政，复非议莽；红阳侯王立，莽之尊属；平阿侯王仁，素刚直；莽皆以太皇太后诏，遣使者迫守，令自杀。莽白太后，主暴病薨；太后欲临其丧，莽固争而止。甄丰遣使者乘传案治卫氏党与，郡国豪杰及汉忠直臣不附莽者，皆诬以罪法而杀之。

【译文】于是王莽就假借吕宽的案子下令彻底追查他的同党，牵连王莽一直以来就厌恶的官员，将他们都诛杀了。汉元帝的妹妹敬武长公主一直以来就与丁、傅二家亲近，等到王莽独揽大权以后，就去批评王莽。红阳侯王立，是王莽的叔父，平阿侯王仁，性格一向刚强正直，王莽就以太皇太后的名义颁下诏书，派遣使臣去进行监督，逼迫他们自杀而死。而王莽却告诉太皇太后，敬武长公主是患了急病才死的，太皇太后想要亲自去她家进行祭悼，王莽就竭力阻止，太皇太后才没有去。甄丰派遣使臣乘坐驿马赶去各地处理卫氏同党的案子，诛杀卫姓家族党羽，郡国豪杰以及汉朝的忠臣义士凡是不依附王莽的，都被诬陷说有罪，然后将他们诛杀了。

何武、鲍宣及王商子乐昌侯安，辛庆忌三子护羌校尉通、函谷都尉遵、水衡都尉茂，南郡太守辛伯等皆坐死。凡死者数百人，海内震焉。北海逄萌谓友人曰："三纲绝矣，不去，祸将及人!"即解冠挂东都城门,归,将家属浮海,客于辽东。

【译文】 何武、鲍宣以及王商的儿子乐昌侯王安,辛庆忌的三个儿子护羌校尉辛通、函谷都尉辛遵、水衡都尉辛茂,以及南郡太守辛伯都因为这件事被处死了。一共死了几百个人,全国的百姓都为这件事感到震惊。北海人逢萌对他的朋友说:"君臣、夫妇、父子的伦常都已经废弃了,如果再不离开的话,就会祸及自身!"然后就摘下帽子挂在东都城门上面,回到故乡,带着家属乘船渡海,到辽东郡客居。

莽召明礼少府宗伯凤入说为人后之谊,白令公卿、将军、侍中、朝臣并听,欲以内厉天子而外塞百姓之议。先是,秺侯金日磾子赏、都成侯金安上子常皆以无子国绝,莽以日磾曾孙当及安上孙京兆尹钦绍其封。钦谓"当宜为其父、祖立庙,而使大夫主赏祭。"甄邯时在旁,廷叱钦,因劾奏:"钦诬祖不孝,大不敬。"下狱,自杀。邯以纲纪国体,亡所阿私,忠孝尤著,益封千户。更封安上曾孙汤为都成侯。汤受封日,不敢还归家,以明为人后之谊。

【译文】 王莽征召深明古礼的少府宗伯凤到皇宫里面向太皇太后讲解说,作为一个国家的太皇太后,不能够顾及私人亲属的道义,并且建议太皇太后下令要求公卿、将军、侍中、朝臣都要去听宗伯凤的讲说,目的就是在内教训皇上,在外消除百姓的议论。在此之前,秺侯金日磾的儿子金赏、都成侯金安上的儿子金常都因为没有儿子而撤销了他们的封国,王莽就下令让金日磾的曾孙金当以及金安上的孙子京兆尹金钦去继承他们的封国。金钦说:"金当应该为他的父亲以及他的祖父建立宗庙并且让大夫去主持伯祖父金赏的祭祀。"甄邯那个时候正好就在旁边,就当着汉平帝以及文武百官的面叱责金钦，然后向汉平帝上奏弹劾说"金钦诬蔑祖先，没有孝道，犯了大不敬的罪行"。然后逮捕了金钦，将他关进监狱里面，后来金钦在监狱里面自杀而死。甄邯因为维护了社会秩序、国家体制，没有阿谀偏私，忠孝双全，汉平帝下令增加了甄邯一千户的封邑。另外又册封了金安上的曾孙金汤为都成侯。金汤接受封赏的当天，不敢回家，来显示作为大宗继承人应遵循的大义。

是岁，尚书令颍川钟元为大理。颍川太守陵阳严诩本以孝行为官，谓掾、史为师友，有过辄闭阁自责，终不大言。郡中乱。王莽遣使征诩，官属数百人为设祖道，诩据地哭。掾、史曰："明府吉征，不宜若此！"诩曰："吾哀颍川士，身岂有忧哉！我以柔弱征，必选刚猛代；代到，将有僵仆者，故相吊耳！"诩至，拜为美俗使者。徙陇西太守平陵何并为颍川太守。并到郡，捕钟元弟威及阳翟轻侠赵季、李款，皆杀之。郡中震栗。

【译文】这一年，尚书令颍川人钟元被汉平帝任命为大理官。颍川郡太守陵阳人严诩当初因为对父母的孝顺行为而被推荐当官，他把掾、史等属官当作自己的老师、朋友，如果有了过失，总是把门关起来自责，从来没有大声说过话。后来郡中发生动乱，王莽就派遣使臣征召严诩，官府官吏有几百个人设宴为他饯行，严诩坐着以手按地哭泣。官吏们就说："朝廷征召明府君，这对明府君来说是吉祥的征兆，你不应该这么悲伤。"严诩回答说："我其实是在为颍川人感到悲哀，怎么是在为自己感到忧愁呢？我因为柔弱被征召，那么朝廷就一定会选择刚猛的人来代替我，等到代替我的官员到任了以后，必定会有人死亡，所以我才感到悲伤啊！"严诩到了京城以后，王莽就任命他为美俗使者。然后调任陇西郡太守何并为颍川郡太守。何并到了颍川郡接任颍川郡太守以后，就立刻下令逮捕了钟元的弟弟钟威以及阳翟的侠士赵季、李款，然后把他们全部杀害了。这使整个郡里面的人都感到震惊害怕。

四年(甲子, 公元四年)春, 正月, 郊祀高祖以配天, 宗祀孝文以配上帝。

改殷绍嘉公曰宋公, 周承休公曰郑公。

诏: "妇女非身犯法, 及男子年八十以上、七岁已下, 家非坐不道、诏所名捕, 它皆无得系; 其当验者即验问。定著令!"

【译文】 四年(甲子, 公元4年)春季, 正月, 汉平帝在郊外祭祀汉高祖来配享上天, 在明堂祭祀孝文帝来配享上帝。

汉平帝下令改封殷绍嘉公为宋公, 周承休公为郑公。

汉平帝颁下诏书: "妇女除非是本人犯了法, 以及男子年龄在八十岁以上、七岁以下的, 只要他的家人不是犯下了不道的罪行, 以及不是朝廷颁下诏书指名要求逮捕的, 官府一概都不能逮捕; 如果到了必须调查的时候, 官员必须到妇女或老幼居住的地方进行调查。本诏书自即日起就成为法律! "

二月, 丁未, 遣大司徒宫、大司空丰等奉乘舆法驾迎皇后于安汉公第, 授皇后玺绶, 入未央宫。大赦天下。

【译文】 二月丁未日(初七), 太皇太后派遣大司徒马宫、大司空甄丰等人带着御用车轿和皇家的仪仗队, 到安汉公家里去迎接王莽的女儿, 授予皇后印玺, 把她迎接进未央宫。然后太皇太后下令大赦天下。

遣太仆王恽等八人各置副, 假节, 分行天下, 览观风俗。

【译文】汉平帝让太仆王恽等八个人分别设置副使,拿着符节,任命他们为使臣,分别去全国各地进行巡查,考察社会风俗。

　　夏,太保舜等及吏民上书者八千馀人,咸请如陈崇言,加赏于安汉公。章下有司,有司请"益封公以新息、召陵二县及黄邮聚、新野田;采伊尹、周公称号,加公为宰衡,位上公,三公言事称'敢言之';赐公太夫人号曰功显君;封公子男二人安为褒新侯,临为赏都侯;加后聘三千七百万,合为一万万,以明大礼;太后临前殿亲封拜,安汉公拜前,二子拜后,如周公故事。"莽稽首辞让,出奏封事:"愿独受母号,还安、临印韨及号位户邑。"事下,太师光等皆曰:"赏未足以直功。谦约退让,公之常节,终不可听。忠臣之节亦宜自屈,而伸主上之义。宜遣大司徒、大司空持节承制诏公亟入视事,诏尚书勿复受公之让奏。"奏可。莽乃起视事,止减召陵、黄邮、新野之田而已。

【译文】夏季,太保王舜等人以及官吏百姓向皇上上书的,一共有八千多人,他们都请求汉平帝"按照陈崇的建议,增加对安汉公王莽的赏赐"。汉平帝把奏章交付给下面主管的官吏,主管的官吏就向汉平帝上书请求"增加安汉公王莽的封地,把召陵、新息二县以及黄邮聚、新野县的田地全部划归给安汉公王莽;采用伊尹、周公旦的称号,给安汉公加上宰衡的官号,让他位居上公,三公要向他报告工作,自称'冒昧陈辞';册封王莽的母亲为功显君;册封王莽的两个儿子:王安为褒新侯,王临为赏都侯;增加皇后的聘礼三千七百万,合起来是一亿钱,用来表明礼仪的隆重;太皇太后来到前殿亲自进行加封和任命,安汉公在前面下拜,两个儿子在后面下拜,就和周公的旧例一样。"王莽叩首推辞谦让,出宫以后就向汉平帝进呈机密奏章说:"我希望可以只是接受对我母亲的封号,但是要退还王安、王临的印信以及爵位称号、封邑民户。"汉平帝把这件事交付给主管的官员进行处理,太师孔光等人都说:"对王莽的赏赐仍然不足以和他立下的功劳相比;谦逊退让,是安汉公的一贯作风,皇上完全可以不听从。忠臣的气节有时候也应该自己屈服,使国君的恩义可以得到伸张。皇上应该派遣大司徒、大司空拿着符节,奉皇上的命令征召安汉公赶快进入宫廷主持朝政;并且下诏命令尚书不要再接受任何安汉公推辞退让的奏章。"汉平帝准许孔光等人的奏章。王莽这才出来办理公务,仅仅是减掉了召陵县、黄邮聚、新野县的封田罢了。

莽复以所益纳征钱千万遗太后左右奉共养者。莽虽专权,然所以诳耀媚事太后,下至旁侧长御,方故万端,赂遗以千万数。白尊太后姊、妹号皆为君,食汤沐邑。以故左右日夜共誉莽。莽又知太后妇人,厌居深宫中,莽欲虞乐以市其权,乃令太后四时车驾巡狩四郊,存见孤、寡、贞妇,所至属县,辄施恩惠,赐民钱帛、牛酒,岁以为常。太后旁弄儿病,在外舍,莽自亲候之。其欲得太后意如此。

【译文】王莽又从增加的聘礼里面拿出了一千万钱送给太皇太后左右的侍从人员。王莽虽然独揽大权,但是,他仍然千方百计去欺骗迷惑、讨好侍奉太皇太后,甚至是太皇太后身边那些常侍的随从,用尽了各种方法,甚至达到了以千万计的贿赂。王莽多次向太皇太后进言请求可以册封太皇太后的姐、妹为君,给她们封赏汤沐邑。因此,太皇太后身边的人早晚都向她称赞王莽。王莽知道太皇太后始终还是一个女人,厌恶居住在深宫里面,就打算用游观的乐趣来换取她的权力,就像市场买卖一样,于是让太后四季都乘坐着车子到四郊去游览,慰问救助孤儿、寡妇、贞妇,太皇太后经过各属县，就布施恩惠，赐给百姓钱币、丝帛、牛肉、美酒，每年都是这个样子。太皇太后身边那些供支使的小儿生病了，就住在外舍，王莽就亲自去探望他们。王莽想要得到太皇太后的欢心，所使用的手段就是这个样子。

太保舜奏言："天下闻公不受千乘之土，辞万金之币，莫不乡化。蜀郡男子路建等辍讼，惭怍而退，虽文王却虞、芮，何以加！宜报告天下。"奏可。于是，孔光愈恐，固称疾辞位。太后诏："太师毋朝，十日一入省中，置几杖，赐餐十七物，然后归，官属按职如故。"

【译文】 太保王舜向汉平帝上奏说："天下的百姓都听说安汉公不接受相当于可以出一千辆兵车的国家的封地，推辞了女儿万两黄金的聘金。没有一个不仰慕王莽的。蜀郡男子路建等人停止了诉讼，惭愧地回去了，就是周文王感化虞君、芮君，让他们自动停止争执返回本国，也比不上安汉公啊！您应该昭告天下的百姓，让他们知道这件事。"于是，孔光感到更加害怕恐惧了，坚持声称自己生病了，要辞去自己的官职。太皇太后就颁下诏书说："太师不必每天都来上朝，只要每十天上朝一次就可以了，宫廷会为你设置几案和手杖，赐给你十七种食物的美餐，然后你再回去；太师府的属官各自仍然是以前的职位，不进行改变。"

莽奏起明堂、辟雍、灵台，为学者筑舍万区，制度甚盛。立《乐经》；益博士员，经各五人。征天下通一艺、教授十一人以上，及有逸《礼》、古书、天文、图谶、钟律、《月令》、兵法、《史篇》文字，通知其意者，皆诣公车。网罗天下异能之士，至者前后千数，皆令记说廷中，将令正乖谬，壹异说云。

【译文】 王莽向汉平帝上奏请求建筑明堂、辟雍、灵台,为学生修盖一万间房屋,规模十分宏伟。在太学设立《乐经》的课程;增加博士的名额,每一经各五个人。在全国征求精通一艺、教授弟子十一人以上的经师,以及收藏有散的逸《礼经》、古书、天文、图谶、钟律、《月令》、兵法、《史籀篇》文字,而通晓了解其中的意义的,都到公车署去。收罗全国具有卓著才能的士人,到公车署去的前后有一千多人,王莽让他们全部都到朝廷里面,把他们的说法都记录下来,并且打算让他们去改正流传的谬误,使各种不同的说法统一起来。

【乾隆御批】 莽意特欲附会图谶,故假访求逸书,以号召天下言符命者。史乃谓公车多异能之士,无识甚矣。

【译文】 王莽的意图不过是想附会图谶,因此假意寻求逸书。以此来号召天下热衷鬼符神命的人前往京城。史书却说公车府里有很多特殊才能的人,真是无知到了极点。

又征能治河者以百数,其大略异者,长水校尉平陵关并言:"河决率常于平原、东郡左右,其地形下而土疏恶。闻禹治河时,本空此地,以为水猥盛则放溢,少稍自索,虽时易处,犹不能离此。上古难识,近察秦、汉以来,河决曹、卫之域,其南北不过百八十里。可空此地,勿以为官亭、民室而已。"御史临淮韩牧以为:"可略于《禹贡》九河处穿之,纵不能为九,但为四、五,宜有益。"大司空掾王横言:"河入勃海地,高于韩牧所欲穿处。往者天尝连雨,东北风,海水溢西南出,浸数百里,九河之地已为海所渐矣。禹之行河水,本随西山下东北去。《周谱》云:'定王五年,河徙。'则今所行非禹之所穿也。又秦攻魏,决河灌其都,决处遂大，不可复补。宜却徙完平处更开空，使缘西山足，乘高地而东北入海，乃无水灾。"司空掾沛国桓谭典其议，为甄丰言："凡此数者，必有一是；宜详考验，皆可豫见。计定然后举事，费不过数亿万，亦可以事诸浮食无产业民。空居与行役，同当衣食，衣食县官而为之作，乃两便，可以上继禹功，下除民疾。"时莽但崇空语，无施行者。

【译文】 王莽又征召了能够治理黄河的士人，以百计算，每个人的主张并不相同，长水校尉平陵人关并认为："黄河通常在平原郡、东郡的两边决口，这两处地方的地势低下，而且土质松软低劣。我听说大禹治理黄河的时候，原本把那个地方空了出来，不让百姓在那里居住，作为调节黄河的地方。夏禹认为水大的时候可以到那里把河水倾泻出去，水少的时候那里自己就会逐渐干涸，虽然地方时常会发生改变，但还是没有离开那一带。上古距离现在已经很遥远了，那个时候的很多事情现在很难考察了，所以就近考察秦、汉以来的情况，黄河在古曹国、古卫国的地域决口，它的南北相距不超过八十里，我们可以把这个地方空出来，不要在那里修建官亭、民屋也就可以了。"御史临淮人韩牧则认为："只要大概在《禹贡》里面记载的九河的地方进行穿凿疏通，即使不能使九条河流全部被疏通，只要能够疏通四五条，对我们也是有好处的。"大司空掾王横说："黄河流入渤海的出口，那里的地面比韩牧想要挖掘的地方要高出很多。过去，那里经常下雨，吹东北风，海水倒灌，就会从西南方向流出去，然后淹没几百里，古九河的水道，早就已经被海水逐渐覆盖了。大禹当初疏导黄河的河水，本来是打算让它顺着西山向东北方向流去。《周谱》里面说：'周定王五年的时候，黄河改道了。'这就说明，现在黄河所经过的河道，并不是大禹当初所凿通的河道了。还有，秦国攻打魏国的时候，曾经使黄河决堤，把河水灌入魏国的都城，决口的地方也就逐渐增大了，不能再进行堵塞。所以，您应该把当地的百姓全部迁移到完整平坦的地方，重新开凿一条河道，使黄河可以顺着西山的山麓，沿着高地从而向东北方向流到大海里面，这样才能避免水灾的发生。"司空掾沛国人桓谭主持这一次的议论，就向少傅甄丰说："现在一共有这几种方案，其中一定有一种是正确的，您应该详细进行考核，都能够预先发现利弊得失。计划决定了以后，才可以开始行动，所需要的费用只不过几亿万，而且还可以使那些游手好闲、没有产业的人找到工作。游手好闲，没有产业的人，他们闲着不事生产，与他们参与劳动，都同样需要大量的衣服和食物，与其由国家供给他们衣服和食物，还不如让他们去修治黄河，为国家劳作，这样做对双方都有好处，对上可以继承大禹的功绩，对下可以为百姓除害。"那个时候王莽崇尚的只是空话，并没有具体实施。

群臣奏言："昔周公摄政七年，制度乃定。今安汉公辅政四年，营作二旬，大功毕成，宜升宰衡位在诸侯王上。"诏曰："可。"仍令议九锡之法。

【译文】 大臣们向汉平帝上奏说："从前周公旦代替成王处理了七年国政，才把国家的制度制定妥当。现在安汉公才辅佐了四年国政，只用了二十天就完成了修建明堂等事情，大功就全部完成了，您应该将宰衡的地位提高到诸侯王之上。"汉平帝颁下诏书说："可以这样做。"然后就命令大臣们去商量九锡的法规。

莽奏尊孝宣庙为中宗，孝元庙为高宗；又奏毁孝宣皇考庙勿修；罢南陵、云陵为县。奏可。

【译文】 王莽向汉平帝上奏，请求汉平帝尊孝宣庙为中宗，孝元庙为高宗；又向汉平帝上奏请求废弃刘询父亲刘据祭庙，不再进行修建；撤销南陵、云陵，改设为两个普通的县。王莽的上奏得到了汉平帝的准许。

莽自以北化匈奴，东致海外，南怀黄支，唯西方未有加，乃遣中郎将平宪等多持金币诱塞外羌，使献地愿内属。宪等奏言："羌豪良愿等种可万二千人，愿为内臣，献鲜水海、允谷、盐池、平地美草，皆予汉民；自居险阻处为藩蔽。问良愿降意，对曰：'太皇太后圣明，安汉公至仁，天下太平，五谷成孰，或禾长丈馀，或一粟三米，或不种自生，或茧不蚕自成；甘露从天下，醴泉自地出；凤皇来仪，神爵降集。从四岁以来，羌人无所疾苦，故思乐内属。'宜以时处业，置属国领护。"事下莽，莽复奏："今已有东海、南海、北海郡，请受良愿等所献地为西海郡。分天下为十二州，应古制。"奏可。冬，置西海郡。又增法五十条，犯者徙之西海。徙者以千万数，民始怨矣。

【译文】王莽自以为他的德威，感化了北边的匈奴，招来了东边的海外国家，怀柔了南边的黄支国，只有西边还没有受到影响，于是王莽就派遣中郎将平宪等人带了很多金币去招引住在塞外的羌人，让他们向汉朝献上自己的土地，归顺朝廷。平宪等人向汉平帝上奏说："羌人以良愿等为首的部落，大约一共有一万两千人，愿意成为汉朝的臣民，他们向汉朝进献了鲜水海、允谷、盐池，这些地方土地平坦，芳草鲜美茂盛，都送给了汉朝的百姓；自己去居住在险峻的地方，作为汉朝的屏障，我们询问良愿投降的用意是什么，他回答说：'太皇太后圣明通达，安汉公仁慈道德，天下太平，五谷丰收，有的禾苗长到了一丈多长，有的一粒谷子里面包含三粒米，有的不需要种植自己就生长了出来，有的茧不需要经过养蚕吐丝就自己结成；甘露从天上降下，甘泉从地下涌出来；凤凰飞来送来了吉兆，神雀飞临聚集在一起。自从安汉公辅政的这四年以来，羌人没有遭遇过什么艰难痛苦的事情，所以我们愿意归顺朝廷。'您现在应该及时让他们住在方便的地方，安排他们的生产和生活，设置属国管辖保护他们。"汉平帝把这件事情交给了王莽，王莽又向汉平帝上奏说："现在我们已经拥有东海、南海、北海三个郡了，我请求您接受良愿等人向汉朝进献的土地作为西海郡。然后把天下划分为十二个州，以符合古代的制度。"汉平帝准许了王莽的上奏。冬季，汉平帝下令设置西海郡。又增订了五十条法律，所有触犯了律令的人都被流放到了西海郡。被流放过去的人，竟以千万计算，百姓开始怨恨了。

梁王立坐与卫氏交通，废，徙南郑；自杀。

【译文】 梁王刘立被指控犯下了与卫氏家族勾结的罪行，被汉平帝罢免了官职，并且流放到了南郑县；刘立最后自杀。

分京师置前辉光、后丞烈二郡。更公卿、大夫、八十一元士官名、位次及十二州名、分界。郡国所属，罢置改易，天下多事，吏不能纪矣。

【译文】 汉平帝下令划分京城长安，设置了辉光、丞烈前后两个郡。更改公卿、大夫、八十一元士的官名、等级以及十二个州的名称。更改了郡、国的管辖区域，有的废除、有的新设、有的改变、有的改易，使天下的事情增加了很多，就连官吏都不能记得十分清楚。

五年（乙丑，公元五年）春，正月，祫祭明堂；诸侯王二十八人，列侯百二十人，宗室子九百馀人，征助祭。礼毕，皆益户、赐爵及金帛、增秩、补吏各有差。

【译文】 五年（乙丑，公元5年）春季，正月，汉平帝放弃了在主庙进行祭祀，在明堂对远近祖先进行大合祭，一共有二十八个诸侯王、一百二十个列侯、九百多个宗室子，被征召前来助祭。完成了祭礼以后，参加的皇室子弟都增加了食邑户数，赐封了爵位以及金银、丝帛，提高他们的俸禄，让他们担任官职，各有差别。

安汉公又奏复长安南、北郊。三十馀年间，天地之祠凡五徙焉。

【译文】 安汉公又向汉平帝上奏，请求恢复在长安南郊祭天、北郊祭地的祭礼。在这三十多年之间，祭祀天地的地方，已经一共更改了五次。

诏曰："宗室子自汉元至今十有馀万人，其令郡国各置宗师以纠之，致教训焉。"

【译文】 汉平帝颁下诏书说："自从汉王朝建立到现在，皇室的子弟已经有十多万人了，各郡、各封国应该分别设置宗师来负责纠察训导他们的错误，使他们不至于触犯律法，获得教训。"

夏，四月，乙未，博山简列侯孔光薨，赠赐、葬送甚盛，车万馀两。以马宫为太师。

【译文】 夏季，四月乙未日（初一），博山简列侯孔光去世了，汉平帝赐予十分丰厚的陪葬品，为他举办了十分隆重的葬礼，送葬的车子就有一万辆。然后汉平帝任命马宫为太师。

吏民以莽不受新野田而上书者前后四十八万七千五百七十二人，及诸侯王公、列侯、宗室见者皆叩头言："宜亟加赏于安汉公。"于是莽上书言："诸臣民所上章下议者，愿皆寝勿上，使臣莽得尽力毕制礼作乐；事成，愿赐骸骨归家，避贤者路。"甄邯等白太后，诏曰："公每见，辄流涕叩头言，愿不受赏；赏即加，不敢当位。方制作未定，事须公而决，故且听公制作；毕成，群公以闻，究于前议。其九锡礼仪亟奏！"

【译文】 因为王莽不接受新野县的田地而向汉平帝上书的官吏、百姓，前后一共有四十八万七千五百七十二个人，以及被接见的诸侯王、公、列侯、现存的宗族，都向汉平帝叩着头说："您应该尽快赏赐安汉公王莽。"于是，王莽就向汉平帝上书说："官吏百姓们呈上来的奏章并且被交付给下面的官员进行商议的，和赏赐安汉公有关的事情都先搁置下来不要呈上去，以方便臣王莽能够竭尽力量，首先完成制作礼仪、乐章的事情。等到这些事情完成以后，我希望您准许我辞去官职，让我回家，以便让贤能的人才能够被皇上任用。"甄邯等人把这件事情告诉了太皇太后，太皇太后就颁下诏令说："安汉公每一次觐见皇上的时候，都是流着泪磕着头说，希望自己可以不要接受皇上的赏赐，如果皇上坚持给予安汉公赏赐，就不敢承受这个位子了。现在制定礼乐制度的工作还没有完成，而这件事情必须由安汉公亲自决定，所以就暂且由安汉公去制定礼乐制度，等到这些工作全部完成，群臣报告了以后，再研究大家从前的建议。但是关于九锡的礼仪，仍然需要尽快制定上奏！"

五月，策命安汉公莽以九锡，莽稽首再拜，受绿韨，衮冕、衣裳、玚琫、玚珌，句履，鸾路、乘马，龙旂九旒、皮弁、素积，

戎路、乘马，彤弓矢、卢弓矢，左建朱钺，右建金戚，甲、胄一具，
秬鬯二卣，圭瓒二，九命青玉珪二，朱户，纳陛，署宗官、祝官、卜
官、史官，虎贲三百人。

【译文】　五月，汉平帝颁下诏书加赐安汉公王莽，赐给了他九
锡。王莽叩头再拜，接受了绿色的蔽膝和龙冠、礼服，用美玉装饰
的佩刀，鞋头突出的鞋，由四匹马拉的皇上乘坐的车，装饰着九束
绦子的大龙旗，用白鹿皮制作的古冠、细褶白布衫，兵车军马，朱
红色的弓、箭，黑色的弓、箭，立在左边的红色钺斧，立在右边的有
金饰的戚斧，一套铠甲、头盔，两樽美酒，两个玉石酒器，两枚皇上
才可以使用的青色玉珪，规定王莽的家里可以安装红漆大门和修
建檐内台阶，设置宗官、祝官、卜官、史官四个官职，拥有护卫勇士
三百人。

王恽等八人使行风俗还，言天下风俗齐同，诈为郡国造歌谣
颂功德，凡三万言。

闰月，丁酉，诏以羲和刘秀等四人使治明堂、辟雍，令汉与
文王灵台、周公作洛同符。太仆王恽等八人使行风俗，宣明德
化，万国齐同，皆封为列侯。

【译文】　王恽等八个人奉命去考察各地的风俗返回了京城，
说全国的风俗整齐划一，并且编造郡、国的民歌民谣，颂扬功德，
一共有三万字。

闰月丁酉日（十四日），汉平帝颁下诏书给羲和刘秀等四个人，
命令他们负责修建明堂、辟雍，使汉朝的土木工程与周文王筑灵
台、周公旦建洛阳城能相符合。太仆王恽等八个人奉汉平帝的命令
去巡视各地的风俗，宣扬阐明道德教化，使诸侯各国的风俗能够整
齐划一，刘秀等四人和王恽等八人，都被汉平帝册封为列侯。

时广平相班稺独不上嘉瑞及歌谣；琅邪太守公孙闳言灾害于公府。甄丰遣属驰至两郡，讽吏民，而劾"闳空造不祥，稺绝嘉应，嫉害圣政，皆不道。"稺，班婕伃弟也。太后曰："不宣德美，宜与言灾者异罚。且班稺后宫贤家，我所哀也。"闳独下狱，诛。稺惧，上书陈恩谢罪，愿归相印，入补延陵园郎；太后许焉。

资治通鉴卷第三十六　汉纪二十八

【译文】 这个时候，只有广平王的丞相班稺没有向汉平帝报告吉瑞和歌谣；琅邪郡太守公孙闳在官府谈论灾害。于是甄丰就派遣属官赶快前往广平、琅邪二郡，示意当地的官吏、百姓向皇上报告吉瑞而避讳报告灾害，然后向皇上上奏弹劾"公孙闳捏造发生了灾害，班稺拒绝报告吉瑞的征兆，他们两个人都犯下了不道的罪行"。班稺，是班婕妤的弟弟。太皇太后就说："不宣扬美好的道德，应该和伪造灾害消息的处罚分开进行。而且班稺和后宫有贤德的班婕妤是一家人，他是我所怜悯的人。"于是最后就只是把公孙闳关进了监狱里面，将他诛杀了。班稺感到惊恐害怕，就向汉平帝上书陈述世受国恩，并且向汉平帝承认了自己的罪过，请求汉平帝宽恕他的罪过，然后表示自己愿意归还封国的相印，到长安的延陵园去，做一个掌守园寝门户的园郎，太皇太后答应了他的请求。

莽又奏为市无二贾，官无狱讼，邑无盗贼，野无饥民，道不拾遗，男女异路之制；犯者象刑。

【译文】 王莽又向汉平帝上奏请求统一购买东西的价格，使做生意没有两样价格，官府没有诉讼的案子，城市里面没有盗贼，乡野没有饥民，道路上没有人去拾取别人遗留在道路上的东西，实行男女分开行走的制度，凡是违反律法的人，都只在衣服的颜色上加以区别，处以象征性的刑罚，来表示耻辱。

莽复奏言:"共王母、丁姬,前不臣妾,冢高与元帝山齐,怀帝太后、皇太太后玺绶以葬。请发共王母及丁姬冢,取其玺绶;徙共王母归定陶,葬共王冢次。"太后以为既已之事,不须复发。莽固争之,太后诏因故棺改葬之。莽奏:"共王母及丁姬棺皆名梓宫,珠玉之衣,非藩妾服。请更以木棺代,去珠玉衣,葬丁姬媵妾之次。"奏可。

【译文】王莽向太皇太后上奏说:"定陶共王的母亲傅太后,汉哀帝的母亲丁姬,之前不遵守藩臣姬妾的规矩,坟墓竟然和元帝的一样高,而且还携带着帝太后、太皇太后的印信被埋葬了。我请求您同意我去发掘定陶共王的母亲以及汉哀帝的母亲丁姬的坟墓,把印信取出来;将定陶共王的母亲傅太后归葬到定陶县,埋葬在定陶共王的坟墓旁边。"但是太皇太后认为这件事情已经过去了一段时间,不必再去发掘她们的坟墓了。王莽坚持自己的意见,所以太皇太后就颁下诏书下令用傅太后原来的棺材去改葬。王莽又向太皇太后上奏说:"定陶共王的母亲傅太后以及汉哀帝的母亲丁姬的棺材都是用最名贵的香梓制成的,而且尸体上还穿着用珠子串缀的外套、金镂玉衣,这些都不是藩臣的姬妾应该穿着的服饰。我请求您可以改用普通木材的棺材,剥去用珠子串缀的外套、金镂玉衣;将丁姬埋葬在妃嫔的坟墓旁边。"王莽的上奏被太皇太后准许了。

【申涵煜评】掩骼之政,泽及枯骨。王者于行路人且不忍,况丁姬寔生哀帝,为天子母。若其称号太过,既贬削之矣,又从而掘平其冢,以朝廷作盗贼举动。莽怨丁傅,迁怒于死者,真无人心者哉。

【译文】收葬暴露于野的尸骨,恩泽遍及死去的人。王者看到行路人况且不忍，何况丁姬生了哀帝，为天子的母亲。如果她的称号太过，已经被贬谪降削了，可还是掘平了她的坟墓，堂堂朝廷却作出了盗贼的举动。王莽怨恨丁、傅两家，却迁怒于死者，真是没人性的人啊。

公卿在位皆阿莽指，入钱帛，遣子弟及诸生、四夷凡十馀万人，操持作具，助将作掘平共王母、丁姬故冢；二旬间，皆平。莽又周棘其处，以为世戒云。又隳坏先皇庙，诸造议者泠褒、段犹等皆徙合浦。

【译文】公卿和在位的朝廷文武官员都迎合王莽的旨意，将钱帛捐献出来，派遣子弟以及诸生、四方的夷族一共十多万人，拿着畚锸等工具，帮助将作大匠把定陶共王的母亲傅太后、汉哀帝的母亲丁姬的坟墓铲平。二十天之内，坟墓就全部都被铲平了。王莽又用荆棘把原地围了一圈，来作为世人的警诫。王莽又下令拆除了共皇的祭庙，把当初建议汉哀帝建筑先皇庙的泠褒、段犹都放逐到了合浦郡去。

征师丹诣公车，赐爵关内侯，食故邑。数月，更封丹为义阳侯；月馀，薨。

初，哀帝时，马宫为光禄勋，与丞相、御史杂议傅太后谥曰孝元傅皇后。及莽追诛前议者，宫为莽所厚，独不及。宫内惭惧，上书言："臣前议定陶共王母谥，希指雷同，诡经僻说，以惑误主上，为臣不忠。幸蒙洒心自新，诚无颜复望阙廷，无心复居官府，无宜复食国邑。愿上太师、大司徒、扶德侯印绶，避贤者路。"秋，八月，壬午，莽以太后诏赐宫策曰："四辅之职，为国维纲；三公之任，鼎足承君；不有鲜明固守，无以居位。君言至诚，不敢文过，朕甚多之。不夺君之爵邑，其上太师、大司徒印绶使者，以侯就第。”

莽以皇后有子孙瑞，通子午道，从杜陵直绝南山，径汉中。

【译文】汉平帝征召师丹到公车府去，赏赐了师丹关内侯的爵位，恢复了他原来的封邑。过了几个月，汉平帝又改封师丹为义阳侯；一个多月以后，师丹去世。

当初，汉哀帝的时候，马宫担任光禄勋的官职，和丞相、御史一同议定了傅太后的谥号为孝元傅皇后。等到王莽追究诛杀之前参与议定的人的时候，马宫因为和王莽的关系比较好，所以唯独他没有被诛杀。但是马宫内心感到惭愧害怕，于是就向汉平帝上书说：“臣以前在议定陶共王母亲的谥号的时候，迎合上面的旨意、附和别人的意见，违反背离了儒学经典，胡乱陈说，迷惑贻误了皇上，是臣作为臣子的不忠。虽然我有幸能够有机会悔改自新，但是我实在是没有脸面再到朝廷议政，也没有心思再居住在官府里面了，我不应该再享有封爵、食邑的赏赐。我希望您准许我上交太师、大司徒、扶德侯的印信，避开贤能的士人得到提拔的道路。”八月壬午日（二十日），王莽用太皇太后的诏令给马宫颁下策书说：“四辅的职务，是为国家维持纲纪；三公的责任，就是辅佐国君；不能坚持自己的原则，就无法继续任职。你说的话十分真诚，不敢掩饰自己的过错，朕非常尊重你的操守。现在，我不剥夺你的爵位和食邑，只是准许你上交太师、大司徒的印信给使臣，以侯爵的身份离开朝廷返回家里。”

王莽认为皇后有生下子孙的祥瑞，就修通了子午道，从长安杜陵县穿过终南山，直通汉中郡。

泉陵侯刘庆上书言：“周成王幼少，称孺子，周公居摄。今帝富于春秋，宜令安汉公行天子事，如周公。”群臣皆曰：“宜如庆言。"

【译文】 泉陵侯刘庆向汉平帝上书说："周成王年龄幼小，由周公旦辅佐他处理国政。现在皇上年龄幼小，您应该让安汉公施行皇上的权力，就像周公旦一样。"大臣们都说："您应该按照刘庆的话去做。"

【申涵煜评】庆以帝室之胄，首选居摄，又何怪于孔光辈阿谀取容？夫四夷之乱也，常得中国人力，篡逆之肆也，反资宗室之助。鄙夫患得患失，无所不至，亲疏何足论哉？可叹也！刘崇、刘信死有余荣矣。

【译文】刘庆作为王室的后裔，首先选择王莽代行君主之权，又有什么可怪罪孔光等人阿谀奉承呢？四方少数民族的叛乱，经常得力于中原人的力量，篡权叛逆之流，反倒是得到王室的帮助。那些人患得患失，无所不为，亲疏有什么值得谈论的呢？可叹啊！刘崇、刘信死有余荣了。

时帝春秋益壮，以卫后故，怨不悦。冬，十二月，莽因腊日上椒酒，置毒酒中。帝有疾，莽作策，请命于泰畤，愿以身代，藏策金縢，置于前殿，敕诸公勿敢言。

【译文】 这个时候汉平帝的年龄逐渐长大了，因为他的母亲卫后不能到京城，就十分怨恨王莽，并且感到不高兴。冬季，十二月，王莽趁着腊日大祭向汉平帝进献椒酒的时候，在椒酒里面投放了毒药；汉平帝中毒生病。王莽就写下诏书，在泰畤向天神祈祷，请求保全皇上的性命，表示愿意自己代替皇上去死，他把诏书藏在绑着金縢的匣子里面，放在前殿，告诫众位大臣不可以说出去。

丙午，帝崩于未央宫。大赦天下。莽令天下吏六百石以上皆服丧三年。奏尊孝成庙曰统宗；孝平庙曰元宗。敛孝平，加元服，葬康陵。

【译文】丙午日（十二月无此日），汉平帝在未央宫去世了。太皇太后下令大赦天下。王莽命令全国官秩在六百石以上的官吏，全部都服丧三年。王莽向太皇太后上奏建议尊称孝成庙为统宗；孝平庙为元宗。将孝平帝入殓，为他穿戴上成人的衣冠，将汉平帝安葬在康陵。

◆班固赞曰：孝平之世，政自莽出，褒善显功，以自尊盛。观其文辞，方外百蛮，无思不服，休征嘉应，颂声并作；至乎变异见于上，民怨于下，莽亦不能文也。◆

【译文】◆班固感慨地说：孝平帝的时候，都是由王莽发号施令，褒扬自己的善行，宣扬自己的功德，因此使自己尊崇威严。从他的文辞上来看，中原以外的众多蛮夷，没有一个不想归顺臣服的。吉祥的征兆纷纷出现，美好的征兆都应验了，就连歌颂的声音也都一起兴起了；至于上有天象的变异，下有百姓的怨恨，王莽也无法掩饰了。◆

以长乐少府平晏为大司徒。

太后与群臣议立嗣。时元帝世绝，而宣帝曾孙有见王五人，列侯四十八人。莽恶其长大，曰："兄弟不得相为后。"乃悉征宣帝玄孙，选立之。

【译文】王莽任命长乐少府平晏为大司徒。

太皇太后和大臣们商量选择皇位继承人的事情。那个时候汉元帝没有后代，但是汉宣帝的曾孙被封为王侯并且仍然健在的有五个，被封为列侯的有四十八个。王莽憎恶他们已经长大了，就对太皇太后说："兄弟之间不能相互作为后代。"于是就征召汉宣帝所有的玄孙，从中选择皇位的继承人。

是月，前辉光谢嚣奏武功长孟通浚井得白石，上圆下方，有丹书著石，文曰："告安汉公莽为皇帝。"符命之起，自此始矣。

【译文】这一个月，前辉光郡人谢嚣向太皇太后上奏说武功县长孟通在挖掘深井的时候，得到了一块白色的石头，上面是圆形的，下面是正方形的，石头上面还有朱红色的文字，文字是"宣告立安汉公王莽为皇上"。上天赐给皇上祥瑞征兆的兴起，就是从此开始的。

莽使群公以白太后，太后曰："此诬罔天下，不可施行！"太保舜谓太后曰："事已如此，无可奈何；沮之，力不能止。又莽非敢有它，但欲称摄以重其权，填服天下耳！"太后心不以为可，然力不能制，乃听许。舜等即共令太后下诏曰："孝平皇帝短命而崩，已使有司征孝宣皇帝玄孙二十三人，差度宜者，以嗣孝平皇帝之后。玄孙年在襁褓，不得至德君子，孰能安之！安汉公莽，辅政三世，与周公异世同符。今前辉光嚣、武功长通上言丹石之符，朕深思厥意，云'为皇帝'者，乃摄行皇帝之事也。其令安汉公居摄践祚，如周公故事，具礼仪奏！"

【译文】王莽让众大臣把这件事情告诉了太皇太后，太皇太后知道了以后说："这是欺骗天下的百姓，不可以实行！"太保王舜对太皇太后说："事情已经发展到了这个地步，已经没有什么办法了，即使想要破坏它，您的力量也不够去制止它。而且王莽又不敢有什么别的企图，他只是想要通过公开宣称自己代替皇上摄政来加强自己的权势，好去镇服天下人罢了！"太皇太后的内心知道不可以这样做，可是，她的力量又不够去制止这件事情的发生，就只好答应了这种做法。王舜等人就一起让太皇太后颁下诏书说："孝平皇帝寿命短暂去世了，我已经命令主管的官吏传召孝宣皇帝的二十三个玄孙，从里面选择适合的人，来继承孝平皇帝的后裔。但是玄孙的年龄还很幼小，如果得不到十分有道德的君子来辅弼他，又有谁能够让他安居帝位呢？安汉公王莽，已经辅佐了三代的朝政，现在和周公旦的时候虽然不一样了，但是功业是一样的。现在前辉光郡人谢嚣、武功县长孟通都向我上奏说了白石红字的符命，我深深地思索了里面的意思，上面所谓的'为皇帝'的意思，就是代行皇上的职权。现在我特意命令安汉公暂时登上皇位，代行皇上的职权，就像过去周公旦的时候一样，有关开列典礼仪式的事情，上奏给我，让我知道！"

资治通鉴

于是群臣奏言："太后圣德昭然，深见天意，诏令安汉公居摄。臣请安汉公践祚，服天子韨冕，背斧依立于户牖之间，南面朝群臣，听政事；车服出入警跸，民臣称臣妾，皆如天子之制。郊祀天地，宗祀明堂，共祀宗庙，享祭群神，赞曰'假皇帝'，民臣谓之'摄皇帝'，自称曰'予'。平决朝事，常以皇帝之诏称'制'。以奉顺皇天之心，辅翼汉室，保安孝平皇帝之幼嗣，遂寄托之义，隆治平之化。其朝见太皇太后、帝皇后皆复臣节。自施政教于其宫家国采，如诸侯礼仪故事。"太后诏曰："可。"

【译文】于是，大臣们都向太皇太后上奏说："太皇太后圣德昭明，深深地理解了天意，颁下诏书命令安汉公暂时登上皇位，代行皇上的职权。臣请求您让安汉公登上皇上的位置，穿着皇上的礼服，戴着皇上的礼帽，背靠着设置在门窗之间的斧形图案屏风，向着南面接受大臣们的朝见，处理政事；他的车驾进出，要清理道路阻止他人在路上行走，平民和臣子向他自称为男奴女奴，全部按照皇上的礼仪制度办事。在郊外祭祀天地，在明堂祭祀宗亲，在宗庙祭祀先人，祭祀各种神祇，祝祭的赞词是'假皇帝'，平民和臣子称他为'摄皇帝'，自称是'予'。讨论决定朝廷的大事，通常以皇上的诏书形式称为'制'，来秉承和遵循上天的心意，辅佐汉朝，抚育安定孝平皇帝的幼子，来完成寄托幼孤的义务，振兴国家安定的教化。当他朝见太皇太后、帝皇后的时候，就恢复作为臣子的礼节。在自己的官署、家宅、封国、采邑可以独立地实行政治教化，就按照诸侯礼仪的往例办。"太皇太后颁下诏书说："可以这样做。"

王莽上

居摄元年（丙寅，公元六年）春，正月，王莽祀上帝于南郊，又行迎春、大射、养老之礼。

三月，己丑，立宣帝玄孙婴为皇太子，号曰孺子。婴，广戚侯显之子也。年二岁；托以卜相最吉，立之。尊皇后曰皇太后。

【译文】居摄元年（丙寅，公元6年）春季，正月，王莽在南郊祭祀上帝，又举行了迎春、大射、养老等礼仪。

三月，己丑朔日（初一），王莽立汉宣帝的玄孙刘婴为皇太子，称号叫作孺子。刘婴，是广戚侯刘显的儿子，当时只有两岁。王莽声称，经过占卜相术的卜卦以后，认为他最吉利，所以就立他为皇位的继承人。尊王皇后为皇太后。

以王舜为太傅、左辅，甄丰为太阿、右拂，甄邯为太保、后承；又置四少，秩皆二千石。

四月，安众侯刘崇与相张绍谋曰："安汉公莽必危刘氏，天下非之，莫敢先举，此乃宗室之耻也。吾帅宗族为先，海内必和。"绍等从者百馀人遂进攻宛；不得入而败。

【译文】王莽任命王舜为太傅、左辅，甄丰为太阿、右拂，甄邯为太保、后承；又设置了四少的官职，官秩都是二千石。

四月，安众侯刘崇和封国丞相张绍商量说："安汉公王莽一定会危害刘氏，天下的百姓都认为他不好，只是没有一个人敢首先举事，这是我们宗室的耻辱。我率领宗族首先举事反对他，全国一定会响应我的。"于是张绍和一百多个跟随他的人，就去进攻宛县；但是还没有攻进去就失败了。

【乾隆御批】刘崇首倡大义，翟义继之而起，两人功虽大就，忠烈炳然，可以震贼莽之魄，鼓豪杰之气。

【译文】刘崇首先倡导大义，翟义相继而起，虽然两人没能成功，但忠烈之心光明显耀，可以震慑住贼子王莽，鼓舞豪杰的志气。

绍从弟竦与崇族父嘉诣阙自归；莽赦弗罪。竦因为嘉作奏，称莽德美，罪状刘崇："愿为宗室倡始，父子兄弟负笼荷锸，驰之南阳，豬崇宫室，令如古制；及崇社宜如亳社，以赐诸侯，用永监戒！"于是莽大说，封嘉为率礼侯，嘉子七人皆赐爵关内侯；后又封竦为淑德侯。长安为之语曰："欲求封，过张伯松。力战斗，不如巧为奏。"自后谋反者皆污池云。群臣复白刘崇等谋逆者，以莽权轻也；宜尊重以填海内。五月，甲辰，太后诏莽朝见太后

资治通鉴

称"假皇帝"。

【译文】 张绍的堂弟张竦和刘崇的远房伯叔刘嘉到朝廷里面去自首，王莽就赦免了他们没有加罪。张竦就趁机替刘嘉撰写奏书，歌颂王莽有高尚的道德，痛陈刘崇的罪状："我希望为宗室带头，父子兄弟都背着竹笼，扛着铁锹，赶到南阳郡去，铲平刘崇的宫室，让那里成为积蓄污水的池沼，就和古代的制度一样。刘崇的土地神社甚至应该像当年亡国的亳社一样毁掉，在周武王打败了殷商之后，把那里分赐给其他的诸侯，用来作为永远的借鉴和警诫！"于是，王莽就感到非常高兴，册封刘嘉为率礼侯，就连刘嘉的七个儿子也都被赐给了关内侯的爵位；后来，王莽又册封张竦为淑德侯。长安城就把这件事编成俗语说："要是想要被册封，就要去找张伯松，即使拼命会战斗，不如巧妙会上奏。"（想求封侯，可去请教张伯松，力战为功，还不如刘嘉的巧奏。）从此以后，凡是阴谋造反的人，宫室都被铲平变成污池了。大臣们又向太皇太后上奏说："刘崇等人胆敢阴谋造反，就是因为王莽的权力还太小。应该提高加重王莽的权力地位，以使天下的百姓安定。"五月甲辰日（十七日），太皇太后颁下诏令，传召王莽在觐见太后时称自己为"假皇帝"。

冬，十月，丙辰朔，日有食之。

十二月，群臣奏请以安汉公庐为摄省，府为摄殿，第为摄宫。奏可。

【译文】冬季，十月丙辰朔日（初一），发生了日食。

十二月，大臣们向王莽上奏请求王莽将安汉公在皇宫里面的住舍称为摄省，官府称为摄殿，住宅称为摄宫。王莽准许了他们的奏章。

是岁, 西羌庞恬、傅幡等怨莽夺其地, 反攻西海太守程永; 永奔走。莽诛永, 遣护羌校尉窦况击之。

【译文】 这一年, 西羌人庞恬、傅幡等人怨恨王莽夺取了他们的土地, 就反攻西海郡太守程永, 程永赶快奔跑逃走了。王莽处死了程永, 然后派遣护羌校尉窦况去攻击西羌。

二年(丁卯, 公元七年)春, 窦况等击破西羌。

五月, 更造货: 错刀, 一直五千; 契刀, 一直五百; 大钱, 一直五十。与五铢钱并行, 民多盗铸者。禁列侯以下不得挟黄金, 输御府受直; 然卒不与直。

【译文】 二年(丁卯, 公元7年)春季, 窦况等人打败了西羌。

五月, 王莽下令改铸货币: 一个错刀, 价值是五千钱; 一个契刀, 价值是五百钱; 一个大钱, 价值是五十钱。和五铢钱在民间同时流通, 民间偷偷私自铸造货币的有很多。王莽就颁下禁令, 要求列侯以下不准私藏黄金, 私人的黄金送到御府可以兑换相应的货币, 可是, 始终没有把货币兑换给那些送去黄金的人。

东郡太守翟义, 方进之子也, 与姊子上蔡陈丰谋曰: "新都侯摄天子位, 号令天下, 故择宗室幼稚者以为孺子, 依托周公辅成王之义, 且以观望, 必代汉家, 其渐可见。方今宗室衰弱, 外无强蕃, 天下倾首服从, 莫能亢扞国难。吾幸得备宰相子, 身守大郡, 父子受汉厚恩, 义当为国讨贼, 以安社稷。欲举兵西, 诛不当摄者, 选宗室子孙辅而立之。设令时命不成, 死国埋名, 犹可以不惭于先帝。今欲发之, 汝肯从我乎?" 丰年十八, 勇壮, 许诺。义遂与东郡都尉刘宇、严乡侯刘信、信弟武平侯刘璜结谋,以九月都试日斩观令，因勒其车骑、材官士，募郡中勇敢，部署将帅。信子匡时为东平王，乃并东平兵，立信为天子；义自号大司马、柱天大将军。移檄郡国，言："莽鸩杀孝平皇帝，摄天子位，欲绝汉室。今天子已立，共行天罚！"郡国皆震。比至山阳，众十馀万。

【译文】 东郡太守翟义，是翟方进的儿子。和外甥上蔡人陈丰密谋说："新都侯王莽代行皇上的职权，向天下的百姓发号施令，故意选择宗族里面幼年的孩子作为孺子，假托周公旦辅佐成王的做法，来试探天下人心的向背，他将来一定会取代汉家的，这个迹象已经越来越明显了。现在宗室衰落微弱，外面又没有强大的同姓诸侯，天下的百姓都低下头顺从王莽，没有一个人能够挽救国家的危难。我幸运地能够成为宰相的儿子，本身又担任一个大郡的太守，我们父子都蒙受了汉朝的大恩，在道义上我们也有义务应当为国家讨伐贼寇，使国家安定；我打算发动军队西进，诛灭不应该代行皇上职权的人，自己重新去选择宗室的子孙，辅助他继承皇位。即使我不能完成这个使命，我也愿意为国家牺牲，虽然身体被埋葬了，但是我的名声可以一直流传下去，还可以不愧对先帝。我现在准备起兵了，你愿意追随我吗？"陈丰当时只有十八岁，勇武雄壮，就一口答应了下来。于是翟义就和东郡都尉刘宇、严乡侯刘信、刘信的弟弟武平侯刘璜一起谋划，在九月检阅军队的日子，斩杀了观县的县令，趁机控制了当地的战车、骑兵、弓箭手，又招募了郡里面勇敢的人，部署将帅。刘信的儿子刘匡，那个时候是东平王，于是就联合东平国的军队，拥立刘信为皇上；翟义称自己为大司马、柱天大将军；用檄文通告了各郡、各封国，说："王莽用毒酒毒死了孝平皇帝，这才登上了皇位，他想要铲除汉朝的政权。现在皇上已经即位了，恭敬地来执行上天对王莽的惩罚！"各郡、各封国都被震动了。军队到达山阳郡的时候，人数已经达到了十多万。

莽闻之，惶惧不能食。太皇太后谓左右曰："人心不相远也。我虽妇人，亦知莽必以是自危。"莽乃拜其党、亲：轻车将军、成武侯孙建为奋武将军，光禄勋、成都侯王邑为虎牙将军，明义侯王骏为强弩将军，春王城门校尉王况为震威将军，宗伯、忠孝侯刘宏为奋冲将军，中少府、建威侯王昌为中坚将军，中郎将、震羌侯窦况为奋威将军，凡七人，自择除关西人为校尉、军吏，将关东甲卒，发奔命以击义焉。复以太仆武让为积弩将军，屯函谷关；将作大匠蒙乡侯逯并为横壄将军，屯武关；羲和、红休侯刘秀为扬武将军，屯宛。

【译文】王莽知道了这件事以后，惶恐害怕得吃不下东西。太皇太后对她的侍从说："人心看到的都是相同的，即使我是一个女人，也知道王莽一定会因此而使自己陷入危险的境地。"于是王莽就任命他的同党、亲戚：轻车将军、成武侯孙建为奋武将军，光禄勋、成都侯王邑为虎牙将军，明义侯王骏为强弩将军，春王城门校尉王况为震威将军，宗伯、忠孝侯刘宏为奋冲将军，中少府、建威侯王昌为中坚将军，中郎将、震羌侯窦况为奋威将军，一共七个人，每个人各自选择任命函谷关以西地区的人为校尉、军吏，率领函谷关以东地区的士兵，再征调各郡临时召集的部队，去攻击翟义的军队。王莽又任命太仆武让为积弩将军，带领军队驻守护卫函谷关；将作大匠蒙乡侯逯并为横壄将军，带领士兵驻守护卫武关；羲和、红休侯刘秀为扬武将军，带兵驻守护卫宛县。

三辅闻翟义起，自茂陵以西至汧二十三县，盗贼并发。槐里男子赵明、霍鸿等自称将军，攻烧官寺，杀右辅都尉及斄令，相与谋曰:"诸将精兵悉东,京师空,可攻长安!"众稍多至十馀万,火见未央宫前殿。

【译文】 三辅(京兆尹、左冯翊、右扶风)知道翟义起兵的消息以后,从茂陵县以西到汧县的二十三个县,都一起爆发了盗贼祸乱。槐里县男子赵朋、霍鸿等人称自己为将军,进攻、焚烧官府,杀死了右辅(右扶风)都尉以及盩厔县县令,他们聚集到一起互相商量说:"将领们的精锐部队都到东边去了,现在京城空虚,我们可以进攻长安城!"军队的人数渐渐增加到了十多万,在未央宫的前殿都可以看到火光了。

莽复拜卫尉王级为虎贲将军,大鸿胪、望乡侯阎迁为折冲将军,西击明等。以常乡侯王恽为车骑将军,屯平乐馆;骑都尉王晏为建威将军,屯城北;城门校尉赵恢为城门将军;皆勒兵自备。以太保、后备、承阳侯甄邯为大将军,受钺高庙,领天下兵,左杖节,右把钺,屯城外。王舜、甄丰昼夜循行殿中。

【译文】 于是王莽又任命卫尉王级为虎贲将军,大鸿胪、望乡侯阎迁为折冲将军,向西攻击赵朋等人。任命常乡侯王恽为车骑将军,带兵驻守护卫平乐馆;骑都尉王晏为建威将军,带兵驻守在城北;城门校尉赵恢为城门将军;各自都率领、整编军队,进入戒备状态。王莽又任命太保、后承、承阳侯甄邯为大将军,让他在高庙里面接受斧钺,统率带领全国的军队,左手拿着符节,右手拿着斧钺,带兵驻守在城外。王舜、甄丰早晚都在宫殿里面进行巡查。

莽日抱孺子祷郊庙,会群臣,而称曰:"昔成王幼,周公摄政,而管、蔡挟禄父以畔。今翟义亦挟刘信而作乱。自古大圣犹惧此，况臣莽之斗筲！"群臣皆曰："不遭此变，不章圣德！"

【译文】王莽每天都抱着孺子在郊祀祭坛和宗庙里面祈祷，将大臣们召集起来，宣称："从前周成王年龄幼小，由周公旦代行皇上的职权，然而管叔、蔡叔却挟持纣子禄夫叛变了。现在翟义也挟持刘信在国家作乱。自古以来，就连古代伟大的圣人尚且为这个而感到担心害怕，更何况是才能低下的臣子王莽呢？"大臣们都说："不经历这次的变动，就不能彰明您高尚的德行！"

冬，十月，甲子，莽依《周书》作《大诰》曰："粤其闻日，宗室之俊有四百人，民献仪九万夫，予敬以终于此谋继嗣图功。"遣大夫桓谭等班行谕告天下，以当反位孺子之意。

【译文】冬季，十月甲子日（十五日），王莽根据《周书》撰写了《大诰》，说："当我接到翟义造反的奏书的那一天，宗室在京城的才俊人士，一共有四百人；以他们作为百姓楷模的贤士，一共有九万人；我恭敬地任用这些贤人、俊杰，一起保护汉朝的继承人，最后完成这功业。"然后王莽派遣大夫桓谭等人前往全国各地，告示天下的百姓自己会将帝位还给孺子的意图。

诸将东至陈留、菑，与翟义会战，破之，斩刘璜首。莽大喜，复下诏先封车骑都尉孙贤等五十五人皆为列侯，即军中拜授。因大赦天下。于是吏士精锐遂攻围义于圉城，十二月，大破之，义与刘信弃军亡，至固始界中，捕得义，尸磔陈都市；卒不得信。

【译文】将领们向东到达了陈留郡菑县，和翟义的军队进行了战斗，打败了翟义，斩下了刘璜的头。王莽感到非常高兴，又颁下诏书首先册封车骑都尉孙贤等五十五个人都为列侯，让他们直接在军队里接受任命的诏书。并借这个机会下令大赦天下。于是，精锐的官员士兵就在围城围攻翟义。十二月，他们打败了翟义的军队。翟义和刘信放弃军队逃跑了，等到他们到了固始县境内的时候，翟义被逮捕，就在陈县的闹市里面分裂了他的尸体；但是刘信却始终没有被捉到。

初始元年（戊辰，公元八年）春，地震。大赦天下。

王邑等还京师，西与王级等合击赵明、霍鸿。二月，明等殄灭，诸县息平。还师振旅，莽乃置酒白虎殿，劳飨将帅。诏陈崇治校军功，第其高下，依周制爵五等，以封功臣为侯、伯、子、男，凡三百九十五人，曰"皆以奋怒，东指西击，羌寇、蛮盗，反虏、逆贼，不得旋踵，应时殄灭，天下咸服"之功封云。

【译文】 初始元年（戊辰，公元8年）春季，发生了地震。王莽下令大赦天下。

王邑等人回到京城以后，就向西和王级等人联合起来一起去进攻赵明、霍鸿。二月，赵明等人被消灭了，众县的动乱就这样被平息了，恢复了原来的秩序。王莽的军队胜利后回到了京城，于是王莽就在白虎殿设置了酒会，犒劳和赏赐众将帅。王莽颁下诏令命令陈崇审核考察军队的功劳，排列出他们的高低，按照周朝把爵位分为五等的制度，来册封立下功劳的臣子为侯、伯、子、男，一共册封了三百九十五个人，指出"他们都是怀着愤怒的心情，从东边开始进行征伐，向西边进行攻击，顷刻之间就把羌寇、蛮盗、叛虏、逆贼都消灭了，天下的百姓也都顺从称臣了"，叙功封爵的诏书都是这样写的，都是用的这个理由。

其当赐爵关内侯者，更名曰附城，又数百人。莽发翟义父方进及先祖冢在汝南者，烧其棺柩；夷灭三族，诛及种嗣，至皆同坑，以棘五毒并葬之。又取义及赵明、霍鸿党众之尸，聚之通路之旁，濮阳、无盐、圉、槐里、鏊厔凡五所，建表木于其上，书曰："反虏逆贼鱓鲵。"义等既败，莽于是自谓威德日盛，大获天人之助，遂谋即真之事矣。

群臣复奏进摄皇帝子安、临爵为公，封兄子光为衍功侯；是时莽还归新都国，群臣复白以封莽孙宗为新都侯。

【译文】 其中本来应该赐予关内侯爵位的人，都改名为附城，又有几百个人。王莽挖掘了翟义的父亲翟方进以及翟义在汝南郡的先祖坟墓，把他们的棺材灵柩都烧掉了；屠杀了他的三族，惩罚牵连了同姓的子嗣，就连幼儿都不能幸免遭到了杀害，王莽甚至还把尸体都放进同一个大坑里面，然后用荆棘、五毒一起和他们埋葬了。王莽又下令把翟义以及赵朋、霍鸿党羽们的尸体都堆积在濮阳县、无盐县、圉城、槐里县、鏊厔县通道的旁边，一共有五处，还插了一块木板在尸体的上面，用来标明，上面写着："反虏逆贼鱓鲵。"翟义等人都失败了，于是王莽自认为自己的威势德行一天比一天兴盛了，就开始谋划正式即位做皇帝的事情。

大臣们又向王莽上奏：您应该晋升儿子王安、王临的爵位，封他们为公爵；册封您的侄子王光为衍功侯。那个时候，王莽已经将新都国的封邑归还给了朝廷，大臣们又对王莽说应该册封王莽的孙子王宗为新都侯。

九月，莽母功显君死。莽自以居摄践阼，奉汉大宗之后，为功显君缌缞弁而加麻環绖，如天子吊诸侯服。凡壹吊再会；而令新都侯宗为主，服丧三年云。

【译文】 九月，王莽的母亲功显君去世了。王莽认为自己代行皇上的职权，登上了宫廷至尊的宝座，继承了汉朝大宗的后代，于是就为功显君穿上了五服中最轻的缌缞的丧服，在帽子上面添加了用麻环绕而成的孝带，就好像是皇上吊祭诸侯的丧服。一共吊祭了一次，会祭了两次，然后王莽就命令新都侯王宗为丧主，服丧三年。

司威陈崇奏莽兄子衍功侯光私报执金吾窦况，令杀人；况为收系，致其法。莽大怒，切责光。光母曰："汝自视孰与长孙、中孙！"长孙、中孙者，宇及获之字也。遂母子自杀，及况皆死。初，莽以事母、养嫂、抚兄子为名，及后悖虐，复以示公义焉。令光子嘉嗣爵为侯。

【译文】 司威陈崇向王莽上奏：王莽的侄子衍功侯王光私底下告知执金吾窦况，让窦况替自己去杀人。于是窦况就替他把那个人抓了起来，用法律处死了。王莽大怒，严厉地指责了王光。王光的母亲对王光说："你看你自己和长孙、仲孙相比，谁和王莽更加亲近呢？"长孙、仲孙是王莽的儿子王宇和王获的字。于是，王光母子就自杀了，就连窦况也死了。起初，王莽因为服侍母亲、供养嫂嫂、抚养兄长的儿子得到了名声，等到后来悖逆苛刻，但是又这样子假装公正来显示给天下的百姓看。王莽下令让王光的儿子王嘉去继承王光的爵禄为侯。

是岁，广饶侯刘京言齐郡新井，车骑将军千人扈云言巴郡石牛，太保属臧鸿言扶风雍石；莽皆迎受。十一月，甲子，莽奏太后曰："陛下遇汉十二世三七之厄，承天威命，诏臣莽居摄。广饶侯刘京上书言：'七月中，齐郡临淄县昌兴亭长辛当一暮数梦，曰："吾，天公使也。天公使我告亭长曰：'摄皇帝当为真。'即不信我，此亭中当有新井。"亭长晨起视亭中，诚有新井，入地且百

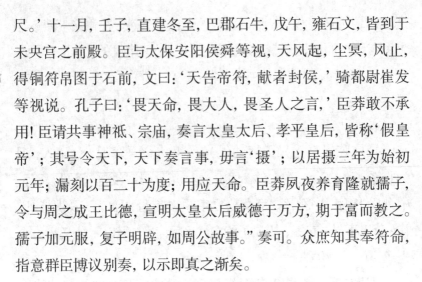

尺。'十一月，壬子，直建冬至，巴郡石牛，戊午，雍石文，皆到于未央宫之前殿。臣与太保安阳侯舜等视，天风起，尘冥，风止，得铜符帛图于石前，文曰：'天告帝符，献者封侯，'骑都尉崔发等视说。孔子曰：'畏天命，畏大人，畏圣人之言，'臣莽敢不承用！臣请共事神祇、宗庙，奏言太皇太后、孝平皇后，皆称'假皇帝'；其号令天下，天下奏言事，毋言'摄'；以居摄三年为始初元年；漏刻以百二十为度；用应天命。臣莽夙夜养育隆就孺子，令与周之成王比德，宣明太皇太后威德于万方，期于富而教之。孺子加元服，复子明辟，如周公故事。"奏可。众庶知其奉符命，指意群臣博议别奏，以示即真之渐矣。

期门郎张充等六人谋共劫莽，立楚王。发觉，诛死。

【译文】 这一年，广饶侯刘京向王莽上奏说齐郡出现了一个新井，车骑将军千人扈云向王莽上奏说在巴郡发现了一头石牛，太保属臧鸿向王莽上奏说扶风郡雍县发现了一块仙石。王莽都欢迎接受了。十一月甲子日（二十一日），王莽向太皇太后上奏说："陛下正好是汉朝十二代，正好又碰上了'三七'二百一十年数字的困厄，您承受了上天威严的命令，颁下诏书命令臣王莽暂时登上皇位，代行皇上的职权。广饶侯刘京向我上书说，七月中的时候，齐郡临淄县昌兴亭长辛当一个晚上做了好几次梦，梦见有人对他说：'我是天公的使者。天公命令我告诉亭长：摄皇帝应该成为真正的皇上。如果你不相信我，这个驿亭里会出现一口新井。'亭长第二天早晨起来以后，就到驿亭里面去看，结果真的发现那里出现了一口新井，深入地下将近一百尺。十一月壬子日（初九），正好是冬至日，巴郡的石牛，戊午日（十五日），雍县的仙石，都被运送到了未央殿的前殿。臣和太保安阳侯王舜等人前去查看，那个时候天空刮起了大风，尘土飞扬，天色变得晦暝，当风停止的时候，我们在石头前面得到了铜质的符命和有图的布帛，上面的文字是：'上天告示皇上的符信，进献的人可以被封侯。'骑都尉崔发等人看见了这些文字并且说出了它的意思。孔子说：'要畏惧上天赐予的意志，敬畏身居高位的长辈，敬畏圣人高深的教导。'臣王莽不敢不遵照执行！臣请求在我服侍天神地祇、宗庙，向太皇太后、孝平皇后奏报的时候，都称自己为'假皇帝'；至于我对天下的百姓发号施令，天下的百姓向我奏报事情，都不要说是'代理'，把居摄三年改为初始元年，把计时用的漏刻刻度改为以一百二十刻为标准，来符合上天的命令。臣王莽一定会日夜养育孺子成长，使他可以和周朝成王的品德相媲美，并且向全天下的百姓宣扬彰明太皇太后的声威和德泽，让各地的百姓都富足以后，再对他们施行教导。等到孺子长大成人以后，再把明君的权力归还给他，就像周公旦过去所做的事情一样。"太皇太后准许了王莽的上奏。众人都知道他是在奉行符命的意思，王莽又指使大臣们广泛地进行议论，分别上奏给太皇太后，以显示他正式登上皇位的趋势正在逐渐形成。

期门郎张充等六个人密谋共同劫持王莽，去拥立楚王刘纡为皇上。结果被王莽发现，全部被王莽诛杀了。

梓潼人哀章学问长安，素无行，好为大言，见莽居摄，即作铜匮，为两检，署其一曰"天帝行玺金匮图"，其一署曰"赤帝玺某传予黄帝金策书"。某者，高皇帝名也。书言王莽为真天子，皇太后如天命。图书皆书莽大臣八人，又取令名王兴、王盛，章因自窜姓名，凡十一人，皆署官爵，为辅佐。章闻齐井、石牛事下，即日昏时，衣黄衣，持匮至高庙，以付仆射。仆射以闻。

【译文】梓潼人哀章在长安城求学，一直以来品行就不好，只是很喜欢讲大话，他看见王莽登上了皇位，代行皇上的职权，就制作了一只铜匮、两张标签，其中一张上面写的是"天帝行玺金匮图"，另外一张上面写的是"赤帝玺某传予黄帝金策书"。所谓某，就是高皇帝的名字。那份策书说王莽是真天子，太皇太后应该遵照上天的命令。图和策书上面写的都是王莽的八个大臣，又加上了两个好名字王兴、王盛，哀章趁这个机会把自己的名字也加在了里面，一共有十一个人，都写明了官职和爵位，用来辅佐朝政。哀章知道齐郡新井、巴郡石牛的事情已经都交付给下面的人去办理，就在当天黄昏，穿上黄色的衣服，拿着铜匮到高帝祭庙去，把它交给了仆射。于是仆射就向上奏报。

资治通鉴

【申涵煜评】章以一妄男子，伪造符瑞，与门史王兴、饼师王盛朝市侩而夕通侯，何其陡也！从来奸臣僭窃，多假帝王规模，独莽诸所建置，大类黄巾、白莲者流。

【译文】哀章以一介狂妄男子，伪造符瑞，与门史王兴、饼师王盛白天唯利是图，晚上又一副通侯的模样，这变化是多么突然啊！向来奸臣常超越本分，假冒窃取，很多假借帝王的规模排场，唯独王莽所有建置，大多类似黄巾军、白莲教之流。

戊辰，莽至高庙拜受金匮神禅，御王冠，谒太后，还坐未央宫前殿，下书曰："予以不德，托于皇初祖考黄帝之后，皇始祖考虞帝之苗裔，而太皇太后之末属。皇天上帝隆显大佑，成命统序，符契、图文、金匮策书，神明诏告，属予以天下兆民。赤帝汉氏高皇帝之灵，承天命，传国金策之书，予甚祗畏，敢不钦受！以戊辰直定，御王冠，即真天子位，定有天下之号曰新。其改正朔，易服色，变牺牲，殊徽帜，异器制。以十二月朔癸酉为始建国元年正月之朔；以鸡鸣为时。服色配德上黄，牺牲应正用白，使节

418

之旄幡皆纯黄，其署曰'新使五威节'，以承皇天上帝威命也。"

【译文】 戊辰日（二十五日），王莽到达了高庙，跪拜接受天神命令转让统治权的铜柜，他听从神命，接受了汉朝的禅位，戴上帝王的冠冕，去拜谒太皇太后，回来以后就坐在未央宫的前殿，颁下诏书说："我的德行不高，凭借着是皇初祖考黄帝的后代，皇始祖考虞帝的后裔，而且是太皇太后的支属。皇天上帝，使我高显，对我予以隆厚的保佑，让我完成天命，继承大统，符契、图文、铜匮、策书，都是神灵对我的诏告，上天把天下广大的百姓都交付给我。赤帝汉氏高皇帝的神灵，秉承上天的命令，传给我铜匮策书，我十分敬畏，不敢不谨慎地接受！根据占卜，因为戊辰正好是吉日，所以我就戴上了帝王的冠冕，登上真天子的座位，决定将我所拥有的天下的称号全部更改，建立新的王朝。我决定更改历法，更改车马、服饰的颜色，更改供祭祀用的牲畜的毛色，更改旌旗，更改用器制度。把今年十二月癸酉朔日（初一）定为始建国元年正月初一；把丑时作为一天的开始。车马、服饰的颜色配合土德，崇尚黄色；祭祀用的牲畜与正月建丑相应应该使用白色；使者符节的旄头旗幡都使用纯黄色，上面写上'新使五威节'来继承皇天上帝威严的命令。"

莽将即真，先奉诸符瑞以白太后，太后大惊。是时以孺子未立，玺臧长乐宫。及莽即位，请玺，太后不肯授莽。莽使安阳侯舜谕指。舜素谨敕，太后雅爱信之。舜既见太后，太后知其为莽求玺，怒骂之曰："而属父子宗族，蒙汉家力，富贵累世，既无以报，受人孤寄，乘便利时夺取其国，不复顾恩义。人如此者，狗猪不食其馀，天下岂有而兄弟邪！且若自以金匮符命为新皇帝，变更正朔、服制，亦当自更作玺，传之万世，何用此亡国不祥玺为，而欲求之！我汉家老寡妇，旦暮且死，欲与此玺俱葬，终不可得！"太后因涕泣而言，旁侧长御以下皆垂涕。舜亦悲不能自止，良久，乃仰谓太后："臣等已无可言者。莽必欲得传国玺，太后宁能终不与邪？"

【译文】王莽即将要正式即位，就先把那些符命祥瑞捧上来，向太皇太后上报，太皇太后十分震惊。那个时候，因为孺子还没有长大成人，所以传国的印玺仍然放在长乐宫里面。等到王莽即位以后，王莽请求太皇太后交出传国的印玺，但是太皇太后不肯把印玺交给王莽。王莽就命令安阳侯王舜去规劝太皇太后。王舜一向谨慎恭敬，太皇太后十分信任他。王舜拜见了太皇太后，太皇太后知道他是来为王莽讨要传国印玺的，就发怒大骂他说："你们父子宗族，都是蒙受汉家的庇护，富贵了好几代，但是你们不但没有回报，反而利用别人托孤寄国的机会，趁着对自己有利的机会，夺取别人的国家，不去顾及恩情道义。这个样子的人，即使是猪狗也会憎恶他们的，天下怎么会有你们兄弟这样的人啊？而且王莽自认为自己可以凭借铜匮符命而登基成为真正的皇上，他更改了历法、更改了车马、服饰颜色，更改了制度，也应当自己另外制作一个传国的印玺，流传万代，又怎么会需要使用这个亡国不祥的传国印玺，并且想要从我这里得到它呢！我是汉家的老寡妇，早晚都会死的，我打算把这个传国印玺和我一起埋葬，你们终究是不可能得到这个印玺的！"太皇太后因此哭泣着说，太皇太后身旁两侧的常侍随从以及下面的人都跟着太皇太后一起哭了。王舜也悲伤得不能自止，过了很长的时间，王舜才抬起头对太皇太后说："臣等已经没有什么好说的了。只是王莽是一定要得到传国印玺的，太皇太后难道能够始终不给他吗？"

太后闻舜语切，恐莽欲胁之，乃出汉传国玺投之地，以授舜曰："我老已死，如而兄弟今族灭也！"舜既得传国玺，奏之；莽大说，乃为太后置酒未央宫渐台，大纵众乐。

【译文】 太皇太后听王舜所讲的话十分恳切，担心王莽会用暴力胁迫她，于是就把汉朝传国印玺拿了出来，投掷在地上，然后对王舜说："我年龄已经大了，等到我死了以后，你们兄弟最终将会全部被灭族！"王舜得到了传国印玺以后，进呈给王莽。王莽感到非常高兴，就在未央宫的渐台为太皇太后设置了酒会，让大家尽情地欢乐。

莽又欲改太后汉家旧号，易其玺绶，恐不见听；而莽疏属王谏欲谄莽，上书言："皇天废去汉而命立新室，太皇太后不宜称尊号，当随汉废，以奉天命。"莽以其书白太后，太后曰："此言是也！"莽因曰："此悖德之臣也，罪当诛！"于是，冠军张永献符命铜璧文，言太皇太后当为新室文母太皇太后；莽乃下诏从之。于是鸩杀王谏而封张永为贡符子。

【译文】 王莽想要更改王太后在汉朝时的旧封号，更换她的印信，但是又担心她拒绝这样做，然而王莽的远族王谏想要讨好王莽，就向王莽上书说："皇天废除了汉朝并且命令建立新的王朝，太皇太后不应该继续称尊号，应当和汉朝一起废除，来遵守上天的命令。"王莽就把王谏的奏书拿给太皇太后看，太皇太后看了以后说："他说的话有道理！"王莽就趁机对太皇太后说："这是悖乱德行的臣子，应当对他处以死刑！"那个时候，冠军人张永向王莽献上了刻有符命文字的符命铜璧，说太皇太后应该被称为新室文母太皇太后，王莽就颁下诏书采纳了张永的建议。于是，王莽用鸩酒毒死了王谏，然后册封张永为贡符子。

◆班彪赞曰：三代以来，王公失世，稀不以女宠。及王莽之兴，由孝元后历汉四世为天下母，飨国六十馀载，群弟世权，更持国柄；五将、十侯，卒成新都。位号已移于天下，而元后卷卷犹握一玺，不欲以授莽，妇人之仁，悲矣！◆

【译文】◆班彪评论说："自从夏商周三代以来，无论皇上还是诸侯失去权势，只有很少不是因为宠爱女子。等到王莽兴起以后，孝元帝皇后王政君经历了汉朝四世皇上，身居国母的高位，享受了国家六十多年的奉养，王姓家族的众小人，世代都掌握着国家的权柄，轮换掌握着国家的权力；一共有五个大司马、十个侯爵，最终促成了王莽夺取汉朝的政权。君王的名位尊号都已经完全丧失，由别人另外建立了一个新的王朝，但是孝元后王政君还眷恋地紧握着一个传国印玺，不想把它交给王莽，实在是妇人之仁，令人感到悲哀啊！◆

【乾隆御批】莽之篡弑，元后实酿成之。观其受新室文母之号，恬不为怪，已可概见。至是乃拳拳一玺，盖亦掩人耳目之为耳。班彪谓"妇人之仁"，犹不免为其所愚。

【译文】王莽篡权弑帝，其实是由元后酿成的祸患。看她接受新室文母称号时的安适恬然、不以为怪，就可以了解大概。如今为一枚国玺表现出拳拳忠心。不过是掩人耳目。班彪称"妇人之仁"，表明他也未能摆脱她的愚弄。

【申涵煜评】人有以寿为不幸者。后享年八十四，目见逆莽篡夺，种种难堪，真不如死之久矣。然养癰遗患，自贻伊戚，虽黑貂正腊，惊泣何益，死见列庙神灵，差与吕雉未灭。

【译文】世上也有以长寿为不幸的人。汉元帝皇后王政君享年八十四岁，眼见逆臣王莽篡位夺权，种种难堪，真不如早早就死去。然

资治通鉴

而，她纵容包庇王莽，结果就留下了祸患，真是自寻烦恼，虽在正腊日仍穿着汉朝的黑貂，惊哭又有什么用，死后见列祖列宗，大致与吕后一样无法消失吧。

资治通鉴卷第三十七　汉纪二十九

起屠维大荒落,尽阏逢阉茂,凡六年。

【译文】起己巳(公元9年),止甲戌(公元14年),共六年。

【题解】本卷记录了王莽始建国元年至天凤元年间的历史,这是王莽大力改制的时期:王莽推行官制改革,以用新制取代汉制;更改地名,重划行政区域,贬低周边封爵地位;进行土地改革,推行井田制,禁止土地买卖;屡次改革货币,造成币制大乱;实行五均六筦,以平抑物价。最终,王莽的改革均遭失败,以至清流之臣归隐山林,甚至出现拒不受命绝食而死的龚胜之人。

王莽中

始建国元年(己巳,公元九年)春,正月,朔,莽帅公侯卿士奉皇太后玺韨上太皇太后,顺符命,去汉号焉。

【译文】始建国元年(己巳,公元9年)春季,正月朔日(初一),王莽率领公侯卿士捧着新制作的太皇太后的印信,呈给了太皇太后,为了遵从上天的命令,去掉了汉朝的尊号。

初,莽娶故丞相王䜣孙宜春侯咸女为妻,立以为皇后;生四男,宇、获前诛死,安颇荒忽,乃以临为皇太子,安为新嘉辟。封宇子六人皆为公。大赦天下。

【译文】当初,王莽迎娶前丞相王孙䜣的孙子宜春侯王咸的女儿为妻，现在立她为皇后，她一共生下了四个儿子，王宇、王获之前已经被处死了，王安又是一副糊里糊涂的样子，于是王莽就立王临为皇太子，王安为新嘉辟。册封王宇的六个儿子都为公爵。王莽下令大赦天下。

莽乃策命孺子为定安公，封以万户，地方百里；立汉祖宗之庙于其国，与周后并行其正朔、服色；以孝平皇后为定安太后。读策毕，莽亲执孺子手，流涕歔欷曰："昔周公摄位，终得复子明辟；今予独迫皇天威命，不得如意！"哀叹良久。中傅将孺子下殿，北面而称臣。百僚陪位，莫不感动。

【译文】 王莽颁下诏书册封孺子为定安公，赐给他一万户的食邑，土地纵横各一百里；在他的封国里面修建了汉朝祖宗的祠庙，与周朝的后代一样，可以使用汉朝的历法和车马、服装的颜色，不必遵从王莽新制定的制度；把孝平皇后册封为定安太后。诏书宣读完以后，王莽亲自握着孺子的手，流着眼泪抽泣着说："从前周公旦暂时登上皇位，代行皇上的政权，最后还是能够把明君的权力还给周成王；现在我却被上天威严的命令所逼迫，不能够按照自己的意思去做！"悲伤叹息了很长时间，中傅带着孺子走下了宫殿，面向北边，向王莽称臣。百官在席上陪在他的旁边，没有一个人不感动的。

又按金匮封拜辅臣：以太傅、左辅王舜为太师，封安新公；大司徒平晏为太傅，就新公；少阿、羲和刘秀为国师，嘉新公；广汉梓潼哀章为国将，美新公；是为四辅，位上公。太保、后承甄邯为大司马，承新公；丕进侯王寻为大司徒，章新公；步兵将军王邑为大司空，隆新公；是为三公。太阿、右拂、大司空甄丰为更始将军, 广新公; 京兆王兴为卫将军, 奉新公; 轻车将军孙建为立国将军, 成新公; 京兆王盛为前将军, 崇新公; 是为四将。凡十一公。

【译文】 王莽又按照哀章以前进献的金匮图、金策书上面罗列的十一个人, 都进行了封赏和任命他们相应的官职, 王莽任命太傅、左辅王舜为太师, 册封为安新公; 大司徒平晏为太傅, 册封为就新公; 少阿、羲和刘秀为国师, 册封为嘉新公; 广汉郡梓潼人哀章为国将, 册封为美新公; 这就是四辅, 位列上公。太保、后承甄邯为大司马, 册封为承新公; 丕进侯王寻为大司徒, 册封为章新公; 步兵将军王邑为大司空, 册封为隆新公; 这就是三公。太阿、右拂、大司空甄丰为更始将军, 册封为广新公; 京兆人王兴为卫将军, 册封为奉新公; 轻车将军孙建为立国将军, 册封为成新公; 京兆人王盛为前将军, 册封为崇新公; 这就是四将。一共是十一个公。

王兴者, 故城门令史; 王盛者, 卖饼; 莽按符命求得此姓名十馀人, 两人容貌应卜相, 径从布衣登用, 以示神焉。

【译文】 王兴, 以前担任的是城门令史; 王盛, 以前是卖饼的。王莽根据符命找到了十多个和这个姓名相同的人, 其中这两个人的容貌符合占卜和观相的要求, 就直接将他们从平民起用, 来显示神奇。

是日, 封拜卿大夫、侍中、尚书官凡数百人, 诸刘为郡守者皆徙为谏大夫。改明光宫为定安馆, 定安太后居之; 以大鸿胪府为定安公第; 皆置门卫使者监领。敕阿乳母不得与婴语, 常在四壁中, 至于长大, 不能名六畜; 后莽以女孙宇子妻之。

【译文】这一天，王莽册封和任命的卿大夫、侍中、尚书官，一共有几百人，所有刘姓皇族担任郡太守的都改调为谏大夫。把明光宫改为定安馆，让定安太后在那里居住；把大鸿胪府改为定安公宅；都设置门卫使者监督管理。告诫保育人员和奶妈不能和刘婴（孺子）交谈，让他一个人住在空洞洞的屋子里面，一直到他长大成人，还不能说出六畜的名称。后来，王莽把自己的孙女，也就是王宇的女儿嫁给了他。

莽策命群司各以其职，如典诰之文。置大司马司允、大司徒司直、大司空司若，位皆孤卿。更名大司农曰羲和，后更为纳言，大理曰作士，太常曰秩宗，大鸿胪曰典乐，少府曰共工，水衡都尉曰予虞，与三公司卿分属三公。置二十七大夫，八十一元士，分主中都官诸职。又更光禄勋等名为六监，皆上卿。改郡太守曰大尹，都尉曰大尉，县令、长曰宰。长乐宫曰常乐室，长安曰常安。其馀百官、宫室、郡县尽易其名，不可胜纪。

【译文】王莽颁下诏书规定了百官的职责，都以《尚书》里面典、诰的文章为标准。设置了大司马司允、大司徒司直、大司空司若，官位都是孤卿。将大司农改名为羲和，后来又改名为纳言；把大理改名为作士；把太常改名为秩宗；把大鸿胪改名为典乐；把少府改名为共工；把水衡都尉改名为予虞，和三公司卿（司允、司直、司若）分别归三公负责管辖。王莽一共设置了二十七个大夫，八十一个元士，分别负责京城诸官府的职务。又将光禄勋等官职改名为六监，官位都是上卿。把郡太守改名为大尹，把都尉改名为大尉，把县令、县长改名为宰；长乐宫改名叫作常乐室，长安改名叫作常安；其他的百官、宫室、郡县也全部更改了它们的名称，不能够完全记录下来。

封王氏齐缞之属为侯，大功为伯，小功为子，缌麻为男；其女皆为任。男以"睦"，女以"隆"为号焉。又曰："汉氏诸侯或称王，至于四夷亦如之，违于古典，缪于一统。其定诸侯王之号皆称公，及四夷僭号称王者皆更为侯。"于是，汉诸侯王二十二人皆降为公，王子侯者百八十一人皆降为子，其后皆夺爵焉。

【译文】 王莽册封为王氏服丧一年的亲属为侯爵，为王氏服丧九个月的为伯爵，为王氏服丧五个月的为子爵，为王氏服丧三个月的为男爵，这样的女亲属也可以被赏赐爵位。男的封邑用"睦"为称号，女的封邑用"隆"为称号。王莽又说："汉朝的诸侯有的称王，以致四方的夷民也仿效这样的称呼，违背了古代的制度，也背离了大一统的义理。我现在规定诸侯王的称号都为公，至于四夷的百姓僭越名号为王的就全部改称为侯。"于是汉朝的诸侯称王的三十二个人都降为公，诸侯王的子弟称侯的八十一个人都降为子，后来，王莽把他们的爵位都剥夺了。

莽又封黄帝、少昊、颛顼、帝喾、尧、舜、夏、商、周及皋陶、伊尹之后皆为公、侯，使各奉其祭祀。

莽因汉承平之业，府库百官之富，百蛮宾服，天下晏然，莽一朝有之，其心意未满，陋小汉家制度，欲更为疏阔。

【译文】 王莽又册封黄帝、少昊、颛顼、帝喾、尧、舜、夏、商、周以及皋陶、伊尹的后裔都为公、侯，令他们可以分别去对自己的祖先进行祭祀。

王莽因为继承了汉室太平的事业，以及丰厚的国库和诸官府富足的资产，众多的异族也都归顺称臣，天下安定，但是即使拥有了这些，他的内心还是得不到满足，他认为汉家的格局太小，想要改变,想要更加宏大。

乃自谓黄帝、虞舜之后,至齐王建孙济北王安失国,齐人谓
之王家,因以为氏;故以黄帝为初祖,虞帝为始祖。追尊陈胡公
曰陈胡王,田敬仲曰齐敬王,济北王安曰济北愍王。立祖庙五、
亲庙四。天下姚、妫、陈、田、王五姓皆为宗室,世世复,无有所
与。封陈崇、田丰为侯,以奉胡王、敬王后。

【译文】 王莽就说自己是黄帝、虞舜的后裔,一直到齐王田
建的孙子济北王田安才失去了政权,齐人称齐国的王族为王家,因
此就以"王"为姓氏;所以他以黄帝为自己的初祖,虞帝为自己的
始祖。王莽追尊陈胡公的尊号为陈胡王,田敬仲的尊号为田敬王,
济北王田安的尊号为济北愍王。他建设了五座祖宗祭庙,四座皇
族祭庙。天下姚、妫、陈、田、王五姓都是皇姓,世世代代免除徭
役赋税。王莽又册封陈崇、田丰为侯,让他们作为胡王、敬王的后
裔。

【申涵煜评】莽以姚、妫、陈、田、王为宗室,荒唐迂谬,至赐
诸刘侫己者皆姓王,独国师秀以姻家仍旧。及考莽所取妻,乃宜
春侯王咸女,实同姓也。俗传尧舜同祖,当时若有讥者,必援皇、
英事以自解。

【译文】王莽认为姚、妫、陈、田、王姓是王室,真是迂腐荒谬,
等到赐给那些恭维自己的刘姓为王姓时,只有国师刘秀的家族仍旧为刘
姓。等到考察王莽所娶的妻子,乃是宜春侯王咸的女儿,实际上是同
姓的。民间传说尧、舜同祖,当时如果有讥讽的人,一定要援引娥皇、
女英的事来解释。

天下牧、守皆以前有翟义、赵明等作乱，领州郡，怀忠孝，封牧为男，守为附城。以汉高庙为文祖庙。汉氏园寝庙在京师者，勿罢，祠荐如故。诸刘勿解其复，各终厥身；州牧数存问，勿令有侵冤。

【译文】 全国的州牧、太守因为之前在翟义、赵明等人造反的时候，都能够带领州、郡，对新朝忠诚，因此就册封了所有的州牧为男爵，太守为附城。王莽将汉高庙改为文祖庙。在京城里汉氏陵园中的宗庙，仍然维持原状，祭祠进献都还和过去一样。刘氏皇族仍然不需要缴纳赋税，承担徭役，一直维持到他们去世；州牧需要多派使者前往慰问安抚，不让他们受到侵辱和冤屈。

莽以刘之为字"卯、金、刀"也，诏正月刚卯、金刀之利皆不得行，乃罢错刀、契刀及五铢钱，更作小钱，径六分，重一铢，文曰"小钱直一"，与前"大钱五十"者为二品，并行。欲防民盗铸，乃禁不得挟铜、炭。

【译文】 王莽认为刘字是由"卯、金、刀"构成的，就颁下诏书命令刻有"正月刚卯"的佩饰和钱币"金刀"都不准继续使用，并且下令废止了错刀、契刀以及五铢钱，重新另外制作小钱，直径六分，重量为一铢，上面刻有"小钱直一"的文字，再加上以前的"大钱五十"，分为两类，同时发行使用。为了防止百姓私底下偷偷铸币，就下令禁止私人携带铜、炭。

夏，四月，徐乡侯刘快结党数千人起兵于其国。快兄殷，故汉胶东王，时为扶崇公。快举兵攻即墨，殷闭城门，自系狱。吏民拒快。快败走，至长广死。莽赦殷，益其国满万户，地方百里。

【译文】 夏季，四月，徐乡侯刘快集结了几千人的同党，在自己的封国里面兴兵起义。刘快的哥哥刘殷，是原来汉朝的胶东王，那个时候已经被王莽改封为扶崇公。刘快集结兵力攻打即墨县，刘殷就关上城门，把自己关进了监狱，让官吏、百姓去抵抗刘快。刘快被打败逃走了，逃到长广县死了。王莽赦免了刘殷的罪行，把他封国的食邑增加到了一万户人家，面积方圆一百里。

莽曰："古者一夫田百亩，什一而税，则国给民富而颂声作。秦坏圣制，废井田，是以兼并起，贪鄙生，强者规田以千数，弱者曾无立锥之居。又置奴婢之市，与牛马同阑，制于民臣，颛断其命，缪于'天地之性人为贵'之义。汉氏减轻田租，三十而税一，常有更赋，罢癃咸出；而豪民侵陵，分田劫假。厥名三十税一，实什税五也。故富者犬马馀菽粟，骄而为邪；贫者不厌糟糠，穷而为奸。俱陷于辜，刑用不错。今更名天下田曰'王田'，奴婢曰'私属'，皆不得买卖。其男口不盈八而田过一井者，分馀田予九族、邻里、乡党。故无田、今当受田者，如制度。敢有非井田圣制、无法惑众者，投诸四裔，以御魑魅，如皇始祖考虞帝故事！"

【译文】王莽颁下诏书说："古时候一个成年人的耕田是一百亩，从中抽取十分之一作为赋税，就能够使国家丰裕，使百姓富有，于是赞美的声音也就兴起了。秦朝破坏了圣人的制度，废除了井田的制度，因此就出现了吞并土地的情况，发生了贪婪卑鄙的行为，强势的人占有的田地，以千亩计算，而贫困弱小的人竟然连一块可以用来居住生存的田地也没有。又设置了买卖奴隶的市场，把奴隶和牛马关在同一个栏圈里，被地方上的官吏控制，专横地裁决他们的命运，这些都和'天地的本性，以人类最为宝贵'的道理完全背离了。汉朝减少了耕田的租税，从中抽取三十分之一作为赋税，但是通常有其他的替代税，病残以及年老、丧失了劳动力的也都要缴纳赋税，再加上土豪劣绅侵犯欺压，利用租佃关系，让穷人去耕种富人的土地，共享他们的收成，富人也持势侵凌，劫掠穷人的收成。所以名义上是从中抽取三十分之一作为赋税，实际上却是抽取十分之五。所以有钱的人家狗马有吃不完的粮食，因为骄奢而去做邪恶的事情；而贫穷的人家却连糟糠都吃不饱，由于困窘而去作奸犯科，他们都触犯了律法，刑罚因此不能搁置不去使用。我现在下令把天下的田地全部改称为'王田'，奴婢为'私属'，都不能进行买卖。那些男子人数不满八个，但是田地却超过九百亩的家庭，必须把多余的田地分给亲族、邻里、同乡亲友。那些过去没有田地的，现在应该分到田地，一切都按照规定办理。敢有反对井田这种圣人首创的制度，不遵守法纪、蛊惑民众的，我就将他流放到四方边远的地方，去抵御妖怪鬼神，就和我的祖先皇始祖考虞帝过去所做的一样！"

秋，遣五威将王奇等十二人班符命四十二篇于天下：德祥五事，符命二十五，福应十二。五威将奉符命，赍印绶，王侯以下及吏官名更者，外及匈奴、西域、徼外蛮夷，皆即授新室印绶，因收故汉印绶。大赦天下。

【译文】秋季，王莽派遣五威将王奇等十二人，颁布了四十二篇符命给天下的百姓：其中德祥类的有五篇、符命类的有二十五篇、福兆类的有十二篇。五威将恭敬地捧着符命，带着印信，凡是王侯以下以及已经更改官职名称的，从中原以外远至匈奴、西域以及边徼之外的异族，都被立即授予新朝的印信，并且借这个机会收回了过去汉朝的印信。王莽下令大赦天下。

五威将乘乾文车，驾坤六马，背负鹭鸟之毛，服饰甚伟。每一将各置五帅，将持节，帅持幢。其东出者至玄菟、乐浪、高句骊、夫馀；南出都隃徼外，历益州，改句町王为侯；西出者至西域，尽改其王为侯；北出者至匈奴庭，授单于印，改汉印文，去玺曰章。

【译文】 五威将乘坐着画有乾卦图像的车子，驾着六匹母马，后面插有锦鸡的羽毛，服装配饰非常雄伟。每一位五威将都分别设置了五个元帅，由五威将手执符节，五帅举着旗幡。他们向东方出行的，到达玄菟郡、乐浪郡、高句骊县、夫余国；向南方出行的，到达了边塞以外的地区，经过了益州郡，将句町王改为句町侯；向西方出行的，到达西域，把他们所有的国王都改为侯爵；向北方出行的，到达匈奴王庭授予单于印信，更改了汉朝印章上面的文字，也就是不用玺字，改为使用章字。

冬，雷，桐华。

以统睦侯陈崇为司命，主司察上公以下。又以说符侯崔发等为中城、四关将军，主十二城门及绕霤、羊头、肴黾、汧陇之固，皆以五威冠其号。

又遣谏大夫五十人分铸钱于郡国。

是岁，真定、常山大雨雹。

【译文】冬季，打雷，桐树开花了。

王莽任命统睦侯陈崇为司命，主要负责纠察监督上公及以下所有的朝廷官员。王莽又任命说符侯崔发等人为中城、四关将军，负责京城的十二个城门以及绕溜道、羊头山、肴山、黾池、湃水、陇坻的坚固，在他们官名前面都加上了五威两个字。

王莽又派遣了五十个谏大夫到各郡、各封国去，铸造钱币。

这年，真定县、常山郡降下了大冰雹。

二年(庚午，公元十年)春，二月，赦天下。

五威将帅七十二人还奏事，汉诸侯王为公者悉上玺绶为民，无违命者。独故广阳王嘉以献符命，鲁王闵以献神书，中山王成都以献书言莽德，皆封列侯。

【译文】二年(庚午，公元10年)春季，二月，王莽下令大赦天下。

七十二位五威将、元帅回到了京城，向王莽奏报，汉朝的诸侯王去掉王号改称为公的都把印信交了上来成为平民，没有一个违背命令的。只有原来的广阳王刘嘉向王莽进献符命，鲁王刘闵向王莽进献神书，中山王刘成都向王莽上书，赞美王莽的功德，都被王莽册封为列侯。

◆班固论曰：昔周封国八百，同姓五十有馀，所以亲亲贤贤，关诸盛衰，深根固本，为不可拔者也。故盛则周、召相其治，致刑错；衰则五伯扶其弱，与共守；天下谓之共主，强大弗之敢倾。历载八百馀年，数极德尽，降为庶人，用天年终。秦讪笑三代，窃自号为皇帝，而子弟为匹夫，内无骨肉本根之辅，外无尺土藩翼之卫；陈、吴奋其白梃，刘、项随而毙之。故曰，周过其历，秦不及期，国势然也。

【译文】◆班固评论这件事说：从前周朝分封了八百个诸侯国，其中同姓家族的有五十多个，这正是为了亲近亲人，尊敬贤才，它关系到国家的兴衰，使国家的根本深入稳固，使外人不能动摇国家的根本。所以在周朝兴盛的时候，有周公旦、召公奭来辅佐他的政治，使刑罚可以搁置不去使用；当周朝衰微的时候，也仍然有五位霸主来扶助其中弱小的地区，和他们一起守护；即使周朝衰弱到了极点，天下的百姓仍然称呼他为共主；诸侯纵然强大到了极点，也还是不敢倾灭周室。周朝一共经历了八百多年，直到周朝的命运穷尽，德行终了，被下降为平民，才和自然的年寿一起终结。秦朝讥笑夏、商、周三代，就称自己为皇帝，却让子弟做平民，秦朝的政权在国内没有至亲骨肉的辅佐，在国外没有藩属封国的护卫；所以陈胜、吴广揭竿起义了以后，刘邦、项羽紧接着就灭亡了秦朝。所以说：周朝的统治能够超过它的国运年数，而秦朝却在统治的时间还没有到就亡国了，这是国家的形势造就了它们这样的结局。

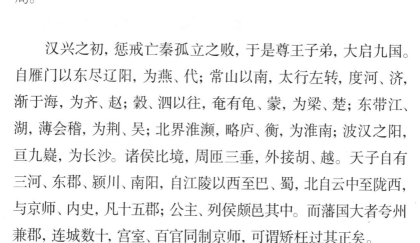

汉兴之初，惩戒亡秦孤立之败，于是尊王子弟，大启九国。自雁门以东尽辽阳，为燕、代；常山以南，太行左转，度河、济，渐于海，为齐、赵；穀、泗以往，奄有龟、蒙，为梁、楚；东带江、湖，薄会稽，为荆、吴；北界淮濑，略庐、衡，为淮南；波汉之阳，亘九嶷，为长沙。诸侯比境，周匝三垂，外接胡、越。天子自有三河、东郡、颍川、南阳，自江陵以西至巴、蜀，北自云中至陇西，与京师、内史，凡十五郡；公主、列侯颇邑其中。而藩国大者夸州兼郡，连城数十，宫室、百官同制京师，可谓矫枉过其正矣。

【译文】汉朝建立的初期，警觉到秦王朝覆亡的原因，是皇族的孤立，于是，就尊崇皇族的子弟为王，大规模地建立了九个封国。从雁门郡的东边一直到辽水北边的尽头，建立了燕国、代国；常山郡以南，太行山以东，渡过黄河、济水，一直到大海，建立了齐国、赵国；谷水、泗水以南，龟山、蒙山一带，建立了梁国、楚国；东边围绕长江、洞庭湖，接近会稽郡，建立了荆国、吴国（高帝六年建立了荆国，十二年改名为吴国，实际上是同一个国家）；北边以淮河为边界，经过庐山、衡山，建立了淮南国；汉水之北，顺着汉水而下，横亘九嶷山，建立了长沙国。每一个封国的边界都相接，环绕了汉朝东、南、北三面的边疆，向外与匈奴、南越国接壤。皇上自己可以直接控制河东、河南、河内、东郡、颍川、南阳等郡，又从江陵县以西到巴郡、蜀郡，北方从云中郡到陇西郡，再加上京城、内史郡，一共是十五个郡；在这十五个郡里面，还包含了很多公主、列侯的食邑。有些封国大的，封国面积跨州并郡，连接了几十个城镇，宫室、百官的制度和京城的相同，可以说是为了矫正亡秦孤立的失败，大封子弟，有些矫枉过正了，反而失去了他的初衷。

虽然，高祖创业，日不暇给，孝惠享国又浅，高后女主摄位，而海内晏如，亡狂狡之忧，卒折诸吕之难，成太宗之业者，亦赖之于诸侯也。然诸侯原本以大末，流滥以致溢，小者淫荒越法，大者睽孤横逆以害身丧国，故文帝分齐、赵，景帝削吴、楚，武帝下推恩之令而藩国自析。自此以来，齐分为七，赵分为六，梁分为五，淮南分为三。皇子始立者，大国不过十馀城。长沙、燕、代虽有旧名，皆亡南北边矣。景遭七国之难，抑损诸侯，减黜其官。武有衡山、淮南之谋，作左官之律，设附益之法；诸侯惟得衣食税租，不与政事。至于哀、平之际，皆继体苗裔，亲属疏远，生于帷墙之中，不为士民所尊，势与富室亡异。而本朝短世，国统三绝。是故王莽知汉中外殚微，本末俱弱，无所忌惮，生其奸心，因母后之权，假伊、周之称，颛作威福庙堂之上，不降阶序而运天下。诈谋既成，遂据南面之尊，分遣五威之吏，驰传天下，班行符命。汉诸侯王厥角稽首，奉上玺韨，惟恐在后；或乃称美颂德以求容媚，岂不哀哉！◆

【译文】但是尽管如此，汉高祖创立大业，事务繁多，十分繁忙，孝惠帝在位的时间又短，高后以女主的身份代行皇上的职权，可是，全国仍然安定，没有狂悖叛乱的忧虑，最后终于平定了吕姓家族的篡权阴谋，成就了太宗的事业，也依赖了这些诸侯的力量。但是封国国君本是皇族的末流，末流太滥，就会满溢出来，造成灾难，小的荒淫无道触犯律法，大的乖戾叛逆最终使自己断送了性命，失去了封国，所以文帝分割了齐国、赵国给其他的子弟，景帝削减了吴国、楚国的领土，武帝颁布了推恩令，让封国自己分割给其他的子弟。从此以后，齐国被分割为七个国家，赵国被分割为六个国家，梁国被分割为五个国家，淮南国被分割为三个国家。皇子被册封为亲王的时候，即使是大的封国也不会超过十个城镇。长沙、燕、代等国家虽然仍旧是旧有的名称，可是，南北都已经分别设置了郡县，已经不再紧邻南北的边疆了。汉景帝遭遇了吴国、楚国等七国叛乱的灾难，更加裁制贬抑诸侯，减少封国官员编制。汉武帝遭遇了衡山王、淮南王的谋反，于是就颁布了仕于诸侯的律法，制定了附益的法纪。于是，封国的国君只能得到丰衣足食的租税，不可以参与政事。到了哀帝、平帝年间，那些诸侯都是先世册封的诸侯的后裔，和皇上的亲属关系，也更加疏远了，皇上在近侍的臣妾中长大，不被百姓所尊敬，势力和当地的富人没有什么区别。而且本朝皇上在位的时间又很短促，汉成帝、汉哀帝、汉平帝都很早就去世了，一连三代都没有留下后嗣。因此王莽知道中朝和外藩都衰微无力，皇室和诸侯国也都衰微没落了，他也就没有什么好顾虑惧怕的了，于是产生了奸邪的想法，凭借着太皇太后的权力，假托伊尹、周公旦的美名，在朝廷上擅自作威作福，用不着走下台阶就夺取了汉朝的全部政权。等到完成了这些阴谋以后，王莽就登上了皇位，凭借着帝王的威严，分别派遣五威将之类的官员，驾着传车急行全国各地，颁行符命；而汉朝的诸侯王叩头至地，双手捧上印信，只担心落在别人的后面，有的诸侯王甚至称赞王莽有美好的德行，歌颂王莽有圣明的品德，奉承谄媚来求取王莽的欢心，这难道不令人感到悲哀吗？◆

国师公刘秀言：“周有泉府之官，收不售，与欲得，即《易》所谓‘理财正辞，禁民为非’者也。”莽乃下诏曰：“《周礼》有赊贷，《乐语》有五均，传记各有筦焉。今开赊贷、张五均、设诸筦者，所以齐众庶，抑并兼也。”遂于长安及洛阳、邯郸、临菑、宛、成都立五均司市、钱府官。司市常以四时仲月定物上中下之贾，各为其市平。民卖五谷、布帛、丝绵之物不售者，均官考检厥实，用其本贾取之；物贵过平一钱，则以平贾卖与民；贱减平者，听民自相与市。又民有乏绝欲赊贷者，钱府予之；每月百钱收息三钱。

【译文】国师公刘秀向王莽上奏说：“周朝有泉府的官职，用来收购民间没有卖出去的物资，供应民间缺少的物资，也就是《易经》里面所说的‘治理财物，端正言行，那么百姓就不会为非作歹了’。”于是王莽就颁下诏书说：“《周礼》里面记载了由官府办理赊贷的记录，《乐语》上面记载有五均的设立，古书里面就有关于诸的记载。现在开办赊货之法，设立五均之制，设立若干国家经营之业，目的就在于使百姓平均，抑制富豪侵吞兼并。”于是，王莽在长安城以及洛阳城、邯郸、临菑、宛地、成都都设置了五均司市、钱府官。司市平时在每个四季的第二个月制定出货物上、中、下三个等级的价格，来保证市场价格的稳定。百姓卖不出去的五谷、布帛、丝绵等货物，由均官调查确定是实情以后，就按照成本购买；一旦物价上涨，超过平价一钱，均官就将所藏货物以平价卖给百姓；如果物价比平价低，就任由百姓自由买卖。另外如果百姓有穷困想要赊贷的，钱府可以进行借贷，每个月一百钱收取利息三钱。

又以《周官》税民，凡田不耕为不殖，出三夫之税；城郭中宅不树艺者为不毛，出三夫之布；民浮游无事，出夫布一匹；其不能出布者冗作，县官衣食之。诸取金、银、连、锡、鸟、兽、鱼、鳖于山林、水泽及畜牧者，嫔妇桑蚕、织纴、纺绩、补缝，工匠、医、巫、卜、祝及它方技，商贩、贾人，皆各自占所为，于其在所之县官，除其本，计其利十一分之，而以其一为贡；敢不自占，自占不以实者，尽没入所采取而作县官一岁。羲和鲁匡复奏请榷酒酤，莽从之。又禁民不得挟弩、铠，犯者徙西海。

【译文】 同时，新朝廷按照古书《周官》向百姓收税，凡是拥有田地却不去耕种的，称为不殖，必须要罚缴三个人的税；城镇里面的住宅不种植果木蔬菜的，称为不毛，必须要罚缴三个人的布匹；游手好闲并且没有工作的，必须要罚缴一个人的布匹，也就是一匹布；其中不能缴纳布匹的就替官府做一些零散的工作，由官府提供他们生活需要的衣服、食物。那些在山林、水泽中获取金、银、铜、锡、鸟、兽、鱼、鳖以及从事畜牧业的牧民，妇女种桑养蚕、织布纺线、缝纫，工匠、医师、巫师、算卦、祭司以及具有其他方面技能的人，小贩、商人，都必须到所居住的官府，各自申报自己盈利的总额，由县府扣除他们的成本，计算出他们的盈利，分成十分，从里面拿出来一分作为赋税。如果有人胆敢不去申报自己所经营的生业，或者所申报的自己所经营的生业不真实的，就把他们的经营所得全部没收，并且那些人还需要替县府工作一年。羲和鲁匡又向王莽上奏请求统一酒类由官府专卖，王莽采纳了他们的建议。王莽又下令禁止百姓私自挟带弩弓和铠甲，凡是触犯这条规定的就流放到西海郡去。

【乾隆御批】莽假托周礼以害民，非直六艺，文奸而已。宋王安石变法，朝臣攻击纷呶，然未闻有援莽祸以相折者，何耶？

【译文】王莽假借《周礼》来达到侵害百姓的目的，不仅仅是六艺之文受到了亵渎。北宋王安石变法，朝臣纷纷攻击不已，可是没听说谁用王莽为祸的例子进行攻击，这是为什么呢？

初，莽既班四条于匈奴，后护乌桓使者告乌桓民，毋得复与匈奴皮布税。匈奴遣使者责税，收乌桓酋豪，缚，倒悬之。酋豪兄弟怒，共杀匈奴使。

【译文】当初，王莽向匈奴颁布关于处理投降的人的四条约定，后来乌桓校尉告诉乌桓国的百姓不要再给匈奴进贡兽皮布匹。匈奴就派遣使臣去催促乌桓国缴纳兽皮布匹，然后将乌桓国的酋长抓住，捆绑起来，倒着悬挂。酋长的兄弟感到非常愤怒，一起杀害了匈奴派遣去的使臣。

单于闻之，发左贤王兵入乌桓，攻击之，颇杀人民，驱妇女弱小且千人去，置左地，告乌桓曰："持马畜皮布来赎之！"乌桓持财畜往赎，匈奴受，留不遣。

【译文】单于知道了这件事以后，就征调了左贤王的军队入侵乌桓国，攻击他们，杀了许多无辜的百姓，掳掠了将近一千妇女弱小才离开，把这些人安置在东部地区，然后派人告诉乌桓国的国君说："你拿马匹、牲口、兽皮、布帛来把她们赎回去！"乌桓国就派人带了财货牲口去赎人，可是匈奴把乌桓国的财物收了下来，却没有把那些人质放回去。

及五威将帅王骏等六人至匈奴，重遗单于金帛，谕晓以受命代汉状，因易单于故印。故印文曰"匈奴单于玺"，莽更曰"新匈奴单于章"。将率既至，授单于印绂，诏令上故印绂。单于再拜受诏。译前，欲解取故印绂，单于举掖授之。左姑夕侯苏从旁谓单于曰："未见新印文，宜且勿与。"单于止，不肯与。请使者坐穹庐，单于欲前为寿。五威将曰："故印绂当以时上。"单于曰："诺。"复举掖授译，苏复曰："未见印文，且勿与。"单于曰："印文何由变更！"遂解故印绂奉上将帅，受著新绂，不解视印。

【译文】 等到五威将王骏等六个人到达匈奴以后，赠送了很多金帛给单于，向他们说明了新朝接受天命取代了汉朝的情况，因此需要更换单于的旧印。旧印上面的文字是"匈奴单于玺"，王莽将文字改为"新匈奴单于章"。将帅到达以后，授给单于新的印信，宣读诏书要求他交上旧有的印信。单于跪拜了两次，接受了诏书。翻译官走向前去，打算从单于的身上解下旧有印章的组绶并且拿走，单于举起手臂打算交给他。这个时候左姑夕侯苏在旁边对单于说："您还没有见到新印章上面的文字，应该暂时先不要给他。"于是单于就放下手臂，不准翻译官解绶带。单于请使臣坐在帐幕里面，打算上前向他敬酒。五威将就对他说："旧有的印信您应该按时交上来。"单于回答说："好的。"就又举起手臂，让翻译官解带。这时左姑夕侯苏又提醒单于说："您还没有见到印章上面的文字，暂时先不要给他。"单于回答说："印章上面的文字又怎么会改变呢！"于是，就解下了旧有的印章交给了汉朝的使臣，将帅将新的印信交给了他，他也没有立即解下来看印章上面的文字。

饮食至夜，乃罢。右帅陈饶谓诸将帅曰："向者姑夕侯疑印文，几令单于不与人。如令视印，见其变改，必求故印，此非辞说所能距也。既得而复失之，辱命莫大焉！不如椎破故印以绝祸根。”将帅犹与，莫有应者。饶，燕士，果悍，即引斧椎坏之。明日，单于果遣右骨都侯当白将帅曰：“汉单于印言‘玺’不言‘章’，又无‘汉’字；诸王已下乃有‘汉’，言‘章’。今即去‘玺’加‘新’，与臣下无别。愿得故印。”将帅示以故印，谓曰：“新室顺天制作，故印随将帅所自为破坏。单于宜承天命，奉新室之制！”

【译文】宴会一直到了夜里，才停止下来，右帅陈饶对将帅们说：“刚才姑夕侯怀疑印章上面的文字改变了，几乎使单于没有交上旧有的印信。假如等到他看到新的印信，发现印章上面的文字已经更换了，他一定会要求拿回旧印的，这不是用说辞就可以阻止的。如果等到我们得到了印信以后，却又失去了印信，那实在是再也没有比这更令人感到羞耻的了！不如我们将它击坏，来断绝祸患的根源。”将帅犹豫不决，没有一个人响应。陈饶是燕人，果断而且勇悍，当即就拿起斧头将它击坏了。第二天，单于果然派遣了右骨都侯当去告诉将帅说：“汉朝发给单于的印信用的是‘玺’而不是‘章’，而且也没有‘汉’字；但是众王之下的印文才有‘汉’字，最下一个字才是‘章’。现在不但将‘玺’字改为‘章’，而且还加上了‘新’字，使单于与下属的大臣没有什么差别。现在单于希望能够把旧有的印信拿回去。”将帅就把击破的旧印拿给他看，然后告诉他说：“新王朝接受了上天的命令并且制作了新的印信，旧的印信也已经被将帅自己击坏了。单于应该接受上天的命令，遵守新王朝的规定！”

当还白，单于知已无可奈何，又多得赂遗，即遣弟右贤王舆奉马牛随将帅入谢，因上书求故印。将帅还到左犁汙王咸所居地，见乌桓民多，以问咸；咸具言状。将帅曰："前封四条，不得受乌桓降者。亟还之！"咸曰："请密与单于相闻，得语，归之"。单于使咸报曰："当从塞内还之邪，从塞外还之邪？"将帅不敢颛决，以闻。诏报："从塞外还之。"莽悉封五威将为子，帅为男；独陈饶以破玺之功，封威德子。

【译文】 右骨都侯当回来把这件事告诉了单于，单于知道已经没有什么办法可以挽救了，再加上他又得到了新王朝的许多馈赠，于是派遣弟弟右贤王舆带上要向新王朝进贡的马、牛，随五威将帅前往新朝表示感谢，并且趁着这个机会向王莽上书请求仍然使用旧有的印文。将帅返回京城的途中经过了左犁污王咸居住的地方，看到了很多乌桓国的百姓，就询问左犁污王咸是怎么回事；左犁污王咸就详细地将以前侵虐劫掠乌桓国的事情告诉了他们。将帅就说："中国之前与匈奴有密封的四个条约，你们不能接受乌桓国的投降。你赶快把他们全部放回去！"左犁污王咸说："请您允许我暗中和单于商量一下，只要我能够得到单于遣送他们回去的命令的话，就立刻把他们全部放回去。"单于让左犁污王咸问他们说："这些人应该在边塞里面放回去呢，还是在边塞外面放回去呢？"将帅都不敢擅自决定，就把这件事上报给了朝廷。王莽颁下诏书回复说："在边塞外面放回去。"王莽将所有出使的五威将都封为子爵，元帅封为男爵；唯独陈饶因为立下了击破单于印玺的功劳，被册封为威德子。

单于始用夏侯藩求地，有拒汉语，后以求税乌桓不得，因寇略其人民，衅由是生，重以印文改易，故怨恨。乃遣右大且渠蒲呼卢訾等十余人将兵众万骑，以护送乌桓为名，勒兵朔方塞下，朔方太守以闻。莽以广新公甄丰为右伯，当出西域。车师后王须置离闻之，惮于供给烦费，谋亡入匈奴；都护但钦召置离，斩之。置离兄辅国侯狐兰支将置离众二千馀人，亡降匈奴。单于受之，遣兵与狐兰支共入寇，击车师，杀后城长，伤都护司马，及狐兰兵复还入匈奴。

【译文】匈奴的单于栾提知早先因为汉朝中郎将夏侯藩要求他割让土地，而说过拒绝汉朝的话，后来又因为向乌桓国索取赋税没有得到，所以就攻击掠夺乌桓国的百姓，中国与匈奴的嫌隙也就此产生了，再加上这一次印章文字的更换，单于更加怨恨中国了。于是单于派遣了右大且渠蒲呼卢訾等十多个人，率领一万骑兵，以护送乌桓国百姓回国的名义，把军队驻扎在了朔方郡的边塞附近，朔方郡的太守知道了这件事情以后，就上奏给了朝廷。王莽就任命广新公甄丰为右伯，派遣他出使西域。车师后王须置离知道了这件事情以后，对于送往迎来的庞大开支感到害怕，就商量谋划逃亡，逃到匈奴那里去；都护但钦召见了须置离，将他斩杀了。须置离的哥哥辅国侯狐兰支率领了须置离二千多人的部属，逃亡到了匈奴，向匈奴投降；单于接受了他们的投降，派遣军队和狐兰支联合起来侵入、掠夺、攻击车师国，斩杀了车师后王国后城长，击伤了西域都护司马，然后和狐兰支一起返回了匈奴。

时戊己校尉刁护病，史陈良、终带、司马丞韩玄、右曲侯任商相与谋曰："西域诸国颇背叛，匈奴欲大侵，要死，可杀校尉，帅人众降匈奴。"遂杀护及其子男、昆弟，尽胁略戊己校尉吏士男女二千馀人入匈奴。单于号良、带曰乌贲都尉。

【译文】那个时候，戊己校尉刁护生病了，校尉的下属史陈良、终带、司马丞韩玄、右曲侯任商共同商量说："西域众国发生了很多叛乱的事情，匈奴大规模地入侵，我们一定会面临死亡的危险，我们可以杀了校尉刁护跟他的儿子、兄弟，率领大家向匈奴投降。"于是，他们杀了刁护以及他的儿子、兄弟，挟持了戊己校尉全部的官吏士兵男女二千多人，向匈奴投降，单于任命陈良、终带为乌贲都尉。

冬，十一月，立国将军孙建奏："九月辛巳，陈良、终带自称废汉大将军，亡入匈奴。又今月癸酉，不知何一男子遮臣建车前，自称'汉氏刘子舆，成帝下妻子也。刘氏当复，趣空宫'！收系男子，即常安姓武字仲。皆逆天违命，大逆无道。汉氏宗庙不当在常安城中，及诸刘当与汉俱废。陛下至仁，久未定，前故安众侯刘崇等更聚众谋反，今狂狡之虏复依托亡汉，至犯夷灭连未止者，此圣恩不蚤绝其萌牙故也。臣请汉氏诸庙在京师者皆罢；诸刘为吏者皆罢，待除于家。"莽曰："可。嘉新公、国师以符命为予四辅，明德侯刘龚、率礼侯刘嘉等凡三十二人，皆知天命，或献天符，或贡昌言，或捕告反虏，厥功茂焉。诸刘与三十二人同宗共祖者，勿罢，赐姓曰王。"唯国师以女配莽子，故不赐姓。

【译文】　冬季，十一月，立国将军孙建向王莽上奏说："九月辛巳日（九月辛巳日是用王莽丑正历，是寅正的八月十八日），陈良、终带称自己为废汉大将军，逃到了匈奴。此外，本月癸酉日（十一月也用莽历是寅正十月，十月无此日），一个不知道哪里来的男子拦在臣孙建的车子前面，称自己是'汉朝的皇族刘子舆，是成帝小妻的儿子。刘氏就要重新登上皇位了，你赶快去把宫殿整理出来'！我逮捕了那个男子，把他关到了监狱里面，原来他是常安人，姓武名仲。这些人都违背了上天，违抗上天的命令，犯下了大逆不道的罪行。刘氏的宗庙不应该设置在常安城里面，而且刘姓家族为官的人应该跟汉朝同时废弃。陛下太过于仁慈了，一直都没有下决定，先前旧安众侯刘崇等人又一次聚集了众人密谋造反，使狂妄狡猾的家伙假托已经灭亡的汉朝，以至于招致了杀灭的刑罚却仍然没有断绝这一类事情的发生，这都是您圣明的恩德不能在即将滋生事端的初期就对他们予以断绝的缘故啊。臣请求您把刘氏在京城的那些祭庙全部废除了；罢免所有刘姓家族为官的人的官职，让他们都离开朝廷回到家里，在家里等待被授予新的官职。"王莽颁下诏书说："我准许这样的做法。嘉新公、国师因为符命被任命为我的四辅，明德侯刘龚、率礼侯刘嘉等一共三十二个人，都知道上天的命令，有的向我进呈了天符，有的向我献上嘉言，有的逮捕或者告发了造反的人，他们都立下了很大的功劳。刘姓皇族成员中和这三十二个人同宗共祖的，他们的官职都不用罢免，我赐他们可以姓'王'。"只有国师公把自己的女儿许配给了王莽的儿子王临，所以没有给他赐姓。

定安公太后自刘氏之废，常称疾不朝会。时年未二十，莽敬惮伤哀，欲嫁之，乃更号曰黄皇室主，欲绝之于汉；令孙建世子盛饰，将医往问疾。后大怒，笞鞭其傍侍御，因发病，不肯起。莽遂不复强也。

【译文】 安定公太后自从汉朝灭亡了以后，经常假称自己生病了，不上朝觐见王莽。她那个时候年龄还不到二十岁，王莽对她感到既尊敬害怕，又忧伤哀怜，就想要让她改嫁，于是就取消了安定公太后的称号，改称为黄皇室主，想要让她和汉室断绝关系，王莽命令孙建的嫡子装扮后带着御医去询问她的病情。安定公太后大怒，就用鞭子击打自己身边的侍从，因此真的生病了，不肯起床。王莽于是不再去勉强她。

资治通鉴

十二月，雷。

莽恃府库之富，欲立威匈奴，乃更名匈奴单于曰"降奴服于"，下诏遣立国将军孙建等率十二将分道并出：五威将军苗䜣、虎贲将军王况出五原；厌难将军陈钦、震狄将军王巡出云中；振武将军王嘉、平狄将军王萌出代郡；相威将军李棽、镇远将军李翁出西河；诛貉将军杨俊、讨秽将军严尤出渔阳；奋武将军王骏、定胡将军王晏出张掖；及偏裨以下百八十人，募天下囚徒、丁男、甲卒三十万人，转输衣裘、兵器、粮食，自负海江、淮至北边，使者驰传督趣，以军兴法从事。先至者屯边郡，须毕具乃同时出；穷追匈奴，内之丁令。分其国土人民以为十五，立呼韩邪子孙十五人皆为单于。

【译文】 十二月，响雷。

王莽凭借着府库的财富，想要在匈奴树立自己的声威，就将匈奴的单于改称为"降奴服于"，颁下诏书派遣立国将军孙建率领十二个将军分道一起出发：五威将军苗䜣、虎贲将军王况从五原郡出发；厌难将军陈钦、震狄将军王巡从云中郡出发；振武将军王嘉、平狄将军王萌从代郡出发；相威将军李棽、镇远将军李翁从西河郡出发，诛貉将军杨俊、讨秽将军严尤从渔阳郡出发；奋武将军王骏、定胡将军王晏从张掖郡出发。此外，还有偏裨将领一百八十人，募集天下的囚犯、壮丁、兵士一共三十万人，运输军服皮衣、兵器、粮食，从沿海连接长江、淮河一直到北边的郡，使者乘坐驿车疾行，监督催促，按照战争时候法令来处理这些事情。先到达的军队在边郡驻扎，等所有的军队全部到达以后再一起出动，目标是紧逐匈奴，一直追到丁零部落。把匈奴的国土和百姓分成十五个部分，将呼韩邪单于的十五个子孙都立为单于。

莽以钱币讫不行，复下书曰："宝货皆重则小用不给，皆轻则儳载烦费；轻重大小各有差品，则用便而民乐。"于是，更作金、银、龟、贝、钱、布之品，名曰宝货。钱货六品，金货一品，银货二品，龟货四品，贝货五品，布货十品，凡宝货五物、六名、二十八品。铸作钱布，皆用铜，殽以连、锡。百姓溃乱，其货不行。莽知民愁，乃但行小钱直一与大钱五十，二品并行；龟、贝、布属且寝。盗铸钱者不可禁，乃重其法，一家铸钱，五家坐之，没入为奴婢。吏民出入持钱，以副符传，不持者厨传勿舍，关津苛留。公卿皆持以入宫殿门，欲以重而行之。是时百姓便安汉五铢钱，以莽钱大小两行，难知，又数变改，不信，皆私以五铢钱市买；讹言大钱当罢，莫肯挟。莽患之，复下书："诸挟五铢钱、言大钱当罢者，比非井田制，投四裔！"及坐卖买田宅、奴婢、铸钱，自诸侯、卿大夫至于庶民，抵罪者不可胜数。于是农商失业，食货俱废，民人至涕泣于市道。

【译文】王莽因为钱币一直不能流通，又颁下诏书说："货币都是大面额的话，就不能应付小额的买卖，都是小面额的话，数量就太多了，运输装载就麻烦费事；轻重大小各有它的差次阶品，那么，使用起来就方便了，百姓就乐意使用了。"于是，重新铸造了金、银、龟、贝、钱、布等几种货币，称为宝货。其中钱币有六种，金币有一种，银币有二种，龟币有四种，贝币有五种，布币有十种，所有的宝货分别由金、银、铜、龟、贝五种物质铸成，有金货、银货、钱货、布货、龟货、贝货六种名称，合计一共有二十八种币值。钱币、布币都用铜铸作，其中混杂铅锡。因为货币的种类太多，百姓都感到十分混乱，不愿意使用这些货币。王莽知道百姓的愁苦，于是只使用小钱直一和大钱五十，这两种货币同时流通，龟币、贝币、布币等暂时停止使用。无法禁止私自铸币的事情的发生，就加重那方面的刑罚，一家偷偷铸造货币，邻居五家受到连坐，将这些人充入官府做奴婢。官吏和平民外出要携带钱币作为通行副证，才可以通过；不拿符传的，路上饮食的地方以及驿舍都不允许停留；如果是在水道，要道就要被拘留。公卿都拿着符传才可以进入宫殿的大门，王莽想要通过这种方法使货币得以流通。那个时候，百姓认为汉朝铸造的五铢钱方便适用，反而认为王莽大小钱同时流通，难以分辨清楚，并且币值不断发生变化，难以得到百姓的信任，私底下都使用五铢钱进行交易买卖。并且谣传说应当废除大钱，百姓都不愿意携带。王莽对这件事感到十分忧虑，就又颁下了诏书："那些携带五铢钱，并且说应该废除大钱的，仿照非议井田制度的罪行，流放到四方边远的地区去！"连同犯下了买卖田宅、奴婢、铸钱罪行的人，从诸侯、卿大夫到庶民，按照犯罪程度的轻重来处以相应的刑罚，被处罚的人多得没有办法去计算。于是，农民、商人都失业了，食物和财货都废弃了，百姓甚至在街市道路上流泪哭泣。

莽之谋篡也，吏民争为符命，皆得封侯。其不为者相戏曰："独无天帝除书乎？"司命陈崇白莽曰："此开奸臣作福之路而乱天命，宜绝其原。"莽亦厌之，遂使尚书大夫赵并验治，非五威将率所班，皆下狱。

【译文】 王莽密谋计划篡夺汉朝政权的时候，官吏百姓都争着伪造符命，都被封为侯爵。那些没有伪造符命的就互相调笑说："怎么只有你没有上天的任命书吗？"司命陈崇向王莽上报这件事的时候说："这将会开启奸邪的大臣求取您赏赐的道路，并且使天命混乱，您应该断绝它的根源。"王莽也对这些人感到厌恶，于是就颁下诏书命令尚书大夫赵并负责审查办理，只要不是五威将帅所颁布的符命，就全部被关进了监狱。

初，甄丰、刘秀、王舜为莽腹心，倡导在位，褒扬功德；安汉、宰衡之号及封莽母、两子、兄子，皆丰等所共谋，而丰、舜、秀亦受其赐，并富贵矣，非复欲令莽居摄也。居摄之萌，出于泉陵侯刘庆、前煇光谢嚣、长安令田终术。莽羽翼已成，意欲称摄，丰等承顺其意；莽辄复封舜、秀、丰等子孙以报之。丰等爵位已盛，心意既满，又实畏汉宗室、天下豪桀。而疏远欲进者并作符命，莽遂据以即真，舜、秀内惧而已。丰素刚强，莽觉其不说，故托符命文，徙丰为更始将军，与卖饼儿王盛同列；丰父子默默。时子寻为侍中、京兆大尹、茂德侯，即作符命：新室当分陕，立二伯，以丰为右伯，太傅平晏为左伯，如周、召故事。莽即从之，拜丰为右伯。当述职西出，未行，寻复作符命，言故汉氏平帝后黄皇室主为寻之妻。莽以诈立，心疑大臣怨谤，欲震威以惧下，因是发怒曰："黄皇室主天下母，此何谓也！"收捕寻。寻亡，丰自杀。寻随方士入华山，岁馀，捕得，辞连国师公秀子侍中、隆威侯棻，棻弟右曹、长水校尉、伐虏侯泳，大司空邑弟左关将军、掌威侯奇，及秀门人侍中、骑都尉丁隆等，牵引公卿党、亲、列侯以下，死者数百人。乃流棻于幽州，放寻于三危，殛隆于羽山，皆驿车载其尸传致云。

【译文】当初，甄丰、刘秀、王舜都是王莽的心腹，他们首先在官位上鼓吹引导，让王莽据有高位大权，赞美表彰他的功德，宣扬王莽的恩德；安汉公、宰衡的称号以及册封王莽的母亲、两个儿子、侄子，都是甄丰等人所共同策划的，而甄丰、王舜、刘秀也因此受到了王莽的赏赐，都富有显贵了，他们也就没有再想着让王莽登上皇位，代行皇上的职权。王莽登上皇位，代行皇上的职权最初的谋划，是出自泉陵侯刘庆、前辉光人谢嚣、长安令田终术三个人。王莽左右辅佐的事情已经完成了，心里面就想要代掌政权，甄丰等人顺从了他的意图，王莽就又册封了王舜、刘秀、甄丰等人的子孙来对他们进行回报。甄丰等人的爵位已经很尊显了，内心也已经得到满足了，再加上又实在是害怕汉朝的宗室、天下的豪杰，而那些与王莽疏远的人因为想要得到王莽的宠幸而使自己尊显，就纷纷制作了符命，王莽就根据哀章等人制作的符命登上了皇位，王舜、刘秀只是内心感到畏惧而已。甄丰一直以来就刚毅强硬，王莽察觉到他不高兴，所以就假托符命上面的文字，调任他为更始将军，和卖饼出身的王盛地位相当，甄丰父子默不作声。这个时候，甄丰的儿子甄寻担任侍中、京兆大尹、茂德侯的官职，就伪造了符命，说新王朝应当把京城附近地区以陕县为界分开治理，设立两个地区长官，任命甄丰为右伯，太傅平晏为左伯，仿照周公旦、召公奭的成例。王莽就采纳了他的建议，任命甄丰为右伯。甄丰朝见王莽陈述了自己的职责以后，准备向西出发，还没有启程，甄寻就又伪造了符命，说前汉氏平帝后黄皇室主是甄寻的妻子。王莽是依靠骗术才登上皇位的，心里怀疑大臣怨恨诽谤自己，正想要显示威严来慑服臣下，因此就发怒说："黄皇室主是天下百姓的母亲。这说的是什么话啊！"然后王莽就下令逮捕收押甄寻。甄寻逃走了，甄丰就自杀而死。甄寻跟随方士躲进了华山，过了一年多，才被抓到，甄寻的供词牵连到了国师公刘秀的儿子隆威侯刘棻，刘棻的弟弟右曹、长水校尉、伐虏侯刘泳，大司空王邑的弟弟左关将军、掌威侯王奇以及刘秀的学生侍中、骑都尉丁隆等人，牵连了公卿以下的乡党、亲戚、列侯以及以下，王莽一共处死了几百人。并且将刘棻流放到幽州，将甄寻流放到三危山，在羽山诛杀了丁隆，死者的尸体都是用驿车装载递送的。

是岁，莽始兴神仙事，以方士苏乐言，起八风台，台成万金；又种五粱禾于殿中，先以宝玉渍种，计粟斛成一金。

【译文】 这一年，王莽开始对神仙的事情产生了兴趣，他听从了方士苏乐的话，修建了八风台，将八风台修筑完成，花费了一万两黄金。后来他又在宫殿里面种植五色秋粟，播种之前，先用各种宝玉去煮水，然后用煮玉的水泡养种子，一斛粟的成本，就需要花费一两黄金。

三年（辛未，公元一一年）遣田禾将军赵并发戍卒屯田五原、北假，以助军粮。

莽遣中郎将蔺苞、副校尉戴级将兵万骑，多赍珍宝至云中塞下，招诱呼韩邪单于诸子，欲以次拜为十五单于。苞、级使译出塞，诱呼右犁汗王咸、咸子登、助三人。至则胁拜咸为孝单于，助为顺单于，皆厚加赏赐；传送助、登长安。莽封苞为宣威公，拜为虎牙将军；封级为扬威公，拜为虎贲将军。单于闻之，怒曰："先单于受汉宣帝恩，不可负也。今天子非宣帝子孙，何以得立！"遣左骨都侯、右伊秩訾王呼卢訾及左贤王乐将兵入云中益寿塞，大杀吏民。是后，单于历告左右部都尉、诸边王入塞寇盗，大辈万馀，中辈数千，少者数百，杀雁门、朔方太守、都尉，略吏民畜产，不可胜数，缘边虚耗。

【译文】 三年（辛未，公元11年）王莽派遣田禾将军赵并征调边防士兵在五原郡、北假一面驻守，一面开垦土地，来补助军粮。

王莽派遣中郎将蔺苞、副校尉戴级率领一万骑兵，携带了很多珍珠宝物到云中郡的边塞附近，去引诱招降呼韩邪单于的几个儿子，想按照次序册封他们为十五个单于。蔺苞、戴级先派遣翻译官出塞，诱骗左犁污王咸和王咸的儿子王登、王助三个人出来。他们到了以后，蔺苞、戴级就胁迫他们任命王咸为孝单于，王助为顺单于，给予了他们丰厚的赏赐，然后将王助、王登送到了长安城。王莽册封蔺苞为宣威公，任命他为虎牙将军；册封戴级为扬威公，任命他为虎贲将军。单于知道了这件事情以后，发怒说："之前单于接受了汉宣帝的恩惠，不能辜负汉宣帝。现在的皇上并不是汉宣帝的子孙，他又怎么能够做皇上呢？"然后单于就派遣左骨都侯、右伊秩訾王呼卢訾以及左贤王乐率领军队入侵了云中郡益寿塞，杀死了很多官吏百姓。此后，单于栾提知逐个地告知了左右大都尉、接近汉朝边界的那些王侯，入侵中国的边塞，大肆进行抢劫掠夺，规模大的时候有一万多人，规模中等的时候有几千人，规模小的时候也有几百人，他们杀死了雁门郡、朔方郡的太守、都尉，劫掠夺取官吏百姓的牲畜，数量多得不能计算出来，中国的边境因此而空虚衰败了。

　　是时诸将在边，以大众未集，未敢出击匈奴。讨濊将军严尤谏曰："臣闻匈奴为害，所从来久矣，未闻上世有必征之者也。后世三家周、秦、汉征之，然皆未有得上策者也。周得中策，汉得下策，秦无策焉。当周宣王时，玁狁内侵，至于泾阳；命将征之，尽境而还。其视戎狄之侵，譬犹蚊虻，驱之而已，故天下称明，是为中策。汉武帝选将练兵，约赍轻粮，深入远戍，虽有克获之功，胡辄报之。兵连祸结三十馀年，中国罢耗，匈奴亦创艾，而天下称武，是为下策。秦始皇不忍小耻而轻民力，筑长城之固，延袤万里，转输之行，起于负海；疆境既完，中国内竭，以丧社稷，是为无策。今天下遭阳九之厄，比年饥馑，西北边尤甚。发三十万众，具三百日粮，东援海、代，南取江、淮，然后乃备。计其道里，一年尚未集合，兵先至者聚居暴露，师老械弊，势不可用，此一难也。边既空虚，不能奉军粮，内调郡国，不相及属，此二难也。计一人三百日食，用糒十八斛，非牛力不能胜；牛又当自赍食，加二十斛，重矣；胡地沙卤，多乏水草，以往事揆之，军出未满百日，牛必物故且尽，馀粮尚多，人不能负，此三难也。胡地秋冬甚寒，春夏甚风，多赍釜镬、薪炭，重不可胜，食糒饮水，以历四时，师有疾疫之忧，是故前世伐胡不过百日，非不欲久，势力不能，此四难也。辎重自随，则轻锐者少，不得疾行，虏徐遁逃，势不能及。幸而逢虏，又累辎重；如遇险阻，衔尾相随，虏要遮前后，危殆不测，此五难也。大用民力，功不可必立，臣伏忧之！今既发兵，宜纵先至者，令臣尤等深入霆击，且以创艾胡虏。"莽不听尤言，转兵谷如故，天下骚动。

【译文】 这个时候，将领们都已经到达了边境，但是因为大家还没有聚集在一起，所以就不敢出关去攻击匈奴。讨濊将军严尤向王莽上书劝谏说："臣知道匈奴侵害中国的事情，由来已经很长时间了，但是，我从来没有听说上古之世有非征伐不可的事。后来的三家周、秦、汉虽然都出兵征伐他们，却都没有使用上策的。周朝所使用的是中策，汉朝所使用的是下策，秦朝则是没有什么策略可说的。在周宣王的时候，猃狁曾经入侵了中国，到达了泾阳县，周宣王就命令将领去征伐他们，将他们从边境全部打败了，让他们退了回去。周宣王看待戎狄的入侵，就像是看待蚁虫一样，只要把他们都赶走也就可以了，所以天下的百姓都说他高明，这是中策。汉武帝挑选将领，训练军队，让他们携带少数的衣装粮食，深入遥远的敌人心脏地带，虽然他有战胜敌人获胜的功绩，但是，胡人也常常报复他，以至于战争接连发生，祸患没有停止过。前后三十多年的时间，中国疲惫虚损，匈奴也受到了创伤杀戮，然而天下的百姓都称赞汉武帝勇武，这是下策。秦始皇不能忍耐小小的耻辱且轻视百姓的劳力，修建了稳固的长城，长达万里，作为运输调兵的通道，从靠近大海的地方开始，虽然保持了疆界的完整，但使中国内部枯竭，最后导致了国家的灭亡，这是没有策略可言。现在的天下，不断遭遇旱荒的灾害，连年收成不好，西北的边境更加严重。朝廷却要征调三十万军官士兵，准备足够三百天用的粮食，东方搜刮到海滨、贷山，南方搜刮到长江、淮河，然后才可以准备齐全。计算它的里程，即使是耗费一年的时间，大军也不能聚集到一起，那些先到达的军队，都居住在一起，暴露无遗，结果造成了军队疲惫，兵器损坏，在气势上就已经不能继续作战了，这是第一个困难。边境既然已经空虚了，那么就不能向军队供给军粮了，虽然我们可以在内部调动郡、国的，但是不能紧接相续，这是第二个困难。总计一个人三百天的粮食，用干粮来计算，是一百八十斗，已经不是用牛力去运输就能胜任的，况且牛也需要携带自己的食物，这就要再加上二百斗，那就实在是太重了；匈奴的境内都是沙漠，土质都是碱性的，而且严重缺乏水草，根据往事来估量，军队出发不到一百天，牛就一定都会死，而且还是全都死光，虽然还有剩余的粮食，但不能让士兵携带，这是第三个困难。匈奴的境内秋冬十分寒冷，春夏多大风天气，士兵需要携带许多炊具、木柴、炭火，重得根本就拿不动，吃干粮喝水，这个样子经历一年四季，军队里面就一定会有发生疾病瘟疫的忧虑，因此从前讨伐匈奴的军事行动从来没有超过一百天，并不是不想长时间地进行作战，实在是情势不允许，这是第四个困难。军队需要自己携带物资补给品，那么，轻巧精锐的士兵就会减少了，不能够快速地行军，即使敌人慢慢地撤退，在形势上我们也不能赶上敌人，即使我们的军队有幸遇上了敌人，能够和他们交战，却又要被军事装备拖累，未必就一定可以获胜，如果我们的军队遇到了危险，前后都是单行道，不能够同时进行撤退，敌人只需要在前后拦住截击，我们的军队就会遭遇无法预测的危险，这是第五个困难。大规模地使用了百姓的劳力，却不一定可以立下功劳，这才是臣担忧的啊！既然您现在已经派出了军队，就应该让先到达边塞的军队发动攻击，命令臣严尤等人能够深入敌人的境地，以雷霆万钧之势进击，并且给予敌人创伤杀戮。"王莽没有采纳严尤的谏言，照旧运输兵器粮食，天下的百姓因为这个无法安宁。

咸既受莽孝单于之号，驰出塞归庭，具以见胁状白单于；单于更以为於粟置支侯，匈奴贱官也。后助病死，莽以登代助为顺单于。

【译文】左犁污王咸接受了王莽的孝单于封号以后，很快地就骑马离开了边塞，回到了匈奴王庭，详细地报告了单于自己被胁迫的情形。单于就改封他为于粟置支侯，这是匈奴最低贱的官职。后来，王助（王咸的儿子）生病死了，王莽就任命王登（也是王咸的儿子）代替王助为顺单于。

吏士屯边者所在放纵，而内郡愁于征发，民弃城郭，始流亡为盗贼，并州、平州尤甚。莽令七公、六卿号皆兼称将军，遣著武将军逯并等镇名都，中郎将、绣衣执法各五十五人，分镇缘边大郡，督大奸猾擅弄兵者。皆乘便为奸于外，挠乱州郡，货赂为市，侵渔百姓。莽下书切责之曰："自今以来，敢犯此者，辄捕系，以名闻！"然犹放纵自若。北边自宣帝以来，数世不见烟火之警，人民炽盛，牛马布野；及莽桡乱匈奴，与之构难，边民死亡系获，数年之间，北边虚空，野有暴骨矣。

太师王舜自莽篡位后，病悸浸剧，死。

【译文】 在边塞驻扎的部队，到处放纵扰民，而内地各郡因征兵催税，苛刻迫急，百姓不堪愁苦，于是就放弃、离开了家乡，开始逃亡流浪到其他的地方成为盗贼，其中以并州、平州所属诸郡最为严重。于是王莽任命七公（四辅及三公）、六卿（羲和、作士、秩宗、典乐、共工、予虞）的名号都兼任将军，派遣著武将军逯并等人去镇守著名的都会，另外派遣中郎将、绣衣执法各五十五个人，分别镇守边境大郡，监察那些大奸巨猾、擅弄兵权之人。但是这些人都趁这个机会在各地作奸犯科，扰乱州、郡，甚至公开贿赂，劫掠夺取百姓的财物。王莽就颁下诏书严厉指责他们说："从今以后，胆敢触犯这个律法的人，就逮捕囚禁，将名字上报给我，让我知道！"然而那些人还是照旧任意胡为。北方的边境自从汉宣帝以来，几代都没有出现战争的警报，百姓繁多，牛马遍布原野，可是，等到王莽扰乱了匈奴，与匈奴交战以后，边境就出现了百姓死亡、被俘虏的情况，就在这几年之间，北方的边境空虚了，原野上面甚至有暴露的尸骨。

太师王舜自从王莽篡夺了君位以后，心悸的毛病越来越厉害了，终于去世了。

莽为太子置师、友各四人，秩以大夫。以故大司徒马宫等为师疑、傅丞、阿辅、保拂，是为四师；故尚书令唐林等为胥附、奔走、先后、御侮，是为四友。又置师友、侍中、谏议、《六经》祭酒各一人，凡九祭酒，秩皆上卿。

【译文】 王莽为太子设置了师、友各四个，让他们依照大夫的官职授予俸禄。王莽任命前大司徒马宫等人为师疑、傅丞、阿辅、保拂，这是四师；任命前尚书令唐林等人为胥附、奔走、先后、御侮，这是四友。王莽还设置了师友、侍中、谏议、《六经》祭酒各一个人，一共是九个祭酒（师友、侍中、谏议为三祭酒，《六经》有六祭酒，共为九祭酒），官位都是上卿。

遣使者奉玺书、印绶、安车、驷马迎龚胜，即拜为师友祭酒。使者与郡太守、县长吏、三老、官属、行义、诸生千人以上入胜里致诏。使者欲令胜起迎，久立门外。胜称病笃，为床室中户西、南牖下，东首加朝服拖绅。使者付玺书，奉印绶，内安车、驷马，进谓胜曰："圣朝未尝忘君，制作未定，待君为政；思闻所欲施行，以安海内。"

【译文】 王莽派遣使臣带着玺书、印信、安车、驷马去迎接龚胜，当场就任命龚胜为师友祭酒。使臣和郡太守、县长吏、三老、官属、行义、诸生，千人以上到龚胜所住的街巷宣读诏书。使臣想要让龚胜起身出来迎接，就在门外站了很长时间。龚胜说自己的病很严重，将床摆放在屋子里门户的西边、南窗的下面，头朝着东方，使者就将官服穿在了他的身上。使者把皇帝诏书、印信交给了他，向他呈献了安车、驷马，走到前面对龚胜说："圣明的新朝从来没有忘记过您，制度的厘订还没有完成，等着您去完成；想要听到您将会施行的政策，是怎么来使国家安定的。"

胜对曰："素愚，加以年老被病，命在朝夕，随使君上道，必死道路，无益万分！"使者要说，至以印绶就加胜身；胜辄推不受。使者上言："方盛夏暑热，胜病少气，可须秋凉乃发。"有诏许之。使者五日壹与太守俱问起居，为胜两子及门人高晖等言：

"朝廷虚心待君以茅土之封，虽疾病，宜动移至传舍，示有行意；必为子孙遗大业。"晖等白使者语，胜自知不见听，即谓晖等："吾受汉家厚恩，无以报；今年老矣，旦暮入地，谊岂以一身事二姓，下见故主哉！"胜因敕以棺敛丧事："衣周于身，棺周于衣。勿随俗动吾冢、种柏、作祠堂！"语毕，遂不复开口饮食，积十四日死。死时，七十九矣。

【译文】 龚胜回答说："我一直以来就愚笨，现在又加上年龄大了，经常生病，生命没有剩下多少时间了，如果跟随使君上路的话，我一定会死在路上的，对国家一点好处也没有！"使臣就要挟劝说龚胜，甚至要把印信佩戴到龚胜的身上，但是龚胜总是推辞不愿意接受。使臣就向王莽上奏说："现在正好是盛夏炎热的时候，龚胜生病了，体力不好，您可以让龚胜等到秋天天气凉爽了以后再启程出发。"王莽颁下诏书准许了。于是使臣每隔五天就和太守一起到龚胜家去问候龚胜的起居，并且对龚胜的两个儿子以及他的学生高晖等人说："朝廷这么虚心等待龚先生，用封侯的礼仪来对待龚先生，即使他生病了，也应该移住到驿站的房舍去，表示自己有启程去京城的意思，这样做就一定会为子孙留下封邑的。"高晖等人告诉龚胜使臣的话，龚胜知道即使自己推辞也没有什么作用，就对高晖等人说："我蒙受了汉家的大恩，没有办法去报答了。现在我年龄也大了，早晚都会死，但是在道义上，我怎么能够以一身去侍奉两个不同姓氏的皇上呢？等到我死了以后又怎么去面对我的故主呢？"龚胜于是就吩咐他们用棺木准备自己的身后之事："衣服只要可以包住身体，棺木只要可以包住衣服，也就可以了。等到把我埋葬以后，不要追随现在流行的风俗，在坟墓上动土、种植柏树、给我建立祠堂！"龚胜说完了这些话以后，就不再开口吃饭了，经过十四天而去世。去世的时候七十九岁。

【乾隆御批】胜于元始初即乞骸骨，可谓"见几而作，不俟终日"。至莽使要说，其志终不可夺，史臣以为守死善道，诚非溢词耳。

【译文】龚胜在元始初年就请求辞官回乡，可以说是"看出不明显的征兆就果断行动，不会整天等待、迟疑"。即使王莽的使者要挟劝说，也始终不能动摇他，记载历史的人认为他为守卫善道而死，确实不是溢美之词。

【申涵煜评】汉养士二百余年，而守节死义者，仅胜等寥寥数人，岂非高祖轻儒之报欤？然天地正气犹得赖此而存，无论纪唐汗颜（汉唐恐误），觉孔光、扬雄辈，真经术之蟊贼矣。

【译文】汉养士二百余年，而守节义而死的，仅龚胜等寥寥数人，这难道不是高祖轻儒的回报吗？然而天地正气还得依靠这些而存在，不要说纪唐汗颜，省察孔光、扬雄等辈，真是儒家经术的祸害了。

是时清名之士，又有琅邪纪逡，齐薛方，太原郇越、郇相，沛唐林、唐尊，皆以明经饬行显名于世。纪逡、两唐皆仕莽，封侯，贵重，历公卿位。唐林数上疏谏正，有忠直节。唐尊衣敝、履空，被虚伪名。郇相为莽太子四友，病死，莽太子遣使祖以衣衾，其子攀棺不听，曰："死父遗言：'师友之送，勿有所受！'今于皇太子得托友官，故不受也。"京师称之。莽以安车迎薛方，方因使者辞谢曰："尧、舜在上，下有巢、由。今明主方隆唐、虞之德，小臣欲守箕山之节。"使者以闻。莽说其言，不强致。

【译文】这个时候具有清高名声的人，还有琅邪人纪逡，齐人薛方，太原人郇越、郇相，沛人唐林、唐尊，他们都是因为深明儒

家经典，砥砺操行，行为谨慎端正，而在当世具有显著的名声。纪
逡、唐林、唐尊都在王莽的朝廷里面担任官职，被王莽封为侯爵，
地位尊贵显要，受到王莽的敬重，历代担任公卿的职位。唐林多次
向王莽进呈奏疏，规劝、纠正他的过失，具有忠诚正直的节操。唐
尊则是穿着破衣服，脚穿磨出洞的鞋子，假装自己十分简朴，享有
虚伪的名声。郇相担任王莽太子的四友之一，因为生病去世了，王
莽的太子就派遣使臣为郇相送上了寿衣、寿被。可是，郇相的儿子
手攀着棺材不愿意接受，说："我去世的父亲留下了遗言：'师友所
馈赠的物品，不可以接受！'现在皇太子自称是我父亲的朋友送来
这些东西，所以我不可以接受。"京城里面的人都因为这件事称赞
他。王莽派遣安车去迎接薛方，薛方通过使臣婉谢说："唐尧、虞
舜在朝堂之上，下面的民间还有巢父、许由。现在英明的国君，正
在尊崇唐尧、虞舜的美德，所以小臣实在是想要像许由那样在箕
山隐居，不再入世。"使臣向王莽上报了薛方的话。王莽听了他的
话以后，感到十分高兴，也就不再去勉强他。

初，陬糜郭钦为南郡太守，杜陵蒋诩为兖州刺史，亦以廉直
为名。莽居摄，钦、诩皆以病免官，归乡里，卧不出户，卒于家。
哀、平之际，沛国陈咸以律令为尚书。莽辅政，多改汉制，咸心
非之；及何武、鲍宣死，咸叹曰：《易》称'见幾而作，不俟终日。'
吾可以逝矣！"即乞骸骨去职。及莽篡位，召咸为掌寇大夫；咸谢
病不肯应。时三子参、钦、丰皆在位，咸悉令解官归乡里，闭门不
出入，犹用汉家祖腊。人问其故，咸曰："我先人岂知王氏腊乎！"
悉收敛其家律令、书文，壁藏之。又，齐栗融、北海禽庆、苏章、
山阳曹竟，皆儒生，去官，不仕于莽。

【译文】 当初，陬糜人郭钦担任南郡太守，杜陵人蒋诩担任

兖州刺史，他们也都因为廉洁正直而出名。王莽登上皇位，代行皇上职权的时候，郭钦、蒋诩都因为生病被罢免了官职，回到了家乡，卧病在床不出门，在家里面去世了。汉哀帝、汉平帝的时候，沛国人陈咸因为熟悉律令而被任命为尚书。王莽辅佐朝政的时候，把汉朝的很多制度都更改了，陈咸的内心十分反对王莽的做法；等到何武、鲍宣去世了以后，陈咸感叹说："《周易》里面说：'君子只要见到一件事的细微变化，就会立刻去做，没有整天都迟疑等待，再去行动的道理。'我现在也可以离开了！"就向王莽上书请求允许退休离职。等到王莽篡夺了汉朝的政权以后，就征召陈咸去担任掌寇大夫；陈咸就称自己生病了，婉谢了王莽，不肯答应去王莽的朝廷做官。那个时候，陈咸的三个儿子陈参、陈钦、陈丰都在王莽的朝廷做官，于是陈咸就命令他们全部辞去官职，回到家乡，把家门关上，不再外出，不和外界来往，家里面还是沿用汉家规定的日子去祭祀路神和年终祭祀众神。别人问他为什么要这样做，陈咸就回答说："我的祖先怎么会知道王氏年终的腊祭呢？"陈咸还把家里面所有关于律法的书籍全部收了起来，藏在墙壁里面。另外还有齐人栗融，北海人禽庆、苏章，山阳人曹竟，都是儒生，他们也都辞去自己的官职，不在王莽的朝廷里面做官。

　　◆班固赞曰：春秋列国卿大夫及至汉兴将相名臣，怀禄耽宠以失其世者多矣，是故清节之士，于是为贵；然大率多能自治而不能治人。王、贡之材，优于龚、鲍。守死善道，胜实蹈焉。贞而不谅，薛方近之。郭钦、蒋诩，好遁不污，绝纪、唐矣。◆

　　【译文】◆班固赞叹说：从春秋列国的卿大夫一直到汉朝兴起以后的将相名臣，为了保护自己的荣华富贵而丧失立身处世原则的，实在是太多了。所以，具有清高节操的士人，在那个时候就实在是非常珍贵了。可是，他们当中的大多数只能约束自己，却无法影响到别人。王吉、贡禹的才能比龚胜、鲍宣要强很多。可是，他们却以死来坚持原则、弘扬正道，龚胜付出了实际的行动。固守正道但是说出来的话并不一定会实践，薛方的行迹相近于用诡诈言语达到忠贞目的。郭钦、蒋诩遁逃不去做官，不污秽自己的志向、节操，和纪逡、唐林、唐尊的作为完全不相同。◆

是岁，濒河郡蝗生。

河决魏郡，泛清河以东数郡。先是，莽恐河决为元城冢墓害；及决东去，元城不忧水，故遂不堤塞。

【译文】这一年，靠近黄河的各郡，都发生了蝗灾。

黄河在魏郡决口了，河水泛滥到了清河以东的几个郡。在这件事发生之前，王莽十分担心一旦黄河决口，会危害到王莽在元城的祖坟。可是，等到黄河决口以后，洪水都向东边流了过去，元城没有受到这次黄河决口的危害，所以王莽就没有修筑堤坝来堵塞河水。

四年(壬申，公元一二年)春，二月，赦天下。

厌难将军陈钦、震狄将军王巡上言："捕得虏生口验问，言虏犯边者皆孝单于咸子角所为。"莽乃会诸夷，斩咸子登于长安市。

【译文】四年 (壬申，公元12年) 春季，二月，王莽下令大赦天下。

厌难将军陈钦、震狄将军王巡向王莽上书说："在边塞逮捕了匈奴人，对他们进行查问以后，他们招认说匈奴侵犯我国的边境都是孝单于栾提咸的儿子栾提角所做的。"于是王莽就召集了在京城驻守的各族使节，在长安的街市上将栾提咸的儿子栾提角斩

右侧竖排文字：

资治通鉴卷第二十七 汉纪二十九

首示众。

大司马甄邯死。

莽至明堂，下书："以洛阳为东都，常安为西都。邦畿连体，各有采、任。州从《禹贡》为九；爵从周氏为五。诸侯之员千有八百，附城之数亦如之，以俟有功。诸公一同，有众万户；其馀以是为差。今已受封者，公侯以下凡七百九十六人，附城千五百一十一人。"以图簿未定，未授国邑，且令受奉都内，月钱数千。诸侯皆困乏，至有佣作者。

【译文】大司马甄邯去世了。

王莽到达了明堂，颁下诏书说："把洛阳定为东都，把常安定为西都。国家疆域是联合一体的，各自都有自己的采邑、任邑。按照《禹贡》把全国划分为九州，依照周朝把爵位分为五等。诸侯的人员名额一共是一千八百个，附城的数量也是这样的，来等待立下功劳的人。凡是公爵，一律平等，封地的面积都是一百里，食邑为一万户人家；其他的爵位，以此为等差。现在已经受封的，公侯以下一共是七百九十六人，附城是一千五百五十一人。"因为图谱计籍还没有调查测量完竣，而没有授予封国食邑的，暂时都让他们在属于大司农的都内领取俸禄，每月支钱几千。诸侯都非常穷困贫乏，有的甚至接受别人的雇佣去做工。

莽性躁扰，不能无为，每有所兴造，动欲慕古，不度时宜，制度又不定；吏缘为奸，天下警警，陷刑者众。莽知民愁怨，乃下诏："诸食王田，皆得卖之，勿拘以法。犯私买卖庶人者，且一切勿治。"然它政悖乱，刑罚深刻，赋敛重数，犹如故焉。

【译文】王莽性格急躁好动，不能安静下来，他每一次想要做什么事情的时候, 动不动就要模仿古代的制度, 也不去考虑是否和当时的社会相适应, 所以制度始终不能确定下来。贪官污吏就趁这个机会为非作歹, 天下的百姓因此怨声四起, 犯罪的人也有很多。王莽知道百姓愁苦怨恨, 就颁下诏书说: "凡是持有国家的土地的, 都可以自由出售, 不用受到法律的制约。犯下私自买卖平民的罪行的人, 暂时一律都不进行处罚。" 可是, 其他政令荒谬混乱, 刑罚苛刻残酷, 赋税沉重频繁, 还是和过去一样。

初, 五威将帅出西南夷, 改句町王为侯, 王邯怨怒不附。莽讽牂柯大尹周歆诈杀邯。邯弟承起兵杀歆, 州郡击之, 不能服。莽又发高句骊兵击匈奴; 高句骊不欲行, 郡强迫之, 皆亡出塞, 因犯法为寇。辽西大尹田谭追击之, 为所杀。州郡归咎于高句骊侯驺, 严尤奏言: "貉人犯法, 不从驺起; 正有它心, 宜令州郡且尉安之。今猥被以大罪, 恐其遂畔, 夫馀之属必有和者。匈奴未克, 夫馀、濊貉复起, 此大忧也。"

【译文】 当初, 五威将帅出使西南夷, 将句町王改为侯, 句町王邯怨恨愤怒, 不愿意服从。王莽就示意牂柯郡大尹周歆用欺骗的手段杀死了邯。邯的弟弟承就调动军队去杀死了周歆, 州郡就出兵去讨伐承, 但是没有打败他。于是王莽就又调动高句丽的军队去攻击匈奴; 可是高句丽的军队不想去攻击匈奴, 受到了郡的逼迫, 于是高句丽人就都逃出了边塞, 触犯了律令, 抢劫杀人, 成为贼寇。辽西郡大尹田谭去追击他们, 结果被他们杀死了。州、郡就都把罪责归在高句丽侯驺的身上, 严尤向王莽上奏说: "貉人犯法, 并不是从驺开始的, 假如他们真的别有用心, 您也应当命令州、郡暂时先去安抚他们。现在突然说他们犯下了重大的罪行, 我担心这会促使他们叛变, 而夫馀等部族也一定会有附和的。现在我们还没有平定匈奴，夫馀、濊貉又兴起了，这实在是很大的忧患啊。"

莽不尉安，濊貉遂反；诏尤击之。尤诱高句骊侯骓至而斩焉，传首长安。莽大说，下书更名高句骊为下句骊。于是貉人愈犯边，东、北与西南夷皆乱。莽志方盛，以为四夷不足吞灭，专念稽古之事，复下书："以此年二月东巡狩，具礼仪调度。"既而以文母太后体不安，且止待后。

【译文】但是王莽并没有对他们进行安抚，于是濊貉就叛变了。王莽颁下诏书命令严尤去攻击他们。严尤把高句丽侯骓引诱到军队里面以后，就将他斩首了，并且把他的首级传送到了长安。王莽看到以后感到很高兴，将高句丽改称为下句丽。于是貉人就更加猖狂地侵犯边境，东部、北部和西南的各蛮夷族都乱起来了。王莽正是志得意满的时候，他认为四方蛮夷各族用不着费多大力气就能够加以吞并、消灭，于是就去专心研习查考古代的做法加以仿效。王莽又颁下诏书说："在本年二月的时候，我会到东方进行巡行视察，有关部门要把礼仪程序开列出来。"但是过了没有多长时间，文母皇太后生病了，王莽就把这个计划暂时停止挪后了。

初，莽为安汉公时，欲谄太皇太后，以斩郅支功奏尊元帝庙为高宗，太后晏驾后，当以礼配食云。及莽改号太后为新室文母，绝之于汉，不令得体元帝，堕坏孝元庙，更为文母太后起庙；独置孝元庙故殿以为文母篹食堂，既成，名曰长寿宫，以太后在，故未谓之庙。莽置酒长寿宫，请太后。既至，见孝元庙废彻涂地，太后惊泣曰："此汉家宗庙，皆有神灵，与何治而坏之！且使鬼神无知，又何用庙为！如令有知，我乃人之妃妾，岂宜辱帝之堂以陈馈食哉!"私谓左右曰:"此人慢神多矣,能久得祐乎!"饮酒不乐而罢。自莽篡位后,知太后怨恨,求所以媚太后者无不为,然愈不说,莽更汉家黑貂著黄貂;又改汉正朔、伏腊日。太后令其官属黑貂;至汉家正、腊日,独与其左右相对饮食。

【译文】 当初,王莽做安汉公的时候,想要讨好太皇太后,于是就借着斩杀匈奴郅支单于的功劳,向太皇太后上奏请求尊崇元帝庙为高宗;等到太皇太后去世以后,就将要按照礼仪和丈夫分享祭祀的香火。等到王莽将太皇太后的名号改为新室文母以后,就断绝了她和汉朝的关系,不让她和汉元帝一起享受汉朝的祭祀,并且毁坏了孝元庙,重新为文母太后另外修盖了一座祭庙;只是保留下来了一个孝元庙的旧殿作为文母放置食具的地方,等到这个祭庙建成了以后,就称这里为长寿宫;只是因为太皇太后还仍然健在,所以不称它为庙;王莽在长寿宫设置了酒宴,邀请了太皇太后。太皇太后到达了那里以后,看到孝元庙被废弃毁坏,满地都是泥土,太皇太后就吃惊悲伤地哭泣说:"这些汉朝的祭庙,都是有神灵的,他们什么地方得罪了你,你为什么要把它损坏呢?况且假如真的没有鬼神的话,那么又何必修盖祭庙啊?假如鬼神真的存在,我作为他的妃妾,又怎么可以侮辱帝王的庙堂来摆放祭祀我的食品啊?"太皇太后私底下悄悄地对身边的侍从说:"这个人轻慢侮辱太多的神灵了,又怎么能够长时间地获得神灵的保佑呢!"这次的酒宴就在不愉快中结束了。自从王莽篡夺了汉朝的政权以后,他知道太皇太后怨恨自己,所以只要是可以用来讨好太皇太后的事情,王莽没有一件不去做的,却使太皇太后越来越不高兴。汉朝的宫廷服装,都用黑色貂皮,王莽下令改穿黄色貂皮;汉朝以正月初一作为元旦,王莽改十二月初一作为元旦;汉朝每年十二月举行腊祭,祭祀天地神灵,王莽改在九月举行。太皇太后命令她的属下仍然穿汉朝的黑色貂皮；至于汉家的正月初一和腊日，太皇太后就独自和她身边的侍从聚餐。

五年（癸酉，公元一三年）春，二月，文母皇太后崩，年八十四；葬渭陵，与元帝合，而沟绝之。

新室世世献祭其庙；元帝配食，坐于床下。莽为太后服丧三年。

【译文】五年（癸酉，公元13年）春季，二月，文母皇太后去世了，享年八十四岁。王莽把她和汉元帝合葬在渭陵，但是在中间开了一条沟把他们隔开来。

王莽在常安设置了祠庙，规定新王朝世世代代要在这个祭庙里面进行祭祀。汉元帝的配享，神主安放在太后神主的龛架下面。王莽为太皇太后服丧三年，来表示对太皇太后的哀悼。

【乾隆御批】莽既篡位，汉统已绝。元后宜书"汉"也，然莽之篡汉，皆元后有以成之，则元后实汉之罪人。

【译文】王莽篡位后，汉朝的正统已经断绝。对元后本来也应写明"汉"，但是王莽篡夺汉朝大权，都是通过元后达到目的的，所以元后实际是汉朝的罪人。

乌孙大、小昆弥遣使贡献。莽以乌孙国人多亲附小昆弥，见匈奴诸边并侵，意欲得乌孙心，乃遣使者引小昆弥使坐大昆弥使上。师友祭酒满昌劾奏使者曰："夷狄以中国有礼谊，故诎而服从。大昆弥，君也，今序臣使于君使之上，非所以有夷狄也。奉使大不敬！"莽怒，免昌官。

西域诸国以莽积失恩信，焉耆先叛，杀都护但钦；西域遂瓦解。

【译文】 乌孙国的大、小昆弥派遣使者来向王莽进献礼物。王莽因为乌孙国的百姓大多数都亲近归附小昆弥，又看到匈奴同时侵略了乌孙国很多地方的边境，于是想要得到乌孙国人的欢心，就派遣使臣引导小昆弥的使者坐在大昆弥的使者的上位。师友祭酒满昌向王莽上奏弹劾使臣说："胡人是因为认为中国讲究礼仪，所以才会归顺中国，向中国称臣。大昆弥，是乌孙国的国君，但是现在使臣安排臣子使者的位置位于国君使者的上位，这不是使胡人归顺中国的方法。被派遣负责接待的使臣这是犯下了大不敬的罪行！"王莽发怒，就罢免了满昌的官职。

西域诸国因为王莽长期没有恩惠和信用，焉耆国首先叛变，杀死了都护但钦。于是，西域各国与内地关系崩溃解体。

十一月，彗星出，二十馀日，不见。

是岁，以犯挟铜炭者多，除其法。

【译文】 十一月，出现了彗星。过了二十多天以后，就消失不见了。

这一年，因为私自挟带铜、炭的人实在是太多了，于是废除了不许私自挟带铜、炭的法令。

匈奴乌珠留单于死，用事大臣右骨都侯须卜当，即王昭君女伊墨居次云之婿也。云常欲与中国和亲，又素与於粟置支侯咸厚善，见咸前后为莽所拜，故遂立咸为乌累若鞮单于。乌累单于咸立，以弟舆为左谷蠡王。乌珠留单于子苏屠胡本为左贤王，后更谓之护于，欲传以国。咸怨乌珠留单于贬己号，乃贬护于为左屠耆王。

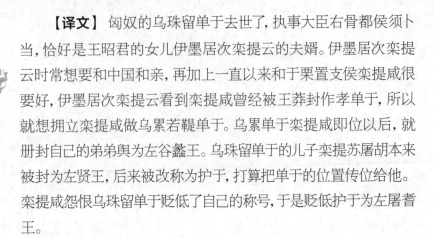

【译文】 匈奴的乌珠留单于去世了，执事大臣右骨都侯须卜当，恰好是王昭君的女儿伊墨居次栾提云的夫婿。伊墨居次栾提云时常想要和中国和亲，再加上一直以来和于栗置支侯栾提咸很要好，伊墨居次栾提云看到栾提咸曾经被王莽封作孝单于，所以就想拥立栾提咸做乌累若鞮单于。乌累单于栾提咸即位以后，就册封自己的弟弟舆为左谷蠡王。乌珠留单于的儿子栾提苏屠胡本来被封为左贤王，后来被改称为护于，打算把单于的位置传位给他。栾提咸怨恨乌珠留单于贬低了自己的称号，于是贬低护于为左屠耆王。

天凤元年（甲戌，公元一四年）春，正月，赦天下。

莽下诏："将以是岁四仲月遍行巡狩之礼，太官赍糒、干肉，内者行张坐卧；所过毋得有所给。俟毕北巡狩之礼，即于土中居洛阳之都。"群公奏言："皇帝至孝，新遭文母之丧，颜色未复，饮食损少；今一岁四巡，道路万里，春秋尊，非糒、干肉之所能堪。且无巡狩，须阕大服，以安圣体。"

【译文】 天凤元年（甲戌，公元14年）春季，正月，王莽下令大赦天下。

王莽颁下诏书说："我本来打算在本年每个季节的仲月周游全国，行巡狩之礼，太官携带干饭、干肉，内者令负责帐篷床席，所经过的地方，不需要有什么供给。等到东、西、南、北依次结束了巡狩之礼，就在全国的中心洛阳定都。"众大臣向王莽上奏说："皇上非常孝顺，最近又遭遇了文母皇太后的丧事，容色还没有恢复，饮食又减少了；现在一年里面还要出巡四次，路程万里，您的年纪已经大了，不是吃干饭、干肉所能够应付得了的。我希望您可以暂时不要进行巡狩，等到您三年的丧期服满以后再去，以保重您的身体。"

莽从之，要期以天凤七年巡狩；厥明年，即土之中，遣太傅平晏、大司空王邑之洛阳营相宅兆，图起宗庙、社稷、郊兆云。

【译文】 王莽听从了大臣们的请求，改到了将在天凤七年进行巡狩视察。又过了一年，王莽前往全国中心洛阳城，派遣太傅平晏、大司空王邑前往洛阳，选择基地，打算修建住宅、坛域、茔界，并且要兴建起皇家宗庙、土谷神社和祭祀天地的坛址等。

三月，壬申晦，日有食之。大赦天下。以灾异策大司马逯并就侯氏朝位，太傅平晏勿领尚书事。以利苗男䜣为大司马。莽即真，尤备大臣，抑夺下权，朝臣有言其过失者，辄拔擢。孔仁、赵博、费兴等以敢击大臣，故见信任，择名官而居之。国将哀章颇不清，莽为选置和叔，敕曰："非但保国将闺门，当保亲属在西州者。"诸公皆轻贱，而章尤甚。

【译文】 三月，壬申晦日（寅正二月三十日），发生了日食。王莽下令大赦天下。因为发生了日食，天象变异，王莽罢免了大司马逯并的官职，让他仅以侯爵的身份参加朝会，罢免了太傅平晏负责尚书事的官职。王莽任命利苗男䜣为大司马。王莽正式登上皇位以后，对大臣特别防备，限制、削弱他们的权力，朝中的大臣有指责其他大臣的过失的，就会受到王莽的提拔。孔仁、赵博、费兴等人因为敢于抨击大臣，所以受到了王莽的信任，王莽选择他们去担任重要显贵的官职。国将哀章的行为十分不端正，王莽为他特意设置了和叔之官，让他担任国将之副，告诫他说："你不仅要在公府里保全国将本人，还应当保全他在西州的亲属。"王莽对他所封的公都瞧不起，其中以哀章尤其厉害。

夏，四月，陨霜杀草木，海濒尤甚。六月，黄雾四塞。秋，七月，大风拔树，飞北阙直城门屋瓦。雨雹，杀牛羊。

【译文】 夏季，四月，降下了霜，草木都凋零了，海边更加严重。六月，全国都布满了黄色的烟雾。秋季，七月，大风将树连根拔起，刮走了北阙直城门上面的屋瓦。降下冰雹，牛羊都被冻死了。

莽以《周官》《王制》之文，置卒正、连率、大尹，职如太守；又置州牧、部监二十五人。分长安城旁六乡，置帅各一人。分三辅为六尉郡；河东、河内、弘农、河南、颍川、南阳为六队郡。更名河南大尹曰保忠信卿。益河南属县满三十，置六郊州长各一人，人主五县。及它官名悉改。大郡至分为五，合百二十有五郡。九州之内，县二千二百有三。又仿古六服为惟城、惟宁、惟翰、惟屏、惟垣、惟藩，各以其方为称，总为万国焉。其后，岁复变更，一郡至五易名，而还复其故。吏民不能纪，每下诏书，辄系其故名云。

【译文】 王莽根据《周官》《王制》里面记载的文字，设置了卒正、连率、大尹的官职，职务就像太守一样。王莽还设置了二十五个州牧、部监，将长安城的郊区划分为六个乡，每个乡都设置一个帅；将三辅地区划分为六个尉郡，把河内郡、河东郡、弘农郡、河南郡、颍川郡、南阳郡作为六个队郡；把河南大尹改名为保忠信卿；把河南郡属县增加到了三十个，设置六郊州长各一人，每个人管辖五个县。其他的官名也全部更改了。大郡也被划分了，有的郡甚至被划分为五个郡，总计一共有一百二十五个郡。九州的范围里面，一共有二千二百零三个县。又模仿古代的六服制度，把国土划分为惟城、惟宁、惟翰、惟屏、惟垣、惟藩，分别以它们的方位作为名称，合计起来一共有一万个封国。这之后，每年还都会发生改变，一个郡甚至更改了五次名称，但最后还是恢复了它原来的名称。官吏和百姓都不能记住，王莽每一次颁下诏书，总是要在新名之下附记原来的名称。

匈奴右骨都侯须卜当、伊墨居次云劝单于和亲，遣人之西河虎猛制虏塞下，告塞吏云："欲见和亲侯。"和亲侯者，王昭君兄子歙也。

【译文】 匈奴右骨都侯卜当、伊墨居次云建议单于栾提咸与中国和亲，栾提咸同意了，然后派遣使者到西河郡虎猛县制虏塞下，告诉边塞的官吏说："匈奴单于想要见和亲侯。"和亲侯，就是王昭君的侄子王歙。

中部都尉以闻，莽遣歙、歙弟骑都尉、展德侯飒使匈奴，贺单于初立，赐黄金、衣被、缯帛；绐言侍子登在，因购求陈良、终带等。单于尽收陈良等二十七人，皆械槛付使者，遣厨唯姑夕王富等四十人送歙、飒。莽作焚如之刑，烧杀陈良等。

【译文】 中部都尉就向朝廷奏报了这件事，王莽就派遣王歙及王歙的弟弟骑都尉、展德侯王飒出使匈奴，恭贺单于栾提咸的即位，赏赐了栾提咸黄金、衣服、被褥、丝织品。欺骗栾提咸说作为人质进入朝廷服侍皇上的单于的儿子栾提登仍在人世，并且趁这个机会要求用钱财引渡陈良和终带等人。于是单于就将陈良等二十七个人全部抓了起来，把他们全部装上刑具，塞进囚车，交给了汉朝的使者，匈奴单于派遣厨唯姑夕王富等四十个人护送王歙、王飒返回京城。王莽特别制定了烧杀刑，将陈良等人活活烧死了。

　　缘边大饥，人相食。谏大夫如普行边兵还，言："军士久屯寒苦，边郡无以相赡。今单于新和，宜因是罢兵。"校尉韩威进曰："以新室之威而吞胡虏，无异口中蚤虱。臣愿得勇敢之士五千人，不赍斗粮，饥食虏肉，渴饮其血，可以横行！"莽壮其言，以威为将军。然采普言，征还诸将在边者，免陈钦等十八人，又罢四关镇都尉诸屯兵。

　　【译文】　边境地区发生了严重的饥荒，出现了人吃人的现象。谏大夫如普巡视完边境的军队回来以后，上报王莽说："士兵长时间地戍守在寒苦的期房，边郡没有东西可以去供给。现在单于刚刚与我们和好，我们应该趁这个机会把军队撤走。"校尉韩威向王莽建议说："我们可以凭借新朝的威势，把夷狄吞并，就好像是吃掉嘴巴里面的虱子一样。臣愿意带领五千名勇敢的战士，一点粮食也不带，饥饿了就吃胡虏的肉，口渴了就喝他们的血，可以在匈奴境内横冲直撞！"王莽认为他的话很豪壮，就任命韩威为将军。可是，王莽采纳了如普的建议，调回了那些在边境戍守的将士，罢免了陈钦等十八个人的官职，又撤走了四关镇都尉那些戍守、开垦种植的军队。

　　单于贪莽赂遗，故外不失汉故事，然内利寇掠；又使还，知子登前死，怨恨，寇虏从左地入不绝。使者问单于，辄曰："乌桓与匈奴无状黠民共为寇入塞，譬如中国有盗贼耳！咸初立持国，威信尚浅，尽力禁止，不敢有二心！"莽复发军屯。

　　【译文】　匈奴乌累若单于栾提咸贪图王莽的贿赂馈赠，所以表面上仍然保持着汉朝时代与中国和睦的样子，可实质上匈奴不断地侵虐劫掠中国的边境。同时，单于的使臣从中国回来以后，匈奴乌累若单于栾提咸知道单于儿子栾提登已被处死，对中国就十分怨恨，不断从东部边境一带攻击侵袭。汉朝的使臣诘问匈奴乌累若单于栾提咸，栾提咸就回答说："乌桓国和匈奴的一些不肖奸狡的人一起做出这种坏事，侵入边塞，就好比中国有盗贼一样！栾提咸刚刚即位，秉持国柄，威信还不高，我会尽我的全力去禁止这类事情的发生，不敢有叛乱的想法！"王莽再次派遣军队到边境去戍守。

益州蛮夷愁扰，尽反，复杀益州大尹程隆。莽遣平蛮将军冯茂发巴、蜀、犍为吏士，赋敛取足于民，以击之。

【译文】 益州蛮夷因为受到了愁苦的困扰，全部同时叛变了，并且把益州大尹程隆杀害了。于是王莽派遣平蛮将军冯茂调动了巴、蜀、犍为三郡的官吏士兵，粮秣军饷直接向百姓征收，进击益州郡叛乱民众。

莽复申下金、银、龟、贝之货，颇增减其贾直，而罢大、小钱，改作货布、货泉二品并行。又以大钱行久，罢之恐民挟不止，乃令民且独行大钱；尽六年，毋得复挟大钱矣。每壹易钱，民用破业而大陷刑。

【译文】 王莽又颁下诏令恢复了金币、银币、龟币、贝币等货币，对它们的价值进行了调整，取消了大钱、小钱，改由新发行的货布、货泉两种钱币代替。但是因为大钱已经流通很久了，一旦废除了它，恐怕百姓仍然不会停止对它的使用，于是特别准许百姓暂时可以使用大钱，以六年为期限，等到这个期限过了以后，就不可以继续使用大钱。钱币每改变一次，百姓常常就会因此破产而触犯律法。

资治通鉴卷第三十八　汉纪三十

起旃蒙大渊献，尽玄黓敦牂，凡八年。

【译文】起乙亥（公元15年），止壬亥（公元22年），共八年。

【题解】　本卷记录了新朝天凤二年至地皇三年间的历史，这一时期属于王莽政权后期，记载了新朝政权从内忧外患到各种矛盾激化的过程。主要有以下内容：王莽怕臣子效仿自己谋权篡位，削弱大臣权力，凡事亲为，致使大权旁落，上下不宁；朝廷内部贿赂腐败之风盛行，民不聊生；新政全面失败，民变纷起；与少数民族关系紧张，北方匈奴侵扰，西域之战及西南夷均败北；百姓无法忍受暴政及各类自然灾害的打击，民众四起，终酿成绿林、赤眉大起义；王莽信谗拒谏，任用庸将，屡遭败迹；太子诛杀王莽未遂；南阳刘氏起兵，与起义军共反王莽，王莽政权濒临灭亡。

王莽下

天凤二年（乙亥，公元一五年）春，二月，大赦天下。

民讹言黄龙堕死黄山宫中，百姓奔走往观者有万数。莽恶之，捕系，问语所从起，不能得。

【译文】　天凤二年（乙亥，公元15年）春季，二月，王莽下令大赦天下。

民间谣传在黄山宫里面有黄龙摔死了，奔走前往看热闹的老百姓有一万人之多。王莽十分憎恶这件事，就下令逮捕了一些人，询问他们这件事是从哪里传出来的，却始终也找不到。

单于咸既和亲，求其子登尸。莽欲遣使送致，恐咸怨恨，害使者，乃收前言当诛侍子者故将军陈钦，以他罪杀之。莽选辩士济南王咸为大使。夏，五月，莽复遣和亲侯歙与咸等送右厨唯姑夕王，因奉归前所斩侍子登及诸贵人从者丧。单于遣云、当子男大且渠奢等至塞迎之。咸到单于庭，陈莽威德，莽亦多遗单于金珍，因谕说改其号，号匈奴曰"恭奴"，单于曰"善于"，赐印绶，封骨都侯当为后安公，当子男奢为后安侯。单于贪莽金币，故曲听之，然寇盗如故。

【译文】匈奴单于栾提咸既然已经和中国和好了，就想向新朝索要他儿子的尸体。王莽本来打算派遣使臣将尸体送回去，但是又担心栾提咸怨恨新朝，把使臣杀害了，于是逮捕了以前建议说应当将栾提咸的儿子杀死的前将军陈钦，用其他罪名将他处死了。王莽任命辩士济南人王咸为大使。夏季，五月，王莽又派遣和亲侯王歙和王咸等人护送右厨唯姑夕王返回匈奴，顺便趁这个机会送回以前被杀死的栾提咸的儿子栾提登以及他的众随从贵族的棺材。单于栾提咸派遣栾提云、右骨都侯须卜当的儿子大且渠须卜奢等人到边塞去迎接他们。王咸到达了单于王庭以后，向单于陈述了王莽的声威德行，再加上王莽也赠送了单于很多的黄金珍宝，就借这个机会顺便更改了单于的称号，改称匈奴为"恭奴"，单于为"善于"，赐给了他新朝授予的印信，册封骨都侯须卜当为后安公，须卜当的儿子大且渠须卜奢为后安侯。单于贪图王莽的财物，所以就勉强听从了。可是，匈奴还是像以前一样入侵抢劫中国的边境。

莽意以为制定则天下自平，故锐思于地理，制礼，作乐，讲合《六经》之说。公卿旦入暮出，论议连年不决，不暇省狱讼冤结，民之急务。县宰缺者数年守兼，一切贪残日甚。中郎将、绣衣执法在郡国者，并乘权势，传相举奏。

【译文】 王莽心里认为只要确定了国家的制度，那么天下自然就能太平了，所以他就精心思考划分地域，制定礼仪，创作乐歌，都讲求符合《六经》的说法。公卿大臣早晨上朝，傍晚退朝，连着商量了好几年，但是仍然没有做出决定，以至于没有时间处理诉讼冤案和百姓迫切需要解决的问题；县宰的缺额，都是由大尹代理这个职务的，长达好几年的时间；发生的各种贪赃枉法的事情，一天比一天厉害；王莽派去驻守各郡、各封国的中郎将、绣衣执法，都凭借着自己的权势，互相弹劾检举别人的罪状然后奏报给王莽。

又十一公士分布劝农桑，班时令，按诸章，冠盖相望，交错道路，召会吏民，逮捕证左，郡县赋敛，递相赇赂，白黑纷然，守阙告诉者多。莽自见前颛权以得汉政，故务自揽众事，有司受成苟免。诸宝物名、帑藏、钱谷官皆宦者领之；吏民上封事，宦官、左右开发，尚书不得知。其畏备臣下如此。又好变改制度，政令烦多，当奉行者，辄质问乃以从事，前后相乘，愦眊不渫。莽常御灯火至明，犹不能胜。尚书因是为奸，寝事，上书待报者连年不得去，拘系郡县者逢赦而后出，卫卒不交代者至三岁。谷籴常贵，边兵二十馀万人，仰衣食县官。五原、代郡尤被其毒，起为盗贼，数千人为辈，转入旁郡。莽遣捕盗将军孔仁将兵与郡县合击，岁馀乃定。

邯郸以北大雨，水出，深者数丈，流杀数千人。

【译文】 此外，还有十一公士分布在各地，分别督促、鼓励耕种和纺织，安排每季每月的工作，检查各种规章的实行情况，车水马龙，在路上络绎不绝，召集官吏百姓，逮捕取证，郡县官府征收的赋税和财物，层层贿赂，不分是非清浊，有很多人去朝廷申冤诉苦。王莽知道自己是因为以前独揽大权才会得到汉朝的政权，所以总想亲自去包揽一切事务，而有关的官员只需要按照已经决定的政令办事，以图能够免除自己的罪责而已。那些珍宝名器、钱库、钱谷官都由宦官负责管理；官吏、百姓上呈的机密奏章，也都由宦官、近臣拆开，尚书反而不知道，他就是这样地畏惧防备臣子。王莽又喜欢改变制度，政令烦琐众多，本来应当由下面的臣子奉守执行的，经常要等到考察诘问以后才可以去办理，以致前面的事情没有完，后面的事情又赶上了，所以王莽混乱糊涂，所有的事情没完没了。王莽经常在灯火下办公，但是直到天亮王莽还是不能办理完公事。尚书借此机会作奸犯科，阻塞下情，向王莽上书等待回答的一连几年都得不到回答，被拘禁在郡县监狱里面的人要遇到大赦才可以出狱，京城卫戍士兵不能轮换甚至达到三年之久。米谷的售价常常很贵，边境二十多万人的军队，都仰赖县官供给衣食；五原郡、代郡更是遭殃，有的人成为盗贼，几千人成群结队，辗转进入邻近各郡。王莽派遣捕盗将军孔仁率领军队和郡县一起去出击，经过一年多才平定。

邯郸县以北的地区降下了大雨，地下的水涌了出来，水深的地方有几丈那么深，冲走淹死了几千人。

三年（丙子，公元一六年）春，二月，乙酉，地震，大雨雪；关东尤甚，深者一丈，竹柏或枯。大司空王邑上书，以地震乞骸骨。莽不许，曰："夫地有动有震，震者有害，动者不害。《春秋》记地

震,《易系》坤动。动静辟翕,万物生焉。"其好自诬饰,皆此类
也。

【译文】 三年(丙子,公元16年)春季,二月乙酉日(寅正正月
二十四日),发生了地震,降下了大雪。关东地区尤其厉害,雪深的
地方有一丈深,有的竹子、柏树都枯死了。大司空王邑向王莽上书,
以发生了地震为理由,请求辞职。王莽没有答应,说:"大地有动有
震,震有害,而动没有害。《春秋》记载地震,《易·系辞》只说到了
地动,动的时候就张开,静的时候就合拢,万物由此滋生。"王莽
喜欢欺骗掩饰自己,就是像这个样子。

先是,莽以制作未定,上自公侯,下至小吏,皆不得俸禄。
夏,五月,莽下书曰:"予遭阳九之阸,百六之会,国用不足,民人
骚动,自公卿以下,一月之禄十缣布二匹,或帛一匹。予每念之,
未尝不戚焉。今阸会已度,府帑虽未能充,略颇稍给。其以六月
朔庚寅始,赋吏禄皆如制度。"

【译文】 从前,王莽以厘订制度没有完成为理由,上自公爵侯
爵,下至小吏,都拿不到俸禄。夏季,五月,王莽颁下诏书说:"我
遭到了阳九困厄的不幸,百六灾难的厄运,国家的财政开支不足,
百姓生活不安,从公卿以下,一个月的俸禄是八百缕、二匹布,有的
是一匹缯。每当我想到这个问题,没有一次不感到忧愁的。现在困
厄的时候已经过去了,官府的钱财虽然不算充足,但是已经略微宽
裕了。将从六月庚寅朔日开始,按照制度给官吏发放俸禄。"

四辅、公卿、大夫、士下至舆、僚,凡十五等。僚禄一岁
六十六斛,稍以差增。上至四辅而为万斛云。莽又曰:"古者岁丰
穰则充其礼,有灾害则有所损,与百姓同忧喜也。其用上计时通

计，天下幸无灾害者，太官膳羞备其品矣；即有灾害，以什率多少而损膳焉。自十一公、六司、六卿以下，各分州郡、国邑保其灾害，亦以十率多少而损其禄。郎、从官、中都官吏食禄都内之委者，以太官膳羞备损而为节。冀上下同心，劝进农业，安元元焉。"莽之制度烦碎如此，课计不可理，吏终不得禄，各因官职为奸，受取赇赂以自共给焉。

【译文】 四辅、公卿、大夫、士以下至舆、僚，一共十五等。僚禄一年是米谷六百六十斗，按照等差逐渐上升，以符合他们的职务。到四辅的俸禄是米谷十万斗。王莽又颁下诏书说："古时候，年岁丰收就增加俸禄，年岁歉收就减少俸禄，来表示官吏和百姓同喜同忧。现在，利用年终的统计作为统一计算的根据，幸好天下没有发生灾害的时候，太官供应的膳食品类就完备了，如果发生了灾害，就根据灾害的轻重，分为十等，计算数量减少膳食。从十一公、六司、六卿以下，各分到州郡、国邑，保护这些地区渡过灾害，也根据灾害的轻重，分为十等，计算受灾多少来减少俸禄。从京师仓库的储积粮里面领取俸禄的郎官、侍从官和京师官吏，俸禄的充足与减少，就以太官膳食的齐备或减少作为尺度。我希望上下一心，鼓励促进农业生产，使百姓安定。"王莽的制定是如此烦杂琐碎，核算课计很难办理，官吏始终得不到自己的俸禄，就分别利用自己的职权做坏事，接受贿赂，来解决自己的费用开支。

戊辰，长平馆西岸崩，壅泾水不流，毁而北行。群臣上寿，以为《河图》所谓"以土填水"，匈奴灭亡之祥也。莽乃遣并州牧宋弘、游击都尉任萌等将兵击匈奴，至边上屯。

【译文】 戊辰日（寅正闰四月初八），长平馆的西岸崩塌了，阻塞了泾河水流，河水决口向北流去。臣子们向王莽敬酒祝贺，认为这就是《河图》里面所说的"用土去镇服水"，是匈奴灭亡的好兆头。于是王莽派遣并州牧宋弘、游击都尉任萌等人率领军队去攻击匈奴，到达边境后驻扎下来。

秋，七月，辛酉，霸城门灾。

戊子晦，日有食之。大赦天下。

平蛮将军冯茂击句町，士卒疾疫死者什六七，赋敛民财什取五，益州虚耗而不克；征还，下狱死。冬，更遣宁始将军廉丹与庸部牧史熊，大发天水、陇西骑士，广汉、巴、蜀、犍为吏民十万人、转输者合二十万人击之。始至，颇斩首数千；其后军粮前后不相及，士卒饥疫。莽微丹、熊，丹、熊愿益调度，必克乃还，复大赋敛。就都大尹冯英不肯给，上言："自西南夷反叛以来，积且十年，郡县距击不已。续用冯茂，苟施一切之政，僰道以南，山险高深，茂多驱众远居，费以亿计，吏士罹毒气死者什七。今丹、熊惧于自诡，期会调发诸郡兵谷，复訾民取其什四，空破梁州，功终不遂。宜罢兵屯田，明设购赏。"莽怒，免英官；后颇觉寤，曰："英亦未可厚非。"复以英为长沙连率。越巂蛮夷任贵亦杀太守枚根，自立为邛谷王。

【译文】秋季，七月辛酉日（寅正六月初二），霸城门发生了灾害。

戊子晦日（寅正六月二十九日），发生了日食，王莽下令大赦天下。

平蛮将军冯茂攻打句町国，士兵因为感染传染病而死的有十分之六七，向百姓征收财物，赋税额高达十分之五，使得益州空虚耗损，战争却一直不能取胜。于是王莽就召回了冯茂，把他关进监狱，冯茂就死在了监狱里面。冬季，王莽另外派遣宁始将军廉丹和庸部牧史熊，大规模调动了天水县、陇西县的骑兵，广汉、巴、蜀、犍为等郡的官吏百姓十万人，再加上负责运输粮食的一共二十万人去攻击它。他们刚刚到达的时候，还斩杀了几千个敌人的首级。但是后来，军粮一直无法供应，士兵饥饿，又感染了传染病。王莽就征召廉丹、史熊回到京城，廉丹、史熊向王莽请求增加支援，表示一定要战胜句町才班师还朝，于是，捐税更加严重了。就都大尹冯英不愿意供给，就向王莽上书说："自从西南夷叛变以来，断断续续，前后差不多就要十年了，各郡、各县都不停地进行抵抗攻击，您也接着任用了冯茂，苟且推行不顾后果的政策。僰道县以南的地方，山势险峻深邃，冯茂把许多百姓都赶到远地居住，花费了上亿的钱财，官吏士兵遭到毒气而死的，有十分之七。现在廉丹、史熊对于自己保证的规定期限感到害怕，就限期征集调发众郡的军粮，又夺取了百姓的资财，十取其四，弄得梁州地区民穷财尽，却始终没有立下战功。您现在应该停止战争，一边派遣军队驻守，一边开垦土地种植，公开设置封赏，招诱夷人。"王莽大怒，罢免了冯英的官职。后来自己又有所觉悟，说："冯英也不能深加责难。"于是王莽任命冯英为长沙连率。越巂郡蛮夷任贵也杀害了太守枚根，自立为邛谷王。

翟义党王孙庆捕得，莽使太医、尚方与巧屠共刳剥之，量度五藏，以竹筵导其脉，知所终始，云可以治病。

【译文】 翟义党人王孙庆被捉住了，王莽命令太医、尚方和擅长屠宰的人一起将王孙庆解剖了，测量他的五脏，用小竹枝疏通他的血管，弄清来龙去脉，说是可以用来治病。

是岁，遣大使五威将王骏、西域都护李崇、戊己校尉郭钦出西域。诸国皆郊迎,送兵谷。骏欲袭击之,焉耆诈降而聚兵自备,骏等将莎车、龟兹兵七千馀人分为数部,命郭钦及佐帅何封别将居后。骏等入焉耆,焉耆伏兵要遮骏,及姑墨、封犁、危须国兵为反间,还共袭骏等,皆杀之。钦、封后至焉耆,焉耆兵未还,钦袭击,杀其老弱,从车师还入塞。莽拜钦为填外将军,封剿胡子;何封为集胡男。李崇收馀士,还保龟兹。及莽败,崇没,西域遂绝。

【译文】这一年,王莽派遣大使五威将王骏、西域都护李崇、戊己校尉郭钦出使西域。众国都到郊外去迎接他们,并且给他们供应兵士和粮食。王骏想要攻击他们,焉耆国假装投降,却集结军队来防备。王骏等人率领莎车国、龟兹国的七千多个士兵,分成了几个队伍,命令郭钦以及佐帅何封另外率领一军作为后卫。王骏等人进入焉耆国,焉耆国的伏兵突然出现拦截袭击了王骏,再加上姑墨、封犁、危须等国的军队叛变,同时转回来一起偷袭王骏,把王骏等人全部斩杀了。后来郭钦到达了焉耆国,焉耆国的军队还没有回来,郭钦对他们发动了袭击,屠杀了他们的老弱,然后从车师国进入边塞回国。王莽任命郭钦为镇外将军,封他为剿胡子;册封何封为集胡男。李崇收集了残余的军队,退回去护卫龟兹国。等到王莽失败,李崇去世,西域也就和中国断绝了来往。

四年(丁丑,公元一七年)夏,六月,莽更授诸侯茅土于明堂,亲设文石之平,陈菁茅四色之土,告于岱宗、泰社、后土、先祖、先妣以班授之。莽好空言,慕古法,多封爵人,性实吝啬,托以地理未定,故且先赋茅土,用慰喜封者。

【译文】四年(丁丑,公元17年)夏季,六月,王莽在明堂重新把象征封国的茅草与泥土授予诸侯王,亲自设置有文采的石质几案，陈列菁茅和四色的泥土，祭告泰山、国家宗社、后土、先祖、先妣然后对他们进行授封。王莽喜好说空话，羡慕古代的制度，给很多人封赐了爵禄。可是，王莽的本性实在吝啬小气，托词还没有确定土地的规划，所以暂时先授予象征封国的茅土，来安慰那些喜欢封爵的人。

秋，八月，莽亲之南郊，铸作威斗，以五石铜为之，若北斗，长二尺五寸，欲以厌胜众兵。既成，令司命负之，莽出在前，入在御旁。

【译文】 秋季，八月，王莽亲自到京城南郊，铸造威斗，威斗是用五色的石子和铜制成的，形状是北斗星的样子，长两尺五寸，王莽想要以此来诅咒战胜各地兵马。威斗铸成以后，王莽就命令司命背着它，王莽外出的时候，他就走在王莽的前面，王莽进宫的时候，就把威斗放在自己的身边。

莽置羲和命士，以督五均、六筦。郡有数人，皆用富贾为之，乘传求利，交错天下。因与郡县通奸，多张空簿，府藏不实，百姓愈病。是岁，莽复下诏申明六筦，每一筦为设科条防禁，犯者罪至死。奸吏猾民并侵，众庶各不安生，又一切调上公以下诸有奴婢者，率一口出钱三千六百，天下愈愁。纳言冯常以六筦谏，莽大怒，免常官。

【译文】 王莽设置了羲和命士，去督促实行管理财政的五均、六管制度。每个郡都有几个名额，都由富豪、大商人担任，这些官员乘着驿车，谋求私利，在全国来往，趁着这个机会和郡县官吏勾结到一起，设立假账，国库没有能够充实起来，而百姓更加穷苦。这一年，王莽又颁下诏书，重申肯定六管，每一项管理制度下达，总要为它设置条规禁令，进行防止，违犯的人罪重的甚至会被处死。奸猾之徒与贪官污吏同时侵害百姓，百姓个个都不能够平安生活，王莽又要求上公以下所有有奴婢的人，每一个奴婢要缴纳三千六百钱的税金，天下的百姓更加愁苦了。纳言冯常就六管制度向王莽劝谏，王莽大怒，罢免了冯常的官职。

　　法令烦苛，民摇手触禁，不得耕桑，繇役烦剧，而枯旱、蝗虫相因，狱讼不决。吏用苛暴立威，旁缘莽禁，侵刻小民，富者不自保，贫者无以自存，于是并起为盗贼，依阻山泽，吏不能禽而覆蔽之，浸淫日广。临淮瓜田仪等依阻会稽长州；琅邪吕母聚党数千人，杀海曲宰，入海中为盗，其众浸多，至万数。荆州饥馑，民众入野泽，掘凫茈而食之，更相侵夺。新市人王匡、王凤为平理诤讼，遂推为渠帅，众数百人。于是，诸亡命者南阳马武、颖川王常、成丹等，皆往从之。共攻离乡聚，臧于绿林山中，数月间至七八千人。又有南郡张霸、江夏羊牧等与王匡俱起，众皆万人。莽遣使者即赦盗贼，还言："盗贼解辄复合，问其故，皆曰：'愁法禁烦苛，不得举手，力作所得，不足以给贡税；闭门自守，又坐邻伍铸钱挟铜，奸吏因以愁民。'民穷，悉起为盗贼。"莽大怒，免之。其或顺指言"民骄黠当诛"及言"时运适然，且灭不久"，莽说，辄迁官。

　　【译文】新朝的法令烦琐苛刻，百姓随便一动，就会触犯禁令，农民没有时间去耕田纺织，徭役又繁多加重了，而且旱灾、蝗虫灾接连发生，诉讼和监狱中关押的囚犯长时间都不能结案。官吏用苛刻暴虐的手段来树立自己的威严，利用王莽的禁令，剥削百姓，侵占民间财产，使富人不能保护自己的财产，穷人不能活命。于是，无论贫富都成为盗贼，他们依靠高山大泽的险阻，使官吏无法制服，官吏只好蒙蔽上级，盗贼的人数一天比一天增加。临淮人瓜田仪占据了会稽郡长州苑险要的地方；琅邪人吕母聚集了几千人的党羽，杀死了海曲县的县宰，乘船进入大海，成为海盗，他手下的人数渐渐增多，有一万左右。荆州发生了饥荒，百姓逃入了山野草泽，挖掘荸荠来吃，互相攻击争夺。新市人王匡、王凤因为出面为大家评理，排解纠纷，就被推举为首领，拥有几百人。于是，那些犯罪逃亡的人——南阳人马武、颍川人王常、成丹等人都去投奔他们。这些人一起攻打距离城市较远的村落，藏身在绿林山里面，仅仅几个月的时间，人数就已经多达七、八千人。又有南郡人张霸、江夏人羊牧等和王匡一起崛起，都有一万人那么多。于是王莽派遣使者到当地去赦免了这些盗贼犯下的罪行，使者回来以后对王莽说："盗贼解散以后，仍然常常聚集到一起。问他们原因，他们都说：'令人感到忧愁的法令既繁多又苛刻，动辄就会触犯法令，努力劳动所得到的报酬，还不够缴纳赋税。即使是在家关门自守，又往往会因为邻居犯下了盗铸钱币、持铜的罪行，要连坐入狱，贪官污吏就借此敛取民财，逼迫得百姓只有死路。'百姓走投无路，所以就都起来做盗贼了。"王莽大怒，罢免了他的官职。如果有人顺从他的意思说"百姓倨傲狡猾，应当处死他们"，或者说"这只是偶然的时运，并且没有多长时间就会消失"，王莽就会感到很高兴，升迁他的官职。

五年（戊寅，公元一八年）春，正月，朔，北军南门灾。

以大司马司允费兴为荆州牧；见，问到部方略，兴对曰："荆、扬之民，率依阻山泽，以渔采为业。间者国张六筦，税山泽，妨夺民之利，连年久旱，百姓饥穷，故为盗贼。兴到部，欲令明晓告盗贼归田里，假贷犁牛、种食，阔其租赋，冀可以解释安集。"

莽怒，免兴官。

【译文】五年（戊寅，公元18年）春季，正月朔日（初一），北军南门发生了灾害。

王莽任命大司马司允费兴为荆州牧。王莽接见了他，并且询问他到任以后的施政方案，费兴就回答王莽说："荆、扬二州的百姓，大都依靠险要的山泽，以捕鱼采樵为业。前一段时间，国家推行六管制度，征收山林湖沼税，损害侵夺了百姓的利益，再加上连年发生旱灾，百姓饥饿贫穷，所以沦为了盗贼。我到任以后，就要下令明白地告诉盗贼返回家园，贷放农具、耕牛、种子和粮食，减免他们的赋税，希望能够减轻他们的负担，解散、安抚他们。"王莽发怒，罢免了费兴的官职。

天下吏以不得俸禄，并为奸利，郡尹、县宰家累千金。莽乃考始建国二年胡虏猾夏以来诸军吏及缘边吏大夫以上为奸利增产致富者，收其家所有财产五分之四以助边急。公府士驰传天下，考覆贪饕，关吏告其将、奴婢告其主，冀以禁奸，而奸愈甚。

【译文】天下的官吏因为得不到俸禄，纷纷都去做不法的勾当，郡尹、县宰的家里都积累了上千斤的黄金。于是王莽就检查了始建国二年匈奴侵犯中国以来，所有军官以及边境官吏大夫以上牟取不法利益来增加产业从而富有的，没收他家里所有财产的五分之四，用来资助边防的急需。各公府官吏乘着驿车很快就跑遍全国，审查贪污案件，动员他们的部下去告发自己的上级、奴婢告发自己主人，王莽原本希望可以用这个办法来杜绝不法的事情，可是，不法的事情却越来越严重了。

莽孙功崇公宗坐自画容貌被服天子衣冠，刻三印，发觉，自杀。宗姊妨为卫将军王兴夫人，坐祝诅姑，杀婢以绝口，与兴皆自杀。

【译文】 王莽的孙子功崇公王宗由于犯下了画自己的容貌时穿戴着天子的衣帽、私自刻了三个印章的罪行，被发现以后，自杀而死。王宗的姐姐王妨是卫将军王兴的夫人，被指控犯下了祈祷鬼神给自己的婆婆降下灾祸、杀死婢女灭口的罪行，和王兴都自杀死了。

是岁，扬雄卒。初，成帝之世，雄为郎，给事黄门，与莽及刘秀并列；哀帝之初，又与董贤同官。莽、贤为三公，权倾人主，所荐莫不拔擢，而雄三世不徙官。及莽篡位，雄以耆老久次，转为大夫。恬于势利，好古乐道，欲以文章成名于后世，乃作《大玄》以综天、地、人之道；又见诸子各以其智舛驰，大抵诋訾圣人，即为怪迂、析辩诡辞以挠世事，虽小辩，终破大道而惑众，使溺于所闻而不自知其非也，故人时有问雄者，常用法应之，号曰《法言》。

【译文】 这一年，扬雄去世了。当初，汉成帝在位的时候，扬雄担任郎官、给事黄门的官职，和王莽、刘秀的官位是一样的。汉哀帝初期，扬雄又和董贤的官位相同。王莽、董贤担任三公的官职，权势比国君还要大，只要是他们向皇上推荐的人没有一个不得到提拔的。可是，扬雄经历了汉成帝、汉哀帝、汉平帝三代，官职也没有得到调动。等到王莽篡夺了汉朝的政权，扬雄因为年龄已经大了并且长时间身居高位，被擢升为大夫。扬雄对势利看得很淡，喜好古代的典章制度，喜欢儒家学派的道理，打算用撰写文章使自己在后代成就名声，就写下了《太玄》一书，来讨论天、地、人之道。扬雄看到先秦诸子其他学派的学说，各用智慧的语言，与儒家

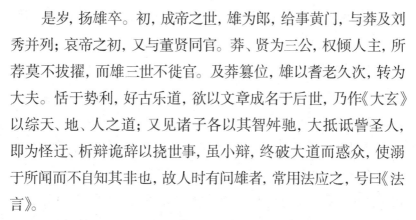

背道而驰，大多诋毁訾骂儒家学派的圣人，荒唐怪异，巧言诡辩来扰乱朝政，虽然都是小小的论辩，但是终究会破坏儒家圣贤大道，使众人感到迷惑，使众人信奉他们，却不知道错误在哪里，所以当时常常有人向扬雄提出问题，扬雄总是用合乎礼法的言论回答他们，称为《法言》。

用心于内，不求于外，于时人皆忽之；唯刘秀及范逡敬焉，而桓谭以为绝伦，巨鹿侯芭师事焉。大司空王邑、纳言严尤闻雄死，谓桓谭曰："子常称扬雄书，岂能传于后世乎？"谭曰："必传，顾君与谭不及见也。凡人贱近而贵远，亲见扬子云禄位容貌不能动人，故轻其书。昔老聃著虚无之言两篇，薄仁义，非礼学，然后好之者尚以为过于《五经》，自汉文、景之君及司马迁皆有是言。今扬子之书文义至深，而论不诡于圣人，则必度越诸子矣！"

【译文】扬雄只求自省，不对外宣扬，因此当时的人们都忽略了扬雄，只有刘秀和范逡尊敬他，而桓谭认为他无与伦比，巨鹿人侯芭拜他为师。大司空王邑、纳言严尤知道扬雄去世了以后，就对桓谭说："你经常称赞扬雄的书，难道他的书能够流传后世吗？"桓谭说："一定能流传的，只是您和我都来不及看到而已。一般说来，人都是对眼前的看得轻贱，而把遥远的看得贵重，大家亲眼看到扬雄的俸禄、地位、容貌，没有一项动人之处，所以才会看不起他的书。从前老子把他的虚无思想写成了《道经》和《德经》，轻视仁义，抨击礼学，可是，后代喜欢他的人还认为它的价值超过了《五经》，从汉朝文、景二帝一直到司马迁都有这样的言论。现在扬雄的书，文字含义十分深刻，而所发议论又不违背圣人之道，那么将来就一定能够超越诸子！"

【乾隆御批】扬雄自诩著迷,而失身仕莽,名教扫地。其去刘秀之颠倒五经、奸言倡导者几希,真龚胜、薛方辈之罪人。论者多方辨雪,非与于不仁之甚者乎?

【译文】扬雄自诩为著书立说,却丧失立场,为王莽做官导致名教扫地。这和刘秀颠倒五经、倡导奸邪之说的行为差不多,实在是龚胜、薛方等人的罪人。评论者还多方为他辩解,这难道不是太不仁了吗?

琅邪樊崇起兵于莒,众百馀人,转入太山。群盗以崇勇猛,皆附之,一岁间至万馀人。崇同郡人逢安、东海人徐宣、谢禄、杨音各起兵,合数万人,复引从崇。共还攻莒,不能下,转掠青、徐间。又有东海刁子都,亦起兵钞击徐、衮。莽遣使者发郡国兵击之,不能克。

【译文】琅邪人樊崇在莒县起兵,有一百多个人,辗转进入泰山。盗贼们认为樊崇勇武凶猛,纷纷归附了他,仅仅一年的时间,人数就多达一万余了。樊崇的同郡人逢安,东海人徐宣、谢禄、杨音也分别起兵,合起来一共有几万人,他们也带领军队跟随樊崇,一起攻打莒县,仍然不能攻陷莒县,就返回在青、徐二州之间抢劫。又有东海人刁子都,也起兵在徐、衮二州之间抢劫掠夺。于是王莽派遣使臣调动郡、国的军队去攻击他,但是无法攻克。

乌累单于死,弟左贤王舆立,为呼都而尸道皋若鞮单于。舆既立,贪利赏赐,遣大且渠奢与伊墨居次云女弟之子醯椟王俱奉献至长安。莽遣和亲侯歙与奢等俱至制虏塞下,与云及须卜当会;因以兵迫胁云、当,将至长安。云、当小男从塞下得脱,归匈奴。当至长安,莽拜为须卜单于,欲出大兵以辅立之,兵调度亦不合。而匈奴愈怒,并入北边为寇。

资治通鉴卷第三十八　汉纪三十

【译文】 匈奴乌累若鞮单于栾提咸去世了，他的弟弟左贤王栾提舆即位，成为呼都而尸道皋若鞮单于。栾提舆即位以后，贪图赏赐的利益，就派遣大且渠奢和伊墨居次云的外甥醢椟王，一起到长安去进贡。王莽派遣和亲侯王歙和王奢等人一起到制虏塞下，和栾提云、须卜当会合，并且趁这个机会用兵逼迫、威胁栾提云、须卜当，率领人马去长安。栾提云、须卜当的小儿子从塞下得以逃脱，回到了匈奴。须卜当到达了长安以后，王莽就任命须卜当为须卜单于，还打算派遣大批军队出塞去帮助他登上匈奴单于的位置，然而大军一时无法集结。而匈奴对新朝也更加恼怒，就纷纷侵入中国北方的边境掳掠抢劫。

六年(己卯，公元一九年)春，莽见盗贼多，乃令太史推三万六千岁历纪，六岁一改元，布天下。下书自言己当如黄帝仙升天，欲以诳耀百姓，销解盗贼。众皆笑之。

【译文】 六年(己卯，公元19年)春季，王莽发现全国有很多盗贼，就命令太史推算出三万六千年的日历，下令每隔六年就更改一次年号，布告天下，又颁下诏书说"自己将会像黄帝一样成仙升天"，打算以此来欺骗迷惑百姓，使盗贼瓦解。众人都讥笑他。

初献《新乐》于明堂、太庙。

更始将军廉丹击益州，不能克。益州夷栋蚕、若豆等起兵杀郡守，越巂夷人大牟亦叛，杀略吏人。莽召丹还，更遣大司马护军郭兴、庸部牧李晔击蛮夷若豆等、太傅羲叔士孙喜清洁江湖之盗贼。而匈奴寇边甚，莽乃大募天下丁男及死罪囚、吏民奴，名曰猪突、豨勇，以为锐卒。一切税天下吏民，訾三十取一，缣帛皆输长安。令公卿以下至郡县黄绶皆保养军马，多少各以秩为差，吏尽复以与民。又博募有奇技术可以攻匈奴者，将待以不次之位，言便宜者以万数。或言能度水不用舟楫，连马接骑，济百万师。或言不持斗粮，服食药物，三军不饥。或言能飞，一日千里，可窥匈奴；莽辄试之，取大鸟翮为两翼，头与身皆著毛，通引环纽，飞数百步堕。莽知其不可用，苟欲获其名，皆拜为理军，赐以车马，待发。

【译文】王莽第一次把《新乐》呈献于明堂、太庙。

更始将军廉丹攻打益州，不能取胜。益州夷人栋蚕、若豆等人起兵，杀死了郡太守。越巂夷人大牟也叛变了，屠杀官吏百姓，并侵占他们的财产。王莽召回了廉丹，改为派遣大司马护军郭兴、庸部牧李晔去攻击蛮夷若豆等人，太傅羲叔士孙喜去平定江湖的盗贼。然而同时匈奴劫掠边境十分厉害，王莽就大规模招募全国的壮丁以及犯下死罪的囚犯、官吏、百姓的奴仆，起名叫作猪突、豨勇，把他们作为精锐部队。向全国所有官吏和百姓征税，每三十分财产抽取一分，绸绢都运送到长安。命令公卿以下直到郡县佩戴黄色绶带的官吏都要去保养军马，马匹数量的多少根据各人的官秩规定等级，而官吏都把这个负担转嫁到百姓的身上。王莽又广泛召集有特殊技术可以攻打匈奴的人才，打算越级提升他们，于是上言建议的就有万人左右：有的说能够不用舟船桨楫渡过江河，把军马连接在一起，接力乘骑，可以渡过百万军队；有的说不用携带任何粮食，只要吃下药物，全军就不会感到饥饿；还有的说能够飞行，一天能飞行一千里，可以去侦查匈奴。王莽就对他们进行试验，那个人拿大鸟的羽毛做成两扇翅膀，头上和身上都附上羽毛，翅膀用扣环纽带操纵，飞了几百步就掉了下来。王莽知道他们不能起到什么作用，却硬要博取珍惜人才的名声，于是把他们都任命为理军，赏赐他们车马，等待出发。

初，莽之欲诱迎须卜当也，大司马严尤谏曰："当在匈奴右部，兵不侵边，单于动静辄语中国，此方面之大助也。于今迎当置长安槁街，一胡人耳，不如在匈奴有益。"莽不听。既得当，欲遣尤与廉丹击匈奴，皆赐姓征氏，号二征将军，令诛单于舆而立当代之。出车城西横厩，未发。尤素有智略，非莽攻伐四夷，数谏不从，及当出，廷议，尤固言："匈奴可且以为后，先忧山东盗贼。"莽大怒，策免尤。

【译文】当初，王莽想要引诱须卜当，大司马严尤就劝谏王莽说："须卜当在匈奴右部，他的军队从来没有侵略过我们的边境，还总是把单于的消息都告诉了我们，这对边疆有很大的帮助。如果现在把须卜当迎接来，并且安置在长安槁街，他就只不过是一个胡人罢了，不如让他留在匈奴还有助益。"王莽没有听从。等到他把须卜当迎来以后，就打算派遣严尤和廉丹去攻击匈奴，都赐姓征氏，称为二征将军，王莽命令他们诛杀栾提舆而立须卜当来代替他。兵车出发到长安城西马圈，没有起行。严尤一向具有智谋才略，他反对王莽攻打四方夷狄，多次向王莽进言劝谏，都不被听从；等到即将要出兵的时候，朝廷进行讨论，严尤坚决地说："匈奴可以暂且放在后面，您应当先忧虑华山以东地区的盗贼。"王莽大怒，颁下诏书，罢免了严尤的官职。

大司空议曹史代郡范升奏记王邑曰："升闻子以人不间于其父母为孝，臣以下不非其君上为忠。今众人咸称朝圣，皆曰公明。盖明者无不见，圣者无不闻。今天下之事，昭昭于日月，震震于雷霆，而朝云不见，公云不闻，则元元焉所呼天！公以为是而不言，则过小矣；知而从令，则过大矣。二者于公无可以免，宜乎天下归怨于公矣。朝以远者不服为至念，升以近者不悦为重忧。今动与时戾，事与道反，驰骛覆车之辙，踵循败事之后，后出益可怪，晚发愈可惧耳。方春岁首而动发远役，藜藿不充，田荒不耕，谷价腾跃，斛至数千，吏民陷于汤火之中，非国家之民也。如此，则胡、貊守阙，青、徐之寇在于帷帐矣。升有一言，可以解天下倒县，免元元之急；不可书传，愿蒙引见，极陈所怀。"邑不听。

【译文】大司空议曹史代郡人范升向王邑上书说："我听说做儿子的不离间父母之间的感情才能被称为孝子，作臣子的不诋毁君王才能被称为忠臣。现在大家异口同声，歌颂皇上神圣，称赞您英明，但是英明的意思是无所不见，神圣的意思是无所不闻。现在天下的事情，都比日月在天上还要明显，比雷霆万钧还要震撼，然而皇上却说没看见，您却说没听到，那么，善良的百姓要到哪里去呼唤苍天呢？您认为对却不说出来，这还是小的过错；但是明明知道是错的还是去服从命令，那么，这就是大的过错了。这两种情况，你一定居于一种，怪不得天下的百姓都将怨恨集中在了你的身上。皇上认为远人不服从是最大的忧虑，我却认为国内百姓的不满才值得特别担心。现在的举措和时机正好相反，所决定的事跟常理相反，在翻车的道路上奔驰，在失败的轨迹上步步跟进，往后降临的灾祸将更加可怪，爆发得越晚就越是可怕。现在，正好是一年开始的春季，却征调壮丁到远方服役，粗劣的饭菜都不够吃，田地荒芜没有人去耕种，粮食的价格高涨，一斛甚至要几千钱，官吏和百姓都陷入水深火热之中，不再将自己当作国家的百姓。这样的话，用不了多长的时间，胡人、貊人就会来把守门阙，青州、徐州的贼寇就要进入帷帐了。我有一番话，可以解除天下百姓的痛苦，免除善良百姓的窘迫，不可以用文字表达，希望您可以推荐我，让我毫无保留地陈述我心中的想法。"王邑没有理会。

翼平连率田况奏郡县訾民不实，莽复三十取一。以况忠言忧国，进爵为伯，赐钱二百万，众庶皆詈之。青、徐民多弃乡里流亡，老弱死道路，壮者入贼中。

【译文】翼平郡连率田况奏报郡县对民间财产的估计不真实，于是王莽就又从三十分中抽取了一分。王莽认为田况说话忠实，关心国家，把他的爵位提升为伯爵，赐给他两百万钱，大家都咒骂田况。青、徐二州的百姓，大多数都抛弃了家乡，逃亡到了别的地方，年龄大的和幼小的都死在了道路上，而年轻力壮的都成为盗贼。

夙夜连率韩博上言："有奇士，长丈，大十围，来至臣府，曰欲奋击胡虏，自谓巨毋霸，出于蓬莱东南五城西北昭如海濒，轺车不能载，三马不能胜。即日以大车四马，建虎旗，载霸诣阙。霸卧则枕鼓，以铁箸食，此皇天所以辅新室也！愿陛下作大甲、高车、贲育之衣，遣大将一人与虎贲百人迎之于道，京师门户不容者，开高大之，以示百蛮，镇安天下。"博意欲以风莽；莽闻，恶之，留霸在所新丰，更其姓曰巨母氏，谓因文母太后而霸王符也。征博，下狱，以非所宜言，弃市。

【译文】夙夜郡连率韩博向王莽上书说："有一个奇士，身高一丈，体大十围，来到了臣的官府里面，说想要奋力去攻击匈奴，称自己是巨无霸，生长在蓬莱山东南、五城西北的昭如海边，小车不能装下他，三匹马拖不动他。我当天就用大车套上四匹马，树立虎旗，将巨无霸运载到了京城。巨无霸睡觉就枕在鼓上，用铁筷子吃饭，他是上天派来辅佐新朝的！我希望陛下可以为他准备大铠甲、高车、孟贲夏育的衣服，派遣一个大将和五百个勇士，在道路上来迎接他。京城门户不能够容纳他的，必须增高加大，显示给所有的蛮族看，来震慑安定天下。"韩博的意思是想要借此来讥讽王莽。可是，王莽知道了以后，很厌恶他，就将巨无霸留在了新丰县大家都可以看得到的地方，并将他的姓更改为巨母氏，意思是说因为文母太后才会出现这个人，这是使自己成为霸王的符命。然后就征召韩博，把他关进了监狱，因为那不是他应该说的话，就杀死了他。

【乾隆御批】 博以莽募奇术因进长人，其志不过希指为悦而已。莽特善疑，乃以姓氏之嫌诛博，非博豫料所及。史家谓博意在讽莽，非曲说而何？

【译文】 韩博因王莽征召身怀绝技的人而进献巨人，他的意图不过是想取悦王莽而已。王莽当时多疑善猜，便因厌恶姓氏而杀死了韩博，这是韩博所始料未及的。记载历史的人认为韩博的目的在于讽刺王莽，这不是曲解又是什么？

关东饥旱连年，刁子都等党众寖多，至六七万。

【译文】 函谷关以东连年发生了饥馑荒旱，刁子都等人的党徒逐渐增多，达到了六七万。

地皇元年（庚辰，公元二〇年）春，正月，乙未，赦天下。改元曰地皇，从三万六千岁历号也。

莽下书曰："方出军行师，敢有趋讙犯法者辄论斩，毋须时！"于是春、夏斩人都市，百姓震惧，道路以目。

【译文】 地皇元年（庚辰，公元20年）春季，正月乙未日（寅正十二月二十七日），王莽下令大赦天下，更改年号为地皇，根据三万六千年的日历。

王莽颁下诏书说："当军队出动行进的时候，有人敢胡乱奔跑、喊叫，触犯法令的，就立即判处斩首的处罚，不必等到秋季！"于是，春、夏二季都在城市中斩首，百姓感到震惊害怕，路上的人都不敢讲话，只是用眼睛彼此互相看着示意而已。

莽见四方盗贼多，复欲厌之，又下书曰："予之皇初祖考黄帝定天下，将兵为上将军，内设大将，外置大司马五人，大将军至士吏凡七十三万八千九百人，士千三百五十万人。予受符命之文，稽前人，将条备焉。"于是，置前、后、左、右、中大司马之位，赐诸州牧至县宰皆有大将军、偏、裨、校尉之号焉。乘传使者经历郡国，日且十辈，仓无见谷以给；传车马不能足，赋取道中车马，取办于民。

【译文】王莽看见各地的盗贼都很多，又想镇压他们，再次颁下诏书说："我的皇初祖考黄帝平定天下，自己率领军队担任大将军，在内设置大将，在外设置五个大司马，从大将军到士吏，一共是七十三万八千九百人，士是一千三百五十万人。我接受符命的文辞，效法古人，将要一一设置起来。"于是，王莽就设置了前、后、左、右、中大司马的官职，从众州牧到县宰都赐予了大将军、偏将军、裨将军、校尉的称号。使臣乘着驿车经历郡国，每天将近十几批，仓库里没有现存的粮食供给，驿站的车马不够，就征用路上的车马，从民间拿取来进行办理。

秋，七月，大风毁王路堂。莽下书曰："乃壬午晡时，有烈风雷雨发屋折木之变，予甚恐焉；伏念一旬，迷乃解矣。昔符命文立安为新迁王，临国洛阳，为统义阳王，议者皆曰：‘临国洛阳为统，谓据土中为新室统也，宜为皇太子。’自此后，临久病，虽瘳不平。临有兄而称太子，名不正。惟即位以来，阴阳未和，谷稼鲜耗，蛮夷猾夏，寇贼奸宄，人民征营，无所错手足。深惟厥咎，在名不正焉。其立安为新迁王，临为统义阳王。”

莽又下书曰："宝黄厮赤。其令郎从官皆衣绛。"

【译文】秋季，七月，大风损毁了王路堂。王莽就颁下诏书说："在壬午日（寅正六月十六日）晡食的时候，发生了暴风雷雨吹倒屋子、折断树木的灾难，我对此感到很恐惧，恭敬地思考了十天，才解除了我的迷惑。从前上天降下符命的文辞说，要册立王安为新迁王，王临在洛阳建设封国，为统义阳王，议论的人都说：‘王临在洛阳建立封国，为统义阳王，是说他据有全国的中心，是新朝的继承人，应该立他为皇太子。’从此以后，王临生了很长时间的病，即使现在痊愈了，也没有完全康复。王临有哥哥被称为太子，名分不正。因此我登上皇位以来，阴阳不和，粮食减少，蛮夷侵扰中国，内外都有盗贼奸邪在作乱，百姓惶恐不安，不知道应该怎么办。我深深地思考这些过错，就是由于名分不正。我应该册立王安为新迁王，王临为统义阳王。"

王莽又颁下诏书说："以黄色为贵，红色为贱。应当让郎官、侍从官都穿大红色的衣服。

望气为数者多言有土功象；九月，甲申，莽起九庙于长安城南，黄帝庙方四十丈，高十七丈，馀庙半之，制度甚盛。博征天下工匠及吏民以义入钱谷助作者，骆驿道路；穷极百工之巧；功费数百馀万，卒徒死者万数。

【译文】有很多观察云气的人都说出现了大兴土木的征兆。

九月甲申日（寅正八月十九日），王莽在长安城的南面修建了九座宗庙，其中黄帝庙占地四十丈见方，高十七丈，其他的庙仅仅是它的一半大，规模十分宏伟。王莽广泛征集天下的工匠以及官吏百姓义务捐输钱谷来资助兴建，人马粮草在道路上络绎不断。九庙的设计与施工，都极尽各种工匠的技巧，工事费用需要几百万，而士兵、工匠死亡的，以万来计算。

是月，大雨，六十馀日。

巨鹿男子马适求等谋举燕、赵兵以诛莽。大司空士王丹发觉，以闻。莽遣三公大夫逮治党与，连及郡国豪杰数千人，皆诛死。封丹为辅国侯。

【译文】从这个月开始，一连下了六十多天的大雨。

巨鹿男子马适求等人策划发动在燕、赵二地的军队来讨伐王莽。大司空的属官王丹发觉以后，向王莽报告了这件事。王莽就派遣三公大夫逮捕了他的同党，进行治罪，牵连到各郡、封国几千个才能出众的豪杰，都被处死了。王莽册封王丹为辅国侯。

莽以私铸钱死及非沮宝货投四裔，犯法者多，不可胜行；乃更轻其法，私铸作泉布者与妻子没入为官奴婢，吏及比伍知而不举告，与同罪；非沮宝货，民罚作一岁，吏免官。

【译文】王莽规定：凡是私下铸造钱币的，都要被处死，抨击败坏宝货的，一律流放到四方遥远荒凉的地方。但是犯法的人实在是太多了，使法律无法执行。于是王莽就将处罚减轻，规定私下铸造钱币的，夫妻一起送进官府做奴婢，官吏以及邻近五家邻居知道但是没有检举揭发的，和他同罪；抨击败坏宝货的，百姓就罚服一年劳役，官吏就罢免他的官职。

太傅平晏死，以予虞唐尊为太傅。尊曰："国虚民贫，咎在奢泰。"乃身短衣小褒，乘牝马、柴车、藉槁，以瓦器饮食，又以历遗公卿。出，见男女不异路者，尊自下车，以象刑赭幡污染其衣。莽闻而说之，下诏申敕公卿："思与厥齐。"封尊为平化侯。

【译文】 太傅平晏去世了，王莽任命予虞唐尊为太傅。唐尊说："国家空虚，百姓贫穷，灾祸的根源就在于奢侈过甚。"于是唐尊身穿短衣小袖，乘坐母马拉的简陋车子，坐卧时用禾秆做衬垫，用瓦质食器吃喝，又用瓦器盛食，并且把这些东西一一馈赠给公卿。外出的时候，看到不分开走路的男女，唐尊就亲自下车，对他们采用象征性的刑罚，拿红土水浸过的旗幡污染他们的衣服。王莽知道这些事以后很赞赏他的做法，就颁下诏书告诫公卿："我希望你们的操行可以和他一样。"并册封唐尊为平化侯。

汝南郅恽明天文历数，以为汉必再受命，上书说莽曰："上天垂戒，欲悟陛下，令就臣位。取之以天，还之以天，可谓知命矣！"莽大怒，系恽诏狱，逾冬，会赦得出。

【译文】 汝南人郅恽深明天文星象与历法，他认为汉氏一定会复兴，就向王莽上书劝告他说："上天之所以会发生异象，就是想要使您觉悟，让你回到臣子的位置上去。取之于天，应该交还给天，才可以说是知道天命！"王莽大怒，将郅恽逮捕起来关进了诏狱，过了冬天，遇到大赦，郅恽才得以出狱。

【乾隆御批】 莽篡据已逾十载。恽乃上书欲其复还臣位，岂特说不能行？亦失徘徊观望矣。适其时郡国兵起，莽心内不自安，又因经谶之言，夺其所恃，恽之幸免，亦几希耳。然以视文饰符命、纪颂功德者，则所谓铁中铮铮者矣！

【译文】王莽篡位已经超过十年，郅恽才上书希望他回归大臣之位，这岂止是说法行不通，即使是郅恽本人也有徘徊观望之嫌。恰逢此时郡国发生叛乱，王莽内心难以自安，加之经谶之说动摇了他的精神依靠，所以郅恽幸免于死，也是十分罕见的。但是和那些巧妙地编造符命、歌功颂德的人相比，郅恽称得上具有铮铮铁骨！

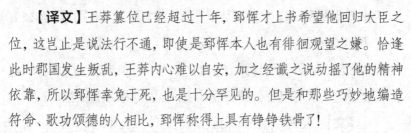

二年（辛巳，公元二一年）春，正月，莽妻死，谥曰孝睦皇后。初，莽妻以莽数杀其子，涕泣失明；莽令太子临居中养焉。莽妻旁侍者原碧，莽幸之，临亦通焉，恐事泄，谋共杀莽。临妻愔，国师公女，能为星，语临宫中且有白衣会。临喜，以为所谋且成；后贬为统义阳王，出在外第，愈忧恐。会莽妻病困，临予书曰：“上于子孙至严，前长孙、中孙年俱三十而死。今臣临复适三十，诚恐一旦不保中室，则不知死命所在！”

【译文】二年（辛巳，公元21年）春季，正月，王莽的妻子去世了，谥号是孝睦皇后。当初，王莽的妻子因为王莽多次杀死了自己的儿子，流泪哭泣导致失明。王莽命令太子王临住在宫中照顾她。王莽的妻子身边有一个侍女叫原碧，王莽和她发生了关系，后来王临也和她私通了，王临担心事情泄漏出去，两个人就计划共同杀死王莽。王临的妻子刘愔，是国师公的女儿，善于观察星象，她说王临的宫里将会有木、金二星相合，王临心里感到喜悦，以为自己的计划将会成功。后来，王临被贬为统义阳王，又被打发到外面的宅第居住，更加感到忧虑惶恐。恰好遇到王莽的妻子病得严重，王临就给母亲写信，说：“皇上对待子孙太过于严厉了，从前我的哥哥长孙、中孙都是在三十岁的年龄就死了。现在儿臣我又正好是三十岁了，我十分担心一旦母后不能保住自己的生命，那我就不知道将会死在哪里了！”

莽候妻疾，见其书，大怒，疑临有恶意，不令得会丧。既葬，收原碧等考问，具服奸、谋杀状。莽欲秘之，使杀案事使者司命从事，埋狱中，家不知所在。赐临药，临不肯饮，自刺死。又诏国师公："临本不知星，事从恽起。"恽亦自杀。

【译文】 王莽去探望妻子的病情，看到了王临的书信，大怒，怀疑王临有恶毒的想法，就不让他参加丧礼。等到王莽的妻子下葬以后，王莽就将原碧等人抓了起来，拷打审问，原碧完全承认了通奸、谋杀的事情。王莽想要掩盖这件事情，就派人将审理这个案件的司命从事杀害了，埋在监狱里面，他的家人都不知道他们到哪里去了。王莽又赐给王临毒药，王临不愿意喝，自杀而死。王莽又命令国师公刘秀说："王临本来不知道星学，事情都是从刘恽开始的。"于是刘恽也自杀而死。

是月，新迁王安病死。初，莽为侯就国时，幸侍者增秩、怀能，生子兴、匡，皆留新都国，以其不明故也。及安死，莽乃以王车遣使者迎兴、匡，封兴为功修公，匡为功建公。

【译文】 这一月，新迁王王安生病去世。当初，王莽被封为侯爵到达封国的时候，和他的侍女增秩、怀能发生了关系，生下了王兴、王匡两个儿子，王莽把他们都留在了新都国，因为不确定他们究竟是不是自己的儿子。于是等到王安死了以后，王莽就用帝王的车驾，派遣使者去迎接王兴、王匡，册封王兴为功修公，王匡为功建公。

卜者王况谓魏成大尹李焉曰："汉家当复兴，李氏为辅。"因为焉作谶书，合十馀万言。事发，莽皆杀之。

【译文】 占卜先生王况对魏成大尹李焉说："汉家将会复兴，李氏会是他的辅佐。"因此替李焉编著了预知未来的谶书，合起来一共有十多万字。事情败露后，王莽就杀死了他们。

莽遣太师羲仲景尚、更始将军护军王党将兵击青、徐贼，国师和仲曹放助郭兴击句町，皆不能克。军师放纵，百姓重困。

【译文】 王莽派遣太师羲仲景尚、更始将军护军王党率领军队去攻打青、徐二州的贼寇，国师和仲曹放帮助郭钦去攻打句町国，但是都无法获胜。军队不遵守纪律，百姓因此更加困苦。

莽又转天下谷帛诣西河、五原、朔方、渔阳，每一郡以百万数，欲以击匈奴。须卜当病死，莽以庶女妻其子后安公奢，所以尊宠之甚厚，终为欲出兵立之者。会莽败，云、奢亦死。

【译文】 王莽又将天下的粮食布帛都转运到西河郡、五原郡、朔方郡、渔阳郡，每一个郡的数量都是以百万计算，想要用来攻击匈奴。须卜当生病去世以后，王莽将自己的庶女嫁给了他的儿子后安公须卜奢，用来表示对他的尊崇和宠爱，因为王莽最终还是打算用武力立须卜奢为匈奴的单于，所以对他的尊荣宠爱都很深厚。等到王莽失败以后，栾提云、须卜奢也在中原去世了。

秋，陨霜杀菽，关东大饥，蝗。

莽既轻私铸钱之法，犯者愈众，及伍人相坐，没入为官奴婢。其男子槛车，女子步，以铁琐琅当其颈，传诣长安钟官以十万数。到者易其夫妇。愁苦死者什六七。

【译文】 秋季，降下来的霜，严重伤害了豆类庄稼，函谷关以东的地区发生饥馑，发生蝗灾。

王莽减轻了私下铸造钱币的处罚以后，犯法的人越来越多了，甚至五人牵连犯罪，被没收钱币送入官府做奴婢。其中男的就用囚车载送，女的就步行，都用铁锁链套住他们的脖子，送到长安负责铸钱的官府那里去，人数有十万人之多。到达那里以后，使他们另外结成夫妇，拆散原有的夫妻。因此愁苦而死的有十分之六七。

上谷储夏自请说瓜田仪降之。仪未出而死，莽求其尸葬之，为起冢、祠室，谥曰瓜宁殇男。

【译文】 上谷人储夏自己向王莽请求去游说瓜田仪投降。但是瓜田仪还没有出发就死了。王莽把他的尸体要来，进行安葬，为他修盖了坟墓、祠室，谥号是瓜宁殇男。

闰月，丙辰，大赦。

郎阳成修献符命，言继立民母；又曰："黄帝以百二十女致神仙。"莽于是遣中散大夫、谒者各四十五人，分行天下，博采乡里所高有淑女者上名。

莽恶汉高庙神灵，遣虎贲武士入高庙，拔剑四面提击，斧坏户牖，桃汤、赭鞭鞭洒屋壁，令轻车校尉居其中。

【译文】 闰月丙辰日（寅正闰八月），王莽下令大赦天下。

郎官阳成修向王莽进献符命，说他应该重新册立皇后。又说："黄帝因为有一百二十个女子侍候他，才成为神仙。"于是王莽就派遣中散大夫、谒者各四十五个，分别巡视全国，广泛选取被邻里所推崇的有淑女的人家，进呈她们的名字。

王莽十分厌恶汉高庙的神灵，于是就派遣虎贲武士进入高庙, 用武器四面掷击, 用斧头砍坏门窗, 用桃木汤浇洒墙壁, 用土红色鞭子抽打墙壁, 并且命令轻车校尉住在里面。

是岁, 南郡秦丰聚众且万人; 平原女子迟昭平亦聚数千人在河阻中。莽召问群臣禽贼方略, 皆曰: "此天囚行尸, 命在漏刻。" 故左将军公孙禄征来与议, 禄曰: "太史令宗宣, 典星历, 候气变, 以凶为吉, 乱天文, 误朝廷; 太傅平化侯尊, 饰虚伪以偷名位, 贼夫人之子; 国师嘉信公秀, 颠倒五经, 毁师法, 令学士疑惑; 明学男张邯、地理侯孙阳, 造井田, 使民弃土业; 羲和鲁匡, 设六筦以穷工商; 说符侯崔发, 阿谀取容, 令下情不上通。宜诛此数子以慰天下!" 又言: "匈奴不可攻, 当与和亲。臣恐新室忧不在匈奴而在封域之中也。" 莽怒, 使虎贲扶禄出, 然颇采其言, 左迁鲁匡为五原卒正, 以百姓怨诽故也。六筦非匡所独造, 莽厌众意而出之。

【译文】这一年, 南郡人秦丰聚集了将近一万人的部众。平原女子迟昭平也在黄河之畔的险要地区聚集了几千人。王莽召集臣子们, 询问他们捉拿盗贼的策略, 大臣们都说: "这些人得罪了上天, 都是没有灵魂的躯壳, 顷刻之间, 就会消灭, 活不了多久了。" 前左将军公孙禄被传召前来参加商议, 公孙禄说: "太史令宗宣, 主管星象历法, 占卜气节变化, 把凶险的征象当作吉利的征象, 扰乱天文, 使朝廷施政错误。太傅、平化侯唐尊, 用虚伪的言行来窃取名誉地位, 结果害了别人的子弟; 国师嘉信公刘秀, 颠倒五经, 毁坏了经师所传授的方法, 造成学士思想混乱; 明学男张邯、地理侯孙阳, 制作了井田制度, 使百姓丧失土地产业; 羲和鲁匡, 设立了六管制度, 使得手工业者和商人陷入走投无路的困境; 说符侯崔发, 阿附谄谀, 奉承讨好, 使下情不能上达。您应该杀了这几个人，来安慰天下的百姓！"又说："匈奴不可以攻打，您应当和他们和亲交好。臣担心新朝的忧患不在匈奴而在国家的内部。"王莽发怒，命令虎贲勇士将公孙禄搀扶出去，可是，王莽采纳了一些他的意见，因为百姓怨恨抨击鲁匡，将鲁匡降调为五原郡卒正。六管制度并不是鲁匡一个人搞起来的，但是王莽为了满足众人的愿望，把他抛弃了。

【乾隆御批】《易》曰：枢机之发，荣辱之主。公孙禄身为汉臣，乃因莽召问就征与议，非以汉臣尽忠于莽乎？论者但责其失出处，语默之道犹肤见耳。

【译文】《易经》上说：就像门轴与弩箭上的扳机一样，一旦话说出口，行为成为事实，是荣是辱就全由它们决定了。公孙禄身为汉朝大臣，却因王莽的召问而应召参与商议，这难道不是以汉朝大臣的身份为王莽效忠吗？评论者只责备他在"入仕做官、隐居在家、发表言论、保持沉默"等方面有过失，实在是肤浅的见解。

初，四方皆以饥寒穷愁起为盗贼，稍稍群聚，常思岁熟得归乡里，众虽万数，不敢略有城邑，转掠求食，日阕而已。诸长吏牧守皆自乱斗中兵而死，贼非敢欲杀之也，而莽终不谕其故。

【译文】 当初，各地的百姓都因为饥寒穷苦而成为盗贼，渐渐地众人聚集在一起，常常盼望着年岁好的时候能够回到家乡，即使聚集起来的人已经上万了，也不敢掠夺占有城池，只希望能够维持一天的生计也就可以了。各县长官和州牧、郡太守都是在乱斗的时候被兵刃杀伤而死的，盗贼并不敢故意杀死他们。可是，王莽却始终不能明白他们沦为盗贼的原因。

是岁，荆州牧发奔命二万人讨绿林贼。贼帅王匡等相率迎击于云杜，大破牧军，杀数千人，尽获辎重。牧欲北归，贼马武等复遮击之，钩牧车屏泥，刺杀其骖乘，然终不敢杀牧。贼遂攻拔竟陵，转击云杜、安陆，多略妇女，还入绿林中，至有五万馀口，州郡不能制。又，大司马士按章豫州，为贼所获，贼送付县。士还，上书具言状。莽大怒，下狱，以为诬罔，因下书责七公曰："夫吏者，理也。宣德明恩，以牧养民，仁之道也。抑强督奸，捕诛盗贼，义之节也。今则不然。盗发不辄得，至成群党遮略乘传宰士。士得脱者又妄自言：'我责数贼："何故为是？"贼曰："以贫穷故耳。"贼护出我。'今俗人议者率多若此。惟贫困饥寒犯法为非，大者群盗，小者偷穴，不过二科；今乃结谋连党以千百数，是逆乱之大者，岂饥寒之谓邪！七公其严敕卿大夫、卒正、连率、庶尹，谨牧养善民，急捕珍盗贼！有不同心并力疾恶黜贼，而妄曰饥寒所为，辄捕系，请其罪！"于是群下愈恐，莫敢言贼情者，州郡又不得擅发兵，贼由是遂不制。

【译文】这一年，荆州牧发动了两万个亡命之徒去讨伐绿林贼，贼寇首领王匡等人率领自己的属下在云杜县迎战，打败了荆州牧的军队，杀死了几千个人，把所有的军用物资全部掳获了。荆州牧想要撤退到北边去，绿林将领马武等人又伏击了他，钩住荆州牧车上挡泥的装饰板，刺杀了他的骖乘，但是他们却不敢杀死荆州牧。盗贼最后攻下了竟陵县，转过来袭击云杜县、安陆县，把很多妇女抢走，回到了绿林山里面，此时已经增加到了五万余人，州、郡都无法制止。有一个大司马的属官到豫州去办案，被盗贼俘虏了，盗贼将他送交给县衙。属官回来以后，就向王莽上书详细地报告了这件事。王莽大怒，认为这是污蔑欺骗，就颁下诏书指责四辅和三公说:"吏,就是管理的意思。宣扬德政,彰明恩泽,我任用州牧,是让他们去管教养育百姓,是仁政的原则。压制豪强,逮捕诛杀奸邪、盗贼,是正义的节操。但是现在不是这个样子。盗贼发生了,却总是不能够逮捕他们,以致他们结成群党伏击乘坐驿车的官员,能够逃脱出来的官吏又胡乱自说:'我曾经指责盗贼:"为什么要这样做呢?"盗贼回答说:"是因为贫穷。"盗贼还护送我出来。'现在庸俗的人谈论事情大多都是这样的。想想看,只是因为贫困饥寒就犯法去做坏事,小的是一个人去偷窃,大的是一伙人去抢劫,不过就是这两种而已。可是,现在竟然合谋结党,人数以千百计算,这是大规模的叛乱,哪里还是饥寒就可以解释得了的呢?四辅、三公应该严肃告诫卿大夫、卒正、连率、庶尹,认真管教抚养善良的百姓,赶快逮捕诛杀盗贼!如果有人不同心合力,不憎恨狡猾的盗贼,反而胡乱地说是饥寒使他们成为盗贼,就将这个人逮捕到监狱里面去,查办惩治他的罪行!"于是,在下位的那些官吏就更加惶恐,没有人再敢去说盗贼的真实情况,州郡又不能擅自调动军队出击,因此也就无法制止那些盗贼。

唯翼平连率田况素果敢,发民年十八以上四万馀人,授以库兵,与刻石为约。樊崇等闻之,不敢入界。况自劾奏,莽让况:"未赐虎符而擅发兵,此弄兵也,厥罪乏兴。以况自诡必禽灭贼,故且勿治。"后况自请出界击贼,所向皆破。

【译文】只有翼平郡连率田况一直以来就勇敢果决,动员了四万多年龄在十八岁以上的男子,发给他们兵库里面的武器,把军令刻在石碑上面向他们宣布。樊崇等人知道了这件事,就不敢侵入郡界。田况向王莽上奏弹劾自己,王莽就责怪田况:"没有赐给虎符却擅自调发军队,这是玩弄兵权,这种罪过与耽误军事调动一样。因为你自己保证一定会擒拿消灭贼寇，所以暂且不惩治你的罪行。"后来田况主动向王莽请求越过郡界攻打盗贼，将所到之处的盗贼都打败了。

莽以玺书令况领青、徐二州牧事，况上言："盗贼始发，其原甚微，部吏、伍人所能禽也。咎在长吏不为意，县欺其郡，郡欺朝廷，实百言十，实千言百。朝廷忽略，不辄督责，遂至延蔓连州，乃遣将帅，多使者，传相监趣。郡县力事上官，应塞诘对，共酒食，具资用，以救断斩，不暇复忧盗贼、治官事。将帅又不能躬率吏士，战则为贼所破，吏气浸伤，徒费百姓。前幸蒙赦令，贼欲解散，或反遮击，恐入山谷，转相告语。故郡县降贼皆更惊骇，恐见诈灭，因饥馑易动，旬日之间更十馀万人，此盗贼所以多之故也。今洛阳以东，米石二千，窃见诏书欲遣太师、更始将军。二人爪牙重臣，多从人众，道上空竭，少则无以威示远方。宜急选牧、尹以下，明其赏罚，收合离乡；小国无城郭者，徙其老弱置大城中，积臧谷食，并力固守。贼来攻城，则不能下；所过无食，势不得群聚。如此，招之必降，击之则灭。今空复多出将帅，郡县苦之，反甚于贼。宜尽征还乘传诸使者以休息郡县。委任臣况以二州盗贼，必平定之。"莽畏恶况，阴为发代，遣使者赐况玺书。使者至，见况，因令代监其兵，遣况西诣长安，拜为师尉大夫。况去，齐地遂败。

【译文】王莽就颁下诏书命令田况代理青、徐二州的事务，田况向王莽上书说："盗贼刚刚崛起的时候，他们的势力原本是很小的，当地的治安官吏和邻里相保的伍人就能够捉住他们。可是，责任在于县府主要的官吏不在意这件事，县欺骗郡，郡欺骗朝廷，实际上人数是一百个，却上报说是十个；实际上人数是一千个，却上报说是一百个。朝廷怠慢忽视，不及时进行督察，这才发展到了蔓延几个州的程度，到了这个时候，朝廷才派遣将帅，派遣很多使臣，乘着驿车赶去督查郡县。郡县忙着服侍上司，对于上司的责问，只是应对塞责而已，供给酒饭，准备物资和费用，来解救自己的死罪，没有时间再去忧虑盗贼和办理官府的事务。将帅又不能够亲自率领官兵去冲锋陷阵，一交战就被盗贼打败，官军的士气就逐渐低落了，只能是白白地耗费了百姓的钱财而已。过去他们幸运地蒙受了赦免的命令，盗贼本来打算解散，但是有的人反而遭到了伏击，他们惶恐地退回了山谷，辗转互相告知。所以各郡县已经投降的盗贼都更加惊惧，担心被欺骗和诛杀，就趁着收成不好，百姓饥饿，不能够安居的时候，在十天的时间里面，又聚集了十多万人，这就是为什么盗贼那么众多。现在洛阳以东的地方，一石米就要花费二千钱，我私底下看到诏书，上面写着您要派遣太师、更始将军前来，他们二人是国家的护卫大臣，如果跟随他们前来的侍从太多的话，沿途的百姓就无法向他们供给食物，但是如果随从人员太少的话，就无法用来威震远方了。您应该迅速在州牧、大尹以下挑选官吏，明确规定对他们的赏罚，让他们收集分散的乡聚和没有城池的小封国，将他们年老体弱的居民迁移安置到大城里面，储备积蓄粮食，合力坚守。等到盗贼来攻城的时候，就不能攻下。而盗贼所经过的地方，又没有粮食，那么势必就不能使他们聚集在一起；就像这个样子，招抚他们的话，他们就一定会投降的；如果我们攻击他们，他们就一定会被消灭。现在您白白地又派出许多将帅，郡县的官吏百姓害怕他们，反而比害怕盗贼还要厉害得多。您应该把所有乘坐驿车的使臣都传召回来，让郡县的官吏百姓可以休息，将必须平定青、徐二州的盗贼的任务交给我田况去办理,我一定能够做到。"王莽畏惧厌恶田况的才能,于是就暗中派遣了使者接替管理他的军队,然后派遣使者赐给田况盖了御玺的诏书。使者到达以后,接见了田况,就命令由另外的人代替他监管部队,派遣田况到西边的长安,任命他为师尉大夫。田况离开了以后,齐地也就被盗贼攻陷了。

【申涵煜评】吠夜之犬,主人未有不喜者。况以狙击盗贼自任,而莽反畏恶之,阴为发代,与秦二世、赵高同其覆辙,即故物亦且失亡,况其久假不归者耶?故曰:"讳疾忌医者,不可救药。"

【译文】吠夜的狗,主人没有不喜欢的。何况以狙击盗贼为己任的田况,而王莽反而害怕并讨厌他,私下把他明升暗降,将他发调到长安,又另派人去接替他以前的工作,与秦二世、赵高相同的覆辙,即使是旧物也将亡失,何况那些久假不归者呢?所以说:"那些讳疾忌医的人,不可救药。"

三年(壬午,公元二二年)春,正月,九庙成,纳神主。莽谒见,大驾乘六马,以五采毛为龙文衣,著角,长三尺。又造华盖九重,高八丈一尺,载以四轮车。挽者皆呼"登仙",莽出,令在前。百官窃言:"此似辒车,非仙物也。"

【译文】 三年(壬午,公元22年)春季,正月,九庙建筑竣工了,安放了神主。王莽前去晋见,坐着六匹马拖的大车,把用五彩羽毛织成龙形图案的衣服,披在了马上,马的头上装着角,有三尺长。王莽又制造了华丽的九层车盖,高八丈一尺,用四轮的车子装载,拉车的人都喊着"登仙"的口号,王莽外出的时候,就命令他们走在前面。官员们私底下就说:"这像是运棺材的车,不像是神仙之物。"

二月，樊崇等杀景尚。

关东人相食。

夏，四月，遣太师王匡、更始将军廉丹东讨众贼。初，樊崇等众既寖盛，乃相与为约："杀人者死，伤人者偿创。"其中最尊号三老，次从事，次卒史。及闻太师、更始将讨之，恐其众与莽兵乱，乃皆朱其眉以相识别，由是号曰赤眉。匡、丹合将锐士十馀万人，所过放纵。东方为之语曰："宁逢赤眉，不逢太师！太师尚可，更始杀我！"卒如田况之言。

莽又多遣大夫、谒者分教民煮草木为酪，酪不可食，重为烦费。

【译文】二月，樊崇等人杀死了景尚。

函谷关以东的地区出现了人吃人的现象。

夏季，四月，王莽派遣太师王匡、更始将军廉丹到东边去讨伐众贼。当初，樊崇等人的党羽渐渐增多以后，就相互约定说："杀人的，就处以死刑；伤人的，就给予他同样的伤口。"其中最尊贵的称号是三老，其次是从事，再其次是卒史。等到听说太师、更始将军即将前来讨伐他们的时候，他们十分担心自己的部下和王莽的军队混战时难以辨认，就命令所有人都将自己的眉毛涂成红色，以便互相识别辨认，因此被称为赤眉。王匡、廉丹一起率领了十多万的精锐士兵，经过的地方，都放任自己的士兵掳掠，不加约束。东部地区因此出现了民谣："宁愿遇到赤眉，也不要遇到太师。太师还勉强可以，更始将军却会杀了我！"最终确实像田况所说的一样。

王莽又派遣了许多大夫、谒者分别教导百姓将草木熬成糊状食品，但是这种糊状食品却不能吃，反而增加了人力、物力的浪费。

绿林贼遇疾疫,死者且半,乃各分散引去。王常、成丹西入南郡,号"下江兵";王匡、王凤、马武及其支党朱鲔、张卬等北入南阳,号"新市兵"。皆自称将军。莽遣司命大将军孙仁部豫州,纳言大将军严尤、秩宗大将军陈茂击荆州,各从吏士百馀人,乘传到部募士。尤谓茂曰:"遣将不与兵符,必先请而后动,是犹绁韩卢而责之获也。"

【译文】 绿林盗贼感染了传染病,将近一半的人都死了,就各自分散离开了绿林山。王常、成丹向西进入了南郡,称自己为"下江兵"。王凤、王匡、马武以及他们的支党朱鲔、张卬等人向北进入了南阳郡,称自己为"新市兵"。他们都称自己为将军。王莽派遣司命大将军孙仁巡察豫州,纳言大将军严尤、秩宗大将军陈茂进攻荆州,各随带官员一百多人,乘坐着驿车到达郡县去招募士兵。严尤对陈茂说:"派遣将领却不发给兵符,遇到事情一定要先请示然后才可以出动,这就犹如牵着猎犬却要求它去捉野兽一样。"

蝗从东方来,飞蔽天。

流民入关者数十万人,乃置养赡官禀食之,使者监领,与小吏共盗其禀,饥死者什七八。

【译文】 从东边飞来了蝗虫,飞行遮蔽天空。

流亡的人进入函谷关的,一共有几十万人,于是王莽就设置了养赡官,给他们提供食物。由使者监督,但是这些使者竟然和官吏一起盗取了供给那些流民的食物,饿死的流民有十分之七八。

先是,莽使中黄门王业领长安市买,贱取于民,民甚患之。

业以省费为功，赐爵附城。莽闻城中饥馑，以问业。业曰："皆流民也。"乃市所卖粱饭、肉羹，持入示莽曰："居民食咸如此。"莽信之。

【译文】 在此之前，王莽派遣中黄门王业负责长安城的买卖，王业用很低的价格向百姓收购物品。百姓都感到很忧虑。王业却因为省钱立下了功劳，被赏赐了附城的爵位。王莽听说京城里面发生了饥荒，就去询问王业。王业说："那些都是流亡的人。"然后就在市面上购买国米饭、肉羹，把这些东西拿给王莽看，说："居民吃的都是这样的食物。"王莽相信了他的话。

秋，七月，新市贼王匡等进攻随；平林人陈牧、廖湛复聚众千馀人，号"平林兵"，以应之。

莽诏书让廉丹曰："仓廪尽矣，府库空矣，可以怒矣，可以战矣！将军受国重任，不捐身于中野，无以报恩塞责！"丹惶恐，夜，召其掾冯衍，以书示之。衍因说丹曰："张良以五世相韩，椎秦始皇博浪之中。将军之先，为汉信臣；新室之兴，英俊不附。今海内溃乱，人怀汉德，甚于诗人思召公也；人所歌舞，天必从之。方今为将军计，莫若屯据大郡，镇抚吏士，砥厉其节，纳雄桀之士，询忠智之谋，兴社稷之利，除万人之害，则福禄流于无穷，功烈著于不灭。何与军覆于中原，身膏于草野，功败名丧，耻及先祖哉！"丹不听。衍，左将军奉世曾孙也。

【译文】 秋季，七月，新市贼王匡等人进攻随县。平林人陈牧、廖湛又聚集了一千多人，称自己为"平林兵"，来响应新市兵。

王莽颁下诏书指责廉丹说："仓库粮食已尽，国库财物已空，可以愤怒了，可以出战了！将军接受国家委托的重任，如果不在原野之中牺牲生命，就没有办法报答朝廷的厚恩！"廉丹惧怕，于是连夜召见了他的部属冯衍，把诏书拿给他看。冯衍就趁这个机会游说廉丹说："张良因为五代都是韩国的相国，所以就在博浪沙中用铁椎谋刺了秦始皇。将军的祖先，是汉朝忠诚的臣子。新朝兴起，天下英雄豪杰没有人心悦诚服。现在全国溃散混乱，人们思念汉朝的恩德，远远超过了周人对召公奭的思念。只要是人们所歌颂赞美的，上天一定追随。现在我为将军谋划，您不如先占据大郡，镇压官吏士兵，对他们进行安抚，然后砥砺他们的品质，接纳英雄豪杰之士，向他们请教忠智的谋略，振兴国家的利益，为百姓除去祸害，那么您的福禄就会流传无穷，您的功业永远都不会磨灭。这和军队在原野中被打败，使你的尸体跟草木同时腐烂，功业败坏，丧失名誉，使先祖蒙受耻辱相比，哪一个好呢？"廉丹没有听从。冯衍，是左将军冯奉世的曾孙。

【乾隆御批】冯衍词严义正，使丹从其言，去逆效顺，未尝不可与冯异、岑彭诸人共勋勤。乃甘心尽节贼莽，膏赤眉之锋而不悟，亦愚矣哉！

【译文】冯衍义正词严，假使廉丹听从他的劝说，反对王莽，顺应民心，未必不能和冯异、岑彭等人共同完成大业。可是他却甘心为贼臣王莽效忠，以致被赤眉军所杀，到死都不能明白，真是太愚昧了！

冬，无盐索卢恢等举兵反城附贼，廉丹、王匡攻拔之，斩首万馀级。莽遣中郎将奉玺书劳丹、匡，进爵为公；封吏士有功者十馀人。赤眉别校董宪等众数万人在梁郡，王匡欲进击之。廉丹以为新拔城罢劳，当且休士养威。匡不听，引兵独进，丹随之。合战成昌，兵败，匡走。丹使吏持其印、韍、节付匡曰："小儿可走，吾不可！"遂止，战死。校尉汝云、王隆等二十馀人别斗，闻之，皆曰："廉公已死，吾谁为生！"驰奔贼，皆战死。

【译文】冬季，无盐人索卢恢等人起兵，占据了城池造反，亲近依附盗贼，廉丹、王匡攻下了无盐城，斩下了一万多个首级。王莽派遣中郎将捧着加盖了御玺的文书，前去慰劳廉丹、王匡，将他们进升公爵，并且册封了十多个立下功劳的官吏士兵。赤眉别校董宪等人的部队有几万人在梁郡活动，王匡打算向他们进攻。但是廉丹认为他们刚刚攻下城池，士兵疲劳，应该让士兵暂时休息一下，来恢复军队的战斗力。可是，王匡没有理会他，率领军队，单独前进，廉丹只好跟着他。在成昌地方交战，王匡的部队被打败了，于是王匡就逃走了。廉丹就派遣官吏拿着自己的印章、组绶、符节交给王匡，说："小儿可以逃跑，但是我不能！"就留了下来，战死了。校尉汝云、王隆等二十多个人当时在别的地方作战，听到了这个消息以后，都说："廉公已经战死了，我们还需要为谁活呢？"就立刻赶去和盗贼作战，最后都战死了。

国将哀章自请愿平山东，莽遣章驰东与太师匡并力。又遣大将军阳浚守敖仓；司徒王寻将十馀万屯洛阳，镇南宫；大司马董忠养士习射中军北垒。大司空王邑兼三公之职。

【译文】国将哀章主动向王莽请求自己愿意去平定崤山以东地区的盗贼，于是王莽派遣哀章赶到了东边和太师王匡合作进行作战。王莽又派遣大将军阳浚去防守敖仓，派遣司徒王寻率领十多万人在洛阳驻兵，镇守南宫，派遣大司马董忠到中军北垒去教导士兵学习射箭，任命大司空王邑代理三公的职责。

初，长沙定王发生春陵节侯买，买生戴侯熊渠，熊渠生考侯仁。仁以南方卑湿，徙封南阳之白水乡，与宗族往家焉。仁卒，子敞嗣；值莽篡位，国除。节侯少子外为郁林太守，外生巨鹿都尉回，回生南顿令钦。钦娶湖阳樊重女，生三男：縯，仲，秀，兄弟早孤，养于叔父良。縯性刚毅，慷慨有大节，自莽篡汉，常愤愤，怀复社稷之虑，不事家人居业，倾身破产，交结天下雄俊。秀隆准日角，性勤稼穑。縯常非笑之，比于高祖兄仲。秀姊元为新野邓晨妻，秀尝与晨俱过穰人蔡少公，少公颇学图谶，言"刘秀当为天子"。或曰："是国师公刘秀乎？"秀戏曰："何用知非仆邪？"坐者皆大笑，晨心独喜。

资治通鉴

【译文】 当初，长沙定王刘发生下了春陵节侯刘买，刘买生下了戴侯刘熊渠，刘熊渠生下了考侯刘仁。刘仁因为南方地势低下，气候潮湿，就改封到了南阳郡的白水乡，和宗族迁到了那里，定居下来。刘仁去世以后，儿子刘敞继承了他的爵位。恰好遇到王莽篡夺了汉朝的政权，封国就被取消了。春陵节侯刘买的小儿子刘外担任郁林郡太守，刘外生下了巨鹿郡都尉刘回，刘回生下了南顿县令刘钦。刘钦聘娶了湖阳人樊重的女儿，生下了三个儿子：刘縯、刘仲、刘秀，兄弟三人的父母很早就死了，就在叔父刘良的家里生活。刘縯个性刚强坚毅，意气激昂，慷慨大度，自从王莽篡夺了汉朝的政权以后，就经常气愤不平，心中怀有光复汉朝的志向，不经营家人的田宅产业，反而倾尽自己的所有，甚至破产，来和天下的英雄豪杰结交。刘秀的鼻子很高，额上的骨头隆起如日，对农事十分勤勉。刘縯常常讥笑他，将他比作汉高祖刘邦的哥哥刘喜。刘秀的姐姐刘元是新野人邓晨的妻子，刘秀曾经和邓晨一起去拜访穰人蔡少公，蔡少公学了很多《河图》《洛书》等符命之类的书籍，就说："刘秀应该做皇上。"有人说："你说的是国师公刘秀吗？"刘秀就开玩笑说："你怎么知道不是我呢？"在座的人都哄堂大笑。只有邓晨心里感到高兴。

宛人李守，好星历、谶记，为莽宗卿师。尝谓其子通曰："刘氏当兴，李氏为辅。"及新市、平林兵起，南阳骚动，通从弟轶谓通曰："今四方扰乱，汉当复兴。南阳宗室，独刘伯升兄弟泛爱容众，可与谋大事。"通笑曰："吾意也！"会秀卖谷于宛，通遣轶往迎秀，与相见，因具言谶文事，与相约结，定谋议。通欲以立秋材官都试骑士日，劫前队大夫甄阜及属正梁丘赐，因以号令大众，传轶与秀归舂陵举兵以相应。

【译文】宛人李守，喜好星学历算、谶书，担任王莽的宗卿师，曾经对他的儿子李通说："刘氏将会复兴，李氏将会做他的辅佐大臣。"等到新市兵、平林兵崛起的时候，南阳郡人心浮动，李通的堂弟李轶对李通说："现在天下动乱，汉朝应当复兴。南阳郡刘家的宗室，只有刘伯升（伯升是刘縯的字）兄弟广泛接纳众人，我们可以和他们一起图谋国家大事。"李通笑着说："我也是这个意思！"恰好刘秀到宛县去贩卖粮食，李通就让李轶去迎接刘秀，和他见了面，借这个机会向他详细解说了谶书预言的事情，和他相结交，商定了计划。李通打算在立秋日趁着骑兵武士大检阅的时候，劫持前队大夫甄阜以及属正梁丘赐，然后向众人发号施令，让李轶和刘秀回到舂陵县起兵响应。

于是縯召诸豪桀计议曰："王莽暴虐，百姓分崩。今枯旱连年，兵革并起，此亦天亡之时，复高祖之业，定万世之秋也！"众皆然之。于是分遣亲客于诸县起兵，縯自发舂陵子弟。诸家子弟恐惧，皆亡匿，曰："伯升杀我！"及见秀绛衣大冠，皆惊曰："谨厚者亦复为之！"乃稍自安。凡得子弟七八千人，部署宾客，自称

"柱天都部"。秀时年二十八。李通未发，事觉，亡走；父守及家属坐死者六十四人。

【译文】于是，刘縯就召集了许多豪杰商议说："王莽残暴酷虐，百姓分崩离析，现在又连年发生了旱灾，到处都发生了战争，这也是上天要灭亡他的时机，我们恢复汉高祖的伟业，奠定万世不朽的基业，也正是这个时候！"大家都认为他说得很对。于是，就分别派遣自己的亲人在众县起兵，刘縯自己则去发动了春陵县的子弟。有很多家的子弟都感到害怕，纷纷躲藏逃避起来，说："伯升要害死我了！"等看到刘秀穿着红衣，戴着武官的帽子，都吃惊地说："谨慎敦厚的人都这样做了啊！"这才使自己稍微安定了下来。一共得到了七八千子弟，将宾客加以调配安排，称自己是"柱天都部"。刘秀这个时候二十八岁。可是，李通的起兵计划还未付诸实施，事情就泄露了，于是逃亡出走了，他的父亲李守以及家属牵连犯罪被处以死刑的，一共有六十四人。

縯使族人嘉招说新市、平林兵，与其帅王凤、陈牧西击长聚；进屠唐子乡，又杀湖阳尉。军中分财物不均，众恚恨，欲反攻诸刘。秀敛宗人所得物，悉以与之，众乃悦。进拔棘阳，李轶、邓晨皆将宾客来会。

【译文】刘縯派遣族人刘嘉去招抚说服新市兵、平林兵，和他们的主帅王凤、陈牧向西进攻长聚。进攻唐子乡时，杀死了很多人，又杀死了湖阳县尉。由于军队里面的财物分配不公平，大家都很愤怒怨恨，想反过来攻打那些刘姓家族的军队。于是刘秀就收集了族人所得的财物，全部交给了他们，大家才高兴了。他们继续向前挺进，攻陷了棘阳县，李轶、邓晨各自带领着自己的宾客前来会合。

严尤、陈茂破下江兵。成丹、王常、张卬等收散卒入蒌谿，略钟、龙间，众复振。引军与荆州牧战于上唐，大破之。

【译文】 严尤、陈茂打败了下江兵。成丹、王常、张卬等人收集了逃散的士兵，退到了蒌溪，在钟山、龙石山之间展开战斗，人数增多，大家又振作了起来。他们随后带领军队在上唐乡和荆州牧作战，打败了州府官军。

十一月，有星孛于张。

刘縯欲进攻宛，至小长安聚，与甄阜、梁丘赐战。时天密雾，汉军大败。秀单马走，遇女弟伯姬，与共骑而奔。前行，复见姊元，趣令上马，元以手挥曰："行矣，不能相救，无为两没也！"会追兵至，元及三女皆死，縯弟仲及宗从死者数十人。

【译文】 十一月，在南方张宿出现了彗星。

刘縯打算进攻宛县，到达了小长安聚，和甄阜、梁丘赐交战。这个时候天空布满了浓雾，汉军战败了。刘秀就骑了一匹马逃走了，遇到妹妹伯姬，就和她一起骑马逃跑。继续向前走，又见到了姐姐刘元，刘秀就催她上马，刘元挥手说："你们走吧！你们不能救我，我们也不要死在一起！"恰好这个时候追兵赶到了，刘元以及她的三个女儿都被诛杀了，刘縯的弟弟刘仲以及刘姓宗族战死的，有几十个人。

縯复收会兵众，还保棘阳。阜、赐乘胜留辎重于蓝乡，引精兵十万南度潢淳，临沘水，阻两川间为营，绝后桥，示无还心。新市、平林见汉兵数败，阜、赐军大至，各欲解去，縯甚患之。

【译文】 刘縯又收集了剩余的士兵，退回到棘阳县据守。甄阜、梁丘赐乘胜把军粮装备都留在了蓝乡，带领十万精卒向南渡过了潢淳水，靠近沘水，在二水之间的险要地方扎营，破坏了身后的桥梁，表示绝不回师的决心。新市兵、平林兵看到汉军被打败了许多次，甄阜、梁丘赐的军队又将要大举进攻，就纷纷想解散离开，刘縯感到很忧虑。

会下江兵五千馀人至宜秋，縯即与秀及李通俱造其壁曰："愿见下江一贤将，议大事。"众推王常。縯见常，说以合从之利，常大悟曰："王莽残虐，百姓思汉。今刘氏复兴，即真主也；诚思出身为用，辅成大功。"縯曰："如事成，岂敢独飨之哉！"遂与常深相结而去。常还，具为馀将成丹、张卬言之。丹、卬负其众曰："大丈夫既起，当各自为主，何故受人制乎！"常乃徐晓说其将帅曰："王莽苛酷，积失百姓之心，民之讴吟思汉，非一日也，故使吾属因此得起。夫民所怨者，天所去也；民所思者，天所与也。举大事，必当下顺民心，上合天意，功乃可成。若负强恃勇，触情恣欲，虽得天下，必复失之。以秦、项之势，尚至夷覆，况今布衣相聚草泽，以此行之，灭亡之道也。今南阳诸刘举宗起兵，观其来议者，皆有深计大虑，王公之才，与之并合，必成大功，此天所以祐吾属也！"下江诸将虽屈强少识，然素敬常，乃皆谢曰："无王将军，吾属几陷于不义！"即引兵与汉军及新市、平林合。于是诸部齐心同力，锐气益壮。縯大飨军士，设盟约，休卒三日，分为六部。十二月，晦，潜师夜起，袭取蓝乡，尽获其辎重。

【译文】恰好下江兵五千多人聚集到了宜秋，刘縯立即和刘秀、李通到达了他们的营垒，说："我们希望可以见到下江兵中一位贤明的将领，商量大事。"大家就推举了王常。刘縯见到王常以后，就向他说明了联合作战的好处，王常大大觉悟说："王莽残暴酷虐，百姓都思念汉朝。现在刘氏皇族复兴了，就是天下真正的主人，我实在是想要挺身而出，为你效力，帮助你完成大业。"刘縯说："如果事业成功了，我又怎么会独自享受呢？"就和王常深相结交，告辞离开了。王常回到军营以后，就向其他将领成丹、张印详细说明了这件事情。成丹、张印认为自己兵力强大，就说："大丈夫既然已经起事了，就应该自己做主人，为什么要受别人的控制呢！"于是王常就慢慢地向他的将帅们说明这件事情："王莽的政令苛刻严酷，长时间地失去了百姓的心意，百姓歌颂思念汉朝，已经不是一天了，正因为这样，我们才能够崛起。百姓所怨恨的，上天一定会铲除；百姓所盼望的，上天一定会赐予。兴起大事，一定要向下顺从百姓的心意，向上符合上天的意思，然后才可以成就大业；如果我们仗恃自己强横，仗着自己勇猛，感情用事，放纵自己的私欲，即使得到了天下，也一定会失去它的。凭借着秦始皇、项羽的威势，尚且遭到了夷戮倾覆的厄运，何况现在我们这些平民聚集在山林草泽里面，如果也任情纵欲，那就是在走灭亡的道路。现在南阳郡众刘姓家族起兵，观察他们前来和我们进行商量的人，都有深谋远虑，具备辅佐帝王的才能，和他们一起合作，一定能够成就大功，这是上天用来帮助我们的啊！"下江兵的众将虽然个性倔强，而且缺少见识，可是，他们一直以来就尊敬王常，都一致认错说："如果没有王将军，我们几乎做了不义的人啊！"然后就带领军队和汉军、新市兵、平林兵会合。于是，众部同心合力，士气更加高昂。刘縯用丰盛的酒食招待士兵，订立盟约，让士兵休息三天，然后把军队分成六部。十二月晦日（三十日），军队秘密行动，乘夜出发，偷袭攻下了蓝乡，获取了所有的军粮装备。

【**申涵煜评**】常一绿林之豪耳。观其说下江诸将与南阳诸将并合，深识天命人心所在，于汉兵败衄，脚根未定之时，较彭越、英布随说士转移者，功更不可同年而语。

【**译文**】王常不过是一个绿林豪杰罢了。看他劝说下江将领和南阳诸将合并，深知天命人心所在，在汉朝军队失败受挫，脚根尚未站稳之时，和随着说客转移的彭越、英布等人比较，王常的功劳更不可同日而语。

资治通鉴卷第三十九　汉纪三十一

起昭阳协洽，尽阏逢涒滩，凡二年。

【译文】起癸未（公元23年），止甲申（公元24年），共二年。

【题解】本卷记录了淮阳王更始元年、二年间的历史。元年二月，刘玄称帝。六月昆阳之战，汉军大胜。九月王莽被斩，新朝灭亡。刘玄迁都洛阳，刘秀安抚河北，开始独当一面。更始二年，当刘玄荒废政事之时，刘秀在河北历尽艰难，与更始决裂。更始帝号令不行，各地纷纷起兵，全国进入动乱纷争之中。

淮阳王

更始元年（癸未，公元二三年）春，正月，甲子朔，汉兵与下江兵共攻甄阜、梁丘赐，斩之，杀士卒二万馀人。王莽纳言将军严尤、秩宗将军陈茂引兵欲据宛，刘縯与战于淯阳下，大破之，遂围宛。先是，青、徐贼众虽数十万人，讫无文书、号令、旌旗、部曲。及汉兵起，皆称将军，攻城略地，移书称说。莽闻之，始惧。

【译文】更始元年（癸未，公元23年）春季，正月，甲子朔日（正月壬子朔，甲子日当是十三日），汉军和下江兵一起攻打甄阜、梁丘赐军，斩杀了甄阜、梁丘赐，又杀了两万多个士兵。王莽的纳言将军严尤、秩宗将军陈茂带领军队打算驻防宛县，刘縯和他们在清阳县一带交战，打败了严尤、陈茂的军队，于是包围了宛县。

在此之前，青、徐二州的盗贼虽然有几十万人那么多，但始终没有公文、号令、军旗、编制。等到汉军崛起以后，大家都称自己是将军，攻城略地，传递文书，声讨王莽的罪行。王莽知道了这件事以后，就开始感到惧怕。

春陵戴侯曾孙玄在平林兵中，号更始将军。时汉兵已十馀万，诸将议以兵多而无所统一，欲立刘氏以从人望。南阳豪桀及王常等皆欲立刘縯；而新市、平林将帅乐放纵，惮縯威明，贪玄懦弱，先共定策立之，然后召縯示其议。縯曰："诸将军幸欲尊立宗室，甚厚，然今赤眉起青、徐，众数十万，闻南阳立宗室，恐赤眉复有所立，王莽未灭而宗室相攻，是疑天下而自损权，非所以破莽也。春陵去宛三百里耳，遽自尊立，为天下准的，使后人得承吾敝，非计之善者也。不如且称王以号令，王势亦足以斩诸将。若赤眉所立者贤，相率而往从之，必不夺吾爵位。若无所立，破莽，降赤眉，然后举尊号，亦未晚也。"诸将多曰："善！"张卬拔剑击地曰："疑事无功，今日之议，不得有二！"众皆从之。

【译文】春陵戴侯的曾孙刘玄在平林兵中，被称为更始将军。这个时候汉军已经有十多万人了，众将议论认为军队众多却没有一个共同的领袖，就想拥立刘氏来顺从大家的愿望。南阳郡的豪杰和王常等人都主张拥立刘縯，但是新市兵、平林兵的将帅以不遵守军纪为乐，害怕刘縯的威武严明，贪图刘玄的软弱无能，抢先共同定下策略拥立刘玄，造成既定事实，然后再传召刘縯前来，告知他们的决定。刘縯说："各位将军希望可以尊立宗室，那当然很好！但是现在赤眉兵在青、徐二州崛起，拥有几十万的人马，如果他们知道了南阳拥立皇族为领袖的消息，我担心赤眉也会拥立皇族作为自己的领袖，这样的话，我们还没有消灭王莽，而刘姓皇族就开始互相进攻，这将会使天下的百姓不知所从，疑窦丛生，而损坏自己的力量，不是消灭王莽的好方法。况且，春陵县距离宛县不过三百里路而已，突然自行拥立领袖，就会成为天下攻击的目标，让后来人承受衰败，这不是好的计谋。不如暂且称王来发号施令，国王的权力也足以斩杀将领。如果赤眉拥立的人贤能，那么，我们就率领人马一起前去投奔归附他，他一定不会剥夺我们的爵位的。即使我们现在不拥立领袖，等到消灭了王莽，降服了赤眉以后，然后再称皇上，也不算晚。"众将大多都说："好！"张卬拔剑砍击地面，说："对自己做的事情，抱着怀疑态度，就一定不能成功，今天的这个决定，不能再生他念！"大家都赞成他。

二月，辛巳朔，设坛场于淯水上沙中，玄即皇帝位，南面立，朝群臣；羞愧流汗，举手不能言。于是大赦，改元，以族父良为国三老，王匡为定国上公，王凤为成国上公，朱鲔为大司马，刘縯为大司徒，陈牧为大司空，馀皆九卿将军。由是豪桀失望，多不服。

【译文】 二月，辛巳朔日（初一），在淯水沙洲中筑土设置了坛场，刘玄登上皇位，面向南方站立，接受大臣们的朝见。可是，他感到羞愧，满脸流汗，只能举手却说不出话。于是刘玄就宣布大赦，更改了年号，任命自己的堂叔刘良为国三老，王匡为定国上公，王凤为成国上公，朱鲔为大司马，刘縯为大司徒，陈牧为大司空，其他的人都是九卿将军。因此豪杰感到失望，很多人都不服。

王莽欲外示自安，乃染其须发，立杜陵史谌女为皇后；置后宫，位号视公、卿、大夫、元士者凡百二十人。

【译文】 王莽想要向外界显示内部的安定，于是就染黑了自己的头发和胡须，册立杜陵人史谌的女儿为皇后，此外还设置了后宫，地位封号比照公、卿、大夫、元士的，一共遴选了一百二十位妃嫔。

莽赦天下，诏："王匡、哀章等讨青、徐盗贼，严尤、陈茂等讨前队丑虏，明告以生活、丹青之信。复迷惑不解散，将遣大司空、隆新公将百万之师剿绝之矣。"

三月，王凤与太常偏将军刘秀等徇昆阳、定陵、郾，皆下之。

【译文】 王莽下令大赦天下，颁下诏书说："王匡、哀章等人讨伐青、徐二州的盗贼，严尤、陈茂等人讨伐前队地区的盗贼，明白地向他们宣告前来投降的不杀、守约不变；如果继续迷惑而不解散，我将会派遣大司空、隆新公（王邑）率领一百万的军队去剿灭他们。"

三月，王凤和太常偏将军刘秀等人率领汉军攻略昆阳、定陵、郾三县，这三个县也都归顺了。

王莽闻严尤、陈茂败，乃遣司空王邑驰传，与司徒王寻发兵平定山东。征诸明兵法六十三家以备军吏，以长人巨毋霸为垒尉，又驱诸猛兽虎、豹、犀、象之属以助威武。邑至洛阳，州郡各选精兵，牧守自将，定会者四十二万人，号百万；馀在道者，旌旗、辎重，千里不绝。夏，五月，寻、邑南出颍川，与严尤、陈茂合。

【译文】 王莽知道严尤、陈茂战败了，就派遣司空王邑乘坐传车急速出发，和司徒王寻一起派遣军队去平定崤山以东的地区。同时王莽还征召了通晓六十三家兵法的人担任军官，任命巨人巨无霸为垒尉，又把那些猛兽虎、豹、犀牛、象等都赶了出来，用来助长军队的威势。王邑抵达了洛阳以后，各州郡分别选派精锐的士兵，由州牧、太守亲自带领，定期汇合到一起的有四十三万人，号称有一百万人。其余正走在路上的，军旗、粮食、装备，长达千里，源源不断。夏季，五月，王寻、王邑从颍川郡南边出发，和严尤、陈茂会合了。

　　诸将见寻、邑兵盛，皆反走，入昆阳，惶怖，忧念妻孥，欲散归诸城。刘秀曰："今兵谷既少而外寇强大，并力御之，功庶可立；如欲分散，势无俱全。且宛城未拔，不能相救；昆阳即拔，一日之间，诸部亦灭矣。今不同心胆，共举功名，反欲守妻子财物邪？"诸将怒曰："刘将军何敢如是！"秀笑而起。会候骑还，言："大兵且至城北，军陈数百里，不见其后。"

　　【译文】汉军的将领们见到王寻、王邑的军队兵多势众，就都转身逃跑了，逃入昆阳县，惊慌不安，担心自己的妻子、子女，就想在这里分散回到各自的城池去。刘秀就说："现在城内的军队、粮食已然很少，但是城外的贼寇强大，我们联合起来一起抵抗敌人，也许还能立下功劳。如果我们在这里分散，势必不能全部保全。而且现在还没有攻陷宛城，不能前来支援，假如敌人占领了昆阳县，只要一天的时间，我军众部也就都会被消灭。现在怎么能不心胆相同，一起来完成大业，却反而只是想要守住妻儿财物呢？"众将发怒说："刘将军怎么敢说这样的话！"刘秀笑着站起来。恰好这个时候侦察的骑兵回来了，报告说："敌人大军即将来到城的北面，军阵长达几百里，我看不到尾。"

　　诸将素轻秀，及迫急，乃相谓曰："更请刘将军计之。"秀复为图画成败，诸将皆曰："诺。"时城中唯有八九千人，秀使王凤与廷尉大将军王常守昆阳，夜与五威将军李轶等十三骑出城南门，于外收兵。

【译文】 众将一直以来就轻视刘秀，等到了这样紧急的时候，才互相议论说："重新去请刘将军来计谋这件事吧。"刘秀又给将领们描述了成败的因素，众将都说："好的。"这个时候城里只有八九千人，刘秀就让王凤和廷尉大将军王常防守昆阳县，和五威将军李轶等十三个骑士连夜从昆阳城的南门驰出，到外面去收集士兵。

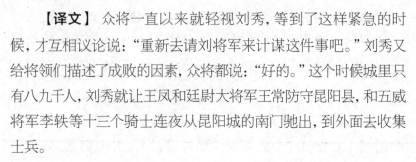

时莽兵到城下者且十万，秀等几不得出，寻、邑纵兵围昆阳，严尤说邑曰："昆阳城小而坚，今假号者在宛，亟进大兵，彼必奔走。宛败，昆阳自服。"邑曰："吾昔围翟义，坐不生得以见责让。今将百万之众，遇城而不能下，非所以示威也。当先屠此城，喋血而进，前歌后舞，顾不快邪！"遂围之数十重，列营百数，钲鼓之声闻数十里，或为地道、冲辒撞城；积弩乱发，矢下如雨，城中负户而汲。王凤等乞降，不许。寻、邑自以为功在漏刻，不以军事为忧。严尤曰："《兵法》：'围城为之阙'，宜使得逸出以怖宛下。"邑又不听。

【译文】 这个时候王莽到达城下的军队将近十万人，刘秀等人几乎不能出城。王寻、王邑指挥军队包围了昆阳县，严尤建议王邑说："昆阳城虽然小，很坚固，现在假冒皇上的刘玄在宛城，我们大军迅速向那里进兵，他一定会吓跑的。一旦宛城被攻陷了，昆阳县自然也就会向我们投降了。"王邑说："我过去围攻翟义的时候，因为不能活捉他，而被王莽责怪，现在我率领百万大军，遇到城池却不能攻陷，这样就不能显示军威了。我们应该先攻陷屠杀了这个城池，踏着血泊前进，前面唱着，后面舞着，难道不是很痛快吗？"于是，把昆阳城包围了几十层，所列的军营，有上百个，铙鼓的声音,远远传到了几十里之外,此外还挖掘了地道,用撞车、楼车去撞城,用许多弓弩向城内乱射,箭下如雨,城里面的人为了躲避飞矢都扛着门板出去打水。王凤等人请求投降,没有被理睬。王寻、王邑自己认为顷刻之间就可以成功,不担心军事上会出其他事故。严尤建议说:"《兵法》里面写过:'包围敌城要留下一个缺口。'应该让他们能够逃出来,从而使围攻宛城的绿林军感到害怕。"王邑没有听取这个建议。

棘阳守长岑彭与前队贰严说共守宛城,汉兵攻之数月,城中人相食,乃举城降。更始入都之。诸将欲杀彭,刘縯曰:"彭,郡之大吏,执心坚守,是其节也。今举大事,当表义士,不如封之。"更始乃封彭为归德侯。

【译文】 棘阳县守长岑彭和前队副严说一起守卫宛城,汉军攻击了几个月,城中因为缺粮而人吃人,于是全城投降了。刘玄进入城中,并且在宛城建设都城。将领们想要杀了岑彭,刘縯就说:"岑彭,作为一个郡的长官,专心坚守,这是他有气节的表现。现在我们要做大事,应当表扬义士,还不如册封他来得好。"于是刘玄就册封岑彭为归德侯。

刘秀至郾、定陵,悉发诸营兵。诸将贪惜财物,欲分兵守之。秀曰:"今若破敌,珍宝万倍,大功可成;如为所败,首领无馀,何财物之有!"乃悉发之。六月,己卯朔,秀与诸营俱进,自将步骑千馀为前锋,去大军四五里而陈;寻、邑亦遣兵数千合战,秀奔之,斩首数十级。诸将喜曰:"刘将军平生见小敌怯,今见大敌勇,甚可怪也!且复居前,请助将军!"

【译文】 刘秀到达了郾县、定陵县,就调发了众营的士兵。可是，众将贪惜财物，想要分出一部分兵士留守。刘秀就说："如果我们现在打败了敌人，珍珠宝物将会多出一万倍，就可以立下大功；如果我们被打败了，就连头颅都无法保住，又怎么会有什么财物呢！"于是，刘秀就调发了所有的军队。六月，己卯朔日（初一），刘秀和众营官兵一起出发，亲自率领了一千多个步兵骑士做前锋，在距离王莽大军四五里的地方摆好阵势。王寻、王邑也调发了几千个士兵和他们交战，刘秀带兵冲了过去，砍下了几十个首级。众将都高兴地说："刘将军平时看到弱小的敌军都胆怯，现在见到强敌了却那么英勇，实在是太奇怪了！既然我们处在军队的前面，我们请求能够帮助将军！"

秀复进，寻、邑兵却，诸部共乘之，斩首数百千级。连胜，遂前，诸将胆气益壮，无不一当百，秀乃与敢死者三千人从城西水上冲其中坚。寻、邑易之，自将万馀人行陈，敕诸营皆按部毋得动，独迎与汉兵战，不利，大军不敢擅相救。寻、邑陈乱，汉兵乘锐崩之，遂杀王寻。城中亦鼓噪而出，中外合势，震呼动天地。莽兵大溃，走者相腾践，伏尸百馀里。会大雷、风、屋瓦皆飞，雨下如注，滍川盛溢，虎豹皆股战，士卒赴水溺死者以万数，水为不流。王邑、严尤、陈茂轻骑乘死人度水逃去，尽获其军实辎重，不可胜算，举之连月不尽，或燔烧其馀。士卒奔走，各还其郡，王邑独与所将长安勇敢数千人还洛阳，关中闻之震恐。于是，海内豪桀翕然响应，皆杀其牧守，自称将军，用汉年号以待诏命。旬月之间，遍于天下。

【译文】 刘秀又向前进兵，王寻、王邑的军队退却了，汉军各部就一起趁这个机会，砍下了几百、上千个首级。汉军接连获胜，就不断继续向前进兵，众将的胆气更加雄壮了，没有一个不是以一抵百的，刘秀就和三千个敢死兵从城西的水岸边冲向敌人的中军将军的营帐。王寻、王邑轻视汉军，亲自率领了一万多人巡行军阵，戒令各营都按照部署，按军不动，独自迎上前去，和汉军交战，结果失利，但是大军又不敢擅自相救。王寻、王邑的军阵一片混乱，汉军趁着锐势击溃了敌军，杀死了王寻。昆阳城中的汉军也击鼓大喊而冲杀出来，城里城外的势力结合在一起，里应外合，喊声震动天地。王莽的军队被打得大败，逃跑的人互相踩踏，倒在地上的尸体，长达一百多里。刚好那个时候打大雷，刮大风，屋瓦全部都被吹走了，大雨好像从天上倒灌下来一样，滍川的水暴涨，溢了出来，虎、豹都感到十分畏惧，掉到水里被淹死的士兵，需要以万来计算，滍川的河水因此不能流动。王邑、严尤、陈茂的装备都很轻便，骑马踩在死人的身上，渡水逃走了，汉军获取了王莽军队丢下的全部军用物资，多得没有办法计算，一连捞了几个月都没有捞完，有些剩余的就都被烧了。王莽军队里面的士兵四散逃亡，分别回到自己的郡去，只有王邑单独和他所率领的几千个长安勇士回到了洛阳，关中的人听到了这个消息以后，都为之感到震惊。于是，全国豪杰很快就一致响应，都杀死了自己的州牧、太守，称自己是将军，使用汉氏的年号，等待刘玄的诏令。不到一个月的时间，天下就都是这种情况了。

【乾隆御批】以什不及一之兵，率先鼓勇，将士无不一以当百，非独帝王有真，亦因兵以义。

【译文】用不到十分之一的兵力率先鼓舞士气，将士们无不是以一当百，这不仅仅因为帝王是真帝王，也是士兵们被大义所驱动。

【申涵煜评】昆阳一战，天下震动，汉以八九千人敌四十三万，如催枯拉朽，而天又以风雷助之，与高祖彭城、淮水之役，都非人谋所及。

【译文】昆阳一战，使天下为之震动，汉军以八九千人对抗敌人四十三万大军，如催枯拉朽之势，而上天又以风雷相助，与高祖彭城、淮水之役，都不是只靠个人谋划就能达成的。

莽闻汉兵言莽鸩杀孝平皇帝，乃会公卿于王路堂，开所为平帝请命金縢之策，泣以示群臣。

【译文】王莽听汉军说自己用毒酒杀死了孝平皇帝，就集合了众位公卿到王路堂去，打开以前为汉平帝向上天请命而放在匣子里的他替汉平帝请求解除疾病、愿以身代死的策文，哭着拿给大臣们看。

刘秀复徇颍川，攻父城不下，屯兵巾车乡。颍川郡掾冯异监五县，为汉兵所获。异曰："异有老母在父城，愿归，据五城以效功报德！"秀许之。异归，谓父城长苗萌曰："诸将多暴横，独刘将军所到不虏略，观其言语举止，非庸人也！"遂与萌率五县以降。

【译文】刘秀又向颍川郡进军，却一直攻不下父城县，于是在巾车乡驻扎大军。颍川郡掾冯异监督五个县，被汉军生擒了。冯异就说："我有老母在父城县，我愿意回去，把这五座城池献上，来报答您的恩德！"刘秀准许了他的请求。冯异回去以后，就对父城县长苗萌说："刘玄的将领们大多数凶暴强横，只有刘秀将军经过的地方，没有抢劫人和财物，看他的言行举止，他不是一个平庸的人！"于是冯异就和苗萌率领五个县的官吏百姓投降了。

新市、平林诸将以刘缜兄弟威名益盛，阴劝更始除之。

【译文】　新市兵、平林兵的将领们因为刘縯兄弟的威名越来越大，就暗中建议更始帝刘玄除掉他们兄弟。

秀谓縯曰："事欲不善。"縯笑曰："常如是耳。"更始大会诸将，取縯宝剑视之。绣衣御史申徒建随献玉玦，更始不敢发。縯舅樊宏谓縯曰："建得无有范增之意乎？"縯不应。李轶初与縯兄弟善，后更谄事新贵。秀戒縯曰："此人不可复信！"縯不从。縯部将刘稷，勇冠三军，闻更始立，怒曰："本起兵图大事者，伯升兄弟也。今更始何为者邪！"更始以稷为抗威将军，稷不肯拜。更始乃与诸将陈兵数千人，先收稷，将诛之，縯固争。李轶、朱鲔因劝更始并执縯，即日杀之。以族兄光禄勋赐为大司徒。秀闻之，自父城驰诣宛谢。司徒官属迎吊秀，秀不与交私语，惟深引过而已，未尝自伐昆阳之功；又不敢为縯服丧，饮食言笑如平常。更始以是惭，拜秀为破虏大将军，封武信侯。

【译文】　刘秀对刘縯说："看情况，更始帝刘玄打算跟我们过不去。"刘縯却笑着说："一直就是这个样子的。"刘玄集合了全体将领，让刘縯拿出他的宝剑，细细查看。这个时候，绣衣御史申屠建随即进献上玉块，暗示刘玄下令，但是刘玄不敢下令。刘縯的舅舅樊宏对刘縯说："申屠建难道就没有当年范增打算杀死刘邦的意思吗？"刘縯没有回答。李轶和刘縯兄弟的关系以前很要好，可是他后来又去谄媚侍奉拥有权柄的新贵。刘秀告诫刘縯说："你不能再相信这个人了！"刘縯没有听从。刘縯的部将刘稷，在整个军队里面是最勇敢的，知道刘玄刚刚登上皇位，就发怒说："当初起兵图谋大事的，是刘氏兄弟。现在刘玄是干什么的！"刘玄任命刘稷为抗威将军，刘稷不愿意接受，刘玄就和众将部署了几千个士兵，先逮捕刘稷，打算诛杀他，刘縯就坚决为他争论，表示反对这样做。李轶、朱鲔趁这个机会建议刘玄将刘縯一起抓起来,当天就斩杀了他们两个人;刘玄任命刘秀的堂哥光禄勋刘赐为大司徒。刘秀听到了这个消息以后,就从父城骑马疾驰到宛县向刘玄请罪。司徒部属去迎接刘秀,表示哀悼,刘秀私底下并不和他们交谈,只是深深地责备自己而已,不曾夸耀自己在昆阳之战中立下的功劳,又不敢为刘縯穿着丧服,饮食说笑和平常一样。刘玄因此惭愧,任命刘秀为破虏大将军,封为武信侯。

资治通鉴

【申涵煜评】縯英毅类高武,使立以号令,中兴指日可待,乃无端立一更始。夫鸟有罝而鱼有饵,天其以元为罝饵耶?縯卒死于竖子之手,时命不犹人,其如天何哉!

【译文】刘縯的英武刚毅与高祖、武帝相仿,假使让他执掌政权并号令天下,中兴指日可待,竟无端立一个更始帝刘玄。鸟有用来诱捕它们的罝,鱼也有钓捕它们的鱼饵。难道老天是拿权利来给刘縯做诱饵吗?刘縯最后死在刘玄那个竖子手里,当时命不如人,与老天何干呢?

道士西门君惠谓王莽卫将军王涉曰:"谶文刘氏当复兴,国师公姓名是也。"涉遂与国师公刘秀、大司马董忠、司中大赘孙伋谋以所部兵劫莽降汉,以全宗族。秋,七月,伋以其谋告莽,莽召忠诘责,因格杀之,使虎贲以斩马剑剉忠,收其宗族,以醇醯、毒药、白刃、丛棘并一坎而埋之;秀、涉皆自杀。莽以其骨肉、旧臣,恶其内溃,故隐其诛。莽以军师外破,大臣内畔,左右亡所信,不能复远念郡国,乃召王邑还,为大司马,以大长秋张邯为大司徒,崔发为大司空,司中寿容苗䜣为国师。莽忧懑不能食,但饮酒,啖鳆鱼;读军书倦,因冯几寐,不复就枕矣。

【译文】 道士西门君惠对王莽卫将军王涉说:"谶书记载说

刘氏应当复兴，国师公的姓名就是。"王涉就和国师公刘秀、大司马董忠、司中大赘孙伋一起商量，准备用他们带领的士兵去劫持王莽，向刘玄的政权投降，来保全自己的宗族。秋季，七月，孙伋告诉了王莽他们的计谋，王莽就召见了董忠，当面对他进行诘问指责，打算借这个机会击杀他。王莽派遣武士用斩马剑将董忠劈死，逮捕了董忠的宗族，用浓醋、毒药、白刃、荆棘合在一个圹穴里面埋葬了他们。刘秀、王涉都自杀而死。王莽因为王涉是他的亲人，刘秀（刘歆）是他的旧臣，厌恶别人说他的内部崩乱了，所以就隐匿了对他们的诛杀。王莽因为军队在外面打了败仗，大臣们又在内部叛乱了，身边没有可以信任的人，不能够再考虑远方的郡国，就召回了王邑，任命王邑为大司马，任命大长秋张邯为大司徒，崔发为大司空，司中寿容苗诉为国师。王莽忧愁烦闷，什么东西也吃不下，只是饮酒、吃鳆鱼，阅读军书疲倦了，就靠着几案打盹儿，不再上床睡觉了。

成纪隗崔、隗义、上邽杨广、冀人周宗同起兵以应汉，众数千人，攻平襄，杀莽镇戎大尹李育。崔兄子嚣，素有名，好经书，崔等共推为上将军。崔为白虎将军，义为左将军。嚣遣使聘平陵方望，以为军师。望说嚣立高庙于邑东。己巳，祀高祖、太宗、世宗，嚣等皆称臣执事，杀马同盟，以兴辅刘宗；移檄郡国，数莽罪恶。勒兵十万，击杀雍州牧陈庆、安定大尹王向。分遣诸将徇陇西、武都、金城、武威、张掖、酒泉、燉煌，皆下之。

【译文】 成纪人隗崔、隗义，上邽人杨广，冀人周宗一起起兵来响应汉朝的军队，攻打平襄县，杀死了王莽的镇戎郡大尹李育。隗崔的侄子隗嚣，一直以来就有名声，喜爱阅读经典，隗崔等人一起推举他担任上将军，隗崔担任白虎将军，隗义担任左将军。隗嚣派遣使者去聘请平陵人方望，任命他为军师。方望建议隗嚣在平襄县的东郊兴建汉高祖刘邦祭庙。己巳日（七月二十一日），这些人祭祀汉高祖、太宗、世宗，隗嚣等人都自称臣子执事，杀马一起发誓，来振兴辅助刘姓皇族，向各郡、各封国传递文告，声讨王莽的罪恶。带领了十万人的军队，击杀了雍州牧陈庆、安定郡大尹王向。又分别派遣将领去招抚陇西、武都、金城、武威、张掖、酒泉、敦煌等郡，这些地方都向隗嚣归顺了。

初，茂陵公孙述为清水长，有能名；迁导江卒正，治临邛。汉兵起，南阳宗成、商人王岑起兵徇汉中以应汉，杀王莽庸部牧宋遵，众合数万人。述遣使迎成等，成等至成都，虏掠暴横。述召群中豪桀谓曰："天下同苦新室，思刘氏久矣，故闻汉将军到，驰迎道路。今百姓无辜而妇子系获，此寇贼，非义兵也。"乃使人诈称汉使者，假述辅汉将军、蜀郡太守兼益州牧印绶；选精兵西击成等，杀之，并其众。

【译文】 当初，茂陵人公孙述担任清水县长的官职，以才能干练闻名于世，后来王莽调升他为导江郡卒正，以临邛县为行政所在地。汉朝军队崛起的时候，南阳人宗成、商人王岑起兵，进攻掠夺汉中郡，来响应汉军，杀死了王莽的庸部牧宋遵，聚合了几万人。公孙述派遣使者去迎接宗成等人，宗成等人到达了成都县，劫夺抢掠，残暴蛮横。公孙述就召集了郡里的豪杰说："天下的百姓都不堪忍受新朝的苦难，思念汉朝已经很长时间了。所以听到汉朝的军队到达了，就赶快到道路两边去迎接他们。现在百姓没有罪过但是妇女、小孩被抓了起来，这些人是贼寇，而不是义兵。"于是，公孙述就派人假冒汉朝使者，授予公孙述辅汉将军、蜀郡太守兼益州牧的印信，公孙述挑选了精锐部队，向西去攻击宗成等人，杀死了他们，兼并了他们的部下。

【译文】公孙述的见解很大气，虽然他的行为欺诈不正，但没有违背原则。假若他能早些知晓上天之命的倾向，拥戴光武帝，应当不愧为云台画像中的功臣将领之一。但他却把非法割据作为志向，妄自尊大，嘲讽他是井底之蛙，也是在所难免。

前钟武侯刘望起兵汝南，严尤、陈茂往归之；八月，望即帝位，以尤为大司马，茂为丞相。

王莽使太师王匡、国将哀章守洛阳。更始遣定国上公王匡攻洛阳，西屏大将军申屠建、丞相司直李松攻武关，三辅震动。析人邓晔、于匡起兵南乡以应汉，攻武关都尉朱萌，萌降；进攻右队大夫宋纲，杀之；西拔湖。莽愈忧，不知所出。崔发言：“古者国有大灾，则哭以厌之。宜告天以求救！”莽乃率群臣至南郊，陈其符命本末，仰天大哭，气尽，伏而叩头。诸生、小民旦夕会哭，为设飧粥；甚悲哀者，除以为郎，郎至五千馀人。

【译文】 前钟武侯刘望在汝南郡起兵，严尤、陈茂都去归附他。八月，刘望登上了皇位，任命严尤为大司马，陈茂为丞相。

王莽派遣太师王匡、国将哀章去防守洛阳。刘玄派遣定国上公王匡去进攻洛阳，西屏大将军申屠建、丞相司直李松去进攻武关，三辅地区为之震动。析人邓晔、于匡在南乡起兵，来响应汉朝的军队，攻击武关都尉朱萌，朱萌投降；攻击右队大夫宋纲，杀死了宋纲；向西攻陷了湖县。王莽越来越忧虑，不知道应该怎么办。

崔发说:"古时候国家有重大的灾难,就用哭向上天告哀来战胜它。您应该祷告上天祈求它的帮助!"于是王莽就率领大臣们去京城南郊,陈述了他接受符命的首尾经过,然后抬头大哭,声嘶气绝,并且伏地磕头。众儒生和百姓们每天早晚会集合起来哭泣,为他们准备餐粥。哭得非常悲伤的人,王莽就任命他为郎官,以致被任命的郎官多达五千多人。

莽拜将军九人,皆以虎为号,将北军精兵数万人以东,内其妻子宫中以为质。时省中黄金尚六十馀万斤,它财物称是,莽愈爱之,赐九虎士人四千钱;众重怨,无斗意。九虎至华阴回谿,距隘自守。于匡、邓晔击之,六虎败走;二虎诣阙归死,莽使使责死者安在,皆自杀;其四虎亡。三虎收散卒保渭口京师仓。

【译文】 王莽任命了九个将军,都用虎字作为将军的称号,率领禁卫军精锐士兵几万人,向东方出发,把他们的妻子儿女收容到皇宫里作为人质。那个时候宫中的黄金还有六十多万斤,其他的贵重珍宝差不多也是这个数目,然而王莽越来越吝啬,仅仅赐给九虎士兵每人四千钱。大家就更加怨恨王莽,一点战斗的意志也没有了。九虎到达了华阴县回溪,占据险要的地方自守。于匡、邓晔率领军队去攻击他们,六位虎将军被打败逃走了,其中两位虎将军到皇宫里面去向王莽请罪,王莽派遣使臣去责问他们那些战死的人在哪里,于是这两位虎将军就自杀而死,另外四位虎将军逃走了。还有三位虎将军收集逃散的士兵,去保卫位于渭口的京师仓。

邓晔开武关迎汉兵。李松将三千馀人至湖,与晔等共攻京师仓,未下。晔以弘农掾王宪为校尉,将数百人北度渭,入左冯翊界。李松遣偏将军韩臣等径西至新丰击破莽波水将军,追奔

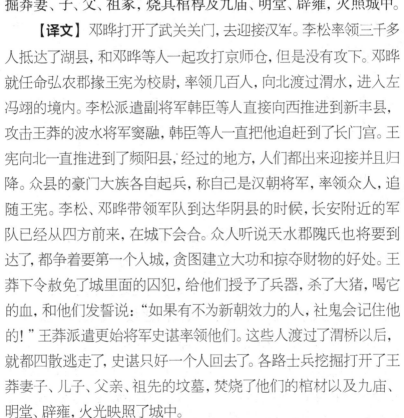

至长门宫。王宪北至频阳，所过迎降。诸县大姓各起兵称汉将，率众随宪。李松、邓晔引军至华阴，而长安旁兵四会城下；又闻天水隗氏方到，皆争欲先入城，贪立大功、卤掠之利。莽赦城中囚徒，皆授兵，杀豨，饮其血，与誓曰："有不为新室者，社鬼记之！"使更始将军史谌将之。度渭桥，皆散走；谌空还。众兵发掘莽妻、子、父、祖冢，烧其棺椁及九庙、明堂、辟雍，火照城中。

【译文】邓晔打开了武关关门，去迎接汉军。李松率领三千多人抵达了湖县，和邓晔等人一起攻打京师仓，但是没有攻下。邓晔就任命弘农郡掾王宪为校尉，率领几百人，向北渡过渭水，进入左冯翊的境内。李松派遣副将军韩臣等人直接向西推进到新丰县，攻击王莽的波水将军窦融，韩臣等人一直把他追赶到了长门宫。王宪向北一直推进到了频阳县，经过的地方，人们都出来迎接并且归降。众县的豪门大族各自起兵，称自己是汉朝将军，率领众人，追随王宪。李松、邓晔带领军队到达华阴县的时候，长安附近的军队已经从四方前来，在城下会合。众人听说天水郡隗氏也将要到达了，都争着要第一个入城，贪图建立大功和掠夺财物的好处。王莽下令赦免了城里面的囚犯，给他们授予了兵器，杀了大猪，喝它的血，和他们发誓说："如果有不为新朝效力的人，社鬼会记住他的！"王莽派遣更始将军史谌率领他们。这些人渡过了渭桥以后，就都四散逃走了，史谌只好一个人回去了。各路士兵挖掘打开了王莽妻子、儿子、父亲、祖先的坟墓，焚烧了他们的棺材以及九庙、明堂、辟雍，火光映照了城中。

九月，戊申朔，兵从宣平城门入。张邯逢兵见杀；王邑、王林、王巡、䜌恽等分将兵距击北阙下，会日暮，官府、邸第尽奔亡。己酉，城中少年朱弟、张鱼等恐见卤掠，趋讙并和，烧作室门，斧敬法闼，呼曰："反虏王莽，何不出降！"火及掖庭、承明，黄皇室主所居。黄皇室主曰："何面目以见汉家！"自投火中而死。

【译文】 九月，戊申朔日（初一），攻城的军队从宣平城门进入了京城。张邯遇到士兵就被杀了，王邑、王林、王巡、䜴恽等人分别率领军队在北阙附近进行抵抗。等到黄昏的时候，官府、邸宅里的人全部奔走逃亡了。己酉日（初二），城里少年朱弟、张鱼等人害怕遭到掳掠，就奔跑喧哗，聚集成群，焚烧尚方工场门，用斧头去砍敬法殿的小门，喊说："叛贼王莽，你为什么还不出来投降呢？"大火蔓延到了宫殿的傍舍、承明殿。承明殿，是黄皇室主居住的地方。黄皇室主说："我还有什么脸面再见汉朝的人啊！"然后就自己纵身投入火中被烧死了。

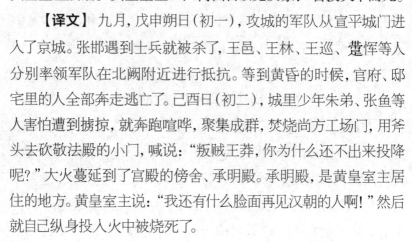

莽避火宣室前殿，火辄随之。莽绀袀服，持虞帝匕首，天文郎按式于前，莽旋席随斗柄而坐，曰："天生德于予，汉兵其如予何！"庚戌，旦明，群臣扶掖莽自前殿之渐台，欲阻池水，公卿从官尚千馀人随之。王邑昼夜战，罢极，士死伤略尽；驰入宫，间关至渐台，见其子侍中睦解衣冠欲逃，邑叱之，令还，父子共守莽。军人入殿中，闻莽在渐台，众共围之数百重。台上犹与相射，矢尽，短兵接。王邑父子、䜴恽、王巡战死，莽入室。下餔时，众兵上台，苗䜣、唐尊、王盛等皆死。商人杜吴杀莽，校尉东海公宾就斩莽首；军人分莽身，节解胾分，争相杀者数十人。公宾就持莽首诣王宪。宪自称汉大将军，城中兵数十万皆属焉。舍东宫，妻莽后宫，乘其车服。癸丑，李松、邓晔入长安，将军赵萌、申屠建亦至。以王宪得玺绶不上，多挟宫女，建天子鼓旗，收斩之。传莽首诣宛，县于市。百姓共提击之，或切食其舌。

【译文】 王莽为了避火来到宣室前殿，火却一直跟着他烧。王莽穿着深青色而露着红色的禅衣，手里面拿着虞帝的短刀。天文郎在前面按着占测时日的式盘，王莽转动座席，随着斗柄所指的方向坐下来，说："既然上天把这样好的品德赋予了我，汉军他们又能把我怎么样呢？"庚戌日（初三），天快要亮了，大臣们扶着王莽从前殿去了渐台，公卿等侍从官吏还有一千多人跟随着他。王邑白天黑夜都在作战，疲惫到了极点，士兵快死伤完了，王邑疾驰进入宫中，辗转到达渐台，看见他的儿子侍中王睦脱下衣帽正打算逃走，王邑就大声斥责他，命令他回去，父子一起护卫王莽。士兵进入前殿，听说王莽在渐台，大家就一起将他包围了几百层。渐台的人还在用弓箭与包围的士兵对射，等到箭射光了以后，就用短刀交战，王邑父子、王巡都战死了，王莽躲进了内室。申时以后，士兵们登上了渐台，苗䜣、唐尊、王盛等人都死在了渐台。商人杜吴杀死了王莽，校尉东海人公宾把王莽的头砍了下来，士兵们就分割了王莽的身体，把他的四肢关节、肌肉肢解了，切割成许多块，争着去砍杀的有几十个人。公宾就拿着王莽的头去见王宪。王宪称自己是汉朝的大将军，城里几十万的士兵都属于他。王宪住进了长乐宫，把王莽的妃嫔都作为妻妾，使用王莽的车子、衣服和器物。癸丑日（初六），李松、邓晔进入长安，将军赵萌、申屠建也到达了。因为王宪得到玉玺、组绶却没有上交，又私藏了很多宫女，使用了皇上的仪仗，就把他抓起来杀了。把王莽的头传送到了宛县，挂在闹市里面，百姓一起掷击他，有的人甚至把他的舌头切下来吃了。

◆班固赞曰：王莽始起外戚，折节力行以要名誉，及居位辅政，勤劳国家，直道而行，岂所谓"色取仁而行违"者邪！莽既不仁而有佞邪之材，又乘四父历世之权，遭汉中微，国统三绝，而太后寿考，为之宗主，故得肆其奸慝以成篡盗之祸。推是言之，亦天时，非人力之致矣！及其窃位南面，颠覆之势险于桀、纣，而莽晏然自以黄、虞复出也，乃始恣睢，奋其威诈，毒流诸夏，乱延蛮貉，犹未足逞其欲焉。是以四海之内，嚣然丧其乐生之心，中外愤怨，远近俱发，城池不守，支体分裂，遂令天下城邑为虚，害遍生民，自书传所载乱臣贼子，考其祸败，未有如莽之甚者也！昔秦燔诗书以立私议，莽诵六艺以文奸言，同归殊涂，俱用灭亡，皆圣王之驱除云尔。◆

【译文】 ◆班固感慨说：王莽最初因为外戚的身份兴起，降低自己的身份，尽力做事，来博取声誉。等到自己身处高位，辅佐朝政的时候，为国家辛勤工作，按照正直的原则去做事，难道他就是孔子所说的 '只是表面上装作仁义的样子，实际上行为却违背它' 的人吗？王莽本来没有仁义的品德，却有谄媚奸佞的才能，又利用自己的四位叔父历代所掌握的权势，遇到汉朝中途衰落，汉成帝、汉哀帝、汉平帝连着三代都没有继嗣，而太皇太后王政君寿命很长，为他做主，所以王莽才能够施逞奸诈邪恶的手段，从而篡夺了汉朝的政权。根据这些事实推论，这也是天时促成的，不是人力所能够做到的！等到他篡夺了政权，登上了皇位以后，治理国事，倾败的趋势，比夏桀、商纣那时候还要危险；可是，王莽却安然地认为自己是黄帝、虞舜的再世复出，于是开始放纵暴戾，滥施威力诈术，毒害流布全国，灾害蔓延到了蛮夷，却还不能够满足他的私欲。因此，全国境内，众人都感到忧愁，失去了自己快乐谋生的心意，朝廷和地方都愤怒怨恨，不论远近，同时叛乱，城池失守，四分五裂，终于使天下的城池变成了废墟，祸害遍及了百姓，根据古书里面记载的乱臣贼子，考察他们引起的祸乱，从来没有一个能够超过王莽的！从前秦朝焚毁了诗书等典籍来确立自己的一家主张，王莽引用六经来装饰自己的谬论，他们走的路不同，但是结果完全一样，都因此而导致灭亡，全是为圣明的帝王开道铺路罢了！◆

【康熙御批】自古奸雄并称操莽，然观莽之生平，初虽谦恭下士，谲诈欺人。及篡逆之后，张皇灭裂，洛阳垂陷，丑态毕露，不过一庸碌陋劣之人，又不可与曹操同日语矣。

【译文】自古以来奸雄都以曹操、王莽并称，但是观察王莽的生平，他起初虽然谦恭下士，但是狡诈欺人，等到篡权叛逆之后，张皇灭裂，洛阳垂陷，丑陋嘴脸就完全显现出来了，不过是一个庸碌低劣浅陋的人，又不可以和曹操同日而语了。

定国上公王匡拔洛阳，生缚莽太师王匡、哀章，皆斩之。

冬，十月，奋威大将军刘信击杀刘望于汝南，并诛严尤、陈茂，郡县皆降。

【译文】定国上公王匡进攻夺取了洛阳、活捉了王莽的太师王匡、哀章，把他们全部斩杀了。

冬季，十月，奋威大将军刘信在汝南郡击杀了刘望，同时诛杀了严尤、陈茂，他们管辖的郡县就都投降了。

更始将都洛阳，以刘秀行司隶校尉，使前整修宫府。秀乃致僚属，作文移，从事司察，一如旧章。时三辅吏士东迎更始，见诸将过，皆冠帻而服妇人衣，莫不笑之。及见司隶僚属，皆欢喜不自胜，老吏或垂涕曰："不图今日复见汉官威仪！"由是识者皆属心焉。

【译文】刘玄打算以洛阳为都，任命刘秀兼摄司隶校尉，命令他先去修整宫室官府。于是刘秀设置了属官，用正式的公文通知了地方官府，处理政事完全按照西汉旧制。那个时候，三辅的官员派遣代表去洛阳迎接刘玄，看见将领们经过的时候，都系着卑贱者的发巾，穿着妇人的衣服，没有一个不讥笑他们的。等到看见司隶校尉的下属官员，都感到非常高兴，有些年龄大的官员甚至流泪说："没有想到我今天又看到了汉朝官吏威武的仪表！"从此有见识的人都归心刘秀。

更始北都洛阳，分遣使者徇郡国，曰："先降者复爵位！"使者至上谷，上谷太守扶风耿况迎，上印绶；使者纳之，一宿，无还意。功曹寇恂勒兵入见使者，请之，使者不与，曰："天王使者，功曹欲胁之邪？"恂曰："非敢胁使君，窃伤计之不详也。今天下初定，使君建节衔命，郡国莫不延颈倾耳；今始至上谷而先堕大信，将复何以号令他郡乎！"使者不应。恂叱左右以使者命召况；况至，恂进取印绶带况。使者不得已，乃承制诏之，况受而归。宛人彭宠、吴汉亡命在渔阳，乡人韩鸿为更始使，徇北州，承制拜宠偏将军，行渔阳太守事，以汉为安乐令。

【译文】刘玄北上在洛阳定都，分别派遣使者去招抚各郡、封国，宣布："先投降的，就恢复他原有的爵禄和官位！"使臣到达了上谷郡，上谷郡太守扶风人耿况出来迎接使臣，把自己的印信上交给他，使臣收了他的印信以后，经过了一个晚上，仍然没有归还的意思。功曹寇恂带领士兵，去拜见使臣，请求使臣把印信归还给耿况，但是使臣不愿意交还，说："我是皇上的使臣，功曹难道要来威胁我吗？"寇恂说："我不敢威胁你，只是私底下为你的思虑不够周密而感到惋惜。现在天下刚刚平定，你拿着符节奉承皇上的命令，郡、封国没有一个不引颈盼望，侧耳而听的。可是，您现在刚刚到达上谷郡，就先毁坏了自己的信誉，以后您又将要怎样对其他的郡、封国发号施令呢？"使臣没有回复。寇恂呵斥左右的侍从退下，以使臣的名义传召耿况过来，耿况到了以后，寇恂就上前去把印章、组绶拿给耿况。使臣没有办法，只好用皇上的名义把印信赐给了他，耿况接受了以后就回去了。宛人彭宠、吴汉逃亡到了渔阳郡，同乡韩鸿担任刘玄的使臣，去北边各州招抚，用皇上的名义颁下诏书，任命彭宠为偏将军，兼管渔阳郡太守的事务，任命吴汉为安乐县令。

更始遣使降赤眉。樊崇等闻汉室复兴，即留其兵，将渠帅二十余人随使者至洛阳，更始皆封为列侯。崇等既未有国邑，而留众稍有离叛者，乃复亡归其营。

【译文】　刘玄派遣使臣招降赤眉。樊崇等人听说汉朝复兴了，就把军队留在了原地，仅率领二十多个将领，跟随使臣前往洛阳，刘玄将他们都封为列侯。但是樊崇等人既没有封国，而留下来的人也渐渐有了背叛的想法，于是又逃回了自己的营地。

王莽庐江连率颍川李宪据郡自守，称淮南王。

故梁王立之子永诣洛阳；更始封为梁王，都睢阳。

【译文】　王莽的庐江郡连率颍川人李宪占据本郡自守，称自己为淮南王。

前梁王刘立的儿子刘永到洛阳朝见刘玄，刘玄册封他为梁王，以睢阳县作为他的都城。

更始欲令亲近大将徇河北，大司徒赐言："诸家子独有文叔可用。"朱鲔等以为不可，更始狐疑，赐深劝之。更始乃以刘秀行大司马事，持节北渡河，镇慰州郡。

【译文】刘玄打算派遣自己亲近的大将去巡行招抚黄河以北的郡县，大司徒刘赐说："南阳刘姓的宗室子弟中只有文叔（刘秀之字）可以胜任。"朱鲔等人却认为不可以，刘玄犹豫不决，刘赐恳切地规劝他。于是刘玄就任命刘秀代理大司马的事务，带着符节，向北渡过黄河，镇抚慰问各州、郡。

以大司徒赐为丞相，令先入关修宗庙、宫室。

大司马秀至河北，所过郡县，考察官吏，黜陟能否，平遣囚徒，除王莽苛政，复汉官名。吏民喜悦，争持牛酒迎劳，秀皆不受。

【译文】刘玄任命大司徒刘赐为丞相，命令他率先进入函谷关，修建宗庙、宫室。

大司马刘秀到达了黄河以北的郡县，所经过的郡县，考核官吏，晋升有才能的，贬黜没有才能的，为那些有冤枉的囚犯平反并且送他们回去，废除了王莽苛刻的政令，恢复了汉朝的官名制度。官吏百姓都感到很高兴，争先恐后地拿着牛肉、美酒来迎接慰劳刘秀，但是刘秀都没有接受。

南阳邓禹杖策追秀，及于邺。秀曰："我得专封拜，生远来，宁欲仕乎？"禹曰："不愿也。"秀曰："即如是，何欲为？"禹曰："但愿明公威德加于四海，禹得效其尺寸，垂功名于竹帛耳！"秀笑，因留宿间语。禹进说曰："今山东未安，赤眉、青犊之属动以万数。更始既是常才而不自听断，诸将皆庸人屈起，志在财币，争用威力。朝夕自快而已，非有忠良明智、深虑远图，欲尊主安民者也。历观往古圣人之兴，二科而已，天时与人事也。今以天

资治通鉴

时观之，更始既立而灾变方兴；以人事观之，帝王大业非凡夫所任，分崩离析，形势可见。明公虽建藩辅之功，犹恐无所成立也。况明公素有盛德大功，为天下所向服，军政齐肃，赏罚明信。为今之计，莫如延揽英雄，务悦民心，立高祖之业，救万民之命。以公而虑，天下不足定也！"秀大悦，因令禹常宿止于中，与定计议。每任使诸将，多访于禹，皆当其才。

【译文】南阳人邓禹骑马追赶刘秀，一直追到邺县才追上。刘秀说："我能擅自封爵和任免官吏，你这么远前来，难道是想要做官吗？"邓禹说："我不愿意做官。"刘秀说："如果是这样的话，那你想要做什么呢？"邓禹说："我只是希望你的威望、德泽能够普及全国，我能向您贡献出我小小智力，使我的功业、名声能够记录在史册上面罢了！"刘秀笑了笑，就把邓禹留下过夜，私下交谈。邓禹建议刘秀说："现在崤山以东还没有安定，赤眉、青犊的人马每一次出动，都要以万计算。刘玄本来就是一个平凡的人物，而且又不亲自处理朝政，众位将领都是庸碌的人，靠着机遇爬上高位，志向在于发财，争着卖弄自己的权势，只是想要满足自己的私欲罢了，并没有忠诚正直、聪明智慧、深谋远虑、远大眼光，不是想要使君主尊崇、使百姓安定的人。观察古代圣明君主的兴起，不过就是两个条件而已，也就是天时和人事。现在从天时来看，刘玄登上皇位以后，灾异正在兴起；从人事来看，帝王的大业并不是平凡的人物就可以胜任的，离心离德，四分五裂，这种形势已经是可以见到的了。虽然您立下了辅佐的功业，但恐怕还是没有什么成就。何况您早就已经具有了盛大的德行和功业，受到了天下百姓的向往和敬佩，无论带兵还是从政，都是纪律严肃，赏罚分明守信。当今之计，您不如招揽英雄，务求取悦民心，创立汉高祖当年的功业，拯救万民的生命，以您的远虑，实在是很容易就可以平定天下！"刘秀听了以后感到非常高兴，就命令邓禹在帐中停留休息，和他一起商量谋划。刘秀每一次派遣或者任命将领，大都会征求邓禹的意见，邓禹对将领的判断，都能和他们的才能相符合。

【乾隆御批】邓禹进说，极似韩信登坛之对，不过数言，而成败之势了然，其识有大过人者。所云"延、揽英雄，务悦民心"，虽草创要语，然帝王治世之道，诚不外知人安民而已。

【译文】邓禹的进言，和韩信登坛场应对汉王刘邦极其相似，不过寥寥数语，但成败的趋势却一目了然，他的见识大大超过了普通人。他所说的"聘请、招揽英雄，尽可能地使百姓高兴"，虽然是开创大业的关键之语，不过帝王统治的关键，实在不外乎善于知人和安抚百姓。

秀自兄縯之死，每独居辄不御酒肉，枕席有涕泣处，主簿冯异独叩头宽譬，秀止之曰："卿勿妄言！"异因进说曰："更始政乱，百姓无所依戴。夫人久饥渴，易为充饱。今公专命方面，宜分遣官属徇行郡县，宣布惠泽。"秀纳之。骑都尉宋子耿纯谒秀于邯郸，退，见官属将兵法度不与它将同，遂自结纳。

【译文】刘秀自从哥哥刘縯死了以后，每当他单独居住的时候，就不吃酒肉，枕头卧席上都是他的泪水痕迹，主簿冯异独自跪下磕头，宽解晓谕。刘秀阻止他说："你千万不要乱说！"冯异就趁这个机会建议他说："刘玄政治混乱，百姓没有什么人可以依赖拥戴。一个人饥渴得太久，很容易就可以使他们吃饱。现在您可以不用等待命令就在自己控制的这一大块土地上面独自做事，您应该分别派遣下属招抚巡行郡县，传播您的善行恩德。"刘秀采纳了他的建议。骑都尉宋子人耿纯在邯郸县晋见了刘秀，退下以后，发现刘秀的属官带兵的方法和其他的将帅不同，就私底下主动和刘秀结交。

【乾隆御批】光武当晦迹、隐痛时，冯异委曲宽譬，其忠颖笃于诸将，所云"人久饥渴，易为充饱"，尤合予舆氏论政之义，光武亲信之，与邓禹等有以哉。

【译文】在光武帝应当隐居匿迹、隐藏痛苦之时，冯异想方设法宽慰刘秀，他的忠诚比众将领还要深厚。他所说的"人经历长期的饥渴煎熬后，很容易吃饱"，尤其符合予舆论述政治时提出的原则。所以光武帝才会把他当成亲信，和邓禹等人同等对待。

故赵缪王子林说秀决列人河水以灌赤眉，秀不从；去之真定。林素任侠于赵、魏间。王莽时，长安中有自称成帝子子舆者，莽杀之。邯郸卜者王郎缘是诈称真子舆，云"母故成帝讴者，尝见黄气从上下，遂任身；赵后欲害之，伪易它人子，以故得全。"林等信之，与赵国大豪李育、张参等谋共立郎。会民间传赤眉将渡河，林等因此宣言"赤眉当立刘子舆"，以观众心，百姓多信之。十二月，林等率车骑数百晨入邯郸城，止于王宫，立郎为天子；分遣将帅徇下幽、冀，移檄州郡，赵国以北、辽东以西皆望风响应。

【译文】汉朝已故的赵缪王刘元的儿子刘林向刘秀建议，将黄河在列人县的那段堤防掘开，用水来淹没赤眉。可是，刘秀没有答应，离开列人县去了真定县。刘林一直以来在赵、魏一带行侠仗义，王莽在位的时候，长安城里面有一个名字叫刘子舆的人称自己是汉成帝的儿子，王莽就把他处死了。邯郸县的占卜先生王郎根据这件事，就谎称自己才是真的刘子舆，他解释说："我的母亲本来是汉成帝的歌女，曾经看到一股黄气罩到了自己的身上，于是就怀孕了。赵皇后知道以后就想谋害她，幸好她用别人家的婴儿顶替了，因此才能够保全自己的生命。"刘林等人相信了他的解释，就和赵国的富豪李育、张参等人谋划，共同拥立王郎为皇上。恰好这个时候民间传说赤眉即将渡过黄河，刘林等人趁这个机会传播谣言说"赤眉将会拥立刘子舆为皇上"，来试探众人的反应，大多数的百姓都相信了这个说法。十二月，刘林等人率领车骑数百人，在早上进入了邯郸城，停在了以前赵王的王宫，拥立王郎为皇上。然后，分别派遣将帅攻下了幽、冀二州，把文告分送给各州、各郡，赵国以北、辽东郡以西听到了消息以后都纷纷响应。

二年（甲申，公元二四年）春，正月，大司马秀以王郎新盛，乃北徇蓟。

申屠建、李松自长安迎更始迁都。二月，更始发洛阳。初，三辅豪桀假号诛莽者，人人皆望封侯。申屠建既斩王宪，又扬言"三辅儿大黠，共杀其主。"吏民惶恐，属县屯聚；建等不能下。更始至长安，乃下诏大赦，非王莽子，他皆除其罪，于是三辅悉平。

【译文】二年（甲申，公元24年）春季，正月，大司马刘秀因为王郎刚刚崛起，正处于兴盛的状态，就向北攻略蓟县夺取土地。

申屠建、李松从长安迎接刘玄迁都；二月，刘玄从洛阳出发。当初，三辅豪杰借用汉将军的号诛杀了王莽，每个人都希望自己可以被封侯。申屠建杀了王宪以后，又宣扬说："三辅男子太凶狠狡黠，一起把他们的首领杀死了。"于是，官吏百姓一片惶恐，三辅所属各县，纷纷聚集军队保全自己，这使得申屠建等人攻不下来。刘玄到达了长安以后，就下诏大赦，只要不是王莽的后代，其他的都赦免了他们的罪行，于是，三辅全部安定了。

时长安唯未央宫被焚，其馀宫室、供帐、仓库、官府皆案堵如故，市里不改于旧。更始居长乐宫，升前殿，郎吏以次列庭中。更始羞怍，俯首刮席，不敢视。诸将后至者，更始问："虏掠得几何？"左右侍官皆宫省久吏，惊愕相视。

【译文】 这个时候，长安只有未央宫被焚烧了，其他的宫室、供帐、仓库、官府都安然无恙，和过去一样，城市街巷也和原来一样没有任何改变，刘玄住在长乐宫，登上前殿，官吏们按照次序排列在正殿前的院子里面。刘玄羞愧惭怍，低下头用手刮席，不敢看人。将领们有后到的，刘玄问："你们抢到了多少东西？"刘玄的左右侍官都是在宫中已经待了很久的官吏，对此惊愕不已，相视不语。

李松与棘阳赵萌说更始宜悉王诸功臣；朱鲔争之，以为高祖约，非刘氏不王。更始乃先封诸宗室：祉为定陶王，庆为燕王，歙为元氏王，嘉为汉中王，赐为宛王，信为汝阴王，然后立王匡为泚阳王，王凤为宜城王，朱鲔为胶东王，王常为邓王，申屠建为平氏王，陈牧为阴平王，卫尉大将军张卬为淮阳王，执金吾、大将军廖湛为穰王，尚书胡殷为随王，柱天大将军李通为西平王，五威中郎将李轶为舞阴王，水衡大将军成丹为襄邑王，票骑大将军宗佻为颍阴王，尹尊为郾王。唯朱鲔辞不受。乃以鲔为左大司马，宛王赐为前大司马，使与李轶等镇抚关东。又使李通镇荆州，王常行南阳太守事。以李松为丞相，赵萌为右大司马，共秉内任。

【译文】 李松和棘阳人赵萌向刘玄进言，说您应该把那些立下了功劳的臣子都封为王，朱鲔为这件事与他们争论，认为汉高祖刘邦事先说过，不是刘姓的皇族，就不能封王。刘玄就首先册封了那些宗室：刘祉为定陶王，刘庆为燕王，刘歙为元氏王，刘嘉为汉中王，刘赐为宛王，刘信为汝阴王。然后册封王匡为泚阳王，王凤为宜城王，朱鲔为胶东王，王常为邓王，申屠建为平氏王，陈牧为阴平王，卫尉大将军张卬为淮阳王，执金吾大将军廖湛为穰王，尚书胡殷为随王，柱天大将军李通为西平王，五威中郎将李轶为舞阴王，水衡大将军成丹为襄邑王，骠骑大将军宗佻为颍阴王，尹尊为郾王。只有朱鲔推辞不愿意接受。于是刘玄就任命朱鲔为左大司马，宛王刘赐为前大司马，配合李轶等人镇压安抚函谷关以东的地区。刘玄又派遣李通镇守荆州，王常代理负责南阳郡太守的事务。任命李松为丞相，赵萌为右大司马，共同承担朝廷之内的责任。

更始纳赵萌女为夫人，故委政于萌，日夜饮宴后庭。群臣欲言事，辄醉不能见，时不得已，乃令侍中坐帷内与语。韩夫人尤嗜酒，每侍饮，见常侍奏事，辄怒曰："帝方对我饮，正用此时持事来邪！"起，抵破书案。赵萌专权，生杀自恣。郎吏有说萌放纵者，更始怒，拔剑斩之，自是无敢复言。

【译文】 刘玄迎娶了赵萌的女儿为妻子，所以把政事都交给赵萌去处理，自己却日夜在后宫中饮酒宴会；臣子们想要向刘玄奏闻或者议论政事，刘玄总是因为喝醉而不能和大臣们相见，有的时候没有办法，就命令侍中坐在帷幕里面和大臣们说话。韩夫人更是喜欢喝酒，每当她侍奉刘玄喝酒，看到中常侍前来向刘玄上呈奏事时，就发怒说："皇上正在和我喝酒，你就非要在这个时候来

资治通鉴

向皇上奏事吗？"然后就站起来，把书桌击坏。赵萌独揽大权，擅自决定生杀。郎官中有人对刘玄说赵萌任意胡作非为，刘玄就发怒，拔剑杀死了那个人，从此再也没有人敢说赵萌的不是。

以至群小、膳夫皆滥授官爵，长安为之语曰："灶下养，中郎将；烂羊胃，骑都尉；烂羊头，关内侯。"军师将军李淑上书谏曰："陛下定业，虽因下江、平林之势，斯盖临时济用，不可施之既安。唯名与器，圣人所重。今加非其人，望其裨益万分，犹缘木求鱼，升山采珠。海内望此，有以窥度汉祚！"更始怒，囚之。诸将在外者皆专行诛赏，各置牧守；州郡交错，不知所从。由是关中离心，四海怨叛。

【译文】 这样一来，成群的小人、膳夫都被胡乱地授予官职爵位，长安因为这件事有了这样的话："灶下养，中郎将；烂羊胃，骑都尉；烂羊头，关内侯。"（意思是说："灶旁炊烹的，可以做中郎将；能够将羊胃煮烂的，可以做骑都尉；能够将羊头煮烂的，可以做关内侯。"）军师将军李淑向刘玄上书劝谏说："陛下完成大业，虽然是凭借着下江兵、平林兵的势力，但是这只是临时的措施，不能在安定了以后继续施行。只有爵号和车服仪制，是圣人所看重的，现在所赐给的人，都不是应该得到这些的人，并且希望他们对国家有万分之一的帮助，这就好比爬到树上去求鱼，登上高山去采珠。四海之内看到这样，就会有人暗中窥伺汉朝的皇位！"刘玄发怒，将他囚禁起来。众将在朝廷外面都擅自进行诛杀和赏赐，各自设置了州牧和太守，州、郡之间的行政交叉错杂，不知道应该按照谁的吩咐去做。因此关中地区离心离德，全国怨恨叛乱。

更始征隗嚣及其叔父崔、义等，嚣将行，方望以为更始成败

未可知，固止之。嚣不听，望以书辞谢而去。嚣等至长安，更始
以嚣为右将军，崔、义皆即旧号。

【译文】 刘玄征召了隗嚣和他的叔父隗崔、隗义等人。隗嚣
即将要出发的时候，方望认为刘玄的成败还不能够确定，就坚决
地制止他。可是，隗嚣没有听从他的建议，方望就留下一封书信辞
职离开了。隗嚣等人到达了长安以后，刘玄任命隗嚣为右将军，隗
崔、隗义都按照他们旧有的封号赐封。

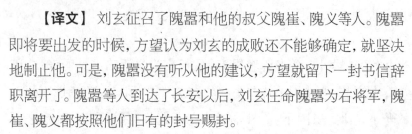

耿况遣其子弇奉奏诣长安，弇时年二十一。行至宋子，会王
郎起，弇从吏孙仓、卫包曰："刘子舆，成帝正统；舍此不归，远行
安之！"弇按剑曰："子舆弊贼，卒为降虏耳！我至长安，与国家陈
渔阳、上谷兵马，归发突骑，以辚乌合之众，如摧枯折腐耳。观
公等不识去就，族灭不久也！"仓、包遂亡，降王郎。

【译文】 耿况派遣他的儿子耿弇带着上呈的奏书到达了长
安，耿弇这个时候二十一岁。他走到宋子县的时候，恰好王郎起兵
了，耿弇的随从官员孙仓、卫包就说："刘子舆，是汉成帝的嫡传
嗣子；舍弃他不去归附，要远行到哪里去呢？"耿弇用手握着剑柄
说："刘子舆是个欺骗蒙混的贼子，最后一定会成为投降的俘虏！
我到长安去，是为了向国家陈述上谷郡、渔阳郡二郡的兵马状况，
等到回去以后就可以调动冲突军阵的骑兵，来攻击那些没有组织
的军队，就像摧折枯木腐物一样。我看你们没有择主而从的眼光，
全族不久就会被诛灭的！"孙仓、卫包于是逃亡，向王郎投降了。

弇闻大司马秀在卢奴，乃驰北上谒；秀留署长史，与俱北至
蓟。王郎移檄购秀十万户，秀令功曹令史颍川王霸至市中募人击
王郎，市人皆大笑，举手邪揄之，霸惭慢而反。秀将南归，耿弇

曰："今兵从南方来，不可南行。渔阳太守彭宠，公之邑人；上谷太守，即弇父也。发此两郡控弦万骑，邯郸不足虑也。"秀官属腹心皆不肯，曰："死尚南首，奈何北行入囊中！"秀指弇曰："是我北道主人也。"

【译文】耿弇听说大司马刘秀在卢奴县，就赶到北方去拜见刘秀。刘秀将他留在了官府，任命他为长史，和他一起向北到达了蓟县。王郎命人到各地去传递檄文，用十万户的采邑作为封赏来捕捉刘秀，刘秀命令功曹令史颍川人王霸到市集里面去招募人攻击王郎，市集里面的人都发声大笑，举手挖苦嘲笑他，王霸惭愧地回来了。刘秀打算回到南方去，耿弇说："现在军队都从南方过来，您不可以到南方去。渔阳郡太守彭宠，是您的同乡；上谷郡太守，是我的父亲。调动这两郡的一万个骑兵，王郎也就不值得忧虑了。"刘秀的属官和亲信都不肯，说："人死了，头还要向着南方，我们又怎么可以到北方去，进入敌人的袋囊里面呢？"刘秀指着耿弇说："这是我北路的主人。"

【申涵煜评】贼莽既诛，王郎猖獗，更始小竖子耳！汉业几得而复失。渔阳、上谷乃以边鄙突骑助破邯郸，遂成破竹之势。是时耿弇功为第一，彭宠惜乎不终。

【译文】反贼王莽被杀，王郎猖獗，更始帝刘玄就是一个小竖子罢了！汉业几乎得而复失。渔阳、上谷是因为边境骁勇的骑兵帮助攻破邯郸，于是成破竹之势。这时耿弇功劳第一，可惜彭宠没能善终。

会故广阳王子接起兵蓟中以应郎，城内扰乱，言邯郸使者方到，二千石以下皆出迎。于是，秀趣驾而出，至南城门，门已闭。攻之，得出。遂晨夜南驰，不敢入城邑，舍食道傍。至芜蒌亭，时天寒烈，冯异上豆粥。至饶阳，官属皆乏食。秀乃自称邯郸使者，入传舍，传吏方进食，从者饥，争夺之。传吏疑其伪，乃椎鼓数十通，绐言"邯郸将军至"，官属皆失色。秀升车欲驰，既而惧不免，徐还坐，曰："请邯郸将军入。"久，乃驾去。晨夜兼行，蒙犯霜雪，面皆破裂。

【译文】 恰好前广阳王的儿子刘接在蓟县起兵，来响应王郎，搅乱了城里，听说王郎的使者刚到，官秩为二千石及以下的官吏就都出城去迎接王郎。于是，刘秀急忙驾着车辆出去，到了南城门，城门已经关上了，刘秀攻击了南城门，才得以出了城。于是刘秀昼夜向南奔驰，不敢进入城镇，吃饭休息都在道路旁边。到了芜蒌亭，那个时候天气很寒冷，冯异向刘秀呈上了豆粥。到了饶阳县，属官都缺乏粮食。刘秀就称自己是邯郸城的使者，进入客馆，客馆里面的官吏正在吃饭，刘秀的随从难以忍受饥饿，就争先抢夺东西来吃。客馆里面的官吏就怀疑他们是假的，于是用棒槌敲打了数十遍鼓，欺骗他们说"邯郸将军到"，刘秀的属官吓得脸色都变了。刘秀登上车子，打算赶快逃走，后来又担心逃不走，就慢慢地回到了座位上，说："请邯郸将军进来。"经过了很长的一段时间，才驾车离开。昼夜加速行走，冒着霜雪的肆虐，面部都出现了裂痕。

至下曲阳，传闻王郎兵在后，从者皆恐。至滹沱河，候吏还白"河水流澌，无船，不可济"。秀使王霸往视之。霸恐惊众，欲且前，阻水还，即诡曰："冰坚可度。"官属皆喜。秀笑曰："候吏果妄语也！"遂前。比至河，河冰亦合，乃令王霸护度，未毕数骑而冰解。至南宫，遇大风雨，秀引车入道傍空舍，冯异抱薪，邓禹爇火，秀对灶燎衣，冯异复进麦饭。

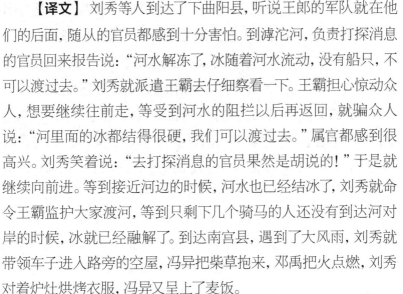

【译文】刘秀等人到达了下曲阳县，听说王郎的军队就在他们的后面，随从的官员都感到十分害怕。到滹沱河，负责打探消息的官员回来报告说："河水解冻了，冰随着河水流动，没有船只，不可以渡过去。"刘秀就派遣王霸去仔细察看一下。王霸担心惊动众人，想要继续往前走，等受到河水的阻拦以后再返回，就骗众人说："河里面的冰都结得很硬，我们可以渡过去。"属官都感到很高兴。刘秀笑着说："去打探消息的官员果然是胡说的！"于是就继续向前进。等到接近河边的时候，河水也已经结冰了，刘秀就命令王霸监护大家渡河，等到只剩下几个骑马的人还没有到达河对岸的时候，冰就已经融解了。到达南宫县，遇到了大风雨，刘秀就带领车子进入路旁的空屋，冯异把柴草抱来，邓禹把火点燃，刘秀对着炉灶烘烤衣服，冯异又呈上了麦饭。

【乾隆御批】王霸视滹沱，还诡称"冰坚，可渡"，足以安众心而集大事，实有应变之才。是时追骑将迫，有进无退。使既至河滨，流澌如故，亦帷有鼓勇而前，乱流以济耳，必无畏难束手坐待困厄之理。河水适合，初非霸所逆料。虽曰天意，亦人定者实能胜之也。

【译文】王霸视察滹沱河后，回来谎称"河冰坚硬，可以过河"，这足以稳定军心，成就大事，他确实有应变的才能。此时，追兵将至，只有前进而无退路。即使来到河岸后，河冰像之前一样解冻流动，也只能鼓足勇气前进，渡过乱流，抵达彼岸，势必没有畏难害怕、束手无策，陷入困境之理。河冰恰好弥合，这也不是王霸当初所能料到的。虽说这是天意，但人的意志有时也实在是能够胜天。

进至下博城西，惶惑不知所之。有白衣老父在道旁，指曰：

"努力！信都郡为长安城守，去此八十里。"秀即驰赴之。是时郡国皆已降王郎，独信都太守南阳任光、和戎太守信都邳彤不肯从。光自以孤城独守，恐不能全，闻秀至，大喜，吏民皆称万岁。邳彤亦自和戎来会，议者多言可因信都兵自送，西还长安。

【译文】 刘秀等人到达了下博县的城西，惶恐疑惑，不知道应该到哪里去。有一个穿着白色衣服的老人站在路边，指着前面说："努力干吧！信都郡是长安城的门户，距离这里还有八十里呢。"刘秀就立即骑马赶去那里。那个时候，郡、国都已经向王郎投降了，只有信都郡太守南阳人任光、和戎郡太守信都人邳彤不肯归附。任光自己认为孤城单独防守，恐怕不能保全，恰好他听说刘秀到了，就感到非常高兴，官吏百姓都喊万岁。邳彤也从和戎郡前来与他们会合，大多数议论的人都说可以利用信都郡的军队，护送自己，向西回到长安。

邳彤曰："吏民歌吟思汉久矣，故更始举尊号而天下响应，三辅清宫除道以迎之。今卜者王郎，假名因势，驱集乌合之众，遂振燕、赵之地，无有根本之固。明公奋二郡之兵以讨之，何患不克！今释此而归，岂徒空失河北，必更惊动三辅，堕损威重，非计之得者也。若明公无复征伐之意，则虽信都之兵，犹难会也。何者？明公既西，则邯郸势成，民不肯捐父母、背成主而千里送公，其离散亡逃可必也！"秀乃止。

【译文】 邳彤说："官吏歌颂思念汉朝已经很长时间了，所以刘玄举起尊贵的称号，天下的百姓就纷纷响应了，三辅清理宫室、道路来迎接他。现在占卜先生王郎，冒充汉成帝的庶子，顺应着天下大势，驱赶汇集乌合之众，这才攻下了燕、赵二地，但是他们并没有坚固的基础。您调用二郡的军队鼓起劲来一起去讨伐他，又何必担心不会取胜啊! 如果您现在放弃这样的条件, 打算回去, 岂不是白白地失去了黄河以北的地区, 而且还必定会惊动三辅, 严重损毁您的威严, 不是一个好计谋。如果您不再有讨伐王郎的想法, 那么, 即使是信都郡的军队, 还是很难会合。为什么呢? 因为您已经到了西边, 那么邯郸城的势力就已经形成了, 百姓也就不肯抛弃父母、背叛已经登位的国君, 却护送你远走千里, 他们的离散逃亡是必定会发生的! ” 于是刘秀就决定留下来不走。

秀以二郡兵弱, 欲入城头子路、力子都军中, 任光以为不可。乃发傍县, 得精兵四千人, 拜任光为左大将军, 信都都尉李忠为右大将军, 邳肜为后大将军、和戎太守如故, 信都令万修为偏将军, 皆封列侯。留南阳宗广领信都太守事; 使任光、李忠、万修将兵以从, 邳肜将兵居前。任光乃多作檄文曰:“大司马刘公将城头子路、力子都兵百万众从东方来, 击诸反虏!” 遣骑驰至巨鹿界中。吏民得檄, 传相告语。秀投暮入堂阳界, 多张骑火, 弥满泽中, 堂阳即降; 又击贳县, 降之。城头子路者, 东平爰曾也, 寇掠河、济间, 有众二十余万, 力子都有众六七万, 故秀欲依之。昌城人刘植聚兵数千人据昌城, 迎秀; 秀以植为骁骑将军。耿纯率宗族宾客二千余人, 老病者皆载木自随, 迎秀于育; 拜纯为前将军。进攻下曲阳, 降之。众稍合, 至数万人, 复北击中山。耿纯恐宗家怀异心, 乃使从弟䜣宿归, 烧庐舍以绝其反顾之望。

【译文】 刘秀因为二郡的兵力太弱, 打算去投奔城头子路、力子都的军队, 任光却认为刘秀不可以这样做。于是刘秀下令从邻近的县征召成年的壮丁, 得到了四千个精兵, 刘秀任命任光为左大将军, 信都郡都尉李忠为右大将军, 邳肜为后大将军, 并且兼任和戎太守，信都县令万修为偏将军，把他们全部都封为列侯。刘秀任命南阳人宗广暂时负责信都郡太守的事情，命令任光、李忠、万修率领军队跟随自己向王郎反击。邳彤率领军队充当前锋，任光就编写了大量的声讨文告说："大司马刘公率领城头子路、力子都一百多万军队从东方前来，攻击这些叛贼！"然后派遣骑士赶到巨鹿郡界去散发。官吏百姓都得到了文告，互相传播。刘秀在傍晚的时候抵达了堂阳县界，命令许多骑兵，拿着火把，水畔一片光亮，堂阳县误以为大军压境，立刻就投降了。刘秀又攻击了贳县，贳县也投降了。城头子路，本来是东平人爰曾，在黄河、济水一带抢劫掳掠，部众有二十多万人，而力子都也有六七万人，所以刘秀就想要去投奔他。昌城人刘植占据了昌城县，聚集了几千人的军队去迎接刘秀。刘秀任命刘植为骁骑将军。耿纯率领宗族宾客两千多人，年老有病的就都随身携带着棺材，在育县迎接刘秀。刘秀任命耿纯为前将军。进攻下曲阳县，下曲阳县投降，刘秀的军队渐渐会合，达到了几万人，又向北进攻中山国。耿纯担心宗室怀有谋叛的想法，就派自己的堂弟耿䜣当天夜里回到故乡，烧掉他们的房子，把他们的反叛之心断绝了。

秀进拔卢奴，所过发奔命兵，移檄边郡共击邯郸；郡县还复响应。时真定王杨起兵附王郎，众十馀万，秀遣刘植说杨，杨乃降。秀因留真定，纳杨甥郭氏为夫人以结之。进击元氏、防子，皆下之。至鄗，击斩王郎将李恽；至柏人，复破郎将李育。育还保城；攻之，不下。

【译文】刘秀发兵攻陷了卢奴县，在所经过的地方，征调紧急情况下使用的军队，向沿边的郡县发布文告，号召他们一起攻打邯郸城；郡县纷纷响应。那个时候，真定王刘杨发起军队，去附和投靠王郎，部众有十多万，刘秀就派遣刘植去游说刘杨，刘杨就投降了。刘秀因此进入真定县，并且迎娶了刘杨的外甥女郭氏为妻子，以团结刘杨。刘秀继续前进，进攻元氏县、防子县，都攻了下来。刘秀到达郡县以后，击杀了王郎的部将李恽，进入柏人县，又打败了王郎的部将李育。李育逃回了汉中郡，固守柏人城，刘秀继续进攻，却无法攻陷。

南郑人延岑起兵据汉中，汉中王嘉击降之，有众数十万。校尉南阳贾复见更始政乱，乃说嘉曰："今天下未定，而大王安守所保，所保得无不可保乎？"嘉曰："卿言大，非吾任也。大司马在河北，必能相用。"乃为书荐复及长史南阳陈俊于刘秀。复等见秀于柏人，秀以复为破虏将军，俊为安集掾。

【译文】 南郑人延岑起兵攻占汉中郡，建立了军队。汉中王刘嘉就去讨伐他，延岑最终战败投降了，刘嘉的部众一共有几十万人。校尉南阳人贾复看到刘玄朝廷政治混乱，就劝导刘嘉说："现在天下还没有安定下来，大王却对目前所拥有的东西心满意足，难道这些东西就没有不保的可能吗？"刘嘉说："您志向大，不是我所能任用的。大司马刘秀在黄河以北的地方，他一定可以任用你。"于是刘嘉就给刘秀写信，向刘秀推荐贾复和长史南阳人陈俊。贾复等人到达柏人县，见到了刘秀，刘秀任命贾复为破虏将军，陈俊为安集掾。

秀舍中儿犯法，军市令颍川祭遵格杀之，秀怒，命收遵。主簿陈副谏曰："明公常欲众军整齐，今遵奉法不避，是教令所行也。"乃赏之，以为刺奸将军，谓诸将曰："当备祭遵！吾舍中儿犯法尚杀之，必不私诸卿也。"

【译文】 刘秀家里年轻的仆人触犯了律法，军市令颍川人祭遵杀死了他，刘秀发怒，就下令要逮捕祭遵。主簿陈副劝谏刘秀说："你总是希望军士们遵守纪律，现在祭遵执法，没有规避，这是在贯彻执行您的教令啊。"于是刘秀就赦免了祭遵，任命他为刺奸将军，然后对众将说："你们都应该小心祭遵！我家里面年轻的仆人触犯了律法，尚且被他杀死了，所以他一定不会对你们有所偏祖的。"

【乾隆御批】遵一市令，而能执法如此，其将略已见一斑。光武旋怒旋用，是真能任人者，必如是，而后可为开创之君。

【译文】祭遵只是一名军市令，却能这样执法，他所具备的将帅谋略便可窥一斑。光武帝既生他的气又任用他，说明他是真正能够听取谏言、懂得任用人的人，一定要这样去做，才可以成为开创大业的君主。

初，王莽既杀鲍宣，上党都尉路平欲杀其子永；太守苟谏保护之，永由是得全。更始征永为尚书仆射，行大将军事，将兵安集河东、并州，得自置偏裨。永至河东，击青犊，大破之。以冯衍为立汉将军，屯太原，与上党太守田邑等缮甲养士以扞卫并土。

【译文】 当初，王莽诬陷杀害了鲍宣以后，上党郡都尉路平就想杀死鲍宣的儿子鲍永，多亏了上党郡太守苟谏对鲍永的保护，鲍永因此才能够保全自己。后来刘玄征召了鲍永，任命鲍永为尚书仆射，兼管大将军的事务，率领军队安抚河东郡及并州所属郡县，可以自行任命偏将和裨将。鲍永到达了河东郡以后，就攻击青犊兵，将他们打得大败，大获全胜。刘玄任命冯衍为立汉将军，在太原郡驻兵，和上党郡太守田邑等人修理装备，训练士兵，来保护并州的土地。

或说大司马秀以守柏人不如定巨鹿，秀乃引兵东北拔广阿。

秀披舆地图，指示邓禹曰："天下郡国如是，今始乃得其一。子前言以吾虑天下不足守，何也？"禹曰："方今海内殽乱，人思明君，犹赤子之慕慈母。古之兴者在德薄厚，不以大小也！"

【译文】 有人劝说大司马刘秀，感觉防守柏人县还不如把巨鹿郡给平定了。刘秀就统率军队向东北方向去，攻下广阿县。

刘秀一打开地图，就指给邓禹看，说："天下郡、国如此多，可如今我们才得到其中的一个。你以前说我不必为平定天下的事情而担心，这算是什么道理啊？"邓禹说："当今天下的局面比较混乱，人们非常思念贤明的君主，就好比赤子思念慈母一样。古代那些兴起的人，都决定于他们道德的厚薄上，而不是在占有土地的面积大小上！"

蓟中之乱，耿弇与刘秀相失，北走昌平，就其父况，因说况击邯郸。时王郎遣将徇渔阳、上谷，急发其兵。北州疑惑，多欲从之。上谷功曹寇恂、门下掾闵业说况曰："邯郸拔起，难可信向。大司马，刘伯升母弟，尊贤下士，可以归之。"况曰："邯郸方盛，力不能独拒，如何？"对曰："今上谷完实，控弦万骑，可以详择去就。恂请东约渔阳，齐心合众，邯郸不足图也！"况然之，遣恂东约彭宠，欲各发突骑二千匹、步兵千人诣大司马秀。

【译文】 在蓟县非常混乱的情况下，耿弇和刘秀失散了。因为耿弇想投奔到他父亲耿况那儿去，所以就向北跑到昌平县，并且建议他的父亲耿况去攻打邯郸城。此时，王郎已经派遣将军进攻渔阳郡、上谷郡，还赶紧派出那里的军队去助阵，北方各州都怀疑不已，很多人都想归顺他。上谷郡功曹寇恂、门下掾闵业说服耿况说："邯郸仓促地崛起，前途是很难预测的。大司马刘秀，是刘伯升的同胞弟弟，他一向尊敬有才气的人，礼貌地对待士兵，我们可以归向他。"耿况说："邯郸方面的势力正是很大的时候，仅凭我们的力量是不能单独与他对抗的，怎么办啊？"寇恂回答说："如今上谷郡的势力依然坚固充实，有一万骑兵，我们在此可以好好地选择取舍。我请求向东与渔阳郡取得联系，大家的心朝着一致的方向，我们不分彼此，邯郸城实在不值得我们那么煞费苦心地考虑它！"耿况认为他说得很对，就派寇恂向东去联合彭宠，他们打算各自派出两千个冲锋的骑士、一千个步兵，去见大司马刘秀。

　　安乐令吴汉、护军盖延、狐奴令王梁亦劝宠从秀，宠以为然，而官属皆欲附王郎，宠不能夺。汉出止外亭，遇一儒生，召而食之，问以所闻。生言："大司马刘公，所过为郡县所称，邯郸举尊号者，实非刘氏。"汉大喜，即诈为秀书，移檄渔阳，使生赍以诣宠，令具以所闻说之。会寇恂至，宠乃发步骑三千人，以吴汉行长史，与盖延、王梁将之，南攻蓟，杀王郎大将赵闳。

　　【译文】安乐县令吴汉、护军盖延、狐奴县令王梁也劝彭宠归顺刘秀，彭宠认为他们说得很对。可是，属下的人都想归附王郎，彭宠也不能违逆他们的意思。吴汉出城后，停在城外的亭子里，遇到一个文儒的人，就请他一起吃饭，问他在那里所听到的事情。儒生说："大司马刘秀，他所到过的地方，都被郡县所赞美过；邯郸举尊号的，实在不是刘秀。"吴汉听了之后非常高兴，就冒充刘秀的书信，将檄文送到渔阳郡，让儒生拿了它去见彭宠，叫他将所听到的事情详详细细地都告诉彭宠。刚好寇恂此时也到了，彭宠就拨出了三千步兵骑士，命令吴汉兼任长史，和盖延、王梁一起带领军队，向南攻打蓟县，并杀死王郎的大将赵闳。

寇恂还，遂与上谷长史景丹及耿弇将兵俱南，与渔阳军合，所过击斩王郎大将、九卿、校尉以下，凡斩首三万级，定涿郡、中山、巨鹿、清河、河间凡二十二县。

【译文】 寇恂回来之后，就和上谷郡长史景丹以及耿弇带领大军，一起到南方去，和渔阳郡的军队相会合，在所到过的地方，他们斩杀王郎的大将、九卿、校尉以下的人，一共砍了三万个头颅，并且平定了涿郡、中山国、巨鹿郡、清河郡、河间国一共有二十二个县。

前及广阿，闻城中车骑甚众，丹等勒兵问曰："此何兵？"曰："大司马刘公也。"诸将喜，即进至城下。城下初传言二郡兵为邯郸来，众皆恐。刘秀自登西城楼勒兵问之；耿弇拜于城下，即召入，具言发兵状。秀乃悉召景丹等入，笑曰："邯郸将帅数言我发渔阳、上谷兵，吾聊应言'我亦发之'，何意二郡良为吾来！方与士大夫共此功名耳。"乃以景丹、寇恂、耿弇、盖延、吴汉、王梁皆为偏将军，使还领其兵，加耿况、彭宠大将军；封况、宠、丹、延皆为列侯。吴汉为人，质厚少文，造次不能以辞自达，然沉勇有智略，邓禹数荐之于秀，秀渐亲重之。

【译文】 他们又向前到达广阿县，听到人们说城里车马很多，景丹等人就停下兵马，问当地人说："这是谁的军队？"他们回答说："这是大司马刘秀的。"众将士都很高兴，就进到城下。刚到城下就有人传言说，上谷、渔阳二郡的军队是因为邯郸城王郎而来的，大家都特别害怕。刘秀亲自登上西边的城楼指挥军队，问他们是从哪里来的。耿弇在城下拜见刘秀，便将他召了进来，耿弇就向他详细地讲述了派出军队的情形。刘秀就将景丹等人全部召进来，笑着说："邯郸将帅好几次说我动员渔阳、上谷二郡的军队，我暂且回答他们，说'我已经动员了'，可哪里想到这两个郡的兵马确实是因为我而来的！这样，我当然要和士大夫一起分享这功名了。"刘秀就命令景丹、寇恂、耿弇、盖延、吴汉、王梁都做偏将军，让他们回去统领自己的军队，加封耿况、彭宠做大将军；封耿况、彭宠、景丹、盖延都做列侯。吴汉这个人，朴质敦厚，很少掩饰自己，在这么短的时间，根本不能用言辞来表达自己的意思。可是，他深沉稳重，足智多谋。他好几次被邓禹推荐给刘秀，刘秀便开始慢慢地亲近并且敬重他。

更始遣尚书令谢躬率六将军讨王郎，不能下。秀至，与之合军，东围巨鹿，月馀未下。王郎遣将攻信都，大姓马宠等开城内之。更始遣兵攻破信都，秀使李忠还，行太守事。王郎遣将倪宏、刘奉率数万人救巨鹿，秀逆战于南䜌，不利。景丹等纵突骑击之，宏等大败。秀曰："吾闻突骑天下精兵，今见其战，乐可言邪？"耿纯言于秀曰："久守巨鹿，士众疲弊；不如及大兵精锐，进攻邯郸。若王郎已诛，巨鹿不战自服矣。"秀从之。

【译文】 尚书令谢躬和他所带领的六个将领被更始命令去讨伐王郎，但是不能攻下；等刘秀的军队到了，和他们军队相会合的时候，他们就向东去包围巨鹿郡，可是经过一个多月也没能攻下。王郎命令将领去攻打信都郡，城门被豪门大族马宠等人打开，来迎接他们。更始命令军队攻下信都郡，刘秀命令李忠回去，兼管太守一职所需做的事。将领倪宏、刘奉等被王朗命令带领几万人去救巨鹿郡，刘秀在南䜌县迎战，结果失利。景丹等派出突骑（冲锋部队）去攻打他们，倪宏等人也大败。刘秀说："我听说突骑是天下异常精锐的部队，今天看到他们作战，这种乐趣哪能说得尽呢！"耿纯对刘秀说："要是长时间地守住巨鹿郡的话，兵士们疲惫不堪；我们不如率领大军及精锐部队，去进攻邯郸城，如果王郎已经被杀，那巨鹿郡不必交战也就自动归降我们了。"刘秀听从了他的意见。

夏，四月，留将军邓满守巨鹿。进军邯郸，连战，破之。郎乃使其谏大夫杜威请降。威雅称郎实成帝遗体，秀曰："设使成帝复生，天下不可得，况诈子舆者乎！"威请求万户侯，秀曰："顾得全身可矣！"威怒而去。秀急攻之，二十馀日。

【译文】 夏天，四月的时候，刘秀命令将军邓满留守巨鹿郡。向邯郸城进军，连续交战多次，终于将它攻破，王郎就派他的谏大夫杜威去向刘秀请求投降。杜威强调王郎确实是成帝的儿子，刘秀说："假如成帝复活的话，天下也不能被他得到，更何况是骗人的子舆呢！"杜威请求刘秀封王郎为万户侯，可是刘秀说："他只要能够保全生命也就不错了！"杜威怒气冲冲地离开了。刘秀加紧攻打邯郸城，打了二十多天。

五月，甲辰，郎少傅李立开门内汉兵，遂拔邯郸。郎夜亡走，王霸追斩之。秀收郎文书，得吏民与郎交关谤毁者数千章。秀不省，会诸将军烧之，曰："令反侧子自安！"

【译文】 五月，甲辰日（初一），王郎的少傅李立打开城门，把汉军放了进去，于是，他们攻下了邯郸城。王郎打算在夜里逃走，可是王霸追了上来，将他给杀了。刘秀搜集王郎的文书，结果却得到自己的官民与王郎勾结，并且对自己不利的诋毁诽谤信件几千件。刘秀没有看，把众将军集合起来，将这些文书当着他们的面烧掉，说："我要让那些反叛的人自己安定下来！"

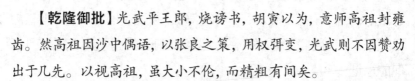

【乾隆御批】光武平王郎，烧谤书，胡寅以为，意师高祖封雍齿。然高祖因沙中偶语，以张良之策，用权弭变，光武则不因赞劝出于几先。以视高祖，虽大小不伦，而精粗有间矣。

【译文】光武帝平定王郎后烧毁诽谤文书，胡寅认为，这是想效法当年高祖为雍齿封侯的做法。但高祖是偶然看到将领们在沙地中谈论封赏之事，才采纳了张良的计策，靠权力消除了隐患，而光武帝却不是因辅佐之臣的规劝才萌生这种想法的。以此观察高祖的做法，虽然在大小上不能相比，但在精细粗疏上却有所不同。

秀部分吏卒各隶诸军，士皆言愿属大树将军。大树将军者，偏将军冯异也，为人谦退不伐，敕吏士非交战受敌，常行诸营之后。每所止舍，诸将并坐论功，异常独屏树下，故军中号曰："大树将军"。

【译文】刘秀分配吏卒归属自己想去的军队，他们都说愿意追随大树将军。大树将军，就是偏将军冯异，他这个人谦虚退让，不夸张自己的功劳，敕令吏卒如果不是交战或者受到敌人的攻击，要经常走在所有营后面。每停留在一个地方，众将士都坐在那儿谈论战功，只有冯异常独自隐蔽在树下，所以他被士兵称为"大树将军"。

护军宛人朱祐从容言于秀曰："长安政乱，公有日角之相，此天命也！"秀曰："召刺奸收护军！"祐乃不敢复言。更始遣使立秀为萧王，悉令罢兵，与诸将有功者诣行在所。遣苗曾为幽州牧，韦顺为上谷太守，蔡充为渔阳太守，并北之部。

【译文】护军宛人朱祜对刘秀说："长安的政治形势很是混乱，你有额头上骨头隆起如日的相貌，这就是天命啊！"刘秀说："传召刺奸把护军给抓起来！"朱祜就再也不敢乱说了。更始派遣使臣拥立刘秀做萧王，并且命令他们停战，和那些有功的将领到京城。派遣苗曾做幽州牧，韦顺做上谷郡太守，蔡充做渔阳郡太守，一起合并为北方的州、郡。

萧王居邯郸宫，昼卧温明殿，耿弇入，造床下请间，因说曰："吏士死伤者多，请归上谷益兵。"萧王曰："王郎已破，河北略平，复用兵何为？"弇曰："王郎虽破，天下兵革乃始耳。今使者从西方来，欲罢兵，不可听也。铜马、赤眉之属数十辈，辈数十百万人，所向无前，圣公不能办也，败必不久。"萧王起坐曰："卿失言，我斩卿！"弇曰："大王哀厚弇如父子，故敢披赤心。"萧王曰："我戏卿耳，何以言之？"弇曰："百姓患苦王莽，复思刘氏，闻汉兵起，莫不欢喜，如去虎口得归慈母。今更始为天子，而诸将擅命于山东，贵戚纵横于都内，虏掠自恣，元元叩心，更思莽朝，是以知其必败也。公功名已著，以义征伐，天下可传檄而定也。天下至重，公可自取，毋令他姓得之！"萧王乃辞以河北未平，不就征，始贰于更始。

【译文】萧王刘秀住在邯郸城的宫里，白天睡在温明殿，耿弇进到殿里，走到他的床边，趁着四下无人比较空闲的时候，就对他说："我们的吏卒死伤情况很是严重，请您派人去上谷郡再增加一些兵卒。"萧王刘秀说："王郎都已被攻破了，而且河北也被我们扫荡平定了，哪里还需要再用兵呢？"耿弇说："虽然王郎已经被我们打败了，但天下战事才刚刚开始，如今西方有使者来，想与我

571

们停战，但是我们绝对不可以听从他们的意见。铜马、赤眉等人有几十伙，每伙人数都有几十上百万人，所向披靡，如果刘玄不能将他们制服，那么，不久后，我们也将一定失败。"萧王刘秀坐起来说："你居然敢讲这种错话，我一定要把你给斩了！"耿弇说："大王疼爱我、厚待我，就像父子一般，所以我才敢对你说真心话。"萧王刘秀说："我只是跟你开个玩笑罢了，那你的意思是什么？"耿弇说："百姓认为王莽是他们的忧苦，又思念刘氏，听说汉军兴起，他们没有一个不高兴的，感觉就像脱离虎口而又能回到慈母的身边一样。现如今更始做天子，可是众将士在华山以东，专擅命令，不受节制；那些皇亲国戚在京城里，不遵纪守法，任意掳掠百姓，人人内心，更是思念王莽的朝代，所以知道他一定是失败的。你功业名声已经很是显著，如果用义来讨伐，天下只要随着檄文的传达，就可以被平定。天下是重中之重，你可以自己想办法夺取，而不要使其他的人得到它！"萧王刘秀就拿河北尚未平定当作借口来推辞，而不接受更始的征召，开始和更始离异。

是时，诸贼铜马、大彤、高湖、重连、铁胫、大枪、尤来、上江、青犊、五校、五幡、五楼、富平、获索等各领部曲，众合数百万人，所在寇掠。萧王欲击之，乃拜吴汉、耿弇俱为大将军，持节北发幽州十郡突骑。苗曾闻之，阴敕诸郡不得应调。吴汉将二十骑先驰至无终，曾出迎于路，汉即收曾，斩之。耿弇到上谷，亦收韦顺、蔡充，斩之。北州震骇，于是悉发其兵。

【译文】就在这个时候，铜马、大彤、高湖、重连、铁胫、大枪、尤来、上江、青犊、五校、五幡、五楼、富平、获索等贼寇首领，各自带领自己的部队，人数加起来一共有几百万，到处掠夺百姓们的财富。萧王打算攻打他们，所以就任命吴汉、耿弇都做大将军，拿着符节向北发动幽州十个郡的突骑。苗曾听到这个命令,暗地里敕令各郡不能接受调发。吴汉先带领二十个骑士赶到无终县,苗曾出城到路上迎接他们,被吴汉给抓起来,并将他斩了。耿弇到达了上谷郡之后,也将韦顺、蔡充抓起来,把他们斩杀了。北方各州被他们的行动震惊不已,于是派出了所有的军队。

秋,萧王击铜马于鄡,吴汉将突骑来会清阳,士马甚盛,汉悉上兵簿于莫府,请所付与,不敢自私,王益重之。王以偏将军沛国朱浮为大将军、幽州牧,使治蓟城。铜马食尽,夜遁,萧王追击于馆陶,大破之。受降未尽,而高湖、重连从东南来,与铜马馀众合。萧王复与大战于蒲阳,悉破降之,封其渠帅为列侯。诸将未能信贼,降者亦不自安。王知其意,敕令降者各归营勒兵,自乘轻骑按行部陈。降者更相语曰:"萧王推赤心置人腹中,安得不投死乎!"由是皆服。悉以降人分配诸将,众遂数十万。赤眉别帅与青犊、上江、大彤、铁胫、五幡十馀万众在射犬,萧王引兵进击,大破之。南徇河内,河内太守韩歆降。

【译文】秋天,萧王刘秀在鄡县攻打铜马贼,吴汉带领突骑军队到清阳县与萧王刘秀会合,人马声势浩大,到幕府,吴汉呈上所有军士的名单,请求交给公家保管,不敢私自留用,萧王刘秀因此更加敬重他。偏将军沛国人朱浮被萧王刘秀任命为大将军、幽州牧,治理蓟城。铜马贼的粮食被吃光了,打算在夜里逃走,萧王刘秀追击他们到馆陶县,他们被打得大败。接受铜马贼投降还没结束,高湖、重连等贼寇从东南方来,和铜马贼所剩下的兵队相合;萧王刘秀又和他们在蒲阳县大战一场,将他们全部打败因此而降服,并且让他们的魁首做列侯。将领不能相信贼寇的话,投降的贼寇自己待在那里也不安心。萧王刘秀知道他们心里的想法,便命令投降的那些贼寇各自回到营地，整编队伍，自己却骑马，行装轻便，按照次序去巡视部队。投降的贼寇就改变心意，互相说："萧王以诚心待人，我们又怎么能不为他牺牲生命呢?"从此那些贼寇都服从萧王刘秀的命令。所有投降的人被萧王刘秀分配给众将，人数有几十万。赤眉偏军的统帅和青犊、上江、大彤、铁胫、五幡等贼有十多万人，会聚在射犬，萧王刘秀带领军队，前去进攻，把他们打得大败；向南招抚河内郡，河内郡太守韩歆投降。

初，谢躬与萧王共灭王郎，数与萧王违戾，常欲袭萧王，畏其兵强而止。虽俱在邯郸，遂分城而处，然萧王每有以慰安之。躬勤于吏职，萧王常称之曰："谢尚书，真吏也!"故不自疑。其妻知之，常戒之曰："君与刘公积不相能，而信其虚谈，终受制矣!"躬不纳。既而躬率其兵数万还屯于邺。及萧王南击青犊，使躬邀击尤来于隆虑山，躬兵大败。萧王因躬在外，使吴汉与刺奸大将军岑彭袭据邺城。

躬不知，轻骑还邺，汉等收斩之，其众悉降。

【译文】以前，谢躬和萧王刘秀一起消灭了王郎，但是很多次都和萧王刘秀的意见不一致，所以时常想偷袭萧王。可是，他怕萧王的军队势力强大而停止了偷袭。即使他们俩都住在邯郸县，在城里也是分开居住的，然而萧王常设法去安慰他。谢躬对官职事物很勤勉，萧王经常称赞他说："谢尚书，可真是一方好官吏啊!"所以谢躬也就因此不再怀疑萧王了。他的妻子知道这件事，经常告诫他说："你和刘公很长时间以来都不相容，却相信他的空话，最终一定会被他所制服的!"谢躬不接受她的劝说。后来，谢躬带领他的几万军卒回到邺城驻守。等到萧王向南攻击青犊贼时，就命令谢躬在隆虑山袭击尤来贼，谢躬的军队被尤来贼打得大败。萧王趁着谢躬在城外，就让吴汉和刺奸大将军岑彭偷袭并且占据了邺城。

谢躬不知道这个情况，依然轻装骑马回到邺城，吴汉等人不费吹灰之力就将他抓起来杀了，他的部下也跟着他全部投降了。

更始遣柱功侯李宝、益州刺史张忠将兵万馀人徇蜀、汉。公孙述遣其弟恢击宝、忠于绵竹，大破走之。述遂自立为蜀王，都成都，民、夷皆附之。

【译文】 柱功侯李宝、益州刺史李忠被更始命令，带领一万多兵卒去进攻蜀郡、汉中郡；公孙述也差遣他的弟弟公孙恢在绵竹县反击李宝、李忠，把他们打得大败，他们被迫逃走了。于是公孙述就自封为蜀王，成都郡作为都城，当地的人民、蛮夷都归他所有。

冬，更始遣中郎将归德侯飒、大司马护军陈遵使匈奴，授单于汉旧制玺绶，因送云、当馀亲属、贵人、从者还匈奴。单于舆骄，谓遵、飒曰："匈奴本与汉为兄弟；匈奴中乱，孝宣皇帝辅立呼韩邪单于，故称臣以尊汉。今汉亦大乱，为王莽所篡，匈奴亦出兵击莽，空其边境，令天下骚动思汉；莽卒以败而汉复兴，亦我力也，当复尊我！"遵与相撑拒，单于终持此言。

【译文】 冬天，中郎将归德侯刘飒、大司马护军陈遵被更始命令出使匈奴，授给单于汉朝旧制的印玺组绶，趁着这个机会便将云、当尚存人间的亲属、贵人、随从送回匈奴。单于舆很傲慢，对陈遵、刘飒说："匈奴原来和汉朝就是一家兄弟，匈奴曾经一度内乱，孝宣皇帝援助而立呼韩邪单于，所以我们才得以称臣来尊奉汉朝。可是现在汉朝也大乱，被王莽谋划篡位，匈奴也派出军队去进攻王莽，让他的边境空虚，使天下大乱，人民想念汉朝；王莽最终因此失败而汉朝才得以复兴，也是因为我们的力量；所有你们应当再尊敬我才是！"陈遵和他的意见相反，但是单于依然保持自己的意见。

赤眉樊崇等将兵入颍川，分其众为二部，崇与逢安为一部，徐宣、谢禄、杨音为一部。赤眉虽数战胜，而疲敝厌兵，皆日夜愁泣，思欲东归。崇等计议，虑众东向必散，不如西攻长安。于是崇、安自武关，宣等从陆浑关，两道俱入。更始使王匡、成丹与抗威将军刘均等分据河东、弘农以拒之。

【译文】 赤眉贼樊崇等人带领军队进入颍川郡，把他的兵卒分成二队，樊崇和逢安是一队，徐宣、谢禄、杨音是另一队。赤眉贼虽然战胜很多次，可是军队的人都疲倦乏困到了极点，厌倦作战，而且日夜忧愁哭泣，打算回到东边去。樊崇等人一起谋划，考虑到众人如果到东边去，他们的军队一定会自行解散，所以还不如向西进攻长安。于是，樊崇、逢安从武关，徐宣等人从陆浑关两路一起攻打长安。王匡、成丹和抗威将军刘均等人被更始帝刘玄命令分别以占领河东郡、弘农郡来抵抗他们的进攻。

萧王将北徇燕、赵，度赤眉必破长安，又欲乘衅并关中，而未知所寄，乃拜邓禹为前将军，中分麾下精兵二万人，遣西入关，令自选偏裨以下可与俱者。时朱鲔、李轶、田立、陈侨将兵号三十万，与河南太守武勃共守洛阳；鲍永、田邑在并州。萧王以河内险要富实，欲择诸将守河内者而难其人，问于邓禹。邓禹曰："寇恂文武备足，有牧民御众之才，非此子莫可使也！"乃拜恂河内太守，行大将军事。

【译文】 萧王刘秀想要向北攻取燕、赵二地，估计长安一定会被赤眉贼给攻破，又想趁着这个机会把关中给合并了，却不知到底该任命谁去担此重任。就任命邓禹做前将军，平分他部下的两万精兵，让他向西到达函谷关，并且命他自己可以选择副将以下可以和他一起去的人。这个时候，朱鲔、李轶、田立、陈侨带领军队，号称三十万大军，和河南郡太守武勃一起防御洛阳；鲍永、田邑驻守在并州。因为河内郡地势险要，郡内富足，萧王刘秀打算选择一些可以防备河内郡的大将，却很难找到能够担任这个职务的人，就问邓禹。邓禹说："寇恂文韬武略兼备，有治人御众的才干，如果不是让他出任的话，就没有什么人可以派的了！"于是萧王刘秀就任命寇恂做河内郡太守，并且负责大将军一职的事务。

萧王谓恂曰："昔高祖留萧何关中，吾今委公以河内。当给足军粮，率厉士马，防遏它兵，勿令北度而已！"拜冯异为孟津将军，统魏郡、河内兵于河上，以拒洛阳。萧王亲送邓禹至野王，禹既西，萧王乃复引兵而北。寇恂调糇粮、治器械以供军；军虽远征，未尝乏绝。

【译文】 萧王刘秀对寇恂说："当年汉高祖将萧何留守在关中，如今我要委任你在河内郡；你应该竭力保证粮食充足，带领好军队督促好兵马，防御其他军队的入侵，只要不让他们渡河向北前进也就可以了！"萧王刘秀任命冯异为孟津将军，魏郡、河内郡在黄河旁边的军队都归他所统领，来抵御洛阳之敌。萧王刘秀亲自把邓禹送到野王县，邓禹到西边去之后，萧王刘秀就又带领军队到北边去。寇恂在此期间调度干粮，制造兵器，提供给军队使用；军队就算向远方讨伐，粮食，兵器也都未曾缺乏断绝过。

隗崔、隗义谋叛归天水。隗嚣恐并及祸，乃告之。更始诛崔、义,以嚣为御史大夫。

【译文】 隗崔、隗义谋划叛变,回到天水郡。隗嚣深怕因为他们的叛变而一并受到牵连灾祸,所以就向更始帝刘玄告发他们。更始帝刘玄诛杀了隗崔、隗义,任命隗嚣做御史大夫。

梁王永据国起兵,招诸郡豪桀,沛人周建等并署为将帅,攻下济阴、山阳、沛、楚、淮阳、汝南,凡得二十八城。又遣使拜西防贼帅山阳佼彊为横行将军,东海贼帅董宪为翼汉大将军,琅邪贼帅张步为辅汉大将军,督青、徐二州,与之连兵,遂专据东方。

【译文】 梁王刘永占领封国,兴起军队,招来了很多郡内的豪杰志士;济阴郡、山阳郡、沛郡、楚郡、淮阳城、汝南郡被沛人周建等代理将帅给攻下了,共计得到二十八个城邑。梁王又差遣使者负责任命西防县贼帅山阳人佼彊为横行将军,东海郡贼帅董宪做翼汉大将军,琅邪郡贼帅张步做辅汉大将军,督察青、徐二州,与他们的军队相会合,于是,擅自占据了东边。

邔人秦丰起兵于黎丘,攻得邔、宜城等十馀县,有众万人,自号楚黎王。

汝南田戎攻陷夷陵,自称扫地大将军;转寇郡县,众数万人。

【译文】 邔县人秦丰在黎丘乡兴建军队,攻取了邔县、宜城等十多个县,人数多达一万,自称为楚黎王。

汝南人田戎攻下夷陵县,并且称自己为扫地大将军,辗转抢掠郡县,人数达几万。